《苏州通史》编纂委员会 ◇ 编

苏州通史

志表卷(下)

叶文宪 林锡旦 ◇ 主编

学术总顾问

戴　逸

学术顾问

李文海　张海鹏　朱诚如　汝　信
茅家琦　段本洛　熊月之

总主编

王国平

苏州大学出版社
Soochow University Press

图书在版编目(CIP)数据

苏州通史.志表卷.下/《苏州通史》编纂委员会编;叶文宪,林锡旦主编.—苏州:苏州大学出版社,2019.3

ISBN 978-7-5672-2512-1

Ⅰ.①苏… Ⅱ.①苏… ②叶… ③林… Ⅲ.①苏州—地方史 Ⅳ.①K295.33

中国版本图书馆 CIP 数据核字(2018)第 270198 号

苏 州 通 史 志表卷(下)

主　　编	叶文宪　林锡旦
篆　　刻	陈道义
责任编辑	朱坤泉　朱绍昌
装帧设计	唐伟明　吴　钰
出版发行	苏州大学出版社
地　　址	苏州市十梓街 1 号
邮　　编	215006
电　　话	0512-67481020　65222617(传真)
网　　址	http://www.sudapress.com
邮　　箱	sdcbs@suda.edu.cn
印　　刷	苏州工业园区美柯乐制版印务有限责任公司
开　　本	787 mm×1 092 mm　1/16　印张 31　字数 557 千
版　　次	2019 年 3 月第 1 版 2019 年 3 月第 1 次印刷
书　　号	ISBN 978-7-5672-2512-1
定　　价	150.00 元

版权所有　侵权必究

本书作者

叶文宪　林锡旦　章致中　陈道义　朱小屏

张笑川　路海洋　周　巍　孙中旺　沈　骅

蔡利民

序

在苏州市委、市政府领导和市委宣传部的组织实施下,经过长达十年的努力,皇皇16卷本的《苏州通史》即将出版,实在可喜可贺。

盛世修史,是中华民族的优良传统。伴随着经济的发展和社会的进步,2002年8月,党中央、国务院郑重做出了启动国家清史纂修工程的重大决定。在国家清史纂修工程的成功示范下,不少地方政府也开始组织力量,对本地区的历史文化进行深入挖掘和梳理,编纂区域性通史即是其中的重要途径。

苏州是我国重要的历史文化名城,在2 500多年的发展史上,苏州先民创造了光辉灿烂的地方文化,成为中华文化的重要组成部分。宋代以来,苏州就有"人间天堂"的美誉。明清时期的苏州,在很多方面都达到了中国封建社会发展的顶峰。当今的苏州,作为改革开放的前沿,在经济、社会和文化诸方面都取得了令人瞩目的成就,综合实力位居全国前列。深入挖掘苏州的历史文化内涵,总结苏州发展的得失成败,是历史赋予当今苏州人的光荣使命。《苏州通史》在这种背景下应运而生。

十年来,在苏州市委、市政府和市委宣传部的大力支持下,总主编王国平教授带领课题组的数十位专家学者,心怀高度的历史责任感,反复切磋,努力钻研,通力合作,高质量地完成了《苏州通史》的撰写,堪称"十年磨一剑"。可以说,这部《苏州通史》系统地厘清了苏州发展的历史脉络,全面展现了苏州丰厚的文化积淀,是第一部完全意义上的苏州通史。我认为,这部《苏州通史》不但可以作为苏州城市的文化名片,也可以作为爱国主义教育的乡土教材。

古人云:"鉴于往事,有资于治道。"对于一个国家如此,对于一个地区何尝不是如此。相信《苏州通史》的出版,必将会为苏州的进一步发展提供强大精神力量。

　　苏州是我魂牵梦萦的家乡。八年前,我曾为《苏州史纲》作序;八年后的今天,又躬逢《苏州通史》出版的盛事,何其幸哉!对于家乡学术界在苏州历史文化研究方面取得的历史性跨越,我感到由衷的喜悦,故赘述如上,谨以为序。

戴逸

2017年10月25日

绪　言

苏州是中国重要的历史文化名城。早在一万多年前,太湖的三山岛就已出现了光辉灿烂的旧石器文化,成为中华文明的摇篮之一。商代末年,泰伯奔吴,带来了先进的中原文化。此后,吴国在此立国。吴王阖闾时期,兴建了吴大城,吴国也渐臻强盛,最终北上称霸。秦汉时期,今苏州地区纳入统一王朝的治理,经过孙吴政权的经营和东晋南朝的发展,到唐代中叶,苏州已经成为中国的经济中心之一。宋元时期,苏州的经济文化得到长足发展。到明清时期,苏州的发展水平已臻历史巅峰,成为全国著名的经济和文化中心,影响直至今日。晚清至民国时期,苏州逐渐从传统走向现代。中华人民共和国成立后,特别是改革开放以来,苏州再度强势崛起,成为当今中国发展最快、率先基本建成高水平全面小康社会的地区之一,创造了新的奇迹。这是苏州历史进程的主要脉络,构成了《苏州通史》的主线。

作为第一部完全意义上的苏州通史,我们希望能够以16卷的体量,系统完整地厘清苏州历史发展的脉络,全方位地展现苏州政治、军事、经济、社会、文化各方面的历史风貌。《苏州通史》撰写所涉及的主要内容与问题说明如下:

一、《苏州通史》的时空界定

1. 时间界定:苏州的历史包括这一区域的史前史。今日苏州所辖吴中区的太湖三山岛,早在一万多年前就出现了旧石器文化,这就成了《苏州通史》的起点。《苏州通史》的时间下限为公元2000年。

2. 政区空间界定:兼顾政区空间的现状与历史,以现行行政区域为基准,详写;历史行政区域超越现行行政区域部分,在相关历史时期中略写。

二、《苏州通史》的体例

参照中国传统史书编撰体例,借鉴国家清史纂修工程的《清史》主体设计,《苏州通史》主体部分为导论以及从先秦至中华人民共和国时期的历史(分为若干阶段的断代史),另设人物、志表、图录等三部分。人物、志表、图录中的内容是对通史部分相关内容的补白与补强。

《苏州通史》共分16卷。第1卷为导论卷,第2卷为先秦卷,第3卷为秦汉至隋唐卷,第4卷为五代宋元卷,第5卷为明代卷,第6卷为清代卷,第7卷为中华民国卷,第8卷为中华人民共和国卷(1949—1978),第9卷为中华人民共和国卷(1978—2000);第10卷为人物卷(上),第11卷为人物卷(中),第12卷为人物卷(下),第13卷为志表卷(上),第14卷为志表卷(下),第15卷为图录卷(上),第16卷为图录卷(下)。

三、"导论卷"的结构与内容

"导论卷"为丛书首卷,包括苏州历史地理概要、苏州史研究概述以及苏州史论三个部分。

"导论卷"上篇为苏州历史地理概要。在对苏州各历史时期地理环境要素演变做分期分类的基础上,重点对苏州历史沿革地理和苏州历史自然地理演变做概要性叙述,主要包括苏州历史气候与生态变迁、苏州地质与地貌变迁、苏州古城水道变迁、苏州历史建置沿革以及苏州城池防务沿革。

"导论卷"中篇为苏州史研究概述。《苏州通史》是学术界业已取得的研究成果的集中体现。对于苏州各个时期历史的研究,学术界已有或多或少的成果,并以著作、论文等为载体展现世间。《苏州通史》的作者们充分关注和汲取了这些宝贵的学术营养。"导论卷"的苏州史研究概述,分别列举并适当评述了先秦、秦汉至隋唐、五代宋元、明代、清代、中华民国、中华人民共和国等历史时期苏州史的研究成果。

"导论卷"下篇为苏州史论。按照通史的体例,正文中不可能就论题展开详细的专题性论述,这些相关论述即构成了"导论卷"下篇的苏州史论。这些专题论述有:《春秋吴国国号及苏州城市符号的"吴"及其溯源》《秦汉至隋唐时期吴城所辖行政区域及政治地位的变迁》《五代宋元时期来苏移民问题》《明代苏州地位论纲》《晚清苏州的现代演进》《民国以降苏州经济社会发展的传统规定性》《人民公社时期苏州农村社队工业的兴起与发展》《改革开放时期苏州经济发展的三次跨越》,大体上覆盖了苏州历史发展进程中的一些重要节点。

四、自先秦至中华人民共和国各卷的章节体系

自先秦至中华人民共和国各卷是通史的主体,分为8卷断代史。各卷采用纵横结合的结构,根据本卷所跨时段的政治经济发展状况,划分若干客观发展阶段为若干章,主要写政治、军事、经济状况;另设社会一章,主要写整个时段苏州人口家族、宗教信仰、民风节俗等;另设文化一章,主要写科学技术、教育、文化艺术等。这样,以"X+2"模式架构和贯通8卷断代史。

自先秦至中华人民共和国共8卷的章节体系,展示了苏州历史进程的主要脉络,体现了《苏州通史》的主线。各卷设章如下:

先秦卷 第一章,远古文明;第二章,泰伯南奔与立国勾吴(泰伯至寿梦);第三章,从徙吴至强盛(诸樊至吴王僚时期);第四章,"兴霸成王"与吴大城建筑(阖闾时期);第五章,从称霸到失国(夫差时期);第六章,战国时期的吴地;第七章,吴国社会状况;第八章,吴国的文化。

秦汉至隋唐卷 第一章,秦汉时期的苏州;第二章,六朝时期的苏州;第三章,隋唐时期的苏州;第四章,秦汉至隋唐时期的苏州社会;第五章,秦汉至隋唐时期的苏州文化。

五代宋元卷 第一章,五代苏州从混战走向稳定;第二章,北宋苏州的稳固与发展;第三章,南宋苏州的复兴与繁华;第四章,元代苏州的持续发展;第五章,五代宋元时期苏州的社会组织与社会生活风俗;第六章,五代宋元时期苏州的文化。

明代卷 第一章,洪武时期苏州社会恢复性发展;第二章,建文到弘治时期苏州社会持续性发展;第三章,正德到崇祯时期苏州社会转型性发展;第四章,明代苏州社会生活;第五章,明代苏州文化。

清代卷 第一章,恢复、发展与繁荣(顺治至乾隆年间);第二章,衰退与剧变(嘉庆至同治初年);第三章,变革与转型(同治初年至宣统年间);第四章,社会风貌;第五章,文化成就。

中华民国卷 第一章,民初情势;第二章,革命洗礼;第三章,近代气象;第四章,战争浴火;第五章,社会生活;第六章,文化教育。

中华人民共和国卷(1949—1978) 第一章,向社会主义过渡;第二章,全面探索的十年;第三章,"文化大革命"的十年内乱;第四章,在徘徊中前进的两年;第五章,社会变迁;第六章,文教、卫生事业的曲折发展。

中华人民共和国卷(1978—2000) 第一章,全面拨乱反正和改革开放启动时期;第二章,推进改革开放和加快发展时期;第三章,深入改革开放和现代化建设勃兴时期;第四章,和谐多彩的社会生活;第五章,与时俱进的文化建设。

五、人物、志表、图录各卷的编排

人物卷 《苏州通史》第10—12卷为人物卷(上)(中)(下),所录人物共1 600余人(含附传),包括苏州籍人士、寓居苏州有影响的非苏州籍人士,以及主要活动在外地的有影响的苏州籍人士。所录人物主要按人物生卒年排序。

志表卷 《苏州通史》第13—14卷为志表卷(上)(下),志表合一,分为建置、山川、水利、城市、街巷桥梁、园林、乡镇、人口、财政、职官、教育、藏书、文学、新闻出版、绘画、书法篆刻、音乐、昆曲、评弹、工艺美术、宗教、物产、风俗、古建筑、会馆公所、古迹等共26章。

图录卷 《苏州通史》第15—16卷为图录卷(上)(下),所录历史图片按政区舆图、军政纪略、衙署会所、城池胜迹、乡镇名景、水陆交通、市政设施、农林水利、工矿企业、店铺商社、苏工苏作、园林园艺、科学技术、科举教育、文学艺术、报纸杂志、书法绘画、文献藏书、文化设施、文娱体育、医疗卫生、风俗民情、宗教信仰、慈善救济、人物图像、故居祠墓等共26类编排。各类图片基本按图片内容发生时间排序。图录卷共收录图片2 000余幅,每幅图片均附扼要的文字说明。

《苏州通史》的人物、志表、图录等卷与其他相关的人物传记、方志、专业志、老照片等著作体裁有别,详略不同,其内容取舍取决于丛书的学术需求。

六、苏州元素的体现

苏州通史,所以能区别于其他地区的通史,在于展现了苏州悠久的历史发展过程中形成的历史文化特色,这些特色又是通过其独特的元素来体现的。为此,《苏州通史》的撰写,对历史进程中的苏州元素予以重点关注与剖析。诸如三山旧石器文化、太湖与苏州水系、伍子胥建城、三国东吴、范仲淹与"先天下之忧而忧,后天下之乐而乐"、苏州府学、"苏湖熟,天下足"、"上有天堂,下有苏杭"、吴门画派、吴门医派、昆曲评弹、园林、丝绸、顾炎武与"天下兴亡,匹夫有责"、姑苏繁华、明清苏州状元、苏福省、冯桂芬与"中学为体,西学为用"、苏州洋炮局、东吴大学、社队企业、"苏南模式"、苏州工业园区等,都会在相关各卷进行重点论述。

绪　言

从 2007 年撰写《苏州史纲》算起，至 2010 年《苏州通史》立项，再至 2018 年《苏州通史》付梓，整整十一年。若谓十年磨一剑，绝非虚语。

十余年里，我们怀抱美好的愿望，希望这部《苏州通史》能够成为第一部完全意义上的苏州通史，系统完整地厘清苏州历史发展的脉络，全方位地展现苏州政治、军事、经济、社会、文化各方面的历史风貌。希望这部《苏州通史》能够成为苏州城市的一张靓丽名片，展现苏州历史文化的丰厚积淀，展现当今苏州发展的辉煌成就，也在一定程度上展现苏州社会科学界在本土历史文化研究方面的学术成就。希望这部《苏州通史》能够成为苏州历史文化资源开发利用的一个坚实基础。

为此，《苏州通史》作者力求城市通史体系创新，力求新史料应用及史实考证的创新，力求观点提炼与论述创新，力求《苏州通史》能够达到同类通史的最高水平。

为此，《苏州通史》作者严格把握了保障学术水平的几个环节，诸如开题研讨、专题研讨、结项研讨、书稿外审、总主编审定、编委会审定等。在通史撰写过程中，熊月之、崔之清、姜涛、周新国、范金民、李良玉、戴鞍钢、马学强、张海林、王健、王永平、孟焕民、徐伟荣、汪长根、吴云高、卢宁、邓正发、涂海燕、陈其弟、陈嵘、尹占群、林植霖、张晓旭等专家学者参与了书稿的审阅，并提出了宝贵的意见与建议。

为此，苏州市领导还聘请了全国史学界及相关领域权威学者戴逸、李文海、张海鹏、朱诚如、汝信、茅家琦、段本洛、熊月之等先生担任学术顾问，并聘请戴逸先生担任总顾问。非常感谢他们听取相关事宜的汇报，并不吝赐教。

《苏州通史》作为市属重大社科研究项目，十余年来，得到苏州市委、市政府的高度重视和大力支持。先后担任中共苏州市委书记的王荣同志、蒋宏坤同志、石泰峰同志、周乃翔同志，以及先后担任苏州市市长的阎立同志、曲福田同志、李亚平同志等，都对《苏州通史》的研究编纂工作给予关心、指导和帮助。作为《苏州通史》编纂的主管部门，苏州市委宣传部历任部长徐国强同志、蔡丽新同志、徐明同志、盛蕾同志、金洁同志，历任分管副部长高志罡同志、孙艺兵同志、陈雪嵘同志、黄锡明同志等接续发力，从各方面为《苏州通史》编纂团队排忧解难，提供条件，创造了从容宽松的工作氛围。苏州市委宣传部副部长、市文明办主任缪学为同志和市社科联主席刘伯高同志积极支持项目立项和研究，并从资金等方面提供保障。苏州市委宣传部工作人员洪昨、吕江洋、徐惠、刘纯、刘锟、陆怡、盛征、陈华等同志先后参与了具体组织和协调推进工作。谨此致谢。

《苏州通史》杀青之际,掩卷而思著作之艰辛,能不感慨系之？感慨于《苏州通史》课题组各位同仁十余年来付出的难以言表与计量的刻苦与辛劳,感慨于众多学者专家审读各卷书稿所给评价与建议的中肯与宝贵,感慨于苏州市委宣传部历任领导对《苏州通史》从立项到出版全程的悉心呵护与大力支持,感慨于苏州大学领导从我们承接任务到付梓出版所给予的支持和关心,感慨于社会各界对《苏州通史》方方面面的关注与期待。

　　历经十余年打磨,《苏州通史》即将面世。果能得如所愿,不负领导希望,不负社会期待,不负同仁努力,则不胜欣慰之至！

王国平

2018年10月于自在书房

目 录

第十五章　绘　画 / 001

　　一、绘画肇始 / 003

　　二、名家始出 / 004

　　三、画种初成 / 006

　　四、文人画兴起 / 008

　　五、吴门画派 / 011

　　六、前后"四王" / 023

　　七、中西绘画纷呈 / 042

第十六章　书法篆刻 / 063

　　一、书　法 / 065

　　二、篆　刻 / 074

第十七章　音　乐 / 091

　　一、传统音乐 / 093

　　二、近代以来的音乐 / 109

第十八章　昆　曲 / 113

　　一、起　源 / 115

　　二、鼎　盛 / 118

　　三、衰变与新生 / 125

第十九章　评　弹 / 133
　　一、沿　革 / 135
　　二、行业组织 / 158
　　三、演出场所 / 163
　　四、表演形式 / 165
　　五、人物流派 / 166
　　六、编著书刊 / 174

第二十章　工艺美术 / 177
　　一、工艺演进 / 179
　　二、产销规模 / 189
　　三、人才队伍 / 193
　　四、非物质文化遗产 / 195

第二十一章　宗　教 / 201
　　一、佛　教 / 203
　　二、道　教 / 233
　　三、天主教、基督教 / 258
　　四、伊斯兰教 / 272

第二十二章　物　产 / 277
　　一、旧载风物 / 279
　　二、苏州特产 / 295

第二十三章　风　俗 / 307
　　一、日常生活 / 309
　　二、人生礼仪 / 317
　　三、岁时节令 / 324
　　四、文教娱乐 / 328

五、民间信仰 / 343

第二十四章　古建筑 / 351

第二十五章　**会馆公所** / 381
  一、会　馆 / 384
  二、行业公所 / 390

第二十六章　古　迹 / 405
  一、遗　址 / 407
  二、墓　冢 / 430
  三、摩崖石刻与历代碑碣 / 463

编　后 / 477

第十五章 绘 画

一、绘画肇始

从在太湖三山岛古文化遗址中发现的一万年前早期吴地先民的活动遗迹,在苏州昆山、常熟、吴江等地先后出土的马家浜文化(约7 000年前)、崧泽文化(约6 000年前)、良渚文化(约5 000年前)先民遗存中的大量玉器、陶器和古代织物残片上所刻画的图案及结构形态,已可见绘画语言和美术特征。如1974年吴县澄湖地区出土的新石器时期的一鳖形陶罐,罐体扁平,中间和四沿刻有纹饰,罐口如鳖首倨昂,恰当地表现了鳖的形态,朴素自然,惟妙惟肖。2002年在昆山绰墩良渚文化遗址出土的一泥质黑皮陶罐,胎薄如纸,乌黑漆亮,罐口呈鸭嘴形,高高上翘,如鸟喙般的流口通体布满精细复杂的鸟纹和云纹图案,内壁刻有飞翔的小鸟,壶背置有一扁薄的把手,似鸟拖着美丽的长尾,整个造型如一只昂首的鸟,流畅舒展,有冲天的力度。这种原始的美术,显示了苏州先民的艺术创造。

春秋时吴国的青铜器已工艺精湛、独呈异彩。如现藏于上海博物馆的吴王夫差盉为一个青铜盛酒礼器,盉身有一条弧形提梁,梁为中空,上有一大龙和无数小龙交结而成的纹饰,盖面及器腹饰有细密变形蟠蛇纹,器腹呈扁圆,下承三个外撇的兽蹄,造型端庄优美,既有中原浑厚凝重风格,又不失江南灵巧秀美之气。1958年出土的吴王夫差矛(春秋晚期,长29.5厘米,宽5厘米),矛起中脊,矛身中空,剖面为菱形,下端作鱼尾形,正背两面刻精细兽鼻,通体饰有米字形花纹,形成秀美异常的韵律。吴地绘画首先在器物上得到展示。

二、名家始出

孙吴时的墓葬中普遍出土了精美的金银饰品、漆器和陶俑等雕塑作品,在陶瓷上流行以佛像为装饰图纹,曹不兴的佛教画也首开佛教寺院壁画之风气。据裴松之注《三国志·吴书》记载,孙权命曹不兴画屏风,误落点墨,曹就势画成数蝇,孙权以为真,用手弹之。可见画家描绘事物对象"逼真"的惊人技巧了。

"南朝四百八十寺,多少楼台烟雨中。"佛教的传教通过建筑、雕塑和绘画等艺术形式来广传它的教义,东晋时,许多职业画家、大量的文人也参与到佛教绘画和雕塑活动中来,造就了吴地绘画的第一次繁荣。

东晋顾恺之是目前已知中国古代画家中最早有存世作品的人,青年时在吴地做官。据唐代张彦远《历代名画记》记载,顾恺之曾做过殷仲堪幕府的参军,后又为东晋安帝(397—419)的散骑常侍,他一生的成就是以士族的身份从事绘画创作,对人物、佛像、禽兽、山水等都有独到的体认,有"才绝、画绝、痴绝"之称(陈梦雷编,蒋廷锡校订:《古今图书集成》,中华书局、巴蜀出版社,1985 年)。同时他也是中国绘画史上一位伟大的理论家,他提出的"传神论",代表着中国绘画艺术的彻底觉醒,他的"迁想妙得""传神阿睹"等重要主张,对后世绘画影响巨大,至今仍为艺术创作所用。

顾恺之画风的传人是稍后的陆探微,史称二人为"顾陆"。陆探微受到南朝宋明帝(465—472)的欣赏。他擅长山水、人物,并工蝉、雀、鞍马等,为宋明帝等帝王画像,也为宫廷大臣和文人学士(包括王羲之子王献之)写照,作品在当时备受推重,中国第一个美学理论家南朝谢赫在《古画品录》中把陆探微放在第一品。

陆探微的传人是其子陆绥、陆弘肃,弟子顾宝光等。顾入齐后,为司徒左曹掾,与陆探微另一弟子袁蒨都继承乃师画法,亦能进入谢赫的品评之中。另外,与顾宝光同时期的顾景秀也是一位有影响的苏州画家,善画人物及禽兽虫草。

南朝梁时,吴地有张僧繇,官至右军将军、吴兴太守。他的绘画技巧也很特别,据唐人许嵩《建康实录》(中华书局,1986 年)记载,他用天竺(古印度)法,以朱红青绿画"凹凸花",以显示物象明暗之立体感;亦直接用红绿重色画山水,不用线条勾勒,该技法被称为"没骨法"。他开创"点曳斫拂"笔法并在顾恺之"春蚕吐丝描"的基础上发展为"秀骨清像",对后世影响巨大。据唐人张鷟《朝野佥载》(中华书局,1979 年)称,他在金陵安乐寺画龙不点睛,称点睛即飞;有人不信,固请点之,须臾雷电破壁,二龙即腾空飞去。这"画龙点睛"虽然只是个夸张的故事,但也足见人们给予他绘画技巧以极高的评价。

张僧繇之后有其子张善果、张儒童,还有陆杲、顾野王等,而张僧繇的弟子郑法士、再传弟子孙尚子以及刘乌承传至隋朝。

表 15-1 汉至南朝吴门画家

序号	姓名	生卒年或创作时间	简 介
1	曹不兴	约 238—250 间作画	亦作弗兴,吴兴人,流寓吴门。东吴赤乌间(238—250)于孙权处作画,擅人物,多写释道人物,是我国寺院壁画之始祖。
2	顾恺之	约 345—409	字长康,小字虎头,无锡人,曾于吴门任通直散骑常侍。擅作佛像、人物、山水、走兽、禽鸟,其《女史箴图》是迄今已知的我国古代画家最早的存世作品。
3	陆探微	约 420—485	吴人。南朝宋画家,善画人物山水,兼工蝉雀鞍马,下笔连绵不断,细微精妙。
4	顾骏之	约 420—479 间作画	吴人。南朝宋画家,善画释道人物。
5	陆绥	约 440—480 间作画	陆探微子,善画佛像人物,名重一时,运体遒举,风采飘然。
6	陆弘肃	约 445—485 间作画	陆绥胞弟,从父陆探微学画。
7	顾宝光	约 454—465 间作画	吴人。善画,法陆探微,亦善行草书。
8	顾景秀	约 454—465 间作画	吴人。善人物、禽兽虫草。
9	陆杲	459—532	字明霞,吴人。南朝梁画家,官至光禄大夫,少好诗学,工书画。
10	陆整	约 502—557 间作画	吴人。南朝梁画家,善写山水人物。
11	张僧繇	约 502—519 间作画	吴人。武帝天监(502—519)中为直秘阁知画事,擅释道人物,亦善画龙、鹰、花卉及山水,所绘作品秀骨清像,尤善点睛,有"画龙点睛"之誉。
12	张善果	约 502—519 间作画	一作张果。张僧繇子,承庭训,善画人物,时有与父合作而乱真于父。
13	张儒童	约 502—519 间作画	张僧繇子,张善果弟,善画人物,与兄善果同师父。
14	顾士端	约 502—557 间作画	吴人。南朝梁画家,镇南府刑狱参军,有琴书之艺,尤妙丹青。

(续表)

序号	姓名	生卒年或创作时间	简 介
15	顾野王	519—581	吴人。南朝梁、陈画家,文学家,工人物,尤善草虫。
16	郑法士	557—618	吴人。北周时为建中将军,入隋授中散大夫,师张僧繇,善画释道人物。
17	孙尚子	约560—610间作画	一作尚孜,北周末、隋初画家,吴人。官至建德县尉,工画人物,多写鬼神,灵参酌妙。
18	陈善见	约581—618间作画	吴人。隋画家,学郑法士法,道媚温润,善画人物。
19	刘乌	约581—618间作画	吴人。郑法士弟子,善画人物。

三、画种初成

唐宋在中国绘画史上是一个非常重要的发展阶段,山水画、花鸟画分别从人物画中脱胎而来,各自成为一个独立画种。当时一些重要画家和理论均出现在江南,其中最为突出的为张璪。张璪生存年代大致与大诗人王维同期,"安史之乱"时,他与王维同陷叛军;玄宗回京后,又与王维同被囚于宣阳里,后又同被赦免。受王维水墨画的影响,张璪创"破墨法",工写树石,他"外师造化,中得心源"的思想显示了画家对绘画艺术深刻的理解与思考,与顾恺之"亦形写神,迁想妙得"的主张一脉相承,都是中国绘画美学思想中的重要命题。张璪作画的方式很别致,唐人朱景玄在《唐朝名画录》中记载,张作画时"尝以手握双管,一时齐下,一为生枝,一为枯枝,气傲烟霞,势凌风雨"(于安澜:《画品丛书》,上海人民美术出版社,1982年),这"双管齐下"的作画技法,表现了一个吴门才子豪放不羁的性情和烂熟于心的绘画技巧。

与张璪同时的还有吴门画家杨惠之,他与大画家吴道子同时学画,远师张僧繇,号为画友,后改攻雕塑,时有"道子画,惠之塑,夺得僧繇神笔路"之说。他创塑壁技法,形模如生,其雕塑作品被当时称为"天下第一、古今绝技"。他曾为京兆府太华观、汴州大相国寺、北邙山老君庙等许多寺观雕塑作品,其中他为家乡苏州雕塑的作品就有甪直保圣寺的十八罗汉(现仅存九尊)。

唐代吴门画家还有顾况、滕昌祐、朱审、严杲、罗塞翁、杨德本、程仪等,其中滕昌祐、罗塞翁生于唐末,生存时段已延跨至五代了。

宋代以后,中国绘画进入全兴时期,作为最晚出现的独立画种之山水画已趋于成熟,有董源、巨然、范宽、李成、马远、夏圭等一大批光耀画史的大师。而吴地绘画艺术发展似乎平淡了许多,如丁谓、何充、朱象先、沈鉴、徐弁、毕生、张经、单邦显、冯大有、毛兴等人,其中大都是处士秀才,画的是人物、虫草之类。客居吴门的文人中不乏名家。苏轼在苏时,与释友诗唱词咏,飞觞酬墨,为吴地留下许多书画精作。米芾中年寓居苏州,虎丘、穹窿山至今都留存有他的笔迹。其子米友仁,从小随父亦居吴门。米芾父子(史称"大米""小米")创造了"米点皴",用于表现江山云霭,他们是中国山水画发展史上的两个重要画家。南宋时,有赵伯驹、赵伯骕昆仲寓居吴门,他们是宋太祖七世孙,都擅画青绿山水和界画。赵伯骕曾画天庆观图样送呈宋孝宗,帝喜之,令以样建之。这就是目前中国南方保存最完整的木结构宫宇"玄妙观"。

表 15-2　唐宋时期吴门画家表

序号	姓名	生卒年或创作时间	简　介
1	杨德本	约 684—710 间作画	吴人。唐中宗时画家,善杂画。
2	严杲	约 702—722 间作画	吴人。善杂画,与杨德本、周古言同时。
3	张璪	约 761—801 作画	一作藻,字文通,吴人。善画树石山水,丰疏清朗,高低秀绝,用笔巧妙,能握双管,一时齐下。
4	程仪	776 前后作画	字伯仪,冀州(今河北省)人。流寓吴,为医博士,善画人物。
5	杨惠之	约 712—742 间作画	吴人。唐开元时,与吴道之同名于世,善塑作人物,原作仅存甪直保圣寺泥塑罗汉。
6	严杲	约 702—722 间作画	吴人,善杂画,与杨德本、周古言同时。
7	顾况	不详	字逋翁,吴人。肃宗至德二年(757)进士,官至著作郎,画师王墨,善山水,落笔有奇趣。
8	朱审	约 780—783 前后作画	吴郡人,一作吴兴人。善山水人物竹木。德宗建中(780—783)时以善画山水、人物驰名,居长安时与王维同列《唐朝名画录》中"妙品上"。
9	滕昌祐	约 873—904 间作画	字胜华,吴人。唐末五代画家。广明元年(880)黄巢攻入长安,随唐僖宗避乱入蜀。善画花鸟蝉蝶,下笔轻利,敷彩鲜妍。

(续表)

序号	姓名	生卒年或创作时间	简介
10	罗塞翁	约948—978间作画	号隐子,钱塘人。寓吴,擅丹青,笔精妙。
11	丁 谓	992前后作画	字公言。淳化三年(992)进士,善图画,喜诗,博弈音律。
12	毕 生	1005前后作画	代州人,寓居苏州。善牡丹。姚亨岳丈。
13	姚 亨	1025前后作画	苏州人。善画牡丹。
14	米 芾	1051—1107	字元章,号襄阳漫士。襄阳人,迁润州(今镇江),曾居吴门。官至礼部员外,书画均名重一时。山水突破勾廓,创"茄子点"皴之法,以水墨渲染,世称"米点皴"。
15	米友仁	1074—1153	字元晖,米芾子,世称小米。幼时随父居吴门,擅画山水,点缀云烟。
16	张 经	约1071前后作画	一作泾,吴人。善画翎毛。
17	何 充	约1078—1086间作画	姑苏人,秀才。宋神宗元丰(1078—1086)时以工写肖像著名。
18	徐 弅	约1106前后作画	苏州处士,善山水。
19	赵伯驹	1120—1182	字千里,吴人。宋太祖赵匡胤七世孙,宋高宗(1127—1163)时官至浙东路钤辖。善青绿山水,画风富丽秀雅。
20	赵伯骕	1124—1182	字希远,伯驹弟,吴人。曾画苏州天庆观样送呈宋孝宗,帝令以样建造(即今玄妙观)。
21	单邦显	约1147前后作画	吴县人。善山水,学画于赵伯驹兄弟,其林木不及其师,花卉蜂蝶粗可仿佛。
22	龚 开	1222—1304	字圣与,淮阴人。宋理宗时(1225—1264)任两淮制置监之职,宋亡后潜居吴门,卖画自给,工人物、山水、鞍马,尤喜画墨鬼,用笔厚重,形象奇特。
23	郑思肖	1241—1318	字忆翁,福建连江人。宋亡后隐居于吴,善画墨兰。
24	冯大有	南宋末年作画	号怡斋,寓居吴门。善画山水,尤精于画莲,用笔细腻。

四、文人画兴起

元统治者入主中原,使中国的社会政治格局发生了深刻的变化,汉族知识分子在元统治压力下,情绪十分低落与压抑,有的在宋亡后逃离政治舞台,潜居吴门,卖画为生(如郑思肖、龚开);有的浪迹湖泖,远离尘世,过着隐士的生活。很多人用写字的笔来绘画山水、花鸟和人物,以排遣、散发心中那种无可奈何的寂寞情绪,以理性的"格物"态度来观察、认识客观世界;他们逸笔草草、不求形似、聊以"自我表现式"的"言志",日益明确地成为绘画的主要宗旨。尤其赵孟頫主张"书画本同"的理论,有意无意地在绘画表现技法方面拓展了一片新天地。而宋代苏东坡等文人所提倡的"文人画",在元代的江南地区才真正开始得到了响应。

元代文人画家主要集中在江浙一带,所谓"元四家"(黄公望是常熟人,来苏州传教;倪瓒是无锡人,常居苏州狮林寺和甪直;王蒙是湖州人,在苏州做官;吴镇是嘉兴人,云走吴门,测字相命)全部生活在苏州及周边地区。黄公望的人生经历较为曲折复杂,九岁时宋亡入元,中年才谋得"浙西宪吏"的小官,后在大都(今北京)任职时因上司连累入狱,开释后入全真道,先后于浙江和苏州开设"三教堂",云游于虞山、天池山诸名胜,泛舟于太湖与富春江。他才华横溢,工书法、通音律、精绘画,山水宗董源、巨然,以"笔意旷达、简远苍茫"之情,开创了一代画风,对后世(尤其是一百年后的沈周)影响巨大。他的代表作《富春山居图》长卷,是中国绘画史上灿烂的一页。王蒙是大书画家赵孟頫的外孙,元末张士诚踞吴时,特来投奔为吏;入明后,因宰相胡惟庸案牵连入狱,冤死牢中。他的山水画峰峦繁密,草木华滋,尤其他创造的"解索皴",丰富了山水画的绘画语言,对明代的沈周、清代的"四王"影响深远。他画了《具区林屋洞》等一大批苏州景色的山水画,是吴地一笔宝贵的文化遗产。

与黄公望同时或稍后活跃在吴地的元代画家,除了"元四家"倪瓒外,还有朱德润、朱玉、陆广、陈植、朱叔重、李立、金璧、张观、赵安道、唐棣、顾逵、柯九思等,他们或取法黄公望,风格清淡,意境旷远;或写山林泉石、幽篁怪木,各尽其志,展现了元代文人画多姿多彩的美丽画卷。

表 15-3　元代吴门画家表

序号	姓名	生卒年或创作时间	简　介
1	张逊	1297前后在世	字仲敏,号溪云,吴人。善用双钩法画竹,兼工山水,学巨然法。
2	颜直之	1250—1310	字方叔,号乐闲,吴人。善人物。
3	赵孟頫	1254—1322	字子昂,号松雪,宋太祖十一世孙。善书,好画山水,尤善画马。

(续表)

序号	姓名	生卒年或创作时间	简介
4	黄公望	1269—1354	字子久,号一峰,又号大痴。原姓陆,名坚,后过继浙江永嘉黄姓为子,平江(今苏州)常熟人。山水学董巨,能变其法,自成一宗。
5	顾 安	1289—1365	字定之,号迂纳居士,平江(今苏州)人,居昆山。善写竹,用笔润泽焕烂,遒劲挺秀。
6	柯九思	1290—1340	字敬仲,号丹丘生,仙居人,流寓吴。善画竹,得文同法。笔墨沉着苍秀,竹叶浓淡相间,清秀向上伸展。
7	陈 植	1293—1362	字叔方,号慎独,吴人。所作山水,山林泉石、幽篁怪木,各尽其态。
8	朱德润	1294—1365	字泽民,睢阳(今河南商丘)人,因避兵灾迁于吴。善山水,初学许道宁,后宗郭熙。
9	唐 棣	1296—1364	字子华,湖州人。官至吴江知州,寓吴门。善画,山林烟霭,阡陌清旷,富乡村情趣。
10	倪 瓒	1301—1374	字元镇,号云林、幼霞,无锡人,游于吴。善山水。创"折带皴"以写山石,所作多取材太湖景色。
11	王 蒙	1308—1385	字叔明,号黄鹤山樵、香光居士,吴兴人。张士诚踞吴时曾来苏为官。善山水,写景稠密,林岚郁茂。
12	赵安道	1321前后作画	号西林,吴人。善山水。
13	顾 逵	1333前后作画	字用道,吴人。工画山水、人物及写照。
14	王立中	1341前后作画	字彦强,四川遂宁人,寓吴。善诗能画,曾与王蒙合作《破窗风雨图》。
15	王伯时	1341—1368	苏州人。善画竹,早岁师张逊。
16	朱叔重	1365前后作画	一作叔仲。工书画,擅山水,多用点子作皴,简淡古雅。
17	束宗庚	1350前后作画	字章孟,苏州人。善人物。
18	李 立	1350前后作画	吴人。多效唐小李将军法,为顾阿瑛作《玉山雅集图》。
19	金 壁	约1350—1380间作画	字润夫,吴人。山水学马远。
20	陆 广	1350前后作画	字季弘,号天游生,吴人。善山水,笔仿黄公望、王蒙,轻淡苍润,萧疏有致。
21	张 观	1350前后作画	字可观,枫泾(今嘉善)人,寓吴。善山水,师法马远,古劲清润。
22	赵 原	?—1376	字善长,号丹林,莒城(今山东莒县)人,寓吴。山水师董源,近法王蒙,喜枯笔浓墨,苍郁雄丽。

五、吴门画派

1368年,朱元璋建国甫定,即恢复宋制,建立画院。中国历史上还没有一个开国皇帝像他那样热心和重视绘画艺术的,客观而言,他为整个明朝的文化复兴开了个好头。但由于朱元璋性格的两重性,他重视文化,却又因张士诚踞苏称王受到拥戴而迁怒于吴人,对吴地的文人采取了十分严酷的态度,强行移民和对文人施暴。明初期,如赵原、王蒙、杨基、陈汝言、周位、徐贲这一大批很有才华的吴门画家,都因各种各样的缘由下狱,冤死于洪武间。到永乐时,随着迁都北京,苏州逐渐远离政治中心,吴地文人受到的高压态势才有所改变。特别是到了宣德年后(宣德皇帝朱瞻基本身就是个艺术修养很高的画家),形势大有好转。

明代初期,由于恢复宋制,画坛崇尚南宋画风,不管是在宫廷还是民间,以情绪激愤、气势刚拔为特色的"浙派"与"院体派"占据统治地位,吴门画家中王履、夏昶、宋克等以及稍后的周臣(唐寅的老师)都坚持"南宋院体"画风,并都取得了很高成就而为吴门画史增光。

吴地又是元代"文人画"发祥地,虽旧朝已去,而文魄不散,明代仍有不少吴地画家还继续浸淫在元代文人画风之中。他们大多为饱学之士,有着深厚的文学艺术修养,其文学功底远远超过他们的绘画造型技巧,他们是真正意义上的文人画家。如谢晋、杜琼、刘钰、沈澄(沈周祖父)、沈贞(沈周伯父)、沈恒(沈周父)、陈暹等一大批文人名士以画名活跃在苏州文坛上,他们强调人品、学问、才情和思想等要素,作品多为寄兴抒情之作,追求主观情趣的表现。然而这种以笔墨情趣为主的"吴中文人画",虽然赢得市民阶层的拥护和承认,但艺术还未得到再三锤炼,这些画家的创作水平也有局限,力量也偏弱,还不足以与当时画坛主流绘画风格的"院体派""浙派"匹敌。不容置疑的是,他们清新雅逸的画风显示了绘画改革的方向,他们是"吴门画派"的先驱。等到弘治前后,杜琼的弟子、沈恒的儿子——沈周出现,以及他所带领的弟子文徵明、唐寅及稍后的仇英等一大批优秀画家相继涌现,"吴门画派"终于以令人叹服的绘画技艺和雅韵秀逸的艺术品位登上中国画坛,并且成为明代绘画的主流形态。

"吴门画派"开山人物沈周,出身于吴中风雅望族。曾祖沈良琛善鉴赏书画,与"元四家"王蒙为至交。祖父沈澄擅长诗文、绘画,名重一时。伯父沈贞、父沈恒皆师从杜琼,擅长书画。沈周自幼聪明过人,七岁即从学问渊博的陈宽学文,从父学画,后又拜同里赵同鲁为师,及长再复师太老师杜琼,众多名师的指授为沈周打下了良好的绘画基础。他一生勤奋好学,淡泊自如,虽学富五车而终生不仕,虽未享厚禄却赢得世人爱戴。他善画山水、花卉,亦善画人物,但成就最高的还是山水画。早期师法王蒙,所作谨细缜密,称"细沈";晚年师法黄公望、吴镇,所作都粗简,且多大幅,称"粗沈"。在明代画家中,沈周是成就最高的一位,《吴郡丹青志》称沈周"其画自唐宋名流及胜国诸贤,上下千载,纵横百辈,先生兼总条贯,莫不揽其精微",把沈周推到"先生绘事为当代第一"的崇高地位。

"明四家"的另外三人——文徵明、唐寅、仇英,有的是沈周的嫡传弟子,有的受到沈周的指导,尽管他们的年龄、辈分、人生际遇有着差别,但他们通过努力,都从不同路径走到了艺术最高层。"明四家"是中国明代绘画史上的四座高峰。

明代中期,与"明四家"同时和身后的吴门画家灿若星河,如祝允明、王宠、张灵、陈淳、文彭、文嘉、文伯仁、陆治、谢时臣、周之冕、钱榖、王榖祥、周天球、陆师道、居节、朱朗等等,他们中有不少是文徵明的子侄辈和弟子,他们得到了文徵明的亲授,以"沈、文"为特征的"吴门画派"艺术精髓在他们身上得到延续。正因为如此,在晚期时(指万历后期至崇祯年间),随着大师的远离,"吴门画派"虽有所式微,但并未衰落,吴门画坛上仍有程嘉燧、孙枝、袁尚统、尤求、李士达、张宏、王维烈、盛茂烨、仇珠、文俶等名家涌现,还有张复、陈裸等百余中小名家著录于重要的美术史著作之中,存世作品汗牛充栋,多收藏于大内与民间。苏州作为一个非故都的城市,在明代竟如此群星璀璨,实罕见其匹。

表15-4 明代吴门画家表

序号	姓名	生卒年或创作时间	简　介
1	杨　基	1326—1378	字孟载,号眉菴,由蜀入吴。洪武时仕至山西按察使。与高启、张羽、徐贲号"吴中四杰",善山水竹石。
2	宋　克	1327—1387	字仲温,号南官生,长洲人。洪武初任凤翔同知。善写竹,虽寸岗尺埜而万玉千篁,气象不凡,与高启等称"十友"。
3	陈汝言	1331—1371	字惟允,号秋水,陈汝秩弟,与兄自赣来吴。山水宗赵孟頫,与王蒙契厚。曾为张士诚参军,洪武初坐牢死。
4	王　履	1332—？	字安道,号畸叟、奇翁、抱独老人,昆山人,流寓吴。以医术著名,亦精绘事,尤擅山水,师法马远、夏圭,行笔坚硬、挺拔峻险。
5	姚广孝	1335—1418	幼名天禧,长洲人。元至正间为僧,法号道衍。入明还俗,成祖赐名广孝,字斯道。靖难后为太子太师,主编《永乐大典》。能诗工书,善写墨竹,潇洒飘逸。

(续表)

序号	姓名	生卒年或创作时间	简介
6	钱叔昂	约1350—1380间作画	吴郡人。洪武时以善画山水名世。
7	虞堪	约1350—1377间作画	字克用,一字胜伯,吴人。官至云南府学教谕。能山水。
8	徐贲	1355—1393	字幼文,号北郭生,祖籍巴蜀,自毗陵迁吴。洪武间累官河南布政。善山水,宗董源、巨然,点染山泽林泉,亦长墨竹。
9	陈继	1361—?	字嗣初,陈汝言子。父殁甫十岁,刻苦诵读,永乐时中举,以文章擅名。写竹称奇,自成一家,夏昶、张益皆师事之。
10	周砥	1368前后作画	字履道,号东皋,别号匊淄生,吴人,寓无锡。元遗民,明洪武年以人才授国州判。山水似黄公望、王蒙。
11	王行	1370前后作画	字止仲,号半轩、楮园,吴人。避迹石湖,因善泼墨山水,人称"王泼墨"。
12	沈澄	1375—?	字孟渊,长洲人。以诗名,工画,永乐年入宫廷任职,后引疾返吴。其父沈良琛,子沈贞、沈恒,孙沈周皆精翰墨,名满吴门。
13	夏昶	1388—1470	初姓朱,后更姓夏,字仲昭,号自在居士,昆山人,流寓吴。永乐进士,仕至太常寺卿。擅写墨竹,疏密偃直,落笔洒脱。
14	苏复	1390前后作画	字性初,长洲人。师盛子昭,善山水。
15	杜琼	1396—1474	字用嘉,号东原、鹿冠道人,长洲人。工诗文,旁及翰墨,精山水,师法董源、王蒙,多用干笔皴擦,淡墨烘染,细润秀逸,开吴门画派先声,沈恒、沈周父子皆出其门。
16	蒯祥	1397—1481	吴人,香山木工。仕至工部侍郎,能画,精营缮,主持修筑紫禁城主殿,宪宗时称"蒯鲁班"。
17	沈贞	1399—1482	字贞吉,号南斋、陶然老人。沈澄长子,师从杜琼,法董源。
18	陈汝秩	?—1385	字惟寅,江西庐山人。元末避兵灾来吴,与高启辈啸歌于朱勔故居朱家园。工画,有李思训之标致。
19	王宾	1403前后作画	字仲光,号光庵,吴人,居木渎,晦迹不仕。善山水,曾于天平山作《龙门春晓图》而知名于世。
20	王燧	1403前后作画	字汝玉,后以字行,号青城山人,遂宁人,流寓吴中。永乐时为翰林检讨,工诗文兼长书画。
21	范暹	约1403—1424间作画	字启东,号苇斋,吴人,一作昆山人。永乐中征画院,花卉翎毛笔致俊逸。

(续表)

序号	姓名	生卒年或创作时间	简 介
22	沈迈	约1403—1450间作画	字公济,明初画家,历永乐、宣德、正统三朝。山水师法马远、夏圭,浅降丹青,晚工雪景。
23	陈暹	1405—1496	字季昭,号云樵,吴人。师从吴江画家陈公辅,善设色山水,笔墨畅茂,唐寅业师周臣出其门下,与杜琼称至交。
24	徐有桢	1407—1472	字元玉,号天全,吴县人。宣德癸丑(1433)进士,仕至兵部尚书,因助英宗复辟帝位而封勋。善画山水,清雅不凡。其外孙祝枝山名重文坛。
25	沈恒	1408—?	字恒吉,号同斋,沈澄次子,沈周父,师从杜琼,法董源。
26	刘珏	1410—1472	字廷美,号完庵,长洲人。郡守况钟闻其才荐为吏。善山水,笔法师董源、巨然、吴镇,绵密幽媚,沈周亦出其门。
27	谢缙	1419—?	字孔昭,号叠山,兰亭生,吴人。以绘事贡京师,山水宗王蒙、赵原,笔墨浑厚,皴染繁密,永乐宣德间作画。
28	赵同鲁	1423—1502	字与哲,长洲人。善画山水,沈周之师。
29	沈周	1427—1509	字启南,号石田,沈恒子。师从杜琼、刘珏,诸画皆善,习唐宋名流,上下千载,纵横百辈,传文徵明、唐寅,为吴门画派鼻祖。
30	张祝	1430前后作画	字起韶,号赐闲,长洲人。工画竹石。
31	胡居仁	1434—1484	字叔心,江西人,寓吴。善山水。
32	朱存理	1444—1513	字性甫,长洲人。正德年间知名画家,博学能文,精鉴别,富收藏。
33	叶晖	1450前后作画	字茂初,吴人。沈周之父沈恒之门生。
34	周臣	1460—1535	字舜卿,号东树,吴人。学画于陈暹,善山水、人物。"吴门四家"中唐寅、仇英咸出其门。
35	祝允明	1460—1526	字希哲,号枝山,长洲人。工书狂草,尤臻妙境,为当时第一。文章有奇气,海内景仰,画偶作,更名贵。与唐寅、文徵明、徐祯卿并称"吴中四子"。
36	徐霖	1462—1538	字子仁,号九峰道人,长洲人。正德十四年(1519),武宗赏其才,赐一品服。工花卉及松竹礁石,皆奕奕有致。与沈周善。
37	沈豳	1465前后作画	字翔南,沈周弟。善山水,有家法。
38	周琇	1465前后作画	字公瓒,长洲相城人。学画于沈恒(沈周父)。
39	胡明远	1467—1544	字子迁,胡居仁子。亦善山水。
40	文徵明	1470—1559	初名壁,以字行,号衡山,长洲人。学画沈周,学书李应祯,学文吴宽,与唐寅、祝允明、徐祯卿并称"吴中四子",与沈周、唐寅、仇英并称"明四家"。

(续表)

序号	姓名	生卒年或创作时间	简介
41	唐寅	1470—1523	字子畏,一字伯虎,号六如居士,吴人。弘治戊午(1498)举应天(南京)解元。画师周臣而青出于蓝,凡山水人物、花鸟无一不精,工诗文,书宗赵孟頫,时称江南第一风流才子。
42	徐琳	1473—1549	字穉云,号酉山,长洲人。善山水花卉,秀润清朗,与沈周友善。
43	赵武	1480前后作画	字训夫,长洲人。弘治中为大理寺正,善画花鸟,尤工芙蓉、松菊。
44	陈淳	1483—1544	字道复,号白阳山人,长洲庠生。文徵明弟子,山水清雅疏爽,花鸟淋漓深趣,书法篆籀,诗文臻妙,后人将其与徐渭并称"青藤白阳",对后世影响巨大。
45	谢时臣	1487—1567	字思忠,号樗仙,吴人。山水得沈周法,长卷巨幛,纵横自如。
46	都卬	1488前后作画	字维明,号豫庵,吴中才子都穆之父。博学多艺,乘兴画梅,写意天然。
47	张灵	约1490—1510间作画	字梦晋,吴县人。善山水人物,间作竹石花鸟,笔秀绝尘,善诗,与唐寅为邻,志气雅合,放浪形骸。生于成化,卒于正德初,不惑而殁。
48	王宠	1494—1533	字履吉,号雅宜山人,吴人。工书,文徵明后推为第一,善山水,却不以画名。其子娶唐寅独女为妻。
49	陆治	1496—1575	字叔平,居吴县包山,号包山子。游文徵明、祝允明之门,擅花鸟,工写俱得生趣,山水仿宋人,多用焦墨皴擦。晚年贫甚,隐支硎山。
50	仇英	约1498—1552	字实父,号十洲,太仓人,移居吴门。出周臣门下,善画山水、仕女、花卉,尤喜作工笔青绿山水,山水楼观无不静雅,为"明四家"之一。
51	文彭	1498—1573	字寿承,号三桥,文徵明长子。授秀水训导,国子监博士。善写墨竹,亦工山水,风格类父,精篆刻,为吴门印派开山鼻祖。
52	朱贞孚	约1500—1560间作画	字宏信,号少崖,长洲人。景宁教谕。善画,师舅父谢时臣。
53	王穀祥	1501—1568	字禄之,号酉室,吴人。嘉靖四十四年(1565)进士,官至吏部员郎,后辞官家居。擅书画篆刻,重写生,精研花卉。
54	文嘉	1501—1583	字休承,号文水,文徵明仲子。承家学,能诗、工书,善画山水,画风类父。
55	文伯仁	1502—1575	字德承,号五峰,文徵明侄。善画山水,效王蒙而不失家学。

(续表)

序号	姓名	生卒年或创作时间	简 介
56	吴廷孝	约1506—1522间作画	吴县人。与唐寅同时,善花卉,早逝,画迹少。
57	朱 鹤	1506—1566	字松邻、松龄,吴县人,后徙嘉定。精篆刻,善书画。
58	陈 柱	约1506—1550间作画	吴人。与陆治同时,善花鸟。
59	钱 榖	1508—1578后	字叔宝,号磬室,长洲人。文徵明弟子,山水爽朗清雅,书、诗文俱得师法,名重一时。
60	朱 纶	1510前后作画	字理之,吴人。与唐寅同时,山水亦类之。
61	周天球	1514—1595	字公瑕,号幼海、六止生,长洲人。善花卉,写兰草法赵孟頫,飞舞入妙。少从文徵明,以画名世。
62	顾仁效	1515前后作画	吴人。武宗时结庐阳山下,不求仕进,擅作山水人物。
63	周 官	1516前后作画	字懋夫,吴人。与张灵同时,善山水人物,白描尤精绝。
64	陆师道	1517—1580	字子传,号元洲,更号五湖,长洲人。嘉靖十七年(1538)进士。师从文徵明,用笔简淡,逼肖倪云林。
65	仇 珠	1520前后作画	太仓人,迁居吴门。仇英之女。自幼从父学画,工画人物仕女,细密艳丽,精致秀逸。
66	文 台	1520前后作画	字允承,号祝峰。文徵明叔子,善画山水,惜早殁。
67	周之冕	1521—?	字服卿,号少谷,长洲人。写意花鸟撮陈淳、陆治二家之长,设色鲜雅,富有神韵。
68	尤 求	1522—1573	字子求,号凤丘、凤山,长洲人。工山水,尤长佛像人物。
69	王復元	约1522—1562间作画	字雅宾,长洲人。善画花鸟,学陈淳,山水学陆治。
70	王延龄	约1522—1562间作画	字子久,号少溪,吴人。太师王鏊第三子,善山水。
71	王问臣	约1522—1562间作画	字正叔,号剡川,长洲人。嘉靖四十一年(1562)进士,仕至河南按察使。长诗文,善书画。
72	沈 光	约1522—1567间作画	字全卿,吴人。仇英之侄,善画人物。
73	沈 硕	约1522—1567间作画	字宜谦,号龙江,吴人,后寓金陵。善画山水,远仿刘松年,近效唐寅、仇英。
74	吴 枝	约1522—1567间作画	字延孝。花鸟师陈淳。

(续表)

序号	姓名	生卒年或创作时间	简 介
75	周治	1522—1566	字之治,吴人。工写诗歌,间涉绘事。
76	叶澄	约1522—1567间作画	字源静,一作元静,吴人。山水仿北苑,师法戴进,嘉靖间曾作《雁荡山图》卷。
77	顾闻	约1522—1550间作画	字行之,号九峻山人,吴人。嘉靖中以画名。
78	居节	1524—1585	字士贞,号商谷,西昌逸士,吴县人。少时从文嘉学画,文徵明惊见其笔,遂授以法,山水气象简远,有宋人韵致。
79	陈粲	1524—?	字兰谷,号雪庵、道光、云谷子,长洲人。花鸟法宋人。
80	蒋乾	1525—1600	字子健,金陵(今南京)人,隐居吴门。画家蒋嵩子,善山水,不类父风。
81	陈天定	1525前后作画	字定之,长洲人。儒雅善画,山水人物花卉皆胜。
82	张燕翼	1530前后作画	字叔诒,长洲人。善画幽兰竹石,能书工诗,与兄凤翼、弟献翼是嘉靖间名闻文坛的"吴中三张"。
83	陈栝	1534前后作画	字子正,号沱江,陈淳子。笔似其父,善画花卉,笔致纵逸,放浪有生趣,惜其年不永,先父而亡。
84	李士达	1540—1621	字通甫,号仰槐,吴县人,万历年间隐居吴中新郭。善画人物山水,喜用变形与夸张手法,画风独特。
85	侯懋功	1541前后作画	字延赏,号夷门,吴人。山水师钱穀,得文徵明法,疏淡清雅。
86	皇甫濂	1544前后作画	字子约,一字道隆,长洲人。嘉靖二十三年(1544)进士。与张凤翼先后著名吴中,绘花卉木石,并臻佳绝。
87	张复	1546—1631	字元春,号苓石,太仓人,寓吴。从钱穀学山水,有出蓝之誉。
88	朱朗	1548前后作画	字子朗,号清溪,长洲人。文徵明弟子,以写花卉擅名,亦工山水,仿文徵明几可乱真。
89	朱凯	1548前后作画	字尧明,长洲人。善画工诗,与朱存理齐名,人称"二朱"先生。
90	顾祖辰	1550前后作画	字子武,世居吴门临顿里。常作小诗及书画自娱,与文彭友善。
91	居懋时	1550前后作画	居节子,善画。
92	朱鹭	1553—1632	初名家栋,字白民,号西空居士。吴诸生,善写竹。
93	文元善	1554—1589	字子长,号霓丘。文嘉子,善书画,得家法。

(续表)

序号	姓名	生卒年或创作时间	简 介
94	钱 贡	约1560—1610间作画	字禹方,号沧州,吴县人。文徵明弟子,山水烟浮远岫,亦写人物,仿唐寅,嘉靖万历间作画。
95	薛虞卿	1560前后作画	河东籍,迁居吴。文徵明外甥,山水得舅指授。
96	强存仁	1560前后作画	字善良,吴人。山水得黄公望笔意,写兰效周天球。
97	陈 祼	1563—1630	初名瓒,字叔祼,号白室,以字行。山水宗赵孟頫、文徵明,善楷书,晚年遁迹虎丘山。
98	郁乔枝	1563前后作画	吴人,周之冕婿,师翁花鸟,擅名于世。
99	杜元礼	约1567—1620间作画	吴人。山水追文、沈、唐三家。
100	杜大绶	约1567—1620间作画	字子纡,吴人。善画山水、兰竹,笔墨淳雅。
101	浦 融	约1567—1620间作画	字通侯,吴县人。善摹古画,书学晋人。
102	葛一龙	1567—1640	字震甫,吴县人。能诗,善写生,有陈淳风。
103	袁尚统	1570—1661	字叔明,吴人。山水浑厚,善写太湖波涛,人物野放,得宋人笔意,入清后至顺治间仍有作品问世。
104	王 衍	1570前后作画	字素园,长洲人。崇祯时自称百岁老人。善写墨菊。
105	孙 玮	1570前后作画	号松溪翁。工山水。
106	王心一	1573前后作画	字纯甫,号元渚、元珠,吴人。万历进士,官至刑部左侍郎。善山水。
107	王中立	约1573—1620间作画	字振之,号子正、子和,吴人。明万历年画家,善花鸟,笔力苍老。
108	沈继祖	约1573—1620间作画	字公绳、宜孙,吴人。善画山水。
109	薛素素	约1573—1620间作画	女,一名薛五,字润娘、润卿,号雪素,长洲人。万历间居京师,能诗善画,尤长写墨竹,间作山水、人物、兰石,各具意态。
110	岳 岱	1573前后作画	字东伯,号漳余子。好游,历访名山,善画山水。
111	周道行	约1573—1620间作画	吴人。万历间以绘事名世,山水人物,布景似张宏。
112	文从简	1574—1648	字彦可,号枕烟老人,长洲人,文嘉孙。崇祯十三年(1640)拔贡,入清不仕,以书画自娱,善山水,得家法。

(续表)

序号	姓名	生卒年或创作时间	简介
113	卞文瑜	约1576—1671	本姓徐,后因有避,改姓卞,字润甫,号浮白,长洲人。擅画山水,布局结构强调笔墨风趣。
114	张 宏	1577—1652后	字君度,号鹤涧,吴人。师法沈周,善山水,峭劲秀雅。
115	朱昌孙	1580前后作画	字庆余。朱朗子,能画,有父风。
116	朱 竺	1580前后作画	朱贞孚子,工山水。
117	盛茂烨	约1580—1620间作画	一名煜,号念庵,长洲人。善山水,山头高耸,精工典雅。
118	张元举	1580前后作画	字懋贤,号五湖。陈淳外孙,善画,气韵生动,得外祖真传。
119	钱 序	1580前后作画	字次甫。钱榖之子,善山水,有文韵。
120	周顺昌	1584—1626	字景文,号蓼洲,吴人。万历癸丑进士,官擢文选郎。天启丙寅(1626)因忤魏忠贤而逮死狱中,为明季中流砥柱第一人。工墨兰,间写山水。
121	沈 颢	1585—？	字朗倩,号石天。善山水,效沈周,亦精研画理。
122	文震亨	1585—1645	字启美,文徵明曾孙,天启乙丑(1625)恩贡。官至英武殿给事。工诗、书画,咸有家风。
123	汤时倬	约1587—1620间作画	字廉夫,吴人。隆庆万历间以画名世。
124	张龙章	约1590—1630间作画	字伯龙,号古塘。善画人物骏马,亦工山水。
125	张 翮	约1590—1630间作画	字凤仪,长洲人。善人物山水,精细工整,设色秀雅,得元人遗韵。
126	谢道龄	约1590—1630间作画	字彬台,一作邠台,吴人,寓江宁。善山水花鸟。
127	戴 缨	约1590—1620间作画	字清之,长洲人。水墨梅鹊颇得生趣。
128	邵 弥	1592—1642	字僧弥,号瓜畴。山水学荆浩、关同。
129	陈元素	约1595—1630间作画	字古白,长洲人。工山水,尤擅墨兰,有楚畹清芬之致。
130	文 俶	1595—1634	字端容,长洲人。文徵明玄孙女,善花卉虫草。
131	王维烈	约1599—1644间作画	字无竞,吴人。游周之冕之门,工花鸟,妍丽工整,笔致苍拙。

019

(续表)

序号	姓名	生卒年或创作时间	简介
132	王綦	约1599—1644间作画	字履若,王穉登之孙,吴诸生。工山水,杜门以画自娱。
133	文从昌	1600前后作画	字顺之,号南岳,文伯仁孙。善书画,得家法。
134	文从忠	1600前后作画	号华岳,文伯仁孙。善书画,得家法。
135	郭存仁	1600前后作画	字水村,江宁(今南京)人,寓吴。善山水人物,喜用秃笔勾勒,作《金陵胜景图》。
136	陈遵	1600前后作画	字汝循,嘉兴人,迁居吴门。写花鸟如生,海内鉴赏家不惜重金购之。
137	陈焕	1607前后作画	字千文,号尧峰,吴人。山水苍老空远,得宋元法脉。
138	吴士冠	1609前后作画	字相如,吴人。善山水花卉。
139	陆士仁	1611前后作画	字文近,号澄湖、承湖。陆治子,书画宗文徵明,山水雅洁有父风。
140	王声	1618前后作画	字遹骏,吴人。工画仕女。
141	王宏卿	1620前后作画	长洲人,寓南京。
142	文从龙	1620前后作画	字梦珠,号三楚,文从昌弟。崇祯壬午(1642)孝廉,善山水。
143	朱质	1620前后作画	字吟余,长洲人。工山水人物,与文震孟、袁尚统同时。
144	沈轸	1620前后作画	字文林,长洲人。沈周之后,工山水。
145	吴治	1620前后作画	字孝甫。善画花卉。
146	吴修远	1620前后作画	吴人。礼部尚书吴士玉之父,善绘佛像。
147	周蕃	1620前后作画	字自根,人称周黄头,长洲人。善水墨花鸟。
148	舒忠谠	1620前后作画	字鲁直,吴人。崇祯间以画名世。
149	罗霖	1620前后作画	吴人,寓彭城(今徐州)。明亡闭户不食,旬日死。善山水,殊有笔致。
150	孙枝	1627前后作画	字叔达,号华林居士,吴县人。善山水,师法文徵明,意境幽深;亦作人物,师法唐寅,然气韵不逮。
151	袁孔彰	1629前后作画	字叔宝,吴人。山水仿宋元,用笔清秀。
152	盛茂煐	1630前后作画	盛茂烨弟。工山水。
153	盛茂颖	1630前后作画	盛茂烨弟。工山水。
154	陈迈	1630前后作画	字孝观。陈元素子,工诗文,写墨兰能绍父艺。

(续表)

序号	姓名	生卒年或创作时间	简 介
155	谢 成	1630前后作画	字仲美。谢道龄子,写真逼肖,山水秀润,亦擅花鸟。
156	谢靖孙	1630前后作画	字大令,谢成子,写真能绍父艺,山水花鸟亦佳。
157	凌必正	1631前后作画	字贞乡,一字蒙求,号约庵,吴人。崇祯四年(1631)进士。善山水,设色妍雅。
158	曹 羲	1633前后作画	字罗浮,长洲人,寓杭州。山水仿宋元。
159	邹 典	1637前后作画	字满字,吴人,客金陵,贫苦有志节。工山水,笔意高秀。
160	祝凤翥	1637前后作画	字听桐,吴县人。精琴书,长篆刻,并工花卉人物。
161	王 式	约1638—1670间作画	字无倪,吴人。工人物,宗宋人法。
162	吴 令	约1639—1671间作画	字信之,号宣远。工花鸟,山水似元人。
163	文承先	1640前后作画	字象赞。文从昌之子,能画。
164	朱 圭	约1640—1713间作画	字上如,吴人。善绘事雕刻,入清后选入皇宫供事。
165	盛 年	约1640—1680间作画	字大有。盛茂烨子,善山水梅竹。
166	杜君泽	不详	字小痴,吴人,流寓高邮。工山水,善楷书。
167	杜冀龙	不详	字士良,吴人。山水宗沈周。
168	邵 南	不详	字岐民,吴人。山水宗马远。
169	邵 坚	不详	字不磷,吴人。工山水。
170	金文琎	不详	字彦辉,号筠石,吴人。善写竹。
171	周 恺	不详	字晋卿,长洲人。善山水。
172	周时臣	不详	号丹泉,吴人。绘事苍秀。
173	段 元	不详	字伯卿,吴人。善山水、花鸟、人物,摹古有法。
174	姚 俊	不详	字叔又,号元教道人,吴人。挥染山水,饶有古意。
175	夏 鼎	不详	吴人。善白描人物,亦工山水。
176	袁 裦	不详	字尚之,号写湖居士,吴县人。工诗文,善书画。
177	袁 宏	不详	字元室,吴人。善山水,宗范宽、黄公望。

(续表)

序号	姓名	生卒年或创作时间	简介
178	袁源	不详	吴人。工着色人物。
179	袁间	不详	字审丐,吴诸生,晚年居杭。人物仕女得仇英真谛。
180	马良	不详	字了善,临安人,居于吴,后迁昆山。善画佛像。
181	孙叔美	不详	字汉阳,吴人。善画。
182	孙朗中	不详	字朗三,吴人。工书画。
183	徐智	不详	号闲闲居士,长洲人。善山水,笔法赵大年。
184	习元	不详	字又元,吴人。善画,惜留迹罕见。
185	盛尧民	不详	吴人。贫而侠,善山水,宗元四家,行笔毓秀。
186	陈颐	不详	字克养,吴人。工山水,兼善人物花卉。
187	陈熙	不详	字子明,号五陵,吴县枫桥人。山水得宋元笔意。
188	张文元	不详	吴人。工仕女。
189	钦式	不详	字遵一,吴人。山水苍秀。
190	黄之壁	不详	字自仲,吴人。工词章书画,名重一时,与屠隆相善。
191	黄彪	不详	号震泉,吴人。工画,仿张择端《清明上河图》几乱真。
192	黄星景	不详	黄彪子。精于画,仿仇英人物仕女,姿态艳逸。
193	叶起凤	不详	长洲人。工花卉虫草。
194	冯梦桂	不详	字丹棻,长洲人。善画。
195	赵寿	不详	字南山,吴人。善画人马。
196	赵从古	不详	号云斋,吴人。工画墨梅。
197	滕远	不详	吴人。洪武时以画名世。
198	刘溥	不详	字原博,吴人。宣德中授惠州副使,善画。
199	刘广	不详	字元博,长洲人。山水秀润。
200	顾困	不详	字子困,号半痴老人。山水师法董源。
201	顾寅	不详	字叔明,号友云、无心,吴人。善山水竹石松树。
202	顾文叙	不详	吴人。山水宗盛懋。
203	顾凝远	不详	号青霞,吴人。善山水,师法董巨。

六、前后"四王"

清朝初期,出现了一些"遗民派"画家,他们原来都是明朝的臣民,有的还是受明王朝"皇恩"的士人,还有的参加"抗清复明"斗争,随即失败,只能慷慨悲歌,深惭自己无能。他们都不入时俗,或隐居山林,或遁入禅门,由于怀着对先朝强烈的思念,自然而然出现了一些个人风格强烈的作品。如文柟,文从简的儿子,甲申后奉亲隐居西郊寒山,耕樵以终。文果,是文徵明的玄孙,其父文震亨(文徵明曾孙)甲申殉节绝食死后,参加了抗清斗争,失败后削发为僧,法名超揆,是清初一位很有成就的禅门画家。

此时,对大清朝的态度与"遗民派"相左的是以"四王"为代表的"仿古派"。为首的王时敏是太仓人,董其昌弟子,本是朝廷命官(天启年任太常寺少卿),但清兵来临之际,他并没有如"遗民派"那样哀怨与怒号,入清后即做一个降臣顺民,潜心作画。王鉴是王时敏族侄,崇祯年官廉州太守,明廷倾覆时隐退娄东,不问世事,躬耕砚田。王翚是王时敏、王鉴的弟子,明亡时他与恽寿平共怀抗清之志,到康熙朝时,却态度逆转而"归顺圣祖",60岁时还奉诏画《康熙南巡图》,受到皇帝恩宠。王原祁是王时敏孙子,明亡时仅3岁,所以,他对亡明没有彻骨的感情,安心于清廷为官,他在宫廷作画,也深得康熙帝赏识。这祖孙三代的"四王",除王翚是常熟人外,其他都是太仓人,故称"娄东派",他们作画的唯一标准是"力追古法,宛然古人",后人称其为"仿古派"。他们的仿古缺少自己的创造,却对前人的绘画技法做了研究总结与定位,使传统山水画程式化,也可以说开创了一个山水画的时代,对后世影响深远。"四王"后的"小四王"(王昱、王愫、王宸、王玖)和"后四王"(王廷元、王廷周、王三锡、王鸣韶),他们与"四王"不但有密切的血缘传承(如"小四王"的王愫是王原祁的宗侄、王时敏的曾孙,而"后四王"的王廷周、王廷元又是"小四王"王玖的儿子),而且绘画风格完全继承了"四王"的衣钵,代代相传,使"四王"艺术血脉一直延续到乾隆乃至整个清代。

康熙中期,宋荦任江苏巡抚,治吴十四载,政通人和,宾礼文彦,苏州经济文化得到复兴,到乾隆时已呈现出前所未有的繁荣景象,吴门画坛出现了王学浩、黄鼎、黄向坚、张宗苍、朱昂之、丘庭树、吴博垕、翟大坤、王武、蒋廷锡、余省、徐扬等一大批在吴门画史上煌煌立传的名家,而在文献中记载的中小名画家有数百人之多。特别是徐扬,乾隆十六年(1751)皇帝南巡苏州时,他因献画被召入内廷供奉。乾隆二十四年(1759)他创作《姑苏繁华图》(一名《盛世滋生图》),此图自灵岩山起,由木渎过横山,渡石湖,历上方山,从太湖北岸入姑苏城,自葑、盘、胥三门出廓阊门外,转山塘街至虎丘山止,画卷按此顺序描绘,熔山水、人物、界画于一炉,举凡城楼砖墙、宅第园林、食肆店铺、津梁古渡、寺院坛庙、官署衙门、舟筏轿舆,乃至山游雅集、婚礼寿庆、耕织渔樵,应有尽有,数十里湖光山色、望不尽吴地风情跃然纸上,是当时苏州繁荣的真实写照,也给今人留下了解盛世吴地的宝贵文献。

清代后期道光、咸丰间,中国历史上发生了鸦片战争和太平天国运动,中国社会发生了极大变化,人们已开始认识到列强的欺压和清王朝的衰败,并开始接触西方文化带来的未知却是新奇的世界。同治年后,随着洋务运动兴起和对外口岸的开放,上海作为接触西方文化的桥头堡,逐渐出现了"海上画派"。但令人奇怪的是,所谓"海上画派"的骨干倪田、任薰、任颐、任预、虚谷、胡锡珪都寓居吴门,而吴昌硕,以及稍后的"海上三吴一冯",即吴湖帆、吴待秋、吴子深、冯超然,在上海成名之前几乎全部生活在苏州,虽然不能说吴门画坛孕生了"海上画派",但至少吴昌硕们是在苏州这块文化沃土中吸足了艺术营养,才会在上海成为海派大师的。这个时期吴门绘画的领袖人物是吴大澂、顾鹤逸、吴昌硕、陆恢等。吴大澂,官至湖南巡抚,甲午中日战役,他参与战事(大画家吴昌硕、陆恢等文人雅士竟为其战帐幕僚),因督师失利被遣回苏,后与同好雅集,研考金石书画。这时生活在苏州的画家有吴昌硕、陆恢、任预、任薰、顾沄、金涷、沙馥、吴榖祥、王同愈、杨岘等。光绪二十一年(1895)在怡园园主、画家顾鹤逸家中成立"怡园画集",这是我国第一个有纲领的美术学会,吴大澂被推举为会长。吴昌硕,太平天国战乱时沿途逃难,29岁时来苏,拜俞樾为师学经。光绪六年(1880)迁居吴门,结识潘祖荫、顾鹤逸、陆恢等吴中名流,尤得吴大澂赏识,参加以吴大澂为盟主的"怡园画集",至1911年67岁时方离苏去沪,后成为继任伯年之后的海上画派领袖。陆恢,吴江同里人,25岁时定居吴门,识吴大澂并情投意合,遂为吴之幕僚,并与吴昌硕一起参加"怡园画集"。他的艺术活动一直延续到民国初年,对后世的影响巨大。因为他弟子众多,除吴江同邑的沈塘、刘履福、沈研荷、顾墨畦、严继崖、宗履谷外,还有吴湖帆、樊少云、黄筑岩、陈摩等。而吴湖帆传朱梅村、宋文治、徐绍青、王季迁、徐邦达等,樊少云传张晋、樊伯炎、樊诵芬、余彤甫、周世昌、徐沄秋、蒋金如等,顾墨畦传徐季寅、王子振、陶申甫等,陈摩传吴作人、张辛稼、陆抑非、柳君然、顾坤伯、沈彬如、严沛仁等。陆恢的再传弟子个个星耀画坛,他们薪传火继,编织了吴门画坛最灿烂的师承纲网,几乎覆盖了整个20世纪苏州画坛。

表15-5 清代吴门画家

序号	姓名	生卒年或创作时间	简　介
1	文枬	1596—1667	字曲辕,一字端夫,号慨庵,长洲人。文从简子,山水禀祖法,构图巧妙,笔法工细。明亡后奉亲隐居寒山,耕樵以终。
2	杨补	1598—1657	字无补,号古农,苏州人。明亡后隐居邓尉山。善山水。
3	王节	1599—1660	字贞明,号惕斋,吴人。顺治间桃源县教谕。工山水,又长于诗,诗中有画,画中有诗。
4	王时翼	约1600—1680间作画	字又滇,吴人。王时敏族弟,善写人物、山水。
5	金俊明	1602—1675	原姓朱,名训,明亡后改姓金,名俊明,字九章,号耿庵,吴县诸生。入复社,入清后隐居吴中山林。擅山水竹石,工写墨梅,萧疏有致,丰姿翩翩。
6	顾见龙	1606—1687	字云臣,号金门画史,太仓人,寓居吴门虎丘。康熙时以工绘肖像供奉内廷,画佛像庄严华美,工细之作可与仇英共席。
7	顾殷	1612—？	字禹功,苏州人。善山水,得古法之妙。
8	文世光	1612—1694	字仲英。文从昌次子,善花鸟。
9	柳如是	1618—1664	原姓杨,名爱,后改姓柳,名隐,再改如是,号影怜,吴江人。清初嫁虞山钱谦益,随夫流寓吴门。能诗文,善书画,白描花卉清新可爱,间作山水竹石,疏淡秀雅。
10	黄向坚	1619—1673	字端木,吴人,父黄孔昭做宰滇中,道梗不得归。向坚徒步万里寻父,历三年始遇亲。所写山水均为云贵景况。
11	文果	1620—1700	字轮,长洲人,文徵明玄孙。明亡后削发为僧,法名超揆。
12	金侃	1620前后作画	字亦陶,号立庵,金俊明子。传父法,兼长青绿山水。
13	孙阜	1620前后作画	字书年,吴中布民,王原祁弟子。康熙时供奉内廷。
14	徐枋	1622—1694	字昭法,号俟斋、秦余山人,长洲人。崇祯壬午(1642)孝廉。工山水,有荆、关法度,用笔工整,墨气明净,不设色。明亡父殉难,避居太湖四十年,康熙时汤斌抚吴,慕其才从访之,不得一面。
15	王武	1632—1690	字勤中,号忘庵,王鏊六世孙,王会弟。自少勤读,却不屑举子业,以诸生入太学。精鉴赏,花卉多逸笔,神韵生动。

(续表)

序号	姓名	生卒年或创作时间	简 介
16	王翚	1632—1717	字石谷,号耕烟散人、清晖老人,常熟人,流寓吴门。少师王鉴,后转师王时敏,山水功力深厚,熔铸南北画派于一炉,康熙帝赐"山水清晖"四字誉之,为虞山画派开山祖。
17	孙山涛	1630前后作画	吴人。工山水,曾从王原祁游,讨论六法。
18	文点	1633—1704	字与也,号南云山樵、竹坞山人,文震亨子。工山水人物,尤长松竹小品。
19	文赤	1633—1704	字周舄,文点子。工花卉。
20	上睿	1634—?	字静睿,号目存、蒲室子,僧人。少居苏州瑞光寺东禅寺。擅画,山水模仿唐寅,花鸟酷似恽寿平。
21	姜实节	1647—1709	字学在、思未,号鹤涧、莱阳逸士,山东莱阳人,寓居吴门虎丘。工诗善画,山水师法倪云林。
22	蔡含	1647—1686	字汝萝,号圆玉,苏州人。善画山水、人物、花鸟。
23	王有仁	1650前后作画	号淇园,吴人。善画山水花卉,山水宗耕烟,花卉宗白杨。
24	方塘	1650前后作画	号半亩,长洲人。以装潢为业,喜写兰,清逸无俗韵。
25	沈君玉	1650前后作画	吴人。善雕能画,尤以雕橄榄核而著名。
26	周荃	1650前后作画	字静香,号花溪老人,长洲人。清兵南下以功授开封府尹。善写花卉虫鸟水族,山水宗倪云林、董其昌。
27	周蕃	1650前后作画	字自根,苏州人。善水墨花鸟,师法陈淳。
28	文埇	1660前后作画	字於宋,文震孟之孙,自幼即食素斋,20岁皈依灵岩山寺继起和尚。工书画,宗家法。
29	文捵	1660前后作画	字宾日,号古香、洗心子,文从简孙,善山水,法倪(云林)、黄(公望),性高洁,不交当世,故画迹罕见。
30	朱陵	1660前后作画	字子望,号亦巢。善山水,得大痴笔意。
31	张学曾	1660前后作画	字尔唯,号约庵,山阴人,宦游吴门。善山水,苍秀绝伦,为吴梅村"画中九友"之一。
32	钦兰	1660前后作画	字序三,吴县人。精篆刻,工诗画,家贫,暮年益落拓,诗书画印一切不为,惟授徒自度。
33	谈炎衡	1660前后作画	字履元,号二瓢,长洲人。山水参娄东及虞山法,疏落有致,苍秀温泽。
34	王荦	1670前后作画	字耕南,号稼亭,吴人。与王翚(石谷)同时,山水仿其笔意得貌似,尝伪王翚以牟利。
35	王世琛	1670前后作画	字宝传,号艮甫,王铨子,王鏊六世孙。康熙壬辰(1712)殿试第一,仕至少詹事。善画得父法。

(续表)

序号	姓名	生卒年或创作时间	简　介
36	王 间	1670前后作画	字惟文,吴人。康熙初供奉内廷。精人物画,得吴道子法。
37	王 瀚	1670前后作画	字其仲,自称香山如来国中人,与金俊明同时。山水秀润,集诸家之长。
38	王仲纯	约1670—1805间作画	字思蒙,号亦亭,吴人。王鳌裔孙。
39	王世咏	1670前后作画	字香溥,吴人。善画。
40	王世慈	1670前后作画	吴人。山水用浅绛法,颇似王翚。
41	王世绅	1670前后作画	字鹤生,号守愚,吴人。善画,有《天地同春图》存世。
42	王泰初	1670前后作画	号小园,王有仁子。善画人物仕女。
43	范雪仪	1670前后作画	号古吴女史,苏州人。擅人物,线条轻柔流畅,设色秀艳。
44	徐 柯	1670前后作画	字贯时,号东海一老,徐枋弟。工书画。父殉难,杜门不出,所居二株园,四方宾从。
45	宋有元	1673—1767	字孚交,号寄轩,元和人。善画牡丹。
46	王 铨	1680前后作画	字东发,长洲人。王鳌五世孙,康熙间礼科给事中。善绘事,精书法。
47	王 会	1680前后作画	字鼎中,长洲人,王鳌六世孙。善山水,宗董源。
48	张 贞	1680前后作画	字铁瓢,号云巢,写山水人物,尤善花鸟,时推吴郡第一。中岁得赢疾,每月朔望画佛像,乞人供养。
49	邹 喆	1680前后作画	字方鲁,号典子,吴人,寓金陵。书松尤奇,兼工花草,与龚贤等齐名,时称"金陵八家"。
50	薛 雪	1681—1770	字白生,号一瓢、扫叶山人。吴县人。工绘事,精墨兰。
51	张宗苍	1686—1756	字墨岑,号篁村、太湖渔人,苏州人。工山水,用笔沉着,山水皴法多以干笔积累,神气葱蔚。奉旨入都,供奉内廷十九载,备受乾隆帝恩遇。
52	汤光启	1690前后作画	字式九,号药房,长洲处士,王武弟子。花鸟远师赵昌,近法陈淳。
53	顾蔼吉	1690前后作画	字畹仙,号南原,长洲人。善山水,宗元人法,游京师得王原祁称赏。
54	袁 钺	1700前后作画	字震业,号清溪。元和诸生。画宗王公望,书法得何焯指授。
55	文 泰	1700前后作画	文赤长子。能画,善诗词。

(续表)

序号	姓名	生卒年或创作时间	简 介
56	文永丰	1700 前后作画	文赤次子。字鹿曹,号东堂。善写花卉。
57	彭启丰	1701—1784	字翰文,号芝庭,长洲人。雍正年间状元,官至兵部尚书。山水落笔大方,有倪黄意致。
58	彭 进	1705—1775	字浚民,号愚谷子,彭启丰族弟。山水取法宋元,干笔皴擦,舒朗清润。晚岁病目,尤能作画。
59	赵成穆	1707—1761	字敬仪,号鹿坪。高奇佩弟子,得师真传,善指画人物花卉雨山,颇穷其技,别有情趣。
60	宋骏业	?—1713	字声求,号坚斋,长洲人。山水受业王翚,笔意灵秀。
61	王三锡	1716—1793 后	字邦怀,号竹岭。善山水,又作花卉及写意人物,晚年居吴门穹窿山,道士李补樵传其笔法。
62	陆 灿	1720 前后作画	字星三,长洲人。恽寿平弟子,工写真,乾隆庚子(1720)奉旨召写御容。
63	袁 沛	1720 前后作画	字少迁,袁钺子,绍父艺,山水清腴秀逸。早岁即画名,居京师25年,晚归吴门卖画自给。
64	周尚文	1720 前后作画	字素坚,号石湖。明忠介公周顺昌五世孙。山水师法王石谷,善用浅绛法。
65	周 礼	1720 前后作画	字令邑,长洲人。王武弟子。善写花鸟。
66	潘云客	1720 前后作画	工画,能在玻璃背面以油和铅赭为人写照,靡不肖。
67	谢淞洲	1720 前后作画	字沧湄,号林村。雍正中供奉内廷,鉴别内府所藏真赝,山水学倪黄兼宋人笔意,疏爽有法。
68	胡 湄	1723 前后作画	字诸宝,号晚山,长洲人。写意人物,颇得奇趣。
69	宋元震	1730 前后作画	字敷东,号信天,宋兆鹤子。善写花卉人物。
70	宋思仁	1730—1807	字蔼若,号汝和,长洲人。官至山东粮道。写兰竹,有雅韵。
71	刘运铃	1730 前后作画	字燮堂,号小峰,洞庭东山人,寒碧山庄(今留园)主刘恕次子。家藏古人书画甚富,辄取临习,以画自娱。
72	张应均	1732—1798	号东畬,长洲人。蜀地任知县。山水宗董源,后得富阳董邦达指授。
73	曹 锐	1733—1794	字又表,休宁人,居阊门外白莲泾。于山东得太仓王愫指授,官至兵马司指挥,名噪京都。
74	孙 贤	1733 前后作画	字朴园,吴县人。善画花鸟,先后从顾翰臣、朱峤习绘,得传其法。

(续表)

序号	姓名	生卒年或创作时间	简介
75	叶树滋	1733—1810	字升德,号樗依,苏州人。工山水,得黄公望笔意,清远疏淡。
76	汪葑	1735前后作画	初名封,字玉书,号芥亭,吴县人。山水得舅周山怡指授,苍润浑厚。
77	王愫	1736前后作画	字存素,号朴庐、林屋山人,王原祁侄,太仓人,晚年居吴。山水简淡。卒年86岁。
78	宋兆鹤	？—1737	字开士,号云岑,长洲人。山画兰竹。
79	宋纶邦	1737—1776	字殿传,号钧川,元和人。善写兰竹。
80	范来宗	1737—1817	字翰尊,号芝岩,吴人。范仲淹二十四世孙,乾隆四十年(1775)进士,诗画自娱,花卉别具秀骨。
81	沈球	1738前后作画	字汉瑾,号玉田,先世居吴江,后迁吴中。精楷法,善山水。
82	朱成	1740前后作画	字圣和,号润东,吴人。工诗善写兰,与王宸、张紫岘交契。
83	宋简	1757—1821	字粹心,号西樵,宋纶邦侄。乾隆五十五年(1790)进士,善写梅。
84	张洽	1740前后作画	字月川,号青篛、古渔,张宗苍从子。山水得家法,晚年契心禅院,结庐栖霞山中。
85	潘奕隽	1740—1830	字榕皋,皖籍居吴,乾隆三十四年(1769)进士,从子潘世恩官封光禄大夫。画山水花卉,信手挥洒,盎然天趣。
86	周淦	1740前后作画	初名莹,字东田,号佳士、渔村,长洲人。善山水花卉,奚铁生推重之。
87	吴翌凤	1742—1819	字伊仲,号枚庵,吴人。善楷书,工山水花卉,与王宸交善。
88	王玖	1745—1798	字次峰,号二痴,王翚曾孙,常熟人,晚年移居吴门。山水得家传,喜用枯笔,得浓淡润燥之妙。
89	朱栋	1746—？	字东巨,号听泉,侨寓吴门。善人物花卉,尤工写荷,人称"朱荷花",嗜酒,醉后落笔,绰有仙气。
90	尤诏	约1749—1823间作画	字伯轩,太仓人,侨居吴门。写真得陆春畦秘法,秀骨天成,时称"吴中第一"。
91	王光祖	1750前后作画	字云湄,吴人。乾隆间奎文阁典籍。山水清逸可爱。
92	王浩	1750前后作画	字香祖,从他乡旅食吴门。海门陈氏居沧浪亭之南,招其至陈府作画,资以衣食。

(续表)

序号	姓名	生卒年或创作时间	简 介
93	王玉璋	1750前后作画	号鹤舟,天津人,侨寓吴门。工山水,远宗董源,近接王原祁。
94	文二训	1750前后作画	字命时,号文兰,自称文点孙,吴人。侨居仪征,善画竹。
95	文皋	1750前后作画	文二训子。善画,法乃父。
96	丘泰	1750前后作画	字安之,元和人。少孤贫,性癖。工画兰竹、人物,与周云岩齐名,卖画自给。
97	石廷辉	1750前后作画	号云根,又称铁华岩客,吴县人。善画花鸟虫草,为吴博垕入室弟子。
98	仲升	1750前后作画	原名光祖,字肇修,号筠亭,嘉定人,寓吴门。工写真,传神阿堵,百无失一,间作写意人物,得吴伟、戴进笔意。
99	宋镕	1750前后作画	字亦陶,号悦研,宋纶邦子,乾隆三十七年(1772)进士,官至刑部侍郎。善写梅、工诗。
100	宋思敬	1750前后作画	字俨石,号秋崖。年少时与兄思仁问业昆山夏大易,工诗,亦善写兰竹。
101	沈世勋	1750前后作画	号芳洲,长洲人。乾隆时供奉内廷,善书画,精鉴别。
102	吴博垕	1750前后作画	号补斋,吴江人,侨寓吴门。工花鸟,写水族尤佳。
103	吴霁	1750前后作画	字倬云,号竹堂,钱塘人,乾隆二十八年(1763)进士,曾主苏州平江书院讲席,山水仿华喦。
104	李秉德	1750前后作画	字蕙纫,号涪江,龙池山人,吴县人。乾隆时以诸生献画供奉内廷,工翎毛花卉。
105	金应仁	1750前后作画	字子山,金俊明族孙,居苏州胥门雁宕里,因号雁宕草衣。学画于朱昂之,山水出入元明诸家。
106	周笠	1750前后作画	字元赞,号云岩,吴人。工山水,清远秀润,又擅写照。
107	毕沅	1750前后作画	字襄衡,号秋帆。幼聪颖,及长读书于灵岩山。乾隆间进士,富著述,间作画,士气盎然。
108	慎弘	1750前后作画	号溪山,吴人。乾隆间以孝行称于乡。工山水,惜画罕见。
109	陆燿	1752前后作画	字青来,号朗甫,吴人,居吴江芦墟。乾隆十七年(1752)孝廉,官至河南巡抚。工水墨山水,落笔大方有致。
110	王学浩	1754—1832	字椒畦,昆山人。乾隆五十一年(1786)举人。山水得王原祁真传,中年遍游燕秦楚粤名山,赋色淡雅,曾馆吴门刘氏寒碧山庄(今留园)十余年,尽观所藏,画笔益臻苍健。

(续表)

序号	姓名	生卒年或创作时间	简 介
111	石韫玉	1756—1837	字琢如、执如,号琢堂、竹堂、独学老人,苏州人。乾隆五十五年(1790)状元。工书,间亦作画,多写竹石。
112	王如南	1760前后作画	字希山。王光祖子,山水有家法。
113	王瑞芝	1760前后作画	字梅山。王承宠子,绘画习父艺,亦写花卉。
114	王玉芝	1760前后作画	字凤台。王承宠子,绘画习父艺。
115	王昙	1760—1817	字仲瞿,一作士良,浙江秀水人,流寓吴。乾隆五十九年(1794)举人。工诗文,善山水。
116	汪穀	1760前后作画	字琴田,号心农,休宁人,寓吴门。乾隆间与王文治友善,工写兰竹。
117	袁慰祖	1760前后作画	字律工,一字律躬,号竹室,长洲诸生。善山水,得王翚法,寓扬州四十年,以卖画自给。
118	徐扬	1760前后作画	号云亭,居古吴专诸巷。擅人物界画,兼花鸟虫草,乾隆十六年(1751)乾隆南巡吴门时,因献画而入内廷,钦赐举人,乾隆二十四年(1759)完成《姑苏繁华图》。
119	程志道	1760前后作画	字义川,吴诸生。山水宗娄东,乾隆时曾与陈枚、孙祐、金昆、戴洪诸人绘《清明上河图》进呈,得邀御题。
120	蒋荣	1760前后作画	字懋德,号竹村,吴人。客京师,得官山西巡检。曾以旧纸临宋元画,年七十返吴,卖画自给。
121	丘庭树	1762前后作画	字孟直,号雪兰,宛平籍,寓长洲。乾隆二十七年(1762)孝廉。工山水,落笔从横,独运灵机。
122	朱文佩	1763—1822	字婴玉,号彩桥、小珊、迟农。嘉庆戊午(1798)孝廉。工兰竹、山水。
123	沈复	1763—1808	字三白,长洲人,元和人。曾奉诏往琉球,著有《浮生六记》,名噪一时。工山水花卉,用笔工整,点墨清雅。
124	朱昂之	1764—1840	字青立,号津里,原籍武进,侨寓吴门。善山水,下笔遒劲,出入宋元,间写花卉,清逸超脱。
125	舒位	1764前后作画	字立人,号铁云,籍大兴,侨居吴门大石头巷。乾隆二十九年(1764)举人。工诗,善画,山水花鸟虫草人物皆有奇气。
126	王廷元	1765 ?	字赞明,王玖长子,常熟人,寓吴。与王廷周、王三锡、王鸣韶并称"后四王",山水稍变祖法,惜早卒。
127	袁瑛	1765前后作画	字近华,号二峰,袁钺侄。从徐尚学花卉,乾隆三十年(1765)供奉内廷。

(续表)

序号	姓名	生卒年或创作时间	简 介
128	郭毓圻	1765前后作画	字匏雅,号狷甫,吴人。乾隆三十年(1765)孝廉。工山水,性恬淡,能鉴古。
129	陈 墫	1766前后作画	字仲尊,号苇汀,长洲人。善山水,得翟云屏传,亦作花果杂品,清雅不俗。
130	杜元枝	1768前后作画	字友梅,长洲人。善工细人物,乾隆中入京直内廷,曾绘《十八学士登瀛洲图》,笔甚工致。
131	石 馥	1770前后作画	字砚香。石廷辉子,画承家学,亦工花鸟。
132	仲昭勤	1770前后作画	字书常。仲升子,写真得家法,兼工花卉。
133	成 裔	1770前后作画	吴人,与金俊明同时。工水墨写意花卉。
134	吴九思	1770前后作画	号恂斋,吴县人。花鸟得吴博垕指授,下笔甚健。
135	张 莘	1770前后作画	字秋穀,号西泠钓徒。工山水花卉,与钱泳同居虎丘,曾作画百幅,乘海舶散布海东诸国,得者珍之。
136	黄 增	1770前后作画	字方川,号筠谷,长洲人。工山水及写真人物,乾隆三十五年(1770)供奉内廷,写御容,皇帝赐八品顶戴。
137	翟继昌	1770—1820	字念祖,号琴峰。翟大坤子,得父法,冠弱已有画名,晚岁山水仿吴祺、沈周,颇有新致。
138	潘师升	1770—1829	字竹平,元和人。官至户部员外郎。善写兰竹,下笔清劲。
139	王廷周	1770—?	字恺如。王玖次子,承家学,山水苍浑。
140	汪体仁	1771前后作画	字景瑶,号石匏,长洲人。乾隆三十六年(1771)孝廉。山水古雅深厚。
141	张吉安	1772前后作画	字迪民,号莳塘、石牛居士,吴人。乾隆四十二年(1777)举人,官象山县令。偶作小幅,饶有逸致。
142	张家驹	1772前后作画	字子敬,号恂戴。吴县诸生,乾隆进士。善山水,宗娄东,兼花卉人物,笔墨沉着,精鉴赏。
143	张培敦	1772—1846	字砚樵,吴县人。翟大坤弟子,工山水花卉,师法文徵明,笔法秀韵,收藏甚富,名噪吴中。
144	王廷榕	1780前后作画	字愚溪,苏州人。工写人物、仕女,花卉宗华嵒。
145	朱 秉	1780前后作画	字述祖,号游蕃。乾隆四十五年(1780)进士。山水师法"娄东四王"。
146	吴 点	1780前后作画	字春沂,号湘帆,休宁人,寓吴中。得吴博垕指授,善山水花卉鱼虫。

(续表)

序号	姓名	生卒年或创作时间	简介
147	张恺	1780 前后作画	号乐斋,吴人。工山水花卉翎毛,乾隆间供奉内廷,总管画院食二品俸。
148	张舒	1780 前后作画	号怀鸥,元和人。乾隆间供奉内廷近二十年,善花草,天资超迈,不轨于古法。
149	张伯凤	1780 前后作画	字谱梅,苏州人。为王学浩最先弟子,善山水,中年游粤归吴,画境益奇。
150	严鄂	1780 前后作画	字雨生,长洲人。精于医,客刘氏寒碧山庄,从王学浩学山水,以画自娱。
151	顾士俊	1780 前后作画	字奕千,号逸仙,元和人。善写墨菊,花瓣分用浓淡、皴擦入妙,浅深向背,如具五彩。
152	顾大昌	1780 前后作画	字子长,号楞伽山民,长洲人。刘泳之弟子,善山水花卉,能画丈余松柏梅石。
153	陈栻	1792 前后作画	字景南,一字泾南,号斗泉,居吴门枫桥。山水宗董其昌,间作佛像仕女,以文学翰墨知名于时。
154	陆绍曾	1782 前后作画	字贯夫,因得白玉蟾悬于斋中而号白斋。广蓄古画名迹,亦作书画入市,得资可供数日餐。
155	夏之鼎	1782—1827	字禹庭,号茝香,吴人。初从昆山唐香樵游,所作写意花卉、禽鱼无不肖。
156	郭骥	1785—1851	字友三,苏州人。善山水,从杭州蒋敬学,得其传。
157	戈载	1786—1856	字顺卿,吴人。工词,尤精考韵辨律,余事写生花卉,善画疏梅,得王元章法。
158	戴陛	1789 前后作画	字六阶,号松坨,平湖人。工山水,曾幕游四十载,足迹天下,年近七旬寄迹吴门,卖画以终。
159	朱康	1790 前后作画	字荺桥。与谢蕴斋同门,吴博垕再传弟子,学花卉禽虫,点笔赋色。
160	汪宝崧	1793—1839	字幼竹,号小鹤,长洲人。家藏名画甚多,澄怀博览,遂悟画法,花卉多逸,山水清挺。
161	尤英	约 1796—1850 间作画	吴人。嘉道间内庭供奉,善花卉。
162	黄鞠	1796—1860	字秋士,松江人。道光中寓居吴门。善画,有《沧浪亭图》名世。
163	胡桂	1799 前后作画	号月香,吴人。少时为优,后学山水花卉,酷似恽南田。乾隆爱其才,召入内府,呼之"桂花",嘉庆时凡内府赏赐诸王公画扇咸出其手。

(续表)

序号	姓名	生卒年或创作时间	简介
164	翟大坤	？—1804	字子屋,号云屏,嘉兴人,寄寓吴门刘氏涵碧山庄(今留园)。山水兼综各家,任意挥洒,皆成妙品。
165	尹昆	1800前后作画	昆山陈墓人,流寓吴。善写真及山水、人物、仕女。
166	丘岳	1800前后作画	字青谷,号退谷、五游。书画名重一时。
167	孙廷	1800前后作画	原名衡,字寿之,号蔚堂,因家有古梅九株而号九梅居士。能书善画。
168	陆楷	1800前后作画	号梅园,乌程人,寓吴门。学画于沈芥舟,山水人物花卉俱妙,与钱泳同馆于春晖堂(旧址仍存今黄鹂坊桥东)。
169	张紫琳	1800前后作画	字禹书,号霞房。张家驹从子,亦善鉴赏,山水豪迈,花卉逸群。
170	冯箕	1800前后作画	字子扬,号栖霞、霞客,钱塘人,寓吴门。善人物仕女,取法仇英,运笔构思,不泥古法。
171	顾纯	1802前后作画	字吴羹,号南雅,长洲人。嘉庆壬戌(1802)进士,官至通政司副使。善画墨兰,雅润秀致。
172	钮福保	1805—1854	字松泉,吴县人。道光时状元。工书,偶写山水,书味盎然。
173	潘曾莹	1808—1878	字申甫,号星斋,苏州人。善画,初作花鸟,后专攻山水。
174	冯桂芬	1809—1874	字景亭,号林一,吴县人,寓上海。道光二十年(1840)进士,精通历算数学,总司江南机器制造局。工书,亦善写梅,清疏淡雅。其木渎故居今称"榜眼府邸",对外开放。
175	刘泳之	1809—1850后	字彦冲,四川梁山人,寓吴门。工山水人物花卉,贫困事母,耻于求利,书画自矜。
176	杨昌绪	1810前后作画	字补帆,号凤凰山人,吴人。善山水,浑厚秀逸,曾至苗疆(湘、黔等地)饱览山川奇胜。
177	李福	1810前后作画	字备五,号子仙。嘉庆十五年(1810)孝廉。能诗善画,喜写墨兰。
178	王恒	1810前后作画	字子奇,一作子占,嘉兴人,一作绍兴,寄寓吴门虎丘山寺为僧。善写山水,尤好枯木竹石。
179	谢士珍	1810前后作画	字蕴斋,长洲人。吴博垕再传弟子,工花卉禽虫,尤善写水族,落花游鱼,独得吴氏秘传。
180	吴云	1811—1883	字少普,号平斋。光绪间曾任苏州知府。好古精鉴,偶写山水花鸟。

（续表）

序号	姓名	生卒年或创作时间	简 介
181	吕 浩	1813—1894	字养泉,号蒙叟。山水苍秀,有文衡山气息,弟子吕醉石,再传弟子徐邦达,名震画坛。
182	陶 淇	1814—1865	原名绍源,字锥庵,秀水人,寓吴门。工山水,享盛名。
183	尹 铨	1815前后作画	尹昆子。工画有父风。
184	江 春	1820前后作画	字东轩,嘉定人,寓吴门。工写竹,得夏昶法,兼画兰石松梅,亦有情致。
185	汪宝荣	1820前后作画	号铁蕉。汪宝崧弟,善写花卉人物。
186	夏 翚	1820前后作画	字丕雄,一字羽谷,号云山子,昆山人,迁居吴。祖大易,父廷香,皆为画家。承家学,工花卉,尤精兰竹。
187	徐 鼎	1820前后作画	字庆三。工山水花卉,善色鲜艳。
188	钮 枢	1820前后作画	字汉藩,吴县人。女画家,居西美巷,工仕女,宗法仇英,谷士桓、谷士芳昆仲师之。
189	虚 谷	1823—1895	僧人,俗姓朱,名虚白,字怀仁,号紫阳山民,安徽歙县人。工于写照山水、花卉,尤精松鼠、金鱼,喜用枯笔焦墨,多用侧笔、逆锋。晚年驻锡于狮林寺吴门寺院,并参与顾承父子修筑怡园,其墓地今仍在光福石壁。
190	陆 英	1825前后作画	字侣松。初习花卉宗陈淳,后画山水法董其昌,客刘氏寒碧山庄(今留园)多年。
191	陶 煮	1825—？	字治孙,周庄人,寓吴门。山水学董其昌,笔意峭拔,皴法疏简。
192	包 栋	1827前后作画	字子梁,号苕华馆主。画学刘彦冲,人物衣折古雅绝伦。
193	胡骏声	1830前后作画	字芑香,常熟人。工写真,艺为吴中冠,亦善写松。陈芝楣任江苏巡抚时,常延至幕中作画。
194	孙义鋆	1830前后作画	字子和,孙廷子。博学,精天文律象,山水宗法文徵明父子,时作界画楼阁,金碧绚烂。
195	樊德谦	1830前后作画	字吉甫,吴县人,道光中居铁瓶巷。善翎毛花卉,性孤,寸缣尺楮,不轻易为人看笔。
196	沙 馥	1830—1906	字山春,吴县人。马仙根弟子,善画人物花卉兼山水,萧疏淡远,饶有韵致。
197	吴大澂	1835—1902	字清卿,号愙斋,吴县人。同治七年(1868)进士,官历广东、湖南巡抚,晚岁罢官归吴,与倪田、陆恢辈结怡园画社,极一时之盛。精于书法篆刻,亦善画山水花卉,用笔秀逸。

(续表)

序号	姓名	生卒年或创作时间	简 介
198	任 薰	1835—1893	字阜长,一字舜琴,任熊弟,萧山人,流寓吴。擅长人物花鸟、山水、走兽,尤精双钩花鸟,笔力劲挺,与任熊(渭长)、任颐(伯年)、任预(立凡)并称"四任",名重晚清画坛。
199	顾 沄	1835—1896	字若波,号云壶,吴人。广游大江南北,访诸名胜,山水苍劲浑厚。曾游日本,彼邦人士见沄山水无不倾倒。
200	尹 沅	1836—1899	字芷乡,号丽生,尹铨子。得家学,名驰南北,善色,喜用虞山赭石,历久不退。
201	李嘉福	1838—1904	字笙渔,号北溪、石佛庵主,浙江石门人,流寓吴门。精鉴赏,富收藏,工书画篆刻,山水苍润。为戴熙弟子。
202	陆 鼎	1839前后作画	字玉润,号铁箫。善山水人物花鸟,用笔缕缕如春蚕之丝,为绝技。
203	胡锡珪	1839—1883	字三桥,吴人,流寓上海。工仕女,花卉风格秀逸,用笔劲厉,曾为玄墓山诗僧作《一蒲团外万梅花》图。
204	江家宝	1840前后作画	字尧山,号芝田,吴人。金德鉴弟子,画山水有古致,惜早卒。
205	谷士桓	1840前后作画	钮枢弟子,吴人。工仕女,画宗仇英。
206	陶 溶	1840前后作画	字镜蘸,陶淇弟。善翎毛花卉,用笔松秀。
207	陆锡康	1840前后作画	字寿门,号受萌,吴人,大学士潘祖荫之舅。擅画花卉翎毛,清逸生动。
208	金 涑	1841—1901	字心兰,号冷香,长洲人。工山水,师法王宸,尤善墨梅,疏枝密蕊,得金农遗意,晚清时享誉画坛。
209	佘文植	1846前后作画	字树人,号侣梅,吴人,客桂林。画宗金农,山水奇古,曾摹罗聘《鬼趣图》,尽得其意。
210	佘文本	1847前后作画	字仁山,号友之,吴人。工山水兰竹,兼长大松,精于医。
211	姚孟起	1847?—1896?	字凤生,吴县人。以书法名世,为拙政园扇亭题"与谁同坐轩",偶作画似金农笔意。
212	吴毅祥	1848—1903	字秋农,号秋圃,嘉兴人,流寓吴中。工山水,亦擅花卉人物,笔墨清逸,晚年客沪上卖画,名重一时。
213	羊毓金	1850前后作画	字唐生,吴人。咸丰时迁沪上,善画花鸟。
214	吴廷璐	1850前后作画	字润之。吴允楷子,韶年嗜学,从张培敦游,工画山水。
215	徐廷锡	1850前后作画	字晋藩。徐鼎从子,山水得父法,惜早夭。
216	黄 晟	1850前后作画	字树毅,号香泾,吴县人。写意花草,苍劲中有秀润气象。

(续表)

序号	姓名	生卒年或创作时间	简 介
217	任 预	1853—1901	字立凡。任薰从子,落拓不羁,聪明好学。山水、人物、花卉笔法奇崛,秀媚天然。
218	童叶庚	1855前后作画	字松君,号睫巢,百镜楼主,崇明人。咸丰间官德清知县,后归隐吴门,终日以书画自娱,尤擅画梅。
219	郑文焯	1856—1918	字小坡,号叔问,大鹤山人,故旗籍,居吴门,行医鬻画以自给。
220	沈振麟	1860前后作画	字凤池,元和人。工写真,咸同年间供奉内廷,慈禧太后赐御笔"传神妙笔"匾额。
221	俞宗礼	1860前后作画	字人仪,号东帆,上海人,侨居吴门。工山水写真,更善白描人物,绘十八罗汉有"龙眠复生"之誉。
222	马仙根	1865前后作画	吴人。世业画,善琴,工刻扇骨阳文,仕女花卉,穷工极巧。沙馥从其学画,日后名震画坛。
223	沈 塘	1865—1921	字莲舫,号雪庐,吴江人,后迁吴门。师从陆恢,与乃师为吴大澂所器重。
224	仕 远	1870前后作画	字功尹,萧山人,寓吴门。善花卉。
225	沈蕴石	1870前后作画	号尧峰山人。陆恢弟子,精画山水。
226	吴允楷	1870前后作画	字辛生,吴县人。翟峰弟子,善山水花鸟。
227	吴友如	?—1893	名猷,初名嘉猷,字友如,以字行。元和人,寓上海。幼习丹青,善山水人物仕女,同治初因绘《克复金陵战绩图》而上闻于朝,光绪甲申(1884)应点石斋书局聘主任,编辑风俗时事,图画精妙。
228	王廷魁	1876前后作画	字冈岭,号盘溪。善山水,得文徵明笔意。
229	王 钊	1880前后作画	字毅卿。擅工笔画,人物山水翎毛走兽并臻妙境,光绪间与吴嘉猷同绘《点石斋画报》。
230	丘兆麟	1880前后作画	字玉符。善山水,虎丘冷香阁一手督造并绘虎丘图巨帧,气韵高绝。
231	金 继	1880前后作画	字勉之,号酒盦,吴人,流寓上海。工写兰,下笔敏捷,日出百幅,以画资助赈灾自金继始。
232	金 容	1880前后作画	字容伯,吴人,流寓上海。精鉴古,善山水人物花鸟。
233	唐培华	1880前后作画	字了禅,吴人,寓上海。工人物仕女,宗费丹旭法,雅秀妍丽。
234	刘履福	1880前后作画	字阳青,吴人。陆恢弟子,善山水人物。

(续表)

序号	姓名	生卒年或创作时间	简 介
235	管念慈	？—1909	字劬安,无锡人,居吴中横山。工山水,光绪间召入内廷,帝称"横山先生",赐第赐恩。晚侨沪上与吴友如同绘《点石斋画报》。
236	劳 徵	1882前后作画	字在滋,长洲人。善山水,好游,足迹几遍天下,以诗画寄情。晚年入洞庭西山终老,自称"林屋山人。"
237	姚钟葆	1882—1927	字叔平,吴县人。工山水,著有《性安庐画谱》。
238	沙 英	1890前后作画	字子春。沙馥弟,学画于任熊,工人物花卉。
239	姚钟藩	1890前后作画	字季翰。姚钟葆弟,工山水,与兄齐名。
240	管尚忠	1890前后作画	字佐鼎,号面圃轩主,居苏州杉渎桥(今三多桥)。嗜诗酒,善山水,终日且饮且画。
241	江 标	1899前后作画	字建霞,元和人。光绪进士。善作山水。
242	丁 鹤	不详	字缃云,吴门诸生。善山水。
243	戈 文	不详	字元章,吴人。工山水,树石俱浓黑。
244	戈宙琦	不详	字望槎,吴县人。雅好书画,善花卉。
245	卞熊文	不详	字湘山,长洲人。写意花果,颇得天趣。
246	王子元	不详	字台宇,吴人。善花卉。
247	王 遐	不详	字公远,吴人。流寓金陵,画学程邃。
248	王 基	不详	字太御,号梅麓,吴人。善画马及人物,知音律能弈棋,为人诚信,不趋荣利,不娶无子。
249	王 年	不详	吴人,与文埒同时。工山水,兼花鸟。
250	王 亮	不详	字畹香,吴人。山水学倪云林。
251	王 鼎	不详	字大章,长洲人。善写墨兰。
252	王承宠	不详	字小寅,号锡三,元和人。工写真。
253	王 岩	不详	字星澜,吴人。工花卉。
254	毛 琛	不详	字耕云,长洲人。工钩染花卉。
255	方 岩	不详	字遽然,吴人。山水宗赵左。
256	丘寿年	不详	字润之,吴人。善人物。
257	任 真	不详	号云樗道人,长洲人。山水有奇趣。
258	朱兆甲	不详	字冠英,号铁松,长洲人。点染花卉,工秀雅韵。
259	朱 钟	不详	字子山,吴诸生。干皴山水,修然有致。

(续表)

序号	姓名	生卒年或创作时间	简介
260	朱鼎镂	不详	字镕万,号伫汾、阿痴,江宁人,寓吴。兰竹似郑板桥,尤工芦蟹。
261	朱观	不详	字惠吉,号桂轩,吴县人,居昆山周庄。善山水花卉。
262	贝点	不详	字六泉,号乐泉。工山水。
263	吕华	不详	字文厚,号南崖,吴人。善画竹,晴、烟、雨中之竹各有韵致。
264	吕璜	不详	字惠占,号耘陶,昆山人,寓吴门。信笔作人物山水,颇合法度。
265	吕梁	不详	字学鸿,号秋岩,长洲人,流寓常熟。从虎丘山陈应隆学花鸟,惜早卒。
266	何禽	不详	字龙若,号草苑,长洲人。善写意水族。
267	汪野	不详	字立间,号荔幢,长洲人。山水干皴,疏古得趣。
268	沈廷召	不详	字芷桥,号烟语,吴县诸生。作设色蕙兰,挥洒自由。
269	沈俊	不详	字仰之,号叶舟,吴人,寄迹虞山。善写翎毛花卉。
270	吴宏	不详	字博山,号减斋,长洲人。善画人物。
271	吴嘉枚	不详	字个臣,号介盦,钱塘人,晚居吴门。点染山水,笔墨精妙。
272	吴翌凤	不详	字伊仲,号眉盦、枚盦,居吴中槐树巷。善写山水花鸟。
273	吴宝苐	不详	字晋斋。吴翌凤子,工人物与写照。
274	吴元宝	不详	字春圃,长洲人。乾隆时人,工写人物。
275	吴礼	不详	字若愚,休宁人,侨寓吴中。山水师周山怡,笔法秀润。
276	吴增	不详	字益之,号竹虚,钱塘人,寓居虎丘山塘。工山水及花卉人物。
277	吴云伯	不详	吴县人,寓上海。工山水,笔似杨伯润。
278	李良	不详	字宁生,吴人。善琴棋,工书画,学山水于张墨岑。
279	李森	不详	号直斋,吴人。弱龄失怙,赖母教养,癖嗜书画,山水取宋人笔法。
280	祁焕	不详	字蕴文,号蔚峰,吴县诸生。画兰竹自成一家。
281	季应召	不详	字葵臧,长洲人。书猫得其神。
282	孟毓楷	不详	字竹心,吴县人。工兰竹。

(续表)

序号	姓名	生卒年或创作时间	简介
283	邵点	不详	字子兴,号兰雪。自幼随父自余姚迁吴,性至孝,卖字画以养父母。山水法倪云林。
284	林维	不详	字拓园,长洲人。善画人物,宗陈洪绶法。
285	林瑞恩	不详	字酉生,号菊壶外史,吴人。善画牡丹,人争宝之,以一金换一花,称曰"林牡丹"。又精医理,为民除疾。
286	林福昌	不详	林瑞恩子。工人物花卉。
287	金莹	不详	字名时,号鹿田,元和人。善山水,精花鸟。
288	金可垛	不详	字甸华,号心山,嘉兴人,流寓吴。善山水花鸟,兼写真,性孤冷不与人交。
289	金埔	不详	字大声,号鹊泉,吴县香雪海人。少为木工,善画,尝寓大藏家缪松心家,纵观名迹,专心模仿,兼收博采,艺大进。
290	金泳潮	不详	字二泉,号樊村,长洲人。写花鸟时有逸气,后从冯箕学仕女人物画。
291	周瓒	不详	字采岩,号翠岩,吴县横塘人。工山水人物花卉,细逾毛发。
292	周容	不详	字小岩,周瓒子,幼悟颖,善界面,得家法,惜早夭。
293	周康寿	不详	字春谷,号石湖隐渔。周瓒次子,弱龄丧父,母教读,及长,从陈云伯游。善画山水花卉。
294	周彩	不详	字莱衣,号兰渔,吴县洞庭东山人,富收藏,偶写生,得天趣。
295	宣恒	不详	字亘卿,号心憨,长洲人。山水气韵似耕烟散人。
296	郁国章	不详	号松溪,吴县人。世业匠,书山水潇洒出尘。
297	柳遇	不详	字仙期,吴县人。工人物树石,精密生动。
298	施心松	不详	字靖陶,号抱香头陀,元和人。长于小品。
299	俞际华	不详	本姓蔡,字秋涛,吴县人。善画,山水干皴,简洁劲秀。
300	胡量	不详	字元谨,号眉峰,华亭(今松江)人,居吴门。学画于毛宿亭,平生足迹甚广,眼界开阔,画艺益进。
301	胡寅	不详	字觉之,安徽歙县人。山水人物花鸟鱼虫无所不能,晚居苏州狮子林寺,为寺院画狮像巨幅,形神酷肖。
302	秦仪	不详	字梧园,无锡人,居吴中虎丘山。山水宗王石谷,尤善画点叶柳,笼雨拖烟,别有意趣,人称"秦杨柳"。

(续表)

序号	姓名	生卒年或创作时间	简 介
303	秦敏树	不详	字散之,号东木老人,吴县人。能诗,兼工山水,五十龄后专用水墨,钤印曰"五十戒色"。
304	袁启潮	不详	字子章,号研山樵客,隐居吴中灵岩山北。工人物花鸟。
305	高 简	不详	字澹游,号旅云山人,吴人。山水精于小品,秀洁雅妍。
306	高 宽	不详	字成裕,吴人。学写真于仲绍修,学山水于翟云屏,兼工花卉,人物亦温雅。
307	马 昂	不详	字云上,号退山,吴人。工青绿山水、花鸟人物,曲尽其致。
308	马宾门	不详	号也愚,吴人。善花鸟虫草,兼兰竹。
309	徐 鼎	不详	字峙东,号雪樵散人,吴人。善山水,松秀不薄,沉着不滞。
310	徐 坚	不详	字孝先,号友竹,吴人。山水得黄公望笔意。
311	徐 烟	不详	字子文,号叔明,云南人,居吴门。善写梅兰竹石。
312	吴春晖	不详	字广元,号葵斋,皖南黟县人,寓吴门。所作山水疏宕苍秀。
313	章 榕	不详	字幻庐,吴人。工仕女花卉,设色妍雅,善书精医审音律。
314	许锦堂	不详	字潜麓,号云屏,长洲人。善书工鉴别,偶写兰竹小品,深得文衡山笔意。
315	陆 源	不详	字俾云,吴人。画山水纯用湿笔,横点叠峰,苍润之气效师朱昂之之法。
316	张 修	不详	字损之,长洲人,后寓金陵。性狷介,常闭户独坐,遐想云外,山水花卉,落笔不凡。
317	张 锺	不详	字荷百。善画山水。
318	钦 揖	不详	字远猷,吴县人。山水秀韵有宋元遗意,寓居僧舍,终身不娶。
319	华 铨	不详	字重光,号梦庄,元和人。工花鸟,尤善写梅。
320	董必炎	不详	字一岩,吴人。画兰得古法,年八旬外仍精神矍铄,挥笔不倦。
321	叶 鳌	不详	字魁士,居洞庭东山。为叶梦得二十四世孙,能诗善花卉,花石萧疏,颇具胜致。
322	杨士林	不详	字大椿,号梅岩。元和诸生,善画兰竹,临风潇洒。

(续表)

序号	姓名	生卒年或创作时间	简　介
323	鲁璋	不详	字近人,号丰舫,吴人。工书画,参郑板桥法,写意花卉,疏老清秀,尤工枇杷。
324	蔡照	不详	字元朗,燕京籍,侨居虎丘山麓。善山水花鸟,笔墨苍秀,无市朝尘埃气。
325	蒋深	不详	字树存,号苏斋,吴人。官至朔州知州。工写兰竹。
326	龚均	不详	字伯孙,号古云。富收藏,工篆刻,善画花卉。中年侨居吴门,来往多吴中名流。

七、中西绘画纷呈

1911年辛亥革命后,绘画艺术受到外来文化的影响呈多元化发展的状态,苏州画家开始接触到当时国人还非常陌生的西洋绘画。1922年,由颜文樑创办(后又由大画家吴子深资助重修)的苏州美术专科学校,是当时中国规模最大的美术学校,不仅对传统中国画发展做出了贡献,还系统地介绍西方绘画理论和技法,把油画、粉画、水彩画引入苏州,从此,中西绘画相互影响,流派纷呈。特别是因云集了颜元、陈摩、吴子深、颜文樑、胡梓中、朱士杰、张辛稼等吴门名家为师资,苏州美专成为中国绘画艺术家的摇篮,先后为国家培养了大批优秀美术人才,如李宗津、董希文(油画《开国大典》作者)、孙宗慰、卢沉等后成为中国画坛上极具影响力的名家。另外,民国之初,上海已成为输入境外资本和舶来西方文明的商业城市,由于苏州毗邻上海,很多画家都到上海去谋生并在上海得到发展。因地缘与艺术血缘的亲近,苏沪间的绘画交流十分密切,两地画风互相渗透和互相影响,特别是吴昌硕为会长的"海上题襟馆书画会"就吸纳陆恢等吴门画家为成员。此外,晚清吴门画坛上顾鹤逸、刘临川、陆恢、颜元、蒋宜安、王同愈等一批德高望重的名家,至民国时虽已年高,但老而弥健,仍积极地活跃于苏州绘画园地。1919年开始的苏州画赛会(中国第一个综合画展)开现代美术活动之先声,画会画社等美术团体相继涌现。通过社团活动,不仅书画家之间关系得到了进一步密切,绘画技艺得到了交流,文化学养得到了提升,而且书画作品进一步与社会大众有了广泛接触,对传播吴门画派和培养书画消费市场都起到了积极的作用。1932年起,张善孖、张大千、叶恭绰、吕凤子等外地名家先后寓居吴门,壮大了吴地绘画的队伍,苏州的绘画活动愈趋活跃。特别是"娑罗画社"成立后,熊松泉、张石园等一流上海画家都纷纷来苏参加活动,苏州再一次成为中国绘画的热土。

抗日战争爆发后,中国陷入空前的民族灾难中,苏州书画家失去了赖以生存的环境而避难他乡(仅有马振麟、周卓人、徐沄秋等少数人仍在苏州从事美术活动),红火一时的美术社团活动也偃旗息鼓。1945年,抗战胜利,苏州美术专科学校复校,社会教育学院艺术教育系从河南迁来苏州,部分美术社团恢复(如张辛稼、朱守一、顾思惠办的"怡园画厅"),但规模已大不如前,很多社团已难以为继,在苦苦支撑了两三年后便自灭了。

表15-6 民国时画会、画社表

名 称	成立时间	简 介
苏州美术画赛会	1919.1	由颜文樑、杨左匋发起,100余人参加,常设在苏州美术会,每月召开常务会,每年1月1日—15日举办画展,是全国第一个国画、西画、雕塑综合画展。抗战时结束。
冷红画会	1925	发起人陈摩、管一得、余彤甫,参加者20余人,其中上海的刘海粟、汪亚尘、干济远均入会。常设南石子巷50号,共举办画展13次。1946年结束。
飞飞画社	1929	由东吴大学爱好美术的在校学生组成,常设北局青年会,举办画展3次,1921年集体加入苏州美术画赛会。
茉莉书画社	1930	是苏州美专学生组织,1931年在北局举办画展,其中有教师吴子深、颜元、蒋吟秋作品。1931年结束。
鸣社画会	1930	由潘博山、王季迁、朱守一、邹澄渊、朱竹云等组织,社名取"不鸣则已,一鸣惊人"之意,每半月集会一次,侧重研究山水画的继承发展。抗战时结束。
桃坞画社	1930	由吴子深发起,参加人陈摩、刘临川、吴似兰、张辛稼等10余人,每半月活动一次,现场挥毫,切磋交流。1932年并入"娑罗画社"。
书画赈灾会	1931.9	由庄思缄、汤晓青、唐企林发动书画家捐赠作品,售后救济灾民,吴清望、余觉、吴进贤、蒋吟秋分别书正、草、隶、篆四屏条,购者踊跃。该会仅存一年。
娑罗画社	1932.6	由吴似兰发起,参加者有颜元、刘临川、蒋宜安、陈摩、吴子深、吴待秋、张辛稼、王子振等三代画家48人,几集苏州文坛精英,是当时阵容最强、影响最大的艺术社团。常设西百花巷16号,每半月活动一次,去南京、上海举办画展,并出《娑罗画报》《娑罗画集》等刊物,开设娑罗无线电台。1947年结束。

(续表)

名称	成立时间	简介
正社书画会	1933	由吴湖帆、陈子清、潘博山、彭恭甫发起,会址设凤凰街,有张大千、吴诗初、蒋吟秋、冯超然、邹百耐、张紫东等30人参加,共举办会展4次,还去北京展出。1936年初解散。
平社画会	1934	由徐季寅、朱梅村发起成立,参加者有吴砚士、胡润荪、王子振、杨介溪、张碧庵等,会址设乔司空巷,每周聚会一次,曾去无锡展出,出《画集》一册。1937年结束。
苏州木刻社	1936	由尤玉淇发起,由苏州美专及黄埭乡师在读学生陆地、王兴鑫、鲁鱼等人组成,会址设临顿路温家岸。1937年结束。

1949年后,苏州美术的格局和状态发生了重大变化。首先,苏州美专先迁至无锡,后又与南京原中央大学艺术系合并,成立南京艺术学院,苏州外流了一些美术人才。其次,处在一个新的历史时期,画家们面临着新的生活空间,他们响应"艺术必须为大众服务"的号召,对传统艺术进行评估与审视,对新的艺术道路进行了有益的探索。1950年,成立了苏州市美术工作协会(即今苏州美术家协会前身,首任主席贺野)。1951年,时任苏州文教局长的谢孝思发起成立"新中国画研究会",在市文联组织联络下,在苏画家深入工矿、农村体验生活,创作了一大批反映"新社会、新时代、新生活"的美术作品。这些作品中有谢孝思、余彤甫、费新我、陈旧村、顾仲华、许十明、吴䍩木、彭恭甫、柳君然、吴似兰、周天民、黄芥、王子振、朱守一的中国画,乌叔养、朱士杰的油画,胡粹中、杨云龙的水粉画,贺野的风俗画。新中国初期的吴门画坛已呈现多姿多彩、画风清朗的局面。另外,50年代中期,具有悠久历史的苏州工艺美术行业得到恢复和发展,不仅安排了绘画从业人员的就业,还促进了国画尤其是花鸟画的繁荣。刚从部队复员回苏的张继馨在政府支持下,开办文化工艺厂(后并入吴门画苑),开发国画产品,扩大外贸销售(主要对上海口岸)。他还请回了因故已改行在上海某中学任教的老师张辛稼,使之重返苏州画坛。1958年,苏州工艺美术专科学校创办。1960年,苏州国画馆成立。这样,众多苏州的绘画名家分布于各个系统,都找到了他们施展其才的场所。一是张辛稼、柳君然、孙君良、吴砚士、刘淑华等人所在的国画馆,属文化部门;二是贺野、吴䍩木、许十明等所在的工艺美术学校,属教育部门;三是沈子丞、吴似兰、施仁、张继馨、崔护、朱守一、王子振、殷梓湘、曹逸如、顾仲华、钱香岩、陶申甫、董吟咕、李庄、亢公奭、沈彬如、徐绍青、盛景云、黄芥、任嗜闲、周天民、杨公毅、彭恭甫、蔡振渊等人所在的吴门画苑、苏州刺绣研究所、苏州檀香扇厂等,属工艺美术系统,陈涓隐、孔昌石、郑定忠在园林管理部

门。而经这些前辈指授和提携的中青年画家杨云清、宫音、赵凤云、王锡麟、顾荣元、潘国光、胡中元、何兆元、马伯乐、杨明义、刘懋善、徐源绍、张晓飞、冯涌元都已脱颖而出,成为各行业艺术创作的骨干。60年代早期,吴门画坛呈现百花齐放、精彩纷呈的兴旺景象。由于受"文化大革命"的影响,苏州美术事业受到很大冲击,苏州国画馆及美术团体解散,工艺美校停办,美术人才流失,苏州绘画创作几乎处于停顿或半停顿状态。

表15-7 民国以来主要吴门画家表

序号	姓名	生卒年	简 介
1	陆 恢	1851—1920	初名友奎,字廉夫,号破佛盦主、狷盦,吴江同里人,后寓居吴门。为吴大澂帅府幕僚。山水人物花鸟果品无不精妙。拥吴湖帆、沈塘、陈摩等高弟数十人,是晚清至民国最重要的吴门画家。
2	倪 田	1855—1929	字墨耕,号默道人,扬州人,流寓吴门。初学画于王小某(扬州人),后师任立凡,擅长仕女人物,尤工肖像,用笔洗练,设色淡雅,名冠苏沪两地。
3	袁培基	1856—1943	字幼辛,别号雪荪,吴县木渎人。善画山水,宗黄公望、沈周,功力浑厚,秀逸苍古,苏州名士金松岑曾慕名从其学画。
4	刘 照	1858—1932	字临川,号雁谭,吴人。师从戴文节,善山水,清末民初名重吴门画坛,贝氏狮子林即其设计修葺。
5	颜 元	1859—1934	字纯生,号半聋居士。工写真,山水花鸟人物无不精妙。其子颜文樑创办苏州美专。
6	李醉石	1860—1937	名涛,广东人,幼447随父至吴。师从吕养泉、任立凡,山水宗"四王",花鸟宗恽南田,与吴门画家吴寿址、周乔年、刘临川友善。所传弟子众多,其中徐邦达、江寒汀、蔡振渊日后皆负盛名。
7	蒋 洽	1864—1942	号百花盦主,居吴中肖家巷。沙馥弟子,擅人物走兽,尤工花鸟仕女,清末民初与刘照、颜元并称"吴门画坛三老"。
8	顾麟士	1865—1930	字鹤逸,号西津,吴县人。祖顾文彬、父顾承筑怡园,建"过云楼"。富藏历代名迹,山水喜枯笔皴擦,有王麓台遗风。
9	邓邦述	1868—1939	字孝先,号沤梦老人,吴县东山人。光绪二十四年(1898)进士,官任吉林民政使。擅画山水,落笔稳健,古趣盎然。
10	胡石予	1868—1938	原名蕴,字介生,号瘦鹤,昆山人,任教于苏州草桥中学。能诗文,亦工丹青,尤擅画梅,虬枝纵横,大气磅礴。抗战时病故于安徽铜陵章村。
11	余 觉	1868—1951	名兆熊,字冰臣,号石湖老人,浙江绍兴人,流寓吴门。光绪壬寅(1902)孝廉。工诗词,善书画,以画稿供妻沈寿绣成礼品祝嘏慈禧太后寿诞获懿赐嘉奖,余沈夫妇被派赴日考察两月,选购画册、标本,为最早奉公出国考察之画家绣女。夫画妻绣,画绣作品为中国首次获世界大奖。

(续表)

序号	姓名	生卒年	简介
12	程 璋	1869—1938	字德璋,号瑶笙,安徽休宁人。师从常州画家汤润之,山水、人物、花卉、翎毛,善参用西画透视法,形象真实,韵味别致。先后于苏州(草桥中学)、常州、北京等地教授国画,晚年定居上海。
13	顾墨畦	1872—1940	名邑,字墨畦,号南塘旧隐,吴江人,寓居吴门。与沈蕴石、刘陌青、沈研荷并称"陆恢四高弟"(早期),山水用笔沉雄,清澈明净,晚年喜写长卷,并题自作长诗。
14	赵子云	1874—1955	名起,字子云,号云壑、半禿,苏州人。早年师许子振、李农如、任立凡,30岁时拜已逾花甲的吴昌硕为师。所作花卉苍浑秀润,尤其画梅,酷似乃师,几可乱真。
15	吴 徵	1878—1949	字待秋,号春晖外史、抱鋗居士,浙江石门人,1931年迁居吴门。初从父滔学画山水,后致力于宋元明清诸家,功力深厚,魄力沉雄,名冠苏沪画坛,其长子吴救木得其薪传。
16	张善孖	1882—1940	名泽,字善孖,号虎痴,四川内江人,1932年客寓苏州。善画山水、花卉、走兽,尤精画虎(曾饲一幼虎于网师园寓所,爱虎若亲子)。抗战时离苏赴沪,后殁于重庆。
17	赵眠云	1883—1948	名昌,字眠云,号心汉阁主,吴江人,寓吴门。早年曾任段祺瑞政府参议秘书,后辞官回苏,以书画自娱,梅菊松石,寥寥数笔,颇有大师风范。
18	冯超然	1883—1954	名迥,字超然,号涤舸,常州人。为补园主人张履谦之西席。山水得顾若波、陆恢指授,人物仕女得刘德六指授,笔墨苍楚。晚年迁居上海,与吴待秋、吴湖帆、吴子深并称"三吴一冯"。
19	樊少云	1884—1962	名浩霖,字少云,晚号昙叟。早岁随父学画及琵琶,后寓苏拜陆恢为师,精于山水,亦通乐理,擅花卉仕女,画风淳朴,娟秀文雅,妍丽丰腴。晚年迁居上海,其子伯炎、女诵芬得其薪传,亦为画坛名家。
20	吕凤子	1886—1959	原名濬,字凤痴,别署凤先生,丹阳人,寓居苏州。早年毕业于两江师范,先后任中央大学教授、正则艺专校长、江苏师院(今苏州大学)教授。善画仕女、佛像,线条简练,笔触老健。弟子中有画家谢孝思,刺绣大师杨守玉、任嘒闲。
21	陈 摩	1887—1946	字迦盦,号迦仙,常熟人,迁居吴门。师从陆恢学画,因山水人物、翎毛花卉无所不能、无所不精而名重画坛,当代画坛名家吴作人、张辛稼、王季迁等数十余人咸出其门。
22	林兆禄	1887—1951	字介侯,号眉盦,根香馆主,苏州人。祖瑞恩,父福昌,均善画牡丹。幼承家学,能书擅画,山水宗效"四王",抗战时离苏赴沪。
23	汪 东	1889—1963	原名东宝,字旭初,号寄庵、梦秋,吴县人。早岁于日本结识孙中山,参加同盟会,民国时任政府内务金事,师从章太炎,精研经史百家,亦擅书画,画梅尤得诗韵。

(续表)

序号	姓名	生卒年	简介
24	周赤鹿	1889—1966	原名芷,字念慈,号落拓散人,苏州人。早年师从沙馥弟子高晓山学画,后专攻仕女、佛像,落笔大度,线条劲拔,其子周玉菁、周士心后皆名闻画坛。
25	蒋忠杰	1890—1960	字企范,苏州人。出身于吴郡望族,书画无师承,得力于家学,山水宗王翚,落笔不凡,意境深远,曾任纱缎业小学校长,是张辛稼的启蒙之师。
26	顾仲华	1890—1975	原名福妹,字仲华,吴县人。早年师从袁培基,先后在东吴大学、苏州美专、苏州刺绣研究所任职。画艺全面,山水人物、花卉果蔬、翎毛走兽、博古器皿,无不精擅。
27	顾则正	1891—1940	字彦平,号欣欣庵主,苏州怡园主顾鹤逸从子。擅画山水,宕逸疏散,不同凡响。1927年任苏州美专国画科主任。
28	吴华源	1893—1972	字子深,号渔村,苏州人。从顾鹤逸、刘临川学画,山水萧疏淡远。1927年以巨资助颜文樑创建苏州美专,任主席校董,抗战时离苏去沪,新中国成立后迁居香港、台湾。
29	汪星伯	1893—1979	名景熙,苏州人。父汪森宝,叔汪东,皆以文才名世。早年从陈师曾学山水,凝重高雅。后在苏州园林管理处任职,为研究、修缮、保护古典园林做出卓越贡献。
30	颜文樑	1893—1988	字栋臣,苏州人。幼承庭训,及长于沪学西画。1922年创办苏州美专,自任校长。1928年去法国留学,返国后从事美术教育和绘画创作。其色粉画《厨房》是中国第一件在世界上获大奖的绘画作品。
31	江小鹣	1894—1939	名颖年,字小鹣,苏州人。早年从父江建霞习国画,后去日本和法国学画及雕塑,返国后在上海与苏州任职,1927年后参与甪直保圣寺唐代罗汉塑像的抢救与整修工作。
32	吴湖帆	1894—1968	名倩,号倩庵、翼燕。吴大澂嗣孙,幼从陆恢学画,画风秀丽丰腴、清俊雅逸,精鉴定,富收藏。新中国成立后长期寓居上海,为近现代中国画坛重要画家。
33	余彤甫	1894—1973	名昌炜,字彤夫,苏州人。樊少云弟子,先后在苏州、上海任教,1958年被聘为江苏省国画院画师,擅画水彩图案,亦精画山水,作品温和怡淡,平静清新。
34	陈子清	1895—1946	名晋湜,字子清,苏州人。世居吴门望星桥,出身仕宦之家,博学多能,擅长书画,山水效王石谷、王鉴,出笔超逸,浑厚高古。
35	陶冷月	1895—1985	名善镛,字咏韶,别号冷月,苏州人。幼时师从罗树敏习西画,后从叔祖陶诒孙学山水,所作国画融合西画明暗透视,画风独特,尤写凉天朗月最具神韵。1932年离苏赴沪。
36	彭恭甫	1897—1963	字维梓,苏州人。为前清状元彭启丰之后,幼时受家庭影响即喜丹青,曾师从陈子清学习山水,及后遍游名山,其作山水构图新颖、清丽雅逸,有自然风光之奇趣。1951年苏州美协成立,为首批会员。

(续表)

序号	姓名	生卒年	简介
37	陈子彝	1897—1967	名华彝,号眉盦,昆山人,明末陈继儒裔孙,1924年迁居吴门。工书法、篆刻,曾为瞿秋白、鲁迅镌刻名章。间写丹青,尤善作墨梅。后任上海师范学院教授。
38	陈涓隐	1897—1986	苏州人。早年毕业于上海美专,擅西画,能摄影,尤精漫画,作品笔简意赅,亦庄亦谐,切中时弊,发人深省。后任苏州园林管理处副处长,对保护和修复苏州古典园林做出了重大贡献。
39	蔡振渊	1897—1960	名铣,字振渊、震渊,别署玉蝉砚主,苏州人。早年从汪云奇学翎毛花卉、蔬果走兽,从李醉石学山水,作品墨法细腻,设色妍艳,先后任职于苏州檀香扇厂和市工艺美术研究所。
40	陈旧村	1898—1957	名永,字旧村,无锡人,寓居苏州。早年从王云轩学画,并与师兄郑午昌切磋画艺。1957年被聘为江苏省国画院画师,擅长花卉翎毛,尤精鱼藻,一时有"陈金鱼"之称誉。
41	管一得	1898—?	苏州人。出身艺术世家,祖经解、父祖鼎皆为晚清山水画家,承家学,擅丹青,山水追宗沈周,苍润浑厚,大度老辣;花卉落笔秀逸,设色清丽。
42	朱 鼎	1898—1952	字铸禹,号竹云,苏州人。早年师从刘临川学画,摹写宋元明清诸名家,尤得王石谷神韵,落笔遒劲飘逸,设色疏淡清雅。与张辛稼结为莫逆,同为民国时吴门画坛才俊,惜早殁。
43	张大千	1899—1983	初名正权,后改名爰,字大千,四川内江人,寓居吴门。早年随兄善孖赴日本学习图案,返国后从曾熙、李瑞清学习诗文书画。山水、花卉、人物、仕女无不精妙,是20世纪中国画坛影响最大的画家之一。
44	徐季寅	1899—1945	苏州人,顾墨畦弟子,喜作大写意山水,用笔豪放粗犷,有石涛韵味,亦能工写山水,有文唐气息。惜体弱多病,年不及半百即殁,故留世作品罕见。
45	顾公硕	1899—1966	苏州人,怡园主顾鹤逸子。自幼从父学画,山水追"四王",人物宗费丹旭,花卉受金凍影响。后与族中同辈商议将怡园过云楼收藏无私捐献国家,任苏州博物馆首任副馆长。自曾祖顾文彬、祖顾承、父顾鹤逸至子顾笃璜,顾氏一门五代隆盛吴门文坛百余年。
46	吴华德	1901—1943	字秉彝,别字梅溪,号半月砚斋主,苏州人。画家吴子深四弟,早年师从颜元、李醉石,专注于花卉、仕女,1932年被聘为苏州美专花鸟科教授,著有《花鸟画刍语》等。惜早殁,作品存世量少。
47	顾青瑶	1901—1979	名申,字青瑶,别署灵妹,苏州人。清末名画家顾若波之孙女。山水得力于家学,笔墨超逸。1934年在上海与陈小翠、李秋君等创办"中国女子书画社"。后离沪抵香港,1972年去加拿大直至谢世。

(续表)

序号	姓名	生卒年	简介
48	董吟咕	1901—1970	原名董源,苏州人。早年在无锡师胡汀鹭学花鸟,后于沪师张石园学山水,长于仿古代名作,又精于书画装裱,尤对国画作品"做旧"技术有独特之秘,后于苏州工艺美术系统从事设计工作。
49	柳君然	1901—1987	原名榕,字君然,号江声斋主,苏州人。陈摩弟子,笔墨松秀,尤仿明清名家作品无不神情毕肖,后为苏州国画馆首批画师。
50	张宜生	1902—1967	原名议,字宜生,常熟人。吴待秋弟子,山水追宗"四王",沉重雄健,花卉得白阳青藤韵味,随意挥洒。1928年任苏州美专教授,后执教于南京艺术学院。
51	费新我	1903—1992	原名省吾,字立千,号立斋,浙江湖州人。曾在上海白鹅画校学画,1937年迁居苏州,先后于苏州和江苏省国画院从事国画创作,其人物画形象真实生动,线条明快流畅。1959年因右手病残而改用左手执笔书法,名冠中国书坛,是中国艺术史上因书名太盛而掩其画名的画家之一。
52	潘承厚	1904—1943	字温甫,号博山,苏州人。大学士潘世恩裔孙。自幼聪颖,博学多才,师吴湖帆学画,山水宗王石谷,花卉效恽南田没骨法,清丽隽秀。惜天不假年,不惑而殁。
53	支谦	1904—?	字蕙庵,又字南村,别署染香馆主,吴县人。初习金石,后作山水,清丽潇洒,自有天趣。1925年移居上海,镌刻搁臂扇骨,为沪上竹刻大家。后于家闲居,偶作画、刻印自娱。
54	沈子丞	1904—1996	名德坚,字子丞,一字元淳,别署听蛙翁,浙江嘉兴人。早年师同邑潘雅声学仕女,及长于沪上师从郑午昌,擅人物画,古朴可爱。一度任中共一大纪念馆副馆长,1957年迁居吴门,在苏州工艺美术系统从事绘画创作。
55	顾坤伯	1905—1970	曾名乙,字景峰,号二泉居士,无锡人。早年师从无锡名家吴观岱,后来苏,得陈摩亲授。擅山水,尤善青绿,秀丽雅致,独具一格。先后于上海新华艺专、上海美专、苏州东吴大学、浙江美院任教。
56	陶声甫	1905—1975	名运百,字声甫,常熟人。16岁从姑父蒋尧伯习画,摹写古代名迹几可乱真。1955年来苏,于苏州刺绣研究所从事设计工作,善文辞,喜写作。
57	谢孝思	1905—2008	贵阳人。早年师从吕凤子,后在正则艺专任教,1946年随社教学院到苏,执教于艺术教育系,善书画、山水、花卉人物。长期担任苏州文管会和文化局领导工作,对苏州书画事业的恢复发展和繁荣做出了重大贡献。
58	张念珍	1906—1985	字子朴,号聘儒,吴县人。苏州美专首届(1924年)毕业生,得陈摩亲授,善花鸟仕女,用笔纤细工整,设色优淡雅逸。后淡出画苑,任职于新文化印刷厂,直至退休。

(续表)

序号	姓名	生卒年	简介
59	陆传纹	1906—?	女,字传文,吴县人。1926年毕业于苏州美专,后赴法国,入巴黎高等美术学院专攻油画,1936年回国为苏州美专西画科教授,1937年离苏去武汉艺专执教,留于湖北至终老。
60	吴华铺	1906—1990	字振声,以字行。画家吴子深五弟。早年师刘临川学山水,1932年被聘为苏州美专教授,画风清逸旷远。
61	吴华馨	1907—1964	字似兰,以字行,号绿野。画家吴子深六弟。花卉师颜元,落笔有致,肥润若真。1932年被聘为苏州美专教授,同年创设"娑罗画社"于寓所,后任华东艺校(即后来的南京艺术学院)教师。
62	张 晋	1907—1987	名义隆,又名益盦,字晋,以字行,苏州人。早年先后师樊少云、顾仲华,擅工笔青绿山水,用笔细致工整,设色清丽雅逸,1956年入江苏省国画院为画师。
63	朱守一	1907—1995	字西村,吴县香山人。先后师从刘临川、顾鹤逸、吴子深,1932年参加"娑罗画社",抗战时于沪鬻画度日,后与张辛稼返苏合办怡园画厅。曾于苏州国画合作社、刺绣研究所、吴门画苑从事国画创作,用笔沉着,意境寥远。
64	王己千	1907—2002	原名季迁,字选青,苏州人。明大学士王鏊十四世孙。早年师陈摩,后于沪复师吴湖帆,擅山水,新奇独特。后移居美国,在纽约大都会博物馆工作,是享誉海内外的画家、收藏家和鉴赏家。
65	徐沄秋	1908—1976	原名福元,后名徵,字沄秋,苏州人。早年师从邓邦述,山水淡雅清脱,疏秀简逸,偶作花卉,仅以文墨自娱,雅好文辞,著有《吴门画史》《王烟客年谱》《娄东太原王氏画系表》,1963年调江苏省博物馆为鉴定编目,直至故世。
66	吴作人	1908—1997	名志寿,字作人,苏州人。早岁拜师陈摩,及长于沪追随徐悲鸿,后去法国学油画,并留欧任教,抗战时返国,先后于中央大学和北京国立艺专任教。学贯中西,学养深厚,除擅油画外,精于书画,笔墨明快华滋。后任中央美院院长、中国美协主席,是20世纪中国文坛重要的画家和美术教育家。
67	霍 然	1909—1984	名礼顺,一名奉六,字然,以字行,镇江人。早年毕业于上海美专。1939年参军,在李宗仁部画抗战漫画,复员后在镇江、青岛任职。擅长山水、人物、花卉,以工笔为主,偶作写意,画风清雅秀丽。1948年迁居吴门,先后在民间工艺厂、刺绣厂、漆雕厂任绘画设计。
68	殷梓湘	1909—1984	名锡梁,字梓湘,以字行,扬州人。早年师从扬州画家陈锡蕃,后于上海识吴昌硕等前辈,并加入"海上题襟馆金石书画会·青年书画会",凡花鸟、山水、人物、走兽无所不能,尤擅画马,神态生动。1958年来苏,于吴门画苑从事绘画创作,著有《飞禽百种》《走兽百种》等十余种。

(续表)

序号	姓名	生卒年	简介
69	张辛稼	1909—1991	名枢,字星阶,后更辛稼,号霜屋老农,苏州人。早年师从陈摩,后延为苏州美专教授,曾于沪上中学执教数年。1960年入苏州国画馆并任扩建后的苏州国画院首任院长。善花鸟,笔墨精湛绝伦,开创既有大写意豪放雄健又有小写意灵巧俊秀风格的写意花鸟画,确立了他在中国美术史上的崇高地位。
70	吴砚士	1910—2010	名彦,字砚士,号石渔,苏州人。1932年毕业于苏州美专,得朱竹云、吴子深亲授,擅山水,用笔潇洒高雅。后入苏州国画馆(院)为首批画师,一生淡泊自如,年寿百岁仍握笔挥毫,是吴门画坛数百年来有记载的唯一活到百岁画到百岁的画家。
71	朱梅邨	1911—1993	名兆昌,字梅邨,别署独眼半聋居士,苏州人。早年师从樊少云,后随舅父吴湖帆,山水、花卉、人物皆能,用笔苍润浑厚、清丽秀雅。后入上海新国画研究会,并为上海国画院首批画师。
72	许十明	1911—1998	原名石民、若民,苏州人。毕业于上海新华艺专,50年代返苏,先后在苏州建筑工程学校和苏州工艺美术专科学校任教,"文革"后入苏州国画院任师。擅山水,作品用笔凝重,线条富装饰性,饶有趣味,画境灵秀。惜长期患病,绘作存世少。
73	陶谋基	1912—1985	苏州人。1927年就学于苏州美专,1929转至上海美专学西画,后为《时代漫画》《申报》创作漫画,先后在上海人民美术出版社和《解放日报》任美术编辑。
74	孔昌石	1913—1973	名云,字昌石,原籍曲阜,为孔子六十八世裔孙,祖上于清咸丰时迁居吴门。少时从柳君然,后又师陈摩,所作翎毛花卉,静中有动,生机盎然,尤喜写梅、兰、竹、菊巨幅,偶写山水。后至园林管理处负责各园美术布置。
75	董希文	1914—1973	浙江绍兴人,1933年考入苏州美专学西画,曾于杭州国立艺专从林风眠学油画,后在中央美术学院任教授,擅长油画、水彩画。其作品《开国大典》人物众多,场景宏大,是新中国油画具纪念碑式的作品。
76	杨公毅	1915—1972	名宏才,字公毅,苏州人。1937年毕业于苏州美专,得吴子深、张星阶(辛稼)亲授。所作山水、人物、翎毛、走兽,用笔工整细腻,线条流畅自然,先后在苏州绢扇合作社、刺绣研究所等单位任美术设计和国画教师。
77	潘素	1915—1992	女,字慧素,苏州人。出身吴门望族潘氏(潘世恩),早岁师朱德菁、陶心如学画,擅工笔重彩山水,早享盛名。其夫张伯驹为海内外收藏大家,后将展子虔《游春图》等一批国宝献与国家,为艺坛美谈。
78	王子振	1915—2002	名鼟,字子振,以字行,苏州人。早年师顾墨畦,擅山水。18岁时即加入"娑罗画社",1936年21岁时参加全国美展。后在苏州檀香扇厂从事国画设计,1978年调苏州工艺职工大学任教,至2002年逝世,是唯一活到21世纪的"娑罗画家"。

(续表)

序号	姓名	生卒年	简介
79	蒋风白	1915—2004	原名鸿逵,江苏武进人。早岁考入杭州国立艺专,得潘天寿亲授,擅花鸟,逸笔草草,形神俱似,有石涛神韵。曾在上海人民出版社任编辑,后迁吴,在苏州工艺美术专科学校任教。
80	李淦臣	1916—1986	浙江嘉兴人。早岁随父李渔学画,后赁居吴门,为苏州各扇庄绘制扇面,擅长仕女人物,线条流畅自然,衣褶飘逸生动。先后在檀香扇厂、工艺美术研究所等单位从事创作设计。
81	沈彬如	1916—2008	原名恂,一名秉文,字彬如,号凝蒦,湖州人。早岁于吴门师从陈摩,擅长山水、花鸟、走兽、花卉等,晚年画马尤为生动。长期在苏州刺绣研究所、吴门画苑等单位从事国画创作。
82	陆 地	1917—1982	原名以诚,艺名田芜、芦衣,苏州人。早年先后于吴县黄埭师范和上海新华艺专学画,擅木刻,刀法明快爽利,黑白对比强烈。后任教于南京师范学院,并任江苏省版画家协会名誉主席。
83	尢玉淇	1918—2013	苏州人。早岁毕业于苏州美专,师颜文樑,于苏州报业任记者,擅油画,色彩华美。后于中学任教,世称"三笔老人"(画家之画笔、教师之粉笔、作家之钢笔),著有《绘画入门》《三生花草梦苏州》《爱晚楼散记》等。
84	周天民	1918—1984	又名醒吾,晚年署周凝,苏州人。自幼喜画,无师自通,卓然成才。擅长花鸟,清新隽永,先后于苏州檀香扇厂和工艺美术研究所任设计工作,著有《白描花卉》《装饰图案》《花鸟画谱》等。
85	徐绍青	1919—1995	苏州人。早年从朱竹云学山水,后于沪复师吴湖帆,擅长山水,兼工人物花鸟,用笔苍润秀逸,弱冠即盛名画坛,与吴湖帆子吴孟欧、吴待秋子吴㰶木、樊少云子樊伯炎并称"海上四公子"。后于苏州刺绣研究所从事绣稿创作设计。
86	亢公奭	1919—1995	苏州人。早年曾在商行、钱庄、银行工作,30岁始从张晋习山水,青绿山水更显富丽堂皇,能得乃师神韵。先后在苏州扇厂和红木雕刻厂任国画设计。
87	莫 朴	1919—1996	别名璞,南京人。早年先后在苏州美专、上海美专学画,曾参军赴华北从事抗日救亡运动,后历任中央美术学院华东分院副院长、浙江美术学院院长。油画造型坚实质朴,木刻刀法凌厉,富战斗与生活气息。
88	宋文治	1919—1999	初名咏麟,太仓人。早年考入苏州美专,后于沪拜张石园为师,又得吴湖帆、陆俨少指授,后入江苏省国画院任画师。所作山水清丽俊雅,诗画交融,是20世纪中国画坛上艺术风格鲜明的山水画大师。
89	杜重划	1920—1992	四川眉山人。年少即喜绘事,得冯玉祥将军赏识,资助入学深造,毕业于国立社教学院,师从吕凤子、谢孝思,后任教于南京师院和江苏师院(今苏州大学),1978年调入苏州国画院为画师。

(续表)

序号	姓名	生卒年	简 介
90	郁文华	1921—2014	名炜,字文华,苏州香山人。早年师蔡铣、张石园,1948年师张大千,为大风堂弟子。后为上海中国画院画师,擅山水花鸟,尤精牡丹,有"郁牡丹"之誉。
91	吴䍩木	1921—2009	名彭,字䍩木,号小镡,浙江桐乡人。幼时随父吴待秋迁居吴门并从父学画,1943年复旦大学毕业,供职于沪上银行界。后辞职返苏,面壁十年,专攻山水,曾任苏州工艺美专教师,苏州国画院画师、院长。精山水,笔墨纵横捭阖,意境疏朗清旷。
92	盛景云	1924—1992	女,原名家庆,苏州人。先后师从顾仲华与程瑶笙。擅画工笔翎毛走兽,刻画细腻工整,先后在苏州檀香扇厂和苏州刺绣研究所专事画稿设计。其子何兆源、弟子朱蔼真得其真传,为当代国画名家。
93	崔 护	1924—2008	原名光祖,太仓人。自幼喜爱美术,自学成才。绘画浓淡相宜,疏雅清秀。书法学赵佶瘦金体,风格独具。长期在吴门画苑和工艺研究所等从事国画创作,为诗书画印全能的吴门画家。
94	江洛一	1932—2012	浙江嘉善人。1951年毕业于苏州美专,先后于吴江、苏州文化部门从事文艺创作,工书画,喜收藏,精文物古玩鉴赏,任苏州平江书画院院长等,著有《苏州近现代书画家传略》《吴门画派》《苏州竹人录》《汉石常珍》等。
95	卢 沉	1935—2003	原名炳炎,苏州人。早年于苏州美专求学,后考入中央美术学院,师蒋兆和、叶浅予,毕业后留校任教。擅人物画,线条朴实,形象可亲,其妻周思聪为20世纪中国画坛最杰出的女画家。

  1976年,结束了"十年动乱"的政治局面。1978年后,苏州画坛也有了翻天覆地的变化。首先,苏州国画馆(后升格为国画院)、吴门画苑、苏州工艺研究所先后恢复,苏州美术馆、吴作人艺术馆相继建立,民间美术团体纷纷诞生。苏州逐渐形成了一支画种齐全、层面多样、年序梯次的美术队伍。其次,苏州美术教育重被重视,苏州工艺美校恢复(现为苏州工艺美术职业技术学院),原丝绸工学院设有美术系(后并入苏州大学艺术系),苏州铁道师院和苏州城建环保学院相继在苏建立并开设美术系(后两校合并为苏州科技学院),苏州职业大学、苏州广播电视大学、苏州教育学院也都开设美术专业(现已合并在苏州职业大学),苏州逐渐成为一个颇具实力的美术教育基地。值得一提的是除上述大专院校以脱产学习形式培养人才外,还有民间办学的业余美校。如1981年春,"苏州业余美术专科学校""苏州业余美术学校"成立,该两校虽称"业余",但有完整的教育大纲和严密的教育计划,师资力量雄厚。至90年代中期,两校先后停办,但这是苏州美术史上仅有的在特定年代非常特殊的美术教育模式,为国家输送了

大量人才,如今活跃于吴门画坛的不少画家,如吴湛圆、李涵、冯湘斌、金克昌、钱杲、方永庆、张明、倪振人、章致中、李亚琴、陈明珩、谢友苏、江小玲、龚岚、姚家骥、乔云侬、蒋金华、葛扬等均曾就读于两校。为适应高校美术教育事业的迅速发展,苏州多次从外地引进大量美术人才以充实师资,而且相当一部分教师在原地就是名家(如杭鸣时即为全国著名的粉画大师),绘画艺术达到较高水平。再次,艺术市场趋于繁荣。80年代初,为适应对外文化交流,在网帅园首先出现了"版画廊",市有关部门组织部分画家作品向来苏的外宾出售,艺术市场的兴起取得了较好的社会效益与经济效益。不久,先在当时涉外宾馆较集中的十全街,后在其他旅游景区,各类画廊、画店相继开铺,书画作品作为一种商品进入流通,艺术品市场完成了从初始培育到逐渐形成的过程。而且,买画的对象也从外宾扩展至国内寻常百姓,市场也从城市扩展到乡镇(胥口被文化部命名为"中国书画之乡"),苏州成为国内重要的书画艺术品交流中心。90年代中期,由于收藏热的兴起,艺术市场再次显示良好的发展态势,特别是书画拍卖对市场的引导和激活作用十分明显。1997年10月,苏州东方艺术拍卖公司首先开槌后,吴门、物华、保利、嘉宝、浩天、新苏、协和诸家艺术拍卖公司纷纷成立,对苏州书画市场的繁荣起到了积极的作用。最后,美术交流规模逐渐扩大。改革开放后,苏州美术呈现空前繁荣景象,各美术团体举办各类画展累计千余次,以展示苏州美术多姿多彩的创作成果。其中较有分量和影响的画展有1986年"苏州建城2 500周年书画展",1997年"庆祝香港回归祖国美展",1998年"庆祝改革开放20周年画展",1999年"纪念苏州解放50周年油画展",2004年"庆祝世遗会在苏州召开扇面展",1996年在中国美术馆举办的"苏州六人展"(苏州籍画家吴㪇木、卢沉、陈根兴、吴雍、谭以文、朱永灵6人),1984年在江苏省美术馆举办的"霜屋师生画展"(张辛稼、张继馨、徐源绍、徐纯源、潘国光5人),2001年在南京太平天国博物馆举办的"吴㪇木同门展"(吴㪇木、吴雍、吴元、邵文君、吴见山、黄庚、张钟、龚启慧、章致中、魏本雄10人)。从1984年至2005年,苏州已举办9届"'姑苏之秋'全国版画邀请展"。2002年起举办的"苏州高校教师作品双年展",为苏州高校教师提供展示创作成果的平台,同时对提升苏州美术创作整体水平具有示范作用。2003年,苏州还成功举办了由中国美术家协会与苏州市人民政府共同主办的"中国首届粉画展",这是截至2003年苏州历史上举办的规模最大、规格最高的一次画展。2007年苏州市政府主办的"新吴门画派——苏州国画院作品展览"(吴㪇木、张继馨、孙君良、刘懋善、马伯乐、杨明义、徐源绍、潘裕珏、吴雍、周矩敏、冯豪、谭以文、姚新峰、张明、徐惠泉、叶放、刘佳、孙宽、张迎春、沈宁等21人)在中国美术馆举办后,又先后在南京、上海、欧洲、日本、美国展出。2012年举办的"新吴门画派——中国当代中国画作品大展"标志着肩负传承、创新、发展苏州美术文化历史重任的"新吴门画派"登上历史舞台。

上述千余次画展,展现了当代吴门绘画的整体创作实力和丰硕的艺术成果,表现在如下几个方面:

花鸟画 张辛稼的花鸟画一方面从吴地传统绘画中来,另一方面撷取了"海上画派"艺术精华,形成了色彩清丽、墨法古朴的艺术品位。谢孝思的梅菊苍劲浑朴,刘淑华的墨竹雅致清奇,沈彬如的芙蓉淳厚傲霜,凌虚的金鱼活泼凌波,蒋风白的兰竹幽雅临风,施仁的花鸟疏朗清丽,崔护的幽篁秀雅俊逸,朱欣生的牡丹苍润浑厚。张继馨师从张辛稼,他笔下的花鸟画精彩动人,富有时代艺术表情。徐源绍亦师从张辛稼,用墨既浓且肥,圆润雅致,画趣天然。张钟为张辛稼之女,笔墨深得乃父真传,用笔雄健。宫音擅写牡丹。杭青石善绘荷花。余克危花鸟画彩墨交融,花枝嫣然。潘裕钰花鸟画笔墨酣畅,醒人耳目。周摩和的花卉出笔老健,力透纸背。李伯庆的花卉满岗遍原,气势宏大。廖军崇尚吴昌硕雄健烂漫之画风,笔力苍润老辣。袁牧笔下的花鸟画造型憨厚可爱。李采白(其父为画家李长白)和何兆元(其母为画家盛景云)均秉承家学,笔法精致。姚新峰的荷花与黄鲶鱼形成花鸟画题材的特色,富有农村生活气息。张琪与夏回的花鸟画强化了色彩的视觉效果。在花鸟画领域里还活跃着几位善画动物的画家,除了有"虎痴"之誉的老画家韩山外,魏本雄画的动物(尤其画猴)富"人性",而陈如冬、秦学研善画虎,所画兽王威震山岳、长啸林原。苏州花鸟画坛还有一些女画家,如黄苈、刘淑华、盛景云、徐钥、刘金燕、严佩玲、杨丽华、朱蔼真、俞勤奋、刘苏等尽脱巾帼娇柔之气。此外,今天苏州还涌现出如戴云亮、吴湛圆、陈艺、王葵、许宝华、沈耕宇、冯湘斌、朱墨春、吴中培、濮建生等一大批花鸟画新秀,他们以多姿的崭新面貌为吴门花鸟画增光添彩。

山水画 山水画家是苏州画坛上一个非常有实力的群体,老一辈的有张晋、余彤甫、许十明、徐绍青、朱守一、王子振、陈昭新、吴砚士等多人。其中最重要的是吴𠁁木,他的山水画充分显示其深厚的艺术功底及非同寻常的绘画技巧,他多年探索山水画传统技法而创作的"第三类"画,受到世人瞩目。另外,孙君良几十年醉心于园林山水诗意描绘;马伯乐敏而好古,所作山水用笔老练;刘懋善的深山幽壑与江南枕河人家别有风韵;杨明义善用水墨晕染,山色迷蒙、影影绰绰,他的水墨画《西子湖》被设计为特种邮票《西湖》小型张;茹峰的山水画面重合与分裂,冯豪的山水时空承延与转换,都极具艺术穿透力;张明善用西画的构图与光色来写江浙皖的灵山秀水、村落民宅;陈危冰对田园小景的描写新颖可人,意境清朗;曹仁容、张国柱皆以鸟瞰式描绘全景山水,令人目不暇接。尚有顾荣元、邵文君、潘国光、黄钟、章致中、张青涛、方永庆、金克昌、叶放、徐贤、谢士强、蒯惠中、于亨、沈默、陆玉方等有很好的山水功底,且都不拘古法,饶有新意。尤其近年来孙宽、张迎春、吴越晨的山水作品频繁出现于各类美术大展,并获大奖,这些新锐的崭新亮相充分表明苏州画坛名家辈出,后继强劲。

人物画 老一辈除沈子丞、费新我、杜重划等外,刘振夏人物写生作品形体结构严谨,笔墨语言清新;刘佳善写半工半写的彩墨人物,尤善写西藏人物的风貌和性格特征;李超德、马忠贤、黄艾用笔豪放,人物形象夸张而传神;顾曾平擅线描人物作插图,以再现历史事件场景;王锡麒善画古代仕女,技法娴熟;潘裕珏善画戏曲人物;程宗元善画少数民族少女,秀美可爱;江野善画钟馗和释道人物,剑拔弩张,疾笔豪放。近年来还有一些潜心探索而不囿于传统画法的画家,如周矩敏常画以民国时期文人雅士休闲生活为题材的人物画,人物神态夸张且传神,画面赋色饱满而有韵致,耐人寻味;徐惠泉巧妙地以水灵纹来表现人物服饰的衣褶,人物清丽可人。李涵、朱唯践、谢友苏、周文雍、周伟等均善描绘当代人的生活,他们都以不同的视角与艺术手法来对"新文人画"进行探索,引得人们好评。

连环画 俗称"小人书",是人们喜闻乐见的一个画种。在苏州画坛中从事连环画创作者不乏其人。赵三岛(吴县东山人)在民国时就闻名上海,先后创作了《血战睢阳》《李定国抗清兵》《岳传·枪挑小梁王》等系列连环画;梅云在20世纪50年代与王企玫、苏起峰在上海市文化局"连环画工作者学习班"进修,回苏创作连环画,主要作品有《当红军的哥哥回来了》《风雪的夜晚》等十余部;劳思,原在苏州报社任美术编辑,后在桃花坞木刻年画社从事设计工作,同时创作连环画,主要作品有《江心跳板》《杨开慧》《智取浒关站》《风雨罗霄路》《新来的船工》;有扎实人物画功底的张晓飞在70年代自学连环画,先后创作了《王昭君》《五姑娘》《匡超人变质》《红楼梦新补》《鲁公草》《话说孔子》等多部;顾曾平在国画创作同时也先后创作了《双喜嫂》《蒲松龄》《瞿秋白》《中国古代传奇话本》,其中《裤裆巷风流记》入选第七届全国美展;夏维淳长期从事美术教育与群众文化工作,擅长中国画和连环画创作,80年代起编绘出版了《狮子回头望虎丘》《虎门英烈》《三个女兵》《牡丹仙子的故事》等多部连环画。

版画 苏州桃花坞木刻年画已有400多年历史,现代版画则是20世纪60年代兴起的,当时周伟民、张天寿(劳思)、管牧、吴鸿彰等几位青年在市群众艺术馆支持下成立了苏州业余版画组,首批成员7人,后扩至20人,逐渐形成了有鲜明地方特色的苏州水印木刻。如杨明义的作品,刀法洗练,情景交融,其《水乡的女儿》曾入选第八届全国版画展;沈明义作品则多粗犷之气,木味强烈,能细腻而有韵律地表现江南景色;潘裕珏则多从整体上下功夫,能一洗铅华,显露自然景色的婉秀与韵致;周伟民表现江南小景,善于将纷纭的民居、小舟梳理成有序的艺术图形,意境无穷;张天星作品构图新颖,木纹隐显;王勉以朴实无华的手法表现江南景色,清秀稳重动人;翁承豪的作品细腻晕染,别有一种意境;管牧、吴鸿彰、周兴华、翟志明的作品在造型上吸收剪纸手法和图案陈设的因素,更多地强调平面构成的美感;凌君武的作品块面堆砌,强调对比;顾志军作品中将现代形象与古典形象在同一画面上并列,时空对撞,令人遐想;马中骏表现水乡常以水禽点缀,更觉意韵无穷;姚永强常以园林湖石为表现元素,再以券门、月影衬托,对比强烈,协调和谐;劳思的作品融入古典风雅的气味,使水印木刻中的刀味、木味、水印韵味发挥得淋漓尽致,他设计的邮票《苏州园林·网师园》向全国发行;王祖德除创作桃花坞木刻年画传统题材的作品外,还十分注重现代题材的挖掘;段文海将身边发生的重大事件用年画艺术生动地表现出来,用桃花坞年画单线平涂的表现手法,色彩鲜艳而明快,背景恢宏而厚重。

油画、水彩、粉画 苏州的油画、水彩、粉画起步很早,颜文樑、朱士杰、胡粹中等先辈拓荒于前,后又有乌叔养、李宗津、董希文这样的油画大家,随后陆续又有尤玉淇、卢承庆、江洛一、王祖庆、张克明、陶敏荣、薛启荧、王人及、周爱珍、余克危等画出了不少优秀作品。贺野是苏州美术界的老前辈,他的油画造型准确,色彩沉稳,用笔老练;徐海鸥的油画作品里充满了暗示与张力;王嫩擅长少数民族人物和女人体的作品,鲜亮明丽的色彩精心描摹了一种温馨的场面,令人神往;姚芨的作品以其流畅的用笔与明快的用色倾诉了对生命的礼赞;汪珏元善于以古典园林厅堂为创作题材,画面中有一种古朴典雅的沉静之美。近年来,苏州又涌现了钱流、吴晓洵、金伟、彭才年、杜璞、王晓东、王贤培、王绪武、吴霞靓等一批富有才华的青年画家,他们的油画以崭新的姿态亮相苏州画坛。水彩画的发展也一直延绵不绝,如李白丁、王勉、贝戍民、江淳多以江南水乡为题材,常以小桥流水、渔舟老屋入画,有鲜明的地域特征,观此类画如闻欸乃之声,如听吴侬软语。袁珑早年专攻音乐,所以他的作品更为流畅协调和富音乐感。苏州是中国粉画艺术的发祥地,颜文樑的粉画《厨房》于1929年荣获法国国家沙龙荣誉奖。但由于工具和材料的原因,粉画在相当长的时间内难以普及和发展。20世纪80年代,长期从事粉画艺术教育的杭鸣时来到苏州,促进了苏州粉画的复兴和发展,他的粉画《柯桥夕照》获美国 26 届粉画金奖。21 世纪初,青年画家卢卫星粉画《渔村》又获第九届全国美展金奖。苏州一批中青年粉画艺术家崭露头角,几代画家形成的创作梯队充分展示了苏州粉画艺术的传统与实力。2003 年 3 月"中国首届粉画展"在苏州开幕,全国粉画名家与粉画精品际会苏城,使苏州逐渐成为全国粉画艺术创造和研究的中心。

漫画 早年,陈涓隐即以漫画著名于世,后来范其恢等几人坚持笔耕。21 世纪初,这一画种得到迅速发展,作者由几人增至几十人。2001 年还成立了苏州职工美术学会漫画艺委会,除《姑苏晚报》专辟《姑苏漫画》专版外,其他报纸上的特刊如"社会新闻版""彩票版""证券版""消防版""保险版""健康版"等也先后开辟了漫画栏目,漫画成为与市民生活贴得最近的一种艺术形式。2001 年,在由中国美协举办的"全国揭批邪教法轮功漫画大赛"中,范其恢获银奖、毕其昌获铜奖。同年,"江苏消防安全漫画展"苏州有 30 件作品入选,其中毕其昌获金奖。2002 年在江苏省公安厅、文化厅举办的"江苏禁毒漫画展"中,苏州有 13 件作品入选,其中马镇衍获银奖、王锡炎获铜奖。2005 年,陶开俭《无题》入选"日本国际漫画展"。自 2001 年起,每年举办的"苏州卡通漫画展"已成为苏州文化活动的一个知名品牌。

表 15-8 1980—2010 年苏州美术作品在全国级别美展中获奖一览表

时间	作者	作品	画展名称	入选与获奖
1980.12	时卫平	组画《百合花》	第二届全国青年美展	三等奖
1983.4	杨明义	版画《水乡的女儿》	第一届全国版画展	优秀奖
1984.4	张晓飞	年画《比绣花》	第三届全国年画展	三等奖
1987.10	张晓飞	年画《吴门春色》	第四届全国年画展	二等奖
1989	劳 思	版画《百童闹春》	第七届全国美展	入 选
1990.11	沈民义	版画《临河的窗》	第十届全国版画展	铜 奖
1991	劳 思	版画《卖花姑娘》	第四届三版作品展	入 选
1994.8	周矩敏 谢 震	漆画《弦叙》	第八届全国美展	优秀奖
1995	何 燕	水粉画《带头羊的静物》	第三届全国水粉水彩展	铜 奖
1995	黄 海	水彩画《小菲》	第三届全国水粉水彩展	铜 奖
1995	李白丁	水彩画《故乡情怀》	第三届全国水粉水彩展	铜 奖
1995	李平秋	水粉画《午后三点》	第三届全国水粉水彩展	铜 奖

（续表）

时间	作者	作品	画展名称	入选与获奖
1996	顾志军	版画《谈古论今》	第十三届全国版画展	银　奖
1996	潘裕钰 王景萍	版画《吴哥新译第一篇》	第十三届全国版画展	铜　奖
1998	徐惠泉	中国画《四季之一》	第四届当代中国工笔重彩大展	铜　奖
1998	周矩敏	中国画《港人》	第四届当代中国工笔重彩大展	优秀奖
1998	顾志军	版画《画镜文心》	第十四届全国版画展	铜　奖
1998	张天星	版画《丝绸春秋》	第十四届全国版画展	铜　奖
1999	张　铨	中国画《故宫春事》	第九届全国美展	优秀奖
1999	姚　莨	油画《温暖的阳光》	第九届全国美展	铜　奖
1999	顾志军	版画《世说新语》	第九届全国美展	优秀奖
1999	卢卫星	油画《渔村》	第九届全国美展	金　奖
1999	张新权	油画《阳光水乡》	第九届全国美展	优秀奖
2000	金　伟	水粉《苗寨的节日》	第五届全国水粉水彩展	铜　奖
2000	顾志军	版画《朝来夕去》	第十五届全国版画展	铜　奖
2003.8	姚新峰	中国画《乍暖还寒》	第二届全国中国画展	优秀奖
2003.8	刘　佳	中国画《人物》	第二届全国中国画展	入　选
2003.10	张新权	油画《十里洋场》	第三届中国油画展	入　选
2003.10	姚　莨	油画《秋风》	第三届中国油画展	入　选
2003.10	吴晓洵	油画《往事》	第三届中国油画展	入　选
2003.10	卢卫星	油画《正午》	第三届中国油画展	入　选
2003.10	张新权	粉画《世纪的回眸》	首届全国粉画展	银　奖
2003.10	戴家峰	粉画《瓜和莲蓬》	首届全国粉画展	银　奖
2003.10	张健钧	粉画《闲庭信步》	首届全国粉画展	铜　奖
2003.10	金　伟	粉画《童年》	首届全国粉画展	铜　奖
2003.11	顾志军	版画《吴侬软语》	第十六届全国版画展	银　奖
2003.11	凌君武	版画《园林印象》	第十六届全国版画展	铜　奖
2003.12	李小康	漆画《菊花系列之三》	首届中国漆画学术提名展	银　奖
2004	周矩敏	中国画《旧历》	第十届全国美展	入　选

(续表)

时间	作者	作品	画展名称	入选与获奖
2004	李伯庆	中国画《晴雪》	第十届全国美展	入选
2004	张迎春	中国画《四季·芒种》	第十届全国美展	入选
2004	张　明	中国画《耕读人家》	第十届全国美展	铜奖
2004	姚新峰	中国画《水乡秋云》	第十届全国美展	铜奖
2004	张　铨	中国画《花香倚屏绝纤尘》	第十届全国美展	铜奖
2004	张新权	油画《信号台》	第十届全国美展	铜奖
2004	吴晓洵	油画《F·空间》	第十届全国美展	入选
2004	丁　薇	水粉画《冬日》	第十届全国美展	入选
2004	常义山	粉画《老灶》	第十届全国美展	入选
2004	戴家峰 罗　坚	粉画《果实》	第十届全国美展	入选
2004	凌君武	版画《清风·明月·我》	第十届全国美展	铜奖
2004	钱　流	版画《傣族姑娘》	第十届全国美展	入选
2004	潘裕钰	版画《〈烂柯山〉——昆曲奇韵》	第十届全国美展	入选
2004	顾曾平	壁画《陶行知生平业绩图》《孙武胜迹图》	第十届全国美展	入选
2004	李小康	漆画《花与花布》	第十届全国美展	铜奖
2004	谢　震	漆画《夏天》	第十届全国美展	铜奖
2004	吴　臻	年画《姑苏风情》	第十届全国美展	铜奖
2005.12	孙　宽	中国画《江南天阔》	"金陵百家"全国中国画大展	金奖
2006.9	吴晓洵	油画《灯·光》	"金陵百家"油画展	金奖
2007.12	顾志军	版画《时尚物语》	中国美协观澜国际版画邀请展	国际版画奖
2008.6	姚　莨	油画《享受阳光》	"金陵百家"油画展	金奖
2009.9	徐惠泉	中国画《花之梦》	第十一届全国美展	入选
2009.9	姚新峰	中国画《又见江南雪》	第十一届全国美展	入选
2009.9	孙　宽	中国画《碧水风荷》	第十一届全国美展	入选
2009.9	李伯庆	中国画《春满枝头》	第十一届全国美展	入选
2009.9	沈　宁	中国画《水果硬糖》	第十一届全国美展	入选

(续表)

时间	作者	作品	画展名称	入选与获奖
2009.9	张迎春	中国画《石榴红》	第十一届全国美展	入 选
2009.9	张新权	油画《致远舰》	第十一届全国美展	入 选
2009.9	张骅骝	油画《儿歌朗朗》	第十一届全国美展	入 选
2009.9	姚 苠	油画《起站点》	第十一届全国美展	入 选
2009.9	顾志军	版画《船到桥头》	第十一届全国美展	入 选
2009.9	马 路	版画《将军·伉俪·战友》	第十一届全国美展	入 选
2009.9	凌君武	版画《待月》	第十一届全国美展	入 选
2009.9	朱镔安	版画《我们系列之一》	第十一届全国美展	入 选
2009.9	张 伟 庾武峰	版画《山水·苏州博物馆新馆》	第十一届全国美展	入 选
2009.9	董丽君 顾志军	版画《寻梦》	第十一届全国美展	入 选
2009.9	庾武峰	版画《守望》	第十一届全国美展	入 选
2009.9	张文来	版画《家里的花瓶之二、之四》	第十一届全国美展	入 选
2009.9	张 川 张天星	版画《我和你》	第十一届全国美展	入 选
2009.9	杨振知 马忠贤	版画《〈戏〉组画三张》	第十一届全国美展	入 选
2009.9	金 纬	粉画《中国结》	第十一届全国美展	入 选
2009.9	张 明	粉画《香雪》	第十一届全国美展	入 选
2009.9	张新权	粉画《苏州横街》	第十一届全国美展	入 选
2009.9	李小康	漆画《清风明月本无价》	第十一届全国美展	入 选
2009.9	周矩敏 薛 懿	漆画《流金岁月》	第十一届全国美展	入 选
2009.9	张志强	漆画《水巷深深》	第十一届全国美展	入 选
2009.9	李 鹏	漆画《地脉》	第十一届全国美展	入 选
2009.9	杨国林 曲振通	漆画《北方民居系列之三》	第十一届全国美展	入 选
2009.9	谢士强	连环画插图《状元与乞丐》	第十一届全国美展	入 选

（续表）

时间	作者	作 品	画展名称	入选与获奖
2009.9	顾曾平 姚 苏	连环画插图《评弹人家》	第十一届全国美展	入 选
2009.9	曾月明	雕塑《一朝繁露》	第十一届全国美展	入 选
2009.9	陈容仕	动画《寻》	第十一届全国美展	入 选
2009.9	卞丽君	动画 Fish Dream	第十一届全国美展	入 选
2009.9	祁志宇	动画 The Last	第十一届全国美展	入 选
2009.9	吴莹莹	漫画《安安不知道》	第十一届全国美展	入 选
2009.9	罗振春	工业艺术设计《叶之缤纷（果盘）》	第十一届全国美展	入 选
2009.9	李飞跃	服装艺术设计《释放》	第十一届全国美展	入 选
2009.9	李琼舟	服装艺术设计《箱子》	第十一届全国美展	入 选
2009.9	王 琼	环境艺术设计《吴镇盛庭会所》	第十一届全国美展	入 选
2009.9	张大鲁 刘 波 吴鸿钊	壁画《孙子兵法6幅》	第十一届全国美展	入 选
2010.6	王 嫩	油画《夜车》	"金陵百家"油画展	金 奖
2010.6	张新权	油画《雪龙号》	"金陵百家"油画展	金 奖

（章致中）

◎ 第十六章 书法篆刻 ◎

一、书　法

苏州书法家从三国皇象,西晋陆机,唐代陆柬之、孙过庭、张旭,到宋、元范仲淹、朱长文、范成大、钱良佑等,均为中国书法史上的大家名流。明代更以祝允明、文徵明、王宠、陈淳、文彭为中坚,形成"吴门书派",有领袖,有群体,有传承,影响深远,时有"天下法书归吾吴"之兴盛景象。至清代,翁同龢、杨沂孙、吴大澂、姚孟起及近世以来的萧退庵、吕凤子、吴湖帆、祝嘉、费新我、瓦翁、沙曼翁、华人德等无不为中华文化及书法艺术写下浓重一笔。

表 16-1　苏州古代书法名家表

姓名	朝代及生卒年	里籍	字、号、官职	擅长书体、艺术风格	备注
张弘	三国吴 生卒年不详	吴郡	字敬礼,不仕	飞白书,飘若游云,激如惊电	
陆机	晋 261—303	吴郡	字士衡,官至平原内史	章草,草书中兼有篆隶之意	代表作《平复帖》
张翰	晋 生卒年不详	吴	字季鹰,号"江东步兵",官大司马东曹掾	草书,甚高古	唐代欧阳询书有《张翰思鲈帖》
张融	南朝齐 444—491	吴	字思光,官司徒左长史	四体皆工,尤擅草书,殊有骨力	
顾野王	南朝梁 519—581	吴	字希冯,官光禄卿,赠秘书监、右军将军	虫篆奇字莫不通晓	集古今文字作《玉篇》三十卷
陆柬之	唐 生卒年不详	吴县	官太子司仪郎	隶书、行书入妙境	虞世南外甥
张旭	唐 生卒年不详	吴	字伯高,一字季明,官至金吾长史	精楷法,草书最为知名,被誉为"草圣"	陆柬之外孙
孙过庭	唐 646—691	吴郡	字虔礼,官至率府录事参军	草书,天真潇洒	代表作《书谱》

(续表)

姓名	朝代及生卒年	里籍	字、号、官职	擅长书体、艺术风格	备注
沈传师	唐 769—821	吴	字子言,官尚书右丞吏部侍郎	楷书、行书,清劲方整,放纵自然	
陆希声	唐 生卒年不详	吴	官同中书门下平章事,授太子太师衔	楷、行、草书	总结出"五指执笔法"
范仲淹	宋 989—1052	吴县	字希文,官至参知政事	楷书、行书,遒劲中有真韵	兴建苏州府学
范成大	宋 1126—1193	吴郡	字致能,自号石湖,官至资政殿学士	行书,流转活通,神气自得	书法"南宋四家"之一
钱良佑	元 1278—1344	平江	字翼之,署吴县儒教谕	古篆、隶、真、行、小草诸书体莫不精绝	
陆 友	元 生卒年不详	吴	字友仁,自号研北生,一生未入仕途	尤工汉隶、八分,露刚毅之气	有《砚史》《墨史》等闻世
宋 克	明 1327—1387	长洲	字仲温,号南宫生,官凤翔同知	章草、行书,融会而出新意	
沈 周	明 1427—1509	长洲	字启南,号石田,自称白石翁,终身不仕	行书,瘦硬洒脱	绘画居"吴门四家"之首
李应祯	明 1431—1493	长洲	字贞伯,官太仆少卿	篆书、楷书,深诣三昧	祝允明岳丈
吴 宽	明 1435—1504	长洲	字原博,号匏庵,官礼部尚书	楷书、行书,滋润中时出奇崛	
王 鏊	明 1450—1524	吴县	字济之,号守溪、洞庭山人,官至户部尚书、文渊阁大学士	行楷,清劲豁达	
祝允明	明 1460—1526	长洲	字希哲,号枝山,官至应天府通判	行草,博采晋、唐、宋之长而自成一家	"吴门书派"代表之一
唐 寅	明 1470—1524	吴县	字伯虎,号六如居士,终身未仕	行书,丰润灵活	绘画"吴门四家"之一
文徵明	明 1470—1559	长洲	初名璧,字徵明,以字行,更字徵仲,号衡山,官授翰林院待诏	书法晋唐,四体俱佳	绘画"吴门四家"之一
陈 淳	明 1483—1544	长洲	字道复,号白阳、白阳山人,未仕	正、行、草、篆俱佳,纵横潇洒	工山水,善花卉
王 宠	明 1494—1533	长洲	字履吉、履仁,号雅宜山人,不第未仕	楷、行、草书俱精,古朴天真、潇洒高旷	"吴门书派"代表之一
文 彭	明 1497—1573	长洲	字寿承,号三桥,官至两京国子监博士	篆、隶、草书,皆有法度,自成风格	文人篆刻艺术流派始祖
周天球	明 1514—1595	长洲	字公瑕,号幼海,诸生	楷书,秃颖取老,堂堂正正	

（续表）

姓名	朝代及生卒年	里籍	字、号、官职	擅长书体、艺术风格	备注
王世贞	明 1526—1590	太仓	字元美，号凤洲、弇州山人，官至南京刑部尚书	行书，古朴浑厚，典雅苍润	明代文学"后七子"之一
王稚登	明 1535—1612	寓居苏州	字伯榖，号半偈长者，未仕	隶书遒古，大胜真、草	主吴门词翰之席30余年
赵宧光	明 1539—1625	太仓	字凡夫，号广平，布衣	创草篆，有草情篆意之美	兼善篆刻
归庄	明 1613—1673	昆山	字玄恭，号恒轩，未仕	行、草体，虚和圆熟，浑穆自然	
汪士铉	清 1658—1723	长洲	字文升，号退谷，官至翰林院编修	行、楷体，追宗晋唐，瘦硬沉着	
曹贞秀（女）	清 1762—1822	寓居苏州	字墨琴，号墨琴女史，布衣	小楷，气静神闲，娟秀在骨	王芑孙继室
杨沂孙	清 1813—1881	常熟	字咏春，号濠叟、子舆，官至安徽凤阳知府	篆书，古朴浑厚，流畅自然	能篆刻
俞樾	清 1821—1907	寓居苏州	字荫甫，号曲园，官河南学政	篆、隶、窠擘大字，雄浑刚健，丰姿勃勃	书寒山寺《枫桥夜泊》诗碑
翁同龢	清 1830—1904	常熟	字叔平，号瓶庐、松禅，官至协办大学士	楷、行书，气息淳厚，堂宇宽博	同治、光绪两代帝师
吴大澂	清 1835—1902	吴县	字清卿，号恒轩，晚号愙斋，官至广东、湖南巡抚	篆体，工整严谨，浑厚滋润	能篆刻
姚孟起	清 生卒年不详	吴县	字凤生，一作凤笙，贡生	楷、行、隶皆能食古而化	擅长书法教育

表16-2 苏州近现代书法名家表

姓名	生卒年	里籍	字、号、履历	擅长书体	备注
陆润庠	1841—1915	元和	字凤石。同治十三年（1874）状元，授编撰。历任山东学政、国子监祭酒、内阁学士、工部侍郎。	行楷	"馆阁体"气息较浓
王同愈	1855—1941	元和	字文若，号胜之，别署栩缘。历任顺天乡试同考官、清政府驻日本公使参赞、国史馆纂修、湖北学政、江宁学务处参议、两湖大学堂监督等。	四体皆能，尤工楷书	能绘画，著有《论画随笔》

(续表)

姓名	生卒年	里籍	字、号、履历	擅长书体	备注
章炳麟	1869—1936	浙江余杭	字枚叔,更名绛,号太炎。寓居苏州。组建成立"章氏国学讲习会"。	篆书	一代国学宗师
余 觉	1868—1951	浙江绍兴	名兆熊,字冰臣,流寓吴门。光绪庚寅(1902)孝廉,曾任农工商部绣工科总理。后更名觉,号三在居士、石湖老人。工诗词,善书画。	行草	在沪鬻书,有《三在居士临古》石印字帖三种刊行
萧退庵	1876—1958	常熟	早年名敬则,后更名嶙,又易名蜕,字盅学,另署蜕公、退庵等。江苏省文史馆馆员。	四体皆工,尤擅篆书	能篆刻
吕凤子	1886—1959	江苏丹阳	字凤痴,署江南凤、凤先生、老凤。寓居苏州。曾任江苏省美协副主席。	行书	能篆刻
王 謇	1888—1969	苏州	字佩诤,号瓠庐。1915年毕业于东吴大学文科,曾任震旦大学、华东师范大学教授。	小楷	精于金石学
蒋企范	1890—1960	苏州	名忠杰,以字行。早年就学于苏州高等师范学校。曾创办吴县私立实用商科职业学校。	行书	擅鉴定,喜收藏
汪 东	1890—1963	吴县	字旭初,号寄庵,别号寄生、梦秋。曾任苏州市政协副主席。	篆书	章太炎弟子
陈墨移	1893—1977	江苏丹徒	字邦福,陈直(邦直)长兄。流寓苏州。曾任江苏省文史馆馆员、苏南文管会考古编审、苏州博物馆顾问。	甲骨文	著名古文字学家
汪星伯	1893—1979	苏州	名景熙,以字行。1954年后任市园林管理处、苏州博物馆顾问,多才艺。	正楷、行书	擅篆刻
郭绍虞	1893—1984	苏州	原名希汾,别号照隅。曾任上海市文联副主席。	行楷小字	
范烟桥	1894—1967	吴江	乳名爱莲,学名镛,字味韶,号烟桥。曾任苏州市文化处处长、江苏省政协常委。	行草	共创"同南社",组织文学团体"星社"
吴湖帆	1894—1968	苏州	名倩,号倩庵。曾任中国美术家协会上海分会副主席。	楷书"瘦金体"	20世纪中国画坛重要画家
蒋吟秋	1896—1981	苏州	名瀚澄,以字行。曾任苏州图书馆馆长、苏州市书法印章研究会会长。	篆书	擅画梅花
祝 嘉	1899—1995	海南文昌	字燕秋。寓居苏州。曾任江苏省书法家协会顾问。	四体皆工,尤擅章草	出版中国第一部书学史

(续表)

姓名	生卒年	里籍	字、号、履历	擅长书体	备注
韩秋岩	1899—2001	江苏泰兴	原名士元,字君恺。寓居苏州。曾任苏州市政协常委、沧浪诗社社长。	行草	诗书画印全能
俞平伯	1900—1990	浙江德清	原名铭衡,以字行。俞樾曾孙,生长于苏州。曾任北京大学教授、中国社科院文学研究所研究员。	楷书	著名红学家、诗人
费新我	1903—1992	浙江湖州	字立千,号立斋。寓居苏州。曾任中国书法家协会理事。	行草书（左手）	善绘画
吴进贤	1903—1998	安徽歙县	本名广兴,字寒秋。寓居苏州,苏州市草桥中学教师。	隶书	
徐穆如	1904—1996	江苏无锡	初名观,以字行,又字洁宇。长期生活在上海、苏州两地,晚年定居吴江。	篆书	能篆刻
沈子丞	1904—1996	浙江嘉兴	原名德坚,以字行,别名之淳,号淳然居士。1958年后移居苏州,任苏州工艺美术研究所顾问。	行书	善绘画
顾廷龙	1904—1998	苏州	字起潜,号陶簃。曾任上海图书馆馆长、文化部国家文物鉴定委员会委员、国务院古籍整理出版规划小组顾问、中国书协名誉理事等职。	篆书、楷书	著名古籍专家
谢孝思	1905—2008	贵州贵阳	字仲谋。寓居苏州。曾任苏州市文化局长、市文联主席、市人大副主任、市政协副主席、民进中央委员、全国政协委员。	篆书、行楷书	善绘画
钱太初	1906—2003	吴江	名复,以字行。苏州市书法家协会首任理事长。	篆书	能篆刻
柴德赓	1908—1970	浙江诸暨	字青峰。寓居苏州。曾受聘于辅仁大学、北京师范大学,后任民进苏州市主委、江苏师范学院教授。	行书	精诗词
卫东晨	1910—2008	浙江萧山	笔名瓦翁,字止安。寓居苏州。曾任江苏省文史研究馆馆员、苏州市书协顾问、东吴印社名誉社长。	行书	善篆刻
王能父	1915—1998	江苏泰州	名溶,字月江,以号行。寓居苏州。	篆书、行书	能篆刻
程质清	1917—2000	江西婺源	别署怡斋,寓居苏州。曾任苏州市书协顾问。	篆书、章草	能篆刻
宋季丁	1921—1988	浙江杭州	原名崇祖,更名丁,以字行。寓居苏州。	魏楷	善篆刻

（续表）

姓名	生卒年	里籍	字、号、履历	擅长书体	备注
沙曼翁	1916—2011	江苏镇江	原名沙古痕，别名曼公、苦茶居士、老痲等。寓居苏州。曾任苏州市书协副理事长，东吴印社社长。	篆书、隶书	荣获第三届"中国书法兰亭奖"终身成就奖

在苏州书法创作繁荣的同时，书法史论研究也名列前茅，有些著名书家之心得散落在札记、题跋中，专著也不少见。如唐代孙过庭《书谱》，内容宏博，见解精辟；宋代朱长文《续书断》是一篇重要著作，又编撰《墨池编》20卷，是有书史以来第一部同时具有资料价值和学术价值的书论文献集；明清时期的王世贞、冯班、朱和羹与姚孟起均有书学论著传世，尤其是叶昌炽的《语石》为清末民初石刻书法研究的集大成者。

表16-3 苏州书学研究专著一览表（截至2010年）

论著名	作者	时间	内容简介	备注
书谱	孙过庭	唐	涉及中国书学各个重要方面，见解精辟独到，揭示出了书法艺术的本质及重要规律。	
续书断	朱长文	宋	继唐张怀瓘《书断》之后，把唐宋时期的书家，按上、中、下（神、妙、能）三品一一列传、评论。	
墨池编	朱长文	宋	20卷，是有书史以来第一部同时具有资料价值和学术价值的书论文献集。	《续书断》也收录其中
艺苑卮言	王世贞	明	提倡书法要古雅，认为"天下法书归吾吴"，对吴门书家做了客观记述与评价，为后人提供了丰富的研究资料。	
弇州山人书画跋	王世贞	明	述录其本人所蓄藏或过目的杂文书画古刻等，反映了他对于文学艺术作品辨析和鉴赏的眼识以及个人趣尚。	
寒山帚谈	赵宧光	明	上卷四目，曰权舆，曰格调，曰力学，曰临仿。下卷四目，曰用才，曰评鉴，曰法书，曰了义，论书家秘谛也。附《拾遗》一卷。	
钝吟书要	冯班	清	评论前代书法家及其作品的优劣得失，记述自己学习书法的心得等，言简意赅，见解独到。	
书法正传	冯武	清	辑魏晋唐宋元明诸家书论名篇精华，并加注解或按语，以明晰原意。	
金石文字记	顾炎武	清	书中所录自商周以迄五代，凡300余种，均详加博考，为清代金石学研究做出贡献。	
金石录补	叶奕苞	清	金石学巨著，27卷，博采旧闻，网罗散佚，以补赵明诚《金石录》之不足。所补碑铭尤重碑额及镌字人。	

(续表)

论著名	作者	时间	内容简介	备注
临池心解	朱和羹	清	书法心得,对笔法、体势、临摹、创作等皆有独到之论,认为作字须以精气神为主,集众长为己有,学古而善变。	
字学臆参	姚孟起	清	载论书之语70条,所涉广博丰富,关乎笔法、结字、章法、墨法、神气、筋骨等诸多方面,并分析名家书法特点。	
语石	叶昌炽	1901	系统论述各类碑刻的形制体例、分布流传、书法演变、摹拓鉴别,着重对各时代的书风和各家所书碑刻的优劣得失进行批评。	第一部通论古代石刻文字的专著
书学	祝 嘉	1935	梳理前人有关执笔、运笔、结构等书法技法的理论并加以评述,抒发己见有独到之处。	正中书局出版
书学史	祝 嘉	1942	记述自原始社会至清代末年的书法通史,对各时代的书法状况进行全面阐释,史料翔实丰富,罗列广泛细致。	中国书学史上的开山之作
书法美学谈	金学智	1984	探究书法美的奥妙,阐明书法艺术的美学规律。	上海书画出版社出版
艺舟双楫、广艺舟双楫疏证	祝 嘉	1989	对包世臣、康有为两家碑学名著的要点进行注释、引证,作白话文解说并附按语,深入浅出,论证精到。	巴蜀书社出版
中国书法美学	金学智	1994	主要介绍中国书法美学的基本概况、中国书法艺术的多质性、书艺风格美与鉴赏品评、中国书法美学思想史概观等。	江苏文艺出版社出版
中国书法史（两汉卷）	华人德	1999	研究两汉的书法教育及简牍(附骨签、帛书及其他墨迹)、西汉的铭刻书法、东汉的碑刻(附砖文)、汉代的书法家、东汉的书学。	江苏教育出版社出版
隶书探源	张士东	2005	研究隶书字体的演变历史,以事实证明:小篆不具备向隶书转化的条件,隶书的源头在西周。	吉林人民出版社出版
论吴门书派	葛鸿桢	2005	对吴门书派的源起、兴衰从不同角度进行了深入分析,对其中的代表性人物及其关系做了细致的考察。	荣宝斋出版社出版
书法·装饰·道:古代汉字书法装饰之道	陈道义	2009	重点探求了古代书法装饰的形式美及其构成规律,论述了作为装饰功能的书法的字体、书体等汉字形体的变化发展。	文物出版社出版

改革开放以来,苏州书法艺术尤为振兴,老中青几代书家秉承精雅之传统,不断开拓视野,广采博取,渐成多元融和之气象。21世纪初,苏州市书协更以创新之理念首倡"得意之作"展,独立举办高层次、高品位的"明清书法史国际学术研讨会""中国(苏州)书法史讲坛"等品牌活动,积极营造有利于书法人才健康

成长的创作氛围和学术风气,一大批中青年才俊得以在全国书坛脱颖而出,并形成以"沧浪书社""江南风"等为主体的有影响的吴门中青年书家群。他们相互评点,共同提高,或长于学术,或精于创作,或兼擅组织、策划,在各自领域内均取得了不俗的成绩。仅以中国书协主办的历届全国大展和学术研讨会等重大活动的获奖情况为例,从1986年第二届"中青展"首创评奖以来,苏州共有40位书法家72次夺得各类奖牌,展示了苏州书法的综合实力。

表16-4　1980—2010年苏州参加历届"兰亭奖"及全国各类书法展获奖表

展览简称	届次(年份)	获奖情况	参展人数	备注
兰亭奖	第一届(2002)	金学智(理论奖)、华人德(理论奖、编辑出版奖)	18	
	第二届(2006)	华人德(教育奖一等奖),张锡庚(教育奖三等奖),李双阳(艺术奖二等奖),张士东(理论奖三等奖),葛鸿桢、蔡显良(理论奖提名)	7	华人德担任艺术奖评委
	第三届(2009)	沙曼翁获终身成就奖,金学智获理论三等奖,李鹤云、庆旭同获教育奖提名	4	
全国展	第四届(1989)	瓦翁(一等奖)、谭以文(二等奖)、华人德(三等奖)	8	
	第五届(1992)	陆家衡(全国奖,不分等次)	6	
	第七届(1999)	言恭达、包尉东、周雪耕、徐燕获全国奖(不分等次)	20	
	第八届(2004)	张少怡、林再成、李双阳获全国奖(不分等次),王金春获提名	24	
	第九届(2007)	陆家衡、顾宇驰获三等奖	16	
中青展	第二届(1986)	华人德(10名获奖者之首)、王歌之、王守民、钟天铎获优秀奖	12	
	第三届(1990)	冯景耀、杨文涛获优秀奖	11	
	第四届(1991)	陆家衡、张锡庚、朱永灵获优秀奖	7	
	第五届(1993)	言恭达、张锡庚获优秀奖	11	华人德担任评委
	第八届(2000)	张锡庚(二等奖)、徐世平(三等奖)	入展10人入选10人	华人德担任评委
青年展	第一届(2004)	徐世平、李双阳获奖(不分等次)	10	
	第二届(2009)	杨建荣(三等奖)	7	
新人展	第六届(2008)	钱玉清(三等奖)、杨建荣(三等奖)	8	

(续表)

展览简称	届次(年份)	获奖情况	参展人数	备注
楹联展	第一届(1994)	徐圭逊(金奖)、陆家衡(银奖)	9	
	第二届(1996)	陆家衡(银奖)	4	
	第三届(1999)	赵锟(银奖)	入展8人 入选3人	
	第五届(2004)	张少怡(一等奖)、高卫平(三等奖)	15	
扇面展	第一届(1997)	包卫东(二等奖)	8	
	第二届(2005)	李双阳获奖提名	7	
行草展	第一届(1996)	包卫东获能品奖(三等奖)	7	
	第二届(2003)	周宓(三等奖)	15	
行书展	第一届(2006)	张锡庚(一等奖),林再成、王金春获奖提名	9	
草书展	第一届(2006)	徐世平获奖提名	5	
	第二届(2008)	霍正斌、杨建荣、钱玉清获三等奖	14	
	第二届(1998)	谢利峰获优秀奖	2	
	第三届(2002)	谢利峰、高卫平获奖(不分等次)	6	
	第四届(2005)	高卫平获奖(不分等次)	2	
隶书展	第二届(2008)	顾宇驰(二等奖)	3	
妇女展	第三届(2002)	周宓(二等奖)	7	
公务员展	首届(2005)	张兴中(三等奖)	6	
册页展	首届(2008)	李双阳(一等奖)、钱玉清(三等奖)	4	
篆书展	首届(2010)	陈宇(铜奖)	8	

2008年4月,苏州被中国书法家协会命名为首个"中国书法名城"。截至2010年底,苏州市已发展成为拥有137名国家级会员、530余名省级会员,以及近800名市级会员的老中青三代结构合理、和谐奋发的强大团队,无论在创作、学术、教育等领域都有一批拔尖人才,显示出不同寻常的整体优势。与此同时,苏州市的群众性书法活动也开展得如火如荼。至2010年,苏州已正式挂牌有1个省级培训基地,7个市级创作、教育、生活基地,为书法艺术走进千家万户及和谐社会的建设发挥着积极的作用。苏州书坛有重视学术研究的优良传统,早在20世纪40年代,祝嘉就出版了《书学史》,这是现代书坛书法史研究的开山之作。近二十年来,苏州的书家发表、出版了大量的书学研究论著,苏州市书协曾

先后三次结集汇编。华人德、金学智、葛鸿桢、张士东、王伟林、陈道义、王学雷等都是典型的学者型书家,他们在各自的研究领域都取得了丰硕的成果。同时,一大批年轻的书学研究人才成长起来,接连在中国书协主办的书学论文评比中问鼎。不仅如此,苏州市书协还在开展书学研究的活动中立足本土,放眼世界,主动与国际学术规范接轨,排除一切非学术因素的干扰,净化了书学研究的环境,在书坛树立起典范。

二、篆　刻

自从唐代或更早一些实用印章与书画鉴赏联姻之后,文人越来越关注印章的艺术性,从而逐步形成与书、画鼎足而立的篆刻。元代晚期,著名印学家吾衍的弟子吴睿(杭州籍)寄寓昆山,朱珪从其学并开始自篆自刻,受到当时文人的关注。明代早中期,苏州文人、书画家等用印已较为普遍,且达到较高的艺术水平。其中,文徵明、唐寅、祝允明、徐霖,或更早一些的如徐有贞、沈周、吴宽等江南文人或书画家对用印颇有讲究,有的还直接研习印法。嘉靖、隆庆年间,苏州文彭受前辈倡导印章艺术的影响,登高一呼,率先开创了"三桥派"印风,被后世推为文人篆刻艺术流派的鼻祖。此外,文彭大力提倡使用石质印材,使之"艳传四方",为文人篆刻的兴盛奠定了基础,也凝聚了印人团体;其次,他崇尚宋元,究心六书,加强了文人篆刻的学术性。

文彭之后的万历年间,苏州篆刻名家辈出,流派纷呈。"三桥派"(亦称"吴门派")而外,又涌现出"雪渔派"和"泗水派",其领袖人物何震和苏宣,都是文氏弟子。徽籍印人汪关在太仓创立的"娄东派",亦从"三桥派"脱颖而出。因此,今有印史学家称之为"文彭时代"。此后,苏州地区的一些印人如归昌世、沈野、赵宧光等,也曾直接或间接地受到文彭"吴门派"影响。明末清初,"吴门派"传人之代表有顾苓、顾听等;而侨居常熟的闽人林皋(鹤田)等又在师法文彭、汪关的基础上创立"林鹤田派"(后称"虞山派"),其篆艺历经康、雍、乾、嘉四朝而不衰,以至江浙印坛"久沿林鹤田派"！清代中后期,苏州篆刻虽有些式微,但仍然一缕不绝,而且打破了地域的局限,形成了四大类别的印风团体:一是继续传承"吴门派",如张锡珪、徐坚、诓朗、石韫玉等;二是受汪关、林皋娟秀一路影响,如花榜、释续行、翁大年等;三是受"浙派"影响,其中重要篆刻家有杨龙石、郭麐、黄增康等;四是受"皖派"影响,如杨沂孙、殷用霖等。

元、明、清苏州篆刻艺术创作的蓬勃发展,推动了印学理论研究的不断深入。同时,收藏古玺印与集拓印谱在明代尤其在晚明成为风尚,至清代多有发展,为文人雅士所钟爱。元代陆友著有《印史》,明代苏州的印论研究主要代表作有徐官的《古今印史》、沈野的《印谈》和周应愿的《印说》等,所论涉及篆法、章法、刀法以及创作心态等方面。清代又有朱象贤、袁三俊、孙光祖等印学家。明中叶苏州沈津(字润卿)于正德六年(1511)辑有《印章图谱》,编入其《欣赏编》丛书中,将印章作为艺术品赏玩,可见印章在当时已具审美功能。明末太仓张灏的《承清馆印谱》《学山堂印谱》,汇辑当时诸家印人之作,开时代先河,其规模在明代亦无出其右者。清代寓居苏州的吴云、吴县吴大澂等富藏古玺印,辑有《二百兰亭斋古铜印存》《十六金符斋印存》等。

表 16-5 苏州古代篆刻名家、印学家表

姓　名	生卒年或活动时间	里籍	简　介	代表作
陆　友	1301—1348	吴县	字友仁,又字宅之,号研北生。博雅好古,究心于印学,收藏古印章甚富。	著有《印史》
顾阿瑛	1310—1369	昆山	初名德辉,字仲英,号金粟道人。封武略将军飞骑尉。筑"玉山草堂"与文人论考古篆学。	著有《玉山璞稿》
朱　珪	活动于元末明初	昆山	字伯盛,号静寄居士。以刻印称"吴中绝艺",获赠"方寸铁"之名,亦擅刻碑。	辑有《印文集考》
沈润卿	活动于明弘治、正德年间	长洲	名津,以字行。家世习医,性嗜古,善鉴赏,好收藏,喜刻印。	增刻宋王厚之《汉晋印章图谱》及元吴叡《吴孟思印谱》成《沈润卿刻谱》
徐　官	约活动于明嘉靖、隆庆年间	吴郡	字元懋,号榆庵。隐居不仕,博学善医,精篆学。	著有《古今印史》《六书精蕴》(合著)
文　彭	1497—1573	长洲	字寿承,号三桥。文徵明长子。官两京国子监博士,推广石质印章,创"三桥派"印风,为明代文人篆刻艺术流派的开山鼻祖。	
张应文	1535—1593	嘉定	字茂实,徙居苏州。少以弟子员游太学,博学而留意于文物掌故,好古印。	著有《叙书画印识》

(续表)

姓　名	生卒年或活动时间	里籍	简　介	代表作
王梧林	活动于明嘉靖至万历年间	昆山	原名炳衡，字伯钦，以号行。隆庆二年（1568）进士。授历城（今济南）令，后为临安令。刻印与归昌世齐名。	
周应愿	1559—1597	吴江	字公谨。万历十六年（1588）中举。究心于印学，影响深远。	著有《印说》
赵宧光	1559—1625	太仓	字凡夫，一字水臣，号广平，别署寒山长。庐居苏州寒山亲墓旁，专研字学，创草篆体。	著有《说文长笺》《六书长笺》《印统》等
沈　野	活动于明万历年间	吴县	字从先。铅椠之暇，唯以印章自娱。论印首重学养，工诗。	著有《印谈》
汪　关	活动于明万历至崇祯年间	安徽歙县	初名东阳，字杲叔，后更名关，改字尹子。寄居太仓，创"娄东派"篆刻。	辑有《宝印斋印式》
张　灏	活动于明万历至天启年间	太仓	一名素，字夷令，又字古民、康侯，号长公。秀才。鉴藏家，嗜印成癖，选名言隽句、斋馆别号，请当时印人篆刻，历时数年得千余枚，辑成印谱。	辑有《承清馆印谱》《学山堂印谱》
何　通	活动于明万历至崇祯年间	太仓	字不违，又字不韦。王锡爵家世仆。性喜篆刻，师事苏宣。	将古代史传人物刻名印成《印史》六卷
归昌世	1573—1645	昆山	字文休，号假庵。归有光孙。弃举业，发愤为古文词。明亡后，隐居不仕。工诗，善篆刻，精画墨竹。	
沈　遘	活动于明末	太仓	字逢吉。张灏于《学山堂印谱》中极推重，刻印平和雅致而不失古法，吴伟业、华岊亦称许之。	
陈　鸿	活动于明末清初	常熟	字煌图，又字鸿文。崇祯壬午（1642）副榜，授南京翰林院待诏。入清后隐逸于山林。	辑有《印可》
汪　泓	活动于明末清初	安徽歙县	一作弘，字弘度，汪关子。随其父居太仓。篆刻承家学，而能另出新意。性旷达，轻易不肯为人奏刀。	
顾　苓	1609—1677	吴县	字云美、员美，号浊斋居士，别署塔影园主人。刻印得文彭法，周亮工推为先辈典型，吴门印人宗之者甚多。	辑有《塔影园印谱》（已失传）

(续表)

姓　名	生卒年或活动时间	里籍	简　介	代表作
钦　兰	1618—1671	苏州	字序三。坐馆枫桥,教授生徒维生。尤留心图章,取法文彭。工诗,善画。	印谱今无传
袁　鲁	活动于清初	吴门	字曾期。曾从袁于令问六书之学,篆刻能继文彭之法。	印谱今无传
袁　雪	活动于清初	吴门	字卧生。善篆刻,宗法文彭。钱谦益题其印谱称:"吾以为三桥后,当为独步。"	印谱今无传
顾　听	活动于清初	吴县	字元方,亦字元芳。精于字学,镌刻印章。又穷研历数造壶漏,性好洁。	
邱　昄	活动于清初	吴县	字令和。作印全仿顾听,几乎神似。刻玉印,写篆文而交他人碾成。	
沈　龢	活动于清初	常熟	一名世龢,字石民,居苏州。工书画,精篆刻,宗法文彭,所作工整恬静,自具面目。	辑有《虚白斋印谱》等
程大年	活动于清康熙、雍正年间	长洲	字受尼。精铁笔,师尚秦、汉,不屑学唐、宋,所制俊逸入古。	辑有《立雪斋印谱》
王　瑾	活动于清康熙、雍正年间	福建侯官	字亦怀,少孤,投寓常熟。善画,为王翚所称道。篆刻宗文彭,高出时辈。	辑有《王亦怀印谱》
朱象贤	活动于清康熙、雍正年间	吴县	字行先,号清溪子。受业于杨宾、沈德潜。究心于掌故。	著《印典》八卷
林　皋	1658—1726	福建莆田	字鹤田,一字鹤颠,更字学恬,侨寓常熟。精篆刻,宗法文彭,复取法汪关,开创"虞山派"。	辑有《宝砚斋印谱》《林鹤田印谱》
顾蔼吉	活动于清康熙、乾隆年间	吴县	字畹先,号南原,又号天山。以贡生任仪征教谕,曾充《佩文斋书画谱》纂修。精篆刻。	著有《隶辨》
徐　夒	1676—1725	长洲	字龙友。博览典籍,诗文卓著。篆刻深得文、何正法。工诗,与沈德潜友善。	
袁三俊	？—1753	吴县	字籁尊,号抱瓮,居苏州葑门。不屑制举,唯肆力六书,喜篆刻。工诗,与沈德潜友善。	著有《篆刻十三略》
徐　坚	1712—1798	吴县	字孝先,号友竹,别署邓尉山人、洞庭山人。贡生。少贫好学,凡诗文、书画、摹印,皆能自开门径。	摹汉官印成《西京职官印录》并附《印戋说》

(续表)

姓　名	生卒年或活动时间	里籍	简　介	代表作
黄孝锡	活动于清中期	吴县	字备成，号约圃。家富，性落拓，喜诗文。专志篆刻凡三十年，印宗顾苓。	辑有《棣花堂印谱》
陈　炳	活动于清中期	吴县	字虎文，居阳山裘巷里，因号阳山。好镌印章，似顾苓。	著有《阳山集》
沈祚昌	活动于清乾隆年间	吴县	原名御天，字乘时，自号虹桥居士。篆刻师法顾苓、陈炳。	辑有《虹桥印稿》
孙光祖	活动于清乾隆年间	昆山	字翼龙。工书善写生，尤长于印学，作品为时所重。	著有《古今印制》《篆印发微》
朱宏晋	活动于清乾隆年间	长洲	字用锡，号冶亭。精摹印，凡金、银、瓷、竹、牙、角各材皆擅长，刻玉尤精绝。	著有《漱芳草堂印商》
张锡珪	活动于清乾隆年间	吴江	字禹怀，号雨槐、雨亭。篆刻专学顾苓、陈炳，深为沈德潜赞赏。	著有《印体便览》，辑有《雨亭缪篆》
花　榜	活动于清乾隆年间	长洲	字玉传，居蓬莱巷。幼嗜六书，究心有年，摹印宗汪关、林皋娟秀一派，益然溢书卷之气。	
释续行	活动于清乾隆年间	昆山	俗姓罗，字德原（德源），号墨花禅，法号岳菴。居青浦县珠溪园津庵。工摹印。	辑有《墨花禅印稿》
周孝坤	活动于清乾隆、嘉庆年间	吴县	字易之，号石香。篆刻师法顾苓、陈炳、沈祚昌。	辑有《池上石契集》（四人合作）
迮　朗	1747—1813	吴江	字辉庭，又字蕴高，号卐川。乾隆五十四年（1789）举人，篆刻受业于张锡珪，私淑顾云美。	著有《绘事琐言》
石韫玉	1756—1837	吴县	字执如、琢如，号琢堂、竹斋，晚号独学老人。乾隆五十五年（1790）状元。偶事铁笔。	辑有《古香林印稿》
钮树玉	1760—1827	吴县	字非石，或署匪石。精小学，通音律，好雠校考订，兼能篆刻。	著有《说文解字校录》《说文新附字考》《段氏说文注订》

(续表)

姓 名	生卒年或活动时间	里籍	简 介	代表作
郭麐	1767—1831	吴江	字祥伯,号频伽,别号白眉生、苎萝长者等。晚年迁居浙江嘉善。工诗、古文辞,好金石,兼工篆刻。	辑有《灵芬馆印存》
杨澥	1781—1850	吴江	初名海,后改名,字龙石,号竹唐,别号聋石、聋道人、野航等。篆刻汲取浙派与吴门派之长,自成一格。又工刻竹。	辑有《聋石道人甲申年之作》《杨聋石印存》
王应绶	1788—1841	太仓	一名日申,字子若,一作子卿。王原祁玄孙,诸生,鬻画于吴门。精铁笔,摹秦汉铜印,又兼工书画,擅篆隶。	著有《耳画室诗稿》
释达受	1791—1858	浙江海宁	俗姓姚,字六舟,别署万峰退叟、小绿天庵僧。曾主苏州沧浪亭畔大云庵。能诗画,尤嗜金石,善篆刻,人称"金石僧"。	著有《宝素室金石书画编年录》
陆廷槐	活动于清嘉庆、道光年间	吴江	字花谷,号荫亭。工刻印。	辑有《问奇亭印谱》
吴云	1811—1883	浙江归安	字少甫,号平斋,又号愉庭,晚号退楼,署室名曰两罍轩、抱罍室、二百兰亭斋。寓居苏州。官苏州知府。喜金石,精鉴别,富收藏。	辑有《二百兰亭斋古铜印存》《古官印考》《印考漫存》《秦汉官私铜印谱》等
翁大年	1811—1890	吴江	原名鸿,字叔均,号陶斋。嗜好金石考据,问业于张廷济。精于鉴别,擅篆刻。	著有《古官印志》《泥封考》《陶斋印谱》等
杨沂孙	1813—1881	常熟	原名瀚,字子与,号咏春,晚号濠叟。官凤阳知府。善文墨,精篆隶,能篆刻,近"皖派"。	刊有《印印》四卷(自篆文,弟子殷用霖奏刀)
黄瀛叔	1820—?	吴江	原名增康,又名云,字玉农,号瀛叔、叔子。善古琴,精篆刻。	辑有《瀛叔印存》
顾湘	活动于清道光年间	常熟	字翠岚,号兰江。有金石癖,富收藏,尤嗜印章。于辑集、刊行印谱学著作用力至勤。	辑有《小石山房印谱》《小石山房印苑》,刊有《篆学琐著》
程德椿	活动于清道光年间	安徽歙县	字受言,号寿岩。客居常熟。精六书,家贫以篆刻自给。	辑有《寿岩印草》《十友斋印赏》《述古堂印谱》等
陈埙	?—1853	浙江钱塘	字叶簃,寓居苏州。刻印宗浙派,似赵之琛而能变。	辑有《陈氏所藏古印谱》

(续表)

姓　名	生卒年或活动时间	里籍	简　介	代表作
谢　庸	1832—1900	吴县	亦名墉，字梅石，别署梅石庵。杨沂弟子，工篆刻，尤善镌碑，为吴中第一手。	辑有《梅石庵印鉴》
吴大澂	1835—1902	吴县	原名大淳，为避讳而改名，字清卿，号恒轩，晚号愙斋。历官广东、湖南巡抚。能篆刻，善山水花卉，精于鉴藏。	著有《说文古籀补》，辑有《周秦两汉名人印考》《十六金符斋印存》
陆　泰	1835—？	长洲	字岱生。篆刻继杨沂而起为吴中名手，所作以秦汉为归，而兼参浙派风格，面目多样。	

近现代的苏州印坛也相当活跃，吴昌硕（浙江安吉人）就是寓居于苏州三十年而形成独特印风、影响海内外的篆刻大师，其弟子遍及苏州。其后，常熟赵古泥创立"新虞山派"，邓散木、赵林、濮康安等追随，风行一时。另外，约于1917年，昆山印人马光楣等十余人还创立了苏州第一个印学团体——遁社，并辑有《遁社印存》，名彰海内。

表16-6　苏州近现代篆刻名家表

姓　名	生卒年	里籍	简　介	代表作
殷用霖	不详	常熟	字伯唐。官浙江安吉典史。杨沂孙弟子。工篆籀，擅治印，一时称美。	辑有《臞鹤轩印谱》，另刻成《可园印谱》（杨沂孙篆文）
吴昌硕	1844—1927	浙江安吉	初名俊，又名俊卿，字昌硕，后以字行；又字仓石、苍石，号缶庐、老缶、苦铁等。寓居苏州，69岁移居上海。篆刻创"吴派"，被推为西泠印社首任社长。	辑有《朴巢印存》《苍石斋篆印》《齐云馆印谱》《铁函山馆印存》《削觚庐印存》等
徐新周	1853—1925	吴县	字星州、星洲、星舟、星周。吴昌硕弟子，刻印极似其师。	辑成《耦华盦印存》
郑文焯	1856—1918	辽宁铁岭	字小坡、叔问，号大鹤山人、鹤道人、瘦碧、老芝，又号冷红词客，别署樵风。旅居苏州，为巡抚幕客四十余年。精音律，善填词，能篆刻。	
江　标	1860—1899	元和	字鹣霞，号萱圃，别署秋景盦主、灵鹣阁主。光绪十五年（1889）进士，官湖南学政。工小篆、刻印，取法吴熙载、杨沂孙。	

（续表）

姓　名	生卒年	里籍	简　介	代表作
王大炘	1869—1925	吴县	字冠山,号冰铁、罋山民,所居曰南齐石室、食苦斋、冰铁戡。后移居上海。工篆刻,所作出入皖浙之间。	辑有《王冰铁印存》
马光楣	1873—1940	昆山	字眉寿,号梅轩,别署西鹿山人、花史馆主等,中年移居苏州。篆刻师法秦汉、邓石如,又宗浙派诸家。约于1917年在昆山成立印学社遁社,任社长。	辑有《玉球生印存》,著有《三续三十五举》
赵　石	1874—1933	常熟	字石农,号古泥,别署泥道人。少时曾在药店学业,锐意书法;篆刻初师李钟,后从吴昌硕游,出以新意,自成面目。	辑有《拜缶庐印存》,庞氏兰石轩集其印成《泥道人印存》
赵云壑	1874—1955	苏州	一名起,字子云,号壑道人、壑山樵人等,师事吴昌硕。	辑有《壑山樵人印存》
周　容	1881—1951	吴县	字梅谷,别署百匋室主,开设寿石斋于苏州护龙街,擅刻碑石。	辑有《寿石斋印存》
李尹桑	1882—1945	吴县	字茗柯,号壶父,又号玺斋、秦斋。寄居广州。精研篆刻、碑拓数十年,为黄士陵弟子。	辑有《大同石佛龛印存》《李茗柯玺印留真》
杨天骥	1882—1958	吴江	字千里,号骥公,别署天马等,曾任无锡、吴江县长等职。	辑有《茧庐印痕》
林介侯	1887—1951	吴县	名兆禄,以字行,号眉庵,别署根香馆主。摹拓鼎彝无不精妙,擅刻竹。	著有《金石随笔》
钱祖翼	1887—1963	吴江	字祥春,一字云翚,号西柳处士。与范烟桥等组织"同南社",诗书画皆绝。	
王　云	1888—1934	元和	字石香、石芎。书法四体皆工,又精刻竹。善画,有逸趣。篆刻章法工稳,用刀挺劲,时有新意。	
孙谱琴	1889—1960	吴县	名补勤,以字行,号小匏,参与筹建苏州艺石斋。	辑有《陋室铭印谱》
汪星伯	1893—1979	元和	名景熙,以字行,1954年后任市园林管理处、苏州博物馆顾问。汪荣宝之子,多才艺。	
吴湖帆	1894—1968	苏州	初名翼燕,又名倩,号倩庵,字遹骏,书画署名湖帆。曾为上海中国画院画师、西泠印社社员。	辑有《画余庵印存》《梅景书屋印选》

(续表)

姓名	生卒年	里籍	简介	代表作
叶圣陶	1894—1988	苏州	名绍钧,字秉臣,辛亥后更字圣陶,1949年后历任国家出版总署署长、教育部副部长等。著名文学家、教育家。	
苏石仓	1895—1962	常熟	字复,号乐石斋主。师从赵古泥,又得萧蜕庵、赵子云等诸先辈指点。	辑有《乐石印谱》
顾青瑶（女）	1896—1978	吴县	名申,以字行,别署灵妹,顾若波孙女。1949年离沪赴香港,1972年移居加拿大。	辑有《绿野诗屋印存》
蒋吟秋	1896—1981	苏州	名瀚澄,字镜寰,一字吟秋,号平直居士。从丁二仲习篆刻,历任苏州美专等校教授、省立第二图书馆馆长等。	擅书画,辑有《学书述要》
陈子彝	1897—1967	昆山	名华鼎,以字行,号眉盦,1956年任上海师大教授兼图书馆馆长。	辑有《眉盦印存》
濮康安	1899—1971	常熟	名蕃,以字行,号无言,别署葛墅老民。曾就读于北京美术专修学院,善书画。	辑有《濮康安印存》
庞士龙	1899—1987	常熟	字云斋,号海禺山民。师事王冰铁、赵古泥。	辑有《常熟印人录》
韩秋岩	1899—2001	江苏泰兴	原名士元,字君恺,寓居苏州。曾任苏州市政协常委、沧浪诗社社长。篆刻豪迈放浪、雄浑苍劲。	
支谦	1904—1974	吴县	字南邨,号慈庵,别署染香馆主。1949年后供职于上海工艺美术研究室。工篆刻,擅竹刻。	
李溢中	1906—1979	常熟	原名宗渊,以字行,别号澈斋,名中医。篆刻师事赵古泥。	著《澈斋钱谱》二册
王孙乐	1906—1995	吴江	名堪,以字行,一字晚芗,号苦田,别署黄叶村人,晚年寓居湖州南浔。篆刻拜朱其石为师。	
钱太初	1906—2003	吴江	名复,以字行。曾参加《汉语大词典》编纂工作。苏州市书协首任理事长。	辑有《九成室印话》《九成室印谱》
张寒月	1906—2005	苏州	字莲光,别署寒月斋主。曾得吴昌硕、赵古泥指授。长期供职于苏州艺石斋。	辑有《寒月斋主印存》《张寒月金石篆刻选集》
叶露渊	1907—1994	吴县	名丰,以字行,号露园,居上海。师事赵叔孺,上海中国画院画师。	辑有《静乐簃印存》

(续表)

姓　名	生卒年	里籍	简　介	代表作
赵　林（女）	1907—2005	常熟	字晋风,赵古泥女,定居上海。上海市书法家协会理事,虞山印社名誉社长。	辑有《晋风印存》二十余卷
卫东晨	1910—2008	浙江萧山	生于吴县。字止安,号瓦翁,以号行。获全国第四届书法篆刻展览一等奖第一名,东吴印社名誉社长。	出版《百步艺程:瓦翁百岁书画篆刻作品集》
黄异庵	1913—1996	太仓	初名沅,字冠群,更名易安,以字行,号了翁。篆刻为邓散木入室弟子,尤以评弹享誉艺林。	辑有《百词印存》
蔡谨士	1914—1981	苏州	原名嘉福,字景如。治印师法赵古泥,对碑刻艺术、仿古铜器、印钮制作均有涉足,供职于苏州艺石斋。	辑有《拙政园室名印存》
王能父	1915—1998	江苏泰州	名溶,字月江,以号行。青年时徙居苏州,自幼研习诗词,擅灯谜,曾供职于苏州艺石斋。	
沙曼翁	1916—2011	江苏镇江	原名古痕,别名曼公、听蕉、苦茶居士、老痴等,寓居苏州。荣获第二届"中国书法兰亭奖"终身成就奖,东吴印社首任社长。	出版有《沙曼翁书画印集》等
朱景源	1917—1987	吴县	原名朱云,字景源,号亚庄,生于上海。1940年在重庆参与创立"巴山印社"。	
矫　毅	1917—2011	吴县	字力挺,号白豸山人,别署燕瓦楼主。能指画,擅肖像印。曾为中国书法家协会会员、西泠印社社员、东吴印社顾问。	出版有《矫毅生肖印选》
宋季丁	1920—1988	浙江杭州	原名崇祖,更名丁,以字行,号一目翁、半个园丁、无斋等。寓居苏州。	出版有《宋季丁书风》
周玉菁	1920—2005	吴县	名德生,以字行,号立斋。移居昆山。曾任昆山县书法协会副理事长、亭林印社社长。擅竹刻。	出版有《周玉菁刻竹治印》

1949年以后的苏州篆刻,发展形势良好。1960年,首批书法篆刻同仁27人组成"苏州市书法印章研究组",开办讲习班,培养后备人才,并在群众艺术馆举办作品展览。1983年12月,在沙曼翁、瓦翁的倡导下成立了"东吴印社",首批社员30多人,老一辈篆刻家如张寒月、矫毅等与后学印人共创辉煌。之后,昆山、常熟、太仓、吴江及市区等地也相继成立了印社。

表16-7　1980—2010年苏州印社表

印社名称	成立时间及地点	历任社长、会长	会员人数	备注
东吴印社	1983年12月 苏州	第一任(1983—1988)：沙曼翁 第二任(1988—2004)：周玛和 第三任(2004—　)：陈道义	132人(含中国书协会员37人,西泠印社社员3人)	隶属于苏州市书法家协会
亭林印社	1987年夏 昆山	第一任(1987—1992)：周玉菁 第二任(1992—1998)：程恭义 第三任(1998—　)：顾工	52人(含中国书协会员12人)	隶属于昆山市书法家协会
虞山印社	1988年10月 常熟	第一任(1988—2000)：蔡绍心 第二任(2000—2007)：归之春 第三任(2007—　)：吴苇	50多人(含中国书协会员12人,西泠印社社员1人)	隶属于常熟市文广新局
娄东印社	1996年8月 太仓	第一任(1996—2007)：邓进 第二任(2007—　)：郑建雄	20余人(含中国书协会员5人)	隶属于太仓市文学艺术界联合会
垂虹印社	1999年4月 吴江	第一任(1999—2008)：凌在纯 第二任(2008—　)：高智海	21人(含中国书协会员5人)	隶属于吴江市书法家协会
沧浪印社	2007年4月 苏州	第一任(2007—　)：宋咏	56人(含中国书协会员10人)	隶属于沧浪区美术书法协会

近三十年来苏州篆刻界呈现出后继有人、蓬勃发展的局面，涌现了一批新的各有成就的篆刻家，如马士达、言恭达（二人先后到南京工作）、周玛和、卫知立等。其后，一些热衷于篆刻艺术的中青年又不断加入"东吴印社"，或潜心创作，或孜孜于印学研究，或二者兼攻。而且，一些海外人士（如法国龙乐恒）及苏州周边地区（如上海、安徽等）亦有篆刻家加盟。他们在历次国内外书法篆刻展览和印学理论研讨会中屡获佳绩。截至2010年底，全市印人中有西泠印社社员3人，擅长篆刻的中国书协会员37人，其余多数为省级会员。

表16-8　1980—2010年苏州参加历届全国及西泠印社篆刻展一览表

展览简称	届次(年份)	获奖、入展人员名单	参展人数	备注
全国展	第一届(1980)	矫毅、张寒月、蔡谨士	3	未设奖
	第三届(1987)	马士达、周玛和	2	未设奖
	第四届(1989)	邓进、周玛和	2	
	第六届(1995)	周玛和	1	
	第七届(1999)	陈震瑶	1	
	第八届(2004)	陈道义、陆昱华	2	
	第十届(2011)	潘风	1	

(续表)

展览简称	届次(年份)	获奖、入展人员名单	参展人数	备注
中青展	第二届(1986)	周玛和	1	
	第三届(1990)	周玛和、卫知立	2	
	第四届(1991)	周玛和、郁忠平、邓进	3	
	第五届(1993)	邓进	1	
	第六届(1995)	林再成	1	
	第七届(1998)	林再成	1	
	第八届(2000)	陆昱华	1	
青年展	首届(2004)	陈道义、林再成	2	
"兰亭奖"展	首届(2001)	陈道义	1	
	第二届(2006)	许晨曦("安美杯")	1	
	第三届(2009)	周玛和	1	
全国篆刻征稿评比	1983	张寒月(评委),马士达(一等奖),卫知立、王永生、王建平、仲西子、宋祖惠、魏慧云(优秀作品)	8	获奖1人
全国篆刻展	第一届(1988)	马士达、王建平、钟天铎、魏慧云、沙曼翁、周新月、周玛和、邓进、朱大霖、言恭达	10	未设奖
	第二届(1991)	沙曼翁、卫知立、郁忠平、邓进	4	未设奖
	第三届(1994)	陈震瑶、周玛和、杨文涛	3	未设奖
	第四届(1998)	陆昱华、林再成、沈晓军、顾工	4	
	第五届(2005)	李双阳(获奖提名)、沈晓军、马一超、李志炜、林再成、陆昱华、韩献良、宋咏、陈道义、金伟峰	10	获奖提名1人
	第六届(2009)	林尔(获奖提名)、许晨曦、韩献良、顾工、陆昱华、霍正斌、金伟峰	7	获奖提名1人
国际篆刻艺术交流展	首届(1995)	陈道义、钱惠芬、蔡廷辉、吴伟	4	
当代篆刻艺术大展	2007	瓦翁、沙曼翁、周玛和、陆昱华、顾工、韩献良	6	特邀3人
"高恒杯"展	2005	宋咏(金奖)	1	获奖1人
书坛新人展	第五届(2005)	潘云	1	
	第六届(2009)	潘风	1	
妇女书法篆刻展	第四届(2006)	潘云	1	

(续表)

展览简称	届次(年份)	获奖、入展人员名单	参展人数	备注
西泠印社篆刻作品评展	首届(1987)	王建平(优秀奖)、马士达、邓进、吴恺、徐培诚、盛静斋	6	获奖1人
	第二届(1991)	陈震瑶(优秀奖)、孙朱亿、郁忠平、潘风	4	获奖1人
	第三届(1995)	吴恺、陈道义、陈震瑶、高智海、潘风	5	
	第四届(1999)	高智海、潘风、陈道义、沈晓军、陆昱华、顾工、马一超、韩献良	8	
	第五届(2004)	陈道义、潘云、霍正斌	3	
	第六届(2006)	高智海(优秀奖)、薛龙、凌荣昌、朱旗、韩献良	5	获奖1人
	第七届(2010)	林尔、高智海、宋咏、汪鸣峰、朱旗	5	
西泠印社国际艺术节中国印大展	首届(2005)	陈道义(精品奖)、高智海、韩献良(获奖提名)	3	获奖1人

表16-9　1949—2010年苏州书法、篆刻大事表

名称	时间	地点	摘要	备注
全市扇面书画义卖展	1951年	苏州	支援抗美援朝,捐献飞机大炮。	
苏州市政协"金石书法研究会"成立	1957年5月	苏州	切磋书法技艺。萧退庵被选为主任,蒋企范、范烟桥、孙谱琴为副主任,崔护为秘书长。	
"大跃进"书画展	1958年	苏州	歌颂新形势,发扬书画艺术传统。	
国庆十周年书画展	1959年	苏州	庆祝中华人民共和国成立十周年。	
苏州市书法印章研究组成立	1960年3月	苏州怡园	研究、创作、交流。蒋吟秋为组长,王言、张寒月、蔡谨士为副组长。下设书法、印章两个中心组。	首批同仁27人
蒋吟秋、祝嘉、张寒月、蔡谨士书印作品展	1963年3月31日—4月9日	南京	对外交流。5月回苏州展出,8月3日移师广东展。	
苏州印章、碑刻新作观摩展览会	1964年	苏州拙政园	展出印章85枚、碑拓50张。	

(续表)

名称	时间	地点	摘要	备注
苏州"五一"美展	1966年5月1日	苏州	展出书法、篆刻作品50余件。另辟市青少年学生作品展览一室,同时展出。	
美术、书法、摄影展览	1971年7月1日	苏州群众艺术馆	庆祝中国共产党成立五十周年。	
苏州书法专题报道	1972年11月—1973年4月	北京	费新我、朱正珏、王守民、奚乃安分别报道,誉播海内外。	《人民中国》杂志
苏州市书法印章展	1973年7月	苏州	全市专项书法展,展出书法171件、印屏25件。	
苏州市书法作品展	1976年10月	苏、杭、常、开封	巡回展,加强苏州书法与外省市的交流,并扩大影响。	
全国首届群众书法评比	1979年	上海	沙曼翁获金奖(全国共10人获金奖)	上海《书法》杂志社主办
苏州市书法印章研究会成立	1980年6月24日	苏州	苏州市美协的组成部分,蒋吟秋任会长。	
中国书法家协会成立	1981年	北京	费新我当选为第一届理事,第二届连任。	
全国篆刻征稿评比	1983年	苏州艺石斋	选拔篆刻人才,弘扬印学文化。	上海《书法》杂志社等主办
东吴印社成立	1983年12月23日	苏州	沙曼翁任社长,卫东晨(瓦翁)任副社长。	
苏州市书法工作者协会成立	1984年6月26日	苏州	钱太初当选为第一届理事长,卫东晨、朱第、沙曼翁、奚乃安、崔护为副理事长。	会员164人,其中全国会员11人
苏州市书法工作者协会二届理事会召开	1987年7月27日	苏州	朱第当选为理事长,崔护、施仁、邬西濠、李大鹏、潘振元为副理事长。	会员249人,其中全国会员18人
中国沧浪书社成立	1987年12月	苏州	全国性跨地区中青年书法家民间团体,集书法创作、学术研究、艺术批评为一体。	华人德被推为首任总执事
东吴印社换届改选	1988年9月	苏州	周玛和当选为社长,朱大霖、卫知立、周新月为副社长。	聘请沙曼翁、卫东晨为名誉社长

(续表)

名称	时间	地点	摘　要	备注
"苏州市书法工作者协会"更名为"苏州市书法家协会"	1994年6月29日	苏州	第三届理事会组成,李大鹏当选为主席,华人德、潘振元、言恭达、陆家衡、谭以文、费之雄、朱庚寿(兼任秘书长)、王建生为副主席。	会员320人,其中全国会员36人
东吴印社第三届社员代表大会召开	1994年11月	苏州	选举周玛和为社长,朱大霖、卫知立、宋祖惠为副社长(1999年增选薛春泉为副社长)。	聘请沙曼翁、卫东晨为名誉社长
李大鹏当选为江苏省书协副主席	1998年9月	南京	江苏省书协第三次会员代表大会召开,选举产生新一届理事会成员。	尉天池担任主席
苏州市书法家协会第四届理事会产生	1999年4月	苏州	李大鹏当选为主席,华人德、潘振元、言恭达、陆家衡、谭以文、周玛和为副主席,秘书长王伟林(2011年5月增选张浩元为副主席)。	会员412人,其中全国会员41人
"江南风"苏州青年书法家社团成立	2001年6月	苏州	苏州著名青年书法家10人自由结社,旨在相互切磋书艺,共同提高水平。	
费新我百年诞辰纪念活动	2003年12月	苏州	举办费新我书法遗作展、费新我书艺研讨会。	
苏州市书法家协会第五次会员代表大会召开	2004年7月	苏州	华人德当选为主席,潘振元、陆家衡、谭以文、张浩元、葛鸿桢、朱大霖、王伟林(兼任秘书长)为副主席。	聘请李大鹏为名誉主席
东吴印社第五次社员代表大会召开	2004年12月	苏州	选举陈道义为社长,朱大霖、薛春泉、盛静斋(兼任秘书长)、潘风为副社长。	聘请沙曼翁、卫东晨、周玛和为名誉社长
苏州市首届中青年书法家"十佳"评选出炉	2005年6月26日	苏州	张少怡、张锡庚、李双阳、徐世平、高卫平、陈道义、林再成、包尉冬、王学雷、黄伟农荣膺"十佳"称号。	
首届"得意之作"书法邀请展	2005年12月	苏州	作品不需经评委评选,由专家直接邀请,更多地尊重作者的自主权和创造性。	
《当代苏州书法欣赏》出版	2006年4月	苏州	遴选当代苏州老、中、青三代各有成就的书法篆刻家78人,阐述他们的艺术历程,赏析其代表作品。	吉林人民出版社出版发行

（续表）

名称	时间	地点	摘要	备注
苏州篆刻被列入"苏州市第二批非遗名录"	2006年9月	苏州	保护吴门篆刻文化艺术遗产，传承和发扬"吴门印派"的创新精神，壮大新时期的苏州篆刻队伍。	2008年6月，归之春、陈道义被认定为篆刻传承人
苏州与新加坡举办书法交流展	2006年11月	新加坡	推出作品集，双方互派代表团进行友好交流，是苏州市书协成立25年来首次与海外国家级社团的交流。	2006年6月在苏州展出
"打开苏州书法之窗"《书法报》专号28版海内外发行	2007年7月18日	武汉	全方位介绍吴门书派、吴门篆刻、吴门古代碑刻、园林书法、古今书家、现代作品、教育传承以及社团活动、书法名胜等，海内外公开发行。	
"明清书法史国际学术研讨会"召开	2007年8月18—21日	张家港	入选论文18篇，特邀论文12篇，资助高校在读书法博士生、硕士生以及部分论文落选作者旁听。	《中国书法》等媒体专题报道
"中国书法名城苏州"挂牌	2008年4月20日	苏州	经过近半年的申报、接受评估、验收等，苏州率先成为第一座中国书法名城。	中国书法家协会评比命名
"首届中国（苏州）书法史讲坛"举行	2008年7月18—21日	苏州相城区	主讲导师傅申（中国台湾）、白谦慎（美国）、黄惇、丛文俊、张朋川，资助学员50人，旁听者若干人。	中国书协、江苏省文联、苏州市文联、相城区政府共同主办
吴门书道——中国书法名城苏州作品展	2009年3月21—30日	北京中国美术馆	展出已故苏州书家、苏州籍书法名家、当代苏州书法篆刻家及东吴印社等6家印社的集体印屏180件。	中国书协、江苏省文联、苏州市人民政府共同主办
"中国（苏州）书法史讲坛（第二期）"举行	2009年7月18—21日	苏州吴江市	主讲导师华人德、白谦慎（美国）、邱振中、祁小春、诸葛铠，资助学员50人，旁听若干人。	中国书协、江苏省文联、苏州市文联、吴江市政府共同主办
苏州市书法家协会第六次会员代表大会召开	2009年7月24日	苏州	华人德担任主席，王伟林、陆家衡、陈道义、谭以文、张少怡、周雪耕、张锡庚、李双阳、高卫平、陈艺、李少鹏当选为副主席，聘王国安为秘书长。	名誉主席沙曼翁、李大鹏

(续表)

名称	时间	地点	摘　要	备注
沙曼翁获得第三届中国书法兰亭奖终身成就奖	2009年12月	北京	"中国书法兰亭奖"是由文化部批准的书法最高奖,三年一届。终身成就奖授予80岁以上的全国德高望重的著名书家。	全国共4人
首届中国书法名城论坛	2010年6月29日—7月1日	苏州	探讨如何保护、传承和发展已列入世界非物质文化遗产的中国书法艺术。	中国书协、中国书法名城联谊会主办
吴门书道——中国书法名城苏州作品展南京行	2010年11月20—29日	南京江苏省美术馆	展出当代苏州书法、篆刻家作品185件,集中了当代吴门书坛的最新创作成果。	中国书协、江苏省文联、苏州市人民政府共同主办

（陈道义）

第十七章 音乐

苏州音乐包括传统音乐和近代音乐两大部类。传统音乐指的是至清代为止已经基本成型的音乐。近代音乐指的是近代以来受西方音乐影响而形成的音乐。

一、传统音乐

中国传统音乐可分为宫廷音乐、文人音乐、宗教音乐和民间音乐四大类别,苏州音乐涉及民间音乐、文人音乐和宗教音乐三大类别。其中,民间音乐是其他类型传统音乐的基础,数量最大,对人民生活的影响最为广泛,也是地方音乐的主要内容。民间音乐主要包括民间歌曲、歌舞、说唱、戏曲和器乐五大类。因戏曲、说唱音乐另有专篇,此处主要叙述民间歌曲和器乐。苏州文人音乐中古琴颇为著名,宗教音乐中道教音乐和佛教音乐亦各具特色,故一并阐述。

(一)民间音乐

1. 吴 歌

"吴歌"是我国吴语地区民间歌谣的总称。吴歌从文学上可分为两大类,即短歌与长篇叙事诗;从音乐上可分为徒歌和弦歌,"徒歌"指无伴奏的乡间清唱歌曲,"弦歌"指有乐器伴奏的小调。吴歌是中华民族音乐大家庭中重要的组成部分。吴语方言的运用,是吴歌最显著的艺术特色。苏州处吴地中心,是吴歌流传的中心地区。

战国时楚国使者陈轸对秦王说:"今轸将为王吴吟。"吴吟为吴国的民歌。《楚辞·招魂》云:"吴歈蔡讴,奏大吕些。"汉代王逸注云:"吴、蔡,国名也。歈、讴,皆歌也。大吕,六律名也。"(黄寿琪:《楚辞全译》,贵州人民出版社,1984年)顾颉刚认为"吴歈"指的是合乐的吴歌,朱金涛则认为,歈、讴都是不用乐器伴奏的徒歌。"歛"为会意字,"俞"是独木舟,"欠"是张口扬声,合起来就是船夫唱的歌。左思《吴都赋》亦云:"荆艳楚舞,吴歛越吟,翕习容裔,靡靡愔愔。"唐人李善注曰:"歛,吴歌也。"吴歌源远流长,顾颉刚认为,它的出现不会比《诗经》更迟。

《汉书·艺文志·诗赋略》载《吴楚汝南歌诗》15篇,《隋书·经籍志·总集类》载《吴声歌辞曲》一卷,均佚,难言其详。吴歌真正作为一种歌体出现,始于南朝乐府之"吴声歌曲"。"吴声歌曲"原系乐府"清商曲"中的一部,产生于六朝时长江下游地区,大多是民间歌曲,被采入乐府,也有文人仿作。据《晋书·乐志》云:"吴声杂曲,并出江南,东晋以来稍有增广。始皆徒歌,既而被之管弦。"这些吴声歌曲大部分收录于宋郭茂倩辑《乐府诗集》中。《乐府诗集》共100卷,其中卷四十四至五十一皆为《吴声歌曲》,属"清商曲辞",共收录吴歌342首,包括《子夜歌》42首、《子夜四时歌》75首、《大子夜歌》2首、《子夜警歌》3首、《子夜变歌》3首、《上声歌》8首、《欢闻变歌》6首、《前溪歌》7首、《阿子歌》3首、《团扇郎》6首、《七日夜女歌》9首、《长史变歌》3首、《黄生曲》3首、《黄鹄曲》4首、《碧玉歌》5首、《桃叶歌》4首、《长乐佳》8首、《欢好曲》3首、《懊侬歌》14首、《华山畿》25首、《读曲歌》89首、《黄竹子歌》1首、《江陵女歌》1首、《神弦歌》18首。其中最负盛名者为《子夜歌》。《乐府诗集》(北京图书馆出版社,2004年)卷四十五云:"歌谣数百种,子夜最可怜。慷慨吐清音,明转出天然。"又云:"丝竹发歌响,假器扬清音。不知歌谣妙,声势出口心。"这说明《子夜歌》最具当时民歌特点。需要指出的是,《乐府诗集》中吴声歌曲固然多数出自民间,但亦包括部分文人仿作,且以中原雅言记录。宋僧文莹《湘山野录》(中华书局,1984年)卷中记唐末钱镠为吴越王,衣锦还乡,大陈乡饮,"高揭吴喉,唱山歌以见意",词曰:"你辈见侬底欢喜,别是一般滋味子,永在我侬心子里!"这是目前已知的第一首以吴语记录的吴语山歌。吴歌对诗、词创作多有影响,六朝鲍照、王翰、薛耀、郭元振,唐李白,宋苏轼诸人皆有拟吴歌之作。

明代为吴歌发展的另一辉煌时代。明人陈宏绪《寒夜录》(中华书局,1985年)引友人卓珂月语云:"我明诗让唐,词让宋,曲让元,庶几吴歌、挂枝儿、罗江怨、打枣竿、银绞丝之类,为我明一绝耳。"陈氏评云:"此言大有见识。明人独创之艺,为前人所无,只此小曲耳。"小曲又称杂曲,为吴歌支脉。明人冯梦龙辑录《童痴一弄·挂枝儿》和《童痴二弄·山歌》,为继《乐府诗集》后吴歌又一大结集。《挂枝儿》共10卷,卷一"私部",卷二"欢部",卷三"想部",卷四"别部",卷五"隙部",卷六"怨部",卷七"感部",卷八"咏部",卷九"谑部",卷十"杂部",收录435首,为明代民间时调小曲之大集成,所采作品绝大部分来自民间,少数为冯氏或他人创作、拟作。《挂枝儿》所收作品以描绘男女情爱为主,体裁较狭,多流传于市井及风月场所,多表现市民阶层生活和品味。《山歌》10卷,卷一至卷四为"私情四句",卷五"杂歌四句",卷六"咏物四句",卷七"私情杂体",卷八"私情长歌",卷九"杂咏长歌"。从内容上看,以私情为最,其次为杂咏、咏物之作。《山歌》采录于山野乡间,较多反映农村生活。冯梦龙所辑明代吴歌已出现长达一百多句的叙事作品。

清代吴歌继续发展,长篇叙事吴歌逐渐走向成熟。现存长篇叙事吴歌大都产生于清代,并经文人整理成唱本,在坊间流传。清同治七年(1868),江苏巡抚丁日昌曾查禁"小本淫词",据其目,可见部分今日搜集之长篇叙事山歌。长篇吴歌的出现,应与明中叶以来江南地区说书、弹词、宣卷、戏曲、话本等俗文学的影响有密切关系(姜彬:《江南十大民间叙事诗·长篇吴歌集》序,吴歌学会:《江南十大民间叙事诗 长篇吴歌集》,上海文艺出版社,1989年)。

五四运动以后,学界掀起歌谣搜集运动,吴歌整理与研究逐渐兴起。刘复(半农)辑《江阴船歌》,顾颉刚辑《吴歌甲集》(1926)并著《吴歌小史》(1936),为吴歌搜集和研究的开创者。此后,王翼之辑《吴歌乙集》(1928)、李英白辑《江南民间情歌集》(1929)、费沽心辑《湖州歌谣》(1933)、林敬之与钱小柏合编《江苏歌谣集》(1933)、管思九与丁仲皋辑《江口情歌集》(1935)相继问世。

1949年中华人民共和国建立以后,先后出现了几次大规模、有组织的吴歌搜集整理及研究活动。钱静人《江苏南部歌谣简论》(1953)、《吴歌新集》(1980)、《吴歌》(1982)等在内容上都有拓展。1984年文化部、民族事务委员会、民间文艺研究会联合发出《关于编辑出版〈中国民间故事集成〉〈中国歌谣集成〉〈中国谚语集成〉的通知》,推动了有史以来最大的吴歌普查采风活动,其成果集中体现于《中国歌谣集成》和《中国民间歌曲集成》吴语地区各卷(江苏卷、上海卷、浙江卷)中。

20世纪80年代,随着长篇《五姑娘》的发现,吴语地区大量中长篇吴歌被挖掘并整理出版。其中《五姑娘》《赵圣关》《红娘子》《华抱山》等有单行本,《江南十大民间叙事诗 长篇吴歌集》(1989)收录《白杨村山歌》《沈七歌》《五姑娘》《林氏女望郎》《薛六郎》《魏二郎》《孟姜女》《小青青》《刘二姐》《庄大姐》10首长篇叙事吴歌。进入21世纪,吴歌研究更受重视,相继有多部山歌集出版:《中国白茆山歌集》(2002)内收长歌《白六姐》及多种异文;《吴歌遗产集粹》(2003)内收苏州地区搜集的《五姑娘》《赵圣关》《孟姜女》《白六姐》《鲍六姐》《断私情》《卖盐商》《老囡嫁人》《打窗棂》《红郎娶小姨》《沈七哥》《张二娘》《庵堂相会》《杨毕冤史》14首完整作品以及许多在吴语地区流传的叙事山歌节选;《中国芦墟山歌集》(2004)内收《五姑娘》《赵圣关》《鲍六姐》《周小妹嗷郎》《卖盐商》《打窗棂》《载阿姨》《庵堂相会》《董永和张七姐》《刘猛将神歌》等长歌;《中国河阳山歌集》(2006)分四句头山歌、短山歌、大山歌、长山歌、河阳山歌曲谱选5卷,收集山歌1 000余首;《吴歌奇葩——白洋湾山歌集》(2012)共选录112首。

2006年5月20日,苏州市申报的"吴歌"列入第一批国家级非物质文化遗产名录。2007年6月5日,经国家文化部确定,江苏省苏州市的陆瑞英和杨文英为该文化遗产项目代表性传承人,并被列入第一批国家级非物质文化遗产项目226名代表性传承人名单。江苏省吴歌学会准备将吴歌申报世界文化遗产名录,现该学会正在收集第一手原始资料,为申报做准备。

"非遗"申报成功,促进了吴歌的繁荣。吴歌活动基地原有常熟白茆、吴江芦墟、张家港河阳、相城区湘城、上海青浦商榻五处,近增太仓市双凤镇山歌队、昆山市周市镇(昆北)山歌队、常熟市沙家浜镇石湾山歌队、苏州市白杨湾街道山歌队、苏州市工业园区胜浦山歌队、苏州市相城区阳澄湖镇山歌队等六个山歌基地。新增六队,有歌手近200名。芦墟、白茆、河阳三个基地经文化部评定为国家级保护项目,5名歌手被评定为国家级吴歌传承人。1980年以后,江、浙、沪两省一市民间文学协作区、吴歌协会相继成立,吴歌研究日趋繁荣。自1981年以来,江、浙、沪两省一市民间文学协作区先后组织召开6次吴歌学术研讨会,会上共交流论文171篇。较新论著有:高福民、金煦主编《吴歌论坛》(2005),杨俊光《唱歌就问歌根事——吴歌的原型阐释》(2011),过伟《吴歌研究》(2011),冯智全《吴地民间歌曲解读》(2011)。

吴歌基本元素在六朝吴声歌曲中已形成并基本定型,较多运用谐音双关隐语,形式一般为五言四句。王十朋注苏轼《席上代人赠别》诗云:"此吴歌格,借字寓意也。"可见宋代吴歌亦惯于"借字寓意"。从冯梦龙《童痴二弄》所载吴歌可知,明代吴中徒歌,除衬字,必是七言,每首(除小部分杂体)必是四句,和苏东坡仿作完全相类。其中又多"借字寓意",也和王十朋所说"吴歌格"一致。但据顾颉刚研究,至清朝,"四句头"规则被打破,"借字寓意"方式也停用。吴歌另一特点为"前句比兴隐喻,后句实言证之"(王运熙:《六朝乐府与民歌》,上海古典文学出版社,1957年),后人称之为"吴格""风人体"。严羽《沧浪诗话》云:"论杂体则有风人(上句述其语,下句释其意,如古《子夜歌》《续曲歌》之类,则多用此体)。"(郭绍虞:《沧浪诗话校释》,人民文学出版社,1961年)吴歌还有和声与送声。和声乃歌唱中众人和唱之声,送声为众人于歌曲尾部相随和声。此种表现手法,至今盛行。

六朝吴声歌曲基本句式为五言四句,唐宋时逐渐演变为七言四句。明代吴歌突破七言一句限制,或缩减为三字一句,或增加饰词,出现更自由的散文化长短句,以杂言散体为主。清代叙事吴歌进一步发展了长短句式并更为口语化。

六朝吴声歌曲内容多咏男女爱情,以"私情"为主,且多采用女性口吻。明清吴歌延续此传统,只是表现内容有所扩大。唐刘禹锡称吴声"激讦",可见当时吴歌曲调高亢。苏轼称吴歌"含思婉转,听之凄然",南宋赵彦卫《云麓漫钞》中称吴中舟师之歌"声甚凄怨",可见凄清的音调是吴歌的又一特点。

2. 江南丝竹

自西周开始,中国器乐演奏已有金石之乐(钟鼓之乐)和丝竹之乐(竽瑟之乐)之分。前者以金石类乐器为主,主要用于公开的重大、行政公务性"国礼"场面。后者以丝竹类乐器为主,主要用于私密的休闲、内室娱乐性宴会场合。汉代出现只用吹奏乐器与打击乐器组合演奏的"鼓吹乐",此后,"丝竹乐"逐渐指代与"鼓吹乐"相并列的主要由丝竹乐器组合演奏的器乐合奏类型。明清以来,丝竹乐日趋兴盛,并形成众多具有地域特色的演奏风格和样式。"江南丝竹"之称出现于 20 世纪 50 年代,指代流行于江南地区的中国丝竹乐类型中的一个地域化品种。它是近现代影响最为深远、传播最为广泛的丝竹乐品种之一。现存民族乐队在乐队样式和作品创作等方面,都曾不同程度接受江南丝竹的影响(伍国栋:《"江南丝竹"的概念及研究述评》,《艺术百家》2008 年第 1 期)。

江南丝竹作为中国丝竹乐合奏类型的一个地域化分支,具有悠久历史,其渊源可追溯至东晋南北朝时期"清商乐"中的丝竹乐演奏,隋唐时期"华夏正声""清商伎"中的丝竹乐队传统,以及南宋时期广泛出现在江南地区的"细乐""小器乐"和"清乐"等器乐合奏样式。它的前身是明清时期广泛流行于环太湖流域的"细乐""清乐"和"丝竹"等器乐合奏样式。自明代以来,以环太湖流域姑苏地区为中心的一大批文人清曲家和丝竹乐器演奏家不断介入,对其进行"致雅"的装饰、修润和创新,从而促进了江南丝竹的兴盛,其中明清时期环太湖流域兴盛的士大夫私家蓄养的音乐班社(简称"家乐"班社)尤其具有重要作用。至清末民初,此类器乐合奏样式曲目传承不断积累,演奏表演愈加精湛,组织形式日益规范,并突显出鲜明的地域特色和"雅集式"音乐文化性质,其传播中心亦由姑苏地区转移至上海,在以上海为中心的各都市精通传统音乐的文人阶层推荐和文人乐社的演习推广下,于 20 世纪 50 年代,被音乐家冠以地域化名称"江南"而定名,从而成为在全国范围具较大影响的丝竹乐合奏类型乐种(伍国栋:《一个"流域"、两个"中心"——江南丝竹的渊源与形成》,《音乐研究》2006 年第 2 期)。

表 17-1 明清苏州家乐班社表

班名	始年	市县	演乐园林堂所	文献出处
顾芳家班	正统	昆山		郑文康《平桥稿》卷11
徐有贞家班	天顺	吴县		钱谦益《列朝诗集小传》乙集
王延喆家班	嘉靖	吴县	怡老园、招隐园	乾隆《苏州府志》卷27《第宅园林》一
盛应宗家班	嘉靖	苏州		黄宗羲《明文海》418《盛少和先生》
顾鼎臣家班	嘉靖	昆山	南堂	梁辰鱼《鹿城诗集》卷21《冬夜莫云卿携妓宴故相国顾文康公南堂》
陆粲家班	嘉靖	苏州		钱谦益《列朝诗集小传》丁集上《陆秀才采》
钱籍家班	嘉靖	常熟		徐复祚《花当阁丛谈》卷3
严讷家班	嘉靖	常熟		郑伦逵《虞山画志》
马龙光家班	嘉靖	长洲		王世贞《弇州续稿》卷101《梦泽马君暨配王安人合葬志铭》
皇甫汸家班	嘉靖	苏州		皇甫汸《皇甫司勋集》卷33《课小待习舞二首》
徐于家班	万历	常熟		钱谦益《列朝诗集小传》丁集下《徐伯子于》
王锡爵家班	万历	太仓	南园	宋征舆《琐闻录》之《弦索》
申时行家班	万历	苏州		潘之恒《鸾啸小品》卷2《吴剧》
顾大典家班	万历	吴江	谐赏园、清音阁	钱谦益《列朝诗集小传》丁集中
沈璟家班	万历	吴江		沈德符《万历野获编》卷24《技艺》
许自昌家班	万历	苏州	梅花墅、得闲堂	乾隆《苏州府志》卷28《第宅园林》
钱岱家班	万历	常熟	小辋川、百顺堂	康熙《常熟县志》卷14《园林》
范允临家班	万历	苏州	天平阁	沈德符《清权堂集》卷3《吴中大雪同徐元叹、徐清之、孙人甫、杨尹眉入山,范长倩邀登天平阁,出家妓佐酒,奉叠元叹来韵》
曹尘客家班	万历	苏州		范允临《输蓼馆集》卷1《观曹氏诸姬秋迁六首》
吴锵家班	万历	吴县		冒襄《同人集》卷1《慎余堂倡和诗序》
徐泰时家班	万历	长洲	东园、西园、东雅堂	顾禄《桐桥倚棹录》卷8《第宅园林》
徐溶家班	万历	长洲		沈德符《清权堂集》卷12
孙七政家班	万历	常熟		钱谦益《列朝诗集小传》丁集上

(续表)

班名	始年	市县	演乐园林堂所	文献出处
钦公子家班	万历	长洲		朱长春《朱太复乙集》卷6《上元前夜长洲钦公子家乐钦歌》
王世懋家班	万历	太仓		王世贞《弇州续稿》卷122《亡弟太医院吏目瞻美配陶孺人合葬志铭》
唐拱家班	万历	长洲		娄坚《学古绪言》卷10《罗溪唐处士墓志铭》
翁汉麐家班	万历	常熟		冯舒《虞山妖乱志》卷上
翁德源家班	万历	常熟		冯舒《虞山妖乱志》卷上
顾琰家班	万历	昆山		范凤翼《范勋卿诗集》卷13《冬夜张兵宪杨伯招同姜刺史荆璆及诸子天宁寺醉月,适顾圭峰携家乐至,雅歌投壶甚畅,即事诗成》
徐仲简家班	万历	吴县		范允临《输寥馆集》卷5《诰封奉直大夫尚宝司少卿芝石徐公行状》
徐锡允家班	天启	常熟		王应奎《柳南随笔》卷2
沈自友家班	天启	吴江		叶天寥《年谱别记》
谭应明家班	崇祯	昆山		张大复《梅花草堂笔谈》卷6《谭公亮传》
朱必抡家班	崇祯	苏州	云津堂	《过东山朱氏画楼有感》
徐汧家班	崇祯	吴县	二株园	民国《吴县志》卷39上《第宅园林》
薛学闵家班	崇祯	昆山		张大复《梅花草堂笔谈》卷6《薛君淑传》
顾仲贞家班	崇祯	昆山		张大复《梅花草堂笔谈》卷16《憩顾仲贞旧园》
文震亨家班	崇祯	吴县		褚享奭《姑苏名贤后记》之《武英殿中书舍人致仕文公行状》
陈允升家班	崇祯	昆山		张大复《梅花草堂笔谈》卷9《相》
朱允恭家班	顺治	吴县		南园啸客《开国平吴事略》
尤侗家班	顺治	长洲		尤侗《悔庵年谱》
马逢知家班	顺治	苏州		吴伟业《吴诗集览》卷14下《客谭云间帅坐中事》
李煦家班	康熙	苏州		顾公燮《丹午笔记》之《李佛公子》
杨中丞家班	康熙	苏州		李良年《秋锦山房集》之《董以宁青儿曲》
翁叔元家班	康熙	常熟		邓琳《虞乡志略》卷11《杂记》中
王永宁家班	康熙	苏州	拙政园	乾隆《苏州府志》卷28《第宅园林》二
王抑家班	康熙	太仓	鹤来堂	王抃《王巢松年谱》
曹寅家班	康熙	苏州		尤侗《题〈北红拂〉》

(续表)

班名	始年	市县	演乐园林堂所	文献出处
王撰家班	康熙	太仓		程邃《萧然吟》卷2《王随庵使君招同诸公观家姬歌舞分赋》
孙鲁家班	康熙	常熟		吴伟业《梅村集》卷7《高凉司马行》
徐乾学家班	康熙	昆山		袁枚《随园诗话》卷2
许焕家班	康熙	太仓		李振裕《白石山房集》卷27《许尧文郡丞招饮水亭听小鬟度曲即席赋赠》
张王治家班	康熙	太仓	春禊堂	田茂遇《春禊堂再集同子俶、次谷限韵》
毕沅家班	康熙	镇洋（今太仓）		钱泳《履园丛话》卷20《园林》
徐柱臣家班	乾隆	昆山		沈大成《学福斋诗集》卷26《徐雅宜花间听曲图》
海保家班	乾隆	苏州		李斗《扬州画舫录》卷5

资料来源：伍国栋《江南丝竹：乐种文化与乐种形态的综合研究》，人民音乐出版社，2010年，第95—100页。

在江苏，江南丝竹主要盛行于苏南，苏州地区农村称之为"十二细"（讹称"十女婿"）或"细八派"，历史上又曾称"吴越丝竹""苏南丝竹"。苏州为江南丝竹乐流行中心地区，丝竹班社居全国之最。据不完全统计，苏州地区存在过民间丝竹班社近百个，知名的有太仓的新方社、茜泾社、停云社、清客班、太胜班、胜泾班、应乐社、陆家巷班，昆山的周泾社、咏霓堂、横庄班、鸡鸣堂、松鹤堂，常熟的东山雅集、咏和堂、咏霓堂，吴县的顾家班、范家班、华山班，吴江同里的金钟民乐队、同里丝竹社，张家港的柏村庵丝竹社等。以上江南丝竹班社成员多属半农半艺的民间艺人，服务于民间婚丧、喜庆活动并取得报酬。另外一部分属于自娱性的业余组织，名为"清客串"，多在私宅或茶馆等场合演奏，自我娱乐，切磋技艺，即使为亲友办喜事演奏也不收取报酬，如常熟的"龢社"等。在江苏大城市，还有由知识界和音乐爱好者组成的自娱性质、演奏水平较高的业余乐社，如苏州市的吴平国乐社，其成员有音乐世家项祖英、项祖华兄弟，以及大中专院校师生、小学教员、公职人员等。1921年秋，上海、苏州、杭州等地200多人在上海豫园点春堂举行大型丝竹集会，曲目以《四合如意》为主，是丝竹班社首次大型集会（陈建华、陈洁：《民国音乐史年谱》，上海音乐出版社，2005年）。

在江南民间，江南丝竹乐队少则三至五人，多则十余人不等。三人组合乐队，多用二胡、琵琶、箫（或笛）；人多则增加小三弦、扬琴、笛、笙、中胡和鼓、板、木鱼、碰铃等。二胡与笛为主奏乐器。演奏形式分为坐乐与行乐两种。坐乐是受雇于婚丧喜庆人家,在雇主的客堂或天井中演奏。行乐是在迎亲、送聘、出殡送丧或迎神出会时,在行进中边走边奏。

江南丝竹曲目,仅苏州地区就有80种左右。其中《中花六板》(又名《熏风曲》)、《慢六板》(又名《暗七眼花六板》)、《梅花三弄》《慢三六》《四合如意》《行街四合》《云庆》(又名《恁轻狂》《景星云庆》《引清江》等)和《欢乐歌》等八首代表性曲目被称为"八大名曲",此外较为流行的曲目还有《老六板》《快六板》《快三六》《霓裳曲》(又名《月儿高》)、《柳青娘》《春江花月夜》(原为琵琶名曲《夕阳箫鼓》)、《新水令》《乌夜啼》《凡忘工》等。

江南丝竹演奏上具有花(华彩)、细(细腻)、轻(轻快)、小(小型)、活(活泼)的艺术特点。"吹""拉""弹"各种乐器在追求总体风格的前提下,各自发挥其演奏特点。关于各种乐器表现力的不同,老艺人形象地描述为"二胡一条线,笛子打打点,洞箫进又出,琵琶筛筛匾,三弦当压板,扬琴一溜烟"。对于合奏的要求,则概括为"偷、加、停、连、滑、淡、浓,八仙过海显神通",说的是各种乐器在演奏中,在整体要求下,可以各自做一定程度的发挥(郑桦:《江南丝竹述略》,《中国民族民间器乐曲集成·江苏卷》,中国ISBN中心,1998年)。

3. 苏南吹打

以吹管乐器和打击乐器组成,或以吹管乐器为主、丝线乐器为辅和打击乐器所组成的乐队统称吹打队。由吹打乐队演奏的音乐为吹打音乐。吹打音乐属民间合奏音乐。苏南吹打是流行于苏州、无锡一带的一种民间音乐形式。苏南吹打起源于明代,有"十番鼓""十番锣鼓"之别。"十番鼓"又有"十番笛"之称。十番鼓乐队以鼓(独奏乐器)为主,另有板和云锣,其余都是丝竹乐器。"十番锣鼓",或简称"十番",或简称"锣鼓",亦有"十样锦""十不闲"等名称。它在"十番鼓"乐队的基础上,加入大锣、喜锣、齐钹、小钹、双星等打击乐器。此外,还有粗吹锣鼓和清锣鼓等形式。总体来看,苏南吹打乐在表现形式上多属于"细吹锣鼓"类。所谓"细吹锣鼓",指用竹管主吹并配以锣鼓,有时在吹的同时辅以弦索的一种吹打乐形式(高厚永:《民族器乐概论》,江苏人民出版社1981年,第36页)。其主要乐器配置为笛(兼用箫、笙)、二胡(兼用板胡)、三弦(兼用琵琶)等;打击乐器有同鼓、板鼓、点鼓、板、云锣等。

苏南吹打历史悠久,明代余怀《板桥杂记》、清初叶梦珠《阅世编》、清乾隆年间李斗《扬州画舫录》等书皆有记载。它源于汉代以来的"鼓吹乐",吸收、综合了唐、宋、元、明、清以来传统音乐的诸多元素,经无数民间艺人的创造发展而延续下来。

苏南吹打乐曲多为结构庞大的大型"套头",由多个散曲组合而成。套头分正套和散套。"十番鼓"套头一般以三个独立完整的慢鼓段、中鼓段、快鼓段为中心,把若干曲牌按一定结构程式联缀而成。"十番锣鼓"套头以锣鼓段为中心,把若干曲牌按一定结构程式联缀而成。

苏南吹打有神家吹打和道家吹打之别。神家吹打是苏南堂名音乐的一个组成部分。堂名班社自称"神家",以与"道家"区别,主要依赖于民间各种风俗礼仪活动而存在。20世纪初至中华人民共和国成立前,尚在民间活动且颇有影响的堂班,在苏州城区的有多福堂、荣和堂、保和堂、富贵堂、永和堂、聚和堂等,吴县有万和堂、合和堂、鸿和堂、世德堂,常熟有春和堂、全福堂、中和堂、洪福堂,太仓有庆修堂、余庆堂、瑞和堂、瑞霭堂、永乐堂,吴江有金雨堂、大乐堂、大喜堂,昆山有永和堂和陆家浜的吹鼓手等。(20世纪90年代,苏州曾进行民间器乐情况普查,数据参见表17-2、表17-3。)在上述众多班社中,影响最大、四方闻名的是吴县黄埭镇的万和堂。该班社曲目众多,艺人技艺超群,倍受群众欢迎。其组织日益扩大,并发展衍生出北万和堂、南万和堂和小万和堂。此外,太仓双凤的余庆堂、直塘的永乐堂,常熟虞山的全福堂(又名虞山之友社)等也颇有影响。

苏南吹打的代表性曲目有《一机景》《一枝花》《山羊坡》《月儿高》《普天乐》《马调》《春日景和》《浪头》《淘金令》《小月调》《柳摇金》《水龙吟》《傍妆台》《到春来》《汉东山》《花信风》《雁儿落》《将军令》《四时景》等。

表17-2 苏州民间器乐普查统计表

			张家港	常熟	太仓	昆山	吴江	吴县	市区	合计
江南丝竹	艺人(名)		20	20	175	13	81	57	47	413
	社团(个)		2	3	25	9	9	10	21	60
	曲目(首)		12	13	135	24	31	18	32	261(142)
十番	艺人(名)		/	92	268	3	62	47	58	530
	社团(个)		/	12	45	5	15	11	13	101
	曲目(首)	锣鼓	3	31	24	2	4	15	29	108(32)
		吹打	6	36	85	20	28	29	54	258(110)
道教音乐	艺人(名)		8	167	240	28	77	128	95	743
	社团(个)		1	40	43	3	8	25	2	121
	曲目(首)	器乐	89	26	90	33	28	29	110	380(222)
		经韵	133	89	79	/	25	54	126	506(302)

（续表）

		张家港	常熟	太仓	昆山	吴江	吴县	市区	合计
佛教音乐	艺人（名）	20		17	/	40	12	22	111
	社团（个）	3	1	3	/	7	1	7	22
	曲目（首）	10		/	/	27	30	63	130（123）
其他（锣鼓乐）	艺人（名）	/	/	/	/	24	/	/	24
	社团（个）	2	1		/	1	/	/	4
	曲目（首）	28	8	7	/	10	12	12	77（27）
总计	艺人（名）	48	279	700	44	284	244	222	1321
	社团（个）	8	57	116	17	40	47	23	308
	曲目（首）	281	203	420	75	142	173	426	1 720（958）

说明：
1. 全市各乐种曲目合计数中有重复统计，除去重复曲目，实有数在括号内注明；但其中亦有因未及核对的同曲异名或异曲同名而造成的重复或漏计情况。
2. 部分项目的数字未及统计者以"/"表示。
3. 以上数字截至1997年6月30日。

资料来源：苏州市文化局编《苏州民间器乐曲集成》，古吴轩出版社，1999年，第5页。

表17-3　苏州民间器乐演奏家及艺人表

姓名	生卒年	籍贯	擅长乐种、乐器	备　注
施锦帆	1884—1949	太仓陆渡乡	道乐、十番锣鼓	"施家班"传人
程镜仁	1888—1955	祖籍江阴	江南丝竹	
吴毓之	1892—1949	常熟辛庄镇	昆曲、道乐	创建"春和堂"
高步云	1895—1984	太仓西郊镇	昆曲、笛师	"光裕堂"传人
沈易书	1899—1962	太仓新塘乡	江南丝竹	参与组建"新方丝竹社"
包棣华	1904—1980	太仓	笛师	曾任"仙霓堂""公余联欢社"笛师
张惟精	1905—1993	常熟东张镇	道乐	"都门堂"创始人
张永生	1907—1981	太仓沙溪镇	笛、弦子、琵琶、云锣、司鼓	发起组织"仁义社""新声票房"
姜守良	1908—1986	苏州	二胡	"吴平国乐团"创始者人之一
顾根生	1912—1982	吴县东渚乡	板胡、二胡	创建"顾家班"
夏湘如	1913—1993	昆山陆扬乡	道乐	"咏霓堂"传人
毛仲青	1913—	苏州	道乐	玄妙观道士
周祖馥	1915—1997	苏州	道乐	参与组织"亦玄研庐"

(续表)

姓名	生卒年	籍贯	擅长乐种、乐器	备注
姚永泰	1917—	常熟支塘镇	道乐	"大和堂"传人
高慰伯	1919—	昆山周市镇	笛师	"永和堂"传人
马桐桐	1920—	常熟冶塘乡	道乐	"马家班"传人
钱良根	1921—	常熟古里镇	鼓手	"钱家班"成员
包元儒	1923—	常熟杨园镇	昆曲鼓手	"鸿福堂"传人,创建"中和堂"
严银涛	1923—	昆山蓬朗镇	道乐	"咏霓堂"传人
邹生夫	1924—	昆山玉山镇	道乐	
蔡惠泉	1925—1997	吴县黄埭镇	鼓手	"万和堂"传人
唐宗	1925—	常熟藕渠镇	鼓手	参与筹建"虞庙堂昆曲研习社"
邹根兴	1918—	常熟沙家浜镇	唢呐	邹家鼓手传人
金中英	1925—1996	苏州	道乐	"守玄褉集庐""亦玄研庐"传人
项祖英	1926—	苏州	二胡	曾任"吴平国乐团"乐队队长
陶惠芳	1926—	张家港西张镇	道乐	"陶家班"传人
蒋家荣	1926—	吴县蠡口镇	道乐	玄妙观道士
李梦熊	1927—	太仓板桥镇	道乐	
毛良善	1927—	苏州	道乐	
吴锦亚	1927—	常熟辛庄镇	昆曲、道乐	
李兴元	1928—	太仓直塘乡	昆曲、道乐	"永乐堂"第八代传人
金茂根	1931—	吴江庙港镇	唢呐、竹笛	"金玉堂"末代传人
王舞扬	1932—	常熟东张镇	道乐	
孙平生	1937—	吴江同里镇	二胡	

资料来源:苏州市文化局编《苏州民间器乐曲集成》,古吴轩出版社,1999年,第1134—1158页。

(二) 古 琴

古琴,又称"琴"或"七弦琴",是中国一种古老的弹拨乐器。古琴音乐是中国传统音乐中文人音乐的重要组成部分,至晚在西周已经出现。古琴历经两汉三国之际的形制定型、魏晋时期的琴曲积累、南北朝时期的文字谱初成、隋唐时期的减字谱改进等,南宋开始进入流派纷呈的历史阶段。

吴地琴风,源远流长。唐贞观年间,名琴家赵耶利曾赞许吴地琴风云:"吴声清婉,若长江广流,绵绵徐逝,有国士之风。"明清以降,吴地经济繁荣,文明昌盛,琴艺独领风骚达数百年。中国第一个古琴流派是南宋时期兴起、以临安为中心的"浙派"。继"浙派"之后,对中国古琴发展产生重大影响的是兴起于明中叶、以常熟为中心的"虞山派"。

严澂(1547—1625),号天池,字道澈,江苏常熟人。宰相严讷之子,曾任邵武府知府。归里后,以琴自娱,是明代虞山琴派的代表人物。南宋著名"浙操"琴家徐天民之孙徐梦吉(号晓山)曾在常熟传艺,受其影响,常熟琴人众多。严澂拜徐梦吉再传弟子陈爱桐之子陈星源为师,继承"浙操"传统。严澂还向一徐姓樵夫学琴,并为樵夫取名徐亦仙。为切磋琴艺,严澂与陈星源、张渭川、施磵槃、徐青山等师友结集"琴川琴社"。严澂在继承当地琴学之外,还吸收京师古琴名手沈音的长处,"以沈之长,辅琴川之遗,亦以琴川之长,辅沈之遗",综合诸家之长,形成"清微淡远"的一代琴风。"琴川社",也称琴川派或虞山派,为明清之际最有影响的古琴流派。

严澂主持编写《松弦馆琴谱》,初收 22 首琴曲,后增至 29 首,琴界视为古音正宗,亦为《四库全书》所收唯一明代琴谱。严澂因有"古文中的韩昌黎、岐黄中之张仲景"之誉,"一时知音翕然宗之"(蒋文勋:《琴学粹言·论派》,《二香琴谱》卷四,清道光十三年刊本)。"博大和平,清微淡远"的虞山派琴风,被时人视作最理想的琴曲演奏风格。

嘉靖万历间,虞山严澂为世所重,其后徐上瀛最负盛名。徐上瀛,号青山,江苏娄东(太仓)人。幼年从虞山派琴家张渭川学琴,以后又向施磵槃、沈太韶等学习,吸收各家之长,在虞山派"清微淡远"风格基础上又有所发展。所著《溪山琴况》(中华书局,2013 年)提出"和、静、清、远、古、澹、恬、逸、雅、丽、亮、采、洁、润、圆、坚、宏、细、溜、健、轻、重、迟、速"24 条原则,对后世有重大影响。其演奏徐疾兼备,扩大了虞山派的艺术表现力和影响。入清以后,徐氏弟子吴门夏溥力倡师说,并将徐氏所传曲目编印为《大还阁琴谱》。清初广陵派《五知斋琴谱》收录传自虞山派的琴曲 20 余首,并照录"溪山二十四况",足见虞山琴风影响之深远。夏溥在吴门传艺,得其传者有康雍间程允基、陈鸣玉等,吴地琴艺绵延不绝。

民国以来,苏州依然是古琴艺术传播中心之一。1919 年 8 月 25 日,盐商叶希明、周庆云与苏州怡园主人顾鹤逸等,邀请北京、上海、浙江、扬州、四川、湖南等地琴家吴兰荪、吴浸阳、李子昭等 33 人在怡园举行琴会,会后编有《怡园会琴实纪》。1936 年 3 月,由苏州、上海等地的李子昭、沈草农、查阜西、彭祉卿等 28 位古琴家发起,成立"今虞琴社"于苏州怡园,该社为提倡琴学、交流琴艺并以演奏和研究古琴为主要活动的业余音乐社团。今虞琴社以"虞山派"发源地之常熟虞山命名,并宣称"仰止前贤,用以互勉,并无门户派别之见",从发起人到后来陆续加入的社员,各有师承,几乎包容了当时各著名琴派。他们互通声气,切磋琴艺,并与全国各地的琴社、琴人广泛交往,为继承和发扬古琴艺术做了努力。今虞琴社规定每周一小集,每月一大集,每年择春秋佳日举行年集。

琴社最初定期在苏州举行琴会,后因旅途不便,部分成员于1936年12月在上海成立今虞琴社沪社。1937年5月,今虞琴社刊行《今虞琴刊》,由查阜西、彭庆寿等编印,内容包括琴论、琴史、琴曲、琴事记述、艺文等部分,汇集琴诗、琴曲和近代琴人、琴社的资料颇为丰富,并提出利用现代音乐知识,系统收集整理古琴音乐遗产的主张,是现代古琴界重要文献。抗日战争期间,琴社活动一度中断;不久,在张子谦、吴景略等古琴家主持下,在上海恢复活动。中华人民共和国成立后,该社在中国音乐家协会上海分会领导下得到新的发展,张子谦、吴景略、沈草农、吴振平、姚炳炎、沈仲章等古琴家,在发掘整理和研究古琴遗产、演出和录制琴曲唱片以及培养琴学新人等方面,都取得了一定成绩。

1984年,常熟琴人成立"虞山琴社"。常熟市古琴活动频繁,2001年举办第四届全国打谱暨国际琴学研究会,2002年成为中国首批全国古琴南方考级点之一,2003年被评为江苏省古琴特色文化之乡,2004年成立虞山古琴工作室,同年被联合国国际民间艺术节组织评为亚太地区"古琴之乡",2005年建起"虞山派古琴艺术馆",2007年5月举办中国古琴艺术节,同年被中国非物质文化遗产保护中心命名为"中国古琴江南保护基地"。2012年4月8日,由中国民族器乐会和中国古琴学会联合授予的"中国古琴保护基地"落户常熟尚湖风景区。

1986年秋,吴兆基、徐忠伟、叶名珮、裴金宝四人发起筹建吴门琴社。琴社每月第一个星期日上午在怡园坡仙琴馆、第三个星期日上午在苏州文联文采园定期举行雅集,交流琴艺,探讨古琴知识,排练节目对外交流并开展琴学研讨,出版琴谱、琴刊、琴讯和音响资料等,琴社逐步发展壮大。2003年起,吴门琴社与虞山琴社、太仓市娄江琴社(2000年12月16日成立)共同组建苏州市文联音乐家协会古琴分会。吴门琴社现在册会员70余人,多数在苏州当地,也有在纽约、北京、南京等地的通讯会员。

(三)宗教音乐

1. 道教音乐

道教音乐指道教斋醮仪式中,道士们念唱的经韵或用乐器、法器演奏的曲牌。苏州道教音乐历史悠久,内涵丰富,为苏州道教文化一大特色。吴地风俗自古以来信鬼好巫,加之历代统治者的倡崇,道教在苏南流传极为普遍,几乎乡乡有道士,镇镇有道观,有的地方(如吴县蠡口、陆墓等地)甚至出现了"道士村"。据粗略统计,苏州地区历史上见诸志籍和现存的道观达300多个。明末清初,苏南民间道教活动兴盛,斋醮祭祀、赞诵宣扬、合乐笙歌于市镇乡间日夜不休。清朝中叶以后,道教活动渐趋衰落,不少宫观或被毁,或占作他用;许多道士走出道观,另谋生计。尽管如此,一些较有影响的道观依然香火旺盛,醮事活动不断,农村道士的班社活动仍十分普遍。普查资料表明,中华人民共和国成立前,苏州地区民间道教班社有150多个。玄妙观是苏州现存最重要的道观,亦是苏州道乐主要传播基地。

苏州地区道士多属正一派,可以有家室,除规定斋戒期外可以吃荤。农村道士大多是农民或小手工业者,一般在农闲时去道院做法事,故称"在家道士"。正一道派的法事活动有祀神、斋醮、功课三种类型,其中斋醮是正一道士的主要活动内容。斋醮的程式,一般为设坛、上供、烧香、升坛、礼师存念如法,高功宣卫灵咒、鸣鼓、发炉、降神、迎驾、奏乐、散花、步虚、赞颂、宣词、复炉、唱礼、祝神、送神等。斋醮科仪的科目繁多,玄妙观的主要科目有"全符""全表""火司朝""安澜潮""八仙朝""瘟司朝""宿启朝""散坛朝""斋天""三宝忏悔"等。

据学者研究,道教音乐源于远古先民之巫舞。从现今苏州道乐表现形态观之,其中包含昆曲、当地民间音乐和历代传承的道乐等多方面因素。道教音乐多以口传心授方式留传,但苏州道乐保持一套"谱传"系统,即手抄乐谱,辅助口传。目前所见最早谱本,为清嘉庆己未年刊印、道士曹希圣编《钧天妙乐》《古韵成规》《霓裳雅韵》三种,世称"曹谱"。据学者研究,"曹谱"乐曲来源于唐代以来的宫廷音乐。明清以来,道教向民间流布,道乐逐渐吸收昆曲、苏南吹打等因素,形成今天的苏州道乐,故苏州道乐中吹打和经忏所用音阶、调式及旋律与昆曲有许多相似之处。道士唱诵经韵的行腔处理上,糅合了民歌咬字吐音的韵调,结合方言上的发音特点,在唱诵风格上形成具有浓郁苏州地方特色的韵腔——"苏州腔"。苏州道乐中部分曲牌,则来源于民间的"十番锣鼓吹打"。

与其他地方宫观道乐多以经忏音乐为主、器乐演奏为辅不同,苏州道乐历来保持经忏唱诵和器乐并举的传统,道士亦素以吹、弹、打、写、念为做法事的基本技能。由不同乐器组合所演奏的不同乐曲,在苏州道教科仪中占有很大比例。

苏州道教音乐可分为声乐和器乐两大类。声乐类包括各仪式环节中由人声唱诵的所有经忏曲,器乐类包括用法器与乐器演奏的曲牌音乐以及与唱诵经韵同步进行的跟腔伴奏器乐。唱诵经韵包括赞、颂、偈、诰、咒、步虚、符等不同体式。器乐部分则包括"一封书""清江引""挂枝香"等"牌名儿"。乐器以提琴、三弦、双清为主(俗称"二、三、四"),以板胡、笛、二胡、阮、唢呐、笙为辅。法器包括大鼓、手鼓、单皮鼓、大磬、云锣、大锣、铙钹、铛、木鱼、钟、引磬、手铃等。

重视音乐技艺在道教中的运用,为苏州道乐特色,苏州道士亦重视道乐的传习。民国初年道士戴啸冠、曹冠鼎、许吟梅、赵子琴等人举办音乐学习组织,招收各道观小道士和社会上的"奔赴应"(从事民间道教活动的散居道士)传授音乐。1935年曾有"道教研究国乐会"组织,于8月14日借百灵电台播音一星期,节目有《玉皇赞》《霓裳雅韵》等。抗战时期,华丽生、钱锭之、吴定兰等道士办音乐研究组织"守玄禊集庐",地点在玄妙观方丈室,后停办。后华丽生主办"云笈社",地点在玄妙观三元阁;钱锭之主办"亦玄研庐",地点在卫道观。同时,阊门一带道士亦举办"崇玄同研社",地点在崇真宫。

1951年3月18日,苏州道教界人士参加宗教界抗美援朝游行示威,行列中有70余人吹奏各种乐器,受到全市瞩目。1952年冬成立苏州市道教音乐研究组,首先整理道教音乐,将100支道教乐曲工尺谱译成简谱,并向堂名艺人学习十番锣鼓。1956年8月,配合中国舞蹈艺术研究会吴晓邦拍摄道教艺术文献纪录片,记录了斋醮仪式的全过程(现保存在北京市舞蹈协会)。同时,余尚清、金中英合编《苏州道教艺术集》,其中音乐方面的内容又称"正一雅韵"。1957年组织苏州民间乐队赴京,在全国文联等处演奏苏州道教音乐及堂名音乐,获得好评。五六十年代,中央民族广播乐团先后将苏州道教音乐曲谱《满洲偷诗》改编为《百花园》,《骂玉郎》改编为《水仙子》,连同《将军令》《山羊坡》《春日景和》等,灌制唱片发行国内外。"文化大革命"中,道教音乐遭批判,活动停顿。1970年冬,在市文化局和市文联支持下,以金中英为首的一批道教乐师,进行回忆、演奏和录音工作,一年间编印《苏州吹打曲牌集》和《苏州堂鼓鼓段选集》。其后又将金中英编印的赞偈部分收入《苏州道教音乐选》。1984年10月,苏州古典乐团访问意大利时,以周祖馥为主击鼓演奏十番套曲《碧桃花》《百花园》,以及吹打乐曲《将军令》《普天乐》等,均获得较高评价。

2. 佛教音乐

佛教音乐指佛教寺观和僧人在日常课诵以及焰口、水陆道场等法事活动中的经韵唱诵和乐器、法器演奏。苏州佛教音乐历史悠久。六朝时期,支谦到达吴地所制"连句梵呗"、康僧会所制"泥垣梵呗"、支昙钥所作"六言梵呗",皆曾在吴地流传。唐代佛教鼎盛,走入民间,佛乐也形成大众化、通俗化趋势,在苏州出现了"士女观听,掷钱如雨,听者填阗寺舍"的盛况。唐宋明清时期,佛教"唱导"由佛经偈颂扩充为佛经故事,在吴地演变成"丝弦宣卷",常由僧、道在办丧事、做寿、盂兰盆会上演唱。在法事活动中,演奏亦成为部分僧人的专职。

苏州佛教音乐的梵呗唱腔,曲调平缓,腔多字少,气氛庄严肃穆,"远、虚、淡、静",具有佛教清静专注色彩。其唱腔为流行于江浙一带的"普通腔",唱诵时用磬、大小木鱼、中鼓、扁鼓、钟、铪、铛、引磬等法器伴奏。灵岩山寺法事音乐、民间赴应吹打乐和寒山寺佛钟音乐,在苏州佛教音乐中较为著名。

(1)灵岩山寺净土宗法事音乐。净土宗十三祖印光大师编定《灵岩山寺念诵仪规》,为灵岩山寺净土宗佛曲之源并沿传至今。该仪规载有用乐器伴奏的赞、偈与佛曲、梵呗26首。所用乐器有大钟、吊钟、大鼓、小扁鼓、大磬、引磬、镏子、云锣、铃子、中拨、云板、大木鱼、小木鱼。灵岩山寺诵念仪规以其规范及特色,为海内外僧众所接受和推广,其影响遍及沪、浙、皖以及我国香港、台湾地区和东南亚各地寺院。1949年以后,灵岩山寺佛曲、经文、仪规通过中国佛学院灵岩山分院开设的梵呗等课程传授给青年比丘僧。如今,苏州寺庙法事活动中的乐器演奏,全由年轻僧侣承担。

(2)苏州地区赴应吹打乐。苏州地区散居民间的在家和尚,也称"赴应"和尚。赴应和尚音乐在抗日战争前较为活跃。抗日战争爆发后,受到较大影响。中华人民共和国成立后,活动渐止。1956年,苏州市文化局曾派人协助僧人恢复演奏活动,于东花桥巷大智寺内成立苏州市佛教音乐研究组,每周星期日下午活动一次,复习吹打乐。后由于一些僧人相继转业而停顿。赴应所用乐器有笛、笙、三弦、二胡、板胡、提琴、秦琴、大小唢呐、双清、铜鼓、单皮鼓、大锣、喜锣、小月锣、钹、星、木鱼、云锣等,与道教音乐大体相同。赴应吹打乐曲调动听,气氛庄严,带有浓厚的地方色彩。

(3)寒山寺佛钟音乐。寒山寺钟声音乐及仪规经过长期演变,形成一种与赞、偈、咒紧密结合的独特的唱念击钟仪式。击钟仪规如下:"晨则先紧后缓,暮则先缓后紧,共鸣钟一百零八响,表数百八结业也。"晨、暮鸣钟皆有偈。

二、近代以来的音乐

近代以来,西洋音乐逐渐传入苏州。新式学校教育兴起,音乐教育开始普及,并出现专业人才的培养。传统民族民间音乐继续发展,并日益受到西洋音乐影响。同时,以西洋音乐为基础的新音乐形式逐渐流行。晚清民国时期,音乐社团众多,活动频繁。20世纪三四十年代,群众歌咏和抗日救亡歌曲风靡一时,并一直延续到新中国成立初期。"文革"时期,音乐活动受到冲击,传统戏曲音乐如宣卷、文书、什锦书等消失殆尽。20世纪80年代以来,各种流行歌曲、摇滚音乐等逐渐盛行,传统民族民间音乐较受冷落。21世纪以来,吴歌、古琴等传统音乐艺术渐有复兴之势。总体来说,近代以来的苏州音乐呈现传统音乐和新音乐并行发展格局。

1. 音乐教育

鸦片战争以来,西洋音乐随教会所办学校及其他事业的开展而逐渐传播。光绪二十八年(1902),清政府颁布《钦定学堂章程》(史称"壬寅学制"),确定新兴学堂开设"乐歌"一科。辛亥革命以后学堂乐歌逐渐兴起,并推广到社会,中小学校相继开设音乐课。1949年苏州解放时,共有小学音乐教师150余人,中等以上学校音乐教师30余人,参加音乐工作者协会的有110余人。

1917年,江苏苏州景海女学改名为苏州景海女子师范学校,以培养教会小学和幼稚园教师为办学宗旨。全校共设三科,其中包括音乐师范科(陈建华、陈洁:《民国音乐史年谱》,上海音乐出版社,2005年)。1989年,苏州铁道师范学院(2001年与苏州城建环保学院合并,改称苏州科技学院)创办音乐系,并开始招收专科生,1996年招收本科生。此外,常熟理工学院、苏州大学等高校亦相继创办音乐系。

2. 群众歌咏

苏州群众音乐活动活跃,学校常于结业、新年和重大节日,举办音乐会或文艺演出。20世纪二三十年代所唱歌曲有《五四纪念爱国歌》《渔光曲》《毕业歌》《大路歌》等,同时《天涯歌女》《何日君再来》《毛毛雨》等流行歌曲也风靡一时。1935年,东吴大学学生蒋纬国等20余人组织泰山爵士乐团,在广播电台演奏欧美歌曲。同年,杨天锡、曹孟浪、冯英子等在北局救火会成立民众歌咏团,组织青年学唱救亡歌曲。七七事变前后,蒋雄、刘影等组织救亡歌咏团,王苏蕙、陈廉贞等组织有百余人参加的抗日宣传队,到处教歌,一时《义勇军进行曲》《松花江上》等歌曲响遍民间。群众爱唱的其他歌曲还有《长城谣》《可怜的秋香》《茶馆小调》《古怪歌》《你这个坏东西》等。

1949年5月21—22日,为庆祝苏州解放,文艺界在开明大戏院举办盛大音乐舞蹈晚会。演出单位有解放军第十兵团、裕社交响乐队、苏州军管会文工团、社教学院、苏女师、景海女中、艺声歌咏团等。此后举办过纪念冼星海聂耳音乐会、红五月音乐会和工人、小学生歌咏比赛。1951年2月22日,苏州市举办春节演唱大竞赛,参赛者来自各行各业,计800余人。1963年5月12日及1966年6月30日,先后举办大规模全市群众歌咏大会。1977年12月26日,江苏省群众文艺汇演上,来自苏州的合唱《十月金风到太湖》获创作奖和演出奖,女生二重唱《水上铁姑娘》、弹唱《苏州好风光》获演出奖。1980年5月,苏州市文化局、文联举办第一届"姑苏之春"音乐会,至1983年共举办4届。

3. 音乐社团

丙寅乐团 创立于1926年元旦,由江苏省立第一师范(1927年与省立二中合并称省立苏州中学)校友和音乐教师张曜卿、王沛纶、马飞黄、胡逸民、陈祖芬、张季让、王允功、倪浩如等八人发起,张曜卿为负责人,下设演奏股、总务股。此后陆续吸收团员,最多时近20人。乐团以弘扬国乐为职志,兼演奏西洋音乐。乐团办有不定期刊物,发表研究成果。乐团成立后,曾先后在上海、南京中央大学和青年会、苏州的北局青年会和乐群社、松江的松江大戏院等地演出。1930年10月9日《苏州明报》称:"丙寅乐团为我苏州先进之音乐团体,系各省校之音乐教师所组成。该团历年有公开演奏会之举。自民国十五年元旦以来,曾赴沪宁各地举行演奏会多次,成绩颇佳,颇受各地人士热烈之欢迎。"1937年卢沟桥事变后,成员星散,乐团活动停止(姚永新:《二十年代的一个音乐社团——丙寅乐团》,苏州市政协文史资料委员会:《苏州文史资料选辑》第十三辑,1984年)。

吴平国乐团 创建于1929年6月22日,由东吴大学及苏州平江小学校友项学臣、姜守良、潘承英、潘仁系等十余人发起,取"东吴"之"吴"与"平江"之"平"二字而名"苏州吴平国乐团"。次年,改名"吴县吴平国乐团",下设国乐、西乐、歌舞、京剧、昆剧、话剧等六部。1931年7月取消歌舞、京剧、话剧等部而增设口琴部。创建时有团员38人,次年达80人。1931年12月1日成立上海支部,设国乐及京剧两部,团员20余人。

乐团于1930年10月11日在苏州青年会大礼堂举行首次公演。翌年元旦举办游艺会,1月举行第二次公演。此后乐团每年均举行周年纪念音乐会,并参加各界召请的演奏会。1936年10月10日,乐团在上海四川路、八仙桥青年会公演,节目有口琴独奏、合奏、国乐大合奏等。(陈建华、陈洁:《民国音乐史年谱》,上海音乐出版社,2005年)1933年夏曾开办"吴平音乐暑假学校"。乐团演奏曲目有国乐合奏《娱乐升平》《石湖之春》《湖上风光》《三吴曲》《鹧鸪飞》《到春来》《雁落平沙》《霓裳羽衣曲》《旱天雷》《紫花儿》《锦绣乾坤》《枫桥夜泊》《饿马摇铃》《平湖秋月》《普供养》(梵曲),以及丝竹《平湖引子》《花六板》,二胡琵琶二重奏《满江红》,还有部分西乐演奏。

1937年后,成员流散,乐团停止活动。1945年抗战胜利后,乐团重组,成立以青年学生为主力的"吴平乙组"。1949年4月苏州解放,"吴平乙组"停止活动。1952年恢复活动,1956年改名"苏州市吴平音乐团",并向社会招考,先后录取团员60余人。"文化大革命"开始后活动中断。1983年乐团恢复,为苏州市文联音协民族民间音乐研究会及平江区文化馆的业余团体,定名"吴平国乐团"。吴平国乐团是苏州历史最长、影响最大的业余国乐团体。

艺声歌咏团 1945年7月成立,由江苏教育学院附属音乐师范师生范艺、汪毓和、范俭民以及其他中小学师生汪毓苹、王进德、谈云云、谈理元等发起,原名艺声音乐研究会。1946年1月在青年会剧场举行第一次公演。1946年7月,国立社会教育学院音乐系学生和文心图书馆音乐爱好者加入,成员扩大,更名艺声歌咏团。1946年秋、1947年4月、1948年2月,相继举行三次公演,此后并举办多次个别演出(汪毓苹:《我与艺声歌咏团》,苏州市地方志编纂委员会、苏州市政协文史委员会:《苏州史志资料选辑》第三十一辑,2006年)。1959年活动中断。1981年恢复活动,1984年结束活动。艺声歌咏团以演唱进步校园歌曲、艺术歌曲和群众歌曲为主。

苏州市音乐家协会 1950年1月30日,苏州市音乐工作者协会成立,"文革"期间中断活动。1981年夏,恢复成立苏州市音乐工作者协会。1993年5月10日,举行苏州市音乐工作者协会第五次代表大会,改称"苏州市音乐家协会"。至2008年,苏州市音乐家协会会员共495名,并组建了7个学会:苏州市钢琴学会、苏州市古琴学会、苏州市计算机音乐学会、苏州市古筝学会、苏州市音乐文学学会、苏州市合唱学会、苏州市爱乐乐团。

苏州市歌舞团 前身为苏州市文工团歌舞队,1979年7月定今名。

吴侬女子合唱团 成立于1996年,为中国合唱协会团体会员,民间业余音乐团体,成员均系来自不同岗位的在职人员。至2010年,从最初9人发展到50多人,是一支具有较高知名度的合唱团体。该团宗旨为推广优秀中外艺术歌曲和民歌。

(朱小屏 张笑川)

◎ 第十八章 昆曲 ◎

第十八章 昆　曲

一、起　源

昆曲原称昆山腔、昆腔,又名昆剧,别称吴音、吴歈等。它发源于元朝末年的苏州昆山一带,起初只是一种在民间流行的清曲小唱,后来发展成为融合了诗歌、音乐、舞蹈等多种元素的综合性舞台艺术。

作为昆曲早期形式的昆山腔,是元明南戏四大声腔之一。明祝允明《猥谈》称:"自国初来,公私尚用优伶供事,数十年来,所谓南戏盛行,更为无端,于是声乐大乱……愚人蠢工,徇意更变,妄名余姚腔、海盐腔、弋阳腔、昆山腔之类。"(《祝允明集》,上海古籍出版社,2016年)又徐渭《南词叙录》云:"今唱家称弋阳腔,则出于江西,两京、湖南、闽、广用之;称余姚腔者,出于会稽,常、润、池、太、扬、徐用之;称海盐腔者,嘉、湖、温、台用之;惟昆山腔止行于吴中。"在昆曲从"以宋人词而益以里巷歌谣"的南戏小曲发展成为初期昆山腔的过程中,元末以顾坚为核心的玉山草堂文人、艺术家群体起到了关键作用。魏良辅《南词引正》云:"腔有数样,纷纭不类,各方风气所限,有昆山、海盐、余姚、杭州、弋阳……惟昆山为正声,乃唐玄宗时黄幡绰所传。元朝有顾坚者,虽离昆山三十里,居千墩,精于南辞,善作古赋。扩廓帖木儿闻其善歌,屡招不屈。与杨铁笛(维桢)、顾阿瑛(瑛)、倪元镇(瓒)为友,自号风月散人。其著有《陶真野集》十卷、《风月散人乐府》八卷行于世。善发南曲之奥,故国初有'昆山腔'之称。"(《中国古典戏曲论著集成》,中国戏剧出版社,1959年)参与早期昆山腔改革的文坛、艺坛人士,除了上述的二顾、杨、倪,还应当包括《琵琶记》作者高明,文学家张翥、李孝光、袁华,书法家郑元祐,道冠张雨,以及来自中亚细亚擅弹胡琴的张猩猩等玉山草堂座上客。

明嘉靖、隆庆年间,以魏良辅为代表的一批艺术家对昆山腔进行了一次意义重大的改革。魏良辅"生而审音","能谐声律,转音若丝","居太仓之南关"(沈宠绥:《度曲须知·曲运隆衰》,《中国古典戏曲论著集成》五,中国戏剧出版社,1959年;张大复:《梅花草堂笔谈》,上海古籍出版社,1986年)。太仓自元代以来即是漕粮海运的重要港口,明朝政府更驻军镇守,为明以降东南重镇。南关与西关都是军队驻扎之所,而南关的驻军比较讲究吹弹歌唱,在此,魏良辅结识了他"每有得必往咨焉"的老曲家过云适,"更定弦索音节,使与南音相近,并改三弦之式"的张野塘,苏州洞箫名家张梅谷,昆山著名笛师谢林泉等。他们以魏良辅为首,共同推动了昆山腔的改革。列入魏氏门墙的张小泉、季敬坡、戴梅川、包郎郎等,以及"吴郡与并起者"周梦谷、滕全拙、朱南川等,也都是这次昆山腔改革的直接或间接参与者(张大复:《梅花草堂笔谈》;叶梦珠:《阅世编》,中华书局,2007年;潘之恒:《鸾啸小品》卷三《曲派》,《潘元恒曲话》,中国戏剧出版社,1988年)。

经过魏良辅等人改革的昆山腔,"尽洗乖声,别开堂奥",其"调用水磨,拍捱冷板,声则平上去入之婉协,字则头腹尾音之毕匀,功深镕琢,气无烟火,启口轻圆,收音纯细";同时,在乐器伴奏方面,还"渐改旧习,始备众乐器,而剧场大成",因而很快成为"出乎三腔之上"的声场主流,魏良辅也被"声场禀为曲圣,后世侬为鼻祖"(沈宠绥:《度曲须知·曲运隆衰》及《弦索辨讹》;徐渭:《南词叙录》)。王骥德《曲律》(湖南人民出版社,1983年)所说"旧凡唱南调者,皆曰'海盐'。今'海盐'不振,而曰'昆山'。'昆山'之派,以太仓魏良辅为祖",就是很好的证明。又顾起元《客座赘语》(上海古籍出版社,2012年)有云:"南都万历以前,公侯与缙绅及富家,凡有燕会,小集多用散乐……若大席,则用教坊打院本……后乃变而尽用南唱……大会则用南戏,其始止二腔,一为弋阳,一为海盐。今又有昆山,较海盐又为清柔而婉折,一字之长,延至数息,士大夫禀心房之精,靡然从好,见海盐等腔已白日欲睡,至院本北曲,不啻吹篪击缶,甚且厌而唾之矣。"也可见新声昆山腔影响之大。

改革后的新声昆山腔,虽然"流丽悠远","情正而调逸,思深而言婉",但基本上还是一种"要皆别有唱法,绝非戏场声口"的清唱艺术(曹大章:《南词引正·跋》;沈宠绥:《度曲须知·曲运隆衰》)。等到梁辰鱼、张凤翼等人配合新声昆山腔而创作的许多剧作搬上舞台,这种局面才得到真正改变。昆山梁辰鱼"修髯美姿容,身长八尺"(徐石麒:《蜗亭杂订》,焦循:《剧说》卷二,古典文学出版社,1957年),"好轻侠,善度曲,哄喉发响,声出金石,能得良辅之传"(陈去病:《五石脂》,江苏古籍出版社,1985年),是昆山地区的重要曲家。据张大复《梅花草堂笔谈》所载,魏良辅改革昆山腔后,梁辰鱼"起而效之,考订元剧,自翻新调,作《江东白苎》《浣纱》诸曲。又与郑思笠精研音理,唐小虞、陈梅泉五七辈杂转之,金石铿然,谱传藩邸戚畹,金紫熠爚之家,而取声必宗伯龙氏,谓之'昆腔'"。特别是《浣纱记》搬演之后,"梨园子弟争歌之",以至"歌儿舞女,不见伯龙,自以为不祥也"(陈去病:《五石脂》;徐石麒:《蜗亭杂订》)。当时曲坛,"传奇家别本,弋阳子弟可以改调歌之"(朱彝尊:《静志居诗话》卷十四,人民文学出版社,1990年),只有恪守新声昆山腔格律的《浣纱记》不能"改调"而歌,这就为新声昆山腔量身打造了一份独特的文学家底,极大地推动了新声昆山腔的传播。

长洲张凤翼精于曲律,"善度曲,自晨至夕,口呜呜不已",吴中曲坛本"师太仓魏良辅",张氏"出而一变之",于是曲坛乃转宗张氏(徐复祚:《曲论》,《中国古典戏曲论著集成》四,中国戏剧出版社,1959年)。张凤翼撰有《红拂记》《祝发记》《虎符记》《灌园记》《窃符记》《㷍廖记》等传奇,合称"阳春六集",以《红拂记》最负盛名。另外,郑若庸、陆采、许自昌、王世贞等,也依照新声昆山腔创作了一批传奇作品。昆山郑若庸著《玉玦记》《大节记》《珠球记》传奇三种,现仅有《玉玦记》传世,该剧语言"典雅工丽,可歌可咏,开后人骈绮之派"(吕天成:《曲品》卷上,北方文艺出版社,2005年)。长洲陆采传世传奇有《明珠记》《怀香记》《南西厢记》三种。《明珠记》写成之后,集吴门精音律者"逐腔改定",非常适合舞台搬演,盛行一时。《南西厢记》系不满李日华同题之作而撰,在语言上"悉以己意自创,不袭北剧一语"(凌濛初:《谭曲杂札》,《中国古典戏曲论著集成》四,中国戏剧出版社,1959年),但影响不大。长洲许自昌的传奇作品,仅《水浒记》《橘浦记》和《灵犀佩》三种存世,以《水浒记》成就最高,其中《借茶》《活捉》等出,至今盛演不衰。太仓王世贞以诗文名世,所撰《鸣凤记》传奇(一说唐凤仪作),抨击严氏父子,颇负盛名,被认为是反映现实政治斗争的明代时事戏的开山作品。其论曲之言,集中在《艺苑卮言》中,后人曾辑录为《曲藻》。上述诸家以及浙江鄞县屠隆、安徽宣城梅鼎祚等,通常被戏曲家合称为昆山派。

新声昆山腔自魏良辅"立昆山之宗",并借由传奇作品的舞台搬演,很快突破了"止行于吴中"的局面,向吴越文化圈辐射,从而形成了昆山腔的几个支系。王骥德《曲律》云:"'昆山'之派,以太仓魏良辅为祖。今自苏州、太仓、松江,以及浙之杭、嘉、湖,声各小变,腔调略同。"又潘之恒《鸾啸小品》卷二《叙曲》云:"魏良辅其曲之正宗乎!张五云其大家乎!张小泉、朱美、黄问琴,其羽翼而接武者乎!长洲、昆山、太仓,中原音也。名曰昆腔,以长洲、太仓皆昆所分而旁出者也。无锡媚而繁,吴江柔而浥,上海劲而疏,三方者犹或鄙之。而毗陵以北达于江,嘉禾以南滨于浙,皆逾淮之橘,入谷之莺矣。远而夷之,勿论也。"同书卷三

《曲派》云："吴郡与并起者,为邓全拙,稍折衷于魏,而汰之润之,一禀于中和,故在郡为'吴腔'。太仓、上海,俱丽于昆,而无锡另为一调。余所知朱子坚、何近泉、顾小泉皆宗于邓,无锡宗魏而艳新声,陈奉萱、潘少泾其晚劲者。邓亲授七人,皆能少变自立,如黄问琴、张怀萱,其次高敬亭、冯三峰,至王渭台,皆递为雄。能写曲于剧,惟渭台兼之。且云:'三支共派,不相雌黄,而郡人能融通为一。'尝为评曰:'锡头昆尾吴为腹,缓急抑扬断复续。'言能节而合之,各备所长耳。"新声昆山腔在当时曲坛的重要地位和影响,由此可见一斑。

二、鼎　盛

从明代后期到清中叶乾隆、嘉庆间,苏州昆曲的发展臻于鼎盛。传奇作家和作品大量涌现,舞台搬演层出不穷,随着传奇剧本创作的萎缩,折子戏演出乃渐次风行;家班和职业戏班相继兴起,方便士大夫百姓观剧的各种戏馆日渐增多,许多昆曲名伶也随而登上戏曲舞台;在民间,演剧活动频繁而热闹,一年一度的虎丘中秋曲会尤为引人瞩目;新声昆山腔在苏州勃兴并影响吴越文化圈的同时,进一步向全国各地辐射传播,形成几个各有特色的昆曲支派。

1. 吴江派

比昆山派梁辰鱼、张凤翼等人稍晚,晚明的苏州地区,出现了以沈璟为首的吴江派昆腔传奇创作群落。王骥德《曲律》称,沈璟"能诗,工行、草书。弱冠魁南宫,风标白皙如画。仕由吏部郎转丞光禄,值有忌者,遂屏迹郊居,放情词曲,精心考索者垂三十年"。所著传奇17种,合称"属玉堂传奇",今存《红蕖记》《埋剑记》《双鱼记》《义侠记》《博笑记》《桃符记》《坠钗记》等7种,以《义侠记》影响最大,此剧一出,"吴下竞演之"。又撰《增订查补南九宫十三调曲谱》《遵制正吴谱》《古今词谱》《古今南北词辨体》等曲谱、曲论著作。

吴江派还有冯梦龙、袁于令、顾大典、徐复祚、沈自晋等苏州籍重要作家。长洲冯梦龙为晚明通俗文学大家,精通音律,并得沈璟亲授。自撰《双雄记》《万事足》传奇两种,又改编张凤翼、汤显祖、李玉等人传奇多种,总名《墨憨斋定本传奇》,现存14种。另纂《墨憨斋新谱》《墨憨斋词谱》,以补正沈璟《南九宫十三调曲谱》。吴县袁于令著有《西楼记》《鹔鹴裘》《长生乐》《珍珠衫》《瑞玉记》《玉符记》《汨罗记》《合浦记》等传奇及《双莺传》《战荆轲》杂剧。传奇以《西楼记》最受曲坛推崇,祁彪佳《远山堂曲品》谓其"写情之至,亦极情之变",又谓历来剧作"传青楼者多矣,自《西楼》一出,而《绣襦》《霞笺》皆拜下风"(《中国古典戏曲论著集成》六,中国戏剧出版社,1959年)。吴江顾大典所作传奇有《青衫记》《葛衣记》《义乳记》和《风教编》,合称"清音阁传奇四种",今存《青衫记》。

常熟徐复祚论曲谨依吴江家法,主当行本色,有《三家村老委谈》《南北词广韵选》等曲学论著。所作传奇有《红梨记》《投梭记》《宵光剑》(一作《宵光记》)、《祝发记》《雪樵记》《题塔记》《题桥记》等,以《红梨记》最为著名,凌濛初《南音三籁》谓其"用韵甚严,度曲宛转处近自然,尖丽处复本色,非烂熟元剧者,不能有此"。剧中《亭会》《画婆》等出,至今盛演。吴江沈自晋系沈璟之侄,曲学亦渊源沈璟,曾增补沈璟南词旧谱为《广辑词隐先生南九宫十三调词谱》26卷,传奇有《翠屏山》《望湖亭》《耆英会》等。沈自友《鞠通生小传》谓其"虽宗尚家风,著词斤斤尺矱,而不废绳检,兼妙神情。甘苦匠心,朱碧应度,词珠宛如露合,文冶妙于丹融"。

2. 苏州派

明末清初,在吴江派逐渐淡出历史舞台之后,以李玉为代表的苏州派创作群体,将苏州的传奇创作推向一个高峰。李玉出身低微,"系申相国(时行)家人,为申公子所抑,不得应科试"(焦循:《剧说》卷四,《中国古典戏曲论著集成》八,中国戏剧出版社,1959年)。申氏败落后,虽多次应试,但"连厄于有司"。甲申国变,乃绝意仕进,专力传奇创作。吴伟业《北词广正九宫谱序》谓李玉"其才足以上下千载,其学足以囊括艺林",钱谦益《眉山秀题词》更有"于今求通才于宇内,谁复雁行"之赞。李玉所作传奇30余种,总名"一笠庵传奇",全本今存《一捧雪》《人兽关》《永团圆》《占花魁》《清忠谱》《千忠戮》(一作《千钟禄》)、《眉山秀》《牛头山》《万里圆》《两须眉》《太平钱》《麒麟阁》《五高风》《昊天塔》《风云会》《七国记》《连城璧》《一品爵》等18种(《李玉戏曲集》,上海古籍出版社,2004年)。明末即以《一捧雪》《人兽关》《永团圆》《占花魁》四作蜚声剧坛,入清则以《清忠谱》《千忠戮》最著名。冯梦龙《墨憨斋重订永团圆传奇叙》谓李玉"初编《人兽关》盛行,优人每获异稿,竞购新剧。甫属草,便攘以去"。可见其剧作很受当时剧坛的欢迎。

苏州派较有成就的作家,还有朱佐朝、朱㿥、张大复、叶时章、丘园、毕魏、朱云从、盛际时、陈二白等。吴县朱佐朝所作传奇35种,今存《莲花筏》《锦衣裘》《乾坤啸》《轩辕镜》《璎珞会》《艳云亭》《御雪豹》《血影石》《石麟镜》《吉庆图》《牡丹图》《五代荣》《夺秋魁》《双和合》《九莲灯》《渔家乐》等,又与李玉合撰《一品爵》《埋轮亭》,与朱㿥等合撰《四奇观》,以《艳云亭》《渔家乐》最著名。前剧《痴诉》《点香》等出,后剧《相梁》《刺梁》等出,为昆曲舞台保留剧目。朱㿥与朱佐朝为本家兄弟，所作传奇计19种，传世有《双熊梦》（又名《十五贯》）、《文星现》《未央天》《锦衣归》等剧。与人合撰之作，除《四奇观》外，又与叶时章、丘园、盛际时合编《四大庆》，与李玉、毕魏等合撰《清忠谱》，与过孟起、盛国琦合撰《定蟾宫》等。其中《十五贯》写苏州知府况钟为熊友兰、熊友蕙兄弟昭雪冤案故事，1956年经浙江省昆苏剧团改编后，盛演一时，成为当代昆曲复兴的重要契机。

吴县张大复曾寓居寒山寺，因之自号寒山子。所作传奇30种，存世有《如是观》《醉菩提》《快活三》《海潮音》《金刚凤》《吉祥兆》《喜重重》《钓鱼船》《紫琼瑶》《双福寿》《读书声》等，以《如是观》为代表。另有《天下乐》，仅存《钟馗嫁妹》一出，至今舞台常演不衰。此外，尚编有《寒山堂曲谱》《南词便览》《元词备考》《词格备考》等。吴县叶时章作传奇9种，今存《英雄概》《琥珀匙》2种。常熟丘园精通音律，《海虞诗苑》卷六称其于曲"分寸节度，累黍不差，梨园子弟畏服之"。有传奇9种，今存《党人碑》《幻缘箱》《百福带》（一说即《御袍恩》）3种。另残存《虎囊弹》1种，其中《山门》一折为昆曲保留剧目。吴县毕魏有传奇6种，今存《三报恩》《竹叶舟》2种。朱云从有传奇十余种，今存《龙灯赚》《儿孙福》2种，后剧《别第》《报喜》《宴会》《下山》等出，为舞台常演曲目。盛际时作传奇4种，今存《人中龙》《胭脂雪》2种。长洲陈二白所作传奇存世有《双官诰》《称人心》2种。

3. 其他作家

明末清初，苏州地区代表性传奇作家还有薛旦、吴伟业、尤侗和王抃。长洲薛旦撰传奇19种，今存《双杯记》（一名《喜联登》）、《九龙池》（一名《金钱缘》）、《醉月缘》《齐天乐》4种。另撰杂剧《昭君梦》1种存世。太仓吴伟业系清初著名诗人，与钱谦益、龚鼎孳并称"江左三大家"。作有传奇《秣陵春》1种，蒋瑞藻《花朝生笔记》谓，夏完淳作《大哀赋》，"叙南都之亡"，梅村（吴伟业号）见而"大哭三日"，乃作《秣陵春》传奇。吴梅《中国戏曲概论》（岳麓书社，2010年）推扬此剧"沉郁感叹，不啻庾信之《哀江南》也"。另撰杂剧《通天台》《临春阁》2种。长洲尤侗诗、古文辞、戏曲兼擅，顺治帝叹为"真才子"，康熙帝称作"老名士"。所作戏剧，存世有传奇《钧天乐》1种，杂剧《吊琵琶》《桃花源》《黑白卫》《清平调》和《读离骚》等5种，合称"西堂乐府"。《钧天乐》脍炙人口，传唱一时，李渔《复尤展成先后五札》其三称其"真词林杰出之作"（《李渔全集》卷一，浙江古籍出版社，1991年）。太仓王抃为清初名画家王时敏子，明万历间内阁首辅王锡爵曾孙，其与同里周肇、黄与坚等并称"娄东十子"。撰有传奇4种、杂剧2种，今存传奇《筹边楼》1种。

康熙末年至嘉庆间,苏州昆曲剧本的创作渐衰,活跃于剧坛的作家主要有吴县石琰,所撰传奇不下20种,海内传唱,今存《天灯记》《忠烈传》《酒家佣》《锦香亭》(一名《香罗帕》)、《两度梅》等5种,前四种合刻为《石恂斋传奇四种》。又周昂撰《玉环缘》《两孝记》《兕觥记》《西江瑞》传奇4种。沈起凤一生撰述颇丰,石韫玉《红心词客四种曲序》谓"其所著词曲,不下三四十种","风行于大江南北,梨园子弟登门而求者踵相接"。传奇以《才人福》《文星榜》《伏虎韬》《报恩缘》4种为代表,合称"红心词客四种",今存。常熟瞿颉作有传奇8种,今存《鹤归来》《雁门秋》《元圭记》《桐泾月》《紫云回》等5种。吴江徐爔以所撰《镜光缘》传奇与《写心杂剧》名世。吴县石韫玉撰有《红楼梦》传奇及《花间九奏》杂剧。女作家张繁撰有《双叩阍》传奇等。

4. 家　班

明末以降苏州昆曲的兴盛,包括案头剧本创作与舞台演出两方面的兴盛,而自昆山腔形成之始,其存在形式就同吴中自古盛行的家乐结下了不解之缘。元明之际顾瑛的玉山草堂即以"园池亭榭之盛、图史之富,暨饩馆声伎,并冠绝一时"(顾沅:《吴郡名贤传赞》卷三,广文书局,1978年)。明代中后期,随着苏州经济的繁荣,不少官僚富豪竞相"出金帛,置服饰器具,列笙歌鼓吹,招至十余人为队,搬演传奇"(张瀚:《松窗梦语》卷七《风俗纪》,上海古籍出版社,1986年)。文人士大夫"居家无乐事",也"搜买儿童,教习讴歌"(陈龙正:《几亭全集》卷二十二《政书》,北京出版社,1998年)。万历间,苏州家班最负盛名的是所谓"苏州上三班",即擅演《鲛绡记》的申时行家班、擅演《祝发记》的范允临家班以及徐仲元家班,前两者时有"申《鲛绡》""范《祝发》"之誉。

这时期苏州比较著名的家班,还有太仓王锡爵、吴江顾大典与沈璟、长洲许自昌、昆山谭公亮、常熟钱岱与徐锡允家班等。王氏家班传承四代,近于百年。据宋征舆《琐闻录·昙阳子》所载,汤显祖《牡丹亭》甫行世,王氏即命家班"急习",并能"曲尽其妙"。顾大典居处有谐赏园、清音阁,家班演习皆在其中,钱谦益《列朝诗集小传》(中华书局,1959年)谓"松陵多蓄声伎",乃顾氏"遗风"。沈璟辞官家居后,"与同里顾学宪道行先生并蓄声伎"(王骥德《曲律》卷四),所蓄家乐自为教习。许自昌家班常在家中梅花墅演出,其《水浒记》等传奇,首演便由家班负责。谭公亮家有女乐8人,张大复《梅花草堂笔谈》卷六称其"皆极一时之选","客至乃具乐,否则竟月习字耳"。钱岱家班女乐13人,以自娱为主,不轻易示人,常演《西厢记》《浣纱记》《牡丹亭》诸名剧。徐锡允"家蓄优童,亲自按乐句指授,演剧之妙,遂冠一邑"(王应奎:《柳南随笔》卷二,上海古籍出版社,2012年)。

明清易代的社会动荡,对苏州地区家班的生存产生不小的负面影响,直到康熙年间政局稳定,苏州家班活动方才转兴。此时,除了勉强继续维持的郡城申府家班和太仓王氏家班外,还有府城尤侗家班、王永宁家班,吴县朱必抡家班,常熟翁叔元家班,苏州织造曹寅及其继任李煦的家班等比较著名。尤侗家蓄歌童10人,自为教习,其自撰《钧天乐》传奇及杂剧《黑白卫》等,即曾在尤氏的指导下,由家班搬演。王永宁为吴三桂之婿,曾携家班女乐奏演于石湖行春桥,"连十巨舫为歌台,围以锦绣",为一时盛事。朱必抡在东洞庭山朱巷筑缥缈楼,有家班女乐12人,日与诸名士演剧为乐。翁叔元致仕归里,筑逸园,置家班,演剧自娱。苏州织造府负有管理梨园并向内廷选送演员之责,织造官员多是昆曲的行家与痴迷者,往往置有家班。如曹寅在苏州任上即置家班,其所撰《北红拂记》杂剧,即曾亲为教习搬演。另外,曹寅还曾率家班在拙政园演出尤侗《清平调》杂剧。曹寅继任李煦也蓄养家班,据顾公燮《丹午笔记》(江苏古籍出版社,1998年)所载,李氏曾延请名师教习家班,演《长生殿》传奇,"衣装费至数万,以至亏空若干万"。

5. 职业戏班

雍正二年(1724)十二月十八日,清世宗胤禛下诏严禁外官蓄养优伶,旨称"府道以上官员……家有优伶,即非好官,着督抚不时访查。至督抚提镇,若家有优伶者,亦得互相访查,指明密折奏闻"。又谓"既奉旨之后,督抚不细心访察,所属府道以上官员以及提镇家中尚有私自蓄养者,或因事发觉,或被揭参,定持本省督抚照徇私不报之例,从重议处"。乾隆三十四年(1769),清高宗弘历再次下旨禁敕,明代隆庆、万历以来日甚一日的蓄养家乐之风从此迅速衰歇,吴中地区也不例外。于是,苏州戏剧史掀开了由民间职业戏班主导菊坛的新篇章。

苏州民间职业戏班的兴起,大体与家班同时。张瀚《松窗梦语》卷七《风俗纪》载万历初年苏州民间风俗有云:"夫古称吴歌所从来久远,至今游惰之人,乐为俳优","好事者竞为淫丽之词,转相唱和。一郡之内,衣食于此者不知几千人矣"。万历间苏州的职业戏班,以瑞霞班和吴徽州班较为著名,它们是袁学澜《吴郡岁华纪丽》卷二所谓的"(昆)班之上者"。明末清初,苏州的职业名班有金府班、申氏中班、全苏班等,如金府班名伶宋子仪、陈某等人演剧"真有生龙活虎之意"。康熙间,苏州职业昆班渐盛,"时郡城之优部以千计",著名的有寒香班、凝碧班、妙观班、雅存班等。雍乾间,朝廷严禁外官蓄养家乐,民间职业戏班乃大兴,据乾隆间《苏州重修老郎庙碑记》所载,自乾隆四十五年(1780)至五十六年

（1791），仅苏州一地的职业昆班就有永秀、瞻云、小江、萃庆（小班）、集华、秀华、二升秀、玉林、仙籁、龙秀、来凤、一元、季华、集秀、聚秀、结芳、集锦、永秀、萃芝、品秀、坤秀、九如、庆华、迎秀、聚芳、保和、汇秀、宝秀、宝庆、宝华、锦秀、集芳、萃芳、发秀、祥秀、升亨、同庆、升林、升平、庆裕、升秀、升庆、升云、小红、迎福、小院46部之多，以集秀班最著名。此外，由苏州艺人组成或来自苏州的外省昆班，还有很大的数量，昆曲班社遍及包括台湾在内的全国各地。

6. 昆曲名伶

在昆曲家班和职业戏班发展、兴起的过程中，产生了一批著名伶人。万历间比较有代表性的，如先属申氏家班再入吴徽州班的名旦"醉张三"、隶属瑞霞班的罗兰姐、擅演《牡丹亭》中杜丽娘的郡城江蘅纫和昆山赵必达、擅演《跃鲤记》的昆山柳生等。明清之际，苏州最有名的伶人是长洲王紫稼。他在年少时便"妖艳绝世，举国趋之若狂"（尤侗：《艮斋杂说》，中华书局，1992年），年长入京后，"缙绅贵人皆倒屣迎，出必肩舆"（王家祯：《研堂见闻杂记》，商务印书馆，1917年），以至"五陵侠少豪华子，甘心欲为王郎死"（吴伟业：《王郎曲》）。另外，金府班的宋子仪、陈苿，申氏家班的金君佐、周铁墩，寒香班的陈明智，以及苏又占、詹子望、李文昭、陆石角、徐大声等，也都是一时之选。乾嘉间，随着职业昆班的兴盛，昆坛名伶更是大批涌现，近人《五好楼杂评甲编》有云，昆曲发展到乾嘉之时，"海内作手虽不若前朝之盛，而粉墨登场之优孟，即起李龟年、黄旛绰于地下，恐亦曰天宝当年之所谓'梨园弟子'，亦无此嬗盛也！"（《游戏世界》第三期，上海大东书局，1922年）如苏州近邻的扬州曲坛，仅李斗《扬州画舫录》中所载苏籍名伶，就有老旦余美观，正旦史菊观、任瑞珍、吴仲熙、吴端怡，小旦吴福田、许天福、马继美、王四喜等。在北京剧坛，乾隆间的苏籍名旦就有周二官、周四官、郑三官、张柯亭、徐双喜、李琴官、陈天保、王翠官、张蕙兰及"状元夫人"李桂官等。嘉庆间活跃于京城的苏籍名旦，又有蒋金官、顾长松、王桂林、沈四官、陆增福、陶双全、张寿林、朱麒麟、张双林、潘桂馥、王三林等。这一阶段最负盛名的苏州伶人，是旦角演员金德辉。

7. 折子戏

乾嘉间，在案头传奇剧本创作萎缩的同时，歌台舞场上的全本戏演出也随而衰弱，代之而起的乃是被世人称为"杂剧""摘锦"或"零出"的折子戏的大量搬演。明代中叶，在苏州一些家班的厅堂演出中，已经出现了仅演本戏数折的情况。明清之际，折子戏的演出获得了比较普遍的关注，崇祯间刊行的《醉怡情》就选录了当时流行的折子戏160出。据陆萼庭《昆剧演出史稿》（上海文艺出版社，1980年），大约在康熙初叶，演出折子戏的风气已经形成，康熙末叶以迄乾嘉之际,整个剧坛基本上为折子戏演出风习所笼罩。姚廷麟《历年记》载,康熙二十三年(1684),清圣祖玄烨首次南巡,驾临苏州的第一天,即命苏州织造祁国臣安排折子戏演出,"随演《前访》《后访》《借茶》等二十出",次日又观剧至中午。乾隆南巡时,梨园演戏"为最盛"(《清代日记汇抄》,上海人民出版社,1982年)。总体上,乾嘉间传奇剧本创作衰弱,昆坛艺人们的主要精力都放在折子戏的打磨、锤炼上,这造就了折子戏演出的鼎盛。乾隆三十九年(1774),苏州钱德苍在玩花主人旧编基础上增辑的《缀白裘》完稿,其选录昆剧折子戏400多出,比较全面地总结了剧坛折子戏演出的成果,代表着"全本戏时代的结束"和"以折子戏为主的阶段"的正式开始(陆萼庭:《昆剧演出史稿》)。折子戏的盛演,推动了昆剧角色体系的完备和昆剧表演艺术的提升,乾隆末年昆曲角色"二十家门"最终确立,昆剧表演的相关经验也在昆山艺人黄旛绰原著、黄氏弟子苏州俞维琛和龚瑞丰增补的《梨园原》以及道光间刊行的《审音鉴古录》中,得到比较系统的总结和展示。

8. 民间演剧

新声昆山腔在崛起之初,就获得了比较广泛的民间基础,苏州人不论民俗节候、婚丧嫁娶、生子弥月、中举迁官、经商发财,还是友朋酬会、人来客往,都有各种各样的昆曲活动。在昆剧繁盛的明代末年,苏州地区"每至四五月间,高搭台场,迎神演剧,必妙选梨园,聚观者通国若狂"(陆文衡:《啬庵随笔》卷四,广文书局,1969年)。苏州规模最大的昆曲活动是一年一度的虎丘曲会。明代嘉靖初年,虎丘曲会开始在苏州逐渐流行,袁宏道《虎丘记》载述万历间苏州虎丘中秋曲会有云:"每至是日,倾城阖户,连臂而至。衣冠士女,下迨蔀屋,莫不靓妆丽服,重茵累席,置酒交衢间。从千人石上至山门,栉比如鳞,檀板丘积,樽罍云泻。远而望之,如雁落平沙,霞铺江上,雷辊电霍,无得而状。"整座山上的昆曲演唱此起彼伏,经过一番较量,夜深时分,"一夫登场,四座屏息,音若细发,响彻云际,每度一字,几尽一刻,飞鸟为之徘徊,壮士听而下泪矣"(《袁宏道集笺校》,上海古籍出版社,1981年)。类似的情形,在袁宏道之前的胡允嘉《游虎丘记》、之后的张岱《虎丘中秋夜》中,皆有描绘渲染。虎丘中秋曲会也成为一时曲家献艺扬名的契机,苏昆生、周似虞、赵瞻云、陆君旸、董小宛、陈圆圆等曲坛名家都曾在此登台唱曲。

苏州民间的昆曲演出,既以堂会的方式展示于官僚文人庭园厅堂的红氍毹上,供少数人玩赏,又以广场搭台、船头布演的方式,供大众观看。《清稗类钞》卷三十七《戏剧》(中华书局,2010年)记明末专门供人演剧、观剧的戏馆没有流行前,苏州山塘河船戏演出云:"苏州戏园,明末尚无,而酬神宴客,侑以优人,辄于虎丘山塘河演之。其船名'卷梢',观者别雇'沙飞''牛舌'等小舟,环伺其旁","把桨者非垂髫少女,即半老徐娘"。清初,苏州始建戏馆,顾公燮《消夏闲记》(上海商务印书馆,1924年)云:"至雍正间,郭园始创开戏馆,人皆称便。"此后逐渐增多,乾隆间发展至数十处,"每日演戏,养活小民不下数万人"。据顾禄《清嘉录》(江苏古籍出版社,1986年)卷七所载,仅山塘、金阊一带,"戏园不下十余处",常日"居有宴会,皆入戏园,为待客之便。击牲烹鲜,宾朋满座。栏外观者,亦累足骈肩"。

9. 流散派生

清代中叶,昆曲在苏州大本营隆兴并影响吴越文化圈的同时,更逐渐深入到全国各处,并形成了几个与苏州昆曲"腔调略同,声各小变"的地方流派,它们主要分布在浙江、湖南以及北京、河北等地,世称浙昆、湘昆和北昆。浙地昆曲因区域文化的差异,又具体衍分为甬(宁波)、永(温州)、金(金华)等支派;湘昆主要分布在岳阳、常德、长沙、湘潭、衡阳、郴州、桂阳等地;北昆以北京为中心,广泛流布于河北各地。此外,安徽、江西、四川、云南等地,也都形成了比较有特色的地方昆曲流派,即所谓徽昆、赣昆、川昆和滇昆。

三、衰变与新生

1. 四老班

乾嘉以降,昆曲的案头创作渐趋停滞,加之秦腔、皮黄等乱弹诸部的崛起,昆曲的剧坛霸主地位日益受到动摇,苏州昆曲也呈现衰颓之势。据沈起凤《谐铎》(人民文学出版社,1985年)记载,乾隆五十三年(1788),秦腔名角魏长生来苏,已出现"乱弹部靡然效之,而昆班子弟,亦有背师而学者"的现象。嘉庆三年(1798),苏州梨园公所两次立碑,禁止乱弹诸部唱演,说明昆曲的演出市场和地位受到了乱弹的很大影响。道光初,清廷改南府为升平署,并裁减内府演员,进一步对昆曲产生消极影响。道光咸丰之际,国势日弱,乱弹勃兴,昆曲只得退守江南,苏州只剩下以鸿福、大雅、大章、全福四老班为代表的一些戏班继续运营。咸丰十年(1860),太平军在南方节节胜利,"江南大营哗溃","江浙绅富至庶民,金以上海为桃源,迁而居之"。被太平军攻占的苏州,各戏班"分散逃避,在申者尚存百十余名,在夷场分设两班开演,计文乐园、丰乐园,暂为糊口"(光绪七年《重修老郎庙捐资碑记》),同治三年(1864)才陆续返苏。其间,太平军忠王李秀成子静轩,曾

"令忠府典采张老全,教习梨园一部,选童男女一百二十人以习之,己亦学度昆曲。五月初五日,居然至忠府开台"。"中秋后,又选四十人习演武戏,合为一班"(谢绥之:《燐血丛抄》)。

  同治而后,苏州昆曲继衰,四大昆班只能长期借上海三雅园茶馆开演,惨淡经营。至光绪初,昆曲演员如大雅班名旦周凤林、邱阿增,名丑姜善珍,名净邱炳泉,名小生周钊泉等,先后改搭京班演出,有"小金虎"之称的六旦名角章铭坡则入京搭秦腔玉成班演出,苏州昆曲大伤元气。光绪八年(1882)正月十七日《申报》所载《姑苏琐志》谓,"苏省自弛禁演剧以来,计今共设有戏园三家",远不及有"戏馆数十处"的乾嘉之世。光绪十年(1884)十月初七《申报》又云,"兵燹之余,吴市哀替,以致教习小班者,几于绝迹,统计昆部所存,不及百人","省城惟郡庙前一戏园,犹演唱昆曲,观者寥寥,远不及城外京班之喧嚷"。四大名班也举步维艰,以至不得不流转江湖,以谋生存。光绪三十四年(1908),光绪帝与慈禧太后相继去世,国丧期间禁止一切演剧活动,苏州昆曲一片沉寂。国丧期满,重新组合的苏州昆班仅余全福班,并长期辗转于苏、锡、常、杭、嘉、湖及上海一带,艰难生存,至1923年秋最终解散。

  2. 剧坛名角

  清末苏州昆曲衰微,但仍产生了数量颇多的著名演员。道光至民初,比较著名的苏籍伶人中,活跃于北京剧坛的,旦角有吴金凤、林韵香、朱莲芬、时小福、沈芷秋、钱桂蟾、陆小芬、徐如云、朱霞芬等,生角有俞鸿翠、殷秀芸、朱双喜、徐小香、陈啸云、徐棣香、陈桂亭等。苏州地区的优秀演员,主要集中在鸿福、大雅、大章、全福四大老班,此外高天小班、聚福班等也不乏其人。旦角有葛子香、谈雅芳、邱阿增、周凤林、钱宝卿、陈桂林、丁兰荪、施桂林、章铭坡等,生角有陈兰坡、沈寿林、沈月泉、黄麻金、李子美、王鹤鸣、尤凤皋、张荣春、吕双全、周钊泉、陈凤鸣、邱凤翔、张南、夏双寿、李桂泉、沈锡卿等。另外,副末李瑞福,老外吴锦山、吴义生,大面张八(应即张八骏)、顾大奎,白面陆祥林、张茂松、小脚篮,二面姜善珍、陆寿卿,小面小王四、华小四等,也都是一时之选。其中以周凤林最负盛名,时有"昆曲旦脚全材""一等第一花旦"之誉。另外,沈寿林次子月泉,兼擅生、旦、净、丑各行当,小生戏尤精。吴庆寿之子义生,工老外,兼工老旦,时称"外老旦"。姜善珍则以"一等第一副丑"名世。

  3. 昆剧传习所

  面对"昆曲不振也久矣"的局面,苏州一批有识之士开展了一项旨在保存和振兴昆曲的重要工作。1921年8月,由贝晋眉、张紫东、徐镜清发起,汪鼎臣、孙咏雩、吴梅、李式安、潘振霄、吴萃伦、徐印若、叶柳村、陈冠三等共襄其事,在苏州五亩园集资创办了昆剧传习所。翌年2月,改由上海昆剧保存社穆藕初出资接办。传习所以孙咏雩为所长,并聘请原全福班老艺人沈月泉、沈斌泉、吴义生、许彩金、尤彩云、陆寿卿、施桂林等为主教老师,又聘高步云、蔡菊生为笛师,邢福海为武术教师,周铸九、傅子衡为文化教师。该所对传统收徒授艺的人才培养方式进行大胆改革,除授曲踏戏外,还教授国文、算术等课程,以期全方位培养昆剧人才。先后招收学员50名,培养出44名"传"字辈演员,他们分别是顾传玠、周传瑛、顾传琳、赵传珺、沈传球、袁传璠、史传瑜、陈传琦(前此生行)、朱传茗、张传芳、华传萍、沈传芷、姚传芗、刘传蘅、王传蕖、方传芸、沈传芹、马传菁、龚传华、陈传蕻(前此旦行)、沈传锟、邵传镛、周传铮、薛传钢、金传铃、陈传镒(前此净行)、施传镇、郑传鉴、倪传钺、包传铎、汪传钤、屈传钟、沈传锐、华传铨(前此末行)、蔡传锐(笛师)、王传淞、顾传澜、张传湘、姚传湄、华传浩、周传沧、徐传溱、章传溶、吕传洪(前此副丑行),其中以顾传玠、周传瑛、朱传茗、张传芳、郑传鉴、王传淞等人影响较大。

顾传玠天资聪颖,好学勤奋,兼工大冠生、小冠生、巾生、翎子生、鞋皮生,为昆剧生行全才。擅演《惊鸿记》之《吟诗》《脱靴》,《金雀记》之《乔醋》,《玉簪记》之《琴挑》,《牡丹亭》之《拾画》《叫画》,《狮吼记》之《梳妆》《跪池》,《彩楼记》之《拾柴》《泼粥》,《永团圆》之《击鼓》《堂配》等。周传瑛先从沈斌泉习旦行,后改从沈月泉习生行,虽嗓音欠佳,但唱念韵味醇厚,表演亦细腻儒雅,尤擅用扇子、褶子、翎子,时有"三子唯传瑛"之赞。能戏极多,《白蛇传》之《断桥》,《占花魁》之《湖楼》《受叶》,《红梨记》之《亭会》《三错》,《白兔记》之《出猎》《回猎》,《绣襦记》之《卖兴》《当巾》,《白罗衫》之《井遇》《看状》等皆其所擅演剧目。朱传茗工五旦,兼擅正旦。他扮相端庄、唱腔柔润、身段优美、表情细腻,擅演《牡丹亭》之《游园》《惊梦》,《长生殿》之《惊变》《埋玉》,《紫钗记》之《折柳》《阳关》,《西楼记》之《楼会》,《金锁记》之《斩娥》,《白兔记》之《养子》,《跃鲤记》之《芦林》等。精撅笛,为"传"字辈奏笛高手。张传芳工六旦,兼工五旦,唱腔婉转甜润,表演细致,擅演《西厢记》之《跳墙》《着棋》,《牡丹亭》之《学堂》《游园》,《渔家乐》之《藏舟》,《西楼记》之《楼会》,《红梨记》之《亭会》,以及《桂花亭》《翡翠园》等。郑传鉴工老生,嗓音虽带沙哑,但唱念苍劲有力,扮演各类人物无不形神俱备,曲界誉为"昆曲麒麟童"。后长期担任戏曲、曲艺界"技导",声誉日隆。擅演《渔家乐》之《卖书》《纳姻》,《千金记》之《追信》《拜将》,《千忠戮》之《搜山》《打车》,《琵琶记》之《卖发》《别坟》《扫松》,《西楼记》之《侠试》

《赠马》等。王传淞主工二面,兼擅丑行,他发音吐语诙谐,尤精做工,戏路极宽。擅演《西厢记》之《游殿》,《燕子笺》之《狗洞》,《水浒记》之《借茶》《活捉》,《连环计》之《议剑》《献剑》,《望湖亭》之《照镜》等,中华人民共和国成立后因饰演《十五贯》中娄阿鼠一角,饮誉中外。

1927年秋,穆藕初因生意失败,遂将传习所交由上海实业家严惠宇、陶希泉接办。严、陶出资将"传"字辈组成新乐府昆班,并租赁上海广西路笑舞台为专门演出场所。后因演员包银差距过大,分配不均,导致"传字辈"失和,新乐府乃于1931年6月解体。后由倪传钺发起,与周传瑛、赵传珺、姚传芗、张传芳、刘传蘅、王传淞、华传浩、施传镇、郑传鉴、顾传澜等合股,借债自筹资金,在苏州组成了仙霓社。同年10月,仙霓社赴沪,首演于大世界游乐场,大获成功。不久"一·二八"战起,大世界暂停营业,仙霓社只得返苏,此后一直辗转于上海、苏州、无锡、常州、宜兴、昆山、杭州、嘉兴、湖州等地。1935年2月曾赴南京演出,其间吴梅亲率中央大学国文系学生前往观看、助阵。1937年"八·一三"战事又起,仙霓社衣箱全部遭毁,从此一蹶不振,终于在1942年2月解散。散班后的"传"字辈演员,或改唱京戏(姚传湄、华传浩),或改搭苏滩(沈传芹、袁传璠),或参加文明剧团(汪传钤),或携笛当"拍先"(朱传茗、张传芳、沈传芷、马传菁等),或在越剧界任"技导"(郑传鉴),或摆摊测字(周传沧)、卖菜度日(王传蕖),甚至沦为乞丐,病死街头(赵传珺)。王传淞、周传瑛转入朱国梁创办的国风苏剧团,以苏剧、昆曲合班演出的方式,艰难维持昆曲的艺术生命。

4. 曲社堂名

清末以来,苏州地区的业余曲社和堂名班子,为昆曲的保存和传承做出了不小的贡献。曲社方面,苏州城有张紫东、徐镜清等创办的谐集曲社,贝晋眉创建的禊集曲社,汪鼎臣任社长的道和曲社,张元和、允和、充和三姐妹与许振寰等成立的幔亭曲社,以及壬申曲社、九九曲社、俭乐曲社、吴社等;吴县有咏霓社;吴江有陶然社、红梨曲社、吴歙集等;昆山有东山、迎绿、漱玉、民八、玉山、壬戌、止庐、紫云等曲社。这些曲社以清唱为主,经常组织曲叙、同期活动,有时还进行彩串。许多原全福班老艺人及"传"字辈演员曾应聘到曲社为曲友授曲、踏戏,著名曲家俞粟庐及曲学大师吴梅等曲界、学界名流都曾参与到曲社的各种活动中。苏州曲社的曲友,除了举办同期、彩串等昆曲活动外,还主持或参与编纂、整理了数量相当可观的曲谱,殷溎深《六也曲谱》《春雪阁曲谱》以及《琵琶记》《拜月记》《荆钗记》《西厢记》《牡丹亭》《长生殿》6种全谱,张余荪《昆曲大全》,昆山国乐保存会《昆曲粹存》,王季烈、刘凤叔《集成曲谱》,王季烈、高步云《与众曲谱》等,都是在这一时期编辑、整理而成的。堂名为民间职业昆曲演出组织,一般以 8 人组成,他们以坐唱(清唱)的形式,完成唱曲及乐器伴奏等活动。堂名在清末盛行于以苏州为中心的苏南地区,有一些直到 20 世纪 50 年代还活跃在苏州市郊农村的婚寿礼庆场合。过去不少昆剧表演及伴奏人员都是堂名出身。

5. 南社成员作品

昆曲剧本创作自晚清以来极度萎缩,佳作颇少,但值得一提的是南社成员的一些作品。辛亥革命前后,南社成员吴县叶楚伧作传奇《中萃宫》、杂剧《落花梦》,吴江柳亚子撰《松陵新儿女》杂剧,常熟庞树柏撰《碧血碑》杂剧,倡导文艺革命。南社成员中,吴梅为"近代著、度、演、藏各色俱全之曲学大师",撰有传奇《风动山》《绿窗怨记》《东海记》《血飞花》(又名《苌弘血》)、《义士记》(又名《西台恸哭记》)5 种(后 2 种未刊行),及杂剧《轩亭秋》《暖香楼》《湘真阁》《落茵记》《双泪碑》《无价宝》《惆怅爨》(内含短剧 4 种)7 种。另外,南社骨干吴江陈去病创办《二十世纪大舞台》戏剧杂志,"以改革恶俗,开通民智,提倡民族主义,唤起国家思想为惟一之目的",刊载文言、白话两种文体文章,辟有"传奇""班本"诸栏目,对包括昆曲在内的戏剧进行研究、介绍和宣传,影响颇大,但仅出两期即被清廷封禁。

6. 昆曲新纪元

1949 年中华人民共和国成立后,濒临灭绝的昆曲艺术受到政府的重视,昆剧保护与传承也成为苏州市戏曲工作的重点。1951 年 4 月,苏州市文联戏曲改进会特邀苏州、上海等地的"传"字辈演员和著名曲家,在开明大戏院举办新中国首次昆剧观摩演出活动。翌年,成立了以贝晋眉为社长的业余社团昆剧研究会,会址设于玄妙观机房殿来鹤堂。1953 年 10 月,上海民锋苏剧团落户苏州,并将团里招收的青年演员命名为"继"字辈。次年起,民锋苏剧团继续招收学员,并延请全福班老艺人尤彩云、曾长生,鸿福班名角汪双全,京剧老艺人夏良民、王瑶琴,著名曲家贝晋眉、宋选之、吴仲培、俞锡侯,著名笛师吴秀松等为学员授艺,上海、杭州等地的昆曲界前辈徐凌云、俞振飞、沈传芷、沈传锟、朱传茗、张传芳、郑传鉴、倪传钺、华传浩、王传淞、周传瑛、薛传钢、姚传芗、吕传洪等,也经常应邀来苏为"继"字辈演员授戏。

从 1953 年以来,先后获得"继"字艺名的学员计有 43 人,他们是张继青、丁继兰、华继韵、潘继瑾、尹继芳、章继涓、朱继勇、范继信、柳继雁、董继浩、吴继心、潘继雯、吴继月、姚继焜、姚继荪、高继荣、张继霖、周继康、崔继慧、潘继正、朱继国、郎继凌、陈继撰、龚继香、吴继静、王继南、杨继真、尹继梅、凌继勤、李继平、朱继云、吴继杰、金继家、周继翔、蒋继宗、高继刚、陈继卿、郭继新、邹继治、张继帼、孙继良、吴继茜和刘继尧,以张继青、柳继雁、董继浩、龚继香等成名较早。张继青工五旦,兼工正旦、六旦,先从尤彩云习艺,后又得曾长生、沈传芷、姚传芗、俞锡侯等名家指授。她嗓音浑厚,吐字清晰,行腔刚柔并济,表演含蓄蕴藉、细腻传神,且戏路宽广,能戏颇多,尤以擅演《烂柯山》之《痴梦》、《牡丹亭》之《惊梦》《寻梦》而负盛名,人称"张三梦"。柳继雁工正旦、五旦,董继浩工巾生,龚继香工老旦,也各以所长获曲界称誉。"继"字辈演员昆、苏兼学并演,是中华人民共和国成立后中国昆剧界的重要骨干力量。

1956年4月,浙江省昆苏剧团改编的昆剧《十五贯》晋京演出,轰动一时,造就了"一出戏救活了一个剧种"的时代盛事。在新编昆剧《十五贯》成功演出的推动下,1956年9月,江苏省文化局暨苏州市文化局在苏州举办了中华人民共和国成立后第二次昆剧观摩演出盛会;10月,江苏省苏昆剧团在苏州成立。1959年9月,苏州市戏曲研究室成立,研究室从成立至1966年5月间,搜集整理了大量昆剧资料,如《昆剧穿戴》《宁波昆剧老艺人回忆录》《昆剧常用曲牌分析》等;同年,为培养新一代青年昆剧接班人,江苏省苏昆剧团陆续招收了一批学员,并将他们命名为"承"字辈。"文革"结束后不久,1977年11月,张继青由苏州调往南京筹建江苏省昆剧院,原江苏省苏昆剧团改为江苏省苏剧团。为推动苏州昆剧事业的良性发展,苏剧团率先招收学员,开办了一个苏剧班,这批学员被非正式地冠名为"弘"字辈,学员王芳、陶红珍、杨晓勇、吕福海、陈滨、王如丹等后成为苏州昆曲的骨干力量和领军人物,王芳还两度(1994、2005)获得中国戏剧梅花奖。

1981年4月,昆剧传习所成立60周年纪念大会在苏州举办,大会肯定和表彰了昆曲传习所及"传"字辈艺术家60年来对昆剧事业所做的重要历史功绩,制定出"统一规划,分散教学,集中汇报"的昆剧抢救、继承方针。翌年2月,江苏省苏剧团恢复为江苏省苏昆剧团;3月,苏州市重建昆剧传习所,正、副所长分别由钱璎、顾笃璜兼任,该所在举办昆剧艺术学习班的同时,还试办昆剧星期专场演出,取得了较好的效果。1987年10月,首届中秋虎丘曲会在苏州虎丘千人石举行;次年9月,第二届中秋虎丘曲会又在虎丘千人石开幕,自清乾隆年间停歇了两百余年的昆曲盛会得以短暂恢复。1989年,在苏州昆剧传习所协助下,苏州大学中文系开办了有史以来第一个昆曲艺术本科班,班主任为周秦。"传"字辈老艺术家沈传芷、郑传鉴、姚传芗、吕传洪,老法师毛仲青,老堂名高慰伯,老音乐家武俊达、孙从音、张志锐、肖翰芝,老曲家王守泰、周瑞深,著名昆剧演员蔡正仁、张静娴、柳继雁等,都曾应聘担任该班实践课程的指导老师。

  2000年3月,首届中国昆剧艺术节暨昆剧优秀古典名剧展演活动在昆山、苏州开幕,这是中华人民共和国成立以来规模最大的昆剧庆典;不久,苏州市正式恢复虎丘曲会,并决定从是年开始,每年举办虎丘曲会。2001年5月18日,联合国教科文组织宣布昆曲为"人类口述与非物质文化遗产代表作",中国昆曲获得了世界范围的认可;11月,苏州举办庆祝中国昆曲列入"人类口述与非物质文化遗产代表作"暨纪念昆剧传习所成立80周年活动,其间,文化部正式决定苏州为中国昆剧艺术节举办的定点城市,每三年举办一次;当月,江苏省苏昆剧团改团建院,正式更名为江苏省苏州昆剧院;12月,苏州市政府和苏州大学联合成立中国昆曲研究中心,周秦任常务副主任。2003年2月,首届中国昆剧院团长联席会议将苏州定为昆曲艺术遗产保护、抢救、传承、开发的基地;11月,第二届中国昆剧艺术节在昆山、苏州举行,中国昆曲博物馆在苏州正式挂牌成立,首届中国昆曲国际学术研讨会在昆山开幕。

  昆曲剧目排演方面,2004年,苏州昆剧院与台湾石头股份有限公司合作,打造上、中、下三本昆剧《长生殿》,并于是年2月赴台首演。此后,又在香港、北京、上海、南京等地演出,引起轰动。同年4月,苏州昆剧院与著名华人作家白先勇等海内外文化名流合作的青春版《牡丹亭》也赴台首演。此后,白先勇率该剧在大陆及台湾、香港、澳门地区巡演,还远至欧美诸国进行巡演。截至2009年9月,共演出170余场,从而在海内外掀起一阵昆剧欣赏的热潮,有学者称之为"青春版《牡丹亭》现象"。继青春版《牡丹亭》之后,苏州昆剧院再次集合白先勇等两岸文化界人士,于2008年11月推出新版《玉簪记》,其在苏州的全球首演及各地的巡演,都获得广泛好评。担纲主演青春版《牡丹亭》和新版《玉簪记》的青年演员沈丰英和俞玖林,都是苏州昆剧院"小兰花"昆剧新秀("扬"字辈),两人同于2007年摘得第二十三届中国戏剧梅花奖。此外,"小兰花"演员周雪峰、沈国芳、唐荣、吕佳、陈玲玲、屈斌斌、柳春林等,也都逐渐成长为苏州昆曲的生力军。

(路海洋)

◎ 第十九章 评弹 ◎

苏州评弹为苏州评话和苏州弹词的合称,乃流行于以苏州为中心,南抵嘉兴、北达武进的江南区域的说书形式。抗日战争胜利前,一直延续着"说书"的俗称,或评话弹词并称,后两者结合在一起称"评弹"。1949年后,"评弹"成为大众最广泛接受的称谓,并加上"苏州"二字相标识。苏州评话被称为"大书",包括60多部传统长篇书目,如《三国》《英烈》等。苏州弹词俗称"小书",以才子佳人为主要内容,用琵琶、三弦进行伴奏,包括50多部传统长篇书目,如《珍珠塔》《玉蜻蜓》《描金凤》等;还有新编历史题材的二类书、三类书以及中篇弹词。在历史变迁过程中,出现了20多种流派唱腔。

评弹滥觞于明末清初,乾嘉时期出现第一次发展高峰,涌现众多名家响档以及大量成熟的书目。20世纪30—40年代,借助上海的商业文化环境,苏州评弹出现第二次发展高峰。1949年后,苏州评弹迎来第三次发展高峰,大量新编书目、专业评弹团出现。经历"文革"的摧残,至20世纪80年代,苏州评弹得到重生机会,2006年被列入首批国家级非物质文化遗产名录。苏州评弹包括艺人(还有书目、曲调的传承与创新)、书场(内含传媒方式的变化)、听众(票友及其普通听客)等要素。"苏州"的地域范围包括市区以及常熟、昆山、太仓、张家港、吴江等县市或区,"苏州评弹"的传播波及整个吴语区。本志记述的范围以苏州为核心,兼及整个江南地区所发生的有关评弹的活动、人物及事件,以体现苏州评弹的对外影响力。

一、沿 革

苏州评弹滥觞于明末清初,当时市民阶层庞大,雅俗文化互动交融频繁;出版业空前繁荣,读者群体日益壮大,原本的通俗文学、说唱文学等作品为大众所熟悉。苏州评弹的书目取材于著名演义小说,主角是大众熟悉的绿林好汉、草莽英雄、乱世豪杰;植根于以写情为核心的案头弹词小说,主角是落难公子与大家闺秀、英俊少年与翩翩美妇。苏州评弹雅俗共赏,受众遍及社会各个阶层,"品茗听书""排日听书""孵茶馆听书"等成为苏州普通市民日常生活的重要组成部分,"所谓听书者,实起于苏州。苏州人闲者居多,饭后一会书,挤在茶馆中度生活者,比比皆是。"(《听书随笔》,《生报》1939年2月21日)富家大户可邀请评弹艺人前往家中表演,称为"堂会"。

评弹向周边吴语区市镇的扩散效应非常明显。据樊树志《江南市镇:传统的变革》(复旦大学出版社,2005年)研究,长江三角洲的市镇网络,以间距12至36里为较常见的模式。江南市镇的这种空间格局,使得评弹艺人能够自由地跑码头,并赋予苏州评弹较强的流动性特点。苏州评弹自明末清初出现至今,大致经历了三个阶段:明末清初至20世纪初,20世纪20—40年代,20世纪五六十年代至今。

明末清初至清乾嘉年间,案头弹词向表演弹词转化,且弹词、评话与苏州方言结合,形成真正意义上的"苏州评弹",如《新编东调大双蝴蝶》《雷峰古本新编白蛇传》《新编宋调白蛇传》《义妖传》《新编重辑曲调三笑姻缘》等。评话与弹词产生的孰先孰后,难有明确界定,似相差不远。评弹艺人的技艺传承主要是口传心授,偶有抄录脚本,便于日后临场发挥。随着评弹书目的渐次出现、评弹艺人的更唱迭和,相互技艺竞争中出现弹词"前四家"之说,即陈遇乾弹唱《义妖传》《玉蜻蜓》《双金锭》,毛菖佩弹唱《白蛇传》《玉蜻蜓》,俞秀山弹唱《倭袍》《玉蜻蜓》《双金锭》,陆瑞廷弹唱《白蛇传》《玉蜻蜓》。《南词必览》曾这样赞誉前四家:"一情节,二言词,三歌唱,四弦子,起承转合都如此,邀游应仗诙谐技,谈笑全凭俚鄙词,今生岂肯无名死,想当初陈毛俞陆,好功夫敏捷心思。"其中陈遇乾和俞秀山还开创了最早的两种弹词曲调——陈调与俞调。

明末清初评弹演出是露天形式,李海泉说书即是一例:"自家姑苏城外,有名的周老男、周文元便是,少年无赖,独霸一方。城中玄妙观前,有一个李海泉,说得好《岳传》,被我请他在此间李王庙前,开设书场。每日倒有一二千钱拉下,除了他吃饭书钱,其余剩下的,尽够我买酒吃,赌场玩耍。"(周良:《苏州评弹旧闻钞》增补本,古吴轩出版社,2006年)这种露天书场没有随着专业书场的出现而消失,一直延续到1949年以后,既能节省开设费用,又能为光裕社成立后的外道说书人提供表演舞台。茶馆为社会各个阶层汇聚往来之所,苏州城内有大量茶馆、茶社,多临河接市,将评弹艺人引入其中,自能提升茶馆的竞争力和对顾客的吸引力。茶馆经营者改露天到室内,茶馆书场起初也非常设。随着评弹文化内涵的不断丰富,"劝孝悌,训愚蒙",道光年间书场在茶馆中固定下来,"然而是书也,一人高座于上,环而听者数百人,上自缙绅,下及仆隶,莫不熙熙攘攘,累月经旬,寝食俱忘,不厌不倦,惟是书之是听。则是书也,其必有深中于人而不可解者。其谓之场也固宜然,问其地则茶场也"(周良:《苏州评弹旧闻钞》增补本)。而较早的女性评弹从艺者,则多为盲女,出入豪门巨户闺阁之中往来弹唱,与男性从艺者形成不同路径。

据传,王周士为乾隆皇帝奏唱,被赐与"君垫",状元台侧"高台说书"。乾隆帝欣赏聆听,无疑成为苏州评弹最好的金字招牌,也成为最有保证的"合法性"依据。后有较早的评弹艺术规范——《书品》与《书忌》:"快而不乱,慢而不断。放而不宽,收而不短。冷而不颤,热而不汗。高而不喧,低而不闪。明而不暗,哑而不干。急而不喘,新而不窘。闻而不倦,贫而不谗。乐而不欢,哀而不怨。哭而不惨,苦而不酸。接而不贯,板而不换。指而不看,望而不远。评而不判,差而不敢。学而不愿,束而不展。坐而不安,惜而不拼。"并有光裕公所以联系同业。光裕社的规范越来越严密,制订了《光裕公所改良章程》,囊括光裕社同业之间关系的处理、光裕社与社外艺人的关系、光裕社对女艺人的态度等。这些规范既对光裕社评弹艺人的演出起到保障作用,也反映了其他评弹从业者与光裕社的竞争关系,以及对当时女弹词(尤其是书寓女弹词)大量出现的恐慌与焦虑。道光、咸丰年间,苏州出现妓女业弹词的情况。金阊地区冶游极盛,"隶乐籍者满千家,有改妓为弹词,耳目为之新颖"(周良:《苏州评弹旧闻钞》增补本)。王韬《瀛壖杂志》卷五也曾提及,"道咸以来始尚女子,珠喉玉貌,脆管幺弦,能令听者魂消"。后因受到丁日昌禁书影响,书寓女弹词转移到上海租界四马路(即今日福州路)一带,成为当地娱乐文化的重要组成部分。池志徵《沪游梦影》(上海古籍出版社,1989年)曾记载:"书场共十二楼,皆聚于四马路。"而部分光裕社员也纷纷进入上海,有的还脱离光裕社与外道评弹艺人于1910年另组润余社,此乃评弹"海上之路"的开始。

道咸以来,苏州评弹新书目大量出现,原有书目得到进一步完善提高,名家响档迭次出现,如马如飞、魏钰卿等。苏州城内,茶馆书场兴办达30余家,观前地区占一半左右。观前、临顿路一带,自北向南有"富春楼""龙泉""壶中天""方园""群贤居""同羽春""五龙园"(后来改称"四海楼")、"九如""顺兴园""锦阁""怡鸿馆"十余家。观前玄妙观里,规模大些的有"雅聚园"(后改为"品芳")、"三万昌""玉露春"3家。观东一头有"云露阁""汪瑞裕""茂苑"等,观西有"蓬瀛""彩云楼"。宫巷里有"桂芳阁""小如意""聚来厅"3家。北局有"清风明月楼""老义和"(后改为"吴苑深处")两家。皮市街有"潍畅""齐苑""同春苑"3家老牌茶坊(吴琛瑜:《晚清以来苏州评弹与苏州社会——以书场为中心的研究》,上海人民出版社,2010年)。这些茶馆书场有档次之分,影响最大的几家后人称之为"四庭柱、一正梁",即老义和、潍畅、聚来厅、金谷和中和楼。老义和是"一正梁",开办于同治元年(1862),为苏州城内档次最高的茶馆。

苏州评弹受到上海商业文化环境的影响,得到进一步发展。租界所具有的相对宽容与自由,容纳了评弹中心向上海的转移。20世纪20—40年代,评弹在苏州坚持传统的前提下变革,而在上海则更具"海派"求新求变的特色。苏州的茶馆书场继续延续着在同业中的翘楚地位,后来书场从茶馆中独立出来成为新式专业书场,数量保持在50多家,且共组茶馆书场业同业公会。而据唐凤春口述材料,上海的书场业有一个疯狂时期,三马路、四马路、大新街一带以及南市城隍庙等处,简直是五步一家、十步一处,到处悬挂着书场灯笼与招牌。这些均证明苏、沪两地是最重要的两个"书码头",对评弹艺人有着不同的艺术要求,而其他江南市镇则隶属于不同的码头层次。评弹艺人只有在苏沪等地码头上立住脚跟,才能成为真正的响档名家。随着新式媒体广播电台的出现,苏州评弹的传播方式发生改变,艺人与听客之间单一的面对面交往成为历史。报纸(主要是小报)对苏州评弹信息事无巨细的报道,则塑造着评弹艺人"大众明星"的形象特征,一种新式的市民文化在苏沪两地悄然出现,而这又反过来赋予苏州评弹以新的时代特征。

表19-1　1821—2010年苏州书场表

序号	起讫时间	名　称	地　址
1	1821—1939	引凤园	苏州石路湖田堂
2	1823—20世纪40年代初	桂舫阁	苏州宫巷碧凤坊北侧
3	1851前后	凤池	苏州胥门外
4	约1851—1862	清河轩	苏州临顿路曹胡徐巷口
5	1862—1900	万年春	苏州胥门外万年桥堍
6	清中叶—?	万象春	苏州临顿路谢衙前
7	1862—1966	老义和—老意和—吴苑	苏州太监弄内
8	1862前后	老惠园	苏州凤凰街严衙前口
9	清咸同年间(1851—1874)	雅仙居	苏州道前街

(续表)

序号	起讫时间	名　称	地　　址
10	1875—1920	如意阁	苏州东中市都亭街西北侧
11	1900前后	清风明月楼	苏州观前兰花街
12	1900前后	福泉	苏州原吴县城隍庙内
13	1900前后	永亦楼(泳一楼)	苏州临顿路谢衙前口
14	1900前后	会园	苏州平江路魏家桥堍
15	1900前后	小新园	苏州平江路悬桥巷东侧
16	1900前后	三万昌	苏州玄妙观三清殿西侧
17	1900前后	同春园	苏州旧学前因果巷口
18	1908—1920	彩云楼	苏州察院场观前街口南侧
19	1908—1945	渭园	苏州养育巷北段
20	1908—1945	群贤居(群仙居)	苏州临顿路桐芳巷口
21	1908—1949	来凤台	苏州枫桥
22	1908—1949	悦来	苏州齐门外大街
23	1908—1958	德仙楼	苏州东中市都亭桥西南侧
24	1908—20世纪40年代	潆畅	苏州皮市街北段
25	1908—20世纪50年代	金谷—锦阁	苏州临顿路肖家巷口
26	1908—20世纪80年代初(1966—1979停办)	椿沁园	苏州封门外横街
27	1908前后	永舫	苏州齐门外大街
28	1908前后	聚仙	苏州齐门外大街
29	1908前后	齐贤居	苏州齐门外大街
30	约1908—1952	九如	苏州临顿路悬桥巷口
31	约1908—1955	乐也聚来厅—城中饭店	苏州宫巷内
32	约1908—1964	大观园	苏州山塘街星桥附近
33	约1908—1964	怡鸿馆	苏州濂溪坊顾家桥东侧
34	约1908—1966	中和楼(养和楼)—春和楼	苏州东中市中街路口西侧
35	1911—?	大观楼(大观园)	苏州西中市皋桥西侧
36	1911—1950	胥苑	苏州养育巷太平桥北堍
37	1911—1949	荷园	苏州浒关镇

(续表)

序号	起讫时间	名　称	地　址
38	约1911—1930	日昇楼	苏州浒关镇
39	约1911—1950	茂苑(茂园)	苏州汤家巷北段
40	约1911	得月楼	苏州阊门内水关桥口
41	约1911—1920	怀古	苏州古市巷口
42	约1911—1920	凤翔春	苏州道前街
43	约1911—1930	凤明园	苏州府前街西贯桥西侧
44	约1911—1935	锦帆榭	苏州饮马桥西北侧
45	约1911—1935	一乐天	苏州府前街西段南侧
46	约1911—1935	壶中天	苏州临顿路潘儒巷内
47	约1911—1935	辛苑(辛园)	苏州阊门外渡僧桥北堍
48	约1911—1935	集贤楼	苏州石路
49	约1911—1940	方园	苏州临顿路潘儒巷口
50	约1911—1940	桂馨	苏州人民路乐桥东南侧
51	约1911—1945	同羽春	苏州临顿路东花桥巷口
52	约1911—1950	北新苑	苏州人民路香花桥南堍
53	约1911—1955	凤园	苏州西中市泰伯庙桥下塘
54	约1911—1955	春苑	苏州娄门外汪家桥堍
55	1913—20世纪50年代	齐苑	苏州古市巷口
56	20世纪20—30年代初	共和厅	苏州山塘半塘桥
57	20世纪20年代	大观楼	苏州山塘星桥堍
58	20世纪20年代	景德	苏州景德路东
59	20世纪20年代初	怡苑	苏州阊门马路
60	约1920—1929	万鹤楼	苏州濂溪坊顾家桥堍
61	约1920—1930	和苑	苏州山塘半塘桥
62	约1920—1930	汇泉楼	苏州石路
63	约1920—1930	双凤楼	苏州临顿路
64	约1920—1933	杏园	苏州古市巷
65	约1920—1933	聚宝台	苏州临顿路大儒巷附近
66	约1920—1933	叙昌	苏州新闾门内

（续表）

序号	起讫时间	名　称	地　　址
67	约 1920—1934	春和	苏州十全街专桥塥
68	约 1920—1935	仰仙楼	苏州桃坞桃花桥塥
69	约 1920—1936	顺兴园（顺园）	苏州濂溪坊顾家桥南侧
70	约 1920—1939	啸云天	苏州石路
71	约 1920—1940	双凤	苏州吴趋坊口
72	约 1920—1940	易安	苏州胥门外泰让桥北侧
73	约 1920—1940	最宜	苏州桃花坞大街
74	约 1920—1940	云园	苏州府前街西贯桥西侧
75	约 1920—1942	长安	苏州石路鸭黛桥东塥南
76	约 1920—1945	齐苑	苏州古市巷口
77	约 1920—1945	鸿富园	苏州朱家庄
78	约 1920—1955	德胜楼	苏州胥门万年桥盛家弄
79	约 1920—1960	新三义	苏州齐门外大街
80	约 1920—1965	德仙园（德仙楼）	苏州虎丘
81	约 1920—1966	中央楼—五福楼—四海楼	苏州临顿路曹胡徐巷口
82	约 1920—1966	三景园	苏州齐门外大街北侧
83	约 1920—20 世纪 60 年代中期	引凤台—凤园—凤苑	苏州凤凰街
84	1925	五凤桥	苏州三多桥
85	1927	乐贤	苏州平桥头
86	1927—1935	新闻第一茶楼	苏州金门外现航运公司
87	1928	云霖阁	苏州观前蛛丝巷口
88	1928—1932	蓬莱世界游戏场附设书场	苏州留园马路
89	1928 前后	遂园游艺场附设书场	苏州养育巷慕家花园内
90	20 世纪 30 年代	屋顶花园	苏州人民商场顶层
91	20 世纪 30 年代	大新旅馆附设书场	苏州阊门外
92	1930—1966	南津园	苏州浒关镇
93	1930—1939	富安居	苏州石路"一品香"西侧弄内

(续表)

序号	起讫时间	名称	地址
94	1930—1939	惠荫花园游艺场附设书场	苏州南显子巷
95	1930—1945	鑫园	苏州葑门外横街
96	1930—1949	双龙园	苏州新学前白显桥堍
97	1930—1949	鹤阳楼	苏州桃花坞大街西段
98	1930前后	民众	苏州石路湖田堂
99	约1930—1940	赛金谷	苏州察院场
100	约1930—1940	畅园	苏州黄鹂坊桥西堍南侧
101	约1930—1940	兴园	苏州娄门外大街
102	约1930—1945	中央旅馆附设书场	苏州察院场
103	约1930—1960	声苑	苏州临顿路萍花桥堍
104	1932前后	国泰	苏州临顿路青龙桥
105	1935—1952	龙泉	苏州临顿桥堍东南侧
106	1935—1956—2001	中华—乐园—静园—苏州书场	苏州北局开明戏院斜对面
107	1935—1964	富春楼	苏州西北街跨塘桥西堍
108	1938—1940	大东	苏州观前正山门东楼
109	1938—1945	大鸿运	苏州观前正山门西楼
110	1938—1945	乐乡饭店附设书场	苏州乐乡饭店对面弄内
111	1938—1949	乐园	苏州人民路乐桥堍西南侧
112	1938—1963	龙园	苏州石路共和里口
113	1938—1967	大中南旅馆附设书场	苏州西中市
114	1938前后	北局青年会	苏州新艺剧场西侧
115	1938前后	永安饭店附设书场	苏州观前现吴中饭店
116	1938前后	三新旅馆附设书场	苏州石路大东旅馆对面
117	1938前后	义昌福旅馆附设书场	苏州宫巷富仁坊巷对面
118	1938前后	味雅饭店附设书场	苏州太监弄
119	1938前后	惠沁园	苏州娄门内张香桥南堍西
120	1938前后	德富园	苏州西北街西段
121	1938前后	相园	苏州相门内监狱对面

(续表)

序号	起讫时间	名称	地址
122	1938前后	仁昌	苏州天赐庄望星桥塊
123	1938前后	汇芳	苏州带城桥塊南
124	1938前后	林园	苏州潘儒巷东侧
125	1938前后	天富楼	苏州人民路禅兴寺桥塊
126	1938前后	万仙楼	苏州人民路砂皮巷口
127	1938前后	畅园	苏州桃花坞骆驼桥畔
128	1938前后	中国旅馆附设书场	苏州观前街东段
129	1938前后	东吴旅馆附设书场	苏州阊门外
130	约1938—1940	北局（锡剧场改书场）	苏州小公园西侧
131	约1938—1942	南新阁	苏州南新桥东塊北侧
132	约1938—1942	亦园	苏州石路鸭黛桥西塊北
133	约1938—1943	罗春阁（萝春阁）	苏州观前山门巷口
134	约1938—1943	梅园	苏州石路商场
135	约1938—1944	娄园	苏州娄门城外桥塊
136	约1938—1944	宝园	苏州中街路中段
137	约1938—1944	会园	苏州西中市皋桥西塊北侧
138	约1938—1945	北局（溜冰场书场）	苏州北局青年会路
139	约1938—1963	雅乐	苏州石路石佛寺弄口
140	1939前后	庸昌	苏州人民路禅兴寺桥塊
141	1939前后	瑞园	苏州盘门吴门路南侧
142	1939前后	迎仙楼	苏州接驾桥北侧
143	1939前后	桃园	苏州桃花坞内
144	1939前后	彩云楼	苏州石路
145	1939前后	德安	苏州人民路憩桥巷口
146	1939前后	沁园	苏州濂溪坊怡鸿馆附近
147	1939前后	丰园	苏州朱家庄
148	1939前后	齐额园	苏州齐门城门口
149	1939前后	三吴	苏州新艺剧场东侧
150	1940—1949	安东	苏州观前蛛丝巷口

(续表)

序号	起讫时间	名称	地址
151	约1940—1952	凤翔春	苏州浒关镇
152	约1940—1949	百乐	苏州临顿路潘儒巷口
153	约1940—1949	沧洲	苏州玄妙观东脚门
154	约1940—1963	乐园	苏州虎丘
155	1941—1979	乐园	苏州浒关镇
156	1942—1956—1978	皇宫—和平	苏州石路佑圣观弄
157	1942—1958	光裕	苏州宫巷第一天门
158	1942前后	中央楼	苏州山塘半塘桥
159	1942前后	德仙楼	苏州十全街带城桥小学西
160	约1945—1952	怡苑(怡园)	苏州人民路怡园内
161	1945.10.20—?	春和	苏州吴衙场街1号
162	1947.9—?	大都会	苏州阊门外三乐湾
163	1947—?	祥园	苏州齐门外大街287
164	1949.3.1—?	沧洲(沧洲合记)	苏州太监弄13号
165	1949.7.26—?	易安	苏州胥门外大马路676号
166	1949.9.24—?	鹤园	苏州大成坊巷94号
167	1950—?	得福园	苏州天后宫大街27号
168	1950.3.14—?	东方	苏州观前东脚门4号
169	1950.7.17—?	三乐	苏州大马路327号
170	1950.9.—1966	久安	苏州观前街东
171	1951—?	永乐	苏州山塘街593号
172	1951.1.1—?	新园	苏州娄门横街北张家巷口39号
173	1956—1962	渭园	苏州盘门裕棠桥西塘
174	1958—1985(1966—1978停演)	枫桥	苏州枫桥
175	1956—?	和平书场	苏州圣佑观弄西口
176	1960—1963	官渎	苏州娄门外大街
177	1960—1963	拙政园夏季夜花园书场	苏州拙政园内
178	约1960—1980	浒关文化馆	苏州浒关镇

(续表)

序号	起讫时间	名　称	地　　址
179	1961—1965	迎春	苏州人民路北塔南侧
180	1961—1966	胥江	苏州学士街南段
181	1975—1985	金阊文化馆	苏州金门外横马路
182	1979—1985	桃坞文化馆	苏州东中市
183	1984—1987	金门文化馆	苏州金门内高井头
184	1984—？	纱帽厅	苏州临顿路纽家巷口
185	1989—	光裕书厅	苏州宫巷第一天门中段
186	1912—1945	怡园	原吴县黄埭
187	1912—1949	锦仙园	原吴县陆墓
188	约1912—1949	茶花楼	原吴县东山镇
188	1920—1949	东莱	原吴县黄埭
190	1920—1966	森福楼	原吴县东山镇
191	1924—1938	惠芳	原吴县东渚铁街弄口
192	1930—1950	复集居	原吴县枫桥镇西津
193	1930—1961	太平	原吴县太平乡
194	1930—1963	泗泾	原吴县泗泾乡
195	1930—1963	陆巷	原吴县湘城镇陆巷
196	1930—1963	康乐	原吴县湘城镇南街
197	1930—1966	塘村	原吴县光福镇塘村
198	1930—1966	胡巷	原吴县蠡口乡胡巷
199	1930—1986	石桥	原吴县北桥乡石桥
200	1930—1986	商业	原吴县渭塘乡
201	1930—1992（1966—1976停演）	杨湾	原吴县东山镇杨湾村
202	1931—1953	新雅	原吴县黄埭
203	1932—1942	永兴园	原吴县东山镇陆巷
204	1932—1949	曷记	原吴县黄桥北圩基
205	约1932—1959	协兴居	原吴县陆墓
206	1932—1960	龙园	原吴县唯亭镇
207	约1932—1980	蠡口	原吴县蠡口

(续表)

序号	起讫时间	名　称	地　址
208	约1932—1982	望亭	原吴县望亭
209	约1932—1937	畅园	原吴县光福镇南街
210	约1932—1942	石桥	原吴县东山镇石桥
211	约1932—1949	新郭里	原吴县长桥镇新郭里
212	约1932—1949	南园	原吴县陆墓
213	约1932—1949	澪泾	原吴县陆墓
214	约1932—1949	徐庄	原吴县陆墓
215	约1932—1963	跨塘	原吴县跨塘乡
216	约1932—1966	万福楼	原吴县长桥乡
217	约1932—1966	九福	原吴县通安乡
218	约1932—1966	郁记	原吴县镇湖乡寺桥前
219	约1932—1968	金墅	原吴县通安镇金墅
220	约1932—1945	顺风园	原吴县甪直镇
221	约1932—1949	怡群	原吴县甪直镇
222	约1934—1938	乐安居	原吴县甪直镇
223	1935—1966	梅园	原吴县木渎镇中市街
224	1936—1947—1949	聚新春(聚凤春)	原吴县斜塘乡
225	1936—1954	邓蔚	原吴县光福镇大街
226	1936—1957	桥湾	原吴县木渎镇中市街
227	1936—1964	消泾	原吴县油泾乡消泾
228	1937—1953	凤园	原吴县县城东渚街
229	1937—1953	直升楼	原吴县县城东渚街
230	1940—1949	后巷桥	原吴县横泾后巷桥
231	1940—1949	旱船里	原吴县黄桥镇河西村
232	1940—1949	府光月	原吴县镇湖乡
233	1940—1949	卢记	原吴县镇湖乡石帆
234	1940—1953	占场	原吴县黄桥乡占场村
235	1940—1964	蒋墩	原吴县胥口镇蒋墩
236	1940—1964	姚舍	原吴县胥口镇香山

(续表)

序号	起讫时间	名　称	地　址
237	1940—1964	郁舍	原吴县胥门镇香山
238	1940—1966	东桥	原吴县东桥乡
239	1940—1966	亦园	原吴县东山
240	1940—1966	镇夏	原吴县西山乡石公
241	1940—1966	塘里	原吴县西山乡塘里
242	约1940—1956	同春园	原吴县唯亭镇
243	约1940—1959	鸿园	原吴县角直镇
244	约1940—1961	南桥	原吴县北桥镇南桥
245	约1940—1962	一洞天	原吴县黄桥乡镇河东村
246	约1940—1963	车坊	原吴县车坊乡
247	约1940—1963	郭巷	原吴县郭巷乡
248	约1940—1964	金庭	原吴县西山乡金庭
249	约1940—1964	胥口	原吴县胥口乡
250	约1940—1964	水桥	原吴县胥口乡香山
251	约1940—1965	善人桥	原吴县藏书乡
252	约1940—1965	芷江	原吴县陆墓
253	约1940—1966	东方	原吴县角直镇
254	约1940—1966	渡水桥	原吴县东山
255	约1940—1979	浦庄	原吴县浦庄
256	1941—1952	徐家饭店	原吴县县城翠坊北路
257	1941—1953	前庄	原吴县横泾前庄
258	1941—1965	采莲	原吴县渡村乡采莲
259	约1941—1958	渡村	原吴县渡村乡
260	1946—1963	万元楼	原吴县光福镇
261	1947—1955	龙苑	原吴县斜塘乡
262	1948—1958	乐乡	原吴县横泾乡徐庄
263	1948—1966	明苑	原吴县斜塘乡
264	1950—?	西津桥	原吴县枫桥镇
265	1950—1965	马涧	原吴县枫桥镇白马涧

(续表)

序号	起讫时间	名称	地址
266	1950—1965	三醉楼	原吴县光福镇
267	1950—1966	潭东	原吴县光福镇潭东
268	1950—1966	红星	原吴县黄埭
269	1950—1966	金山	原吴县木渎金山浜
270	1958—1964	太湖	原吴县东山镇
271	1958—1990	逸乐	原吴县北桥镇
272	1960—？	迎春	原吴县陆墓
273	1960—1962	石家饭店	原吴县木渎镇
274	1862—1966	祥园	吴江县城区
275	1911—1950	隆兴	吴江县同里镇
276	1911—1943—1983（1966—1979停演）	山泉	吴江县震泽镇
277	约1911—1953	登椿园	吴江县盛泽镇
278	约1911—1953	明泉楼	吴江县盛泽镇
279	1920—1985（1966—1979停演）	文乐园	吴江县平望镇
280	约1920—1939	长乐	吴江县震泽镇
281	约1920—1949—1966	齐安（易安）	吴江县黎里镇
282	约1920—1952	蒯厅	吴江县黎里镇
283	约1920—1964	怡情	吴江县城区
284	约1920—1964	又一邨	吴江县芦墟镇
285	约1930—1945	桐苑	吴江县同里镇
286	约1930—1949	万云台	吴江县黎里镇
287	约1930—1966	严基	吴江县铜锣镇
288	约1930—1966	凤园	吴江县盛泽镇
289	1935—1955	由页塘	吴江县震泽镇
290	1935—1959	迎春	吴江县黎里镇
291	1936—1948	凤乐园	吴江县平望镇
292	1937—1943	黎园	吴江县黎里镇
293	1939—1949	东方	吴江县同里镇

(续表)

序号	起讫时间	名 称	地 址
294	1939—1949	梅龙镇	吴江县盛泽镇
295	1940—1949	中央	吴江县盛泽镇
296	1940—1966	民乐	吴江县八坼
297	1940—1966	横扇	吴江县横扇
298	1940—1983（1966—1979停演）	梅埝	吴江县梅埝
299	1940—1949	中心	吴江县盛泽镇
300	1940—1983（1966—1979停演）	北库	吴江县北库
301	1950—1966	同里商业	吴江县同里镇
302	1950—1985	盛家库	吴江县城区东门
303	1950—1985（1966—1979停演）	盛泽	吴江县盛泽镇
304	1960—1966	坛丘	吴江县坛丘
305	1960—1979（时开时停）	芦墟	吴江县芦墟镇
306	1960—1983（1966—1979停演）	南麻	吴江县南麻
307	1870—1952	老同春	昆山城区
308	1908—1953	畅乐园	昆山城区
309	1920—1945	茂苑	昆山陈墓
310	1920—1945	龙云居	昆山巴城
311	1920—1945	雪园	昆山陈墓
312	1920—1945	乐园	昆山陈墓
313	1920—1950	夏驾桥	昆山夏驾桥
314	1920—1953	迎和	昆山正仪
315	1920—1962	长乐	昆山陆家浜
316	1920—1988（1966—1976停演）	石牌	昆山石牌
317	1928—1945	春苑	昆山城区
318	1930—1943	新畅园	昆山巴城
319	1930—1945	息园	昆山城区

(续表)

序号	起讫时间	名　　称	地　　址
320	1930—1949	亭林	昆山茜墩
321	1935—1962	西园	昆山城区
322	1940—1959	醒世	昆山南周庄
323	1940—1959	淞南	昆山茜墩
324	1950—1966	蓬朗	昆山蓬阆
325	1950—1966	龙园	昆山陆家浜
326	1952—1983（1966—1976停演）	合作	昆山正仪
327	1953—1963	张浦	昆山张浦
328	1953—1983（1966—1976停演）	商业	昆山陈墓
329	1954—1966	淀东	昆山杨湘泾
330	1954—1984（1966—1976停演）	巴城	昆山巴城
331	1955—1966	花桥	昆山花桥
332	1955—1966	茜墩商业	昆山茜墩
333	1956—1960	石浦	昆山石浦
334	1962—1983（1966—1976停演）	红旗	昆山城区
335	约1890—1949	鹿鸣楼	太仓县城区
336	1911—1953	留春园	太仓浏河
337	1920—1966	义春园	太仓璜泾
338	1920—1966	第一楼	太仓沙溪
339	1920—1984（1966—1976停演）	岳王	太仓岳王
340	约1920—1934	新王馆	太仓鹿河
341	约1920—1939	水阁凉亭	太仓鹿河
342	1925—1945	同乐	太仓县城西门
343	1930—1960	吉庆园	太仓县城区
344	1930—1966	南园	太仓南园
345	1930—1966	直塘	太仓直塘
346	1940—1952	邱溪	太仓邱溪

(续表)

序号	起讫时间	名 称	地 址
347	1940—1952	印溪	太仓沙溪
348	1940—1959	义畅园	太仓璜泾
349	1940—1984（1966—1979停演）	牌楼	太仓牌楼
350	1940—1985（1966—1979停演）	归庄	太仓归庄
351	1940—1985（1966—1979停演）	双凤	太仓双凤
352	1940—1988（1966—1979停演）	浮桥	太仓浮桥
353	1950—1966	合作	太仓归家庄
354	1950—1966	春风楼	太仓浏河
355	1950—1984（1966—1979停演）	王秀	太仓王秀
356	1950—1988（1966—1979停演）	大陆	太仓县城区
357	1930—1958	雅乐	张家港杨舍镇
358	1935—1949	江楼	张家港西塘市
359	1937—1946	同乐	张家港西塘桥
360	1939—1945	西园	张家港鹿苑
361	1940—1956—1989	孙厅（大新）	张家港西塘市
362	1940—1979	后塍	张家港后塍镇
363	1940—1980	长春园	张家港杨舍镇
364	1945—1956	德盛	张家港金村
365	1950—1980	商业	张家港西塘桥
366	1956—1980	商业	张家港周家码头
367	1956—1989	东园	张家港鹿苑
368	1956—至今	丰园	张家港港口
369	1959—1981	五一	张家港西张
370	1959—1981	庆安	张家港庆安
371	1959—1983	西苑	张家港鹿苑
372	1959—1983	凤凰	张家港西徐市

（续表）

序号	起讫时间	名称	地址
373	1959至今	斜桥	张家港斜桥
374	1960—？	乘桥	张家港乘桥
375	1960—1979	西旸	张家港西旸
376	1960至今	商业	张家港乘桥
377	1963—1970	大队	张家港西塘桥
378	1963—1970	乐园	张家港金村
379	1964—1979	东园	张家港恬庄
380	1966—1983	蒋桥	张家港蒋桥
381	1967—1979	商业	张家港（？）
382	1967—1982	兴隆	张家港黄桥
383	1967—1982	合作	张家港马嘶桥
384	1967—1982	泗港	张家港泗港
385	1900—1949	湖园	常熟北赵弄
386	1903—1966	仪凤	常熟寺前街
387	1907—1967	长兴	常熟南门坛上
388	1908—1929	悦来	常熟熙春桥堍
389	约1908—1915	雅叙楼	常熟跨塘桥
390	约1908—1915	雅集轩	常熟塔后
391	约1908—1915	一洞天	常熟南门坛上
392	1910—1924	大观园	常熟南门坛上
393	1910—1939	绮园	常熟小东门外
394	1910—1987	龙园	常熟梅李镇
395	1911—1959	杨园	常熟东唐市桥
396	1911—1965（1979重开）	师桥	常熟赵市师桥
397	1911—1979	白宕桥	常熟白宕桥镇
398	1911—1980	畅园	常熟梅李镇
399	1918—1979	三枪馆	常熟东唐市桥
400	1919—1949	芝来轩	常熟浒浦镇
401	1921—1937	琴园	常熟寺前街牌楼档
402	1921—1946	鸿园	常熟支塘镇

(续表)

序号	起讫时间	名　称	地　　址
403	1925—1939	公司	常熟支塘镇
404	1929—1942	琴芳阁	常熟寺后街
405	1930—1939	新畅园	常熟支塘镇
406	约1930—1935	南苑	常熟南门坛上
407	约1930—1952	怡园	常熟徐市镇
408	1931前后	逍遥游	常熟西门内逍遥游四面厅
409	1934—1935	东方	常熟老县场
410	1934前后	梅园	常熟北赵弄常熟饭店
411	1936—1979	熙春	常熟浒浦镇
412	1937—1957	南苑	常熟福山镇
413	1938—1940	中南	常熟小庙场（新华街）
414	1938—1948	好友	常熟寺后街
415	1938—1950	花园	常熟南门穆家弄
416	1938—1958	山景园	常熟书院弄山景园茶馆礼堂
417	1939—1950	长兴	常熟福山镇
418	1939—1950	港上	常熟福山镇
419	1940—1949	西园（顺园）	常熟红十字会医院门诊部原址
420	1940—1949	一新	常熟浒浦镇
421	1941—1965	周径口	常熟周径口
422	1941—1966	岳厅	常熟碧溪镇
423	1942—？	中央	常熟书院弄口
424	1942—1943	新东方（后改虞山大戏院）	常熟北市江南饭店旧址
425	1942—1950	丽都	常熟南门君子弄
426	1944—1983	涵芳阁	常熟董浜镇
427	1945—1966	白茆	常熟白茆
428	1945—1966	珍门庙	常熟珍门庙
429	1945前后	渔光	常熟南门坛上
430	1946—1947	金都	常熟中巷口
431	1946—1966	乐园	常熟赵市镇
432	1947—1985（1966—1979停业）	孔雀	常熟南门

(续表)

序号	起讫时间	名 称	地 址
433	1948—1952	新旅社	常熟寺前街西段
434	1948—1964	鹤园(顺园)	常熟寺南街
435	1950—1965	何家市	常熟何市镇
436	1950—1965	东张市	常熟东张市镇
437	1950—1965	淼泉	常熟淼泉镇
438	1950—1965	沈家市	常熟沈家市镇
439	1950—1965	陆家市	常熟陆家市镇
440	1950—1965	东周市	常熟东周市镇
441	1950—1966	大义桥	常熟大义桥乡
442	约1950—1966	邓市	常熟邓市镇
443	约1950—1966	中泾	常熟中泾镇
444	约1950—1966	小义桥	常熟小义桥镇
445	1952—1965	和平	常熟徐市镇
446	1952—1966	常熟书厅(丽都)	常熟南门君子弄
447	1960—1966	王市	常熟王市镇
448	1963前后	兴隆	常熟兴隆桥
449	1966—1990	春来	常熟城区寺前街
450	20世纪90年代恢复至今	虞山书场	常熟城区

资料来源：周良主编《苏州评弹史稿》，古吴轩出版社，2002年；吴宗锡主编《评弹文化词典》，汉语大词典出版社，1996年；曹凤渔编写《百余年来苏州市区书场设置概况》，《评弹艺术》第9集，中国曲艺出版社，1988年；《苏州市区茶馆书场调查档案》，苏州档案馆藏，档案号C37—04—028—041。

评弹书目有了现实性，弹词流派唱腔大量出现，听众的鉴赏能力有了很大提高。20世纪20—40年代，知识精英为评弹的社会定位广造舆论，如吴守拙《提倡说书之我见》和陈叔平《改良说书我见》均强调"提倡整顿改良，将来风俗之善良，社会之进步，必咸颂说书之功不置"，"苟能利用之以针砭末俗，匡正人心，其效力之伟大，远非寻常演说所能望其项背"(《申报》1925年4月16日、5月4日)。评弹艺人创作了《张文祥刺马》《杨乃武与小白菜》《啼笑因缘》《秋海棠》《黄慧如与陆根荣》等近现代题材的书目，突出了艺人的现实体验，拉近了与听客之间的距离。而弹词流派唱腔的创新达到历史的最高峰，出现了周调、祥调、沈调、薛调、夏调、徐调、祁调、蒋调、严调、张调、姚调、杨调等。多种多样的弹词流派唱腔、稳重大气的评话题材,吸引着大量听客接触评弹,弹弹唱唱渐得个中滋味的,组织评弹票房,印刷开篇集,更有甚者则下海成为专业演员。

广播电台的出现使评弹实现了"音波江南";而书场也从茶馆中独立出来,逐步专业化。20世纪30—40年代,苏州先后存在过17家广播电台,包括私人娱乐型和民办商业型。前者规模小,电台播音时间不固定;后者具有政府颁发的许可执照,有专职的电台员工,播音节目、时间固定,且登载在同时期的报刊上广而告之。而上海的广播电台更是兴盛,20世纪30年代的统计显示,"每二十四小时内,弹词节目,竟有一百二十余档之多。盖多种商店,大都用做活广告,收效颇巨"(陆郎:《无线电中之弹词》,《金刚钻》1933年7月14日)。

表19-2　1930—2010年间苏州播评弹的广播电台表

起讫时间	电台名称	电台类型	主办人	播出时间及节目设置	电台影响
1932—1937.11	苏州久大广播电台(久大电台)	民办商业性电台	李宝麟	早上8点左右到晚上10点左右,播音用苏州方言,节目有歌唱、曲艺、滑稽、评弹、播放唱片、商情介绍、气象报告、国医常识等。	推动了矿石收音机、直流收音机等收听工具的普及和发展,出版过评弹开篇《夜声集》
1932—1937	苏州百灵广播电台(百灵电台)		杨景春(评弹艺人杨月槎之子)	约上午7点到晚上10点,中间有休息,节目有曲艺、滑稽、评弹、英语、歌唱、中西唱片、佛学,也请本埠名人到电台演讲,邀请电影明星、歌唱家莅台献艺,用苏州方言实况播音。	出版过《百灵开篇集》《百灵唱片集》
1935.9—1937	苏州广播电台(苏州电台)		吴克明	早上9点到晚上10点左右,中间有休息,节目有评弹、戏曲、滑稽、歌咏、中西唱片等。	出版过《天声集》一、二册
1939.5—1945.8	苏州广播无线电台(后改称苏州广播电台)	日军及汪伪政权经办		节目有滑稽、演唱、戏曲、评弹、歌曲等,后转播汪伪中央电台的新闻节目。	用日语广播,为日本侵略宣传,进行奴化教育

（续表）

起讫时间	电台名称	电台类型	主办人	播出时间及节目设置	电台影响
1946.1—9	苏州文化广播电台（文化电台）		吴鉴生 潘仲彬 潘辛叔 余叔雄	上午9时到11时，下午3时到晚上10时左右，节目有评弹、戏曲、中西唱片、新闻（当地报纸）。	宣传文化，推进社教
1945.9—1946.9	苏州明报民营广播电台（明报电台）	民办商业性电台	张叔良（明报社长）	下午1时30分到深夜1时，节目有弹词、歌曲唱片、越剧唱片、京剧唱片、沪剧唱片、名人演讲、医药常识、教授英文、故事等。	与《苏州明报》社挂钩
1946.5—9	苏州力行广播电台（力行电台）		张振翼 沈学源	从上午7时到晚上10时，节目有讲故事、评弹、滑稽、中西唱片等。	与《力行日报》社挂钩
1945—1949	苏州青年广播电台（青年电台）	国民党青年军202师政工处与国民党吴县县党部合办	周雅谷等	晚上7时到9时左右，以后增加播音时间，节目有评弹、滑稽、戏曲、唱片等。	政治色彩浓，为国民党当局服务
1953至今	苏州人民广播电台	人民政府主办		有《书场》播放评弹节目。	

资料来源：徐斌《解放前苏州的广播电台》，《苏州史志资料选辑》第三、四合辑，1989年。

20世纪20—40年代，书场从茶馆中独立出来，苏州在1939年即有34家新设的专门经营演出苏州评弹的新式书场，如石路的皇宫、龙园、雅乐等，还有旅馆、饭店中附设书场的情况，如西中市的大中南旅馆、观前永安饭店、阊门外东吴旅馆等。日军占领时期，苏州的书场纷纷关闭，评弹艺人前往上海租界演出，成就了评弹在租界内的"畸形繁荣"。

报刊等大众媒介营造出新的空间，大众可以借此增添更多的评弹想象。20世纪20年代，报刊上主要登载书场演出信息，出资者多为书场场东。30年代起，苏州评弹方方面面的信息相继登载在报纸上，比如评弹知识类（介绍评弹的行业规范、表演特色）、艺人新闻类（艺人的介绍、师承、生活趣闻等）、书迷娱乐互动类（书迷信箱、报刊选举活动）、评弹创作类（时事开篇、评弹小说等）、书场广告类。很多报刊还相继开设专栏，如《生报》副刊《书场与戏场》、《真报》副刊《南北书坛》、《奋报》副刊《书苑》、《力报》副刊等，更有《苏州书坛》《上海书坛》

《书坛周刊》《秋海棠书坛专刊》等书坛专业报纸。

20世纪20—40年代,苏州评弹在书目、艺人、书场等方面,政府均有严格的规定,如《公共娱乐场所管理规则》《书场管理暂行规则》等。而受政府影响更大的事件,则是1945年光裕社、润余社、普余社三社合并,称光裕社,对苏州评弹演出体系产生了深远影响。

20世纪50年代初,上海、苏州等地纷纷成立评弹团。1956年,政府则对各地戏曲团体和艺人进行登记,由评弹艺人构成的群众性组织评弹改进协会被曲艺协会取代。当时仍有艺人未加入国家、集体剧团,按照原有评弹的行业规范进行演出,属个体经营模式。这无疑会与国家支持下的评弹团发生利益纠纷,故而在1957年发生"光裕书场事件"(《关于光裕书场事件的调查报告》,《新苏州报》1957年6月26日)。光裕书场事件主要是由评弹协会艺人(艺人自发组织)与评弹团艺人(集体性质的组织)之间的利益矛盾引起的。光裕书场事件后,国家全面接管评弹行业纳入体制内的评弹艺人。"文革"结束后,既有事业单位编制、从享受差额拨款到全额拨款的评弹团,也有主动走向市场、自负盈亏的个体艺人。时至今日,苏州评弹又被要求顺应市场化的趋势进行改革和创新。

1949年评弹改制后,整理与删改了大量传统书目,取"割封建主义尾巴"之意,被称为"斩尾巴"。1952年,禁演《济公传》《三笑》《落金扇》《珍珠塔》《啼笑因缘》《描金凤》等13部书。1957年开始"整旧"接尾巴。1964年停演一切传统书和传统戏。到1966年,评弹书目被彻底赶下书台,苏州评弹团艺人转业到苏州灯泡厂等单位。在"整旧"过程中,出现了大量歌颂新时代的新开篇,还诞生了中篇评弹的形式,但存在时间短。"文革"期间,苏州评弹被视为靡靡之音,评歌评戏大行其道,评弹失去固有特色。"文革"结束后,重新定位传统书目,传承与保护评弹之声虽高,但步履艰难。

20世纪50—60年代,国家的文艺改造政策在全国铺开,舞厅等陆续改为书场进行评弹演出。仅1951年,苏州市区就开办了28家经济书场,包括于云飞书场、周啸亮书场、梁文芝书场、曹龙海书场、顾玉良书场、李友梅书场、甫桥西街书场、杨天和书场、沈雪庵书场、潘文秋书场、何香亭书场、王雪帆书场、邹继衡书场、张筠秋书场、汪凤冈书场、苏君怡书场、姚文瑛书场、胡翔亭书场、桃和书场、光华书场等。1952年经济书场停业后,规模较大的书场如苏州书场开业,且均改造为全民或集体性质。1949年后苏州广播书场陆续开播,"苏州人民广播电台,广播书场现在开始了"的旋律成为苏州人共同的生活记忆。"文革"后,书场恢复,但数量较前少,经营越来越困难;而今社区陆续办书场,出资聘请演员,满足老年人文化生活需要。1994年,苏州电视书场开播;2000年,中国评弹网创办,评弹爱好者有了新的交流平台。

1949年前,评弹艺人拜师学艺,口传心授,有跑码头的亲身历练、茶会出道,方能称为合格的艺人。1949年后,评弹团开始吸收学员成立学馆,以集中和分散相结合的方式培养艺徒,虽有名家集体指导,但缺少师徒相授的个性化培养。1962年,在陈云的建议和支持下,苏州评弹学校创办,传承班与非传承班兼有,专门培养评弹艺人,校长先后由王鹰、邢晏芝、周沛然等担任。出校的评弹艺人跑码头历练后,转投名师,部分恢复了"拜师学艺"的传承方式。2006年,苏州评弹被列入国家首批非物质文化遗产名录,如何避免保护性破坏、如何恢复长篇书目、如何保存评弹所依托的文化生态成为"非遗"保护工作的重中之重。

时至今日,苏州评弹经历四百年的演变,形成了"说、噱、弹、唱"的艺术特色。四百年间,苏州评弹既有对艺术发展规律的坚守,又有受商业文化影响的所谓"创新",还有在社会政治因素影响下的"变异"。"评弹要像评弹"是评弹回归本色的参照标准。

二、行业组织

1. 光裕社

评弹历史上存在时间最长、人数最多的自发性行会组织。原名光裕公所,后改此名。出现时间有多种说法,如按照1927年《光裕社150周年纪念册》往前推算,应为乾隆年间。另有康熙年间说,据《光裕公所颠末》载:"康熙年间,重立公所,名曰光裕。"还有嘉庆年间说,《元和县永禁匪徒偷取小日晖桥光裕公所木料砖瓦碑》有"曾于嘉庆年间设立光裕公所"等语。

光裕社社规严密,除对组织本身规定外,对关系艺人演艺的各个方面,从拜师出道起,到演艺生涯的具体演出业务,以及演艺生涯结束后的保障等都有涉及。比如学艺首先要投帖拜师,并要送一笔贽金。贽金的数字,如以银元计算,一般在30元至80元之间,视业师的艺术声望高低而定;如投拜的是大名家,则须在百元以上。出道最初有三个步骤,即出茶道、出道、出大道。1922年出版的《旅苏必读》里载有"光裕社员一览表",共有164名出道人员。光裕成员除会书外,每年还有三次集会,具体日期为农历正月二十四日、七月十五日、十月初八日。正月二十四日为"三皇祖师"生日,要唱一台戏;十月初八日为"三皇祖师"

忌辰,要唱一堂清音;七月十五日是追荐"先道",要请僧道诵经,并施食一坛。光裕社还组织益裕社和裕才学校。益裕社章程如下:"同人等研究至再,公众议决,自庚申年始入社诸君,解满十六年者停解,仍享得奖之权利,而五十元存社,待身故领取,并不给息,庚戌年入社者照上,依此类推。……凡入社诸君子均有得奖之希望,每年两次给奖(六月廿四日,十二月廿四日),以二成作奖,每次一百元之收入,抽二十元,二百元抽四十元,照此类推。给奖规定,头二三奖各一,小奖廿份。……夫光裕与益裕本是一家,虽畛域不分,而界限则明,光裕社者团体也,益裕社者团体中慈善事业也;因益裕社新章伊始,恐少信仰,故将光裕社存款之利,每年拨抽八十余元,更岁阑抽会书两面,有此担保,可期发达耳。"

这些制度对其他组织的评弹艺人而言,是一种限制,分割了评弹市场,促进了行业竞争。光裕社后经历多次分化,1910 年部分社员退出另组润余社,1924 年成立上海光裕社,1935 年部分退社社员另组普余社。1949 年后随着建立人民评弹团,文化体制改变,光裕社于 1957 年停止活动。

2. 润余社

润余社由退出光裕社的评弹艺人联合当时被称为"外道"的非光裕社社员于 1910 年组成,包括许多名家响档如谢少泉、沈廉舫、郭少梅、李文彬等,首任会长为凌云祥。润余社曾出现过许多名家,编演大量长篇书目。这些书目与光裕社有很多不同,对听客而言,多了一种听书选择。鉴于光裕社对苏州地区的掌控,润余社曾与光裕社进行竞争,最后获得入苏州说书的资格。20 世纪三四十年代影响渐衰,部分成员重新加入光裕社。

3. 普余社

普余社成立于 1935 年,地址设在苏州太监弄吴苑茶馆,会长钱景章。普余社的成立,缘于部分光裕社社员如王燕语、林筱舫于 1929 年前后拼档妻女演出,触犯光裕社社规。1934 年,光裕社联合吴县地方当局以有伤风化取缔,但钱景章等人状告至南京国民党中央党部并获胜,被允许成立组织。当局有关公函指出:第一,社员不分性别,男女不得拼档弹唱。第二,光裕说书研究社经前中央训练部解释为文化团体,按文化团体在同一区域内同一性质者,不必以一团体为限,故该光裕说书研究社对于同一性质之非社员不得加以限制。第三,钱景章等能依光裕说书研究社之社章入社合作更佳,不然如有合乎文化团体规定之发起人数,另行组织团体亦可。第四,以后所有弹词,应事先一律送呈吴县公共娱乐审查委员会审查合格后才准弹唱。

普余社成立后,与光裕社、润余社成三足鼎立局面,涌现出较多男女双档如王燕语、王莺声夫妻档以及徐家班、钱家班等,极盛之时有 70 多人,在上海还有专门的书场。20 世纪 40 年代以后,相继涌现出徐雪月、醉疑仙、范雪君、徐丽仙、侯莉君等名艺人。普余社成立后,附设慈善组织益余社,制定详细章程。"本社因鉴贫苦同志不幸身亡,棺椁无着,求告无门,尸骸暴露,数日未殓。古云:未归三尺土,难保百年身,已归三尺土,难保百年坟。故本社未雨绸缪,计特发起慈善益余社。今将章程录如下:本社定名为慈善益余社,已在民国二十六年二月一日成立。本社完全慈善性质,社员生前对于所缴之社费,无论如何不得取出。本社凡普余社员及可靠家属,均可入社。如家属入社必须将本人二寸本身照相二张交本社以便检查。本社推举常务一人,执监四人,会计一人。本社社员每月应缴常年经费法币二角,以十五年为满,不得中途停缴。社费各委员均可代收,并出临时收据以照慎重。本社社员倘不幸亡故,如在生前缴费一年或未满一年者,本社付治丧费二十元。如生前缴费至三年或未满三年者,本社付治丧费三十元。如生前缴费满五年或未满五年者,本社付治丧费四十元。如生前缴费五年以外,十五年以内,本社付治丧费五十元。缴满十五年者,本社付治丧费六十元。本社因增加各本社员兴趣起见,每逢国历十二月底,开彩一次。"(王燕语:《普余社附设慈善益余社详章》,《弹词画报》1941 年 7 月 22 日)1945 年,普余社与光裕社合并。

4. 评弹改进协会

评弹改进协会是评弹界过渡时期的群众团体,分为苏州评弹改进协会和上海评弹改进协会。据苏州市档案馆馆藏档案,苏州评弹改进协会是 1949 年在光裕社基础上成立的,包括 810 名协会会员,其中苏州籍会员共 678 人,含常熟 30 人,昆山 8 人,苏州 594 人,太仓 6 人,吴江 34 人,吴县 6 人。1956 年政府对戏曲团体和艺人进行登记。50 年代末 60 年代初,评弹改进协会逐渐被曲艺联合会所代替。上海评弹改进协会是在上海市评话弹词研究会的基础上建立起来的,会员约 100 人。评弹团成立后,上海评弹改进协会也退出了历史舞台。

5. 评弹团

评弹团系中华人民共和国成立后建立的国营或集体性质的演出团体。在苏州大市范围内建立的评弹演出团体包括苏州市评弹团、常熟市评弹团、吴江市评弹团、吴中区评弹团等。其中苏州市评弹团前身为新评弹实验工作团,成立于 20 世纪 50 年代初,1960 年加入"人民"二字。后与"火箭""卫星""百花"及苏州地区等评弹团合并,成为苏州地区最重要的评弹组织。苏州评弹团的名家响档很多,如周玉泉、徐云志、魏含英、曹汉昌、薛小飞、王月香、王鹰等,包括多个流派唱腔创始人,传承与创新《三笑》《玉蜻蜓》《白蛇传》《珍珠塔》等长篇书目。"文革"中,演员转业到苏州灯泡厂工作;"文革"后恢复建制,金丽生、盛小云、袁小良等成为今日评弹的骨干力量。常熟市评弹团成立于1955年,大多数演员来自上海评弹演出组第五组,有魏含英、朱耀祥、赵稼秋、顾竹君、薛小飞等,后部分演员调入江苏省曲艺团和苏州市评弹团。"文革"期间活动中断,70年代末恢复建制,现今名演员有陆建华等。早在1956年,吴江县境演出的评弹艺人共7人,登记后由文化主管部门统一管理。1959年,根据"自愿结合、领导批准"的原则,由9人成立吴江县评弹组。1961年5月成立吴江县评弹团,吴惠民负责筹建,周雪艳、李天峰和戚嘉萍任副团长,"一条扁担两条腿,跑遍全县生产队"是其特色。1963年全团共18位艺人。"文革"中并入吴江县锡剧团,艺人全部跑龙套。"文革"后恢复建制。另还有1956年成立的太仓县评弹团,1960年成立的昆山县评弹团,1965年成立的张家港评弹团等。

表19-3 1949年后成立的评弹演出团体表

地区	序号	团名	成立时间	简介
苏州地区	1	苏州市评弹团	1952	曾名苏州市评弹实验工作团,1956年更名苏州人民评弹团。"文革"期间解散,1971年恢复,改为现名。
	2	太仓市评弹团	1956	前身为太仓县曲艺联合会。1960年更现名。"文革"中并入市沪剧团,1978年重建。
	3	常熟市评弹团	1957	前身是上海评弹演出第五组。1959年和1960年两度扩充后,达50余人。"文革"期间停演,1977年恢复。
	4	昆山市评弹团	1960	前身为曲艺联合会和玉峰评弹队,1970年解散。1972年组成评弹演出组,附属昆山县锡剧团。1978年恢复建制。
	5	吴江县评弹团	1961	后并入吴江县锡剧团。1972年恢复。
	6	吴县评弹团	1963	"文革"中并入县文工团。1973年恢复。
	7	张家港评弹团	1965	原名沙洲县评弹团。1969年解散,1979年恢复,后更现名。
其他地区	8	上海评弹团	1951	由当时上海评弹改进协会18名会员创建。初名上海市人民评弹工作团,1958年改名上海市人民评弹团,1979年改为现名。
	9	丹阳县曲艺团	1955	有扬州评话、锡剧清唱、苏州评弹等多种形式。"文革"中解散,1980年恢复建制。
	10	常州市评弹团	1958	"文革"中与沪剧、滑稽、曲艺等团合并成常州市文工团。1977年恢复。

(续表)

地区	序号	团名	成立时间	简介
其他地区	11	宜兴市评弹团	1958	"文革"中与宜兴锡剧团、越剧团合并为工农兵文工团。1970年解散,1975年重建。
	12	江阴县评弹团	1958	原名评弹实验团。"文革"中与县锡剧团、越剧团合并,改名县文艺宣传队。1978年恢复建制。
	13	启东县评弹团	1958	前身为启东县评弹协会。1966年后易名启东县文工团,1979年恢复现名。
	14	海门县评弹县	1958	"文革"中解散,1979年后恢复建制。
	15	杭州市曲艺团	1958	有苏州评弹、杭州评话、杭州滩簧等8个曲种。"文革"中解散。1980年恢复后,有苏州评弹、杭州评话和说唱3个曲种。
	16	红旗评弹队	1958	由上海市评弹改进协会部分中青年演员组成,后即下苏浙皖工厂、农村劳动演出。1960年以该队为主体,组成长征评弹团。
	17	解放评弹队	1958	由上海市评弹改进协会部分青年演员组成,后即下农村巡回演出。1960年,以该组为主体组成星火评弹团。
	18	浙江省曲艺团	1959	原名浙江曲艺队。最初,演员均来自上海评弹改进协会和上海评弹团。"文革"中一度停演。1971年恢复演出后,从本省各市县评弹团中吸收人员,加强演出力量。1979年改现名。
	19	嘉兴市评弹团	1959	初时,成员14人均来自苏州评弹改进协会。后改名南湖评弹团。1970年解散,1977年恢复建制后改现名。
	20	江苏省曲艺团	1960	团内曾有苏州评弹、扬州评弹、徐州琴书、淮阴锣鼓等曲种,以苏州评弹为主。
	21	无锡市评弹团	1960	由先锋、红旗和曙光等评弹组以及无锡县评弹组等组成,原名无锡市曲艺团。"文革"中解散。1971年建立无锡市评弹队,1978年重建曲艺团,1979年更改现名。
	22	镇江市曲艺团	1960	以苏州评弹和扬州评话为主。"文革"中解散,1979年恢复。
	23	嘉善县评弹团	1960	前身为县曲艺团,后改评弹团。"文革"中撤销,1978年重建。
	24	先锋评弹团	1960	由上海评弹改进协会部分会员组成。1972年解散。
	25	凌霄评弹团	1960	由上海市评弹改进协会部分会员组成。1972年解散。

(续表)

地区	序号	团　名	成立时间	简　介
其他地区	26	江南评弹团	1960	由上海市评弹改进协会部分会员组成。1972年解散。1980年,以该团成员为主,并吸收部分其他团成员,组成新艺评弹团。
	27	德清评弹团	1961	1970年解散,1977年恢复建制。
	28	海宁县曲艺团	1963	"文革"中解散,1973年恢复建制。
	29	海盐县评弹团	1963	"文革"中解散,1978年恢复建制。
	30	湖州市评弹团	1963	1964年并入吴兴县曲艺团,1966年后解散。1977年建立评弹队,1978年改现名。
	31	无锡县评弹团	1965	"文革"中解散,1972年组成无锡县文艺队评弹组,1974年恢复建制。
	32	桐乡县评弹团	1965	原名桐乡县曲艺团,1969年解散,1976年重建后改现名。

资料来源:吴宗锡主编《评弹文化词典》,汉语大词典出版社,1996年,第403—414页。

6. 评弹票房

到书场中听评弹者统称为"听客",资历深的更称为"老听客"。同行业听客日常进行业余弹唱者称票友,组织则称票房,如上海的和平社、银联社、集明社、联志社、书迷社、知音社、绸布社、和平社、华联同乐社等。苏州有银联社以及和平社的分社。1948年苏州和平分社社长为金毓周,擅说《啼笑因缘》,书艺颇博好评。1949年以后,苏州和平分社社长为毕存生和叶楸华。毕是上海人,曾在东北人民银行工作过。叶是安徽人,在镇江某大学任教。社址位于山塘街上,建立时有二三十名社员。时至今日,苏州地区依然有不少的评弹票房,票友以艺相聚,共享评弹带来的乐趣。

三、演出场所

1. 评弹堂会

在传统社会,富裕家庭每逢喜庆节日如小孩满月、祝寿等,都会邀请评弹艺人前往家中或饭店酒楼弹唱,可以任意点唱,习称"堂会"。明清时期,堂会听众多为闺阁女性。还有包唱半月、一月者,称"长堂会"。

2. 书　场

评弹的演出场所,原本依附在茶馆中,称茶馆书场。后因评弹演出日益频繁,书场从茶馆中分离出来,成为独立的经济实体,标志是1931年吴县茶馆书场同业公会的成立。苏州城内较为有名的书场有聚来厅书场、吴苑书场、椿沁园书场、光裕书场等。

书场根据其经营性质分为专业书场、舞厅书场、旅社书场、公园书场、俱乐部书场等。书场有时还称为书社,如上海一新义记书社;还称书苑、书屋、书楼、书馆等,较为著名的如上海乡音书苑、上海万华书屋、大观园书馆、玉箫书楼等。书场的经营者被演员称为"场东",服务人员称"茶博士"。演员在书场中演出,称为"场唱"或者"坐场";一处演毕,赶往他处,谓之"赶场子"。书场中的入场凭证,原为竹木制成、烙有火印记号的书筹。书场中用以张告演员及演出书目、记事的油漆木牌,称为"水牌",可以用水擦洗。在书场中,中间竖放的长台,习惯上称为"状元台",多为年长且听书资历较深的老听客专座;而在两旁横放的长凳,因形如蜈蚣之足,称"百脚凳"。20世纪50年代,茶馆书场业经过社会主义改造,产权发生了很大改变。50年代至80年代,上海经营管理人员将全市范围内书场演员演出书目列表刊出,称"书场阵容表"。今日,此种功能被专业评弹网站如中国评弹网、上海评弹网等所取代。

3. 空中书场

苏、沪两地的广播电台播放的评弹节目,一般由商人出资邀请评弹艺人弹唱,为其做商业广告。始于20世纪40年代的大百万金空中书场,有《大百万金空中书场开篇集》问世。50年代以后,改名广播书场,不做商业广告,内容多为政治宣传或政治教育。80年代以后,随着电视机的普及,又出现了电视书场,由苏州广电总台承办。

4. 中国评弹网

成立于2000年9月,由常熟电台前任副台长郁乃舜发起创立。起初挂在虞山热线上,后通过苏州评弹收藏鉴赏学会与苏州电信联系,中国评弹网免费挂在苏州热线上。中国评弹网现由苏州市曲艺家协会和苏州市评弹团主办,苏州评弹收藏鉴赏学会协办。该网站上的内容主要分两大部分,新闻、图片、人物介绍、票友活动、艺术论坛加起来占50%,其余为视听资料。票友活动既有介绍票房组织和演出情况者,也有发布当代评弹小报的,如常熟市评弹团和常熟市曲艺家协会合办的《评弹票友》。网站的视听资料大部分是网友从电台的"空中书场"、电视台的"电视书场"和一些地方书场下载或录播,无偿提供给网站的。中国评弹网是当代很好的曲艺交流平台,培养了一批忠实的听众。

四、表演形式

1. 长篇书目

长篇书目为评弹的根本。一部长篇可以分为几十回、上百回连续演唱,每天演唱一回或数回,所谓"把往事今朝重提起,破功夫明日早些来"。长篇书目篇幅较长,人物很多,情节复杂,既有弄堂书,也有骨子书、关子书。如果评弹艺人将长篇中的某位人物角色说得活灵活现,则被听客称为"活某某"。传统的评话、弹词均为长篇,评话内容多以历史、武侠故事为主,如《三国》《英烈》《七侠五义》,人称"战场";传统的弹词内容多以男女情爱纠葛或者家庭生活纠纷为主,如《珍珠塔》《玉蜻蜓》《描金凤》等,人称"情场"。1949年后,也创长篇书目,如《林海雪原》《白毛女》等。另外,长篇书目经历过多次"斩尾巴",是评弹艺术史上的浩劫;"接尾巴"后,对长篇书目进行一系列整旧与革新,诸如《庵堂认母》等经典回目。

2. 一至三类书

此为苏州评弹书目的分类方法,由陈云于1959年提出。一类书乃传统书,又称老书。一类书在历史上长期流传,经过各代艺人的加工提升,拥有广泛听众基础,说表艺术非常丰富,如《珍珠塔》《玉蜻蜓》《白蛇传》等。二类书是在1951年"斩尾巴"后,由艺人根据古典小说和当时流行的传统戏曲改编而成的,重演唱而轻说表,如《四进士》《梁祝》《双按院》等。三类书则是现代题材的新书,突出政治思想性,有《白毛女》《苦菜花》《林海雪原》《江南红》等书目。

3. 中篇评弹

中篇评弹是顺应中华人民共和国成立后时事变化需要而产生的,以上海评弹团于1952年编演的《一定要把淮河修好》为起点,体现政治化特点。中篇评弹一般分三到四回,或者上下两集。演出时,有以弹词演员为主的,有评话与弹词混搭演出的,还有以评话为主的,形式灵活。较之长篇书目,中篇评弹编演时间短,花费人力、物力、财力较多,内容多以1949年后的政治、人物为主,角色时有固定化倾向,虽满足听众短时间内听完一部书的愿望,但能流传下来的精品较少。

4. 开 篇

开篇即正书之前加唱的篇子,以七言韵文为主,强调故事的完整性,独立成篇。有时也可作为独立演出的节目。如单则开篇无法体现故事的完整性,会分成系列开篇,最后编辑成册,如《红楼梦开篇集》等。开篇中加入对白,则称"对白开篇",或称"对唱开篇",如《倪高风对唱开篇集》。有时还加入"打琴"取代三弦、琵琶等,称"打琴开篇"。在开篇中大量加入俚语白话,虽不如传统开篇韵味悠长,但因节奏感强而能够稍微弥补自身不足。艺人为吸引听客注意,有时还会在一则开篇中用多种流派进行演唱,时称"什锦开篇",多为当时人所诟病。开篇内容直接为介绍商品或者商家的,则为"广告开篇",在20世纪30—40年代非常流行,是当时商业文化的重要组成部分,如《高乐开篇集》《原子蓝布开篇集》等。开篇内容多为打趣、取笑,称"滑稽开篇"或"玩笑开篇"。开篇内容虽固定,但评弹艺人根据各自唱腔特点,也会唱出不同的韵味。开篇演唱是基本曲调的反复,具有即兴发挥的特点。1949年后,还出现了"谱唱开篇",改即兴为固定,符合当时政治宣传的需要。

5. 书 戏

可视为评弹的一种表现形式,又称"化妆弹词"。由评弹艺人按照戏曲的程式,唱书调、念苏白、扮演角色。书戏这种形式开始于1911年,限于行业内部的交流演出。20世纪20年代,当时的评弹名家夏莲君、朱少卿、朱琴香等借助上海滩新兴的游艺场所进行演出。后来,每逢重大节日或赈灾义演,评弹艺人也会进行书戏演出。1949年后,曾编演了《林冲》《小二黑结婚》等,众多名家如蒋月泉、朱慧珍、范雪君、徐雪月等均有参与。

五、人物流派

1. 四大名家

评弹在衍化过程中,每个时代均会出现名家并称(多为四个)的情况。如清乾隆、嘉庆年间的"前四家",包括演唱《玉蜻蜓》《双金锭》的陈遇乾,演唱《白蛇传》《玉蜻蜓》的毛菖佩,演唱《倭袍》《玉蜻蜓》的俞秀山,演唱《白蛇传》《玉蜻蜓》的陆瑞廷。"后四家"则为清咸丰、同治年间,演唱《玉蜻蜓》的弹词艺人马如飞,演唱《水浒》的姚士章,演唱《玉夔龙》《描金凤》《三笑》的赵湘洲,演唱《倭袍》的王石泉。还有20世纪20年代的朱耀庭、杨筱亭、张云亭、金桂庭"四庭柱",40年代的夏荷生、沈俭安、蒋如庭、周玉泉"四大名家"。

2. 评弹流派

弹词流派唱腔一般认为有陈(遇乾)调、俞(秀山)调(另一种说法,俞调为虞调,常熟一带女性说书者常用唱调)、马(如飞)调、魏(钰卿)调、周(玉泉)调、小阳(杨仁麟)调、祥(朱耀祥)调、蒋(月泉)调、沈(俭安)调、夏(荷生)调、薛(筱卿)调、徐(云志)调、祁(莲芳)调、张(鉴庭)调、姚(荫梅)调、杨(振雄)调、严(雪亭)调、琴(朱雪琴)调、丽(徐丽仙)调、侯(莉君)调、翔(徐天翔)调、尤(惠秋)调、李仲康调、王月香调、薛小飞调25种。另一种说法是再加清后期毛菖佩的毛调为26种。流派唱腔的相互影响关系如下图所示:

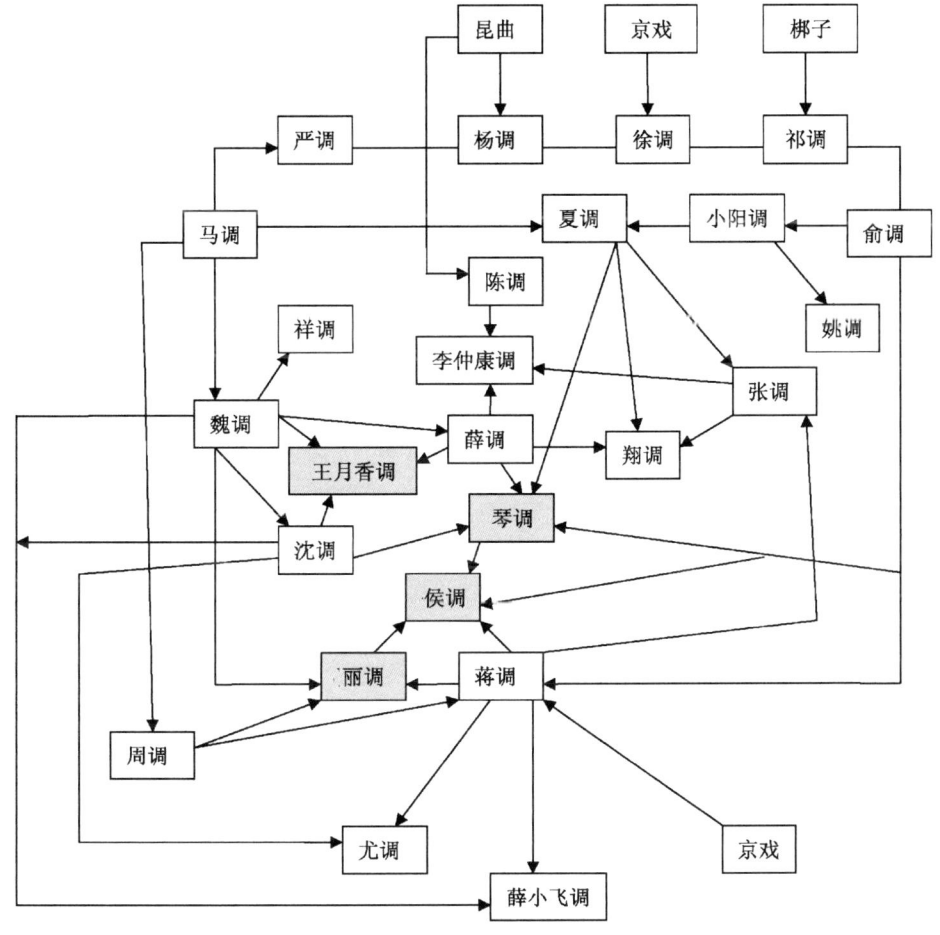

图 19-1 评弹流派唱腔相互影响关系图

各流派创始人小传如下:

陈遇乾 陈调创始人。苏州人,活动始于清乾隆时,活跃于嘉庆、道光年间。陈调受到昆曲、乱弹唱腔的影响。说唱《玉蜻蜓》《白蛇传》等书。传徒张兆堂,再传田锦山,传至第四代以后再无传人。

俞秀山 俞调创始人。苏州人,活跃于清嘉庆、道光年间。和陈遇乾、毛菖佩、陆瑞廷并称为"前四家"。说唱《玉蜻蜓》《白蛇传》《倭袍》等书。受其姐姐所唱词曲影响,形成了缠绵悱恻的流派唱腔,善于表达女性的内心世界,为女性弹词艺人所传承。传人钱耀山、王石泉,再传弟子王子和、周玉泉、俞筱云、俞筱霞、谢筱泉等,达百余人。

马如飞 马调创始人。丹阳人,活跃于清咸丰、同治年间,为"后四家"之一。从表兄桂秋荣学习《珍珠塔》,表兄故意刁难,未拿出全部脚本。后经文人相助,将《珍珠塔》的脚本修改加工,与表兄桂秋荣敌档获得空前成功,从此名声大噪。其编创能力很强,开篇数以百计,后收入《南词小引初集》,还曾编演《倭袍》。《珍珠塔》传人几乎全部出其门下,如魏钰卿、杨月槎、魏含英、薛筱卿、沈俭安、周云瑞、陈希安、朱雪琴、薛小飞等。

魏钰卿(1879—1946) 魏调创始人。苏州人。1905年师从于马如飞弟子姚文卿学《珍珠塔》,发展马调而成苍劲有力、运腔自如的"魏调"。20世纪20年代成为当时书坛的大响档,往返于苏沪书场演出。一度与子魏含英拼档,后单档演出,因《珍珠塔》非常文气,时称"书坛文状元"。传人很多,有钟笑侬、薛筱卿、沈俭安、王燕语、魏含英等。

朱耀祥(1894—1969) 祥调创始人。无锡人。从赵筱卿学《描金凤》《大红袍》等。20世纪30年代与赵稼秋拼档说唱长篇《大红袍》《四香缘》等,红极一时。后邀请朱兰庵、陆澹庵编写长篇弹词《啼笑因缘》,演出非常成功。1949年参与书戏《小二黑结婚》的演出,先后加入常熟评弹团和苏州人民评弹团。唱腔吸收了苏滩的特色,世称祥调。传人有儿子朱小祥、朱幼祥等,徒弟有程美珍、高美玲等。

周玉泉(1897—1974) 周调创始人。苏州人。16岁跟随张福田学《文武香球》,同年在光裕社出道跑码头说书。1928年,跟随王子和习《玉蜻蜓》,名声大噪于上海,与夏荷生、徐云志合称为最有名的"三单档"。说书以"阴噱"著称于世,与华伯明、薛君亚、徐翰芳等拼档演出。其唱腔借鉴了京剧的行腔特点,字正腔圆、韵味醇厚,世称"周调"。传人有蒋月泉、华伯明、薛君亚、徐伯菁等。

杨仁麟(1906—1983) 小阳调创始人。苏州人。8岁开始跟随养父杨筱亭习《白蛇传》《双珠球》,12岁登台演出。在杨筱亭基础上丰富发展了《白蛇传》,人称"蛇王"。1949年后,与张维桢、朱雪玲等拼档,1960年加入上海人民评弹团,参与《白蛇传》的整理与加工。其唱腔假嗓多于真嗓,并加入了京剧程派的特点,丰富发展了其父杨筱亭始创的"小阳调"。传人有徐绿霞、杜剑华、杜剑鸣、陆剑青、赵玲玉等。

沈俭安(1900—1964) 沈调创始人。苏州人。其父沈友庭擅说《白蛇传》《双珠球》等。先后拜沈勤安、朱兼庄、魏钰卿等为师。出道后,曾与钟笑侬合作。1924年与魏钰卿另一弟子薛筱卿合作,大受听客赞赏,沈薛档被人冠以"塔王"之称。因过于劳累,嗓音渐渐失色,后结合自身特点将唱腔加以改变,称"沈调"。传人有周云瑞、陈希安、汤乃安、侯九霞、赵开生、汤乃秋、徐檬丹等。

夏荷生(1899—1946) 夏调创始人。浙江嘉善人。16岁拜钱幼卿习《描金凤》。20世纪20年代初,与王斌泉、陈瑞麟合称"码头三巨头"。1929年苏州评弹会书中,被誉为"描王",先后加入润余社和光裕社。30年代末,被上海听众评为"四大名家"之一。后因积劳成疾,吸食鸦片,壮年身死。嗓音铿锵高亢,挺拔清亮,响弹响唱,真假嗓结合,节奏感强,富有表现力,世称"夏调"。传人有徐天翔等。

徐云志(1901—1978) 徐调创始人。苏州人。14岁投师夏莲生习《三笑》,两年后离师单档演出。20世纪20年代初,凭借嗓音好、音域宽的条件,创造新腔,被称为"徐调"。"徐调"唱腔用钢丝弦伴奏,真假嗓并用,徐缓悠扬,拖腔委婉起伏,被人们称为"糯米腔"或"迷魂腔"。1927年光裕社举行会书时,凭一回《点秋香》哄动评弹界。成名后长期在上海演出,1949年后至苏州,加入苏州人民评弹团。除《三笑》外,还先后说过《贩马记》《合同记》《碧玉簪》等长篇。传人有严雪亭、邢瑞亭、祝逸亭、华士亭、华佩亭、孙钰亭、杨学亭、吴醉亭、高绶亭、王鹰、邢雯芝、张如庭等。

薛筱卿(1901—1980) 薛调创始人。苏州人。12岁师从魏钰卿习《珍珠塔》,15岁拼师徒档演出于苏州地区。1924年与沈俭安合作,红遍江南。1954年加入上海市人民评弹工作团。嗓音明亮清脆,咬字清劲峭拔,唱腔具有明快流畅、稳健铿锵的特点,称"薛调",为流传最广的弹词流派唱腔之一。传人有郭彬卿、庞学卿、庄振华、俞红叶、王楚人、薛惠君等。

姚荫梅(1906—1997) 姚调创始人。吴县人。4岁登台,演出评话《金台传》。改学弹词,拜唐芝云为师,学唱《描金凤》。1924年起,与夏莲君、朱琴香、尤少卿、赵湘泉等十余人组合成班,在上海大世界游乐场演唱书戏。20多岁时,因其《大红袍》无师承关系,为符合光裕社社规,拜朱耀祥为师。1935年,着手将《啼笑因缘》改编成弹词。1945年8月,于上海沧洲书场开说《啼笑因缘》,此后即长期走红。语言生动,描述细腻,说表亲切自然,有"巧嘴"之誉。且说表以噱见长,诙谐风趣;曲调自成流派,以吐字清晰、婉转亲切、富有幽默感为特色,世称"姚调"。1951 年加入上海市人民评弹工作团,为首批入团的 18 位演员之一。传人有陆筱英、周蝶影、周云艳、蒋云仙、江肇焜等。

严雪亭(1913—1983) 严调创始人。苏州人。14 岁拜徐云志为师学弹词《三笑》。15 岁起以单档形式在江浙一带演出。20 世纪 30 年代初即崭露头角。1936 年进入上海,渐有声誉。后以《杨乃武与小白菜》为主要演出书目,并以此蜚声书坛,红极一时。1952 年及 1956 年两次参加上海市人民评弹工作团(今上海评弹团)。唱腔以旋律朴质、口齿清楚、叙事明白为特点,适合单档演唱,自成流派,世称"严调"。曾任上海评弹改进协会主任委员、上海市曲艺工作者协会第一届副主席。传人有陆士鸣、胡鹿鸣、朱一鸣、朱传鸣、陈丽鸣、胡国梁、石一凤等。

祁莲芳(1910—1986) 祁调创始人。苏州人。1920 年拜外祖父陈子祥为师,13 岁上台演出。1958 年参加上海市评弹艺人演出队。1960 年转入杨浦区星火评弹团。1979 年任东方评弹团艺术顾问。结合自身嗓音特点,形成了清丽娴静、丝丝入扣的"迷魂调",称"祁调"。唱腔后经周云瑞发展,深受听众喜爱。代表作有《绣香囊》《小金钱》《双珠凤》和开篇《剑阁闻铃》《黛玉焚稿》等。传人有邢晏芝、徐文萍、严燕君、徐淑娟等。

李仲康(1907—1970) 李仲康调创始人。浙江海宁人。16 岁从父李文彬学唱《杨乃武与小白菜》,艺成后长期在江浙城乡演出,极受欢迎,有"码头老虎"之称。兄李伯康亦为名家响档。1959 年加入苏州市人民评弹二团,1963 年调苏州市人民评弹三团。说表语音清楚,字字铿锵,唱腔节奏明快,起伏自如。与其子子红拼档后,子红琵琶伴奏时用多种技巧衬托,使唱腔更具特色,人称"李仲康调"。传人有子李子红,徒张如秋、余韵霖、金丽生等。

蒋月泉(1917—2001) 蒋调创始人。苏州人。先后拜张云亭、周玉泉为师。一度与周拼档,并在"周调"基础上发展成旋律优美、韵味醇厚的"蒋调",成为弹词的主要唱腔流派。20 世纪 40 年代曾与钟月樵、王柏荫等拼档。50 年代初参加书戏《小二黑结婚》《林冲》的演出。1951 年加入上海市人民评弹工作团(今上海评弹团),任副团长,为首批入团的 18 位演员之一。1952 年参演中篇《一定要把淮河修好》。后与朱慧珍拼档演出,在杨仁麟、陈灵犀等协助下整理长篇《白蛇传》,又与陈灵犀合作整理长篇《玉蜻蜓》,并与朱慧珍拼档演出。60 年代,先后参加整理、演出中篇《厅堂夺子》,改编、演出中篇《夺印》。1989 年获中国第一届金唱片奖。曾任中国文学艺术界联合会第四届委员,中国曲艺家协会第

二、三届副主席及上海分会第一、二届副主席。传人有王柏荫、秦建国等。

杨振雄（1920—1998） 杨调创始人。苏州人。杨斌奎长子。9岁随父学《大红袍》《描金凤》。1944年后在江浙一带单档演出。致力于将清传奇《长生殿》改编为弹词，并在表演上借鉴昆剧艺术，形成独特的风格，世称"杨调"。1948年进入上海，以《长生殿》一举成名。1949年与费一苇合作，改编长篇《武松》。1953年从黄异庵学长篇弹词《西厢记》，并与黄拼档。1954年加入上海市人民评弹工作团（今上海评弹团），与弟杨振言拼档演出。传人有孙淑英、沈伟辰等。

张鉴庭（1909—1984） 张调创始人。无锡人。17岁在浙江湖州桑林镇拜弹词演员朱咏春为师。从1928年起与其弟张鉴国合作，演唱《珍珠塔》和《倭袍》中的片断。后依据长篇小说为蓝本，自编长篇弹词《十美图》《顾鼎臣》。1929—1939年多次进上海方才立定脚跟。1941年起，与鉴国拼档，在江浙沪各大中城市及电台演唱。1951年加入上海市人民评弹工作团（今上海评弹团），为首批入团的18位演员之一。自20世纪40年代起便开始形成自己的表演风格，至50年代初渐臻成熟。其唱腔称为"张调"。"张调"的特点是刚劲挺拔，火爆中见深沉，是流传极广的评弹流派唱腔之一。传人有徒周剑萍、陈剑青、黄嘉明、王锡钦等。

朱雪琴（1923—1994） 琴调创始人。常熟人。1933—1936年先后做朱云天、朱美英、朱蓉舫下手，说唱《双金锭》《描金凤》《珍珠塔》。1938年夏改名雪琴，并从寄父沈俭安补习《珍珠塔》前段。1947年改翻上手，与徒朱雪吟拼档说唱《珍珠塔》《双金锭》，声誉渐著。1951年与郭彬卿拼档说唱长篇《梁祝》及《琵琶记》，风靡江浙码头，成为响档。1956年加入上海市人民评弹工作团（今上海评弹团），仍与郭彬卿拼档，演出《珍珠塔》等长篇。1978年后与薛惠君拼档。擅弹唱，在"沈调"基础上发展个人风格，复得郭彬卿琵琶伴奏，形成流派唱腔"琴调"。"琴调"代表作有选曲《英台哭灵》《岳母刺字》《潇湘夜雨》等。传人有朱雪玲、朱雪吟、朱雪霞等。

徐天翔（1921—1992） 翔调创始人。上海人。1936年师从夏荷生习《描金凤》。曾与杨德麟拼档。先在上海人民广播电台说唱团工作，1959年加入浙江曲艺队（今浙江曲艺团），为该团创建人之一。说唱书目除《描金凤》外，还有长篇《白毛女》《宝莲灯》《血碑记》。唱腔在"夏调"基础上吸收"蒋调""薛调"以及京剧的某些腔调，形成独特唱腔，人称"翔调"。唱法上较多运用喷口、顿音等。传人有袁逸良、孙继庭等。

徐丽仙(1928—1984) 丽调创始人。苏州人。幼被普余社钱家班钱锦章收为养女,11岁起即随养母在茶楼、酒馆卖唱。15岁取艺名钱丽仙,与师姐拼档弹唱长篇弹词《倭袍》《啼笑因缘》。1949年恢复本姓,与女徒包丽芳拼档演出《啼笑因缘》《刘胡兰》等书目。1953年春参加上海市人民评弹工作团(今上海评弹团)。一度与姚荫梅、刘天韵、张维桢等拼档演出。20世纪50年代初,形成风格鲜明的流派唱腔"丽调",影响深远。曾任中国曲艺家协会第一、二届理事,中国音乐家协会第二届理事。传人有包丽芳、蔡丽初、程丽秋、沈丽华、王惠凤、赵丽芳、张碧华等。

侯莉君(1925—2004) 侯调创始人。无锡人。早年入钱家班学艺,从师陈亚仙,艺名钱玲(凌)仙。1941年脱离该班,一度辍演。1950年后与徐琴芳拼档演出《落金扇》,改名侯莉君。此后又演出《梁祝》《情探》及革命现代题材弹词《江姐》。50年代中期加入江苏常熟评弹团,后调入苏州地区评弹团、苏州人民评弹团,1960年又调至江苏省曲艺团为主要演员。侯的唱腔在"蒋调"基础上,上下回旋,又吸收"俞调"及京剧旦角唱腔,并据自己的嗓音条件创造了"侯调",很适合表现女性哀怨、凄苦、悲痛、愁思等感情。代表作有《莺莺拜月》《英台哭灵》等开篇。传人有女儿侯小莉、徒唐文莉等。

薛小飞(1939—2012) 薛小飞调创始人。常熟人。1950年拜朱霞飞为师学习《珍珠塔》,后随魏含英补足《珍珠塔》。"文革"中转业到苏州人民灯泡厂,1978年调回苏州市评弹团重返书坛,1999年12月退休。为中国民主促进会会员、中国曲艺家协会会员,江苏省非物质文化遗产苏州评弹代表性传承人,苏州市评弹团原艺委会主任、国家一级演员。传人有袁小良等。

王月香(1933—2011) 王月香调创始人。苏州人。幼年从父王如泉学艺,8岁起即与姐兰香、再香拼三股档演唱《双珠凤》,18岁起放单档。20世纪50年代加入苏州人民评弹一团后,与徐碧英拼档说唱《梁祝》,还演出长篇《孟丽君》《红色的种子》及中篇《三斩杨虎》《老杨和小杨》《白衣血冤》。80年代初调入苏州评弹学校任教,后退休。所创"王月香调"响弹响唱,节奏明快,感情奔放。代表作有《三斩杨虎》《英台哭灵》等。有徒赵慧兰等。

尤惠秋(1930—2000) 尤调创始人。上海青浦人。12岁至苏州师从吴筱舫学《白蛇传》《玉蜻蜓》,后与师兄吴剑秋拼档演出。1948年到上海献艺,并在电台演唱开篇。1952年起与朱雪吟拼档,同年参加苏州市评弹团,先后演唱《梁祝》《钗头凤》《王十朋》等长篇书目。1957年又拜师沈俭安,补学《珍珠塔》。1959年调至江苏省曲艺团,1965年又调无锡市评弹团。弹唱善用中低音特长,在"沈调""薛调"及"蒋调"基础上,借鉴吸收京剧老生唱腔,世称"尤调"。传人有魏建安、袁小良等。

3."七煞档"

20世纪40年代活跃于上海书坛的七档有名望的档子,人称"七煞档"。它们互相介绍场子,联合演出。包括弹唱《十美图》《顾鼎臣》的张鉴庭、张鉴国兄弟档,弹唱《珍珠塔》的周云瑞、陈希安档,弹唱《玉蜻蜓》的蒋月泉、钟月樵档,评话有开讲《七侠五义》的韩士良,开讲《英烈》的张鸿声,开讲《三国》的唐耿良,开讲《张文祥刺马》的潘伯英。后因演出收入分配不均,分崩离析。"七煞档"中的双张档、周陈档、蒋钟档及唐耿良单档,在20世纪50年代又被称为"四响档"。

4. 女弹词

"女弹词"通常指演唱弹词的女艺人,包括盲女弹词、书寓女弹词及职业女弹词三类,是江南女艺人在社会变迁过程中所获得的社会性别身份。有称"女说书""女先生",据持平叟《接女弹词小志》:"上海风俗称女弹词为先生。"亦称"女唱书",据张梦飞《女弹词之掌故录》考证:"龙湫旧隐不知何许人,尝记《女弹词》一文云,弹词女即沪谚所称女唱书。"只是"女说书""女先生"的外延较之"女弹词"要大,既包括只说不唱的女评话家,也包括讲唱兼用的女弹词。而"女唱书"则似与"女弹词"含义相吻合。有时还称"女先儿",可视为"女说书先生""女先生"的简称,大致流行于清中叶以前。清道咸年间,女弹词与妓女合流,昔称之"女说书",又被时人称为"词史"。蒋九公《女弹词六十年的轮回》谓:"唱京调秦腔的妓女曰校书,唱弹词开篇的妓女曰词史。"有时,妓女还会以居所自称"书寓",亦混迹于女弹词之列。民国后"女弹词"的指涉与今天已基本吻合了。

5. 曲艺资料整理与研究代表人物

阿英(1900—1977) 文学家、作家。原名钱杏邨,又名钱德富、钱德赋,阿英为笔名,曾用笔名还有魏如晦、张若英、鹰隼等。安徽芜湖人。一生著述丰富,涉及文学、文艺理论、文艺批评、戏剧、电影文学史、美术史等多方面,又重视俗文学及曲艺资料的搜集、整理和研究工作。在弹词方面曾著有《弹词小说评考》《女弹词小史》等。有关小说、弹词的著述,今已收入《小说闲谈》《小说二谈》《小说三谈》《小说四谈》等著作中出版。另外《晚清文学丛钞》《鸦片战争文学集》等著作中也有曲艺、弹词作品及资料。其中《弹词小说评考》较多涉及案头传统;《女弹词小史》兼顾与今日评弹相同的"表演"体系,考察了晚清至20世纪30年代女弹词的衍化,资料翔实,为进一步研究女弹词乃至评弹史的重要资料。

谭正璧(1901—1991) 文学史家、俗文学家。江苏嘉定(今属上海)人。对案头弹词研究极为重视,1922年发表弹词小说《落花梦》。之后编著文学史、文学概论时,将弹词等说唱作品纳入其中,在《中国文学进化史》一书中专立"弹词文学"条目,在《中国女性的文学生活》(1930年)等著作中均设有弹词文学专章或专节,在《中国文学家大辞典》(1934年)中列有"弹词作家"条目,1949年后依据长期搜集之评弹资料编著《弹词叙录》及《评弹通考》等研究评弹的重要工具书。

周良(1926—) 原名濮良汉,江苏海门人。早年就读于上海大夏大学,后赴苏北解放区参加革命,为南下干部,曾任苏州市文化局局长、苏州市文联主席等职。研究包括评弹艺术论、评弹的传承与发展(其中包括评弹书目的整理、传承)、评弹的危机以及应对之策、评弹与非物质文化遗产保护、评弹史料的整理与研究等几个方面。出版著作丰富,包括《苏州评弹旧闻钞》《评弹史话》《苏州评弹艺术初探》《论苏州评弹书目》等,还主编有《苏州评弹知识手册》《中国曲艺音乐集成·江苏卷》《中国曲艺志·江苏卷苏州分卷》。曾任江苏曲艺家协会主席、江浙沪评弹领导小组副组长、《中国曲艺志》副主编,获得中国戏剧界梅花奖终身成就奖。

陈灵犀(1902—1983) 评弹作家。广东潮阳人。以其作品之量多质优而获"评弹一支笔"赞誉。原为上海《社会日报》等报刊编辑,1949年后与平襟亚、周行等人组织新评弹作者联合会,开始撰写评弹作品。1951年起先后任上海市文化局创作研究室创作员,上海市人民评弹工作团(今上海评团)业务指导员以及文学组组长,上海市第一、二届文学艺术界联合会委员。在"整旧"过程中,改编整理长篇弹词《玉蜻蜓》《白蛇传》《秦香莲》,创作现代题材长篇《会计姑娘》,创作、改编中篇《罗汉钱》《红梅赞》《刘胡兰》《厅堂夺子》《林冲》《见姑娘》《杨八姐游春》《唐知县审诰命》《白虎岭》《晴雯》等20余部(其中部分与人合作),撰写开篇、唱词20余篇,其中《六十年代第一春》《王大奎拾鸡蛋》《一粒米》《向秀丽》等皆有较大影响。所写唱词通俗而雅驯,顺口又动听,如《林冲踏雪》《庵堂认母》《厅堂夺子》《芦苇青青·望芦苇》等数十阕至今传唱不息。另有专著《弦边双楫》。

六、编著书刊

1. 出道录

出道录为评弹艺人徒弟出道的册子,既可以体现师徒之间艺术上的传承关系,也可借出道之际拓宽人际交往,为日后演出铺平道路。光裕社社员的出道程序最为复杂、严密,包括出茶道、出道、出大道。出茶道比较简单,艺徒由业师带到茶会上,介绍与同道认识,为同道付一次合堂茶资就完事。艺徒出了茶道,便有资格上茶会、进公所和在苏州演出。如果艺徒的贽金还没有付清,就得与业师拼档演出一个时期,收入归业师,这叫做"树上开花";之后便可以自行演出,收入归自己了。因为出茶道是在艺人的茶会上举行,所以可以说艺人的演艺生涯起源于茶会。出道比较复杂,必须得到业师的同意,由业师"领"出道,因而要孝敬业师一笔钱(一般要两三桌酒席的代价),并向公所交付出道费,然后由业师带领遍谒同道。出道后,公所的小牌上有了名字,就有资格收艺徒和在苏州较大的书场演出。再过若干年,就可出大道,办几桌酒宴请出过大道的人,他的名字便从小牌移到大牌上。后来出道和出大道合二为一,统名出道。出道后,名字先写在公所小牌上,三年后再移到大牌上,但是不再出钱。

光裕社社员的出道,分为1866—1873年和1878—1944年两个时期,并编辑出道录。有时《南词必览》也被称为"出道录",传为马如飞所编,实为后人假托之作,包括马如飞的轶闻、光裕社成立始末、光裕社员应当遵守的规范、光裕社的规章条例、光裕前辈的艺术总结与经验等。

2. 评弹小报

20世纪30—40年代,苏州、上海等地出现大量评弹小报,登载评弹艺人的资讯,包括演出信息、花边新闻等。著名评弹小报包括《苏州书坛》《上海书坛》《书坛周刊》《弹词画报》《秋海棠书坛专刊》等。有小报非评弹专刊,但开列评弹专栏,如《生报》副刊《书场与戏场》、《真报》副刊《南北书坛》、《奋报》副刊《书苑》及《力报》副刊等。"文革"时期出现《评弹战报》等小报。

3. 开篇集

20世纪20—40年代,报纸广告、电台播音使得评弹听客日益增加,且遍及各个阶层。开篇相较长篇而言,既有独立故事性、完整性,又比较容易学习、弹唱,故而评弹艺人、商家、政府、票友纷纷组织编唱开篇,出版结集为《××开篇集》。评弹艺人通过文人朋友编辑开篇集,可以提升自身文化品位,与其演艺生活形成相得益彰关系,如汪梅韵的《香雪留痕集》。还有文人帮助范雪君编辑出版《苏州开篇集》,吸引读者踊跃购买。而蒋聊庵则把五年来收集的女弹词照片辑成《琴心鬓影集》。商家有时出资出版某些艺人的联合开篇集,有时借助评弹艺人编唱自家的开篇集,主要是为其商业目的,商家与艺人之间形成共赢关系,如1933年上海电台的《说书名家弹词开篇选粹》,1934年的《凤鸣集》《娓娓集》《袅袅集》《书中乐》,1935年的《百灵开篇集》《拾锦集》《水果开篇集》等。政府编辑出版开篇集,多为政治宣传服务。票友组织开篇集,更多是出于一种油然而生的欢喜之情。

4.《陈云同志关于评弹的谈话和通信》

《陈云同志关于评弹的谈话和通信》由中国曲艺出版社1983年出版,主要选入陈云在1959年到1983年间有关评弹的文稿、谈话以及通信,既是陈云听书经验的总结,是其文艺观的集中体现,又是评弹整旧与保护的指导性纲领。概括书中的观点,大致有评弹应该像评弹,强调长篇书目的重要性;要出人、出书、走正路;正确处理新书与传统书的关系;恰当运用评弹噱头;正确处理评弹的传承问题和研究问题。

5.《评弹艺术》

《评弹艺术》是苏州评弹研究会自1982年编辑出版的评弹研究丛刊,是评弹爱好者和评弹研究者非常重要的资料来源和交流平台,自创刊至2010年已出版4期。既有对评弹艺术特征的探讨以及对苏州评弹现状、前途和命运的思考,也有徐云志等老艺人的经验共享、弹词音乐等,刊登诸如刘天韵、周亦亮、曹啸君、杨振雄、杨振言、吴君玉、唐耿良、江文兰、徐丽仙、蒋月泉、胡天如、薛惠萍等老艺人的资料。先后设《评弹掌故》《评弹名人录》《评弹史料》《评弹轶闻》《评弹书信》等专栏,内容包括评弹社团光裕社、润余社、普余社掌故史料的记载,也有书场听书的感受,清至民国年间书坛名家的传说故事,广播电台的创建与利用等。还设有《老听客笔谈》《大学生谈评弹》《中学生评析评弹》等专栏或专辑。

6.《苏州评弹旧闻钞》

周良编著的《苏州评弹旧闻钞》参阅鲁迅《小说旧闻钞》体例,有所创新,分正、附两编,20世纪80年代出版时,收录资料545条。2002年再版,增至758条。正编包括《评话旧闻钞》(136条)、《弹词旧闻钞》(183条)。收录的最早史料为宋至五代时期,资料来源于《西游记平话》等通俗文学,《永乐大典》等文化典籍,《水浒传》《红楼梦》等文学名著,《铁报》《上海生活》等大众媒体,《震川先生集》《牧斋有学集》等文人文集。在《弹词旧闻钞》部分,将案头与书场两种弹词形式进行比对、梳理,让读者了解弹词的这种"共生结构"。附编包括说话、说书、诸宫调、崖词、词话、盲词、南词、拟弹词、妓女弹词等旧闻钞。评弹在本质上是说书的一种,又因在江南而具备与北方说书不同的地域特色,异称而同源。资料的选取兼及文集、竹枝词、报刊等。尤其是竹枝词、报刊资料的收录,非常切合当今社会史研究史料拓展的需要,弥补了正史资料的不足。

(周 巍)

◎ 第二十章　工艺美术 ◎

第二十章 工艺美术

一、工艺演进

苏州工艺美术,是随着苏州地区的开发、苏州先民的创造性劳动而诞生、成长、发展起来的,其过程大致经历了史前至春秋战国的初创时期,秦汉至南北朝的勃兴时期,隋唐至宋元的趋于成熟时期,明清两朝的鼎盛时期,以及辛亥革命至今的变革时期。

1. 初创时期(史前至春秋战国)

1985年,在苏州吴县三山岛发掘出一批有人工打击痕迹的石制品,计5263件。三山岛出土的石器及动物化石属旧石器时代晚期,距今一万年左右。已发现的距今7000—4000年的新石器时代人类遗址则数以百计,这些原始居民点分布遍及苏州地区各处,出土文物有彩陶、石器、纺轮、织物、骨针、水稻等,而且这些织物、稻米为中国出土较早的织物和稻米。最典型的是苏州附近的草鞋山和张陵山新石器时代遗址出土的玉器,有玉玦、玉环、玉镯、玉坠、玉管、玉珠,以及玉璜、玉琮、玉蝉、玉觿、玉璧等。尤其是玉琮上的阴刻兽面纹和玉觿上的透雕花纹,制作精细。早期玉琮一般在圆柱体的外面做出四块凸起的对称弧面,再在其上阴刻或浮雕出兽面纹。与这个主题在形式和内容上最为相似的当属图腾民族的图腾柱,"以玉事神"。杨伯达《泛论中国和田玉玉文化》一文认为:"很可能是在公元前4300年—4200年由于洪水泛滥、海水倒灌、水平线提高,良渚文化区域遭到不可抗拒的严重洪灾,而仓惶出逃奔向四方,其中一支带着玉神器辗转流离,终于到达西北黄土高原,落脚之后将琮璧玉神器及其巫术文化一起传给了齐家文化地区。"吴地远古文明曾有过一次摧毁中断,吴地先进的玉文化影响着华夏文明的进步。这里的玉琮向外发展传播,影响至中国西南、西北、北方地区(苏州博物馆:《吴文化资料选辑》第一辑,1981年。本章有关文物的资料均出于此)。

春秋战国时期,吴国的青铜工艺在中国青铜工艺史上别具一格,有出土的吴王寿梦之戈、吴王诸樊剑、吴王光剑、攻敔王光戈、吴王夫差剑等兵器,以及吴王光鉴、吴王夫差鉴、臧孙编钟等青铜器物,剑器至今仍锋利如新,剑器上的纹样也十分清晰。苏州古代民间艺术有石器、玉器、陶器、骨器、竹编、纺织品、刺绣品、青铜器等早期工艺品,呈现出吴地先民巧思善构的特长,其中尤以玉器、青铜器称著。李学勤引述:"研究金文的学者早已指出,吴、越、徐等国青铜器制作优美,铭文用韵精严,反映着高度的文化水平。过去传统观念以为南方长期在文化上落后于北方,实在是一种误解。"(《从新出青铜器看长江下游文化的发展》,《文物》1980 年第 8 期)吴地的青铜工艺成就至今仍在艺术和学术领域闪烁着光彩。

2. 勃兴时期(秦汉魏晋南北朝)

汉代漆器,在苏州葑门外天宝墩、觅渡桥两处汉墓中均有出土,并出现漆礼器以代替铜器。漆器的造型从实用出发,如漆奁、漆盘、漆案考虑使用的方便,放置的容积以及图案纹样呈多样统一,而装饰花纹形象的抽象化呈现出线的动感,是实用和美观结合的工艺品典范。天宝墩西汉墓中共出土陶壶、陶瓿、陶屋、陶钫、陶鼎、陶灶、陶耳杯、陶灯等釉陶器 40 件,在曲线的运用、宽高的比例、收敛外张等变化的处理上,都别具特色,造型十分优美。觅渡桥东汉墓出土一件铜镜,小圆钮,直径 8 厘米。此镜即透光镜,铜镜外形和普通镜一样并不真正透光,但当光线照在镜面上时,镜面相对的墙上会反映出镜背花纹的影像,背有铭文一周 18 个字,鉴面隐然有迹,所以于光照下出现。近代研究认为铜镜在制作时产生铸造应力,在研磨时又产生压应力,因而使镜面产生与背面花纹相应的曲率,引起透光效应。铜镜式样丰富,制作精巧,具有很高的艺术性和装饰性。

孙吴时,苏州一带出产的吴丝、吴绫早已成为地方特产,并随着经济社会的发展对外扩散,流传到全国各地以及越洋至日本。西晋光熙元年(306)和永嘉四年(310),日本应神天皇时期,曾两次派人至吴,聘请养蚕、刺绣、织锦绫的匠师去日本传授技艺。据日本斋藤磐著《传统的日本刺绣》和秋山光男著《日本刺绣》介绍,日本刺绣是在飞鸟时代由中国传入的。日本飞鸟时代为 6 世纪末到 8 世纪初,相当于我国隋唐时期。当时曾大量地绣制了皇宫贵族的衣着、佛像、武具及生活日用品,现在尚可见到江户时代的释迦如来佛的绣像。唐代,海外船舶可由吴淞江直抵苏州城下,苏州的对外贸易日趋发达,所产丝、绢、绫、缎等远销国内外。苏州的刺绣服饰也随之传入日本,对日本传统服装——和服的形成和演变产生了重要影响。

著名的"六朝三杰"东晋顾恺之、南朝宋陆探微、南朝梁张僧繇在佛教文化艺术创作中各有传神之作。张僧繇的画风对唐代艺术影响极大,当时流传着"(吴)道子画,(杨)惠之塑,夺得僧繇神笔路"的口头语。梁武帝时的文学家苏州人张率在《绣赋》中赞道:"寻造物之妙巧,固饬化于百工。嗟莫先于黼绣,自帝虞而观风。杂藻火与粉米,郁山龙与华虫。若夫观其缔缀,与其依放。龟龙为文,神仙成像。总五色而极思,藉罗纨而发想。具万物之有状,尽众化之为形。"(陈元龙:《历代赋汇》,江苏古籍出版社,1987年)苏州刺绣艺术已出神入化。

在南北朝时期,苏州在书画雕塑方面接连出了多位大家,上承两汉,下启隋唐,为吴地民间手工艺术奠定了高品位发展的基础。这时期的文化艺术,影响了以后成长起来的民间艺术。两者相互为用,苏州的民间艺术也因此带有浓厚的吴文化色彩。

3. 成熟时期(隋唐宋元)

唐代的文学艺术空前繁荣。吴道子的人物画、王维的山水画、杨惠之的雕塑,至今都具有垂范作用。此时苏州民间的织锦、印染、陶瓷、金银器、漆器、木雕等,在艺术和技术上也都远远超过了前代。唐代的装饰艺术进入了高度成熟的黄金时代,形成了清新活泼、富丽丰满的艺术风格,今天还可在各种工艺装饰上看到它的影响。苏州的琢玉、漆器、制瓷、泥塑、刻版、金银器等均达到很高的水平。《吴郡志》(江苏古籍出版社,1999年)载:昆山慧聚寺大殿佛像及西偏小殿毗沙门天王像,"并左右侍立十余人,皆凛凛有生气,塑工妙绝,相传为唐杨惠之所作……"甪直保圣寺有元代书法家赵孟頫书联语:"梵宫敕建梁朝,推甪里禅林第一;罗汉溯源惠之,为江南佛像无双。"是说该寺江南无双的罗汉像为杨惠之所塑。苏州东山紫金庵传神之十八罗汉,传是雷潮夫妇所作。民间工艺编织产品中的"虎丘草席"闻名全国。

苏州人财富殷盛,而金银器又为上层社会大量使用。苏州人心灵手巧,民间有不少细工制作金银器的能手,采用切削、抛光、焊接、刻凿、铆、镀等金属加工手法,能在造型优美的器物上錾出点、线、面构成的装饰纹样,与金银表面的光泽相映生辉。金的加工方法有14种,如销金、拍金、镀金、砑金、泥金、镂金、捻金、戗金等,经复杂工艺加工而成的金银器具呈现出高贵华丽的效果。韩愈有"金炉香动螭头暗"、白居易有"珠箔银屏迤逦开"的诗句来咏颂金银器的工艺水平。

苏州西南郊七子山一号墓出土的五代时期文物就有瓷器、陶俑、兵器、金银玉器饰品、铜器、铁器等多种类别。其中越窑青瓷金扣边碗通体呈橄榄青色釉,晶莹滋润如碧玉,青瓷盖罐造型优美,釉色明净,青中微黄,是青瓷中的上乘之作。大量的金银器皿,常作花瓣形或多棱形以增加美观,为了使花纹突出,常以细珠纹衬底。在漆木器上多用金银装饰,制作精细。有漆盆银扣大小两件,大的直径98.8厘米,边宽2厘米,如此之大实为少见。一鎏金玉饰件全长28.1厘米,中间为木质包鎏金银皮把柱,刻有精细的卷草纹,一端镶接五角形扁平玉饰,另一端镶接三角形玉饰座,器形别致。这都反映了那时金银细工、琢玉工艺技术的一个侧面。

近年在建于五代至北宋时的虎丘塔和瑞光塔中发现了一批珍藏的苏州民间艺术品,如苏州刺绣的经袱、漆器嵌螺钿经盒和真珠舍利宝幢等,体现出成熟的技艺水平。

在虎丘塔内发现了晶莹如玉的越窑青瓷莲花碗,精致的檀龛宝相和鎏金镂花银包镶檀木经箱,以及十一面观音铜像、西方三圣铜像、四神八卦十二支纹铜镜、素面纪年铜镜、锦绣经袱等。经箱接缝处包镶银质鎏金角形莲四朵,中心一对凤凰,交错飞翔,刻画细致繁茂。箱口搭链扣有银鎏金镂花锁,刻花工细。其中有块黄绢地绣"凤穿牡丹"纹经袱,纹样以卷草环成菱形,内有两只凤凰相对而飞,民间称之为"凤求凰"。四角绣有对称的缠枝牡丹,针法有散套针、戗针、齐针、辫子股等。凤凰用红、蓝、绿、白等色,富有民间气息。这件弥足珍贵的"凤穿牡丹"绣品,是现今保存最早的"苏绣"标本。瑞光塔出土的经袱正反面均无线头、线结,在两叶交接处有跳针,终以年代久远而难以辨认,或许为两面针绣,近乎双面绣。

瑞光塔出土的真珠舍利宝幢,是件大型综合性工艺美术精品,通高122.6厘米。在山海周围的描金云朵上,站着檀香木雕四大天王等像,海涌柱上盘绕一条银丝鎏金串珠的九头龙,底座还分置银狮、漆雕供养人等;中部经幢,上设金银雕缠枝佛龛,内置佛祖像,放在鎏金串珠嵌宝的殿堂中间,周围环立护法神像;上部为宝刹,以白玉、水晶、金银丝制成,有八条金银丝编成的天龙与华盖、檀香木龛相连。宝幢整体呈塔形,气势宏伟,八面玲珑,辉煌华丽。能工巧匠们集玉雕、金银花丝、银皮立体雕刻、木雕、描金、漆雕、料珠穿珠、装金箔等多种技艺,运用各种珍贵材料,协作而成一件完美的综合造型艺术品,全面体现了北宋时期苏州手工艺的高超水平。

宋《吴郡志》卷二《风俗》称:"吴中自昔号繁盛……人无贵贱,往往皆有常产。以故俗多奢少俭,竞节物,好游遨。"吴人好以工艺品装饰助兴,如"上元影灯巧丽,它郡莫及。有万眼罗及琉璃球者,尤妙天下";"春时用六柱船,红幕青盖,载箫鼓以游";重午以"画扇相饷"。刻制精细的《平江图》,也终于在左下角首次留下了吕挺、张允成、张允迪的石碑刻工名字。宋元时苏州民间艺术以品类丰富多彩、技艺精湛而蜚声海内。苏州的金银器、铜器、玉雕、木雕、漆器、灯彩、裱画、刺绣、缂丝、织锦、制笺、制扇、鼓乐等工艺全面发展，精致奇巧。如灯彩已冠绝全国，《乾淳岁时记》载：禁中元夕张灯，"以苏灯为最。圈片大者径三四尺，皆五色玻璃所成，山水人物，花竹翎毛，种种奇妙，俨然着色便面也。"如制笺，唐时鱼子笺最著，唐陆龟蒙有唱和鱼子笺诗云："向日乍惊新茧色，临风时辨白萍文。"至宋代《吴郡志》载："彩笺，吴中所造，名闻四方。""今蜀中作粉笺，正用吴法，名吴笺。"泥塑捏像，《吴县志》载："宋时有袁遇昌，吴之木渎人，以捏婴孩，名扬四方。每月搏埴一对，约高五六寸者，价值三数十缗。"（《中国地方志集成》，江苏古籍出版社，1991年）元代名匠朱碧山隐居苏州专攻银器，所制蟹杯、灵芝杯、槎杯等不见焊接，号称"一时绝技"，作品被故宫博物院和英国大英博物馆所收藏。苏州城内许多行业相聚一方，形成专业生产和集市贸易的街巷，如绣线巷、绣花弄、绣锦坊、乐鼓巷、幛子巷、金银巷等。

苏州享有"人间天堂"之美誉，工艺美术品的成熟对此也有不小的贡献。

4. 鼎盛时期（明清）

明清时，朝廷通过在苏州设置的织造局，安排生产和采办丝绸等工艺贡品，并征役各种工艺美术名匠直接进京制作。为满足朝廷的要求，这些民间艺术品必然在艺术和质量上工巧百出，达到上乘，艺人的技艺水平也因此而相应提高。明代苏州的官宦之家、文人学士也雅好工艺品，一起参与设计、品评和倡导，致使民间艺术名手辈出，作品出类拔萃，形成了特定的"苏作"技艺和作品，被世人称为"苏"字头的苏州工艺美术产品，几乎都是在明代形成的。如苏灯、苏绣、苏扇、苏裱、苏式家具、苏锣、苏笛、苏笙，以及苏州宋锦、缂丝、花线、国画颜料、湖笔、桃花坞木刻年画、仿古铜器、香山帮建筑等，都是自成特色，闻名全国，奠定了苏州手工艺的重要地位。

文人学士雅好民间艺术品还反映在各类著述中，正是苏州民间艺术品的精湛技艺远远高于所谓"雕虫小技"，因此才吸引他们乐道于此。明清一些私人笔记中也不时留有此类记载。

明王士性《广志绎》（中华书局，1981年）中称："姑苏人聪慧好古，亦善仿古法为之。书画之临摹，鼎彝之冶淬，能令真赝不辨。又善操海内上下进退之权，苏人以为雅者，则四方随而雅之；俗者，则随而俗之。其赏识品第本精，故物莫能违。又如斋头清玩、几案、床榻，近皆以紫檀、花梨为尚，尚古朴不尚雕镂，即物有雕镂，亦皆商、周、秦、汉之式，海内僻远皆效尤之。此亦嘉、隆、万三朝为盛。至于寸竹片石，摩弄成物，动辄千文百缗，如陆子冈之玉，马小官之扇，赵良璧之锻，得者竞赛,咸不论钱,几成物妖,亦为俗蠹。"

明张岱《陶庵梦忆》(青岛出版社,2010年)卷一载:"吴中绝技,陆子冈之治玉,鲍天成之治犀,周柱之治嵌镶,赵良璧之治梳,朱碧山之治金银,马勋、荷叶李之治扇,张寄修之治琴,范昆白之治三弦子,俱可上下百年,保无敌手。但其良工苦心,亦技艺之能事。至其厚薄深浅,浓淡疏密,适与后世赏鉴家之心力、目力针芥相投,是岂工匠之所能办乎?盖技也而进乎道矣。"

明代王鏊《姑苏志》(书目文献出版社,1998年)谓:"精细雅洁,称苏州绣。"明代苏州刺绣已形成自己独特的精细雅洁风格,其中以上海露香园顾氏家族缪氏、韩希孟刺绣名噪一时,为人所重。其以绣古今名画为主,所绣花卉、翎毛、山水、人物能"劈丝细过于发,针如毫"。明宋应星《天工开物》(《岳麓书社,2002年》)中有"良玉虽集京师,工巧则推苏郡"之称。当时有良工陆子冈(一作刚),被称为"吴中绝技",为朝廷征调入宫专事玉雕。徐文长题水仙诗有"昆吾锋尽终难似,愁煞苏州陆子冈"之句,故宫博物院收藏有陆子冈多件玉雕珍品。乾隆年间苏州向宫廷解送玉器50起,品种有玉佛、玉磬、玉宝、玉册、玉羽觞、玉瓶、玉碗、玉象棋、玉鼻烟壶等31种,数量达397件。乾隆帝诗赞:"相质制器施琢剖,专诸巷益出妙手。"

家具工艺在明代形成了地方风格。受苏州历史文化的影响,人们崇尚清淡雅致的风尚、精细雅洁的工艺,形成"明式家具",也即"苏式"家具,业内又称"苏做"。其艺术特色,即"简、厚、精、雅"。"简"是造型简练,不繁琐、不堆砌,落落大方;"厚"是形象浑厚,具有庄穆质朴的效果;"精"为做工精巧,一线一面,曲直转折,严谨准确,一丝不苟;"雅"是风格典雅,雅致耐看,不落俗套,具有很高的艺术格调。红木小件造型优美,磨漆光亮,表里如一,开合契缝;红木雕刻品造型简练,线条为主,做工精细,气韵雅重。

明代漆器中,有著名艺人蒋回回,金漆彩绘,制作精湛。漆艺高手杨埙曾去日本学习,日人大村西崖记述:"天顺年间,吴中杨埙习倭法而加己意,作五色金钿缥霞之山水人物,神气飞动,称杨倭漆,为世所重。"康熙《吴县志》载,髹漆之属有雕漆、退光漆、描金、彩漆、盘碟等项。乾隆时,苏州与北京皆为中国雕漆工艺的中心。故宫《养心殿造办处各作成做活计清档》记载,乾隆时苏州漆工所制漆雕,小至直径半寸的圆盆,大至宝座屏风,品种有碗、盘、瓶、罐、挂屏、插屏、帽架、柜、案、水盂、画盒、笔山以及五供、七珍、八宝等,几乎应有尽有。图案有各种山水、人物、佛道故事、花卉翎毛和吉祥博古纹样,尤其是仿制宋代剔红、剔彩产品,几可乱真。乾隆帝有诗赞苏州漆器道:"吴下髹工巧莫比,仿为或比旧还过。

脱胎那用木和锡,成器奚劳琢与磨。博士品同谢青喻,仙人颜似晕朱酡。事宜师古宁斯谓,拟欲摛吟愧即多。"今故宫博物院藏剔红海兽图盒,就是当时苏州的产品。

清阮葵生《茶余客话》(中华书局,1959年)卷二十"技艺名家"条载:"苏州姜华雨莓蒗竹,赵良璧、黄元吉、归懋德治锡,李昭(一作荷叶李)、马勋治扇,周柱治镶嵌,吕爱山治金,王小溪治玛瑙,蒋抱云、王吉治铜,雷文、张越治琴,范昌白治三弦子,杨茂、张成治漆器,江千里治嵌漆,胡四治铜炉,谈氏笺,顾氏绣,张氏炉,洪氏漆,孙春阳烛。又文衡山非方扇不书,及近时薛晋臣治镜,曹素功治墨,穆大展刻字,顾青娘、王幼君治砚,张玉贤火笔竹器,皆名闻朝野,信今传后无疑也。"

清纳兰常安《受宜堂宦游笔记》载:"苏州专诸巷,琢玉、雕金、镂木、刻竹,与夫髹漆、装潢、像生、针绣,咸类聚而列肆焉。其曰鬼工者,以显微镜烛之,方施刀错。其曰水盘者,以砂水涤滤,泯其痕迹。凡金银、琉璃、绮、铭、绣之属,无不极其精巧,概之曰'苏作'。广东匠役亦以巧驰名,是有'广东匠,苏州样'之谚。"(《笔记四编》,广文书局,1971年)

苏州香山帮传统建筑技艺在明代形成。香山帮是一个集木作、水作、砖雕、木雕、石雕等多种工艺的建筑工程群体,具有承建整个建筑工程的能力。"香山帮"建筑的特点是色调和谐、结构紧凑、制作精巧和布局机变等。蒯祥父亲蒯福曾参加南京明宫城的建筑营造,为"木工首"。"永乐间,召建大内,凡殿阁楼榭,以至回廊曲宇,(蒯)祥随手图之,无不称上意。"(康熙《苏州府志》,康熙三十二年刻本)蒯祥又擅长榫卯技巧,官至工部左侍郎,皇帝呼其为"蒯鲁班",由此提升了香山匠人的地位,从此"香山帮"匠人纵横天下,蒯祥被尊为"香山帮"祖师。民国初年,姚承祖积极倡导成立"鲁班协会",并根据祖藏秘笈和图册以及自己在苏州工专的讲稿,整理成《营造法原》一书。姚承祖被誉为近代"香山帮"的一代宗师。

桃花坞木刻年画名扬海内外,与天津杨柳青年画并称"南桃北杨"。姜思序堂国画颜料名闻全国,使用时纸色合一,经久不脱,艺林传誉,远近争求。浙江湖州善琏湖笔传入苏州后,"姑苏发一枝"竟胜过发源地湖笔,成为苏州著名产品。顾德麟所制砚台古朴风雅,其媳顾二娘琢的砚台更胜一筹,传世之作"洞天一品砚"收藏于故宫博物院;其过房儿顾公望应诏进京为宫廷制砚。苏州产金花笺纸用于宫廷的殿堂补壁帖子,苏州织造上奏文件中有洒金笺"每张工料银六两二钱四分二厘"的记载。虎丘泥人、耍货成为苏州一大特产,小说《红楼梦》中也将此列入游苏带归的稀奇物品。赵子康因建筑雕刻技艺出众而被称为"雕花赵"。

明代苏州民间艺术的品种、技艺都超过了以往。绘画形成"吴门画派",篆刻有文三桥著称,剧装戏具行销全国,各种民间工艺设计精巧、制作精美。乾隆《元和县志》(广陵古籍刻印社,1989年)载:"吴中男子多工艺事,各有专家,虽寻常器物,出其手制,精工必倍于他所。女子善操作织纴、刺绣,工巧百出,他处效之,莫能及也。"苏州不分男女,各有民间艺术的绝活,并在全国同行中胜出。而这也正是当时社会所需,苏州工巧百出的民间艺术品已成为全国各地所追求的生活美化品。

苏州民间艺术产品的特征,集中体现在"精细雅洁"四字上,精细是其技艺的反映,雅洁是其艺术的追求。不同的民间艺术产品,还具有各种不同的技艺和艺术追求,有的简练,有的繁复,有的雅致,有的质朴,体现了民间艺术的多样性,顺应了社会需求。苏州的民间艺术经过历史的积累,在明清时达到了鼎盛。

明清时期,工巧百出的苏作手艺,随着大运河的中转输送,使苏州名声传向各地,人们纷纷到苏州采办手工艺品。曹雪芹《红楼梦》第六十七回中专门写了薛蟠从苏州买来的两箱子物品,一箱"都是绸缎绫锦洋货等家常应用之物",另一箱"却是些笔、墨、纸、砚,各色笺纸、香袋、香珠、扇子、扇坠、花粉、胭脂等物;外有虎丘带来的自行人,酒令儿,水银灌的打金斗小小子,沙子灯,一出一出的泥人儿的戏,用青纱罩的匣子装着;又有在虎丘山上泥捏的薛蟠的小像,与薛蟠毫无相差"。此番描述,正是明清时期苏州民间手工艺走向鼎盛的一个缩影。

5. 变革时期(辛亥革命至今)

清末民初,中国社会的政治、经济、文化都在发生急剧的变革,这对于苏州工艺美术不无影响。在苏州刺绣行业,余觉、沈寿夫妇研究"影生于光,光有阴阳,当辨阴阳",沈寿潜神凝思创制出仿真绣,攀向艺术新高峰,所绣《意大利皇后爱丽娜像》《耶稣像》仿真传神,在国际博览会上获一等大奖,中国苏绣首次名扬中外。随后杨守玉依仿西方绘画技法进行刺绣,一改传统的刺绣针法和绣法,创出纵横自如的乱针绣,开辟新途。1958年,任嘒闲在此基础上首创虚实乱针绣,刺绣人物、风景、摄影作品而别有艺术效果,所绣美国著名摄影艺术家罗伯特作品,被誉为东方传统刺绣艺术与西方现代艺术的完美结合。在王祖识、李娥瑛等的努力下,苏绣双面绣得以恢复,并创作了《猫》《金鱼》等一系列艺术佳作,成为国家礼品馈赠各国元首。顾文霞赴英国伦敦进行绣猫表演,这是中国艺人首次在国际上展示手工技艺。殷忆娟、邱秀英、殷濂君等努力探索,创出双面异色绣、三异绣(异色、异样、异针)作品,开创了刺绣艺术新天地。1984年,双面绣《金鱼》

获波兰波兹南国际博物会金质奖章。1986年,双面绣《长毛猫》(作者陈明)在保加利亚第六届普罗夫迪夫国际博物会上获金质奖章。

缂丝起于北方,到后来全国仅苏州一地生产,一枝独秀。以"通经断纬"织造法制作的缂丝,为"织中之圣",民国以来只有苏州陆墓、蠡口、光福一带保持少量生产,有为宫廷织造经历的工匠仅存汤长云、李水福、沈金水、王茂仙等。1962年初,缂丝《天坛》在北京展出,获艺术界一致好评。1963年,苏州刺绣研究所组织新一代缂丝匠人王金山、李荣根、陶家燕赴京复制故宫博物院藏品《梅花寒鹊图》等,得以传承传统缂丝技艺。1982年,王金山创新制作一幅异色、异样、异针"三异"缂丝金地《蝴蝶·牡丹·山茶》,被国家列为珍品收藏在中国工艺美术馆。1984年,王金山仿效全异双面绣试制成全异缂丝《寿星图》,一面为吴昌硕篆体"寿"字,另一面为任伯年的《寿星图》。同年,苏州刺绣研究所复制成明代万历皇帝"十二章团龙福寿如意衮服",金黄色底,纹样以黼黻十二章为主题,以十二团龙为主体,四周有云纹、海浪、海珠、飘带、轮、伞、盖、花、螺、鱼、八宝等,遍身环有256个寿字、310只蝙蝠、279个"卍"字、217个如意纹。龙体用孔雀羽线盘以金线缂织,孔雀羽则向全国动物园征集,金线耗用黄金12两,纬密度每厘米100梭。专家们认为织造工艺超过原件水平,为罕见的缂丝精品,获中国工艺美术品百花奖金杯奖,被列为国家珍品收藏,陈列在北京定陵博物馆。

1921年,张多记扇庄开始生产檀香扇。1958年,苏州檀香扇厂将檀香扇制作技艺发展为画花、烫花和拉花"三花"装饰手法。1979年,苏州"如意"牌檀香扇被轻工业部评为全国轻工业优质产品,1981年获中国工艺美术品百花奖银质奖。"如意"牌檀香扇、水磨骨玉折扇、竹骨纸折扇均被评为全国同类产品第一名。拉刻象牙折扇《樱花》被誉为"扇子王国的骄子",1984年入选国家级珍品,收藏于中国工艺美术馆。

剧装戏具厂历年生产剧装戏衣300多种,销于全国70多个剧种、几百个剧团,在全国同行中居首位,并为电影、电视剧摄制提供系列古装戏衣。苏州红木雕刻厂为北京钓鱼台国宾馆提供元首套房龙床、书桌、橱柜等全套红木雕刻家具,并提供接见大厅落地雕刻红木大屏风。

苏州工艺美术素以门类齐全、品种繁多著称。在全国工艺美术产品24个大类中,苏州占有22个(缺陶瓷、烟花爆竹类)。抽纱刺绣、织毯、工艺服装和鞋帽、雕塑工艺、红木家具、漆器、金属工艺、民间工艺、玩具、文化艺术用品等,各类花色品种逾3 500个。许多产品历史悠久,艺技精湛,风格独特,以精美典雅而蜚声中外;"工艺品日用化,日用品工艺化",一批设计精巧、制作精美,具有现代情趣的工艺实用品和装饰艺术品相继涌现。1979—1985 年,获国家银质奖 1 个;获轻工业部优质产品称号 18 个;获中国工艺美术品百花奖金杯奖产品 2 个,优秀创作设计奖产品 8 个;获江苏省优质产品称号 7 个;获江苏省工艺美术品百花奖产品 18 个。在国际博览会中也屡屡获奖,在世界上赢得了很高的声誉。

2004 年,周氏房产开发商以 2.316 亿元整体买断包括 28 家传统苏州工艺企业在内的苏州市工艺美术集团公司,以致苏州工艺美术企业除恒孚一家外全部关闭歇业,技艺人员遣散下岗,城区工艺美术业就此一蹶不振。

21 世纪继续生存发展的是刺绣业。苏州刺绣研究所改制为有限公司,仍在设计制作刺绣艺术精品。镇湖向为苏州刺绣业加工制作的后方基地,目前镇湖刺绣已独立生产经营,有八千绣娘。镇湖政府极其重视此项绿色产业,专门兴建一条宽畅的绣品街,设置店铺门面房数百家,许多绣娘纷纷入驻,成为对外展示销售的窗口;1998 年,成立刺绣行业协会,在设计、创新、维权等方面提供免费政策咨询以及项目推荐、工商税务登记、创业指导等服务。2007 年建成中国刺绣艺术馆,2008 年开始兴办中国刺绣文化艺术节。2011 年,镇湖绣品街通过评审成为中国特色商业街。2009 年镇湖成立版权分会,中国镇湖刺绣网开通,翌年苏州市刺绣作品许可交易平台开通。2010 年,镇湖苏绣获得国家工商总局核发的地理标志产品集体商标注册证。2013 年,镇湖中国刺绣艺术馆通过国家 4A 级景区验收。镇湖刺绣还带动了邻近的东渚、通安、光福镇的刺绣业。2005 年,镇湖刺绣实现销售总额 4.98 亿元,2010 年销售总额达 10 亿元以上。

玉雕厂出售后,职工各自为战。一些来自河南等地的新苏州人组建了苏州市玉石文化行业协会,相互交流,协调组织参与"陆子冈杯"等各种玉雕展销评比活动。2010 年,苏城有个人工坊商铺 300 余家,集中在城东相王弄、园林路、十全街等处,光福工艺城也集中了一批玉雕艺人。苏州玉雕再现了昔日"苏玉子冈"的辉煌成就。

异军突起的是核雕业。1930 年前后,吴县香山舟山村人殷根福,原习竹雕,在上海老城隍庙开设永兴斋象牙店。一次偶得一些橄榄核,雕刻成"罗汉头",串成手串,放在店里出售,旋即售空。从此殷便专事橄榄核雕,作品题材广泛,广为流传,《杨家将》人物三件现由苏州工艺美术艺人之家收藏。殷氏核雕技艺则由他的徒弟须吟笙、女儿殷雪芸、孙辈殷毅军等继承下来。现舟山村传承发展核雕者有数百人,组成了核雕艺术家协会。核雕走俏市场,舟山村成为核雕专业市场。

在砖雕行业,砖雕艺人也与时俱进。钱建春设计创作出可以装拆的砖雕件,以便于灵活装修。如可移动装拆的砖雕门楼,获中国民间艺术最高奖"山花奖";可移动装拆的砖雕中式公交车站台,正在推向市场。砖雕改变成小型挂屏或台屏,可挂在墙上点缀或放置桌面观赏。

苏式红木家具仍是市场看好的家具,随着人们生活水平的不断提高,苏式红木家具在家具市场仍占有稳定的份额。其他一些民间手工艺品,虽然价格不高,由于人们生活习惯的改变,也必须在变革之中才能生存。

二、产销规模

明清以来,苏州民间工艺生产有了更大的规模。苏州城外的横塘、木渎、陆墓、唯亭等地逐步发展成手工艺的加工集镇,城内也形成了一些手工艺制作、销售专业坊巷。廖家巷集聚扇业作坊,桃花坞大街则以木刻年画著称,城西一带为铜器、骨器、玉器、乐器等手工艺作坊的集中地。乾隆《苏州府志》(乾隆十三年刻本)载:"郡中西城业铜作不下数千家,精粗巨细,日用之物无不具。"后汇聚在河沿街。琢玉作坊多达 830 多户,西半城比户可闻沙沙的琢玉声,阊门吊桥堍因遍设玉器摊而有"玉器桥"之称。各地都拿玉器到此比赛,犹如民间玉器博览会。景德路成为乐器专业经营场所,"金石丝竹,无不俱备",名师名匠还被宫廷征召进京制造宫廷乐器。苏州红木作大都在王天井巷,制作苏式红木家具和雅致的红木小件。

在清代,西中市、汤家巷谝布绣庄,绣庄达 150 余家,城乡绣工多达 4 万余人,苏州被称为"绣市"。当时苏绣业形成了绣庄业、零剪业、戏衣业三大行业,并分别建立三个行业公所,其规模在全国绝无仅有。吴中刺绣甲天下。皇室对绣品时有需求,织造衙门还临时设立绣局,清档案《赴苏发办绣活凭房办公经费款》中记载,在苏曾办绣局 4 所,每所租房 30 间,每月房租银 24 两,共银 96 两,计 4 个月,该银 384 两;绣局工匠开工、了工、赶工犒赏每次银 120 两,计 3 次,该银 360 两。这仅是一批次组织大批绣女集中赶制宫廷绣品的记载。

苏州手工艺行业相对集中,形成一定的规模,成为生产能力强大的民间生产基地,这在全国独一无二。清代以来有记载的行业公所,后改为行业同业公会的先后有 30 余个。如最早的清乾隆四年(1739)刻字业的剖劂公所,金箔业的经匠差局公所、丽泽公所,捶打金箔业的圆金公所,金线、切金业的嘉凝公所,琢玉业的宝珠公所,还有小木竹艺业、丝织宋锦纱缎业、漆作店铺业、装修置器业、水木作、锡器业、铜锡业、零剪绘绣业、顾绣刺绣业、银楼业、蜡笺纸业、扇面扇骨业、石作业、红木梳妆作铺、回须业、寿衣寿器业、辫绳业、金银丝抽拔业、金陵琢玉业、裱画业、贡带业、炉坊化铜业、戏衣业、丝边业、扇面业、扇业等专业的公所。

1956年,建立苏州市刺绣工艺美术生产合作社联社,后发展到管理28个合作社、组,职工4 500人,年产值700余万元的规模。1958年,在全国最先成立工艺美术行业管理机构苏州市工艺美术局(后仅有福建省福州市建有工艺美术局),将分散的个体手工艺人集中归入工艺美术行业,按各专业分别组建了30多个工厂和研究所,各单位成立创作设计室和生产车间,艺人们分工合作,不断创出辉煌的业绩,一大批特种工艺行业获得恢复和发展。至1966年,有专业工厂、合作社和研究所39家,职工7 800余人,年产值3 000余万元,利润390余万元。苏州再次成为全国工艺美术品的一个重要产地。

1978年,苏州市有工艺美术生产单位35家,职工9 000余人,年产值3 500余万元,自有流动资金2 700余万元,利润858万元。至1985年,苏州工艺美术行业有37家企业,共有职工12 316人,固定资产原值4 263.3万元,产值24 624.9万元,外贸收购总额13 879万元,实现净利润1 651.9万元,税金2 626.2万元,名列全省之冠,在全国工艺美术行业中也占有举足轻重的地位。1996年,还创出了按"90不变价"工业总产值89 664万元的历史最高纪录,9 000多名在职职工创造了近9亿元的工艺美术产值。历年获中国工艺美术百花奖金、银杯奖的有刺绣、缂丝、檀香扇等。

改革开放后,苏州工艺美术行业所属单位改为苏州市工艺美术公司,后发展到37家企、事业单位,近万名职工的苏州市工艺美术集团公司,直至改制撤销。

表20-1 1985年苏州工艺美术行业所属企业表

单位	地址	建立时间	面积(平方米)		职工人数	资产值(万元)	工业总产值(万元)	净利润(万元)	税金(万元)
			占地	建筑					
苏州檀香扇厂	西北街58号	1958.7	8 051	8 686	543	127	420	61.1	85.4
吴门画苑	留园马路105号	1961.12	2 837	2 804	212	27	93	13.4	15
苏州民间工艺厂	天库前55号	1970.2	2 124	3 210	214	28	134	9.4	12.9
苏州工艺美术厂	西街23号	1972.1	1 743	2 674	182	12	183	10.6	14.1

(续表)

单位	地址	建立时间	面积(平方米) 占地	面积(平方米) 建筑	职工人数	资产值(万元)	工业总产值(万元)	净利润(万元)	税金(万元)
苏州珠宝厂	西街15号	1958.8	5 863	5 129	172	73	132	1.8	15.5
苏州工艺玩具厂	悬桥巷53号	1982.1	1 572	1 486	113	43	120	14.2	13.1
苏州玩具厂	朱家庄	1982.8	2 558	1 634	88	81	102	6.9	5.2
苏州民族乐器一厂	梵门桥弄15号	1958.8	13 498	13 716	409	89	350	41.9	41.6
苏州民族乐器三厂	彩香路4号	1956	17 711	10 906	298	117	263	48.4	68.9
苏州西乐器厂	菉葭巷40号	1956.1	6 231	7 253	285	111	321	27	37.6
苏州湖笔厂	镇抚司前16号	1958.10	6 066	6 367	354	80	182	17.6	40.2
苏州姜思序堂国画颜料厂	玻纤路1号	1972.10	8 266	7 401	223	134	270	24.4	32.9
苏州花线厂	承天寺35号	1961.12	4 349	7 792	402	235	503	26.7	52.3
苏州金粉厂	东北街30号	1970.3	11 469	11 487	376	227	1 013	192.9	322.5
苏州装潢设计公司	竹辉路	1960	4 162	3 225	141	86	117	10.9	11.5
苏州广告公司	竹辉路	1983	2 081	1 862	85	25	84	18.4	18.5
苏州工艺机械厂	朱家庄	1973.3	5 970	3 833	79	76	77	4	7.9
苏州刺绣研究所工场	景德路262号	1958.3	15 344	5 849	282	107.2	218.9	56.8	68.6
苏州工艺美校狮林工艺厂	虎丘路30号	1979.10	428	524	117	9	126	15.9	25.5
苏州刺绣厂	史家巷32号	1958.7	4 826	14 922	807	297	2 119	160.3	269.2

(续表)

单位	地址	建立时间	面积(平方米)		职工人数	资产值(万元)	工业总产值(万元)	净利润(万元)	税金(万元)
			占地	建筑					
苏州绣品厂	三香路黄石桥堍	1960.11	10 100	19 434	769	305	2 111	102.4	205.5
苏州儿童用品厂	宋仙洲巷	1958.10	5 127	10 771	772	201	1 665	78.5	167.5
苏州刺绣童装厂	三茅观巷	1982.1	1 245	2 508	281	62	823	33.6	53.4
苏州工艺鞋厂	景德路372号	1977.7	3 015	6 848	340	129	607	16.2	51
苏州剧装戏具厂	西百花巷4号	1958	3 203	6 280	310	71	425	20.4	60.4
苏州缂丝厂	朱家庄	1979.9	11 146	5 684	251	78	232	27.8	免
苏州织锦厂	园林路12号	1958.6	10 102	19 692	1 187	468	798	64.6	171.2
苏州排须花边厂	中街路141号	1958.7	1 475	1 921	93	33	137	11.8	18.4
苏州美术地毯厂	人民南路56号	1958.7	17 662	14 360	584	301	570	16.8	74.0
苏州地毯二厂	山塘街	1979.9	7 931	2 637	217	59	177	7.1	12.6
苏州红木雕刻厂	唐寅坟14号	1957.1	16 450	16 594	578	199	382	29.4	43.0
苏州玉石雕刻厂	白塔西路33号	1958.10	5 459	6 435	392	112	242	54.1	49.9
苏州漆器雕刻厂	廖家巷35号	1965.9	6 910	5 361	277	75	101	11.2	11.5
苏州艺石斋	宫巷	1961.9	405	410	49	3	30	12.8	8.1
桃花坞木刻年画社	宫巷	1959	261	237	34	0.1	4	1.0	0.7
苏州金属工艺厂	平江路306号	1976.8	2 101	4 921	323	110	9220	391.3	508.8
苏州扇厂	廖家巷27号	1958.10	11 408	9 299	477	73	273	10.3	31.8

三、人才队伍

苏州市民间文艺家协会下设有民间艺术分会、东渚雕刻分会、光福工艺文化分会、苏作家具分会、核雕艺术家协会、苏派砖雕文化分会、市井文化分会,组织全市600多名分散的民间艺术家参与全国各级各类展览,历年获得各级各类奖项,展现"手艺苏军"的强大阵容,其中获中国民间艺术最高奖"山花奖"的有17人次,领先于全国同类城市。刺绣类作品在国内外获大奖的数百件,仅镇湖刺绣精品被国内外博物馆及有关国家元首等收藏的就有92件。作为国家礼品馈赠外国元首,苏绣也成了苏州的一张名片,对外宣传着中国优秀传统手工技艺,传布着苏州绣娘精细雅洁的工匠精神。工艺美术人才方面,全市2010年有几百名中级、初级职称的基本队伍,有高级工艺美术师(副高级)188名,研究员级高级工艺美术师(正高级)65名。强大而结构合理的人才队伍是苏州工艺美术长盛不衰的基本保障。

历代人才散见于古籍志典,当代人物亦不可埋没无闻。现按荣誉称号和技术职称两大类列名记载;两大类中,人员会有重复出现者。荣誉称号,取中国工艺美术大师、中国刺绣艺术大师、江苏省工艺美术大师、江苏省工艺美术名人(苏州市级省略)。技术职称,取正高级:研究员级高级工艺美术师;副高级:高级工艺美术师(中级及初级省略)。从中可见苏州市工艺美术界在史论研究、绘画设计、刺绣、缂丝、宋锦、花边、排须、玉雕、石雕、砖雕、木雕、漆雕、根雕、核雕、蛋壳雕、微雕、发刻、瓷刻、印纽、红木家具、红木小件、仿真木船、仿真微型建筑、金属錾刻、竹刻、雕塑、泥塑、剪纸、金银首饰、金属工艺、仿古铜器、灯彩、蟋蟀盆、草编、桃花坞木刻年画、裱画、烙画、糖画、麦秸画、通草堆花、折扇、檀香扇、绢宫扇、九连环、剧装戏具、文房四宝、玩具等各具体门类方面之济济人才。

中国工艺美术大师(14名)

陆涵生　徐绍青　李娥瑛　任嘒闲　顾文霞　王金山　周巽先　蒋雪英
张晓飞　周爱珍　殷濂君　余福臻　张玉英　邢伟中

中国刺绣艺术大师(4名)

姚建萍　姚惠芬　蔡梅英　王祖识

江苏省工艺美术大师(48名)

李　华	邵文君	范广畴	俞家荣	施　仁	夏敏秋	吴培瑾	张美芳
周村豪	徐松元	黄元龙	王祖德	缪丽娟	卢福英	黄春娅	李　华
游伟刚	过焕文	陈忠林	纪森发	邢伟中	薛福鑫	钟锦德	周建明
杨　曦	孙林泉	瞿利军	蒋　喜	俞　挺	刘一鸣	何根金	蔡金兴
蔡云娣	邹英姿	梁雪芳	姚惠芬	朱寿珍	姚建萍	王丽华	管佩英
王祖识	沈德龙	周莹华	杨丽华	史仁杰	许建平	仇庆年	蔡梅英

江苏省工艺美术名人(61名)

查文玉	沈为众	王祖德	孙汉良	周其昌	徐融农	黄春娅	李　华
陆政亮	陈　明	周庆明	仇庆年	刘坤云	邹英姿	朱寿珍	姚惠芬
姚建萍	梁雪芳	管佩英	王祖识	孙林泉	杨　曦	蔡云娣	何根金
刘一鸣	周建明	钟锦德	纪森荣	史仁杰	杨丽华	殷毅军	董兰生
汤　政	李宗贤	葛　洪	蔡　勃	宋水官	林加俊	张志强	钱如祥
姚惠琴	朱世英	马惠娟	周海云	陈红英	梅桂英	顾金珍	薛金娣
濮凤娟	濮惠菊	姚梅英	卢梅红	姚惠珍	姚红英	王嘉良	陆皓东
徐胜利	沈　劼	金海鸥	许家千	王　健			

研究员级高级工艺美术师(65名)

王金山	孙佩兰	游伟刚	李　华	黄春娅	陆政亮	白　磊	张民勤
蒋雪英	陈忠林	纪森发	纪森荣	黄云鹏	林锡旦	邢伟中	张晓飞
李　涵	梁雪芳	马建庭	卢福英	姚惠芬	姚建萍	洪锡徐	邹英姿
戴敏华	段文海	方大钧	钱锦华	岳建良	钟锦德	吴建华	黄　海
谢　昂	戴云亮	朱龙泉	周　平	汤　政	周建明	姚惠琴	周　清
濮礼建	吕美立	方向军	许家千	冷　坚	蔡金兴	林加俊	平国安
曹一华	杨　曦	叶志明	陆皓东	吴文雄	马惠娟	蔡云娣	周海云
薛金娣	濮惠菊	朱寿珍	濮凤娟	王丽华	卢梅红	姚红英	陈红英
蔡梅英							

高级工艺美术师(188名)

徐勤铭	赵奎鑫	吴培瑾	徐文达	于叔宝	章本义	黄云龙	蒋锭珍

朱爱珍	张美芳	沈国庆	缪丽娟	吴见山	杜彩珍	谈水娥	林　怡
董寅亮	过焕文	倪林才	王　琼	金范九	王萌萌	徐胜利	张美根
姜亚洲	陆震宇	张　乐	曹仁容	季绍平	余福臻	张玉英	陈彩仙
黄　芗	俞家荣	周爱珍	李娥英	顾文霞	施　仁	范广畴	孙为众
崔　护	周以朴	焦维通	王锡麒	沈彬如	宫　音	冯涌源	潘国光
殷濂君	金兴元	顾克全	陈　明	杨家琳	王祖德	夏敏秋	黄元龙
汪传馥	查文玉	周村豪	王和平	李白丁	汪道武	朱树民	王贤培
钱碧红	姚觉敏	陈新平	刘晓春	刘素珍	李小康	马常宏	薛福鑫
何根金	郡文君	金其伟	孙汉良	葛晓明	刘锦林	宋微金	梅桂英
管佩英	王祖识	王汉卿	宋水官	吴福云	杨惠义	周其昌	胡　进
郁丽芳	潘正琦	陆授葆	张洁玉	许永良	单存德	仇庆年	何兆元
周莹华	蒋　喜	姚梅英	瞿利军	黄南萍	朱　丹	陈　述	鞠照兰
顾天城	郭轲蔚	倪小舟	范玉明	卢招娣	袁中华	俞　挺	钟火元
段秀丽	许忠英	许建平	顾菊忠	陈　彦	顾　敬	张志强	黄晓洁
葛　洪	吴越晨	吴文康	姚士荣	沈德龙	徐建华	姚彩珍	潘裕果
钱建琴	徐　文	周雪官	朱剑鸣	徐准来	薛煜璋	李金生	张丽娟
陈群英	朱金忠	李兴荣	吴霞靓	李荣森	皋美林	须培金	王建琴
宋梅英	秦怀宇	毛锡荣	夏　翔	张锦峰	李宗贤	顾星凯	倪　敏
王　良	汪维山	徐佩根	卢红卫	姚子方	承莉君	陈英华	卢伟平
马洪伟	杨晶霞	陈　琴	顾金珍	顾家翘	开四海	赵显志	马继芳
殷毅军	朱　青	吴金凤	张　备	濮伟芳	查云雁	王建新	程　磊
刘敏霞	陈　玮	林多妹	吴金星	周海明	孙建忠	时忠德	张锦峰
郁丽琴	倪雪娟	尤小英	卢菊英				

四、非物质文化遗产

2004年4月8日,苏州市被文化部、财政部确定为中国民族民间文化保护工程综合试点城市。2006年5月20日,国务院公布第一批国家级非物质文化遗产名录。苏州市工艺美术类被列入国家首批名录的项目有9项:桃花坞木刻年画、苏绣、宋锦织造技艺、缂丝织造技艺、香山帮传统建筑营造技艺、御窑金砖制作技艺、明式家具制作技艺、制扇技艺、剧装戏具制作技艺。随后,苏州市工艺美术类中的其他一些项目,以"民间美术"和"传统手工技艺"两大类先后增补入国家级及江苏省级、苏州市级非物质文化遗产名录。在全国各级非物质文化遗产保护名录中,苏州市是传统制作技艺项目列入保护名录最多的城市。

表20-2 苏州市工艺美术类各级非物质文化遗产代表作名录表

项目	申报及保护、传承主要责任单位	传承人
桃花坞木刻年画 (Ⅶ-3)	苏州桃花坞年画博物馆(筹) 苏州市工艺美术职业技术学院 苏州桃花坞木刻年画社	国家级:房志达 省级:王祖德、叶宝芬 市级:沈伟臣
苏州刺绣技艺 (Ⅶ-18)	苏州刺绣研究所有限公司 苏州苏绣艺术博物馆 苏州刺绣厂 高新区(虎丘区)镇湖街道	国家级:顾文霞、李娥瑛、姚建萍、余福臻、张玉英、蒋雪英、姚惠芬、张美芳 省级:黄春娅、卢福英、王祖识、管佩英 市级:牟志红、梅桂英、李华、周莹华、顾金珍 县(区)级:王丽华、朱寿珍、濮惠菊
苏州泥塑技艺 (Ⅶ-47)	苏州市碑刻博物馆	国家级:朱文茜 省级:潘声煦 市级:张敏惠、王开亚
苏州灯彩制作技艺(Ⅶ-50)	苏州市民族民间文化保护中心 苏州万顺昌彩灯厂	国家级:汪筱文
苏州玉雕制作技艺(Ⅶ-57)	苏州工艺美术博物馆 苏州市工艺美术行业协会	国家级:杨曦 省级:蒋喜、俞挺、瞿利军 市级:葛洪、吴金星、程磊、马洪伟
核雕(光福核雕) (Ⅶ-59)	吴中区光福香(舟)山核雕协会	国家级:宋水官、周建明 省级:陈素英 市级:须培金、殷毅军、钟火元
苏州盆景造型技艺(Ⅶ-94)	苏州市虎丘山风景名胜区管理处	省级:朱振清 市级:李为民、沈柏平
宋锦制作技艺 (Ⅷ-14)	苏州丝绸博物馆 中国苏州丝绸文物复制中心	国家级:钱小萍 省级:沈蕙、王晨、朱云秀
苏州缂丝技艺 (Ⅷ-15)	苏州刺绣研究所有限公司 王金山大师工作室	国家级:王金山 省级:王嘉良 市级:谈水娥、马惠娟 县(区)级:吴文康
香山帮传统建筑营造技艺 (Ⅷ-27)	吴中区文体局 吴中区胥口镇人民政府 苏州香山工坊建设投资发展有限公司	国家级:陆耀祖、薛福鑫 省级:杨根兴、薛林根、顾建明 市级:朱兴男、张喜平、郁文贤、李建明 市级:蒋云根

(续表)

项目	申报及保护、传承主要责任单位	传承人
苏州御窑金砖制作技艺(Ⅷ-32)	相城区文教局	国家级：金梅泉
苏州明式家具制作技艺(Ⅷ-45)	苏州红木雕刻厂有限公司	国家级：许建平 省级：许家千、钱琪林、周志明 市级：刘宝洪、宋卫东
苏扇制作技艺(Ⅷ-81)	平江区教育文体局 赵羽设计工作室 苏州扇厂 苏州檀香扇厂有限公司	国家级：徐义林、邢伟中 省级：陈琴、王健
苏州剧装戏具制作技艺(Ⅷ-82)	苏州剧装戏具合作公司	国家级：李荣森 省级：朱存贵、陈永菊 市级：翁维
民族乐器制作技艺(苏州民族乐器制作技艺)(Ⅷ-124)	苏州民族乐器厂有限公司	国家级：封明君 市级：邹叙生
苏州装裱技艺(苏州书画装裱修复技艺)(Ⅷ-136)	苏州国画院 苏州博物馆 苏州工艺美术博物馆	国家级：范广畴 省级：纪森发 市级：周根林、谢光寒、钱才伍、连杏生
苏州姜思序堂国画颜料制作技艺(Ⅷ-198)	苏州市文联	省级：仇庆年 市级：蒲家溶
金山石雕(JSⅥ-16)	苏州金山石雕艺术公司	省级：何根金 市级：陶海龙、吴福云
藏书澄泥石刻(JSⅥ-16)	吴中区木渎藏书澄泥石刻协会	省级：蔡金兴
竹编(后塍竹编)(JSⅥ-24)		省级：陶永飞
虞山派篆刻艺术(JSⅥ-32)	苏州市书法家协会 常熟市文化局 常熟市虞山镇人民政府	省级：归之春 市级：陈道义
砖雕(JSⅥ-35)		省级：刘一鸣 市级：潘志慎
风筝制作技艺(沙洲哨口板式类风筝)(JSⅦ-15)		市级：沈彩林、冯太根

（续表）

项目	申报及保护、传承主要责任单位	传承人
苏州碑刻技艺（JSVII-19）		省级：时忠德
苏州漳缎织造技艺（JSVII-21）	苏州市丝绸博物馆	省级：王晨 市级：马梅君
常熟花边制作技艺（JSVII-22）	常熟市文化局 常熟市花边厂有限公司	省级：周美华、陆浩东、陶凤英
陆慕蟋蟀盆制作技艺（JSVII-42）	相城区元和街道办事处	省级：袁中华 市级：袁中平
苏州仿古铜器制作技艺青铜器失蜡铸造工艺	苏州博物馆 苏州碑刻博物馆 苏州市华声乐器厂	市级：於为平、陈巧生
草编技艺		市级：吴招妹
假山制作技艺		市级：韩良源、袁荣富
苏州漆器制作技艺		市级：林怡
双凤新湖龙狮制作技艺		市级：仇国良
苏钟制作与修理技艺		市级：陈凯歌
苏州水乡木船制作技艺		市级：苏明、徐海林、韦文禧
苏州花线制作技艺		市级：王立新、褚朝进
苏州竹刻		市级：李宗贤、杨惠义
苏式红木小件制作技艺		市级：王认石、谢耀宗
苏州金银丝镶嵌		市级：查文玉
金属凿刻		市级：姚士荣
苏派鸟笼制作技艺		市级：颜虎金
古砖瓦制作技艺	苏州市相城区宫辉古建砖瓦厂	市级：丁惟建、杨阿六
苏派砚雕		

(续表)

项目	申报及保护、传承主要责任单位	传承人
苏州土布织染技艺(雷沟大布织染技艺)		
苏州剪(刻)纸	姑苏区娄门街道文化站 吴氏剪(刻)纸工作室	
苏州排须花边制作技艺	苏州排须花边厂	
苏州红木雕刻技艺	苏州红木雕刻厂有限公司 光福钟锦德紫檀艺术馆 陈忠林工作室 光福镇文体教育服务中心	市级：钟锦德、陈忠林
艺石斋拓碑技艺	苏州艺石斋	市级：赵建勇
手工工艺旗袍	苏州市丝绸博物馆	
古织机制作技艺	苏州市丝绸博物馆	市级：朱剑鸣
苏州彩蛋技艺	姑苏区平江街道文化站 苏州彩蛋工作室	市级：周村女
苏州丝绵翻制技艺(蚕丝被制作技艺)	吴江区震泽蚕丝被同业公会	市级：沈福珍
青云木梳制作技艺	吴江区桃源镇文化体育站	市级：钮金良
冲山佛雕	吴中区光福镇文体教育服务中心	
吴罗织造技艺(四经绞罗)	吴中区苏州圣龙丝织绣品有限公司 吴中区光福镇文体教育服务中心 苏州工业园区娄葑家明缂丝	市级：李海龙、周家明
传统铜器锤揲技艺	工业园区李根福金属工艺工作室	市级：金全福
浒墅关草席制作技艺	高新区浒墅关镇文体站	

注：传承人名单中，由于申报初期情况不太明了，有的技艺人员也没有申报，遗漏者因此名列在后，或被列为市级乃至省级传承人，其实有误。现统一按苏州市非遗网公布之国家级、省级、市级传承人名录录入上述传承人名单中。

(林锡旦)

第二十一章 宗　教

一、佛　教

（一）概　述

佛教传入中国后很快就传入江南地区。苏州佛教史上可考的最早寺院是通玄寺，据《吴地记》载，该寺是"吴大帝孙权（母）吴夫人舍宅置"。东晋以后吴郡地区佛寺大兴，尤其是梁武帝崇佛，"吴中名山胜景，多立精舍"（朱长文：《吴郡图经续记》卷中《寺院》，江苏古籍出版社，1999年）。今苏州地区佛寺林立，佛学大家辈出，不少名僧都曾驻锡于此，成为江南地区佛教中心之一。

六朝时期吴郡可考寺院有76座，占全国可考寺院560座的13.6%。吴郡可考名僧有89人，比丘尼有12人，僧尼到过吴郡次数为114次，僧尼数量及活动频率分别占全国的6.9%和7.2%，均位居郡级行政区第三。单以吴县而论，六朝可考名僧有69人，比丘尼有9人，僧尼到过吴县的次数为87次，籍贯属吴县的僧尼有20人，以上数据均位居县级行政区第二（蒋少华：《六朝江东佛教地理研究》，南京大学2011年硕士论文）。

唐代"安史之乱"后，苏州重新成为全国佛教中心之一。据《唐代佛教地理研究》一书统计，唐代前期全国可考的高僧有395人，其中苏州有11人，在江南道内位居第三。唐代后期全国可考的高僧有215人，其中苏州有15人，位居江南道之首，占全国的7%。唐代后期全国可考的寺院有664座，其中苏州31座，在全国各大府州中位居第二。唐代后期全国弘讲佛书可考者仅36人，苏州就有辩秀、长达、道遵、无作4人，和越州、长安一起并列全国第一（李映辉：《唐代佛教地理研究》，湖南大学出版社，2004年）。唐末战乱中，苏州不少寺宇遭到焚毁和劫掠，损失惨重。

五代十国时期，占据苏州的吴越钱氏统治者对佛教尤为推崇，"修旧图新，百堵皆作,竭其力以趋之,唯恐不及。郡之内外,胜刹相望,故其流风余俗,久而不衰。民莫不喜蠲财以施僧,华屋邃庑,斋馔丰洁,四方莫能及也。"（朱长文:《吴郡图经续记》卷中《寺院》）当时的《吴郡图经》已记载寺院139座,《吴郡图经续记》又增记35座,当时可考的寺院达174座之多。南宋时新建寺庙130余座。元时新建80余座,不少寺院重建或再修,苏州现存的寺院佛塔大部分也在这一时期修筑。五代宋元时期,苏州僧人众多,宋时达万人。当时,苏州及其附近山现了一批名满吴门乃至"义振海内"的高僧。

明初,朱元璋归并天下寺院,苏州寺院归并为12大寺,但后来陆续重建。明嘉靖间宋仪望撰《重修上方寺记》云,吴中"佛宇琳宫遍满乡邑,富室巨贾施佛饭僧,一无悭惜,田野细民……倾囊无所顾,盖习使然也",当时崇佛风气鼎盛。王鏊《姑苏志》中载寺院计城中17座,共并入寺15座、院8座、庵67座；郭外40座,共并入寺31座、院11座、庵170座；昆山县10座,共并入寺2座、庵13座；常熟县10座,共并入寺3座、院6座、庵38座；吴江县21座,共并入寺5座、院5座、庵123座；太仓州11座,共并入寺4座、院5座、庵30座。共计载寺院109座,并入寺87座、院48座、庵441座,总计达685座之多。晚明时期,苏州名僧辈出,晚明四大高僧中的紫柏真可、蕅益智旭均籍贯苏州,驻锡三峰寺的汉月法藏、驻锡支硎山的苍雪读彻均为一代高僧。

清初,以弘储继起为代表的苏州僧人与遗民群体交往频繁,影响很大。清代中前期,以周梦颜、彭绍升、汪缙、薛起凤为代表的居士佛教盛极一时。禅宗渐趋没落,净土宗异军突起。太平军占领苏州后,据同治《苏州府志》所载,当时苏州所辖长洲、吴、元和、昆山、新阳、常熟、昭文、吴江、震泽九县中,共存寺、院、庵207座,被废毁157座。清末苏州佛教始终没有走出重建寺院和做经忏佛事的低谷。光绪末年,浙江崇德少年吕沛林至吴江平望小九华寺,依该寺监院士达法师,后士达法师带其到灵岩山寺所兼管的浒墅乡下一小庵中,亲自为他剃度,这位少年就是后来成为一代高僧的太虚法师。

民国时期,苏州辖区内僧寺尼庵众多。综合各地方志统计,1913年太仓县有寺庵78座,僧尼251人;1922年吴江县有寺庵157座,僧尼579人;1922年昆山县有寺庵64座,僧尼219人;1923年常熟县有寺庵130座,僧尼1706人;1924年吴县有寺庵370座,僧尼1337人。以上总计寺庙尼庵799座,僧尼达4092人。当时官绅中信佛者颇多,孙传芳治苏时,曾命吴县县署逢佛诞日(农历四月初八)布告禁屠三天,停刑讯一天。省高等检察厅长还通令监狱设教诲室,悬挂佛像,罪犯茹素念佛。印光法师驻锡苏州后,国内信徒和东南亚华侨闻名皈依的每年有数万,灵岩山寺成为海内外闻名的净土宗丛林。

中华人民共和国成立初,巨赞、能海、静权、虚云等高僧均曾莅苏讲经。苏州佛教界进行了一系列改革,僧尼纷纷参加生产。1956年春,西园寺首先废除私相授受的传法制,改为十方选贤制,成立寺务委员会,各寺庙也陆续通过选举产生住持,回乡生产和还俗的僧尼逐渐增多。1958年掀起献庙之风,当时苏州市区227座寺庵仅保留13座,僧尼分别集中居住,寺屋由房管部门接管。经书、佛像和文物集中西园寺,部分佛像存北寺,经忏一律改在寺内举行。"文革"开始后,寺庵遍遭"红卫兵"查抄,大量佛像、经籍和法器等被毁,僧众被责令回乡或转业劳动,有多名僧尼不堪侮辱自杀,西园、寒山、灵岩山、北塔、云岩等寺由园林部门接管,其余寺院均被占用,至1970年5月已不存一寺一僧。

1979年,党和政府重申恢复宗教信仰自由。1980年,西园寺、寒山寺和灵岩山寺归还佛教协会,并对外开放。1983年,市文管部门将"文革"中代为保管的佛教文物悉数归还寺院。1988年,归还文山寺。1992年,归还报国寺,并筹资修复。1997年,建成苏州市佛教博物馆并开馆。至2010年,全市有大小寺院百余座,其中国家重点寺院4座(西园寺、寒山寺、灵岩山寺、兴福寺);僧尼800余人,其中二分之一受过佛教院校教育;佛学院3处(中国佛学院灵岩山分院、戒幢佛学研究所、寒山书院),安养院2所(苏州佛教安养院、吴江佛教安养院)。

(二) 寺 院

1. 已废主要寺院

承天寺 在今东中市承天寺前。创于梁天监时。初名重玄寺,宋初改承天寺。宋太宗御书经文敕寺刻印,颁布全国。元代建万佛阁,铸铜钟重1.8万斤。元末张士诚据苏之初为其王府。日僧汝霖曾在承天寺掌书记,明洪武初宋濂赞其为文博雅,出史入经。明末浚井得郑思肖铁函《心史》于此。民国时期不断驻军养马,破败不堪。1958年折价售给工厂,后曾为花线厂址。今为民宅。

南禅寺 唐开成间建。白居易曾书《长庆集》留该寺千佛堂。后废,不知其处。明洪武中以集云寺合妙隐、大云两庵为南禅集云寺。后妙隐庵改为韩蕲王庙,大云庵改称结草庵。清太平军时寺毁,同治重建,寺在沧浪亭西南。1931年有殿宇70余间,占地七八亩。抗日战争胜利后被占为伤兵医院。1956年建工人文化宫时,寺及火神庙、放生寺等均被征用,寺屋多被拆毁。

竹堂寺 传为宋杨和王别墅。元陆氏舍为大林庵。明称正觉寺,有唐寅《达摩图》、文徵明《寒林图》两画壁。地近百亩,多美竹,入寺竹树茂密,禽声上下,如入山村,人称竹堂。清初改寺为万寿宫,剩东、西两院,遂称东、西竹堂寺。1931年两寺尚存,东寺10余间,西寺20余间。后渐败落为客僧聚居之地。现为苏州市老年大学。市文物保护单位。

龙寿山房 在今彩云桥下塘原8号。相传为晋生公寄迹处。以珍藏元僧善继血书《华严经》而知名。1918年吴荫培募款修葺,建石龛铁门,藏经其中。日军侵占苏州时,僧人匿居他处,虽屡遭日军勒索并一度被捕,仍坚不吐实,因得保全。中华人民共和国成立后寺改为苏州钢丝厂,《华严经》存西园寺。

永定寺 在今金太史巷。梁天监间太守顾彦先舍宅建。唐陆羽、韦应物曾寓寺,刘禹锡、白居易亦来游咏。旧置五贤祠,祀顾陆韦刘白。1931年有寺屋37间。后为市第二中学所用。

表21-1 清同治年间苏州府寺院存废表

区划	城内丛林寺		城外丛林寺		城内院庵		城外院庵	
	存	废	存	废	存	废	存	废
吴　县	12	5	42	25	4	6	18	22
长洲县	8	2	12	4	6	2	7	3
元和县	8	4	13	4	10	4	11	8
昆山县		4	3	5		3	3	5
新阳县		1	1	3	1		3	6
常熟县	1	2	11	3			5	7
昭文县		1	3	3			2	6
吴江县	1	1	6	3			5	4
震泽县			8	9			3	2
合　计	30	20	99	59	21	15	57	63

资料来源:清同治《苏州府志》,聂士全制表。太仓时为直隶州,故未载。

2. 现存主要寺院

主要寺院中,除已正式作为寺院对外开放者,有的已归佛教协会,有的被列为国家、省级文物保护单位,而暂无寺僧,其建筑存而不废,故从已废寺院归入现存寺院一并记载。

云岩寺 在苏州城西北虎丘山。东晋王珣、王珉兄弟舍宅为寺,原在山下分两处,称东寺、西寺。会昌间毁,后移建山顶为一寺。北宋至道间改律为禅,称云岩禅寺。寺依山势而高下迤逦,梯空架虚,被誉为吴中梵宇最胜者。南宋初临济十二宗绍隆驻此时被列为"五山十刹"之一。清咸丰十年(1860)兵燹后殿宇十不存一。同治、光绪间重建石观音殿、天王殿和大殿。1928年吴县县政府告示，划归寺管面积181亩。"文化大革命"初期绍隆塔与寺内佛像俱毁。1969年僧众尽去。1970年至1994年归园林局使用。1994年3月归还市佛教协会。

云岩寺塔，位于虎丘山巅。始建于北宋建隆二年(961)，后历经修葺，始成现貌。云岩寺塔为七级八面以砖结构为主的仿木结构楼阁式佛塔。现无刹，残高47.7米，塔顶倾角2°48'43.1"，倾距2.34米，底层对边长东西13.64米，南北13.81米。云岩寺塔是现存八角形楼阁式塔中年代最早、规模宏大而结构精巧的实物，1961年与云岩寺二山门一起被列为第一批全国重点文物保护单位。

瑞光寺　位于盘门内东大街。赤乌四年(241)孙权为迎接西域康居国高僧性康在盘门内建普济院，十年(247)为报母恩又建舍利塔于院中。五代后晋天福二年(937)重修，相传塔放五色，被认为是"祥瑞之兆"。宣和年间重修，五色光又现，徽宗诏赐额"瑞光禅寺"。经靖康兵燹后，南宋淳熙十三年(1186)法林禅师重新修葺。晚清太平军时毁，仅存宋建古塔。光绪二年(1876)六月巡抚命工程局雇工修理，越两月塔顶修竣。1931年有寺屋42间，有僧数人。1958年后改民居。塔为七级八面砖木结构楼阁式，全塔腰檐、平座、副阶、内壁面、塔心柱以及藻井、门道、佛龛诸处，共有各种木、砖斗拱380余垛。塔身底层周匝副阶，立廊柱24根，下承八角形基台，周边为青石须弥座，对边23米，镌有狮兽、人物、如意、流云，简练流畅，生动自然，堪称宋代石雕佳作。额枋、壁龛、壸门等处还有"七朱八白""折枝花"等红白两色宋代粉彩壁塑残迹。底层塔心"永定柱"作法，在现存古建筑中尚属罕见。1978年于第三层塔心发现佛像、真珠舍利宝幢、经卷等珍贵文物。1988年瑞光寺塔被列为第三批全国重点文物保护单位。现瑞光塔院已恢复修建了四瑞堂等景致，与伍相祠、盘门城楼、吴门桥并为盘门诸景。

北塔报恩寺　位于苏州城内人民路北段，俗称北寺。始建于孙吴赤乌年间，始名通玄寺，梁武帝时僧正慧始建塔。唐玄宗时改寺名为开元，会昌间独存。吴越钱元璙迁寺至盘门内，后复移支硎山报恩寺额于此。始建于南宋初的楠木观音殿，其佛像传以银、玛瑙等七宝末和泥塑成，不加拂拭而自莹洁，故称不染尘观音殿。清光绪二十四年(1898)天台宗敏曦入主该寺，遂为天台宗丛林，称报恩讲寺。1919年重修围墙，墙内面积60余亩。北寺塔为九级八面砖木结构楼阁式，每层挑出平座、腰檐，底层对边18.8米，副阶周匝，基台对边34.3米，占地约835平方米。塔高74米，塔顶与刹约占五分之一。重檐覆宇，翼角翠飞，朱栏紫绕，金盘耸云，峻拔雄奇为吴中诸塔之冠。据考证，塔外壁与塔心砖造部分，以及八角形石雕须弥座式基座、基台,基本为宋代遗构。2003年,兼顾僧俗之习,名为"北塔报恩寺"。2010年全寺占地约46亩,主轴线有牌坊、山门、露天弥勒、九层宝塔、七佛殿、藏经楼,东厢长廊,主轴线东侧为华藏世界、不染尘观音殿、梅园。2006年,报恩寺塔被列为第六批全国重点文物保护单位。

灵岩山寺 位于吴中区木渎镇西北灵岩山。该处本是馆娃宫遗址,东晋司空陆玩舍别业为寺,梁天监二年(503)增拓名秀峰寺。十五年(516)西域梵僧智积到寺弘法,有化形画相之异,赐额"智积菩萨显化道场",唐宰相陆象先建智积殿供养,奉智积为开山祖师。宋初孙承祐建砖塔九层,先为律居,元丰中郡守晏公奏改为秀峰禅院,南宋初赐韩世忠荐先福,名显亲崇报禅院。明洪武时赐今名。太平天国战争中寺毁而塔独存。清宣统三年(1911),木渎护法请普陀山三圣堂方丈真达为住持,稍加修葺。1926年改为十方专修净土道场。1928年妙真任监院,请姚承祖擘画开始修建,1934年大雄宝殿竣工,共建天王殿、寮房等100多间。妙真又不惜重金,收罗文物1 000余种,颇多珍品。至1949年有僧189人,香工、轿夫及常住居士等63人。"文化大革命"初期,大量佛像及印光塔院俱毁,妙真被斗自尽。1979年落实宗教政策,寺产归还佛教协会,僧众回寺,佛像法器次第恢复。1983年9月1日举行佛像开光及重建印光塔院仪式。1985年时有殿屋236间,占地27.9亩,常住僧众125人。1998年,天平果园占用土地归还山寺,共有山林面积416.2亩。灵岩山寺现分东、中、西三路,中路有天王殿、大雄宝殿、念佛堂、藏经楼,东路为香严厅、东客堂、辅修轩、方丈室、资慧轩,西路列云水堂、西客堂、碑廊、净念轩、西关房、企归轩。寺院东侧为塔院,多宝佛塔、智积殿、香光厅踞西,钟楼、斋堂、东关房、息虑室列东。寺院西为山顶花园,有玩花池、玩月池、吴王井、智积井等古迹。寺院、塔院、山顶花园总面积2.3万平方米,由墙垣围成一体,建筑面积1.4万多平方米。灵岩山寺被列入首批全国重点开放寺院、江苏省文物保护单位。

寒山寺 位于京杭大运河东岸枫桥。梁天监间建,原名妙利普明塔院。相传唐寒山、拾得曾居此,故名。宋太平兴国初节度使孙承祐重建宝塔。后几经兴废,清光绪、宣统时巡抚陈夔龙、程德全先后重修。1931年有屋40间。1954年政府拨款修葺,将修仙巷宋宅花篮厅移此筑枫江楼,僧侣复来。1958年将隆庆寺木雕五百小罗汉像移此。1972年稍加整修作园林开放。1979年从西园寺移入释迦诸佛像,陆续为诸佛像修补、装金、重彩。1981年由五台山移来明成化间鎏金铁铸十八罗汉像。1983年新建寒拾殿、霜钟阁、藏经楼、钟房、钟轩等。1985年有僧20余人,殿宇50余间,占地约15亩。1996年,高42.4米、仿唐木结构楼阁式五层方塔普明宝塔落成。2001年,接待第八届APEC财长会议的各国财长和夫人,全年游人香客约150万人次。2004年和2005年,先后出资取得原寒山别院至何山大桥东块40亩的土地租赁、使用权,使寺院占地面积增至70余亩。投资建造30米高的钟楼,放置重108吨仿唐大梵钟"天下第一佛钟";钟廊悬历代大小梵钟108口,设梵钟文化展览馆;建造总高16.9米的"中华第一诗碑",镌刻张继《枫桥夜泊》诗文,寒山寺大钟、大碑被上海大世界基尼斯总部认定为新的"世界纪录";碑廊置古今名人书《枫桥夜泊》诗和寒山子诗碑108块。寒山寺以唐张继《枫桥夜泊》诗韵、钟声、碑刻、塔影闻名于世,是国家4A级旅游景点,并被列入首批全国重点开放寺院、江苏省文物保护单位。

楞伽寺 在上方山顶。该山旧有楞伽、治平、宝积、海潮等寺错落其间。楞伽寺亦名上方寺,塔系隋建宋修。宋咸淳间改五通庙,渐为淫祠。清康熙间巡抚汤斌毁祠焚像。民国初县长王引才将五通神像投入湖中,王去职后香火复盛。20世纪20年代治平、楞伽、宝积三寺共有田89亩。1927年李根源、张一麐鉴于仅存寺基、香火尚盛而归地保管理,乃请邓尉圣恩寺住持中恕兼主楞伽、治平、海潮诸寺,徐图兴复。1953年由园林部门接管,留少量僧众。1970年至1994年归园林局使用。1994年3月归还市佛教协会。治平寺建于梁天监二年(503),所存建筑系晚清建构,1966年秋尚有僧5人。后被村民占用,继归天平山果园,今治平寺址及楞伽寺地均归上方山森林公园,山路及寺院已经修建一新。海潮寺即石佛寺,1918年冬有僧纵火毁寺,佛殿化为灰烬,只留石观音无恙。1924年重修殿屋数间。今尚存。

开元寺 在今东大街。为迁建寺,初建于三国东吴赤乌年间。吴越钱氏于后唐同光三年(925)移寺于此。明万历间造无梁殿供奉藏经。清太平天国战争中成废墟,仅存无梁殿,作防军储藏火药处。1927年起住持穷数年力复建西方等殿,将无梁殿及佛像修理一新。1931年有屋40间、公产地78亩。四周废址渐为人占用。1950年夏起,除无梁殿外俱被吴县县政府使用,该寺原有的传为晋代浮海而来的两尊石佛此后被毁。开元寺无梁殿为省级文物保护单位。

双塔罗汉院 位于苏州城内定慧寺巷。唐咸通二年(861)盛楚创建佛寺于此,初名般若院,五代吴越钱氏改称罗汉院,北宋太平兴国七年(982)王文罕兄弟捐建双塔。清咸丰十年(1860)寺毁,仅存双塔及正殿遗址。历代几度维修。两塔东西并峙,相距15米,均为七级八面楼阁式仿木构砖塔,形式、结构、体量相同,高约33.3米,底层对边5.5米。各层塔壁四面辟壸门,另四面隐出直棂窗,方位随内部方室朝向逐层错闪。二层以上施平座、腰檐,腰檐微翘,翼角轻举,逐层收缩；顶端锥形刹轮高8.7米，约占塔高四分之一。整体造型玲珑秀丽，曾被喻为两支笔。罗汉院正殿遗址在塔北，南向，其中轴线较双塔中轴线偏西3.5米。总面阔18.4米，总进深18.2米。现存四周石制檐柱16根，大多完好，高约4米，上端有安木枋榫头的卯槽，石柱础30个皆为覆盆式。1996年罗汉院双塔及正殿遗址被列为第四批全国重点文物保护单位。

狮子林 位于苏州城内园林路。狮子林原址宋时为贵家别业。元至正二年（1342）天如禅师维则的弟子相率出资，在吴中"买地结屋，以居其师"，遂成园林。中多奇石，有含晖、吐月、玄玉、昂霄诸峰，最高者为狮子峰，因维则之师中峰禅师倡道于天目山狮子岩，又取佛经中佛陀说法称"狮子吼"，其座称"狮子座"之义，名为"狮子林"，亦名"狮林寺"。至正十二年（1352）曾易名"菩提正宗寺"。至1952年，寺僧已历50代，有屋123间。后为医院、部队驻地。1956年归宋锦生产合作社使用。1966年拆除清顺治间建殿宇及铜瓦数十吨，改作工厂。现经整治，狮林寺存有立雪堂、卧云室、揖峰指柏轩、水假山、旱假山等建筑与诸峰石。2000年作为世界文化遗产苏州古典园林扩展地，被联合国教科文组织列为世界文化遗产。2006年被列为第六批全国重点文物保护单位。

西园戒幢律寺 简称西园寺，位于留园路西园弄18号，为江南著名律宗道场。创于元至元间，始名归元寺。因明万历间寺归太仆寺卿徐泰时，构筑别业称"西园"，今留园为其东园。后其子徐溶舍西园为寺。崇祯八年（1635）茂林到此住持，始名戒幢律寺。清咸丰十年（1860）毁于兵燹。光绪间王同愈等出资商购寺西隙地，辟为广仁放生园。光绪十八年（1892），盛宣怀等请高僧荣通及其徒广慧先后住持，殿堂次第兴建，共有屋190多间。其中五百罗汉堂，共三进48间，平面呈"田"字形，以中国佛教"四大名山"塑座为中心，四周列坐泥塑金身五百罗汉，神态举止各异，蔚为大观。并塑有千手千眼四面观音、三宝如来、济公、疯僧、关公诸像，雕塑颇具匠心。基地由40多亩扩大至64.6亩，规模居当时苏城丛林之首。每逢佛诞节，寺内几无隙地，香烟迷目，烛焰炙人。该寺为受戒传律之处，从清光绪至民国三十四年（1945）传戒17次，每次百余人或更多。"文化大革命"期间，西园寺得以基本保持清光绪年间规模面貌。1980年西园寺归还佛教协会，对寺藏珍贵经卷及文物整理造册，时有藏经6.7万余卷，古佛像800余尊，其他字画、铜器、玉器等文物1600余件。元僧善继血书《华严经》完好藏于石龛铁门中。1997年动迁寺北、寺东及天王殿前居民住房，收回万余平方米用地。2002年6月，三宝楼奠基。2005年改造寺院前部，重建钟鼓楼、山门殿，在上塘河建福德、智慧桥，恢复从正门进入寺院的传统。时全寺常住僧众和居士

100余人,占地近7万平方米,古建筑面积1.5万余平方米,新建1万余平方米,东为殿宇,西为园林。东部的建筑自南向北依次为照壁、福德桥和智慧桥、御赐牌楼、山门殿、钟鼓楼、天王殿、香花桥、观音殿、五百罗汉堂、大雄宝殿、念佛堂、三宝楼等。西边园林以广仁放生池为中心,池中400余岁的珍稀斑鼋为国家一级重点保护动物。西园寺以"寺在园中,园即寺景"的"园林寺院"享誉,被列入首批全国重点开放寺院、江苏省文物保护单位。

文山寺 位于阊门内下塘街北文丞相弄,该地原有潮音庵、云林庵、文山寺三所寺院。南宋文天祥(号文山)在苏家属曾被安置潮音庵内。明代在潮音庵附近建文山祠,后改名文山寺。1925年心传法师出资归并左邻文山寺和寺后云林庵,将三寺庵合并为文山潮音禅寺,建有大小殿宇65间,吴光奇《文山潮音禅寺碑记》称"为南宋以来有名之巨刹也"。1958年后,文山寺改为比丘尼道场,文觉法师为首任住持,后由润田法师接任。现任住持为照莲法师,寺内有尼众40余人。占地面积2 206.19平方米,建筑面积2 889.69平方米,是苏州古城区唯一的一座尼众丛林(俗称尼姑庵)。其建筑、壁画特色为他处所无,廊壁嵌有几方文山寺重要碑刻弥足珍贵,为苏州市文物保护单位。

保圣寺 位于吴中区甪直镇马公场弄,据《吴郡甫里志》载,创建于梁天监二年(503),《苏州府志》称"唐大中年间建,(宋)熙宁六年重修"。历代屡经修葺。相传元赵孟頫曾题有楹联:"梵宫敕建梁朝,推甫里禅林第一;罗汉溯源惠之,为江南佛像无双。"现存有据传是唐代"塑圣"的杨惠之所塑九尊罗汉塑像及塑壁。塑壁面阔9.5米,通高5.7米(须弥座高2米),进深1.45米,山云、石树、洞窟、海水构成宏大塑壁背景。九尊罗汉塑像错落有致布于洞窟中,均为坐姿,高88—125厘米,宽60—88厘米。保圣寺罗汉塑像为中国唐代雕塑艺术中写实与传神相结合的优秀作品,1961年被列为第一批全国重点文物保护单位。

重元寺 始建于梁天监二年(503)。清沈藻采编撰《元和唯亭志》卷六《寺院》载:"重元禅寺,在唯亭山麓。自唐有之,建始无考,相传唐时为吴中一巨刹。今遗迹俱湮,惟寺前石幢一躯,犹唐时建。"这是首次发现重元禅寺在唯亭山麓的记载。今遗迹俱湮。

2003年,重元寺经批准重建。重建的重元寺位于苏州工业园区唯亭镇阳澄半岛莲花路。寺庙占地300余亩,天王殿、钟鼓楼、文殊殿、普贤殿等层层推进,大雄宝殿建筑面积2 100平方米、高38米,是国内寺庙中最大单体建筑。寺庙前的观音岛上观音阁高约46米,供奉着迄今为止我国室内最高(33米)、由88吨青铜铸造的观音主像,表面贴金。2007年3月,以秋爽大和尚为首的僧团正式进驻重元寺。11月举行落成典礼暨全堂佛像开光法会。重元寺现有世界最大铜腔皮革鼓,高度和宽度均2.8米,两头蒙白色皮革,为一特色景观。2008年,向北建成图书馆、档案室、方丈院及包括生活住舍区、学习区在内的寒山书院分部,向西建成西花园。

紫金庵 位于吴中区东山镇西卯坞。紫金庵彩塑罗汉相传由宋代雷潮夫妇创作,展现中国宋代雕塑艺术写实和传神的精湛技艺。世传泥塑有"三绝":一绝"慧眼",大殿内三世佛庄严安详,从不同的角度看,佛祖的眼神始终与人相对视;在罗汉像上方塑有"四大天王"和"二十诸天",其中一尊左手托起"经盖",中指顶而欲穿,右手微微撩起一角,下坠部分皱纹明晰而不失自然,观之似在微风中飘荡,把丝绸薄而重的质感都塑了出来,此为"二绝";三绝"华盖",望海观音头顶,云托泥塑"华盖",刻纹疏密恰当,仿佛被微风吹起的皱褶。塑像服饰,层次分明,折纹迭绉,流转自如,具有衣料的质感。十六尊罗汉塑像比例适度,形神各异,栩栩如生,极富特性。塑色装銮,色泽至今不褪,是苏州塑佛彩画方面的代表作品。2006年紫金庵罗汉塑像被列为第六批全国重点文物保护单位。

寂鉴寺 位于吴中区天池山。六朝刘宋时为会稽太守张裕私第,南宋乾道年为秘书监张廷杰别墅。元至正十七年(1357)僧道在此创建寂鉴禅庵。寂鉴寺平面呈椭圆形,四周环以乱石围墙。门前东西两侧及寺内各有石殿一,分别题额"兜率宫""极乐园"和"西天寺",均建于元至正年间,是江苏省内仅知的元代石构仿木结构。在建筑结构上,西石屋的柱身略呈梭形,柱质高23厘米,其式样与元代木构建筑相似。柱间有阑额而无普柏枋,其端部于柱外侧出小榫,较为少见。石殿(西天寺)平面呈"凸"字形,单檐歇山式,横长方形加"龟头屋"。其"龟头屋"用梯形屋面,在中国建筑中尚属少见。东西石屋内均有以整块山岩刻凿的佛像一座,东为弥勒尊佛,西为阿弥陀佛。像高3.25米,线条粗犷,耳大脸方,体现元代造像风格。西石屋东壁嵌有石屋建造年代及施主姓氏的石碑四方。2006年,寂鉴寺石殿佛龛及造像被列为第六批全国重点文物保护单位。

包山寺 在吴中区西山梅益村包山坞。建于梁大同间,初名福愿寺。唐上元年间,高宗赐名显庆禅寺,为西山众寺之冠,高僧辈出。清顺治年间,住持山晓和尚应诏进京主持董鄂妃丧礼的佛事活动,受到顺治皇帝的赏识,并获赐御笔"敬佛"二字。"文革"时被毁,所藏明万历间方册《大藏经》移交南京博物院。1995年重建。现为吴中区佛教协会所在地。

兴福寺 位于常熟虞山北麓破山,距常熟中心5千米。南朝齐郴州刺史倪德光舍宅建,初名大慈寺。梁大同二年(536)改兴福寺,因居破龙涧下,又名破山寺。唐咸通九年(868)赐破山兴福寺额。常建《题破山寺后禅院》诗享有盛名。明嘉靖中僧徒因倭警散去,万历间复兴,清代亦迭遭兴废。新中国建立初曾加修缮,列为常熟县保留寺院。"文化大革命"中遭到破坏,寺舍被占。1980年后,多方筹款,历时5年修复。兴福寺建筑有东、中、西三路。中路山门向北,依次是天王殿、三佛殿、大雄宝殿;东路有佛堂、四高僧殿和藏经楼;西路依次为斋堂、香积厨、五观堂。寺内古迹众多,著名者有唐尊胜石幢、救虎阁、白莲池、空心潭、空心亭、君子泉、廉饮堂等。现为常熟市佛教协会所在地,被列入首批全国重点开放寺院,江苏省文物保护单位。

小九华寺 位于吴江区平望镇莺脰湖畔。又名九华禅院,原名东岳庙。明万历四十四年(1616),里人吴国忠偕僧通运募建后殿,奉祀幽冥教主(即地藏王菩萨),并铸炉于庭中。清康熙四十三年(1704),国忠子昌运偕僧朗涵募建大士殿。乾隆四年(1739),建关帝殿、刘公祠。五年,监院僧蕴山建山门、客堂、斋堂、厨房等。咸丰十年(1860)被毁。光绪年间,先后重建山门、东客堂、西客堂、方丈室、观音殿等。光绪末年,太虚法师在吴江平望小九华寺皈依该寺监院士达和尚。1949年改为平望粮管所,1970年改建面粉厂,面目全非。1997年小九华寺恢复。现该寺占地40亩,南北坐向,有山门(天王殿)、钟楼、鼓楼、大雄宝殿、观音殿、地藏殿、三圣殿、千佛宝塔等;第二期工程正在规划之中,将建藏经楼、地藏阁、念佛堂、功德堂等建筑以及太虚法师纪念堂等。现为吴江区佛教协会所在地,苏州市文物保护单位。

华藏寺 位于昆山马鞍山,原为建于梁代天监十年(511)的慧聚寺子院。北宋宣和间,由信法师将其改建为十方贤者讲寺,并易名为"华藏讲寺"。南宋淳祐间,僧良拱复建大佛阁。明洪武十三年(1380),僧大雅将华藏讲寺从马鞍山北麓移建于西山之巅。明万历间,僧寂默重建山门和天王殿,并重修山顶凌霄塔成七层。清咸丰十年(1860),除凌霄塔外均毁于兵燹。1992年,昆山市人民政府在马鞍山南麓翠微阁西重建华藏寺。1997年,华藏寺再次易地重建于马鞍山之南、马鞍山路之北、亭林公园西大门之东,建筑面积3 000平方米,2001年竣工,2004年举行开光庆典。寺院楼宇俱宋代建筑风貌,屋顶为金黄色的琉璃瓦,有天王殿、大雄宝殿、观音殿、地藏殿等,规模宏大。现为昆山市佛教协会所在地。

南广教寺 位于太仓市南郊镇新丰村。宋绍兴二年(1132)建。元至正年间僧惟一重修,赐额"南广寿院";明洪武中,定名南广教寺。清顺治十四年(1657)重修,后毁于太平天国战事。中华人民共和国成立后改作仓库,"文革"期间拆除。1993年重建。现寺院香火鼎盛,规模宏大,占地面积97亩,有山门殿、金刚宝殿、观音殿、地藏殿、法堂、法华楼、功德堂等建筑。现为太仓市佛教协会所在地。

河南禅院 位于张家港市杨舍镇,又称河南庙。相传始建于晋唐年间,原名永宁庵,明末河南商人周氏重建,故名河南禅院。清代自康熙迄道光,历次修葺增扩,有屋60余楹。以山门逼河,复募捐许氏南岸隙地,移浚河身及北岸展筑场基,与大路通接,于是香火益盛,远及三四百里,有"小天竺"之称。"大跃进"时部分佛像被毁,"文革"期间全毁。2001年重建,现有牌楼、山门、天王殿、放生池、大雄宝殿、东西厢房及斋堂等,为张家港市佛教协会所在地。

表21-2 苏州现开放寺院表

序号	地区	寺院名称	地址	备注
1	市区	灵岩山寺	木渎灵岩山	全国重点寺庙,江苏省文保单位
2		西园戒幢律寺	留园路西园弄18号	全国重点寺庙,江苏省文保单位
3		寒山寺	寒山寺弄24号	全国重点寺庙,江苏省文保单位
4		北塔报恩寺	人民路1918号	全国文保单位
5		报国寺	穿心街3号	
6		定慧寺	定慧寺巷118号	苏州市文保单位
7		文山寺	文丞相弄30—1号	江苏省重点寺庙,苏州市文保单位
8		伽蓝寺	娄门桥南堍	
9		普福禅寺	山塘街780号	
10		佛教居士林	菉葭巷31号	
11	吴中区	包山寺	金庭镇梅益村	
12		圣恩寺	光福镇玄墓山	苏州市文保单位
13		明月古寺	木渎镇山塘街	
14		永慧禅寺	光福镇潭东村	苏州市文保单位
15		铜观音寺	光福镇下街38号	江苏省文保单位
16		司徒庙	光福镇香雪村	江苏省文保单位
17		还带寺	胥口镇箭泾村	
18		灵源寺	东山镇陆巷上湾村	
19		观音寺	金庭镇缥缈村	
20		雨花禅寺	东山镇东山村	
21		寒谷山庵	东山镇含山村	
22		昙花庵	度假区渔洋山墅里村	苏州市文保单位
23		佛教居士林	甪直镇甫港村	

(续表)

序号	地区	寺院名称	地址	备注
24	吴中区	水月禅寺	金庭镇堂里村	
25		宝华寺	经济开发区旺山村	
26		三峰禅寺	东山镇三山岛	
27		心田庵	东山镇团结村	
28		湖嘉寺	临湖镇湖桥村	
29		宝寿寺	临湖镇采莲村	
30		般若禅林	光福镇香雪村	
31		云峰寺	光福镇冲山村	
32		乾元寺	木渎镇七子山	
33		石公寺	金庭镇石公山	
34		白云庵	经济开发区东湖村	
35		夏禹王古庙	光福镇冲山村	苏州市文保单位
36		资庆寺	金庭镇堂里村	
37		保安古寺	东山镇槎湾村	
38		保圣寺	甪直镇	全国重点文保单位
39		碛砂延圣禅寺	甪直镇澄北村	
40		罗汉寺	金庭镇秉常村	
41		天平寺	木渎镇天平村	
42		白马寺	胥口镇香山村	
43		净社精舍	香山街道舟山村	
44		金月寺	光福镇香雪村	
45		莳山寺	东山镇涧桥村	苏州市文保单位
46		张林寺	甪直镇张林村	
47		宝禅寺	光福镇福利村	
48		同安寺	香山街道舟山村	
49		法螺寺	木渎镇寒山岭	
50		义金寺	横泾街道	
51		宁邦寺	穹窿山	苏州市文保单位
52		古观音堂	石湖景区	
53		崇福寺	郭巷街道	

(续表)

序号	地区	寺院名称	地址	备注
54	高新区	中峰寺	枫桥街道支英村	
55		兰风寺	浒关开发区新民村	
56		凤凰寺	浒关开发区石林村	
57		云泉寺	通安镇树山村	
58		莲花寺	通安镇金墅村	
59		白鹤寺	枫桥街道高景山	
60		万佛寺	镇湖街道西京村	全国重点文保单位
61		甄山寺	浒关镇大真山东	
62		文殊寺	大阳山国家森林公园	
63		白龙寺	浒关开发区	
64		观山寺	浒关开发区观山村	
65	相城区	觉林寺	北桥镇	
66		皇罗禅寺	阳澄湖镇	
67		圣堂寺	阳澄湖镇湘城人民街	
68		白马寺	黄桥街道	
69		太平禅寺	太平街道利民桥堍	
70		普渡寺	开发区	
71		北雪泾寺	渭塘镇	
72		樊店寺	北桥街道	
73		兴国寺	黄埭镇	
74	工业园区	重元寺	阳澄半岛	
75		积善寺	娄葑街道群力村	
76	常熟市	兴福寺	寺路街148号	全国重点寺庙,江苏省文保单位
77		三峰清凉禅寺	虞山北路三峰街	
78		藏海寺	虞山中路剑门景区	
79		吉祥寺	梅李镇梅南村	
80		法华寺	新港镇碧溪北路	
81		崇福寺	沙家浜镇双湖村	
82		智林寺	董浜镇智林村	
83		弘福寺	辛庄镇张家桥村	

(续表)

序号	地区	寺院名称	地址	备注
84	常熟市	白雀寺	虞山镇大义中泾村	
85		宝岩寺	虞山林场生态观光园	
86		红观音寺	虞山镇莫城言里村	
87		福甸庵	虞山镇湖圩村	
88		弥陀寺	海虞镇吴宇村	
89		福江寺	海虞镇福山村	
90		福海寺	海虞镇王市河口村	
91		泰和寺	尚湖镇冶塘大河村	
92		岭村寺	尚湖镇王庄山塘村	
93		福民寺	沙家浜镇繁荣街1号	
94		净心院	古里镇淼泉陈塘村	
95		增福寺	古里镇白茆芙蓉村	
96		褒亲寺	支塘镇长桥村	
97		延福寺	任阳徐政村	
98		法灯寺	支塘镇何市河北村	
99		长亳寺	董浜镇长亳村	
100		望江寺	新港镇浒浦管理区	
101		清凉寺	碧溪镇吴市江湾村	
102		普善寺	碧溪镇东张中南村	
103		北庄寺	辛庄镇合泰村	
104		常明寺	辛庄镇杨园学甸村	
105		福缘寺	梅李镇赵市	
106		接待寺	昆承湖畔城南青莲村	
107		龙旋寺	古里高长村	
108	昆山市	华藏寺	玉山镇马鞍山路28号	
109		崇宁古寺	巴城镇阳澄湖度假区	
110		延福禅寺	千灯镇东脚门6号	
111		全福讲寺	周庄镇南湖园	
112		东禅寺	昆山开发区珠江南路	
113		慧聚寺	昆山开发区洞庭路	

(续表)

序号	地区	寺院名称	地址	备注
114	昆山市	莲池禅院	锦溪镇菱塘湾	
115		观音净院	昆山开发区中华园路	
116		百花寺	玉山镇城北斜港路	
117		万安寺	周市镇斜塘村	
118	吴江区	圆通寺	松陵镇体育西路1366号	
119		慈云禅寺	震泽镇宝塔街111号	
120		小九华寺	平望镇小九华寺路1号	苏州市文保单位
121		泗州禅寺	汾湖开发区草里村	
122		观音寺	同里罗星洲	
123		报恩寺	横扇叶家港村	
124		普慈寺	桃源镇铜罗社区旺家巷	
125		明庆寺	盛泽镇清风北弄1号	
126		佛教居士林	盛泽镇目澜湖南	
127	张家港市	东渡寺	塘桥镇鹿苑东渡苑	
128		香山寺	金港镇香山	张家港市文保单位
129		永庆寺	凤凰镇凤凰山	张家港市文保单位
130		河南禅院	杨舍镇小河坝西路	
131		永昌寺	塘桥镇金村	张家港市文保单位
132		韩山寺	塘桥镇韩山村	
133		章卿寺	杨舍镇泗港章卿村	
134		双杏寺	大新镇年丰村	
135		弘法寺	杨舍镇农联村	
136		居士林	锦丰镇久丰村	
137		兴教寺	塘桥镇顾家村	
138		盘铭寺	杨舍镇新民村	
139	太仓市	长安寺	乐余镇东兴村	
140		海天禅寺	太仓新区板桥长泾村	
141		南广教寺	城厢镇南郊新丰村	
142		同觉寺	浮桥镇南环路	
143		普济寺	沙溪镇直塘普济街	

(续表)

序号	地区	寺院名称	地址	备注
144	太仓市	圣像寺	璜泾镇鹿河	
145		双凤寺	双凤盐铁塘东	
146		崇恩禅寺	陆渡镇飞沪北路	
147		长寿寺	沙溪镇福利院北	
148		穿山寺	归庄凡山村	

资料来源：郁永龙《苏州百座寺院教堂》，宗教文化出版社，2014年。

（三）高僧与居士

在苏州佛教史上，涌现了不少著名的高僧，他们或以弘法，或以著述，或以戒行，或以卓识，对中国佛教的发展产生了重大影响。苏州佛教的兴盛和地方士绅的支持密不可分，他们大力提倡乐善好施、戒杀放生等佛教理念，并助印经书，精研佛学，促进了佛教和儒、道的融合以及居士佛教的形成和发展。

1. 高僧大德

支遁（314—366）　字道林，世称支公。陈留人，世代崇信佛教，幼年即流寓江南。曾隐居吴郡的秦余杭山（即今阳山），潜心研究佛经多年，并在此出家。据《广弘明集》卷三十支遁《关斋会诗序》记载，他曾在吴县土山墓下，和名士何充一起集道士白衣凡24人组织八戒斋会，还在吴县兴建支山寺。今苏州的饮马桥、支硎山等地名传说都和支遁有关。支遁佛学造诣深厚，并精通老庄之说，提出"即色本空"的思想，创立了般若学即色义，成为当时般若学"六家七宗"中即色宗的代表人物。

宝唱（467？—534后）　俗姓岑，吴郡人。好读书，"寓目疏略便能强识，文采铺赡，义理有闻"（《高僧传合集》，上海古籍出版社1991年，第106页）。18岁从建康建初寺僧祐出家，住庄严寺，遍学经律，以博学多识见称。梁武帝因此令他掌华林园宝云经藏，广搜遗逸经籍，一生参与编辑以及独自撰著典籍达18部之多。梁天监九年（510）至十三年（514）撰成《名僧传》30卷，集录东汉至齐梁间高僧、硕德425人之事迹，为中国佛教史上最早以分科形式出现的综合僧传，对其后《高僧传》的编纂颇有影响。还在天监十六年（517）撰成《比丘尼传》4卷，辑录晋、宋、齐、梁四朝著名比丘尼65人，是现存最早的一部记载中国古代比丘尼事迹的佛教典籍。

绍隆（1077—1136）　和州含山县（今安徽含山县）人，15岁祝发，参圆悟克勤《碧岩集》得悟,又于夹山见到圆悟克勤禅师,学禅20年,尽得真传。宋建炎四年(1130)入住虎丘云岩寺。为临济宗第十二祖,于杨歧派下再创虎丘派。由于洞彻法理,深谙经律,而灯传相继。得临济宗真髓,传播至东南一带。其法嗣有宗达、复如等60人,应庵昙华再传密庵咸杰,使虎丘派大为兴盛。元代此派流传至日本,日本禅宗46派中,出于绍隆者有36派,其中临济24派中,有21派属于虎丘一系。绍隆在虎丘居三年,坐化后葬虎丘。在今虎丘万景园有其墓之遗迹。著有《虎丘隆和尚语录》一卷传世。

维则(约1280—1350) 字天如,吉州永新(今属江西)谭氏之子,学道得法于浙江天目山狮子岩普应国师中峰明本。元至正元年(1341),维则至苏州讲法,翌年门人相率买地筑室以居其师,为不忘学法所自,故名狮子林,后易为菩提正宗寺。维则大宏临济宗风,曾退居松江九峰12年,道价日增。敕赐"佛心普济文慧大辩师"号,赠金襕僧伽梨衣。著有《天如和尚语录》《楞严经会解》《净土或问》等。

道衍(1335—1418) 本姓姚,明长洲(今苏州)人。早年曾在苏州西南穹窿山茅蓬寺参禅,今穹窿山茅蓬坞有广孝桥,即为其遗迹。他潜心内典,得其精奥,又博览群书,旁通百家。洪武初,以高僧身份被推荐入朝,伴侍诸王。洪武二十八年(1395),诸王封国时,道衍向燕王朱棣自荐,辅佐朱棣,后为朱棣"靖难之役"的主要谋士,并留守京城支援前方,以功复姓,赐名广孝,授太子少师。曾参与重修《太祖实录》、编纂《永乐大典》等,著有《姚少师集》。

紫柏(1543—1603) 法名达观,中年后改名为真可,号紫柏,俗姓沈,吴江人。17岁依虎丘僧明觉剃发。平日闭户读书,足不出阃,见违戒僧则加痛斥,僧皆悚惧。20岁受具,至嘉兴武塘景德寺掩关三载,后回虎丘拜辞明觉,到匡山、五台山、京师等地游历参学。感于佛教衰敝,佛藏卷帙浩繁,信众难寻,遂偕同陆五台、冯梦祯、曾同亨、瞿汝稷等,创刻经处于五台山,刻印方册以便流通,四年后移于径山寂照庵,后修复化城寺,贮藏经板,此即《嘉兴藏》。藏成,乃返吴门,大族皈依者众。万历二十八年(1600),南康太守吴宝秀因不执行朝廷征收矿税令而系狱,紫柏时在匡山,闻此事后入京师西山潭柘寺,多方调护。后"妖书"案发,被构陷入狱,受杖刑,殁于狱中,归葬径山寂照庵。著有《紫柏老人集》《紫柏尊者别集》等。

法藏(1573—1635) 无锡人,俗姓苏,号汉月。35岁住苏州北禅寺,37岁受具,翌年寓居虞山东塔寺,弟子包福明等十余人施资,为其建三峰禅院。天启四年(1624),至嘉兴金粟山广慧寺谒密云圆悟而得印证,遂嗣圆悟,为南岳下三十四世。次年正月,住持苏州邓尉圣恩寺,后又入主苏州北禅寺。一生于吴地弘化,大批禅僧、文士追随左右,门人众多,影响深远。所著有《五宗原》《三峰藏和尚语录》等,尤以《五宗原》影响最大。

读彻(1588—1656) 字见晓,后更字苍雪,号南来。俗姓赵,昆明呈贡人。5岁从父于昆明妙湛寺出家。崇祯元年(1628)任苏州支硎山中峰寺住持,与宝华山僧明河同讲《华严经》,听者如云,名士咸集,东南法席于斯为盛,中峰寺亦因此成为一方名刹,声名远播。博通内外典籍,诗多机趣禅理,为世所珍,王士祯誉其为明代三百年第一诗僧。著有《法华珠髻》《南来堂集》等。

蕅益(1599—1655) 俗姓钟,名际明,又名声,字振之,又字蕅益,号八不道人。吴县木渎人。20岁父丧,闻地藏本愿,发出世心。24岁依憨山门人雪岭峻师披剃。后于苏杭诸寺参禅、阅藏,著述不辍,严持戒律。感于教界乱相,讲戒者未达持犯,习禅者则堕无闻之诮,禅、教、律、净等但为门户计,各自经营门庭,扬己抑他。为消弭争议,超越门户之见,蕅益提出"五门次第"的融通主张,于净土一门最为用力,为后世奉为净宗第九代祖师。与云栖、紫柏、憨山一起并称晚明四高僧。

弘储(1605—1672) 号继起,又号退翁,担雪老人,通州李氏子。早年参贤首宗,后从汉月出家,为临济三十二世祖师。前后住过十多个大寺,所至皆云拥雨集,以住灵岩山寺时间为最长,先后达20余年之久,与明遗民来往密切,为东南佛教界及逸民领袖,影响深远。卒葬吴中尧峰山顶,塔名大光明藏。著有《诸会语录》等。

印光(1861—1940) 别号常惭愧僧。俗姓赵,陕西合阳人。光绪七年(1881)出家为僧。出家前娴熟宋明理学,深受韩愈、欧阳修、二程、朱熹的影响,力批佛教。出家后,在湖北莲花寺、北京红螺山资福寺参学。后到普陀山,深居简出,阅藏达20年之久。1930年来苏州,在穿心街报国寺闭关。1937年出关后,移居苏州灵岩山寺,并把该寺作为专修净土宗道场,形成现代净土宗信仰模式。皈依印光者甚众,在苏州有千余居士,远及甘肃、青海和东南亚,香火布施大盛。振兴佛教尤其是净土宗厥功至伟,是对中国近代佛教影响最深远的人物之一,和虚云、太虚、弘一并称民国四高僧。

2. 著名居士

陆杲(459—532) 字明霞。南朝梁吴县人。少好学,工书画。曾任义兴太守、扬州大中正等。素信佛,持戒甚严,与名僧释法通等往来密切。著有《沙门传》30卷和《系观世音应验记》69条。

袁黄（1533—1606） 字庆远，初号学海，后改了凡。明吴江人。万历十四年（1586）进士，官至兵部主事。博学尚奇，凡河洛、象纬、律吕、水利、戎政，旁及勾股、堪舆、星命之学，莫不究涉。曾在南京栖霞山得云谷禅师点化，顿然开悟。后和紫柏一起发起刊刻《嘉兴藏》，并创造性地提出用方形线装本刻印，便利了保存和流传。其所著《了凡四训》融汇儒、释、道三教思想，盛行于世数百年，对中国世俗伦理道德影响巨大。

管志道（1536—1608） 字登之，号东溟。明太仓人。隆庆五年（1571）进士。曾任南京兵部、广东按察佥事等。后居苏州竹堂寺精研佛法，提出"三教并行"思想，认为儒、释、道三家不应互相指责，伸己以屈人，而应以儒治儒，以释治释，以老治老，使其互相条贯，互不妨碍。晚年又究心《楞严经》，与诸方高僧相叩击，益诣元奥。著有《原教论正续集》《龙华忏法》等。

瞿汝稷（1548—1610） 字元立，一字檠谈，号洞观。明常熟人。好学工文。曾任刑部主事长芦盐运使，以太仆少卿致仕。幼秉奇慧，博览强记，宿通内外典。历从紫柏、密藏、散木诸公游，又闻禅法于管志道。其后紫柏刻大藏，汝稷乃为文导诸善信，共襄斯举。又于佛前发誓，愿荷法藏。万历三十年（1602），撮汇历代禅宿法语为《指月录》30卷，盛行于世。

周永年（1582—1647） 字安期。明吴江人。周用裔孙。少负才名，诗文倚待立就。晚扼腕时事，讲求掌故。思以桑榆自奋，遭乱坎坷，卜居吴中西山。于吴中佛教掌故多所措意，著有《吴都法乘》《邓尉圣恩寺志》。

周梦颜（1656—1739） 名思仁，字安士，自号怀西居士。清昆山人。生平以利济为怀，博通三教经书，深信念佛法门。弱冠入泮，遂厌仕进。发菩提心，著书觉民。尝以从生造罪，淫、杀实居大半，因著戒杀书诫杀生食肉，名《万善先资》，于24岁时发愿，至寿终誓不杀害一小鱼虾；又著戒淫书说断淫之要，名《欲海回狂》，大有警世之功；常修西方净业，作《西归直指》，引述净土经论，决疑启信，又记缁素往生事迹。又著《阴骘文广义》，批评辩论，洞彻精微，使人皆知取法惩戒。以上四书合为《安士全书》，影响颇大。

彭绍升（1740—1796） 字允初，号尺木，又号知归子。清长洲人。乾隆二十六年（1761）进士，以知县用，家居不仕。一意读宋元明诸儒书，由程朱而陆王，以见性为宗。晚年入佛，法名际清。断肉食，严戒律，究心内典，以禅入儒。与罗有高、汪缙、薛起凤结为法友，从事佛学研究。著有《居士传》《善女人传》《念佛警策》等，推动了居士佛教的发扬壮大。

王季同（1875—1948） 字孟晋，又名季锴，字小徐。吴县人。清末民国间著名数学家、佛学家。宣统三年(1911)在英国爱尔兰皇家学会会刊上发表有关四维函数求微方法的论文,被称为"王氏代数"。1927年应蔡元培聘,担任中央研究院工学研究所专任研究员。后皈依佛法,致力与宗门参究话头,与印光法师来往密切,于佛学研究上涉猎颇广,尤致力于法相唯识及因明之学,发愿以科学的语言来阐释佛法。著有《佛法与科学之比较研究》《佛法省要》《略论佛法要义》等。

(四) 弘 法

1. 讲经说法

苏州佛教史上讲经说法颇为盛行,传说晋代高僧竺道生曾在虎丘讲经说法,有千人列坐听讲,顽石亦为之点头,虎丘今存"生公讲台""千人石""点头石",据说即因此而来。昙谛晚年入虎丘演法,讲《法华经》《大品般若经》《维摩经》各15遍,讲《礼》《易》《春秋》各7遍。南齐永明年间,名僧释僧祐奉敕入吴,简试僧众,并宣讲《十诵律》,又申传戒之法。梁代吴郡僧人释智藏平生讲习《涅槃经》《般若经》《法华经》《金光明经》《十地经》《成实》《百论》《阿毗昙心论》等经论,并各撰义疏。陈隋之间,虎丘东山寺僧人释智聚擅长讲论,曾奉敕于太极殿讲《金光明经》,平生讲《大品般若经》《涅槃经》《法华经》等各20遍。隋代通玄寺僧慧颙畅演法义,大兴通玄讲席,从学者千余人。唐代虎丘僧人智琰平生讲《涅槃经》《法华经》《维摩经》各30遍,讲《观经》110遍,与州内檀越500余人每月一集,建斋讲观,将近十载,《续高僧传》将其比拟为庐山慧远所结莲社。支硎山寺僧人道遵,平时讲《法华玄义》《摩诃止观》《四分律钞》等,临坛度人,岁无虚度。唐天宝年间,就灵岩道场行法华三昧,并以所见向释湛然咨问。

宋初常熟僧人晤恩鉴于当时天台典籍多有残缺,圆顿妙旨鲜有人论,矢志寻绎,讲天台三大部20余遍。元祐年间主姑苏大慈寺的僧人净梵,讲天台三大部十余遍,受业门人遍及吴地。曾领27人修法华三昧,以28日为期,如此三会,感现异相,长洲令黄公彦刻记于石,所制"期忏规式",流行江浙。又制《金光明忏仪》,与众同修。其弟子惠深继主北禅寺,建炎兵毁之余,致力修复寺院,说法未尝因事废止一日。元代高僧中峰明本曾驻锡苏州城西幻住庵,求法者日众,后又于吴江船居,为顺心庵开山。其弟子维则居苏州狮子林13年,弟子众多,道声日隆。明初吴县僧人大佑,先学贤首教,后学天台止观,洪武十年(1377)住北禅寺,讲《心经》《金刚经》《楞伽经》,洪武二十六年(1393)为僧录司右善世,后升左善世。万历年间,祖住隐居苏州莲华峰,依澄观著作讲《华严经》,兼弘多种经典。崇祯间,读彻任苏州支硎山中峰寺住持,与宝华山僧明河同讲《华严经》,听者如云,名士咸集,东南法席于斯为盛。

清代彭绍升、汪缙、薛起凤等居士曾举办过放生会等活动,以宣传戒杀放生的慈善理念。民国间,在苏州讲经的法师有太虚、月屏、瑞僧、谛闲、圆珠、宝静、慧舟、静权、芝峰、守培等,居士则有季圣一、王季同、陈依仁、范古农、张一留等。苏州觉社还通过百灵电台播送佛学节目,请王季同讲佛法。佛学会会长本醒在东吴大学设佛学课程,每周授课两次。请印光、张一留至监狱弘法,感化犯人,张一留还印有《弘法记》赠送。

中华人民共和国成立初,巨赞、能海、静权、虚云等高僧均曾莅苏讲经。尤其是1953年,虚云老和尚到苏,借西园戒律寺举行"祝愿世界和平讲经法会",全市佛教徒云集一堂,法会期间妙真、清定、寺舫、续可、雪相、无碍等法师讲演佛法要义,上海佛教青年会也赴苏参加和平法会。这次法会参加者万余人次,前来瞻礼者不下十万人次,盛况空前。"文革"中苏州佛教遭受很大冲击,寺院关闭,僧尼还俗,弘法活动更无从谈起。改革开放后,苏州的佛教弘法活动复兴。1999年,西园寺创办"戒幢佛学教育网",开始网络弘法的尝试。2007开始,每年5月、10月,西园寺借法定假期举办菩提静修营,让在家信众到寺院进行短期集中闻法修行。苏州相关寺院还编辑出版了《人世间》《寒山寺》《寒山寺佛学》《寒山寺文化论坛论文集》《和合祖庭》《传灯》《华藏》《吴中佛教》《显庆佛学》《玉毫》《同觉》等通俗弘法书刊。

2. 佛事活动

由于苏州佛教历史悠久,影响广泛,以至于不少民俗活动都带着鲜明的佛教烙印,烧头香、十庙香、地藏香及观音诞等活动至今仍在苏州民间流行。

改革开放以来,苏州规模最大的佛事活动是"烧头香"及寒山寺听钟声活动。春节期间的"烧头香"活动在苏州各个寺庙都很盛行,活动一般自除夕夜九点正式开始,到初五止。西园寺的"烧头香"活动影响最大,万众攒首,场面壮观,每年有10万余人参加,影响遍及沪浙。公历岁末的寒山寺除夕听钟声活动从1979年开始连续举办,从未间断,规模年胜一年,人数逐年增多,吸引了大量来自日本、新加坡等国的外宾和港、澳、台等地区的同胞参加,并通过卫星电视传遍全球。该活动已成为苏州佛教活动的品牌,在海内外影响广泛。

表21-3　清嘉庆以来苏州寺庵盛行的香火日一览表(农历)

日期	香火内容	日期	香火内容
正月初一	弥勒菩萨圣诞	六月初三	护法韦驮天尊圣诞
正月初六	定光古佛圣诞	六月初四	南瞻部洲大转法轮
正月初八	五殿阎罗天子圣诞	六月十九	观世音菩萨成道日
正月初九	帝释天尊圣诞	六月廿四	关圣帝君圣诞
正月十五	天官圣诞(天官赐福)	六月廿六	协天大帝圣诞
二月初八	释迦牟尼佛出家日	七月十三	大势至菩萨圣诞
二月十五	释迦牟尼佛涅槃日	七月十五	佛欢喜日(盂兰盆节)
二月十八	四殿五官王圣诞	七月廿四	龙树菩萨圣诞
二月十九	观音菩萨圣诞	七月三十	地藏王菩萨圣诞
二月廿一	普贤菩萨圣诞	八月十五	月光菩萨圣诞
三月初一	二殿淡江王圣诞	八月廿二	燃灯古佛圣诞
三月初八	六殿卞城王圣诞	九月十九	观世音菩萨出家日
三月十六	准提菩萨圣诞	九月三十	药师琉璃光佛圣诞
三月十七	七殿泰山王圣诞	十月初五	达摩祖师圣诞
四月初四	文殊菩萨、文财神、文曲星比干圣诞	十一月十七	阿弥陀佛圣诞
四月初八	释迦牟尼佛圣诞(浴佛节)	十一月十九	日光菩萨圣诞
四月十七	十殿转轮王圣诞	腊月初八	释迦牟尼佛成道日
四月廿八	药王菩萨圣诞	腊月廿三	监斋菩萨圣诞
五月十一	都城隍圣诞	腊月廿九	华严菩萨圣诞
五月十三	伽蓝菩萨圣诞,武财神、关圣帝君降神	腊月三十	持斋念佛,以求诸佛菩萨访察人间善恶

(五) 组　织

民国以来,苏州佛教组织开始涌现,大体可分为佛教协会、居士组织、慈善组织、佛学院及其他组织等。

1. 佛教协会

民国时期苏州地区相继成立了不少佛教协会。1927年2月,成立中华佛教会苏州佛教分会,寄莲任会长。1929年10月更名为"吴县佛教会",1935年11月解散。1933年,成立常熟县佛教会筹备会,雪参为会长。1935年,成立常熟县佛教会,慧春为会长。1937年4月,在西园寺成立中国佛教会吴县分会。抗战期间曾成立吴县佛教支会。1937年,成立常熟县日华佛教会筹备会,雪参为主持。1945年,成立常熟县佛教会复兴委员会,潭月和逸溪先后为会长。1946年,成立中国佛教会江苏分会吴江支会。1948年,成立常熟县佛教会整理委员会,妙生为主持。

1952年12月,成立苏州市佛教协会筹备委员会,范成为主任。1962年7月,正式成立苏州市佛教协会。1966年至1976年会务停止,1979年8月恢复活动。灵岩山寺、西园寺、寒山寺归还并开放后,市佛协为三寺协调搬迁占用单位,召回僧众50多人,修建寺院,归还佛教文物,补发僧人被扣发生活费和恢复按月付给包经租。1981年7月,在西园寺召开市佛协第二次代表大会。1988—2010年,市佛协召开三次代表大会(第三次至第五次),先后由明开、明学担任会长。2010年,市佛协辖4个县级市、5个区共9个佛教协会。此外,2003年1月,明学当选中国佛教协会副会长、江苏省佛教协会会长,安上、普仁、秋爽也曾分别担任中国佛协、江苏省佛协的常务理事、理事、副会长、秘书长等职务。

表21-4 苏州市佛教协会表

名称	成立时间	现任会长	驻会地
苏州市佛教协会	1962年7月	释普仁	苏州市西园戒幢律寺
常熟市佛教协会	1982年12月	释慧云	常熟市兴福寺
张家港市佛教协会	1993年9月	释法禅	张家港市河南禅院
苏州吴中区佛教协会	1994年12月	释心培	苏州吴中区包山禅寺
昆山市佛教协会	1997年12月	释秋风	昆山市华藏寺
太仓市佛教协会	2001年5月	释觉超	太仓市南广教寺
苏州相城区佛教协会	2001年	释净慧	苏州相城区皇罗禅寺
苏州高新区(虎丘区)佛教协会	2003年11月	释秋爽	苏州高新区(虎丘区)兰凤寺
苏州吴江区佛教协会	2004年6月	释功真	苏州吴江区小九华寺
苏州工业园区佛教协会	2015年12月	释光瑞	苏州工业园区重元寺

注:本表由苏州市佛教协会办公室提供。

2. 居士组织

民国以前,苏州在家佛教徒基本没有组织,只能分散活动。民国初年,苏州城出现了居士组织,1925年成立了楞伽学社、中华佛教宣讲社。1928年成立上海佛化教育社苏州办事处,处长王薇伯。1930年印光法师来苏后,提倡念佛法门,信徒日增。1931年起信徒自发组织成立佛教莲社,先后成立了12个莲社。莲社定期进行宗教活动,有些莲社逢菩萨圣诞期还举办佛七道场,恭请长老、法师开示和举办讲经等宗教活动。与此同时,在印光法师的指导下,吴江盛泽成立了吴江舜湖觉善念佛林,后发展至300余人。1934年,曹亚伯、王薇伯、张子文、马柱臣创办昆山佛教莲社,成为本县第一个佛教团体,信徒甚众。1945年夏,在苏州成立江苏佛教居士林。

表21-5 民国时期苏州市区佛教莲社表

社 名	负责人	地 址
觉社(抗战胜利后结束)	季圣一	王天井巷药师庵内
净 心	胡济川、周幼楣	菉葭巷
净 行	孔莲川	金门内石塔头
净 业	俞宗如	唐家巷
净 莲	陆根林	西贯乔善心庵
香 光	许德庄	西北街天妃宫
清 心	池莲邦	铁瓶巷(萧春萃馆)
圆 修	彭智锦	二郎巷阿太堂
圆 觉	唐通乐	西麒麟巷染香庵
普 仁	唐进培	施林巷观音堂
七 襄	石少英	刘家浜
菩 提	心 传	饮马桥关帝庙

1949年后,居士们分别参加本市各大寺庙的法会活动。50年代初对苏州城区尚存的11个莲社进行登记,社员共590人,以家庭妇女和退休职工为主,也有少量僧尼(苏州佛教协会筹备委员会成立后,僧尼退出莲社,参加佛协筹委会)。1954年,常熟城区也存有净业、慈云、超然、明性、佛学净行等5个莲社,男女居士161人。1955年,苏州城区尚存8个莲社,社员共计784人。1958年,各教涉入"献庙、献堂、献产"运动,全市佛教活动场所从237处减为13处。8个莲社被并成居士林,安置在菉葭巷31号原净心莲社的社址。1958年,苏州佛教居士林召开第一届代表大会,成立首届理事会,选出谢祖培、吴树人为正副理事长。林址设在临顿路菉葭巷31号,林员来自各莲社,大多是家庭妇女,还有少量退休和在职工人。居士林定期举办宗教活动,并经常请法师讲经,道场庄严肃穆,颇受佛教界赞赏,闻名江南一带,慕名参访者甚多。"文革"中宗教活动被迫停止,佛

像被毁,林舍被工厂占用,林员星散。

1981年7月,苏州佛教协会第二届代表大会提议恢复居士林,但原址房屋尚被占用,西园寺暂让寺内爱道堂作居士林活动场所。1984年5月,居士林第二届代表大会召开,选出林长、理事会,登记林员86人。1986年8月起,被占全部房屋逐步归还。1986年11月至翌年6月,市佛协拨款12万元翻建房屋,从西园寺移入佛像,添置法器和供桌、拜垫、家具设备等。1987年10月举行恢复典礼。1988年4月和1994年10月,居士林分别召开第三届、第四届代表大会,登记林员从300余人增至700余人。1992年11月,居士林首次召开传戒法会。1994—2004年,居士林多次翻建林舍。2005年9月6日,召开第四届理事会常务理事会议,聘市佛协副会长弘法行使居士林法人职责,负责工作并筹备第五届代表大会。2008年,市佛教协会委派市佛协副秘书长觉智法师担任居士林法人代表。2010年,苏州佛教居士林捐助苏州大学王健法学院贫困学子10万元。现居士林定期举办诵经、讲座、放生、济贫、慰老、助学、修持、学习、文化交流、念佛、坐禅、插花、义诊、心理咨询等法务及公益活动,是苏州市区唯一一处以在家居士修持、学习佛法为主的道场。

3. 慈善组织

民国时期,苏州佛教界开展了不少慈善活动,并成立了相关组织。1926年2月,太虚与苏州佛学会会长本醒发起创办"佛化第一国民小学",招收儿童入学。1935年,王慎轩还设立诊所,免费送诊,不收贫者医药费。1938—1949年间,灵岩山妙真与潘子亮等在木渎办"施粥场",冬寒开办,春暖时停,每日施粥以600人计。1945年夏,居士林在沧浪亭三贤祠创办佛教孤儿院(该院于中华人民共和国成立初期并入苏州儿童教养院)。1946年,静权发起在阊门准提社设"施粥场"。1947年9月,王慎轩居士设"慈风补习学校",招收失业青年。

苏州市佛教协会成立以来,一直注重社会慈善事业,倡导市区寺院和县区佛协开展兴学助教、救助孤寡、扶贫救困、赈灾、义诊等多种慈善项目,建成5所安养院,开设全省首家佛教慈善超市,通过开通心理热线、举办论坛、举办书画义卖展、出版慈善书刊等多种方式,积极探索和实践精神慈善,受到社会各界赞誉。

苏州佛教安养院 位于三香路虎啸桥堍。原为1924年苏州济生分会设立的放生池园,后为灵岩山下院。苏州佛教放生会成立后以此处为会址。1958年后逐渐荒芜,后为市妇幼保健医院院址。1980年后,佛教界在下院寮房的基础上建办苏州佛教安养院,秉承灵岩宗风,以"不搞经营、不做佛事、不迎合世俗"为办院方针,集慈善、敬老、修持、安养、往生于一体。1993年3月20日正式开院。安养院门楼照壁上存有印光法师撰文的 8 块碑石。

寒山寺慈善中心 位于寒山寺北枫桥大街 6 号,2004 年 4 月 28 日成立。与慈善中心一体的寒山寺慈善超市同时开张。超市占地 300 平方米,出售日用品和生活必需品数百种,价格低于市场平均价。受捐助人员凭"物资申购券"每人每月可在此领取价值 60 元的物品。对行动不便的受助者,由工作人员送物品到户。当年 7 月、9 月,相继开设泰州市、苏州市沧浪区分部,各有 200 户贫困家庭得到捐助。受助特困家庭共有 650 户。向连云港市赣榆县捐资 30 万元兴建黑林镇大树希望小学教室 12 间,并为苏州市城区 300 余名特困生提供学习用品。

4. 佛学院

民国时期,苏州就出现了佛学院。1917 年,僧月霞住持常熟兴福寺,创办华严学院(初称华严讲堂),后由应慈、密林等续办。1930 年,改称法界学院。学制为预科三年,正科三年。学僧每期 50—60 人,以佛经为教材,并授《左传》《孝经》《古文观止》及历史、地理、算术等课。华严学院(法界学院)前后历时 20 年,造就僧才甚多。1980 年,灵岩山寺创办中国佛学院灵岩山分院;2001 年,西园戒幢律寺主办的戒幢佛学研究所获批;2003 年 9 月,寒山寺主办的寒山书院成立。

中国佛学院灵岩山分院 1980 年秋由中国佛教协会赵朴初会长视察时建议创办,经国务院宗教局批准,同年 12 月 10 日挂牌成立。学院由西园寺方丈明开为名誉院长,上海龙华寺方丈明旸为院长兼教务长,灵岩山寺方丈明学任常务副院长兼办公室主任,西园寺监院安上任副院长兼副教务长。1997 年安上圆寂,翌年聘弘法为副院长。"教遵天台,行归净土"八字方针是印光大师及前代诸上人共立的规约,完整地保存于教学体制中。灵岩山佛学院的课程有天台宗、净土宗、律宗、佛教史、佛学概论、梵呗及语文、历史、时政、书法等,佛学课占 70%,文化课占 30%,力争做到"三学并重、五明兼攻"的教学格局。2000 年 2 月,中国佛教协会批准明学接任院长。首届共招收 43 名新生。1984 年学院开设本科班,招生 12 人,学制四年(仅此一届)。1996 年始设研究班,首届招生 12 人,学制两年,每届招生十余人。专科班招生 13 届。学院设有办公室、教务室、监学寮、图书馆。专科班、研究班各有教室一间,学僧宿舍 20 间。图书馆藏书 8 000 余册。至 2005 年,共毕业学僧专科班 12 届 464 人、本科班 1 届 12 人、研究班 4 届 48 人。2010 年在院专科班 47 人、研究班 16 人。截至 2010 年,已招收 15 届学生,佛学院毕业生除留院任教和担任本寺执事之外,大都遍布海内外从事弘法护教工作。初步统计,在海外弘法的法师有20多人。另外有三分之一的毕业生在各地丛林、学院担任会长、方丈、监院、教务长、执事等各项重要职务。

戒幢佛学研究所 由西园戒幢律寺筹措,1996年9月由安上法师创办,中国佛教协会赵朴初会长应邀为名誉所长,中国佛教协会茗山副会长担任所长,济群法师主持办学事宜,1999年5月经中国佛教协会批准正式成立,2001年8月获国家宗教事务局同意,是培养高层次僧才的佛学院。教学分两年预科和三至五年的研究生两个阶段。研究所设有教学部、研究部、弘法部、编辑部、网络站和图书馆六部门,图书馆珍藏6万余册古版书籍、近3万册新版书籍,其中各类大藏经版本近20种。至2005年有五届毕业生,在读预科班、研究班学生共40余人。

寒山书院 在寒山寺内。1999年起,寒山寺创办佛学培训班,以提高寺僧素质。2003年9月,经江苏省民族宗教事务局批准的省级佛学院寒山书院正式成立,面向全国招生,学制两年。灵岩山寺明学方丈受聘为院长,性空法主和尚任副院长,秋爽方丈任常务副院长。不定期聘请国内外知名法师、专家、教授、学界精英到书院讲学。以"戒、定、慧"三学为纲,以"勤学、求真、崇善、净意"为院训,学修并重。书院有多媒体讲堂、计算机教室等现代化教学课堂,宽敞整洁的学僧寮房,藏书3万册的图书馆,以及完整的规章制度。至2010年共有四届毕业僧202名,先后有21名考入国内外著名佛学院。

2007年7月,寒山寺成立了文化研究院,寒山寺方丈秋爽为名誉院长,任命姚炎祥为院长。研究院聘请近30名资深研究员承担课题研究工作,颁发聘书,并按协议安排研究任务,验收研究成果,研究院经费由寒山寺负责。"寒山寺和合文化论坛"是文化研究院每年必办的重大活动。2007年至2010年连续举办四届,历年主题分别为"传承文化·和合人间""和合人间·和谐社会""慈善人间·和谐社会"及"和合人间·和谐世界"。与会的院校专家、文史学者、宗教界人士共450人次。论坛收到论文415篇,经审核入编311篇,共计280万字。每次论坛都正式出版论文集。2009年底,寒山寺文化研究院还举办寒山寺"和合·和谐"主题书画展,展出作品结集出版。

5. 其他佛教组织

民国以来,苏州佛教界还出现不少其他组织。1922年成立湘城莲池会。1924年,潘伯谦、姚俊先等在吴江盛泽成立佛学研究会。次年,陈寅生、陈庚生、黄鸣鸾等20余人在吴江芦墟成立佛学研究会。1925年成立莘庄佛学推行社、中华佛教宣讲社,1927年成立净业社,1928年成立苏州佛经流通处。1930年2月,印光从上海迁到苏州报国寺闭关,创办"苏州弘化社",专印佛典及弘法书籍,并致力于赈灾济贫事业。1933 年,成立苏州觉社,出版《觉社年刊》。1934年,创办宗教哲学研究社。1941 年,创办佛教图书馆,后该馆还设立赠书部。

1951 年 4 月,苏州佛教界成立临时佛教组织"抗美援朝工作组",改组前一年半时间内所做的主要工作有捐款购买飞机大炮、在佛教界开展爱国主义教育运动、慰问伤兵、宣传宗教政策、领导僧尼生产等。1997 年 1 月,苏州成立佛教博物馆,设在报国寺,与印光法师关房和弘化社融为一体。两厢房主展厅内,展示苏州佛教发展演变中的寺院建筑、造像艺术、藏经版本、历代高僧贤哲的事迹。山门东侧弘化社恢复后,继承和发扬印光法师的事业,印行经书典籍,复版弘化书刊,恢复讲演说法、社会慈济、买物放生等法务。大殿西侧小院是"印公关房",即印光法师纪念堂,有佛堂、书房、起居室、叩关室等,均按原样陈列。

(六) 典　籍

苏州的僧人和居士撰写和刊刻了不少在中国佛教史上影响深远的典籍。单以大藏经而论,宋元时期的《碛砂藏》即刊刻于苏州,明代的《嘉兴藏》首先由吴江僧人紫柏及居士袁黄二人发起,并得到当时苏州佛寺及士人的大力支持。其他如《比丘尼传》《景德传灯录》等均为佛教史上相关领域的开山之作;苏州僧人法藏所著的《五宗原》不仅引起明末清初的僧诤,还致使雍正皇帝下诏禁毁,可见其影响。

《比丘尼传》　4 卷,南朝梁吴郡僧人宝唱撰。记述自西晋建兴年间至梁天监十五年(516)共 116 位比丘尼的生平事迹,其中正传 65 位,附传 51 位。正传按时代顺序分卷,卷一记晋代 13 人,卷二记刘宋 23 人,卷三记南齐 15 人,卷四记梁代 14 人。所记人物多为江南地区比丘尼,中原和边远地区者较少。该书是在博采碑颂及访求世间传闻的基础上编集而成的,是中国佛教史上最早为比丘尼立传的著作,《开元释教录》首次予以著录,并为历代大藏经所收。

《景德传灯录》　30 卷。宋苏州承天寺僧道原撰,成书于宋真宗景德年间。灯能照明,祖祖相授,以法传人,譬如传灯,故取名"景德传灯录"。系统地叙述禅宗师徒相承机缘,从过去七佛起到历代诸祖,共 1 701 人。附 951 人语录。收有印度、中国禅宗各祖师名号,一一列其法系以说明禅门传灯相承次第,载明各祖师之俗姓、籍贯、修行经历、住地、示寂年代、世寿、法腊、谥号等,更传述各祖师师资证契的机缘语句、接化语句及悟道的偈语等。问世后在佛教界内外产生了广泛影响,为禅宗思想史的研究提供了有价值的资料,也为以后有关学术思想史的撰述提供了可借鉴的样式。

《碛砂藏》 6 362卷。因刊刻于平江府陈湖(今苏州澄湖)碛砂延圣院而得名,刊刻历经宋元两朝百余年,是现存最为完整的宋元时期大藏经。全藏按《千字文》编号,始于"天"字,终于"烦"字,共591函,采用梵夹装。内容丰富,卷帙浩繁,扉画精美,例目清晰,是全面、系统的佛教经典汇编,在中国佛教史上占有至关重要的地位,此后的《洪武南藏》《嘉兴藏》诸大藏经均直接受其影响。

《五宗原》 1卷,明圣恩寺僧汉月法藏撰。明天启间,法藏鉴于曹洞宗徒抹杀五家,仅单传释迦拈花一事,且昧于五家宗派分出之所以,不知威音王以来无一言一法非五家宗旨之符印,故撰书以破其谬。分为临济宗、两脉合宗其来有据、云门宗、沩仰宗、法眼宗、曹洞宗、总结、传衣法注等,卷末并附《济宗颂语》一文。此书撰成后引起巨大争议,法藏之师圆悟撰《九辟》《三辟》辟之,道忞亦著《五宗辟》呵骂汉月,法藏法嗣弘忍撰《五宗救》支持汉月之说,圆悟又撰《辟妄救略说》列举佛祖语句辟斥彼等之妄。明亡后,法藏学说影响很大,清雍正帝特撰《御制拣魔辨异录》对法藏、弘忍师徒大加驳斥,《五宗原》与《五宗救》被下敕毁版,不准刊行,影响极大。

《指月录》 32卷。又称《水月斋指月录》,明常熟瞿汝稷撰。借用佛教譬喻,以指为言教,月为佛法,因指而见月,但指非月,故名"指月录"。全书系集录自过去七佛至宋大慧宗杲之禅宗传承法系650人的言行传略而成,体裁虽为史传,实则类似禅宗语录。卷一至卷三收录过去七佛、应化圣贤、西天祖师语录;卷四收录东土祖师,从菩提达摩到六祖慧能语录;卷五至卷三十收录慧能下第一世至第十六世语录;卷三十一、卷三十二为径山大慧宗杲禅师语录。该书为研究禅宗的重要史料,自明万历间问世后翻刻不绝,风行不衰。清康熙间苏州人聂先依其体裁,撰《续指月录》20卷。

《吴都法乘》 30卷。明吴江周永年撰。为苏州地区的佛教记事类纂。分为始兴、显圣、半满、应现、袭灯、开宝、逸格、禅藻、表刹、坛宇、像设、道影、弘通、结集、礼诵、呗赞、流音、亘照、灵祐、崇护、侣净、憩寂、储供、普慈、清信、倡缘、提策、逆行、杂举、总略30篇,保存了大量佛教人物、典故、艺文等相关资料,堪称清代以前苏州佛教典籍的百科全书。

《现果随录》 4卷,清太仓僧人戒显撰。现果,也即佛教的"果报",即因果报应,谓夙世种善因,今生得善果,为恶则得恶报。全书所记皆明末至清初止于康熙十年(1671)间因果报应之事,共103则,每则附以论断,皆陈善恶之报,大旨皆规劝世人持戒奉佛,皈依佛门。此书内容不少为戒显所见所闻,明末清初的不少珍贵史料赖此得以保存。

《居士传》 56卷,清长洲彭绍升编。汇集了从东汉到清康熙间312位男性居士的传记,大体依时代先后编次,每卷收列传一篇,传末均系有编者撰赞,有些还附有汪缙、罗有高的按语。列传体裁分为三类,即专传、合传及附传。计列于专传的17人,列于合传的219人,列于附传的76人。由于系采辑各种史料而成,对于原文大都有些删改,有的还校正了史料中的讹误之处,在各传文篇末或一段后都注明资料出处,便于复勘原书。从中可见各时代居士信仰的趋向及变化,在佛教史上颇有参考价值。

《净土圣贤录》 9卷,清长洲彭希涑撰。彭希涑在彭绍升指导下,稽考经论著述,再续以耳目所及,汇集有关修持净土者的事迹而成。为传记体,共分九科,即净土教主、阐教圣众、往生比丘、往生人王、往生王臣、往生居士、往生杂流、往生女人、往生物类。每传之末多注明原书出处,以为佐证。所引用资料有经论、撰述、史传、文集、方志等130余部,还有当时人的口述材料。该书集以前各种往生传录之大成,注重探本穷源,理论与事迹、庸行与舍身并录,人、物平等兼收,具有鲜明的特点,影响深远。晚清胡珽撰《净土圣贤录续编》4卷,体例一准此书。

《佛法与科学之比较研究》 民国间王季同著,撰写于1918年,初发表于《海潮音》杂志,于1932年出版单行本。前有蔡元培、胡适序,内收短论10篇,包括《佛法与科学》《管义慈〈读了佛法与科学的瞎三话四〉》《答管义慈》《读〈唯物史观与社会学〉》《科学之根本问题》等。是第一部科学研究者所写的佛学论著,采用分析比较的方法,以现代科学技术的成果,力图证明佛教的合理性价值,说明佛学是应用科学、实证哲学,是根本的真理和合理的宗教。出版后引起广泛好评,许多佛教社团纷纷翻印,作为佛教的宣传书。

二、道　教

苏州地区历来有崇祀神仙鬼怪的习俗,范成大《吴郡志》卷二"风俗"条称"其俗信鬼神,好淫祀"。道教于东汉后期传入吴地后,得到广泛传播。大体而言,苏州道教于魏晋六朝时趋向成熟,唐宋时兴盛,明清以后不再得到官方扶持而渐趋衰落。尽管如此,苏州道教在民间社会仍然有着重要影响。

(一) 沿 革

汉末以来,中原地区屡遭兵燹,而吴地很少受到战争的影响,不少中原民众迁移吴地,早期道教也跟着传入吴境。早期道教包括太平道和五斗米道。太平道后被东汉张角作为发动民众的宗教武器,遭到统治者严厉取缔。五斗米道由沛国丰(今江苏丰县)人张陵(又称张道陵)所创,受其道者皆出五斗米,故谓"五斗米道"。张陵之孙张鲁后归降曹操,大部分教众由川陕迁徙到关陇、洛阳等地,并逐渐流传到吴地。

自三国以来,早期道教的一些道团在吴地的流传颇为迅速。据任继愈《中国道教史》(中国社会科学出版社,2001年)记载,从汉末至两晋间,先后传入江东的有属于太平道支派的于君道、帛家道,属于五斗米道支派的李家道、清水道、杜子恭道团等。此外还有为数众多的被称为"妖贼"的农民起义组织活动于江南。汉末三国时期,吴地影响较大的为于君道。东晋以后,吴地道教以五斗米道为主。

东晋南迁后,天师道也随之南下,成为吴地道教的主流。陈寅恪《天师道与滨海地域之关系》一文指出,东晋南北朝的许多世胄高门都是信奉五斗米道的世家,其中包括吴郡的门阀士族顾氏、陆氏、张氏、孙氏(孙吴后裔)等。在东晋南朝茅山上清派形成过程中发挥重要作用的道士,如葛洪、杨羲、许谧、陆修静、顾欢、陶弘景等,均出自吴地士族(《金明馆丛稿初编》,三联书店,2001年)。

以葛玄、陆修静、陶弘景等为代表的两晋南朝道教理论家,对吴地的天师道教义进行改造和充实,剔除其中违背儒教礼义的主张,使之更趋理论化、系统化;同时对天师道组织进行改革和整顿,加强科律,建立宫观制度,完善戒律制度,吴地道教演变为较为完备的宗教,并从主要传播于基层社会的民间道团上升为官方承认的成熟宗教。其中,陶弘景及其弟子在江苏南部的茅山(古称句曲山)居住数十年,草创茅山上清道团,称为"茅山宗",成为以茅山为中心、从南朝至两宋时期一直广泛传播于江南各地的重要派别。苏州地区与茅山近在咫尺,与茅山上清派关系密切。

唐室尊老子为祖,大力推崇道教,后五代钱氏、两宋赵氏均青睐道教,于是达官贵人无不争相结交道士。在官方支持下,苏州地区的道教宫观大多翻新扩建。有宋一代,堪称苏州宫观最盛时期之一。宋末元初,道教逐渐形成北方全真派(内丹为主)、南方正一派(符箓为主)互相对峙的局面。全真派在苏州地区拥有一定影响,但整体上看元、明、清时期苏州道教属于正一派支脉。

正一派也称正一道,前身就是五斗米道,据传张陵四世孙张盛后迁居江西龙虎山,该山即成正一道中心。此后,正一、上清、灵宝构成道教三大符箓派,分别以龙虎山、茅山、阁皂山为中心,三派都以江南为主要传播区。其中上清派盛于六朝和唐。元代中期以后,茅山宗渐渐衰落,最终并入正一道。南宋嘉熙三年(1239),理宗诏命正一派第三十五代天师张可大提举三山符箓兼御前诸宫观教门公事,正一派从此成为江南诸道派之首。忽必烈于至元十三年(1276)召见张可大之子、第三十六代天师张宗演,命其主领江南诸路道教。

元代苏州地区主要流行属于正一道符箓新派的神霄派。神霄派创始人为宋末江西道士王文卿,后曾风行一时。据传该派道士掌握一种能召雷唤雨的符箓法术,且其作法要以内丹修炼为根柢。北宋神霄派创立后,苏州玄妙观成为该派中心之一,人才辈出,且多传习神霄雷法。据清人顾沅《玄妙观志》记载,元、明、清三朝苏州涌现出如莫月鼎、张善渊、周玄真、胡道安、施道渊等一脉相传的众多神霄高道。清代苏州又有以施道渊为创始人的神霄派支系穹窿山派,一直活跃于清代早中期。

清代管理道教的中央机构为礼部下设的道录司,府、州、县则设道纪司、道正司、道会司,分设都纪、道正、道会等道官,各级道官一般由道士充任。苏州为府城,设道纪司,一般设在玄妙观内。清末至民国初期,道纪司等管理机构被废除,道教公会则应运而生,时称吴县道教公会。

吴县道教公会于清光绪年间成立于苏州玄妙观,以该观萨祖方丈殿为会址,会长卞剑虹、李杏元。1912年,吴县道教公会会长由玄妙观方丈倪仰云兼任,副会长为王石泉,会址仍在玄妙观萨祖殿。该公会以同年在上海成立的"中华民国道教总会"为上层组织。8月末,玄妙观内著名建筑弥罗宝阁失火被焚,倪仰云被吴县检察厅提起失职公诉,自请辞职,道教公会会长由西北街天后宫住持秦琴鹤继任,并建立15人组成的执委会。1936年,道教公会得到国民党吴县党部的正式批准,为政府正式认可。1937年1月,新的吴县道教公会成立。旋即卢沟桥战事爆发,苏州沦为日占区,道教公会的一切会务也告停顿。抗战胜利后的1946年,苏州道教界成立吴县道教整理委员会,至年底,委员会重组为吴县道教公会。吴县道教公会还设有下属分会,在该公会成立的同时,道教公会常熟分会也告成立。常熟分会至1949年停止活动。

吴县道教公会在代表苏州道教界、维护道教徒利益方面起过作用。1927年3月20日,北伐军攻入苏州,3月23日成立吴县临时行政委员会。该临时行政委员会29日举行第六次会议议决:"……张天师业经取消,道教不能存在,道士应使各谋职业,道士观院产业应统筹训练职业之用,由民政局、公益局会同出示布告,并禁止私行抵卖。"会后,吴县临时行政委员会在玄妙观正山门口出示布告。此决议使苏州地区道教失去了存在的合法性,致使众多道众惊慌不已。吴县道教公会迅速做出反应。4月2日,会长秦琴鹤率领道士146人赴国民党吴县党部请愿,请求维持生活。5日,城乡道士(据当时报载约2 000人)在玄妙观集议后,由颜品笙、秦琴鹤等领队,至国民党苏州市党部、总工会请愿。道教公会还聘请杨荫杭等4位律师前后三次呈文陈诉于吴县临时行政委员会。不久,秦琴鹤等又两次赴宁具呈省政府,请求保全饭碗,维持生计。6月9日,吴县临时行政委员会被取消,成立吴县县政府,这一决议遂不了了之。

吴县道教公会的活动经费来源于道众,按照道众承接法事获得报酬的多少抽取,一般在大洋四角左右,名谓"经忏捐"。民国时期,做法事已经成为苏州的一种习俗,苏州道教徒也以此为生,因此道教公会的经费来源并不紧张。1919年,道教公会创办"吴县私立进德义务小学",校址位于玄妙观天后殿后的三元阁,所收学生多为道教徒及在玄妙观周边设摊小贩的子弟,聘请两位老师,学制四年,学费全免,学校开支从玄妙观的租金收入中拨付。日寇侵占苏州初期,该小学停办。1938年复课,每个学生交纳学费两角,学校经常费用仍从玄妙观收入中拨付。到1950年,这所小学停办。

1951年到1954年,苏州道教界成立抗美援朝会,由玄妙观太阳宫住持许鹤梅任会长。1951年3月18日,百余道教徒由许鹤梅、张筱轩等率领,参加全市宗教界"抗美援朝,反对美帝重新武装日本"的联合示威游行。1954年,抗美援朝会改组为道教界学习委员会。1966年"文革"开始后,道教组织和大部分道教宫观都停止活动。"文革"后,随着宗教信仰自由政策的恢复和落实,苏州道教界于1981年9月成立了道教协会筹备委员会,推张筱轩为道教协会筹备委员会会长,任俊臣、周秋涛为副会长。历经5年筹备,于1986年12月10日至12日召开苏州道教界第一次代表会议,审议通过《苏州道教协会筹备委员会工作报告》《苏州市道教协会章程》《爱国爱教公约》等,并选举产生道协第一届理事会,宋佩琴当选为会长,副会长为师敏绪、周秋涛,张筱轩为名誉会长,另选举产生首届理事7人。至此,苏州道教协会正式成立。此后,苏州道教协会分别于1992年、1996年、2000年、2005年和2010年召开代表会议,2010年会长为张凤林,薄建华、韩晓东、熊建伟等为副会长。

自20世纪80年代以来,在地方政府的支持下,苏州道教界在继承传统的同时,也在不断吐故纳新。到2009年,苏州各地先后修复并开放了上真观、玉皇宫、五岳庙、白塔龙王庙、悟真道院、禊湖道院、城皇山道院、普济道院、城隍庙、神仙庙、春申君庙、花神庙、安齐王庙等多处道教活动场所。如2008年11月,位于苏州工业园区的玉皇宫举行竣工典礼。此外,苏州地区有一些与道教信仰密切相关的民俗活动,在历史上曾经盛极一时,但1949年后渐趋沉寂。近年来苏州道教界也配合当地政府着力恢复,包括"烧头香""财神出巡""城隍赐福""轧神仙""中元祭祖"等活动,如今都已经在苏城重现。

截至2009年,苏州全市共有市级道教组织1个(即苏州市道教协会),区级道教组织4个(吴中、相城、昆山、太仓),市属道教宫观管理委员会6个(玄妙观、玉皇宫、府城隍庙、安齐王庙、金阊区、高新虎丘区)。

表21-6　1912年以来苏州道教组织及负责人表

时间	组织名称	会长	副会长	理事或委员
1912	吴县道教公会	倪仰云(玄妙观方丈)	王石泉(三茅观住持)	
1913—1937	吴县道教公会	秦琴鹤(天后宫住持)	颜品笙(玄妙观方丈)、张松卿(胥门三观殿住持)、顾石卿(舒巷火神庙住持)	1937年执委:秦琴鹤、颜品笙、张松卿、刘怀九、张了青、华了莲、陆了凡、沈子贤、徐志清、金季青、许吟竹、叶继香、许鹤梅、张秋珊、马霄雷
1937—1945	吴县道教公会	陆滋昌(玄妙观方丈)		
1946	吴县道教整理委员会			
1946—1949	吴县道教公会	陆滋昌(玄妙观方丈)		理事:万筱松(玄妙观雷尊殿住持)、张继良(玄妙观东岳殿住持)、陆子凡(温天君庙住持)、李培元(奔赴应)
1951—1954	道教界抗美援朝会	许鹤梅(玄妙观太阳宫住持)		
1954—1966	道教界学习委员会			
1981	道教协会筹委会	张筱轩	任俊臣、周秋涛	委员:华佩琴、华丽生
1986	道教协会	宋佩琴	师敏绪、周秋涛	第一届理事会
1992	道教协会	蔡燮荣	薛剑峰、张凤林	第二届理事会
1996	道教协会	张凤林	周祖馥、李天洪	第三届理事会
2000	道教协会	张凤林	师绪敏、薄建华	第四届理事会
2005	道教协会	张凤林	薄建华、韩晓东等	第五届理事会
2010—	道教协会	张凤林	薄建华、韩晓东、熊建伟等	第六届理事会

(二) 人物宗派

吴地出现修道之士最早可追溯到汉代,史书记载有不少神仙方术之士。如《吴郡志》卷九《古迹》载洞庭山有毛公坛,为汉人刘根修仙得道之处。葛洪《神仙传》卷三载有吴郡人沈羲"学道于蜀中",后主持"吴越生死之籍";又载东海(今山东临沂)人王东前往浙江括苍山时,途经吴地,住在胥门蔡经家中传道之事。陶弘景《真诰》(中华书局,2011年)卷十二《稽神枢第二》载有吴人言城生学道于"总括吴越之万神"的"东卿司命";同卷还载有吴郡毗陵人韩崇,少好道,得林屋仙人授法,后任宛陵县令时,以道抚民,虎狼深避,蝗不集界;卷十四《稽神枢第四》载有北海安丘(今山东安丘市)人郎宗出任吴县县令,"精通道术",能预知灾异。

东汉三国时,道士于吉颇为著名。于吉是琅琊(今山东胶南)人,自称得仙人授书。东汉顺帝时,他的门徒宫崇入皇宫进献其所著,即道教典籍《太平青领书》,但未引起朝廷重视。汉献帝建安五年(200),于吉被孙策以"幻惑人心"的罪名斩首。《三国志》(中华书局,1959年)卷四十六《孙策传》注引《江表传》所载:"时有道士琅邪于吉,先寓居东方,往来吴会,立精舍,烧香读道书,制作符水以治病,吴会人多事之。策尝于郡城门楼上,集会诸将宾客,吉乃盛服……诸将宾客三分之二下楼迎拜之,掌宾者禁呵不能止。……即催斩之,悬首于市。"

三国时期的孙权对道教较为优待。《三国志》卷五十四《吕蒙传》载吴国名将吕蒙英年病重,孙权亲自探视,"命道士于星辰下为之请命"。卷五十九《孙登传》载太子孙登临终前上书孙权称:"愿陛下弃忘臣身,割下流之恩,修黄老之术……""请命"是道教常见法术之一,"黄老之术"亦是早期道教的理论来源之一,这里指修身养性,追求长生之道。道教典籍还有孙权礼遇道士、兴造道观的不少记载。如葛洪《神仙传》(中华书局,2010年)卷八《左慈》:"慈见吴先主孙权,权素知慈有道,颇礼重之。"卷九《介象》:"吴王诏征象到武昌,甚敬重之,称为介君。为象起第宅,以御帐给之,赐遗前后累千金。从象学隐形之术,试还后宫及出入殿门,莫有见者。又令象变化,种瓜菜百果,皆立生。"卷八《葛玄》:"吴大帝要与相见,欲加荣位,玄不枉,求去不得,待以客礼。"唐杜光庭《历代崇道记》称:"吴主孙权于天台山造桐柏观,命葛玄居之;于富春造崇福观,以奉亲也;建业造兴国观,茅山造景阳观,都造观三十九所,度道士八百人。"(《道藏》,上海书店,1988年)

东晋隆安二年(398),奉吴郡钱塘五斗米道团杜子恭为师的侨姓士族孙泰,看到东晋发生动乱,以为晋祚将终,于是"扇动百姓,私集徒众,三吴士庶多从之",孙泰随即被捕诛杀。其侄孙恩逃往海岛,聚众百余名立志为孙泰复仇。次年,孙恩趁执掌政权的司马元显纵暴吴会,百姓不安,从海上袭击会稽,三吴各地响应,令东晋统治者惊恐不安。到元兴元年(402),孙恩势穷,投海自沉。余部仍拥孙恩妹夫卢循为首,一直转战到义熙六年(410)才被彻底击败。孙恩、卢循起事前后历时13年之久,在吴会之地转战经年,投入孙恩阵营的民众一度达到数十万,此与孙泰、孙恩家族世传五斗米道有着很大渊源。孙泰被捕杀后,信奉五斗米道的教众都声称孙泰并未身死,"皆谓蝉蜕登仙";孙恩势蹙投海自杀时,"妖党及妓妾谓之水仙,投水从死者百数"(《晋书·孙恩传》,中华书局,1974年)。

东晋南朝时期,道教理论家葛洪、陆修静、陶弘景等对吴地的天师道教义进行改造。其中,陶弘景堪称吴地道教的集大成者。他出身于江东名门丹阳陶氏家族,是陆修静的再传弟子。他对道教的贡献可归纳为三个方面:一是开创茅山宗,二是发展道教的修炼理论,三是为道教建立神仙谱系。齐永明十年(482)起,陶弘景及其弟子在江苏南部的茅山居住数十年,创立茅山上清道团,修建道馆,宣扬上清经法教义,茅山成为上清派的活动中心,上清派也因此被称为"茅山宗",成为道教中以茅山为中心、广泛传播于江南各地的重要宗派。在茅山修行的道士以句容、丹阳人居多,但也有不少来自苏州地区。被茅山上清派奉为第二代宗师的杨羲,即为迁居句容的吴人,是较早结缘茅山上清派的吴郡人。梁武帝时,有吴郡人张绎精研道法、奖励学徒,并常与陶弘景探讨释老二教义理,受到后者的常识。张绎在茅山曾任崇虚馆主、道士正,梁普通三年(522)立于茅山的"九锡真人三茅君碑",收于《茅山志》卷二十《录金石编》,署"三洞弟子领道士正吴郡张绎立"。他师事著名高道李含光的茅山派第十四代宗师韦景昭,于唐德宗贞元元年(785)羽化之前,传授苏州龙兴观道士皋洞虚。

唐代苏州地区的知名道士有昆山人史德义,生活于唐高宗时,既结好贵族宗亲,又享誉乡间。《新唐书》(中华书局,1975年)记载,史德义"骑牛带瓢,出入廛野。高宗闻其名,召至洛阳,俄称疾归。天授初,江南宣劳使周兴荐之,复召赴都,擢朝散大夫"。史德义时居风景优美的虎丘山,离苏州城区数里之遥,故常"骑牛带瓢,出入廛野"。又《太平御览·逸民六》(中华书局,2000年)补称史德义称疾东归时,洛阳公卿以卜皆赋诗饯别,"德义亦以诗留赠,其文甚美"。

元代的全真派在苏州地区拥有一定影响。全真派在宋末元初就已经传入苏州地区,如《吴门表隐》(江苏古籍出版社,1999年)卷七载"全真道院在光福迁里村,宋淳祐初建",后明万历年间、清康熙和道光年间都曾修缮过。元代至元十八年

(1281),元世祖忽必烈应全真派邱处机等奏请,将天庆观内宋孝宗御题的"金阙寥阳宝殿"改名为"三清殿"。明清两朝的苏州道士与全真派结缘的更多,如明末清初苏州名道施道渊先入全真龙门派王常月门下,后又入龙虎山正一派。王常月为全真龙门派中兴之祖,门下还有弟子黄虚堂在苏州浒墅关太微律院、吕云隐在苏州冠山开山受戒。有清一代,王常月及与其同辈的沈常敬一系,门下龙门宗嗣兴盛于江浙一带,常常来回苏州地区传道布教,开立支派,使得清代苏州道教颇受全真派的影响。除此之外,属于全真一系的张三丰门下也有传人在苏州,该派崇尚隐逸,据《三丰全集·隐鉴》(宗教文化出版社,2013年)载,清代苏州有逸士李果、殷如梅等。

正一派中的神霄派在苏州更为流行,知名道士也更多。宋末元初玄妙观道士莫起炎,号月鼎,字南仲,祖上自河北迁居湖州,因居处有溪,形如新月,故号"月鼎"。少习举业,三试不中,于四川青城山出家为道士。莫月鼎诚心道学,以童仆身份入侍江西邹铁壁,得授神霄派创始人王文卿的五雷秘法。南宋理宗尝命祈雨,雷雨随至。至元二十六年(1289),应元世祖召至京城,奉旨祈雨,雷雨立至。后求还江南,寓居玄妙观,有弟子数十人。莫月鼎生前即已成名,"为道门所宗,咸异重之"。龙虎山第四十二代天师张正常称赞他"风骨超尘,月华入鼎"。莫去世后,名士宋廉为碑文,杨维桢为传。莫月鼎又有再传弟子张善渊,字深父,号癸复道人,吴地花山人,其伯父张崇一主持天庆观,亦是莫月鼎诸弟子之一,张善渊尽得其学。后经郡守推荐,张善渊先"住建德永隆宫,再住平江光孝观"。元世祖时,张善渊与其弟子步进德应召入朝,命召鹤祈祷辄应,于是"命为平江道录,住持天庆观",后改绍兴昭端宫、镇江道录,"吴有水旱,必求拯于善渊,皆出而应,未尝失期"(《玄妙观志》卷三)。还有元末明初的周元真,从嘉兴至苏州葑门外报恩道院,能以符箓召宿鹤,名所居曰"来鹤轩",自号鹤林先生。明代数次见召,以祈雨灵验而名著当世,声振朝野。后重建报恩道院,修建今常熟致道观。周元真亦属于莫月鼎一派的嫡传弟子。

清代苏州出现以施道渊为创始人的神霄派支系穹窿山派,其师承关系为施道渊—胡德果—潘元圭—惠远谟—张资理、施神安,活跃于清代早中期。施道渊字亮生,号铁竹道人,吴县横塘人,早年受戒于全真派名道王常月,为全真龙门派第八代,后改宗正一派,得龙虎山徐演真授五雷符秘法。后居住穹窿山三茅真君故宫,修葺殿堂斋寮,开创穹窿山支派,声名日隆。顺治十五年(1658),正一道五十三代真人张洪任敬佩施道渊节行,奏请于朝,赐穹窿山宫额曰"上真观",并赐"养元抱一宣教演化法师"号。施道渊对苏州的宫观修建也颇有贡献,因其声名远播,四方征请,凡建名胜170余所,塑像数千,一时间吴中道院以穹窿山最盛。施道渊还主持修葺玄妙观,据顾诒禄《铁竹道人画像》记载,"郡城有玄妙观,殿宇巍焕,徒众蕃衍。年久,殿倾众散,太傅金文通公延师主观事"(《玄妙观志》卷十)。时玄妙观主殿三清殿年久失修,有坍塌危险,道众无力修复,于是退休在家的内阁大学士、吏部尚书金之俊上穹窿山邀请施道渊兼任玄妙观方丈,主持修复三清殿。自康熙元年(1662)起,施道渊募金雇人,先修三清殿,续修雷尊诸殿等,玄妙观尽复旧貌。晚年施道渊云游各地,沿途多救济世人。又应京城裕亲王之邀入京设醮,京师公卿尽皆交往。但施道渊厌倦此类应酬,请归穹窿山。

(三)科仪活动

苏州地区流行正一派,正一道士更注重以法事活动来服务民众。这种法事活动包括打醮和做道场,前者祈祷上苍,达到祈晴求雨、禳灾去祸、生男育女、祝寿求福、发财致富等目的;后者指超度逝者、亡灵的种种仪式,俗称"做道场"。苏州道教在历史上就有不少这样的科仪活动。

吴越宝正三年(928)三月,77岁的吴越国王钱镠亲自投龙简文于苏州太湖,《道家金石略·太湖投龙记》载,钱氏自称"大道弟子、天下都元帅、尚父、守中书令吴越国王钱镠",并称吴越国民安俗阜、道泰时康,"仰自苍昊降祐,大道垂恩",故"特诣洞府名山,遍投龙简,恭陈醮谢,上答玄恩"。按道教有投龙大斋,或投金龙,或投玉简,唐宋时在苏州地区颇为流行,皆为祈福免灾。苏州道教圣地林屋洞曾出土8条金龙、3枚玉简、3枚金钮等。天禧二年(1018)宋真宗还在林屋洞投过玉简和金钮,"林屋洞投龙遗物是目前考古发现的时间最早、组合最完整的道教投龙遗物"(程义等:《苏州林屋洞出土道教遗物》,《东南文化》2010年第1期)。

民国时期,苏州城内偶尔也有规模较大的道教法事活动,以祈雨求福为主。以下列举苏州城内20世纪20至40年代的两次规模较大的法事活动:

1934年夏,苏州地区遭遇几十年不遇的大旱,至7月21日才降大雨。这期间,苏州城内居民遭遇饮水、食粮、粪便运输三大难题。长期不下雨,导致夏粮难收,粮价走高。同时河水干涸,城内水价猛涨,观前人口密集区,饮水涨到每担大洋三角。居民日常所需食粮和每天产生的粪便均因河浅导致运输非常不便,粮价暴涨,卫生状况恶化,民众叫苦连连。自7月1日起,吴县道教公会举办了一次规模盛大的打醮,历时25天,每天参加道众达200余人,其间还伴随有大规模的出关帝会、出猛将会等求雨民俗活动,这在当时的《吴县日报》《明报》等报纸上都有新闻报道。

1946年8月13日至15日,为"祈祷世界和平,追悼阵亡将士",道教公会组织部分道众在玄妙观三清殿诵经拜忏、建立醮坛。为扩大影响,此次大醮还将江西龙虎山第六十三代天师张恩溥邀请到场,7日,吴县道教整理委员会在玄妙观召开欢迎会。8月11日、14日的《苏州明报》先后报道称:"……吴县道教整理委员会响应救济'苏北难民协会',特烦请张天师建醮三天。"张天师还以义卖方式出售三种符箓:"护身符一万元,镇宅符二万元,驱瘟保安符三万元。定件处:中国银行……等十三处。"

　　除上述规模较大的法事活动外,苏州道士的法事活动更面向普通民众。道教本来是一种宗教信仰,道士以自我修行、救度世人为业,其生活依靠民众施舍或庙产收入,但随着明清时期道教的衰微,道士在苏州逐渐转化为一种职业,通过做法事即"做道场"的形式,向民众提供祈福禳灾、超度亡灵等服务,并收取相关费用,从而维持道士自身的生存。

　　这种情形自清代乾、嘉年间就已经常见。清人顾震涛就谓当时道士和尚同机匠们立桥待雇如出一辙,《吴门表隐》卷二载,"道士晨聚富仁坊巷口,和尚晨聚双塔寺前,谓之奔副音(亦作赴应)"。"奔赴应"是散居社会、自行谋生道士的俗称,与看管宫观的道士相对。民国时仍然如此,1941年3月19日的《苏州新报》有如下文章,颇为有趣:"……且道士者,别的生意也不愿做,横竖死了人非请教他们不可……我们从新闻纸上时常看到各业小职员的呼救信号,未曾读到过道士先生因不能生活向社会呼救。……因此,老道士养出小道士来,也情愿让儿子做老行业。"苏州的道士不但以做各类法事为生,而且地位不低,民间常尊称其为"先生"。此类道士现称散居道士,一般不驻宫,也不参加道教协会组织,散居农村和城乡结合地区,专职或兼职替村民或斋主做道场,并以此为生。据有关资料记载,20世纪初,苏州城内外及周边乡镇仅散居道士数量就超过两千。时至今日,苏州地区的民众每逢亲人去世、还愿酬神等,还常请道士到家中念经拜忏做道场。尤其在乡村地区,这种习俗更为常见。

　　频繁举办各类斋醮和法事活动而导致的结果之一,是道教音乐在苏州地区颇为盛行。苏州的道士在承接各类法事即做道场的过程中,不可避免地会产生种种竞争,促使斋醮过程中的仪式和伴奏的道曲、唱念不断更新,这就在一定程度上丰富和发展了道教音乐。清嘉庆四年(1799),苏州道士曹希圣将道士吾定庵所收集、整理的道教乐谱汇编成《钧天妙乐》《古韵成规》和《霓裳雅韵》三部曲谱,这是苏州道教音乐形成自己的风格和特点的开始。1915年,道士曹冠鼎、载啸霞等还创办4个音乐组,传授道教音乐,培养传人。苏州道教音乐既与传统音乐有着千丝万缕的联系,又受到江南民歌、昆曲、吴歌的熏陶和滋养,有着浓郁的地方风格。1990年,苏州道教音乐团正式成立,该乐团多次应邀到国外进行巡回表演。2006年5月20日,苏州玄妙观道教音乐经国务院批准列入第一批国家级非物质文化遗产名录。

(四）宫观庙堂

道教祀神的祠宇,按规模大小可称宫、观、庙、院、堂。宫观规模较大,内可分若干道房,供奉神仙的品级也高。苏州地区旧称"三宫九观",除泰伯宫不属道观外,其余为崇真宫、天后宫、玄妙观、白鹤观、卫道观、福济观、三茅观、修真观、回真观、澄虚观、清真观。院堂最小,有时只驻一二道士。

苏州最早的道观当推建于西晋时期的真庆道院,也即玄妙观。南朝时,苏州的道观已不在少数。如位于洞庭西山的上真宫,梁大同四年(538)建,此后多次重修。又如常熟虞山有乾元观(后称致道观),陆广微《吴地记》(江苏古籍出版社,1999年)记其"在县西一里虞山南岭下,梁天监五年置",传张天师张陵的第十二代孙张裕还曾于此修道。唐宋时期,由于帝王扶持,苏州地区也是道观林立,这一时期整修或新建的宫观有真庆道院(玄妙观)、天后宫、福济观、三茅观、朝真观、府城隍庙、春申君庙、安齐王庙等。明清时期仍有新的宫观涌现,如穹窿山上真观的规模就是在清代达到了顶峰。

据统计,1931年,苏州城区除玄妙观13道房外,有63处道观;1952年有56处。1956年10月统计市区的庙宇宫观有68处(含玄妙观13道房),共有房间1861间;1958年秋为65处。后除少数宫观外,大部分宫观庙堂都归市房管局管理,陆续出租或改建。至2009年,全市依法登记的道教活动场所有48处,道教徒120余人。

现选介主要道观如下:

玄妙观 在苏州地区的众多宫观中,玄妙观以历史悠久、规模宏伟而著称。玄妙观创建于西晋咸宁二年(276),时称真庆道院。东晋太宁二年(324),据传晋明帝司马绍梦见三清道祖说要驾幸姑苏,于是诏令重修道院,并改名上真道院。唐开元二年(714),玄宗赐内帑扩建上真道院,并改名开元宫,规模益显壮观。宋太平兴国年间(976—984),开元宫扩建为太乙宫,宋真宗祥符五年(1012)又诏改称天庆,敕该观道士李志升为"左阶道录司",赐内帑大修道院。宣和七年(1125),徽宗敕赐昆山县50顷良田为天庆观香火用,至此天庆观成为江南地区最著名的道观之一。唐宋时期,玄妙观曾遭受两次兵燹,分别是在唐大顺元年(890)孙儒攻拔苏州和南宋建炎初金人南下掳掠苏州时,但随后就由地方官发起重建。在南宋绍定二年(1229)的平江城坊图上,可以清晰看到当年天庆观的布局和形制。元贞元年(1295),元成宗诏改天庆观为玄妙观,明代称正一丛林,清代为避康熙帝玄烨之讳而改"玄"为"元"或"圆",民国初恢复"玄妙观"旧称。自建成以来,虽迭经战祸、失火和颓毁等变故,但事后均有地方官员和乡绅出面修复。如清乾隆三十八年(1773),正山门不慎失火被毁,两年后即由江苏巡抚萨载出面筹资重修。咸丰十年(1860),阊门外繁华商业区被付之一炬,苏州的商业中心转移至观前街,玄妙观前更形成百戏杂陈、店铺林立、商贾云集的热闹场景,玄妙观香火也更趋兴盛。

至清末民初,玄妙观尚存正山门、三清殿(主殿)、弥罗宝阁(副殿)以及24座配殿,其中六殿即三茅殿、东岳殿、痘司殿、蓑衣真人殿、八仙殿、天医药王殿始建于宋,另六殿即神州殿、真宫殿、祖师殿、关帝殿、雷尊殿、观音殿始建于元,一殿即机房殿建于明,七殿即太阳宫、天后殿、文昌殿、斗姥阁、火神殿、灶君殿、水府殿建于清,余四殿年代不可考。1912年,玄妙观再燃大火,著名建筑弥罗宝阁付之一炬。此后,不少配殿都散为民居或挪为他用。至1949年存正山门及殿17座。经过多次修缮,1982年三清殿被列为全国重点文物保护单位。1999年观前街全面改造,历经沧桑的玄妙观也得到全面整修。现玄妙观有殿堂7座,中路有正山门、三清殿,东路有文昌殿、斗姆殿、寿星殿,西路有雷尊殿、财神殿。三清主殿仍保留着宋代建筑的风貌与特点,所供三清(玉清、上清、太清)塑像高达7米,比例精确,形态自然,为宋代雕塑佳作。

上真观 位于苏州城西约20千米的穹窿山,相传汉代茅氏三兄弟曾上穹窿山修炼得道,建有三茅殿,并留有"断碑"残迹,《穹窿山志》卷一称"依稀见上清司命三茅真君字"。天禧年间(1017—1021),宋真宗诏令建于唐代天复年间、已经荒废的穹窿山上真道院重建为上真观。南宋时,于阊门外创建朝真道院,敕令划城西郊田八百亩以供朝真观日用之需,以上真道院沈道祥为朝真观首任方丈。元末,朝真道院遭火焚而毁,上真观则为元军驻扎,道士四处流散,道观也面目全非。明代,朝真观恢复了元气并且声名日著,崇祯年间(1628—1644),方丈沈心庸被任命为苏州道纪司,上真观得到朝真观的支持,得以勉强维持。明末,施道渊于朝真观出家,目睹一代名观上真观的断墙残垣,在苏州乡绅吴晋锡和正一派五十二代真人张应京等的支持下,率众弟子辟荆棘、葺茅茨,鸠材修葺殿堂,数年间尽复上真观建筑群。顺治十八年(1661)正月,正一派第五十三代真人张洪任从京师带回上真观的观额竖匾。顾诒禄《铁竹道人画像》称:"至今吴中道院之盛,首推穹窿山。"为上真观捐出大笔资金的长洲乡绅蒋惟城则感慨称,"今大江南北咸知有穹窿矣,以有上真观之故"(蒋惟城:《穹窿山上真观述》,《穹窿山志》卷一,海南出版社,2001年)。

有清一代,穹窿山上真观重楼复宇,形成了一个壮观的建筑群,号称5 048间,有"江南第一观"之称。咸丰十年(1860)战事起,上真观也不能幸免,被毁栋宇多幢,此后有所修复。至1911年,上真观仍然规模浩大,在周围各县有斋粮田1 300余亩,1921年时观内住有道士80余人。1926年3月李根源游上真观时,正逢进香,山门嘈杂如市,纸钱灰如山积,依然盛况不减。南京国民政府期间,上真观一度受到限制,抗战期间道士大量减少。1949年后,原有斋粮田被分配给各县无地农民,上真观经济来源只有香火钱和斋醮活动收入,显得十分拮据。"文革"期间,上真观成为"破四旧"的对象,大量神像、匾额、楹联、字画等被毁,因此而元气大伤,道士星散,成为一座空庙,绝大部分建筑被拆除或另作他用。20世纪90年代,上真观恢复道教活动,同时开始新建殿堂。2008年,有关部门批准实施上真观修复工程,先后新建起山门灵官殿、弥罗上宫三清殿、药师殿、财神殿、观音殿、文昌殿、金钟玉磬楼、祖师殿、天师殿等一大批殿堂,力图重现"江南第一观"的雄伟大气。

福济观 俗称神仙庙,位于苏州城内西北隅阊门内下塘。创建于宋淳熙初年,初名岩天道院。元代至大四年(1311),道士叶竹居重建时改称福济观。元末遭受兵灾而落败。明景泰年间,道士郭宗衡重建,中间为玄天殿,为祝厘之所,旁设吕仙祠、五祖七真堂,内外像设毕具,栽蒿栽树,有池有岛,俨然为城市山林。明初归并天下佛寺道观,由一寺或一观下领数院,朝真观一度归并福济观。陆粲《福济观重建吕纯阳祠碑铭》谓:"嘉靖甲申,吕祠火,道士北山周以昂再建焉,栋宇鲜胜,丹垩互照,中设仙像,旁翼廊庑,洞门神室,郁然云开,于是复为真境矣。"明崇祯十二年(1639),龙虎山徐演真法师到苏居福济观,授施道渊五雷符秘法真传,施道渊就此与福济观结下渊源。清康熙初,福济观一度萧条残旧。康熙六年(1667),福济观主姚宏胜延请施道渊重建,建火神殿、斗姥阁。咸丰十年(1860),苏州遭遇兵灾,山门和玉皇观皆毁,殿宇榱桷,残毁几半。同治十年(1871),重建山门等建筑。1937年,日寇陷苏,福济观一部分被拆毁。"文革"中神像全毁,殿宇废为民房。20世纪末,政府相关部门在阊门内南浩街复建福济观。

与福济观紧密相关的是"轧神仙"民俗活动。"轧"在苏州方言里为人多拥挤之意,据说农历四月十四日为吕洞宾诞辰,这一天吕洞宾会混在人群中济世度人,世人轧到他身边,就会得仙气、交好运,如此你挤我挤即称"轧神仙"。"轧神仙"民俗活动起自宋代,清代已十分兴盛,并与各类商业活动相结合。

府城隍庙 位于古城区景德路东段。苏州最早的城隍是战国时封于吴地的楚国春申君黄歇。明洪武三年(1370),在古雍煕寺基(传三国东吴周瑜宅址)建苏州府城隍庙,明弘治十二年(1499)、嘉靖十七年(1538)、清顺治十一年(1654)均曾重修。明又于万历二十三年(1595)于两翼分建长洲县城隍庙、吴县城隍庙,合成一大建筑群。康熙六年(1667)增建后宫,康熙五十年(1711)、乾隆五十四年(1789)又整修。1958年被挪作工厂,"文革"中神像俱毁,2004年修复后开放。现有头门、仪门、大殿及寝宫等建筑,其中大殿平面呈工字形,俗称工字殿,是苏州唯一现存较完整的明代早期殿堂建筑,省级重点文物保护单位。左右厢房还供有从苏州各地请来的地方神。

玉皇宫 位于苏州工业园区,2007年9月开工修建,次年11月竣工并举行开光典礼。玉皇观的前身是张吴王庙和附近的张士诚墓,原址位于园区斜塘盛墩村,迄今已有600余年历史。随着园区开发建设的推进,相关部门决定易地重建张王庙,并改建为一处大型道教建筑群玉皇宫。新建的玉皇宫坐落在苏州工业园区金堰路与淞江路交界处的东侧,占地35亩,建筑面积4 500多平方米,三面环水,环境优美。玉皇宫完全按照道教宫观传统建筑规制,格局为中路主殿、两翼配殿,各建筑物均坐北朝南纵向排列。中路依次排列牌楼、灵官殿、玉皇殿和福德殿,东路偏殿依次排列财神殿、东岳殿和张士诚史迹陈列馆(东馆),西路偏殿依次排列慈航殿、文昌殿和张士诚史迹陈列馆(西馆)。宫内还设置经堂、办公楼和道众生活区。此外,还将苏州工业园区内一些行政村诸多民间信仰的龙王、猛将、水仙、土地等神祇迁入玉皇宫内,集中供奉。整座宫观由四周走廊围合成一座规模恢宏的建筑群。

表21-7 苏州历代道教宫观表

宫观名称	始建年代	位置或占用单位	沿革	备注
江东庙	三国孙吴赤乌二年(239)	城东官库巷37号	明成化五年(1469)重建,清代数次重修,咸丰十年(1860)毁,光绪中重建。	又称江东神庙,民国《吴县志》称"吴中神庙之最古老者",已废。
玄妙观	西晋咸宁二年(276)		详见前文介绍。	
赤阑相王庙(相王行祠,简称相王庙)	唐代	相王弄振华中学内	康熙四十四年(1705)李煦重建,并请封"护国忠显王"。同治四年(1865)重建。现为苏州市第178号控保建筑,2012年重缮。	相王或为赤阑将军,传为吴阖闾间筑城,见诛遂为神;或名桑湛璧,又称桑荣,传为伍子胥手下大将,造阖闾城时引身入水而建成城墙。

(续表)

宫观名称	始建年代	位置或占用单位	沿革	备注
东水仙庙	唐代	醋库巷苍龙巷南林饭店内	沈复撰《浮生六记》时仍存。	祠奉柳毅(上元土谷神),吴人以柳毅故事中的洞庭为太湖。后废毁。
灵佑观	唐玄宗时	吴中区洞庭山	唐时称"神景宫",宋天禧五年(1021)重修,赐名"灵佑"。明清多次重修,"文革"全毁。	2005年恢复为道教活动场所,现已复建原建筑玉皇殿等。
洞真宫	唐开成三年(838)	吴中区西山岛毛公坞后	已毁。	传汉朝道士刘根(俗呼"毛公")在西山筑坛苦修,后为道家第四十九福地。
胥水仙庙	唐末	胥门外水仙街13号	清雍正十三年(1735)重修,咸丰十年(1860)毁,同治四年(1865)重修。1920年后大部分房屋出借胥江小学及警察局。后拓宽河道又拆除部分。	传宋高宗南渡胥江时显灵,敕封"水仙明王"。乾隆年间米业公所亦设于此,是苏州诸多水仙庙中规模较大的一座。
古柳仙庙(娄水仙庙)	康熙三十三年(1694)	娄门外永安大街55号	原在凌浜,后祀神不便而移建。	后辟为学校。
三乡庙	清乾隆时	城西隅南码头	咸丰十年(1860)兵燹后修葺两次,1927年又重修。	祀奉水仙柳毅。现散为民房。
轩辕宫(先机道院)	北宋元丰初	城中祥符寺巷34号	明清多次重建,咸丰十年(1860)毁,同治中住持李滋基募建,规模大张。同治三年(1864)绸缎业借地建云锦公所,后丝业公所又借用余地。	1953年宫和两公所均移交市工商业联合会,后为工厂。今门楼遗址仍存平江历史古街。
崇真宫	宋政和八年(1118)郡人黄司微舍宅创建	城西北阊门下塘崇真宫桥	宣和中改称"神霄宫",建炎中改称"崇真广福宫",元、明、清三朝屡毁屡建。	1930年因拓宽街道而拆去照墙,多处建筑被占用。

(续表)

宫观名称	始建年代	位置或占用单位	沿革	备注
天后宫	宋宣和五年（1123）	城北隅西北街（西北街的西段原称天后宫大街，西北街与皮市街的路口还存天后宫桥）	元、明、清三朝累有重建。日军侵占期间渐废。1958年大部分房间借给学校，1970转让给市第三十八中学，1978年全部拆除，建新校舍。	祀天后（或称天妃），祐航途平安。抗战前秦琴鹤任住持，承建水陆道场，每场49天，参与道士50余人，规模为苏州道院罕见，为继民国初三茅观后业务最盛之道院。
朝真观	北宋景定年间（1260—1264）道士沈道祥建	城西隅义慈巷23号	元末毁，明初归福济观。明正统五年（1440）法师吴允中拓建。清咸丰十年（1860）毁，同治十三年（1874）法师严立亭重建，1926年法师汪仙德、1950年法师宋佩琴相继拓建。	祀奉雷祖。明宣德元年（1426），龙虎山道士林文瑞居之。清代名道施道渊、张资理都在朝真观出家为道士。
大猛将堂（又称吉祥庵）	北宋景定年间（1260—1264）	宋仙洲巷4号	清雍正二年（1724）列入官方祀典，乾隆八年（1743）知府觉罗雅尔修葺，咸丰十年（1860）遭兵燹，光绪二年（1876）道士唐秀甫及里人重修。	祀奉苏州农民信仰的护农神。猛将，或谓穷苦出身，受后母虐待，驱蝗落水溺死；或传为抗金名将，死后显灵驱蝗。苏州乡村建有不少猛将堂，以此处规模最甚。
卫道观	北宋景定年间（1260—1264）	城东隅平江路卫道观前16号	元初道士邓道枢得上官氏废园扩建，名会道观。明洪武初一度归玄妙观，嘉靖二十年（1541）长洲县令吴世良捐俸修葺，易名卫道观。	20世纪50年代犹存殿宇54间，1958年部分用作工厂。1982年列为苏州市文物保护单位。其三清殿大型彩色壁画堪称苏州现存最大壁画，2013年修复。
交让王庙（俗称让王庙）	南宋绍兴初	干将西路	清同治七年（1868）重建。现为市控保建筑。	祀奉仲雍。1994年拓路时拆除大部。2000年移建至王氏太原义庄，位于城东小学内。

(续表)

宫观名称	始建年代	位置或占用单位	沿革	备注
二郎神庙	南宋绍兴初	葑门内西营	清嘉庆二十年（1815）重建。废毁于1966年后。	所祀神为隋人赵昱，学道青城山，后任四川嘉州太守，传斩嘉陵江老蛟。唐人为其在灌江口立庙。
陈水仙庙	南宋绍熙年间（1190—1193）	葑门外大日晖桥与泰让桥之间	清雍正十三年（1735）重修，后咸丰、同治年间亦重建。	祀之神名陈岘，南宋孝宗时任郡守，在葑江治水，投水身殉，民众遂立庙供奉。
三茅观	南宋淳熙年间（1174—1189）道士倪玄创建	城西隅三茅观巷27号	元天历二年（1329）住持葛仙重修。元末毁，明洪武初归并福济观。正统二年（1437）重建。清康熙九年（1670）再修葺。1946年道士张筱轩捐资整修。	民国初，道场业务极盛。1949年后辟为工厂，已废。
温天君庙（温将军庙）	南宋淳祐年间（1241—1252）	葑门内通和坊12、14号	元毁，明洪武初道士韩靖灵重建。万历初郡绅蒋彬舍宅广其址。清嘉庆二十三年（1818）重建，列入祀典。同治中重修。	温天君即温琼，字永清，号子玉，唐人。习儒通道术，科举不第，自言死后当为泰山神。后各地祀为驱瘟逐疫之神。现散为民居。
修真道院（修真观）	南宋淳祐十年（1250）道士季祖真创建	白塔东路60号	明正统五年（1440）道士徐嗣淦拓建。嘉靖十五年（1536）道士石文献拓址修建。1937年日寇占苏时炸毁部分，1941年住持沈宜生主持修复。	供奉玄天祖师。后为工厂。
回真道院（回真观）	南宋咸淳二年（1266）沈道祥募建	悬桥巷44号	明天启三年（1623）正殿圮，道士宋道隆重修。清顺治六年（1649）再修正殿。同治元年（1862）里人顾泰樽在道院内创义塾。	供奉吕祖。相传吕祖曾自称回道人。明周玄真居报恩道院，派演十三道房，回真观属其中一房。后辟为工厂，散为民居。

(续表)

宫观名称	始建年代	位置或占用单位	沿革	备注
清微道院	南宋端平年间（1234—1236）	城内瓣莲巷内	传原为宋隐士沈青微私宅，沈笃奉道教，后赠宅建改为道院。明清两朝屡有修葺。	2008年相关部门进行修缮，并在原址建苏州油画雕塑院。
西山庙	宋崇宁二年（1103）	山塘街西侧	清咸丰十年（1860）毁，同治十年（1871年）重建。1941年大殿被风吹坍，道士纪翔元修复之。1958年后辟为厂房。	祀奉王珉，晋司空，与兄王珣舍别墅为寺，奉为武丘乡土谷神。今遗址前仍有西山庙桥，跨山塘河。虎丘景区正规划恢复西山庙。又金门路朱家庄沿田街也有一座西山庙。
东山庙（王珣祠堂）	清同治时	旧在东岭，后里人任德章等移建虎丘山麓	1954年辟为虎丘中学，1980年划归园林局，1982年虎丘建万景山庄时拆除。	祀晋司徒王珣，与其弟司空王珉舍别墅为寺。
眼目司庙（又称任王庙）	南宋嘉泰三年（1203）浙西提举任清叟建（任昉二十八世孙）	潘儒巷	明宣德二年（1427）重建。清康熙二十年（1681）里绅韩菼、顾起鸿等重建。康熙年间列入地方祀典，香火日盛。后毁于咸丰战乱。	祀奉神为任昉，为通义乡土谷神。传祠中有宋时老紫荆树，枝叶煎汤能疗目疾。清初驻苏清军患眼疾，祷于此并折枝煎服而愈。
二仙亭	宋代	虎丘山	清嘉庆三年（1798）浙绅王世陞与弟王曰桂等重建。	亭内两方石碑，分刻吕洞宾和陈抟二仙像。
三仙阁	康熙二十七年（1688）王玉鼎购放鹤亭旧址建	虎丘山	清嘉庆三年（1798）王世陞与弟王曰桂重建，今不存。	所祀人物计六：上奉文昌、吕祖、张仙，下祀寿星、孙膑、冷谦。
佑圣观	元至元三年（1337）道士杨道常建	南浩街姚家弄口	明清两朝均有修葺。清康熙六十一年（1722）火毁，雍正三年（1725）重建。咸丰十年（1860）毁，同治四年（1865）道士莫仙根重建。	自古为沿江七庙之一的大王庙。今观址已辟为商店。

(续表)

宫观名称	始建年代	位置或占用单位	沿革	备注
白鹤观	元平江路总管张世昌舍宅建	白塔西路18号	明洪武初归并玄妙观,后分前后观。清乾隆十四年(1749)重修山门,咸丰十年(1860)毁。同治十一年(1872)重修前院,光绪中观后土地售与美国传教士建教堂。	1949年后辟为工厂。
清真道院（清洲观）	元皇庆元年(1312)严德昭建	平江路清洲观前34号	元末称清真观。清代观址为苏州木工建筑业行会梓义公所占用。	今留存部分建筑为苏州市第70号控保建筑。
上圣观	元末明初	城西隅大马路	清乾隆十四年(1749)毁于火,6年后道士萧丹重修。咸丰十年(1860)毁,同治八年(1869)重建。	后因拓宽马路拆毁一部分建筑。
府城隍庙	明洪武三年(1370)	城西隅景德路94号	详见前文介绍。	
吴县县城隍庙	明万历二十三年(1595)吴县知县袁宏道倡建	城内雍熙寺弄8号,府城隍庙东侧	清嘉庆二十年(1815年)重建,同治六年(1867)重修。	旧时,苏州府、长洲县、吴县三座城隍庙相连,长洲县城隍庙居郡庙东,吴县城隍庙居郡庙西。两庙头门亦有戏楼,其坐向、结构、规制、用途等与郡庙戏楼基本相同,唯规模逊于郡庙。
长洲县城隍庙	明万历二十三年(1595)长洲知县江盈科倡建	位于府城隍庙西侧	清同治六年(1867)重修。	
元和县城隍庙（阴元和堂）	清雍正四年(1726)由土谷神张明庙改建	钮家巷东升里13号	清雍正二年(1724)析长洲县地置元和县。嘉庆十年(1805)知县叶振青重修。咸丰十年(1860)毁,7年后重建。	张明为东汉名将,佐光武中兴,敕命凤池,遂以凤池乡土谷神。20世纪50年代正殿犹存,今多已散为民居。
春申君庙	明洪武四年(1371)移建	原在子城内,明初移建王洗马巷16号	清咸丰十年(1860)毁,同治五年(1866)重建。1990年市道教协会重修,现存大殿、戏楼、二殿、厢房、道舍等。	春中君黄歇封于江东,以吴为都邑。唐以后,吴人奉春申君为苏州城隍,景德路城隍庙内的神像即黄歇。

(续表)

宫观名称	始建年代	位置或占用单位	沿革	备注
五路财神庙	明初	芝草营巷（古名灵芝坊，今名范庄前）	明初仅丈许，清乾隆三十八年（1773）扩建，道光十九年（1839）郡绅顾森等捐募重建。	五路财神或谓南朝顾野王之子，5人；或谓赵公元帅等；或谓路头、行神，五路为东、西、南、北、中五方。民间认为出门有五路神佑可发财。
元坛庙	所祀神为赵朗，字公明。即财神庙。其庙城内较多：一在玄妙观内，元代元贞元年（1295）建，今仍存；一在宫巷，宋崇宁初兴建；一在织里桥，宋代建；一在义慈桥，明初建；一在齐门吊桥，明嘉靖中里绅顾存仁等建。			
天坛庙（双忠祠）	明永乐初	城西南隅盘门外东街3号	清乾隆年间重修，咸丰十年（1860）毁，光绪年间重修。明人以刘甫为顺国明王，职天坛传奏司；以张鳌为顺济龙王，职盘溪守御司。	祀刘甫、张鳌二人。南宋建炎三年（1129）金侵苏自盘门入，守兵溃败，二人奋勇抵抗，刘甫死于阵，张鳌死于水。清吴县人彭绍升作《重修盘门双忠祠记》。
茅亭司庙	明洪武四年（1371）	城内养育巷280号	清同治年间重修。1953年坍塌。	祀奉土地神，现散为民房。
安齐王庙	苏州共有三座安齐王庙。一位于胥门胥江泰让桥附近，毁于咸丰年间战火。一位于北园西蒋家场30号，俗称内安齐王庙，建于明洪熙元年（1425），清同治年间重修，毁于"文革"。还有一座为外安齐王庙，建于清雍正时，同治、民国时重修，今重建，位于今东汇路旧址。2004年实施护城河景观改造工程而整体后移，2010年又扩建。			所祀神为安万年，封大云乡土谷神，兼胥江河神。
韩蕲王庙	明嘉靖二年（1523）	娄门路269－270号	旧在周和山（今娄江小学内），咸丰十年（1860）毁，光绪六年（1880）沈芹轩等购地移建。	所祀之神为韩世忠。其庙多处，除娄门周和山外，沧浪亭有一，灵岩山前有一。
玄坛庙	明嘉靖十三年（1534）里人张云龙建	司前街	清嘉庆十七年（1812）、道光三年（1823）增修扩建，咸丰年间（1860）毁，光绪十八年（1892）重修，道士李三洲管理。	玄坛为赵公明封号，亦为财神。《吴县准许玄坛庙入载郡志并予保护告示碑》称道光四年（1824）入载郡志。

(续表)

宫观名称	始建年代	位置或占用单位	沿革	备注
老君堂	明万历四十二年（1614）淞绅朱国盛创建	平江路北百家巷	清时郡绅立集善营，又移辅仁局于此。	后辟为工厂。
伍子胥庙	有两座：一位于城内吉庆街伍子胥弄，明万历年间建，后辟为教育局住宅楼，今不存；另一位于吴中区胥口镇，称胥王庙和胥王墓，1986年吴县文管会重修胥墓，2006年重修庙和墓。			
药王庙	康熙十三年（1674）布政使丁思孔建	阊门外爱河桥药王庙弄		祀药王神农氏，或说祀扁鹊、孙思邈。亦为清代苏州药材行业活动场所。
财帛司庙（财帛司堂）	康熙二十六年（1687）布政司张志栋修	学士街财帛司弄	咸丰十年（1860）毁，光绪十九年（1893）重建。1931年道士张筱轩集资修葺。	祀奉财帛司。原为宋贡院旧址，清为布政使衙门，后辟为工厂。
绣祖庙	原有两座，供奉绣祖之所。一在醋库巷水仙庙侧，建于乾隆年间，祀奉明嘉靖年间吴人顾儒、顾世兄弟，顾氏兄弟被苏绣艺人奉为刺绣祖师神。另一在孝义坊，原为周孝子庙，供奉清初顾宷。顾宷是顾绣大师，常到周孝子庙去祭祀，身故后人们就在庙内塑其像。后人视顾宷为苏绣祖师，周孝子庙渐演变为绣祖庙。			顾氏兄弟筑有露香园，人们又常以"露香绣"来称呼"顾绣"。1958年左右毁。
关帝庙	有多座。一位于饮马桥南堍，又称大关帝庙，明洪武十二年（1379）建，咸丰十年（1860）毁，同治七年（1868）重修，1927年拓宽街道拆除照壁墙，20世纪50年代拆除；一位于专诸巷，明永乐年间苏州卫官军建，弘治中王鏊等、天启中文震孟等整修，清康熙五年（1666）道士张有恒整葺，20世纪50年代毁；一在永宁桥东，清康熙四十二年（1703）枣商集资公建；另一在长洲路、长洲县署斜对面，乾隆二十七年（1762）建，1949前用作地方公益，现为民居。			
胥三官庙	清康熙中	城西金门外大马路窑街	同治年间重建，1919年道士张松钦、范桐生增修，1933年范桐生又扩建，1946道士蔡燮荣修葺。	祀奉三官大帝（尧、舜、禹）。
羊太傅庙（俗名羊王庙）	不详	城内乌鹊桥弄。1982年市地名委将十全街南的南园边一条沿河小路命名为"羊王庙"。	清雍正十年（1732）长洲知县沈光、道光四年（1824）知县俞德渊重建。咸丰十年（1860）毁，后重建。1904设为第九初等小学堂，1906年设为长洲高等小学堂，1911年改名吴县县立第二高等小学校。	供奉西晋名将羊祜。羊祜与吴名将陆抗通好，死后追赠太傅。另一说，羊祜乃南朝宋时羊玄保之误。羊玄保为吴郡太守，以节俭民力著称，得百姓拥戴而立祠纪念。

（续表）

宫观名称	始建年代	位置或占用单位	沿革	备注
驸马府庙	不详	东大街43号	清同治六年（1867）县吏王智渊、王云重建。今存门楼及主殿一座，门楼砖雕精美，有"显圣明王"字样。现为市控保建筑。	原为吴县丽娃乡土谷神祠，后为张士诚女隆平公主及其夫婿潘元绍府邸，今称显圣明王庙。祀奉张士诚女隆平公主及其夫婿潘元绍。
长泾庙	不详	白洋湾街道长泾社区	1958—1965年，原长泾庙陆续被拆。2008年开始扩建，2010年完工。	祀奉晋司徒王珣、司空王珉，两人被当地居民奉为土地神。
古火神庙	不详	崇真宫弄	原为僧庙，因遭兵燹渐废圮，清光绪十八年（1892）里人公请道士曹正和负责管理。	1945年改成同仁小学。现不存。
普济道院	晋代	苏州城西枫桥白马涧贺九岭	兴盛于明隆庆年间，毁于太平天国战火。2006年恢复重建。	祀奉玉皇大帝、三茅真君、财神、城隍等。
上真观	东汉	吴中区穹隆山	详见前文介绍。	
城皇山道院	南宋淳熙年间（1174—1189）	吴中经济开发区内张桥村	清代最盛，供奉道教神像100余尊。毁于民国初年，2003年11月重建完工。	祀奉太乙真人、玉皇大帝、三清天尊和清代名医徐大椿（号洄溪道人）等。现为吴中区道教协会办公场所和道教活动中心。
悟真道院	宋淳熙三年（1176）	相城区人民路北延东御窑路西、阳澄湖西路北	清光绪年间改称悟真道院。1986年列为市级文物保护单位。2011年10月重新修复。	主要祀奉东晋画家顾恺之，又名顾恺之祠。因其有功于当地民众，曾封湖泾侯，故原又称湖泾庙。
禊湖道院	唐代	吴江区禊湖水中央	明清数度整修，清咸丰年间毁于兵燹，同治五年（1866）里人公捐重建，光绪九年（1883）重修。1949年一度辟为粮库。1998年全面修复。	原名昭灵侯庙，祀奉唐太宗十四子李明，李明曾任苏州刺史，有惠政。唐末淮兵围苏，吴越钱氏祷有灵应，封昭灵侯。宋元间又以其为城隍。元改称衍庆昭灵观。明洪武二年（1369）封侯为"监察司民城隍"。

(续表)

宫观名称	始建年代	位置或占用单位	沿革	备注
致道观	梁天监二年（503）张道陵十二代孙张道裕建	常熟虞山	宋元屡次修葺，明清时规模壮观，为江南著名道观。清咸丰十年（1860）毁。1949年后为小学，1966年后全废。	初名招真治，后改称乾元宫。宋宣和七年（1125）改赐名致道观，后一直沿用。
真武观	梁武帝初年	常熟市辛庄镇隆力奇工业园内	唐毁于火灾，明清两朝屡次重修。2011年恢复重建。	主要祀奉真武大帝。
白塔龙王庙	明万历九年（1581）	昆山市区长江北路与春晖路交叉口东500米处	原址在兵希城外，与庙同建有俗称"白塔"（又称望夫塔）的玉柱塔一座，故名。2004年移地重建并开放。	庙内供奉有龙王、财神、文昌、药王神像。每年农历八月十八的"朝白塔"庙会香客云集，热闹非凡。
张浦东岳庙	南宋乾道九年（1173）道士翟守真建	昆山市姜里村西头九条江汇合口	元、明、清三朝随圮随修。1963年被拆。1998年开始重建，2000年1月竣工。	俗称"老庙"。主要祀奉东岳大帝。
石牌东岳庙	北宋	昆山、常熟、太仓交界处	历代多次修缮，昆山历史名人顾鼎臣曾出资修缮。	近年来已完成扩建改造，新修妈祖殿、财神殿、文昌殿等。
陆家车塘东岳庙	宋代	昆山陆家镇车塘村	清嘉庆年间遭兵燹焚毁，同治十二年（1873）重建。1949年辟为学校。2005年昆山道教协会复建。	主殿供奉东岳大帝。又称"颂恒观"，传为乾隆下江南时赐封。
澄虚道院（俗称圣堂）	宋元年间	昆山周庄	明中叶后规模渐广。清康熙二十五年（1686）道士胡天羽扩建玉皇阁等。乾隆十六年（1751）道士蒋南纪建圣帝阁。1994年经修缮后开放。	清乾隆时期，怀善局、保婴会、惜字局、火政会等机构设于道院内。

255

(续表)

宫观名称	始建年代	位置或占用单位	沿革	备注
玉皇阁	元至元二十二年（1285）天师张宗演弟子周静清建	太仓市北双凤镇	明嘉靖三十三年（1554）宫内凌霄宝殿被倭寇烧毁。隆庆二年（1568）重建，称"玉皇阁"。1951年辟为粮库，1965年拆除。1994年后在旧址重建，2000年增建文昌阁。	元至大三年（1310）元武帝赐额"大玄元普福观"，延祐四年（1317）元仁宗敕封"普福宫"。是太仓最为著名的道观之一。

注：本表根据陆广微《吴地记》、范成大《吴郡志》、朱长文《吴郡图续记》、顾震涛《吴门表隐》、张大纯《百城烟水》、赵亮等《苏州道教史略》、朱观华《苏州道教历史概况》，以及苏州市地方志编纂委员会《苏州市志》、吴县地方志编纂委员会《吴县志》等资料整理编辑而成。

表21-8 苏州开放（注册登记）道教宫观表

序号	所在地区	宫观名称	地址	负责人	备注
1	姑苏区	玄妙观	观前街	薄建华	全国文保单位
2		城隍庙	景德路94号	员信常	江苏省文保单位
3		安齐王庙	东汇路58号	李盘根	
4		神仙庙	石路南浩街666号	韩明	1998年移建现址
5		花神庙	虎丘街道茶花村定园	韩明（兼）	
6		长泾庙	金阊新城长青镇南	韩明（兼）	
7	高新区	小茅山道院	科技城锦峰路	徐远东	
8		何山道院	枫桥街道何山公园	王飞	
9	园区	玉皇宫	淞江路2号	韩晓东	辖区内部分土地庙迁入
10		高垫庙（松泽道院）	车坊澄墩村江滨公园	韩晓东	
11	相城区	悟真道院	元和街道悟真路	李小男	苏州市文保单位
12		春申君庙	黄埭镇	李小男（兼）	
13	吴江区	禊湖道院	黎里镇西新街伏虎洞35号		
14	吴中区	城隍山道院	越溪街道张桥村	徐金泉	
15		上真观	穹窿山	唐嘉宝	
16		东岳庙	临湖镇东吴村	徐金泉（兼）	
17		灵佑观	金庭镇林屋洞	徐金泉（兼）	

（续表）

序号	所在地区	宫观名称	地　　址	负责人	备　注
18	吴中区	普济道院	藏书街道藏北村贺九岭	周建新	
19		五峰山道院	藏书街道藏东村	唐嘉宝（兼）	
20		藏书庙	藏书街道藏南村	唐嘉宝（兼）	
21		金山城隍庙	车坊街道澄东村	王龙宫（居士）	
22	太仓市	天妃宫	浏河镇新东街90号		全国文保单位
23		玉皇阁	双凤街道凤林路	刘卫鸿	
24		五岳庙	璜泾街道玄岳路	刘佳清	
25		高王庙	沙溪镇归庄高桥村	徐兴华（居士）	
26		小市庙	沙溪镇胜利村	徐金平	
27		猛将庙	璜泾街道王秀南港村	徐金平（兼）	
28		刘郡王庙	浮桥镇老闸村	罗先利	
29		高真堂	城厢镇新毛电站村	巫伟峰	
30		吴泾庙	浮桥镇浏家港中燕村	李开婷	
31		杨墓庙	浏河镇新塘村	简祖波	
32		三里庙	太仓新区北郊村	鲍春景	太仓市文保单位
33		三官庙	浮桥镇时思管理区	陈兴林	
34		龚泊庙	浮桥镇九曲先锋村		
35		城隍庙	城厢镇胜泾村		
36	昆山市	白塔龙王庙	周市镇春辉路	严建华	
37		石碑东岳庙	巴城镇石牌街道	马国良	
38		张浦东岳庙（大市东岳庙/老庙）	张浦镇姜里村	沈波生	
39		车塘东岳庙（陆家崇恩观）	陆家车塘村	唐福元	
40		澄虚道院	周庄镇中市街		昆山市文保单位
41		大通玉皇庙	蓬朗镇蓬溪路	陈素华（居士）	
42		三墩庙	张浦镇	俞玲珍（居士）	

(续表)

序号	所在地区	宫观名称	地　址	负责人	备　注
43	昆山市	张浦新庙	千灯镇施家泾村	周银凤（居士）	
44		二郎神庙	张浦镇尚明甸村		
45		余庆庙	张浦镇安头村	郭四妹（居士）	
46	常熟市	真武观	辛庄镇南隆力奇工业园		

注：本表根据熊建伟《关于道教宫观管理、建设与发展的几点思考——以苏州道教宫观现状调查情况分析为例》、郁永龙《苏州百座寺院教堂》（宗教文化出版社 2014 年）综合整理而成。

（沈　骅）

三、天主教、基督教

天主教最早传入中国可以上溯到唐代。贞观九年（635）景教僧侣阿罗本历经于阗等西域古国和河西走廊来到京师长安。唐太宗降旨准许传教，并在长安城义宁坊建寺一所。唐武宗会昌灭佛，景教等外来宗教也一起遭到了禁绝。元代景教再度传入中国，教徒与来自欧洲的基督教教徒被称为"也里可温"。元朝灭亡后基督教在中国再次绝迹。

（一）天主教

明万历二十七年（1599）一月，意大利耶稣会传教士利玛窦到苏州，招徕信徒，传播天主教义，自此天主教传入苏州。万历三十三年（1605），常熟士绅瞿太素受洗于葡人罗如望神父，其侄瞿式耜受洗于意人艾儒略神父。此后，外籍教士郭居静、毕方济等先后到苏传道，至明末江苏省的天主教堂至少已有 12 处，其中 8 处在苏州地区。清顺治六年（1649）意籍教士潘国光、贾谊睦到苏，得到徐光启孙女甘第大资助，在通关坊建造了苏州城内第一座天主教堂。至康熙三年（1664），苏州已有教徒约 500 人之多。康熙十九年（1680），比籍传教士柏应理等在苏州城内扩建教堂。又有许姓教友在城西白马涧置山地约百亩，营建教友公墓。可见当时苏州的信徒教众数量已经十分可观。

康熙四十六年（1707）春，清廷下令禁教。雍正二年（1724），雍正皇帝颁布了更加严厉的禁教措施,全国 300 余间教堂大部分改作公廨和仓库。苏城通关坊的教堂也被改为阙里分祠,供奉孔子的神主。乾隆十三年(1748)发生苏州教案,葡籍神父黄安多与意籍神父谈方济以"洋人散布邪说,煽惑良民"之罪被绞死于狱中,教徒受牵连者近 200 人。城内仅存几所私宅圣堂,信众数量大为减少。外籍传教士白天藏匿在教友家中,晚上易服夜行,到偏僻乡村传教。江南主教南怀仁到苏州时也化装成脚夫入城。从此天主教的传播冷寂百余年,直到 1842 年《南京条约》签订后传教士的活动才渐趋活跃。

咸丰三年(1853),苏州传教区建立。七年(1857),有天主教神父到苏州来负责教务。十年(1860)六月,太平军攻克苏州,苏州教友纷纷逃亡上海,战后多不复返,苏州城内教众数目锐减至 300 余人,教会建筑亦遭到破坏。太平军离去后,经教中人士多方努力,才逐渐恢复。传教士先后在苏州北街、许墅关、胥门外杨家桥建造教堂,并在东美巷、临顿路、旧学前和桃花坞街开办教理班。同治十三年(1874),苏州总铎区成立,主持者称"总理苏州太仓等处天主教司铎",简称总铎。1949 年夏建立苏州教区,分为苏州、常熟、太仓三个总本堂区,分别管辖吴县、吴江、昆山、太仓、常熟、江阴和苏州六县一市的教务,共有教友约 5 万人。

1950 年下半年,天主教内部开展反帝爱国独立自主自办教会运动。1953 年于南京召开的江苏省教友代表大会上,苏州教区神父沈初鸣、季盈声、赵福声签名拥护政府驱逐干涉中国内政、敌视中国政府和人民的外籍神父。1956 年,苏州教区自选沈初鸣为主教,同年 5 月召开天主教教友第一次代表大会,选举爱国会委员 21 人。1958 年举行献堂活动,提出废除教会戒条,部分神职人员转业。不久改为保留苏州大新巷和常熟、太仓、昆山等四堂及苏州杨家桥堂等三点,余皆交由房管部门使用。"文革"期间教堂被强行关闭。1979 年教堂陆续恢复开放,神职人员先后回堂。1980 年 5 月,政府拨款 42 万元对杨家桥堂及常熟、吴江等三堂进行修缮,并新建昆山、沙洲、太仓三堂。杨家桥堂于同年圣诞节重新开放。

苏州教区在 1865 年有 3 座教堂,1900 年有 48 座教堂,1915 年有 57 座教堂,1930 年有 59 座教堂,1948 年有 74 座教堂,截至 2010 年有 12 座本堂区教堂及本堂区负责管辖的 17 处堂点。

1949 年 6 月 9 日,天主教苏州教区设立。1956 年,苏州天主教召开第一次代表会议,成立苏州市天主教爱国会。但 1958 年献堂后教堂房产被占用,"文革"中一切宗教活动被取消。直至 1983 年才召开第二次代表会议,至 2009 年已召开六次代表会议。

表 21-9 苏州市天主教堂表

序号	教堂名	简 介	备注
1	杨家桥圣母七苦堂	位于苏州古城外西南,紧靠高新区。原为殷氏私宅,清乾隆十三年(1748)苏州教案后成为教徒秘密活动点。嘉庆五年(1800)成为苏州教区总堂。咸丰十年(1860)堂毁,光绪十八年(1892)购地重建,达到现有规模。教堂平面为十字形,中西合璧、砖木结构,面积1 012平方米。有教友近万人,以渔民和农民为主。现为天主教苏州教区活动中心。	管辖木渎天主堂
2	大新巷若瑟堂	位于城中旧学前大新巷。1902年宝维善总铎在大新巷内购得空地18亩,备建大堂与学校,1924年又略加扩建。"文革"中房产全部被企业与个人占用。1992年在收回的圣堂上举行复堂典礼,直至1999年被占房产才全部归还。2003年天主堂圣堂翻建,面积450平方米。	
3	湘城圣母奉献堂	位于阳澄湖镇戴娄村。湘城天主堂始建于民国年间。原来位于河底村7组,建筑面积300平方米,"文革"中改作仓库、食堂与猪舍,后因年久失修而倒塌。1997年另行择地建堂,建筑面积700余平方米,钟楼高32米。	
4	黎里大圣若瑟堂	位于吴江黎里。清光绪二十九年(1903)始建。1983年举行复堂典礼,但被占房产土地尚未全部归还。	管辖同里耶稣圣心堂
5	陆家浜耶稣圣心堂	位于昆山菉葭浜(今更名陆家浜)。始建于清同治年间,宣统二年(1910)在小夏驾河东岸建有大教堂。"文革"中宗教活动被禁止,教堂也被改作仓库。1982年重新选址建成新堂,建筑面积1 262平方米。现为昆山市天主教活动中心。	管辖周市天主堂和兵希天主堂
6	小横塘天主堂	位于昆山小横塘。始建于清康熙三十八年(1699),改建于1914年,命名为"圣母圣心堂",建筑面积1 300多平方米,可以容纳千余人。原属陆家浜总堂的分堂,1935年设立为本堂,有教友3 000余人。1958年后教堂被改作大礼堂。1973年教堂倒塌,全部扩建为城南中学。1992年得以恢复。	管辖周庄天主堂、甪直天主堂、石牌天主堂
7	张泾若瑟堂	位于太仓沙溪镇张泾村。清道光二十五年(1845)建,原先只有厅屋两间,同治十一年(1872)扩建后可以容纳800余人。光绪三十四年(1908)重建为外观哥特式、内为罗马式圣堂的大教堂,可容纳2 500人,有唱经楼、钟楼等,开办类思小学。1937年神父被日军枪杀,教堂被焚毁。1938年在原址重建新堂。"文革"中教堂建筑被拆毁,一切宗教活动停止。1989年在原地重建天主堂,面积567平方米,高37米,可以容纳千余人。	管辖沙溪天主堂

(续表)

序号	教堂名	简 介	备注
8	车浜天主堂	位于太仓双凤镇新杨17组,清光绪三十四年(1908)始建,原为中式横厅。1947年改建为竖式十字形西式教堂。1958年献堂运动中堂产献给政府。"文革"中被毁。1980年恢复宗教活动,1982年于原址以北易地重建,1983年重新开堂,主殿388平方米。	管辖岳王天主堂和娄东天主堂
9	颜港圣母玫瑰堂	位于常熟虹泾坝。清同治十年(1871)始建,从光绪四年(1878)起开设小学,直至1956年停办,教堂也被工厂占用。1981年教堂恢复宗教活动。2003年拆除老房,2007年新堂落成,主堂面积270平方米。	管辖花溪塘角圣心堂、尚湖始胎堂、辛庄杨园天主堂、梅李沈市天主堂、董浜圣三堂、支塘何家湾天主堂、沙家浜天主堂等7座天主堂
10	杨舍天主堂	原位于张家港杨舍镇北新泾河石桥头东侧,是后塍天主堂的分堂。始建于1924年,初只有二间圣堂,后在西边扩建新堂,可容三四百人。"文革"期间停止活动。1978年归还教会房产,恢复宗教活动。1981年迁至东风桥东侧重建新堂,2000年又加以扩建。	
11	鹿苑若瑟堂	位于张家港鹿苑镇滩里村。清康熙年间始建。1933年拆除老堂,重建西式新堂,面积735平方米。"文革"期间改作仓库,宗教活动被迫停止。1987年恢复活动,2001年后经过多次翻修,遂成现在的规模。	
12	后塍天主堂	位于张家港金港镇后塍人民桥北横套河边东侧。始建于清光绪五年(1879),光绪十七年(1891)被焚毁。光绪三十四年(1908)朱季球神父筹款在原址建成一座罗马式大教堂,可以容纳千人,取名"圣母无原罪始胎堂",号称江南三大教堂之一。1953年停止宗教活动,改作大会堂,"文革"时钟楼也被拆除。1994年在原址修复天主堂,恢复宗教活动。	
13	主教府暨园区天主堂	位于阳澄西湖南岸,2011年5月28日奠基开工,占地12 000平方米,建筑面积4 880平方米,建成后为塔堂合体的哥特式建筑,主塔高80米,天主堂内穹顶直径11米。	

资料来源:郁永龙《苏州百座寺观教堂》,宗教文化出版社2014年。

(二) 基督教

1844年中法《黄埔条约》签订以后,清政府的禁教政策解除,在上海活动的基督教传教士开始向江苏其他各地渗透。1850年11月,美国监理会的戴德生(Charles Taylor)乘船行经黄渡、昆山抵达苏州。此后,到苏州的有英国伦敦会的慕维廉(William Muirhead)和伟烈亚力(Alexander Wylie)。太平天国占领苏州期间,英、美、法三国七个教派的传教士访问了苏州,受到太平天国将领的接待。

表21-10 近代来苏的基督教部分传教士表

姓名	来苏时间	所属教会	相关事迹
戴德生	1850	监理公会	长期活跃于上海至南京之间传教,苏州是其传教的重点区域之一。1853年6月从上海动身前往镇江,与太平军守将罗大纲见面,并提出了通商和传教的要求。他在《旅华五年记》里记有他1850年到访苏州的情况。同治七年(1868)前后,与伦敦会慕维廉先后在苏州多地设堂布道,不数年因工作困难离去。
慕维廉、伟烈亚力	1853	伦敦会	1853年英国伦敦会的慕维廉和伟烈亚力非法潜入苏州,准备经苏州到往太平天国占领区。
杨格非	1859		1855年被立为牧师,同年来到中国。最初在上海学习中文,1856年开始单独传教。后来到过太平天国控制地区,受到良好接待并有传教的自由,多次到苏州、南京等地访问传教。主张自下而上的传教方式,在中国传教达50年之久。
高第丕	1860	南浸信会	1850年来沪,1860年6月到苏州访问,后辗转前往山东登州(今山东蓬莱)继续传道,并在山东创办福音教会。
花兰芷			1860年6月来苏访问,8月到往天京(今南京),受到太平天国章王林绍璋的接见。
赫威尔			1858年来华传教,并于1860年6月访问苏州。
艾约瑟	1860	伦敦会	1854年曾在上海教授洪仁玕天文历算。1860年7月带领一批传教士到达已被太平军攻占的苏州,会见了忠王李秀成。
裨治文	1860	监理公会	1860年8月间来到苏州,并与美北长老会传教士克必存以及英伦敦会传教士伟烈亚力探访了苏州乡村。
罗孝全	1860	南浸信会	1860年9月22日途经苏州的罗孝全会见了李秀成,受到热情接待。

(续表)

姓名	来苏时间	所属教会	相关事迹
来恩赐、裴义理	1867	中华基督教会（长老会）	1867年1月，来恩赐夫妇及裴义理夫妇来苏，租民房三间，开展活动。
蓝柏	1870	监理公会	1854年来华在上海传教，1870年携刘竹松至苏州，租借殷勤山的房屋，设立布道所和学校。
曹子实	1870	监理公会	1870年被蓝柏派往苏州在殷勤山处传教布道。
蓝华德、潘慎文	1871	监理公会	1871年蓝柏之子蓝华德和潘慎文相偕定居苏州。1883年蓝华德与柏乐文在苏州城东的天赐庄买了7亩民地，在原有诊所的基础上创办博习医院。潘慎文于1876年在天赐庄办"存养书院"。
费启鸿	1872	北长老会	费氏于1870年受遣来华，先后在上海、苏州传教，并于1872年在苏州盘门小仓街租屋布道。
杜步西	1872	南长老会	杜步西夫妇于1872年在苏州养育巷建立思杜堂，今使徒堂。
柏乐文	1882	监理公会	1883年与蓝华德在苏州城东天赐庄买了7亩民地，在原有诊所的基础上创办博习医院。
白多玛	1883	南浸会	白多玛夫妇于1883年来到苏州建立教会，并于1888年建立萍花桥浸会堂。
孙乐文	1884	监理公会	1886年任监理公会苏州连环（教区）长老司，1891年监理公会在苏州城中心的宫巷建乐群社会堂，孙任该堂牧师。1895年兴办宫巷中西书院，后并入东吴大学，孙任校长。
惠会督	1886	监理公会	1899年决定将博习书院并入上海中西书院，成立"在华之中央大学"（东吴大学），并于同年6月13日向田纳西州政府申请注册立案。
Mildred M. Phillips	1887		在博习医院东面成立妇孺医院。
戴维斯	1899	南长老会	1899年建齐溪会堂于苏州齐门外福音医院内。
韩明德	1890	监理公会	1890年与项列来到苏州，翌年建立乐群社会堂。
林乐知	1900	监理公会	1882年在上海创办中西书院，培养西学人才。书院于1900年并入东吴大学，林任董事长。

1870年，监理公会传教士蓝柏到苏州，租借十全街的房屋，设立布道所和存养书院。1871年美国南长老会在苏州养育巷购置房地产。1872年该会杜步西夫妇由美国来华，径至苏州传教。1872年，美国北长老会派遣费启鸿到苏州，在盘门小仓街租屋布道。费启鸿还在离盘门不远的南园木杏桥北自建住宅。1879年，美国南浸会的晏玛太在苏州购置房地产。1883年，南浸会又派白多玛夫妇

到苏州传教。上述四个教派是基督教在苏州的主要教派。从19世纪70年代到19世纪末,基督教在苏州得到初步的传播。

至1879年,监理公会已在苏州陆续设立了四处布道所。一所在十全街石皮弄,一所在护龙街,一所在凤凰街,另一所在濂溪坊。1881年,经潘慎文、蓝华德等人努力,监理公会在天赐庄折桂桥弄口谋得地基,建成设有400人座位的耶稣堂,即圣约翰堂。1891年,监理公会的韩明德(T. A. Hearn)、项列(Robert Henry)与华人牧师陈盈卿创立乐群社会堂(堂址在今宫巷20号,宫巷堂于1921年建成)。1872年,美国南长老会的杜步西(Hampden Coit Du Bose)夫妇到苏州,在养育巷建立教堂(后称思杜堂以纪念杜步西,现改称使徒堂)。1899年,该会教士戴维斯在齐门外福音医院内建立齐溪会堂。1883年,南浸会的白多玛夫妇到苏后建立教堂。1888年,南浸会又建立萍花桥浸会堂。

教堂和布道所是传教士布道传教的重要场所。根据文献资料统计,近代基督教会各差会在苏州所建的教堂和布道所先后有20多处,规模甚至与早已开放通商的城市如上海、广州、宁波相当。如此之多的教堂和布道所在当时中国内地是不多见的。

表 20-11　基督教会在苏州所建教堂及布道所表

教堂及布道所名称	所属教会	建成时间	简　况	备　注
思杜堂	长老会	1872	1872年杜步西夫妇创建于今养育巷130号,1925年翻建后取名思杜堂,1958年改名为使徒堂。1980年恢复宗教活动。	
布道所	长老会	1873	位于专诸巷28号,民国时废弃。	今为工厂仓库
圣约翰布道所	监理公会	1881	建于天赐庄折桂桥畔,初为耶稣堂,1915年移至今址新建大教堂。1998年按原貌修复教堂,现为苏州市基督教两会办公所在地。	
浸会讲堂	南浸信会	1888	在今临顿路萍花桥。	今已不存
救世堂	监理公会	1889	1889年始建于申衙前(今景德路),1924年移建养育巷慕家花园南口。2010年收回教产,当年年底复堂。	
乐群社会堂	监理公会	1891	1891年美国监理公会在宫巷建造,1921年重建后称乐群社会堂。1987年举行复堂典礼并恢复活动。	
福音堂	长老会	1895	在齐门外周家弄。	现已毁弃

(续表)

教堂及布道所名称	所属教会	建成时间	简况	备注
天恩堂	圣公会	1899	1899年始建于桃花坞,1918年重建于桃坞中学(现市四中)内。	现已改为教室
崇道堂	长老会	1899	原为1899年建于福音医院内的礼拜堂,1922年改建于今齐门大街138号。	1958年改为齐门小学
救恩堂	长老会	1901	位于苏州上塘街上津桥东。1928年重建,1958年后停止活动,60年代初拆除。	改建为动力机械厂职工宿舍
布道所	圣公会	1906	位于东中市,民国时废弃。	今已不存
嘉音堂	南浸信会	1909	1909年始建于谢衙前29号,50年代初改为医院。	1978年拆建为药物检验所
升天堂	圣公会	1909	1909年始建,旧址位于山塘街。后废弃。	今已不存
师麦堂	南浸信会	1909	在今苏州市第四人民医院内。1909年始建,后改为晏成中学礼堂。	1958年拆除
浸会讲堂	南浸信会	1910	位于娄门大街,民国时废弃。	今已不存
布道所	监理公会	1913	位于葑门外横街。	今已不存
礼拜堂	长老会	1913	位于齐门路。	今已不存
安息日会堂	安息日会	1917	1917年始建于申衙前,后辗转迁往今燕家巷、古吴路、乐桥等地,1950年在人民路76号建堂。	60年代拓路时拆除
使徒信心会堂	使徒信心会	1919	1919年建于今民治路万寿宫东,后拆除改建为民宅。	今已不存
讲教所	长老会	1919	位于桃花桥,民国时废弃。	今已不存
基督分堂	长老会	1919	位于上塘街,民国时废弃。	今已不存
新民堂	南浸信会	1922	民国初年为接驾桥讲堂,1922年建于东中市,1940年移建于中街路新民社内,兼办新民小学,后改为中街路小学礼堂。	今已不存
布道所	圣公会	1924	位于广济桥堍,民国时废弃。	今已不存
布道所	长老会	1924	位于乐荣坊口,民国时废弃。	今为姜思序堂门市部
灵粮堂	灵粮布道会	1933	原址位于今白塔东路,后改为商店。	今已不存
灵粮堂	真耶稣教会	1933	1928年上海信徒季道成把真耶稣教传入常熟,在城区南门下河沿租房成立祈祷所。1933年在五福街建成新堂,后又出售。	今已不存

资料来源:《苏州史志资料选辑》第四辑,1985年。

这些基督教堂都建于太平天国战后,所处位置皆聚集于苏州老城区繁华地带,反映出基督教会在苏州的早期传教较为注重城市中心居民密集的地区。

1877年,蓝华德在天赐庄租赁三间民房办诊所,命名"中西医院"。1883年初,柏乐文获得教会和苏州地方人士的一万美金捐款,即以一千美金在天赐庄购得民田7亩,半年后建成一座庄园式的建筑,题名"苏州博习医院"(英文名Soochow Hospital),1883年11月8日正式开张。1887年,监理会的斐医生(Mildred M. Phillips)在博习医院以东建立妇孺医院,该院在医务和医护教育方面均与博习医院协作。1897年,美国南长老会惠更生(J. R. Wilkison)在齐门外洋泾塘岸建立福音医院,惠更生自任医院院长。1899年,北长老会在阊门上津桥创建一所妇孺医院,又称美国医院,院长为北长老会女传教士兰医师(M. Lattimore)。

近代基督教会在苏州先后建立了7所医院。

表21-12　基督教教会在苏州所建医院表

序号	医院名称	地址	建成时间
1	博习医院	天赐庄	光绪九年(1883)
2	福音医院	齐门外周家弄	光绪二十一年(1895)
3	妇孺医院	上塘街	光绪二十五年(1899)
4	东来医院	马医科	光绪二十八年(1902)
5	回春医院	养育巷	光绪二十八年(1902)
6	回春医院	大马路	宣统元年(1909)
7	更生医院	四摆渡	民国十一年(1923)

资料来源:《苏州史志资料选辑》第四辑,1985年。

1871年,监理公会华人牧师曹子实在葑门十全街借殷勤山的房屋创办小学。1876年,该校迁天赐庄,命名"存养书院",由潘慎文接管。1884年,存养书院扩大校舍,提高教学程度,改名博习书院。1895年,监理公会孙乐文在宫巷创办中西书院,该校课程偏重英文,迎合了甲午战后至戊戌变法时期中国人讲求西学的时尚。1899年春,监理公会决定将博习书院归并上海中西书院。同年秋,监理公会决定将宫巷中西书院改办为大学。1900年正式创办东吴大学。此外,监理公会还创办了长春学堂、冠英女学与景海女学。

1892年,长老会传教士海依士(J. N. Hayes)在葑门十全街租赁彭氏房屋,创立萃英书院,招收中小学生。1894年,该校迁至阔家头巷,租赁李氏房屋为校舍。1900年,海依士在美国获得捐款,又将木杏桥戈氏住宅改建为校舍。1904

年,迁至阊门外上津桥石牌巷中西学堂内,以该学堂的小学和幼稚园教室和场地为院舍。后来,差会因扩建杭州之江大学,对萃英书院停止拨款,该院经费告竭,遂停办,改为两级小学堂。1911年教会重新拨款,该院恢复,改名萃英中学。

此外,长老会于1895年另创办有崇道女学,校址在齐门外福音堂内。

美国南浸会曾创办两所学校。1889年在娄门外浸会讲堂设立浸会两等小学,1896年在三六街创办启明女学。

从19世纪80年代到20世纪初,基督教会在苏州先后创办各类学校22所。

表21-13　基督教会在苏州所建学校表

序号	学校名称	地　址	建成时间
1	浸会两等小学	娄门外浸会讲堂	光绪十五年(1889)
2	崇道女学	齐门外福音堂	光绪二十一年(1895)
3	启明女学	三六街	光绪二十二年(1896)
4	东吴大学	天赐庄	光绪二十七年(1901)
5	景海女学	天赐庄	光绪二十八年(1902)
6	桃坞女学	宝城桥弄	光绪二十九年(1903)
7	惠灵女学	谢衙前	光绪三十二年(1906)
8	振声中学	长春巷	光绪三十三年(1907)
9	英华女学	慕家花园	光绪三十三年(1907)
10	晏成中学	谢衙前	宣统元年(1909)
11	显道女学	宝城桥弄	宣统二年(1910)
12	浸会晏成小学	娄门外浸会讲堂内	宣统二年(1910)
13	萃英中学	石牌巷	宣统三年(1911)
14	广益学校	山塘街	宣统三年(1911)
15	尚德女学	颜家巷	宣统三年(1911)
16	东吴第二附属小学	宫巷	宣统三年(1911)
17	启智幼稚园小学	颜家巷	民国元年(1912)
18	尚智两等小学	齐门外礼拜堂	民国二年(1913)
19	东吴分设惠寒小学	长街	民国三年(1914)
20	胥江学校	养育巷	民国四年(1915)
21	里德女小学校	宝带桥弄	民国七年(1918)
22	女学道院	宝带桥弄	民国七年(1918)

资料来源:《苏州史志资料选辑》第四辑,1985年。

抗战期间,苏州的基督教会陷入困境而停止活动。抗战胜利后逐渐恢复活动,到1946年共有卫理公会、长老会、圣公会、浸理会、安息日会、使徒信心会、基督徒聚会处、灵粮堂等8个教派的14座教堂和9处分堂或布道所。

朝鲜战争爆发后,外籍传教士纷纷撤离,各教堂与国外差会断绝经济联系,全部由中国的教牧人员管理。1951年,原教会经办的教育、医疗等事业陆续改为公办,教会只进行宗教活动。1952年,苏州市教会千余人士签名支持"自治、自养、自传"的"三自"革新。1955年4月13日,苏州市基督教"三自"爱国运动委员会成立,至2010年共召开11次代表会议。1958年掀起"献堂""献庙"运动,苏州市只保留四座教堂,其中两座由各教派联合举行礼拜,其余各堂或出租,或交给房管部门改作它用。"文革"中所有的教堂均被占用,宗教活动被迫停止。

"文革"结束后落实宗教政策,从1979年下半年起陆续收回被占用的教堂房产,原先被占据的教堂纷纷归还教会,经过重修改建后开放,2010年在苏州共有64座教堂与固定处所。1988年成立苏州市基督教协会,负责全市基督教教务。至2010年,协会已与苏州市基督教"三自"爱国运动委员会联合召开5次代表会议。

表21-14 苏州基督教堂表

地区	教堂名	所属教会	简 介
市区	圣约翰堂	监理公会（卫理公会）	在今十梓街18号。其前身是清光绪七年(1881)建于天赐庄折桂桥畔的首堂,1915年拆除首堂于今址新建大教堂,面积1855平方米,可以容纳800人做礼拜。1958年"献堂"运动中房产租给苏州市第一人民医院作为礼堂,后又改为民居。1994年收回教堂房产,政府拨款5万元,信徒捐献120万元,于1998年按原貌修复教堂。现为苏州市基督教两会办公所在地。
	救世堂		位于苏州市养育巷349号。清光绪十五年(1889)始建于申衙前(今景德路),1924年移建于养育巷慕家花园南口。1959年改为新华书店仓库,2010年收回教产按原貌修复,当年年底复堂。
	乐群社会堂（宫巷堂）		清光绪十七年(1891)由美国监理公会创建,位于古城中心部位的宫巷,1921年重建后称乐群社会堂。1935年创办乐群中学及附属小学(今草桥小学)。1958年宫巷堂成为被保留的四座教堂之一。"文革"期间先后被城建局、纺工局、教育局、卫生局等机关占用。1986年教堂产权才被归还,1987年举行复堂典礼并恢复活动。
	思杜堂	长老会	在今养育巷130号。由杜步西夫妇创建于清同治十一年(1872),1925年翻建,礼拜堂600平方米,为纪念杜步西牧师取名思杜堂。1958年改名为使徒堂。1980年恢复宗教活动。

(续表)

地区	教堂名	所属教会	简介
高新区	狮山堂		最早由来恩思创建,后因来氏告退而放弃。2005年6月28日在高新区玉山路奠基,2007年7月举行献堂典礼。主堂面积2 010平方米。
	浒关堂		位于浒关镇北津路25号,现为基督教固定处所。
工业园区	独墅湖教堂		位于独墅湖东岸,2008年6月6日奠基,2010年5月28日落成启用。教堂为哥特式建筑,主堂面积2 579平方米,钟楼高51米。
吴中区	甪直基督教堂	浸礼会	位于甪直镇东市上塘街。1910年浸礼会昆山堂会派神职人员到甪直传教,1939年建造甪直浸会堂。"文革"期间被占作他用。1983年归还教会房产,1987年恢复信徒洗礼。2003年翻建教堂,面积扩大到436平方米。
	横泾堂		位于横泾街道三星村,现为固定处所。
	木渎堂		位于木渎镇,现为固定处所。
	金庭堂		位于金庭镇秉汇村,现为固定处所。
	开发区堂		位于开发区商贸城,现为固定处所。
相城区	黄桥景道堂		位于黄桥镇西街南侧黄土桥西塊。20世纪初基督教传入黄桥,1933年在黄桥老街租用民房设立齐门崇道堂分堂。1946年在黄土桥东塊建新堂,落成后名景道堂。1958年景道堂房屋被征用,改为黄桥中学,教会活动停止。1999年恢复景道堂,2002年将原黄桥经联会办公楼改作景道堂。
	里口堂		位于元和街道里口中街73号,现为固定处所。
	东桥堂		位于东桥北街104号,现为固定处所。
常熟市	景道堂	监理公会	常熟市最大的基督教堂,建于清末,原址位于北门大街言子墓道旁,1948年改建后命名为景道堂。1958年常熟五个教派联合举行礼拜,景道堂易名为常熟基督教堂。"文革"中教会停止一切活动。1980年12月21日举行复堂礼拜。1994年迁至环城北路10号原圣巴多罗买教堂旧址,1995年新堂落成。
	圣巴多罗买堂	圣公会	1902年圣公会江苏教区派美籍牧师慕高文和中国传道葛稼眉到常熟传教,先后在殷家弄口、新县前和阁老坊等地设立布道所。1908年美籍牧师威尔逊在城内县东街购置民房建教堂。1922年在七弦河建圣巴多罗买堂,并在徐市、福山、顾山、练塘、港口设立五处分堂和多处学校、医院。1994年改建为常熟基督教堂。
	东泾堂		位于海虞镇东泾村,现为固定处所。
	肖桥堂		位于海虞镇新肖桥村22组,现为固定处所。

(续表)

地区	教堂名	所属教会	简介
常熟市	新华堂		位于海虞镇新肖桥村34组,现为固定处所。
	创新堂		位于海虞镇河口村,现为固定处所。
	河口堂		位于海虞镇河口村,现为固定处所。
	塘市堂		位于沙家浜镇繁荣街122号,现为固定处所。
太仓市	城厢基督教堂	中华圣公会	位于太仓城厢镇西门街皋桥南塊康乐村。1935年建造圣马太堂。"文革"后教堂被占用,教会活动停止。1992年修复,成为太仓基督教活动中心。1997年迁至郑和西路183号重建新堂,主殿面积400平方米。
		监理公会	位于太仓城厢镇新东街。1910年始建,1938年被日军炸毁,后又重建。1949年后被印铁制罐厂借用,1986年收回教会房产重新开堂礼拜。1992年并入圣马太堂。
	浏河福音堂	安息浸礼会	位于太仓浏河镇西市梢,1927年始建。1958年太仓只保留城厢镇一座教堂,福音堂停止一切活动。1985年重建并举行开堂仪式。
	牌楼堂		位于浮桥镇牌楼凤凰村,现为固定处所。
	沙溪堂		位于沙溪镇沙南路49号,现为固定处所。
	璜泾堂		位于璜泾镇生产街39号,现为固定处所。
昆山市	昆山市基督堂	浸礼会	1879年在昆山前浜始建浸会堂。1982年重建后开放。1998年前浜教堂拆迁,在红峰东路153号重建新堂,建筑面积800多平方米,钟楼高31.2米,定名昆山市基督堂。
	淀山基督教堂		位于淀山湖镇杨湘村北,1989年建造一座730平方米的教堂,1999年扩建为1 016平方米。
	千灯堂		位于千灯镇炎武路南首,现为固定处所。
	石浦堂		位于千灯镇石浦街道,现为固定处所。
	花桥堂		位于花桥镇人民路99号,现为固定处所。
	陆家堂		位于陆家镇木瓜西路,现为固定处所。
	石牌堂		位于巴城镇石牌街道,现为固定处所。
	张浦堂		位于张浦镇大市街道,现为固定处所。
	锦溪堂		位于锦溪镇老街118号,现为固定处所。
	周庄堂		位于周庄镇高桥村,现为固定处所。

(续表)

地区	教堂名	所属教会	简　介
张家港市	杨舍基督教堂		1924年泗港人黄若金牧师在杨舍租借民房开设布道所。1928年在杨舍镇北门路建杨舍基督教堂,占地0.5亩。1958年后停止一切宗教活动,教堂也被居民占用。1990年移至云盘新村111号重建,1993年新堂落成。
	塘桥基督教堂		位于张家港塘桥镇花园村。1997年为信徒聚会点,2008年筹建新堂,2012年教堂落成开放。
	后塍堂		1918年黄申宝牧师到后塍传教,在后塍南街谢家弄内租屋设立耶稣堂。1922年在南街建造新堂。1958年教堂被改作生产队养兔场,后被拆除。1989年移至后塍刘家巷重建新堂,1994年加以扩建。2006年进一步整修改造,面貌焕然一新,现为固定处所。
	乐余堂		位于乐余镇,现为固定处所。
	大新堂		位于大新镇北街,现为固定处所。
	港区堂		位于金港镇园林路,现为固定处所。
	南沙堂		位于金港镇南沙,现为固定处所。
吴江区	松陵基督教堂		位于吴江松陵镇四维弄1号。20世纪初基督教从苏州传入吴江,起先只是在农村活动。1933年在县衙门西面、小园弄南侧建造教堂,1935年改建后称四维堂。"文革"后教堂被占用为民居,1993年才恢复礼拜活动。1997年在原地翻建教堂,面积608平方米。
	盛泽基督教堂		1903年苏州浸礼会派教士来盛泽传教,在盐店弄设堂仪会。1910年卫理公会在盛泽中和桥西岸创立耶稣堂,名景衡堂。1943年使徒信心会在盛泽北新街建立布道所。1957年各教派举行联合礼拜,以景衡堂为联合礼拜堂,称盛泽总堂。1958年后教会渐趋冷落,"文革"中停止活动。1981年教会恢复活动。1983年创立吴江县基督教"三自"爱国运动委员会,各教派合并为盛泽基督教会。1994年盛泽总堂在原地翻建,建筑面积855平方米,可容纳千人礼拜。
	八坼基督教堂		位于松陵镇八坼社区蒋家湾。
	震泽基督教堂		位于震泽镇镇南西路31号。
	芦墟堂		位于汾湖开发区芦墟越港路,现为固定处所。
	平望堂		位于平望镇西平运路54号,现为固定处所。
	八都堂		位于震泽镇八都社区滨河路80号,现为固定处所。
	桃源堂		位于桃源镇齐心西街,现为固定处所。
	北库堂		位于黎里镇北库社区东长村,现为固定处所。

(续表)

地区	教堂名	所属教会	简介
吴江区	金家坝堂		位于芦墟街道金家坝社区吴家浜,现为固定处所。
	南麻下庄村堂		位于盛泽镇南麻下庄村,现为固定处所。
	南麻戴家村堂		位于盛泽镇南麻戴家村,现为固定处所。
	七都堂		位于七都街道心田湾,现为固定处所。
	坛丘堂		位于盛泽镇坛丘社区坛丘村12组,现为固定处所。
	青云堂		位于桃源镇青云社区学前街,现为固定处所。
	铜罗堂		位于铜罗镇铜罗社区西花苑,现为固定处所。
	菀坪堂		位于横扇镇菀坪社区菀缝路,现为固定处所。
	黎里堂		位于黎里镇杨家桥北10号,现为固定处所。
	梅堰堂		位于平望镇梅堰社区梅南河,现为固定处所。
	庙港堂		位于七都街道庙港社区庄村,现为固定处所。
	同里堂		位于同里迎燕路60号,现为固定处所。
	横扇堂		租用横扇制钢厂内房屋,现为固定处所。

资料来源:郁永龙《苏州百座寺观教堂》,宗教文化出版社,2014年。

(叶文宪)

四、伊斯兰教

(一)历史沿革

元泰定年间(1324—1327),就有信仰伊斯兰教的回民从河南、陕西、甘肃等地移居苏州,首先在西馆桥建立礼拜寺,明初移到支家巷,又在阊门外义慈巷建一所礼拜寺。日久倾圮后,又在板寮巷、砂皮巷建礼拜寺。明清两代,从南京、甘肃、山东等地陆续有回民到苏州来经商,并逐渐定居于此,其中以南京来者居多。20世纪30—40年代河南发生大水灾,有部分回民逃难到苏州以饼馒业为生。由于迁苏的时间有先后,原籍及所从事的职业也不同,移居苏州的回民分别建寺以供礼拜,这样的聚居区叫做教坊或寺坊,但各寺之间互不统属。当时回民主要聚居在阊门外和城内铁局弄、砂皮巷一带,阊门外的回民多半从事屠宰业和马车业,城内的回民多半从事珠宝业、百货业和饼馒业。抗战前城里两座清真寺推派人员组成清真寺董事会,抗战胜利后城外的两座清真寺也成立清真寺董事会。1946年4月成立中国伊斯兰教协会吴县支会,会址在石路太平坊清真寺,刘陶庵任首任理事长。民国时期苏州共有7座清真寺,其中齐门外清真寺经常闲置。抗战后有两寺改为小学,到1949年仅剩下4座。

1952年,政府拨款修缮天库前和太平坊两座清真寺,但在1958年"大跃进"期间两寺都被工厂征用,"文革"期间其余两寺也被无偿占有,宗教活动只能在穆斯林的家中进行。1979年开始落实宗教政策,恢复清真寺保管委员会。1980年全市穆斯林在天库前清真寺恢复宗教活动。1982年天库前清真寺置换到太平坊,新清真寺重建竣工后成为全市穆斯林活动的中心。

明洪武初,伊斯兰教从山东济宁传入太仓,洪武二十六年(1393)在城厢镇铁锚弄建礼拜寺,后改为清真寺。崇祯五年(1632)苏州知府和太仓知州募款重建。寺中原来保存有不少古籍图书,可惜在"文革"中悉数被毁,现仅存碑记一块、古井一口。1922年太仓有伊斯兰教徒27人,1949年后基本上停止了宗教活动,直至80年代初才恢复活动。1982年有教徒74人。1985年政府拨款重修清真寺,1987年新寺落成开放。2003年清真寺迁至古塘街重建,2010年再次搬迁到古塘街盐铁塘畔,现为太仓市伊斯兰教协会所在地。

(二)宗教活动

抗战之前太平坊等清真寺除了进行日常的宗教活动外,还以经堂教学的方式免费教回民子弟读经文,抗战后逐渐增加语文等文化知识课程。1936年回教支会还在铁局弄清真寺办至纯小学,后改名为私立穆光小学,由郑厚仁任董事长。1937年扩大到7个年级(包括幼稚园),有学生268名,每月所需经费7 000万元法币均由郑厚仁负担,校长、教导主任等由郑厚仁所开的大生昌商行供膳,回族子弟与穷苦学生均免交学费。支会还一度在穆光小学内设立施诊所,请回族医生施诊给药。

1936年,苏州回民计有282户1 424人(其中男710人、女714人),十之八九从事商业,且以屠宰、菜馆和饼馒业为主,俗称"穆民三把刀";少数从事马车行业。1985年,苏州回民增至2 200人,就业门路大大拓宽。

1953年成立苏州市清真寺保管委员会,负责穆斯林宗教事务。"文革"中清真寺保管委员会停止活动,宗教活动也全部停止。1979年恢复宗教活动,1982年召开苏州市第一次穆斯林代表会议,正式成立苏州市伊斯兰教协会,取代清真寺保管委员会,并重建太平坊清真寺,作为全市穆斯林宗教活动中心。至2013年已经召开五次穆斯林代表会议。

表 21-15 苏州清真寺存废表

序号	寺名	地点	简介	备注
1	太平坊清真寺	太平坊29号	1924年由阊门外穆斯林发起、阿訇马德明负责筹建,建寺经费主要由南京回民蒋星阶捐助,1928年建成,原名清真义学,并举行宗教礼仪。1958年并入天库前清真经学,1959年房屋租给街道改为民办小学与校办工厂。1982年收回房产重建为仿阿拉伯式清真寺,1985年政府拨款增建一层新楼,清真寺占地495平方米,其中礼拜大殿120平方米,沐浴室80平方米。苏州各清真寺共残存12块明清碑刻,现都集中在该寺。市伊斯兰教协会也驻于此。	
2	瑞凝礼拜寺	阊门外丁家巷5号	传建于明崇祯元年(1628),是苏州最早建成的清真寺。太平军攻占苏州时被毁。清光绪年间修复,民国时有教民200人左右。自太平坊寺兴起后本寺寺务逐渐停顿,除留一间房供做礼拜之用外,余屋皆被出租。1959年私房公私合营,房产改属房管局,成为民居。	现产权已经收回但尚未恢复
3	惠敏礼拜寺	砂皮巷	始建于明代,1923年由回民田鉴堂等集资重建。占地2.42亩,有望月楼、醴泉亭、明伦轩、承恩阁、率性阁和假山长廊、砖雕门楼等传统建筑,可惜在1937年遭日机轰炸毁坏,后又沦为日军的养马所。抗战胜利后由一回民承租改办私立惠民小学。1956年改为职工小学。"文革"中房产被砂皮巷小学和电子手表厂占用,残存的老建筑被全部拆除。1983年房屋土地被征用。	今已不存
4	铁局弄礼拜寺	铁局弄14号	建于清光绪五年(1879),占地4.6亩,有7进庭院,礼拜大殿宽10间,可以容纳300人同时做礼拜。寺内有望月楼、御碑亭,园内种植丹桂玉兰、青松苍柏,门口有青石对狮。寺内摆设多系汤家巷善德堂杨家出资购置。民国时期,天库前清真经学兴盛后本寺逐渐衰落,1946年改为小学。1956年改为公立穆光小学,1966年改名红光小学,现恢复旧名。原来的大殿等古建筑已于20世纪80年代被学校拆除改建为教学楼。	今已不存
5	天库前清真经学	天库前56号	建于清光绪三十二年(1906)。占地2.8亩,殿堂格局类似讲经场所,堂内原有一块俞樾手书的"从圣堂"匾额,今已不存。在民国时期是继砂皮巷和铁局弄礼拜寺之后最兴盛的一所。20世纪20年代在寺内开办经学,教授回民子弟,抗战时期因为经费无着而停办。50年代成为市区穆斯林宗教活动唯一的场所,"文革"中完全停止宗教活动。1979年得以恢复,1982年以厂方承担翻建太平坊清真寺费用为交换条件,把寺产出让给雷允上药厂。	今已不存

(续表)

序号	寺名	地点	简介	备注
6	清真女学	宝林寺前15号	1922年由汤家巷善德堂杨老三太太捐助建造，专供女性穆斯林礼拜，一度改为清真女学。"文革"中经卷、家具均遭到破坏，房产也改为民宅。1983年收回产权。	今已不存
7	齐门外清真寺	齐门外大街274号	在清末的老地图上该处标为"回回别墅"，民国初改为供送葬人抬遗体去坟地途中休息之所，有时回民也在此地做礼拜。20世纪30年代之后交通日益便捷，此地便经常闲置。1959年后借给废品回收站和东风豆制品厂，而回民的葬仪多在太平坊清真寺举行。	今已不存
8	太仓清真寺	太仓城厢镇古塘街	明洪武二十六年（1393）建于城厢镇铁锚弄，崇祯五年（1632）重建。寺中原保存有不少古籍图书，"文革"中悉数被毁，现仅存碑记一块、古井一口。1981年后政府多次拨款重修清真寺，1987年新寺落成开放。2003年清真寺迁至古塘街重建，2010年再次搬迁到古塘街盐铁塘畔，现为太仓市伊斯兰教协会所在地。	

（叶文宪）

第二十二章 物 产

第二十二章 物　产

一方山水,一方风物。苏州特产及手工艺品,彰显吴地水乡特色及吴地文化、生活习俗。随着社会演变、环境变异、生活变化,物产的演变也不可避免,适者存,新者生,苏州物产也是物竞天择、天人合一地演化着,这在历代方志中记载甚详。虽然时有重复,亦见其物未消失,仍为苏州特产。初记略而近记详,并有部分数据存史。

一、旧载风物

北宋朱长文《吴郡图经续记》卷上设《物产》门:"吴中地沃而物夥,其原隰之所育,湖海之所出,不可得而殚名也。其稼,则刈麦种禾,一岁再熟。稻有早晚,其名品甚繁……惟号'箭子'者为最,岁供京师。其果,则黄柑香硕,郡以充贡。橘分丹绿,梨重丝蒂,函列罗生,何珍不有?其草,则药品之所录,《离骚》之所咏,布护于皋泽之间。海苔可食,山蕨查掇,幽兰国香,近出山谷,人多玩焉。其竹,则大如筼筜,小如箭桂,含露而班,冒霜而紫,修篁丛笋,森萃萧瑟,高可拂云,清能来风。其木,则栝柏松梓,棕楠杉桂,冬岩常青,乔林相望,椒棣栀实,蕃衍足用。其花,则木兰辛夷,著名惟旧;牡丹多品,游人是观,繁丽贵重,盛亚京洛。朱华凌雪,白莲敷沼,文通、乐天,昔尝称咏。重台之菌苕,伤荷之珍藕,见于传记。其羽族,则水有宾鸿,陆有巢翠,鹎鶪鸪鹭、鸦鹊鸥鹭之类,巨细参差,无不咸备……其鳞介,则鲦鳊鳏鲤、鲲鳝鳣鲨、乘鲎鼋鼍、蟹螯螺蛤之类,怪诡舛错,随时而有。秋风起则鲈鱼肥,练木华而石首至,岂胜言哉!……又若太湖之怪石、包山之珍茗,千里之紫莼,织席最良,给用四方,皆其所产也。"《吴郡图经续记》卷下《杂录》门:"《吴都赋》云:'乡贡八蚕之绵。'苏州旧贡:丝葛、丝绵、八蚕丝、绯绫、布、白角簟、草席、鞋、大小香粳、柑橘、藕、鲻皮、鲅鳙、鸭胞、肚鱼、鱼子、白石脂、蛇粟,皆具《唐志》。"又:"洞庭山出美茶,旧入为贡。《茶经》云:'长洲县生洞庭山者,与金州、蕲州味同。'近年山僧尤善制茗,谓之'水月茶',以院为名也,颇为吴人所贵。""唐世苏州进藕,其最佳者名伤荷藕,或曰叶甘为虫所伤,或曰故伤其叶以长根。又多重台莲花,花上复生一花,亦异也。"这是有关苏州物产最早的历史记载,主要类属都已出类拔萃。洞庭山早出美茶,也曾入为贡品,合前面旧贡,苏州计有贡品20种。南宋范成大《吴郡志》(江苏古籍出版社,1999年)专设卷二十九、三十为《土物》门,载有:干将、莫耶、属镂之剑,吴鸿、扈稽二金钩;太湖石,出洞庭西山,以生水中者为贵;张又新品第东南烹茶之水以虎丘石井为第三、吴松江水为第六;泉有天平山白云泉、宝华山憨憨泉、穹窿山法雨泉、西山毛公坛隐泉;矿有阳山白磉;彩笺,吴中所造,名闻四方;五酘酒;绿头鸭;炙鱼、鱼鲙、鲙残鱼、菰叶羹(晋张翰所思者);白鱼、河豚鱼、针口鱼,隋大业年间入贡洛京的白鱼(时里白)、白鱼种子、鱼干脍、鱼含肚、海虾子、鲤腴鲊、密蟹、拥剑(乌贼拥剑);蟛蜞(彭越);红莲稻、再熟稻;绿橘、真柑、海杏、连根柿;常熟所产方蒂柿、韩梨、顶山栗、蜡樱桃;密林檎、金林檎、莲花海棠、桂、柳、扶芳、牡丹、梅、菊、萱草(紫萱)、麝香萱、锦带花(海仙)、石竹花(草花)、鼓子花(野花)、椰李花(小碎花)、蔷薇花;金竹、哺鸡竹、桃枝竹;白芷;莼、蒁菜、五色瓜、藕、芰(即菱)……苏州物产传至宋代,著名的已基本定型。

明王鏊《姑苏志》卷十四《土产》谓:"吴中物产甚富,往往有名天下者。或以土地所宜,或以人力工巧,乃知东南之美,不特竹箭而已也。"明代对物产分类更细,采入物产也更多。下面整理《姑苏志》所详载细分的27个属类,并录下物产的具体记述。

1. 粳之属十七

箭子稻 粒瘦长,雪色味香甘,晚熟稻品之最高者。

红莲稻 五月种,九月妆。芒红粒大。有早晚二种。陆龟蒙诗云"近炊香稻识红莲"。

穄秜稻 五月种,九月熟。色斑,粒微长。

雪里拣 秆软,有芒,粒大,色白。

师姑秔 即矮稻,五月种,九月熟。无芒,粒白。

早白稻 五月初种,八月熟。皮芒白,米赤。又一种,九月熟,曰晚白,又名芦花白。

麦争场 三月种,六月熟,与麦争登场。

六十日稻 四月种,六月熟。米小色白,迟至八十日熟,又名早红莲,又名救工饥。

百日赤 四月种,六月熟。芒赤,米小而白。

金成稻 四月种,七月熟。米红而尖,性硬。

乌口稻 再莳,晚熟下品稻也。

再熟稻 一岁两熟。《吴都赋》有"乡贡再熟之稻",丰岁稻已刈,而根复发苗,再实,谓之再撩稻。

早稻 即占城稻。二月中旬至三月上旬,用竹笼周以稻秆,置稻种其中,约五斗许,又复以扦入池,浸三日,伺微熟,如甲拆状,则出而布于地。及苗与谷等,别用宽竹器贮之,于耕过田细土停水二十许,布之三日,决去水,至五日视苗长二寸许,复引水浸乃插莳,至八月熟。

中秋稻 四月种,八月熟。

紫芒稻 五月种,九月熟。紫谷白粒。张方平诗云"鲈鲙饭紫芒"。

枇杷红 皮薄色,如枇杷。

下马看 秀时最易,一名三朝齐。

2. 糯之属十二

金钗糯 粒长,宜酿酒。刘梦得诗云"酒法得传吴米好"。

闪西风 一名早中秋。

羊脂糯 五月种,十月熟。色白性软,故名。

青秆糯 四月种,九月熟,宜良田。稃黄芒赤,已熟而秆微青,故名。

秋风糯 一名瞒官糯,每岁代晚稻以输租,故名。

赶陈糯 四月种,七月熟。粒最长。

矮糯 晚熟,一名矮儿糯,粒白而大,四月种,九月熟。

鹅脂糯 张方平诗"鹅脂酒清醥"。

川梗糯 四月种,九月熟。粒大无芒。

虎皮糯 五月种,十月熟。色斑。

羊须糯 四月种,九月熟,谷多芒长。

胭脂糯 五月种,九月熟,谷红粒。

3. 麦之属六

大麦、小麦、穬麦(有赤白二色)、荞麦、舜歌麦、紫秆麦。

4. 豆之属六

白藊豆 俗呼为延篱豆,谓其引蔓而生。谚云"延篱花开挟纩子",来言此花作寒候,可挟纩。

紫罗豆 五月种,九月熟。色紫,粒六,有青黑花纹,出嘉定。

豌豆 一名小寒豆。九月种,三月熟。蜀中以此豆之不实者为巢菜,杂赢肉作笼饼。陆放翁《过吴中得小巢作羹赋诗》云:"春行雾雨暗衡茅,儿女随宜治酒肴。便觉此身如在蜀,一盘笼饼是豌巢。"

蚕豆 九月种蚕,时熟故名。杨万里:"翠荚中排浅碧珠,甘欺崖密软欺酥。沙瓶新熟西湖水,添榾分尝晓露腴。味与樱梅三益友,名因蚕茧一丝钩。老夫稼圃方双学,谱入诗中当稼书。"

江豆 赤黑色,四月种,六月熟。可为糕,又名沿江十八粒。

刀豆 以形名,堪入酱为蔬。相传酱瓿中有发入,刀豆则化为水。

5. 果之属九

杨梅 为吴中名品,味不减闽之荔枝。出光福山铜坑第一,聚坞次之。

枇杷 出洞庭山。初接则核小,再接无核。

樱桃 其出常熟者,色微黄,色蜡樱味尤胜。白居易《吴樱桃》:"含桃最说出东吴,香色鲜秾气味殊。洽恰举头千万颗,婆娑拂面两三株。鸟偷飞处衔将火,人摘争时踏破珠。可惜风吹兼雨打,明朝后日即应无。"

林檎 一名来禽,俗呼花红。郡城中多种之。

海杏 大杏也。《地理志》云:"范蠡宅在湖中,有杏大如拳者。"今吴下杏犹有如小儿拳者。

栗 出常熟顶山。味香而美,比常栗小,名麝香囊。张雨《新栗寄倪元镇》:"近从常熟尝新栗,黄玉穰分紫壳开。果园坊中无买处,顶山寺里为求来。囊成稍比来禽帖,酒熟深倾醮甲林(怀)。为奉云林三百颗,也胜酸橘寄书回。"

银杏 即鸭脚子,亦多出洞庭,俗名白果。

柿 出常熟东乡者,名海门柿;出虞山蒂正方色如鞓红者,为方蒂柿。

梨 出洞庭西山者,十种:密梨、林梨、张公梨、白梨、黄梨、消梨、乔梨、鹅梨、大柄金花梨、太师梨。出常熟韩丘者,名韩梨。

6. 橘之属十一

绿橘 出洞庭东、西山。比常橘特大,深绿色,未霜脐间一点先黄,而其味已全可吃,故名。

平橘 即绿橘,其皮可入药。

蜜橘 品最上。

塘南橘 色红如血,有猪肝、鳝血二种。

脱花甜

早红橘 其品稍下。

真柑 亦出洞庭上,品特高,香味超胜。浙东诸产,悉出其下。畏霜雪,又不宜早,故不能多植。士人亦甚珍之。

甌橘 吴江村落间多种之,实最大,以其形似甌故名。

金柑 实小如弹丸,味带微酸,其本高三尺许,累累金色,一本千颗。唯常熟少头最盛。别一种稍长者,名牛乳柑。

橙 若柚而香,木有刺,可以芼鲜,可以渍蜜。

香橼 高实大,橙色黄,形圆,而香芬袭人,可捣为汤。

7. 梅之属十二

江梅 遗核野生,不经栽接,一名直脚梅,或谓之野梅花。疏瘦有韵,实小。

早梅 胜江梅,二月初开,故名。

官城梅 圃人以直脚梅选佳本接之,可入煎造。

消梅 与江梅、官城梅相似,实圆小松,晚多液无渣,不宜熟,唯堪青啖。

古梅 樛曲万状,苔须垂于枝间,飘飘可爱。

重叶梅 叶重数层,花房独出,盛开如小莲花,梅中之奇品。结实多双,尤为瑰异。

萼绿梅 绿枝,特青。盖其清高,比九华仙人。萼绿华也。

百叶缃梅 又名黄香梅,亦名千叶香梅。花叶至二十余瓣,心色渐黄,花差小而繁密,别有一种芳香,比常梅尤浓美。不结实。

红梅 类杏,与江梅同开,红白相映,阁林初春绝景也。《西清诗话》云:承平时,红梅独盛于姑苏,晏元献公始移植西冈圃。中贵游赐园吏,得一枝分接,由是都下有二本。王琪守郡,以诗遗晏曰:"馆娃宫北旧精神,粉瘦琼寒露蕊新。园吏无端偷折去,凤城从此有双身。"当时难得如此。

鸳鸯梅 一蒂双实多叶红梅。

杏梅 比红梅微淡,结实扁,有烂斑色。

蜡梅 非梅类。开与司烽色,以密俾香又相近,故名。凡三种,以子种,不经接,花小香淡,其品最下,俗谓之狗蝇梅;经接,花疏,虽盛开,花常半含,名磬口梅;其佳者,为檀香梅,色深黄,如紫檀,出《范村梅谱》。

8. 牡丹之属十三

观音红、崇宁红、寿安红、王希红、叠罗红、凤矫(一名胜西施)、一捻红、朝霞红、鞓红、云叶红、茜金毯、紫中贵、牛家黄(旧传朱勔家园内万本,皆以饰金牌记其花名,出《吴郡志》。今人家亦有传其种者)。

9. 菊之属三十五

胜金黄　一名大金黄,此品最为丰缛而加轻盈,花叶微尖,条梗纤弱。

叠金黄　一名明州黄,又名小金黄,花心极小,叠叶浓密,状如笑靥。

棣棠黄　赤金色,酷似棣棠,它花不及,奇品。

叠罗黄　状如小金黄,花叶尖瘦如剪岁縠,高枝丛出,意度萧洒。

麝香黄　花心丰腴,傍短叶,密承之,亦有白者,似白佛顶而胜之。

千叶小金钱　略似明州黄,花叶中外叠整。

太真黄　花如小金钱,加鲜明。

单叶小金钱　花心尤大,开最早。

垂丝菊　花藻深黄,茎柔,细风动处如垂丝海棠。

鸳鸯菊　花常相偶,叶色深碧。

金铃菊　一名荔枝菊,千叶细瓣,簇成小球,条长可以揽结。

球子菊　如金铃而小。

小金铃　花极小,夏开。

藤菊　花密条柔,如藤蔓,可以为障,亦名棚菊。种之坡上,则袅数尺如璎珞,尤宜水滨。

十样菊　一本开花,形模各异,又名十样锦。

野菊　生田间水际,单叶细。

甘菊　一名家菊,可供蔬茹,差胜野菊,陆龟蒙所赋即此。

五月菊　花心极大,每枝一花,径三寸许,夏月开。

金杯玉盘　中心正黄,四傍浅白,花头径三寸,菊之大者不过此。

喜容千叶　初开微黄,欣然手艳,有喜色,久则变白,长可引至丈许,亦可揽结。

万铃菊　中心淡黄,傍白,花叶绕之,花端极尖,香尤清。

莲花菊　如小白莲花,多叶而无心,花蕊萧散,清绝一枝,只一葩,叶深绿。

芙蓉菊　开如楼子芍药。

茉莉菊　花叶繁缛似茉莉。

木香菊　多叶似御衣黄,一名脑子菊。

酴醾菊　细叶稠叠比茉莉,差小而圆。

艾叶菊　单叶长如蓬艾。

白麝香　似麝香黄而差小,韵颇胜。

白荔枝 与金铃同,但花白。

银杏菊 淡白时有微红,杏叶全似银。

波斯菊 花枝倒卷如发卷。

佛顶菊 初秋开白色,渐变微红。

桃花菊 未霜即开,最为妍丽,色在桃梅之间。

胭脂菊 桃花深红浅紫,比胭脂尤重。

紫菊 一名孩儿菊花,如紫茸丛,茁微香。陆龟蒙有《咏白菊》《重忆白菊》。

10. 杂花二十

木兰花 详见木兰堂。白居易诗:"腻如玉指涂朱粉,光似金刀剪紫霞。从此时时春梦里,应添一树女郎花。"徐凝:"枝枝转势雕弓动,片片摇光玉剑斜。见说木兰征戍女,不知那作酒边花。"

海棠 皆单叶,别有莲花海棠,重叶丰腴如小莲花。范成大自蜀移归吴中,遂有此种。吴人沈立尝撰《海棠记》一卷。范成大有《寄题石湖海棠》。

芍药 范成大北使过维扬,买栽迁石湖。有深红、紫、白诸色,千叶重台数种。范成大诗:"万里归程许过家,移将二十四桥花。石湖从此添春色,莫把葡萄苜蓿夸。"

山茶 开于雪中,有单叶、千叶之异,别有深红者,名实珠山茶。

辛夷 叶如柿,正二月生,花色白带紫,春夏再开,初开如笔,故又谓之本笔。

锦带花 长枝密花如锦带,然虽在处有之,而吴中者特香。王禹偁云:"花谱谓海棠为花中仙,比花品在海棠上,宜名海仙。"

石竹花 状如金钱。

莺粟花 即米囊花,有千叶、单叶之异,成畦种之,五色烂然。

榔李 小花繁缛可爱。陆龟蒙有赋。

萱草 一名紫萱,又名忘忧草。王子年《拾遗记》云:"吴中书生呼为疗结花。"又麝香萱,即萱之别种。《述异记》云:香似红蓝,甚芳,今吴下所植者,淡黄色,比常萱差瘦,香类茉莉。

鼓子花 皮日休诗云"鼓子花明白石岸"。

水仙花 有单叶、千叶者。

蔷薇 红白杂色,多生水边,别有金沙宝、相刺红、紫玫瑰、金樱子、佛见笑,皆其类也。又,一种黄蔷薇格韵尤高。有陆龟蒙《红蔷薇》,皮日休和。

二至花 葩甚细,色微绀,开于夏至,敛于冬至,故名。又名如意花。

栀子 色白而香。

木香　细朵,淡黄色,条匝地。一名酴醾。

百合　有红、黄二种。

紫薇　夏开,至秋暮可三月不尽,故又名百日红。

长春　四时相继开,故名。

芙蓉　红、白二种,生多傍水,陆者为木芙蓉。

11. 木之属四

桂　《吴郡志》云:"桂本岭南木,吴地不常有之。唐时尚有植者,乐天守郡谓:苏之东城,有桂一株,惜其不得地,赋诗喑之。"近世以木犀为岩桂,诗人或指以为桂,非是。按此则桂与木犀当是二种。今吴中不复有桂,姑因旧志存之。有白居易、皮日休、陆龟蒙等诗。

枫　似白杨,有脂而香,谓之香枫。厚叶弱枝善摇,故字从风。叶作三脊,霜时色丹,又谓丹枫。

槐　干似榆,叶细而长,花可染。郡中有槐巷即此种也。又有盘结者,名盘槐,多种官署中。

冬青树　所在有之,陈墓村落间为盛。土人种以取蜡。

12. 竹之属七

金竹、紫竹、斑竹、桃枝竹,皮日休诗云"桃李竹覆翠岚溪"。凤尾竹、慈姥竹,丛生,俗名慈孝竹。哺鸡竹,有皮日休、陆龟蒙、蒋堂等诗。

13. 菜之属十三

菘菜　其性凌寒不凋,有松之操,故字从松,唐人所谓"阔叶吴菘"是也。

藏菜　出郡城,肥白而长,名箭干菜。冬月腌藏以备,故名。

鸟菘菜　春末最盛,根盘尺余,叶干粗阔,可曝为干。

塌科菜　冬月烹芼最佳。

羊角菜　形如羊角。

油菜　冬种,春初生,薹可食。至四月,取其子压油。

芥菜　似菘而有毛,其子如粟粒,三月间薹长尺余,干大如指,亦可盐藏。又一种名黄衣芥,矮小,味极佳。

菠菜　根赤,叶如箭镞,味极甘美,相传其种来自波稜国,因名。北人所谓赤根菜也。

蒜　处所有之,出崇明者为佳。

葱　薤属,出太湖上,名湖葱,叶阔而长。

韭　冬末香初,细缕寸许,郡城贵之,市为荐新。

蘘荷 俗称甘露子,状如蚕蛹,冬日收藏,与菜并蓄,可辟蛊病。

蕈 即菌,多生西山松林下。二月生者,名雷惊蕈;其色赤者,名猪血蕈。味皆鲜美。

14. 瓜之属六

西瓜 出跨塘荐福山者,曰荐福瓜;出昆山者,曰阳庄瓜。

香瓜 有金、银二色,其形微长有棱。又名甜瓜。《述异记》云:吴威王时,会稽生五色瓜。梁时,吴中亦岁充贡。

酱瓜 如香瓜,而色青可入酱,为菹醢之用。一种出嘉定清浦者,特坚脆。

东瓜

王瓜

生瓜

15. 实之属五

菱 王氏《武陵记》云:两角曰菱,四角、三角曰芰。其叶似荇,白华赤实。其华昼合宵炕,随月转移,犹葵之随日也。旧《说镜》谓之"菱花以其面平,光影所成"。又有红、白二种。白者名馄饨菱,唯生长洲。一种出顾邑墓,特大而美,谓之顾窑荡。昆山一种如顾窑荡,而味略减,谓之娄县菱。唐东屿:"交游萍荇似菰蒲,怀玉藏珍类隐儒。叶底只因头角露,此生不得老江湖。"

芡实 叶似荷而大,俗名鸡头,状类鸡首也。出吴江者,壳薄色绿味腴;出长洲车坊者,色黄,有粳、糯之分。杨万里:"江妃有诀煮真珠,菰饭牛酥软不如。手擘鸡腮金五色,盘倾骊颔琲千余。夜光明月供朝嚼,水府灵宫恐夕虚。好与蓝田食玉法,编归辟谷赤松书。"

藕 出吴县黄山南荡者佳。唐苏州进藕,佳者名伤荷藕,或曰叶甘为虫所伤以长冥根,又多生重台莲花。盖藕嫩则易伤,食之无滓,他产不满九窍,此独过之。

荸荠 即凫茨。出华林者,色红味美,不能耐久;出陈湾村者,色黑而大,带泥可以致远,性可软铜。

茨菇 本草名乌芋,生稻田中。

16. 溪茝之属四

莼菜 出吴江,味甘涓,四月生。叶似凫葵,茎如钗,股短长,随水浅深,名为丝莼,即张翰所思者。

茭白 即菰也。八九月间生水中,味美可吃。中心生薹如小儿臂,名茭手,或名茭首,以根为首也。各县有之,唯吴县梅湾村一种四月生,名吕公茭,茭中生米,可做饭,即菰米饭也,然今未有做饭者。

荇菜 似莼所结子,烂煮之,味甘如蜜。

芹 生春泽中,洁白有节,其气芬芳。高启:"饭煮忆青泥,羹炊思碧涧。无露献君门,对案城三叹。"

17. 药之属二十四

白芷 一名药香草也,春生,多在下湿地,叶紫,花白微黄,入伏结子,立秋苗枯,采其根,曝干。《本草》云:出吴地者良,故名吴白芷。陆龟蒙有《采药赋》。

薄荷 出府学前南园者为佳,谓之龙脑薄荷,岁贡京师。

紫苏 亦出府学前,其叶面背俱紫。

蛇床子 生太湖旁。

牵牛 有黑、白二种。

枸杞 名仙人杖,岸侧水隈弥望皆是,至秋则结子。

香附子 即莎草根,出梅李镇冈身路者为佳。

天南星 出虞山。

常春藤 生太湖,一名千岁藟,青色者佳。

络石草 缘树木生,如莲房。

麦门冬 即沿阶草。

香薷

荆芥 细茎者佳。

吴茱萸

天花粉 即瓜蒌根。

马兜铃 其根为木香。

陈皮 出洞庭。

泽兰 开白花,叶似火麻,其根名地笋。

兔丝子 苗名黄丝草。今作"菟丝子。"

王不留行

鼠粘子 生水旁,大叶。一名牛傍子。

鬼箭草 出穹窿山中,茎有箭翎。

豨莶草 俗呼火枚草,春生,苗叶似芥而狭长,茎高二三尺,秋初有花如菊,秋末结实,颇似鹤风。夏采叶曝干用,单服,甚益元气,治风疾。

牛顺头草 出西山黄瓂岭。

18．杂植十三

扶芳 初生缠绕他木,叶圆而厚,夏月取叶,火炙香煮以为饮,色碧绿而香。隋大业五年,吴郡贡二百本入洛京,植之西苑。春有扶芳饮。

芋 即蹲鸱,大者名芋魁,旁生小者为芋。一种出嘉定,名传罗。

香芋 出嘉定南翔,色微黄,味香美,可食。别一种,引蔓生花,花落即生,名落花生,虽类香芋而味不及。

山药 即薯蓣子,亦出南翔,土人种以为产,有粳、糯二种。

杞柳 出城西枫桥及横塘者佳,其条柔为栲栳,细者为箱箧。

席草 冬月种,小暑后割。

灯草 种法与席草同,最宜肥,田瘦则草细。五月割,曝干,以刀划开,其心作灯炷,皮制雨蓑。

苎麻 正月栽,五月斫,为头苎,七月为二苎,九月为三苎。

黄麻 春初种,秋收可为布。

黄草 如葛,性脆,可为布。

蓝 出崇明,叶如菘菜,十人无不栽,唯东沙为盛。四月下子,至五月剪其叶,浸水三两日,漉去粗搅之,成青靛。已而复生,如是者岁常三四收。出郡城者,为杜蓝。

天蓝 苗若苜蓿。三四月开,碎黄花。土人以其播于大麦地,割麦后则翻入于土,最能肥田。

菅草 土沙涂上似蔺,用织席捆屦。

19．鳞之属二十一

鲈鱼 即四腮鲈,出吴江长桥南者,味美肉紧,缕而为鲙,经日不变;出桥北者,三腮味咸卤慢,隋炀帝谓"金虀玉绘,东南佳味也"。

鳜鱼 巨口细鳞,状如松江之鲈。

鳊鱼 缩项细鳞,出太湖者尤胜。

银鱼 形纤细,明莹如银,出太湖。张子野诗云:"春后银鱼霜下鲈。"

鲙残 出太湖,状如银鱼而大。相传吴王江行,食鲙弃余所化。冬月带子者,名挨水噤。皮日休诗云:"稳凭船舷无一事,分明数得鲙残鱼。"

白鱼 出太湖。吴中芒种日,谓之入梅,后十五日入时,于时白鱼最盛,名时里白。

鲚鱼 出太湖,狭薄头大。其大者名刀鲚,带子者名鲑子。

鲤鱼 诸鱼中唯鲤最寿且大,吴人谓其小者曰鲤花。张雨:"桃花鳜鱼世常有,莼菜鲈鱼浪得名,试吃江南鲤鱼尾,侯家无此一杯羹。"

鲫鱼 冬月味美,吴俗有寒鲫、夏鲤之称。

鲭鱼 有二种,乌青、草青。

石首鱼 出海中,其色如金,俗名黄鱼,味绝。夏初则至,以楝花为候。谚云:"楝子花开石首来。"《吴地记》:城下水中有石首鱼,至秋花凫。又《吴录》:出自娄县,化凫之说同。

鲳鱼　鲥鱼　鲻鱼 皆出海中,唯鲻鱼味极美。

针口鱼 形如针口,有骨半寸许,土人多取为鲭。

土附 似黑鲤而短小,附土而行,不似他鱼浮水,故名。或作鲋。吕子云:"鱼之美者,洞庭之鲋是也。"

推车鱼 一名折船钉,冬月见于水间。

箭头鱼 出新洋江,首阔尾狭,形如箭镞。

鰕虎鱼 类土附而腮红若虎,善食鰕,俗名新妇女。

河豚鱼 有毒,烹调失宜能杀人。吴人甚珍之,谓其胁为西施乳。有梅圣俞、范成大诗。

斑鱼 似河豚而小,味亦腴。

20. 介之属六

蟹 凡数种,出太湖。大而色黄壳软,曰湖蟹;冬月益肥美,谓之十月雄。出吴江汾湖者,曰紫须蟹;出昆山蔚洲者,曰蔚迟蟹。又江蟹、黄蟹,皆出诸品下。吴中以稻秋蟹食既足,腹芒朝江为乐。蟹采捕于江浦间,承峻流纬萧而障之,名曰蟹簖。陆龟蒙有《蟹志》。

蟛蜞 蟹属而小,吴人呼为彭越,盖语讹也。二三月出于海涂,土人以盐藏货之。

蛤蜊 产于海口,有紫绿者佳。

蛏 出海边,似蚬而长。

白蚬 出白蚬江。

海蛳 出海中,土人熟而市之。

21. 羽之属四

鸂鶒 水禽,黑襟青胫丹爪喙,色几及项。

鹤媒 吴中亡人尝养一驯鹤,以草木叶为盾,挟弓矢以伺之,鸟见鹤同类,狎之无猜疑,遂为矢所中。陆龟蒙有《鹤媒歌》。

三黄鸡 出嘉定。味特美,喙足皮俱黄,故名。

黄雀 出海边,每岁冬初,西风急,则千百成群自江外飞至。

22. 石之属八

太湖石 出西洞庭,生水中,岁久为波涛所冲,皆成嵌空,鳞鳞作靥,名弹窝,实水痕也,没人縋下凿取,极不易得。石性温润,扣之铿然如钟磬声。自唐以来贵之,其在山上者名旱石,虽奇巧不甚贵。乐天品牛僧孺家诸石,以太湖为甲乙丙丁四等,自为记。

鼋山石 出洞庭之鼋山,充碑碣柱础之用。

昆山石 出昆山县马鞍山,色白,峰峦嵌空,玲珑奇巧,土人得之,植以蒲苗、蕉竹,供凡案之玩。山下乱石,可以取火,名火石。

蠡村石 出灵岩山下,可砚,佳者不减歙材。

苑山石 出常熟县,亦可为砚。

褐黄山 理粗,发墨不渗,类夔石。上人刻成砚,以草束烧过,仍用慢灰火煨之,色遂变紫,用之与不煨者同,亦不燥。米氏《砚史》所云"苏州褐黄石砚"是也。

锦 出锦峰山。色紫,充杂器用。永乐间造南京报恩寺塔,取此石刻佛像,以其天阴雨不润,可妆采色。

砂石 诸山俱出,而天池者为佳。

附:白石脂,出秦余杭山。有五色者,苏州土贡,有赤、白二色。

白垩,出阳山。洁白如粉,可用涂垩,亦堪入药。山之东北有坑,深数十丈,转为隧道,危险不可逼视。土人凿而取之。范成大:"银须玉璞紫金精,犯难穷探亦有名。白垩区区十同价,吴侬何事亦轻生。"

23. 帛之属七

锦 唯蜀锦名天下。今吴中所织海马、云鹤、宝相花、方胜之类,五色眩耀,工巧殊过,犹胜于古。宣德间,尝织《昼锦堂记》如画轴,或织词曲,联为帷幛。又有紫白落花流水,充装潢卷册之用。

缂丝 出郡城。有素、有花纹、有金缕彩妆,其制不一,皆极精巧,《禹贡》所谓"织文"是也。上品者,名清水,次帽料,又次倒挽,四方公私集办于此。

罗 出郡城。花纹者为贵,素次之,别有刀罗、河西罗。

纱 出郡城。素者,名银条,即汉所谓方空也。花纹者,名夹织,亦有金缕彩妆诸制。轻狭而縠文者,曰绉纱。

绫 诸县皆有之,而吴江为盛。唐时充贡,谓之吴绫。《旧唐书》载:天宝中,吴郡贡方纹绫。大历六年,禁织龙凤、麒麟、天马、辟邪等纹,其薄而鸾鹊纹者,充装饰书画之用。

绢 《左传》杜预注:吴地贵绢,郑地贵纻。今郡中多织生绢,其熟者名熟地。四方皆尚之花纹者,名花绢。又有白生丝,织成缜密如蝉翼,幅广有至四尺。余者名画绢。又有罗底绢,稍厚而密。

䌷 诸县皆有之,即绘绞线。织者曰线䌷,捻绵成者曰绵䌷,比丝攒而成者曰丝䌷。

24. 布之属八

木棉布 诸县皆有之,而嘉定、常熟为盛。

药斑布 亦出嘉定县境及安亭镇。宋嘉泰中,有归姓者创为之,以布抹灰药而染青,候干去灰药,则青白相间。有楼台、人物、花鸟、诗词各色,充帐幔衾帨之用。

苎布 织苎为之,漂而熟者名洗,曰生者为生苎,通行天下。出太仓者为上,昆山次之。别有杜织,缜密坚久名腰机,盖古有白苎词,其来久矣。

缣丝布 出诸县,合苎与丝,比而成之。

棋花布 用青白缕相间织成。

斜纹布 出嘉定。

麻布 织麻为之,精粗不等。别有熟麻成者曰熟苎。

黄草布 缕黄草为之,布之下品也。

25. 器用之属十

笺 唐有鱼子笺。宋颜方叔尝创制诸色笺,有杏红、露桃红、天水碧,俱砑花竹、鳞羽、山林、人物,精妙如画。亦有金缕五色描成者,士夫甚珍之。范成大云:蜀中粉笺,正用吴法。元有春膏、水玉二笺,鲀色尤奇,又以茧纸作蜡色,两面光莹,多写大藏经传流于世,故有宋笺、元笺之称。近年所造者幅小于昔,虽便于用而无古法。陆龟蒙、皮日休等有诗。

兔毫笔 大者为全肩,次为半肩,羊毫为大小落墨。其法传自吴兴,颇精。亦行于四方。

灯 往时吴中最多。范成大诗有"琉璃球""万眼罗"二灯为奇绝,他如荷花、栀子、葡萄、鹿犬、走马之状,及掷空有小球灯、滚地有大球灯,又有鱼鲀铁丝及麦秆为之者。一种名栅子灯,鱼行桥盛氏造,今不传。即云南所谓缭丝灯也。范成大有诗。

纱巾 吴中所出最佳。南渡后多尚此。又以黄练衬之,取其耐里无掀动之患也。范成大尝制石湖巾,使北以遗馆伴田彦皋,由是传于四方。

纱帽胎　织滕为之,颇精绝,虽两京不逮。

扇骨　出陆墓。

席　出虎丘者佳,其次出浒墅。或杂色相间,织成花草人物为帘,或坐席。又一种阔经者,出甪里。

藤枕　治藤为之,颇精。出齐门。

柳箱　出吴县横塘,髹漆为妆奁之用。

蒲鞋　吴人以蒲为鞋,草为屦。杜荀鹤诗云"草屦随舡卖"。

26. 饮馔之属二十二

酒　唐有五酘酒,宋有木兰堂洞庭春。今其法不传。唯煮酒以腊月酿贮,或入木香、荳蔻、金橘诸品,则各以其类名之,香洌超胜,谓苏州酒。别有白酒,名秋露、白莲花、白杜、茅柴。

茶　出吴县西山。谷雨前采,焙极细者,贵于市,争先腾价,以雨前为贵也。昔洞庭出茶,尝入贡。水月院茶载《图经续纪》。皮、陆有诗。

鲍鱼干脍　出海中。鳞细紫色,无细骨,不腥。隋大业六年(610),吴郡献鲍鱼干脍十四瓶,浸一瓶,可得径尺盘十所。又献做干脍法:五六月,海中取其鱼,缕切晒干,盛以瓷瓶,密封泥。欲食,开取以新布裹大盆,盛井底,浸久出,而洒却水,则敷然散诸盘上。又献鲈鱼干脍法,如鲍鱼。

海虾子　隋大业六年,吴郡献四十挺。挺一尺阔,二寸厚。先取海中白虾子以小布袋盛,末监封之。日晒,夜则平板压干,破袋出之,包如赤琉璃。又云白虾,一石仅约五升。暴殄之酷,无烈于此。今鲈子犹存,而虾子则人不忍作矣。

密蟹拥剑　隋大业六年,吴郡所献密蟹、糖蟹之类拥剑,即《吴都赋》所谓"乌贼拥剑"者。

鲤腴鲊　出太湖。隋大业二年(606),吴郡献□以鲤腴为之。一瓶用鱼四五百头,味过鳣鲔。以上诸法皆不得,因旧志所载存之。

炙鱼　《吴越春秋》云:吴王僚嗜炙鱼。子胥荐专诸于公子光。专诸去,从太湖学炙鱼法,三月得其味,因刺王僚。盖吴地产鱼,吴人善治食品,其来久矣。

水晶脍　以赤尾鲤净洗,鳞去,涎水浸一宿,用新水于釜中,漫火熬浓,去鳞滓,待冷即凝,缕切沃,以五辛醋味最珍。俗云膵子。

鱼鲊　出吴江,以荷叶裹而熟之,名荷包鲊。

庖鳖　鳖所在有之,而吴中庖烹为佳,食市以为奇品。

蜜饯　以杨梅、枇杷、青梅、橙橘之属,蜜渍之成饯。出郡城。

薰杨梅　家造者尤精。

松花饼 春夏之交,山人取松花调蜜做饼,颇为佳胜,僧家尤贵之。

糕 捣黍为之。楚辞有"粔籹",其注曰"环饼"。吴人谓糕曰"膏环",亦谓之"寒具"。方言谓之"糕"。凡数品:雪糕、花糕、生糖糕、糖松糕之类。又有蜂糕,谓之重阳糕。

角黍 箬裹糯米为之,或用菰叶。

油堆 用粉下酵裹糖制如饼,油煎食之。

圆子 捻粉为丸。范成大诗"捻粉团圆意二品"。俱为元宵节物。

骆驼蹄 蒸面为之,其形如驼蹄。重阳节物。

冷丸 用极细粉裹糖,煮熟入冷水食之。为寒食节物。

饧 以麦芽熬米为之。楚词注谓之饴,唐人有胶牙饧。出常熟直塘,市名葱管糖。出昆山,如三角粽者,名麻粽糖。

牛乳 出光福诸山。田家畜乳牛,善饷以乌豆,取其乳如菽乳法点之,名乳饼,可以致远,四方贵之。别点其精者为酥,或作泡螺酥膏酥花。

豆生 用豆粉揉和如面,干而鬻之。

27. 工作之属十一

绣作 精细雅洁,称苏州绣。

裱褙 自两京外,唯吴中为得法。宋米南宫《画史》有苏州褙工之名,其来久矣。

银作 出木渎。元朱碧山蟹盃甚奇,其法不传。

漆作 有退光、明光,又剔红、剔黑,彩漆皆精。

针作 出郡城。

铁作 自欧冶子铸剑,吴中铁工不绝。今出灵岩山下,数家能炼铁成钢,制刀者资之。

锡作 亦出木渎。旧传朱象鼻所制为佳。

铜作 亦出木渎王家,其制香球及锁皆精巧。又有嵌银壶瓶、香炉诸品出常熟。

木作 出吴县香山。明永乐时造北京宫殿,有蔡某官至司丞,蒯某官至侍郎,皆香山人。

泥水作 即韩子所谓"巧者亦出香山"。

窑作 出齐门陆墓。坚细异他处,工部兴作,多于此烧造(明代陆墓所制金砖即由工部兴作,用于建造宫殿)。

二、苏州特产

（一）知名物产

清末民初至现代,随着社会大变革和生活大变化,传统物产有的仍保存,有的渐减少,有的转外销,有的更新换代,也有著名的创新物产。近代并有部分统计数据能展现苏州物产的产销量。《苏州市志》（江苏人民出版社,1995年）距离当今最近,对历史上有过的物产也有归纳,有的另作增补。酌情整理如下：

1. 丝　绸

明代苏州设织染局,额定岁造上用常课纻丝（即缎织物）1 534匹,遇闰年造1 673匹。织造龙袍为上贡产品之一,"织时,能手二人,挽提花本,织过数寸,即换龙形（换梭、换花）,各房斗合,不出一手",即几个机台织成片段后再拼合。皇帝大典穿的,由缂丝缂成,更为精美且独一。定陵出土苏州产丝绸有锦、缎、纱、绸等150余件,都是捻金线织成。其中有织金奔兔纱、串枝莲缎、福寿三多绸、如意过肩龙绫、织金岁寒三友锦、嵌织孔雀羽十二团龙袍料等。清代苏州织造局为皇室织造匹料及龙袍、褂、官服、日用品等成品两大类。匹料计有缎、纱、缂、绣、丝绒、抹绒（即漳缎）、闪（色）缎、闪锦缎、蟒缎、杨缎、彭缎、花官绸、江绸、宁绸、素缎、花缎、云缎、妆花缎、片金缎、织金缎、暗花缎、彩纱、寿字纱、教子纱、平花纱、漏地纱、冰纱、御览纱、银条纱、素绢纱、陀罗经被等；成品有各式宫服及日用品。

地方特产丝绸有14大类,20世纪80年代,品种有缎（36种）、绸（54种）、纺（33种）、绉（56种）、绡（16种）、纱（10种）、绫（19种）、呢（9种）、绒（9种）,宋锦、葛、绢、罗产量较小。至1985年,获国家金质奖3只：真丝塔夫绸、全人造丝修花缎、真丝印花双绉；获银质奖3只：全人造丝伊人绡与迎春绡,人造丝条子花绡,克利缎和金玉缎。

2. 工艺美术品

工艺美术品计有苏绣（仿真绣、乱针绣、发绣、细绣、机绣、双面绣等）、缂丝、宋锦、剧装戏具、织毯、红木家具和小件、漆器、雕塑（石雕、玉雕、漆雕、砖雕、碑刻、木雕、核雕、竹刻、牙雕、骨器、泥塑等）、扇子（水磨玉竹骨绢宫扇,市矾扇面,折扇拉花、烫花、画花的檀香扇）、民间工艺（含灯彩、玩具、工艺国画、彩蛋、通草堆花、绢花、剪纸刻纸、书签等多种民间手工艺）、桃花坞木刻年画、苏裱、姜思序堂国画颜料、笔墨纸(笺纸)砚、仿古铜器、乐器("苏锣""苏笛""苏笙""苏管""苏箫"等早名传四方,苏州民族乐器中的二胡和笛子等也出类拔萃,恢复早已失传的箜篌,创制定音鼓,研制成功战国时期的青铜编钟乐器等)、工艺美术配套产品(排须、回须、花边、花线、金银箔、金银线、金粉、宝素珠等)。

3. 竹藤柳棕草制品

竹器 竹器为大宗,清代曾立竹箸公所,竹艺店铺 200 户,从业人员 500 人左右。1956 年竹筷社产筷子 279.7 万把。

藤柳器 市郊香山主要农副产品。

棕制品 以棕刷为主,虎丘有板刷村。1985 年,苏州市制刷厂生产工业刷、笔刷共 117 万只。

草制织品 关席在隋唐时已为贡品。虎丘、浒墅关、通安、望亭、金墅、车坊、黄棣、白马涧、西津桥农户素有种草织席副业,1954 年有织席户 12 242 户,织机 12 500 余台。

4. 匠作工具

有制木盆桶用圆作工具、制水车用寸长工具、造木船用船匠工具、营造用大木工具、泥瓦匠工具等几大类、百余品种。清代老店谢春山铁号产切布鞋底的刀具荷包刀、雕花用的各种不同类型凿刀都属著名佳品。

5. 刀剪工具

苏剪 清代,苏州剪刀以精细耐用著称,时称"苏剪",与"杭剪"齐名。式样为头片串条式,肩架壶瓶形,口缝鹅毛形,脚圈鸭蛋形。特色为剪体相称,刃口锋利,松紧适宜,耐磨经用,使用称手。有 5 种规格,并各有 8 种花式。最大拷剪重 15 千克,最小肉刺剪重仅 3 克。

锁具 虎丘塔曾发现宋代鎏金镂花簧片结构锁,明代主要有木渎产锁。1938 年上海日华洋行迁苏,始产铜质弹子锁。1985 年所产锁品种、花式、规格之多、技术质量之佳均处国内同行前列,年产 779.29 万把。

指甲钳 花面指甲钳上有飞天、体育运动、龙凤呈祥、十二生肖、姑苏园林、红楼梦人物等图像,嵌宝型品种有梅花、宫灯、伞形等 40 种,形成姑苏指甲钳独特风格,花式品种之多居国内同业之冠。1985 年产 1 388.92 万把,为全国指甲钳六大产区之一。

6. 家用电器"四大件"

随着家居生活的改善,20 世纪 90 年代,苏州著名的家用电器产品"长城"电扇、"孔雀"电视机、"香雪海"电冰箱、"春蕾"吸尘器在国内领先。其中"长城"

电扇最为著名,一句广告语"长城电扇,电扇长城"名播天下,产品畅销全国。

7. 电脑刺绣机及其编程系统

由苏州刺绣厂首创国产电绣机及多功能编程机,苏州市工艺美术研究所与二六七厂合作继续创制。其电脑刺绣机全部使用国产零部件;其多功能编程机能表现我国四大名绣针法特色,表达丰富的色彩层次,具有绘画艺术效果;其绣花图形编程系统既能实现国外机图案式编程,又能对多功能编程机贮存的四大名绣资料进行编程和提高,具有自己的特色和先进性。获轻工业部科技进步一等奖、国家科委科技进步二等奖。批量产出后供不应求。

8. 药材成药

1911年在德国柏林万国卫生博览会上,苏州市地产龙脑薄荷、女贞子、桑椹子、何首乌、陈皮、神曲获奖。吴门名药多达29个品种。参加历次国际国内展会的著名中成药有雷允上的六神丸、诸葛行军散、痧药蟾酥丸、卧龙丹、辟瘟丹、玉枢丹,以及戈氏、宋氏半夏号的戈制半夏、宋制陈皮,沈氏仁寿天的人参胎产金丹,采山堂的健身百补膏,戈善庆堂、宋公祠的参贝陈皮、制金柑、延龄佛手等,并多有获奖者。此外,还有沐泰山堂的肥儿八珍糕、虎骨木瓜酒、消痞狗皮膏、退云散眼药、人参鳖甲煎丸,王鸿翥的首乌延寿丸、龙虎丹、西瓜霜、金液丹、太资生丸,杜良济的继版龟丸,童葆春的百补全鹿丸,潘资一的清麟丸,太和堂的鸬鹚涎丸,徐延益的气喘膏药、保金咳嗽丸,恒山堂的建兰叶膏,采山堂的秋水丸,王上仙的先天益气丸等。

9. "华佗"牌针灸针

清同治元年(1862),华春山在苏开设华家琢针店。1963年,华二房产针灸针和医疗用品使用"华佗"牌注册商标,多年获国家质量金奖,久享盛名。其特点是针尖"锐中带秃,秃中带锐",在棉絮中拔出不带棉絮,在临空纸上戳洞无"扑秃"之声,挑木板不起毛弯。苏州针灸名家殷铁珊曾评说:"余行针道将四十春矣,而所需毫针必须华氏精品,从无一处黑点。"其制作精细,美观耐用,为国内针灸界所推崇。1985年产1 417万支,并销美、日等国。

10. 冬酿酒

又名东阳酒,苏俗在冬至节饮用的传统饮料酒,由民间家酿发展而来。以糯米为原料,沿用传统操作方法自然发酵制成。季节性强,仅在冬至前三天上市,不宜久储,酿制要求高。

11. 苏式糖果

稻香村茶食糖果 为苏式茶食,春季有玫瑰猪油大方糕、松子黄千糕、定胜糕、酒酿饼,夏季有冰雪酥、荤素绿豆糕、夏酥糖,秋季产苏式月饼("其佳处在重糖油多,入口松酥易化",有玫瑰、豆沙、百果、椒盐等品种),冬季有鲜肉饺、芙蓉酥、马蹄糕、芝麻酥糖等。熟食野味有胡葱野鸭(选用黄嘴黄脚大鸭)、透味熏鱼(非青鱼不熏,宁缺勿滥)、虾子鲞鱼、美味肉松、熏虾、烤子鱼等。

采芝斋糖果 光绪年间,苏州织造署曾选点吴门名医曹沧州为慈禧太后诊脉,曹随带采芝斋贝母糖(含川贝)进奉助药,慈禧病后大加赞赏,贝母糖被列为贡品。采芝斋曾设计"采芝图"为商标,所产苏式糖果有脆性、砂性、软性、特性四大类,多以各种果仁及玫瑰、桂花、薄荷等为辅料,具有天然色香味,又裨益健康。炒货中玫瑰、奶油西瓜子,以粒粒凤眼、壳薄仁厚及净、小、香著称,食之生津润肠。蜜饯中白糖杨梅干、九制陈皮、九制梅皮等健胃消食。1954年周恩来总理出席日内瓦会议,曾以采芝斋脆松糖、轻松糖等招待国际贵宾。1958年有200箱苏式糖果进入国际市场。

叶受和茶食糖果 著名特产有小方糕、云片糕、四色片糕(玫瑰、杏仁、松花、苔菜)、婴儿代乳糕、豆酥糖等。

12. **陆稿荐熟肉**

讲究选料,选用"湖猪"(太湖流域良种)肉,皮薄肉嫩,烹煮易烂,肉味香糯。鸭选用娄门大鸭,胸宽颈短,肉质肥嫩。烹制精细,有烧烤、糟制、熏制及酱卤4大类100多个品种,尤其是卤汁配制熬为业中绝活,五香酱肉、蜜汁酱鸭、酒焖汁肉、糖蹄、酱蹄筋等誉满苏城,连获商业部名特食品称号。

13. **苏式菜肴**

有四大特色:讲究时令时鲜,苏州习俗有春尝头鲜,夏吃清淡,秋品风味,冬食滋补;讲究选料,要求生、活、鲜、嫩,采用地产特产,如娄门大鸭、太湖白壳虾或青虾、阳澄湖大闸蟹等;烹技高超,传统以炖、焖、煨、焐见长,兼用炸、爆、熘、炒、煸、煎、烤、蒸、煮、氽、熏等烹饪手段,融会贯通;讲究刀工、技法、火候、时效,讲究色、香、味、形俱佳。

14. **苏式糕点**

糕团与苏州风俗相融合,形成四时八节应市糕团品种。春有焐熟藕、五色大方糕,夏有绿豆糕、薄荷糕、料枫糕、水蜜糕、双馅团,秋有糖芋艿、糖油山芋、糖切糕,冬有面瓜团等。应时糕点有二月初二撑腰糕,清明节青团子,四月初八浴佛节乌米糕(即阿弥糕),四月十四神仙糕,五月初五粽子,六月初四、十四、廿四"米粉做团,素馔四篦"(称"谢灶素菜"),七月十五豇豆糕,八月廿四"稻藳生日"以糯米赤豆做粢团,九月初九重阳糕,十一月吴俗"冬至大如年"而以糖、肉、菜、果、豆沙、萝卜丝等为馅做"冬至团",腊月初八腊八粥,腊月廿四送灶团,岁末民间家家户户及糕团店肆开始蒸年糕、做团子和圆子。

15. 苏式面点

注重面汤、面浇头和下面技术。面汤无论白汤、红汤,均讲究清、香、浓、鲜,全靠用肉骨、鳝骨等烧汤配合而成,"吊汤"被面馆视为秘而不宣的绝招。面浇头源自菜肴,又别于菜肴,更讲究选料、烹制、口味。面条选阔面、小阔面、细面或龙须面,下面有硬面、烂面、紧汤、宽汤等要求,另有不加汤的拌面。传统的"枫镇大面",面条细白,用"观音兜"(抓篱)捞起后放在碗中呈鲫鱼背状,线条匀落,外形美观。

面粉点心有两大类:一为调面团类,主要品种有烧卖(以鲜肉、虾肉、糯米等为馅);汤面饺,用隔水烫熟面团制成,再蒸熟,属传统品种;紧酵馒头、油氽紧酵。二是发酵面团类,主要品种有:汤包;生煎馒头;五色小笼,一般以玫瑰、薄荷、芝麻、豆沙、水晶(用猪油丁)五种花色为一笼;虾肉包子;蟹粉馒头;等等。

(二)土物特产

苏州土物特产仍以水产、果品、花果著名,主要产于原吴县(今吴中区、相城区)地域范围。现据《苏州市吴中区志(1988—2005)》第七卷《农业》所载选录整理如下:

1. 鱼 类

原吴县境域地处太湖之滨,河道密布,湖荡众多,水域面积大,水产资源丰富。鱼类有106种,属15目24科71属。其中鲤科55种,鲍科8种,鳅科5种,银鱼科、鳍科、虾虎科各4种,鳀科、舌鳎科各3种,鲻科、塘鳢科、鲀科等各2种,鲟科、鲱科、胭脂科、鲶科、针鱼科、鱼将科、鳗鲡科、含鳃科、攀鲈科、鱼衍科、杜父鱼科、刺鳅科各1种。1981年太湖资源调查时,采集到鱼类标本72种。

随着渔业生产的发展,鱼类组群变化较大。青鱼、草鱼、鲢鱼、鳙鱼、鲤鱼、鲫鱼、鳊鱼由天然捕捞鱼类发展为主要养殖品种,被称为"七大家鱼";白鱼、鳜鱼、黑鱼、塘鳢等也由自然繁殖演变为人工繁殖的养殖品种。20世纪70年代后期至90年代,先后引进罗非鱼、东北鲫鱼、日本大阪鲫(白鲫)、异育银鲫、细鳞斜颌鲷、彩虹鲷、匙吻鲟、俄罗斯鲟、石斑鱼、淡水白鲳、加州鲈鱼、河豚、花鲈、澳洲宝石鲈等国内外品种推广养殖,其中不少品种因生活习性不适均未形成养殖规模。2005年,"七大家鱼"和鳜鱼、加州鲈鱼等成为吴中区主要的鱼类养殖品种。

青鱼 位居"七大家鱼"之首,常年在水体下层觅食螺、蚌、蚬等,属底层鱼类。以黄桥镇养殖的青鱼最为著名。

草鱼 又名鲩鱼，以食草为主，为底层鱼类。东山镇为草鱼主要产地。

鲢鱼、鳙鱼 鲢即白鲢，鳙即花鲢，习惯上统称鲢鱼。生活在水体上层，主食浮游植物，生长较快。为太湖、阳澄湖等大水面人工放流的主要养殖品种。

鲤鱼 杂食性鱼类，在淡水水域中能自然繁殖，是天然捕捞的主要对象，也是最早的鱼类养殖品种。

鲫鱼 杂食性底层鱼类，适应能力强，在淡水水域中能自然繁殖，也是淡水养殖的优良品种。

鳊鱼 又称团头鲂，是食草性鱼类。通常栖息在水体中下层水生植物繁茂的地方。

鳜鱼 又称桂鱼，是淡水水域中凶猛的底层食肉性鱼类。喜栖息于静水或缓流水体的乱石中。原为天然捕捞品种，人工繁育成功后成为养殖品种。

加州鲈鱼 又称大口黑鲈、美国鲈鱼，原产美国密西西比河水系，是食肉性鱼类，生长快，抗病力强，为引进的优质养殖品种。

银鱼 又称面条鱼，原为海产，后定居在太湖繁衍，为自然水域中的小型鱼类，以天然浮游生物为主食。与梅鲚鱼、白虾并称为"太湖三宝"，是太湖捕捞的主要经济鱼类。

2. 虾蟹类

虾 有秀丽长臂虾（俗称白虾）、中华小长臂虾、日本沼虾（俗称青虾）、细螯沼虾、细足半虾、锯齿青虾、钩虾（俗称糠虾）等8种，分属2科4属。其中白虾、青虾、糠虾为主要捕捞品种。20世纪70年代起，青虾养殖试验成功，逐步成为养殖品种。90年代起，先后引进罗氏沼虾、南美白对虾等养殖品种。2005年，青虾、罗氏沼虾和南美白对虾合计产量4 668吨。

螃蟹 有中华绒螯蟹、凹背尖额蟹和锯齿溪蟹等3种，分属3科3属，以中华绒螯蟹为主要品种。中华绒螯蟹，俗称大闸蟹，原为从长江回游到淡水域中生长的捕捞品种，以阳澄湖和太湖产的最为著名。20世纪80年代人工繁殖成功后，先后在阳澄湖、太湖网围养殖，90年代后期起在池塘养殖，并逐步成为主要养殖品种。2004年，"太湖"牌大闸蟹通过国家绿色食品认定，并在第一届中国（苏州吴中）螃蟹文化节上获"全国十大名蟹"称号。2005年，太湖螃蟹产量4 215吨，出口920吨。阳澄湖网围养蟹面积3万多亩，年产阳澄湖大闸蟹1 500多吨。

3. 贝类

贝类是螺、蚬、蚌的总称，属底栖动物。主要有田螺、螺蛳、河蚌、河蚬等品种。

田螺和螺蛳 是优势种群。田螺原来数量多,分布面广,遍布稻田,可四季采食。螺蛳自然繁殖能力强,既可供人食用,又是青鱼的天然饵料。

河蚌 原供食用。20世纪60年代淡水培育珍珠成功后,三角帆蚌、褶纹冠蚌主要用于育珠。

河蚬 主要作食用和鱼类饵料。20世纪70年代后期开始人工养殖,出口日本、韩国。

4．鳖、鳗鲡

鳖 又称甲鱼,以小鱼虾和昆虫为食,肉质鲜美,营养丰富。原为自然捕捞品种,20世纪90年代开始人工养殖。

鳗鲡 又称鳗鱼,以小鱼虾、甲壳动物为食,肉细刺少,肥嫩鲜美。20世纪80年代开始工厂化温室人工养殖。

表22-1 吴县(市)、吴中区主要水产品选年产量统计表

单位：吨

品　　种	1988年	1995年	2000年	2005年
青鱼	760	2 178	2 006	1 228
草鱼	2 890	9 756	12 413	2 655
鲢、鳙鱼	2 760	12 983	20 625	2 243
鲤鱼	1 030	5 321	3 968	420
鲫鱼	2 850	4 800	10 527	2 082
鳊鱼	3 200	6 180	6 982	494
鳜鱼	—	87	180	1 248
加州鲈鱼	—	48	200	654
银鱼	840	430	943	155
青虾	193	280	1 606	2 629
罗氏沼虾	—	21	1 400	953
南美白对虾	—	—	—	1 086
螃蟹	34	111	2 750	4 278
鳗鱼	41	35	14	120
鳖		32	120	356

表22-2 1988—2005年吴县(市)、吴中区水产生产统计表

年份	水产品总产量(吨)	总产量中			总产量中		养殖面积(万亩)	水产产值(万元)
		鱼类(吨)	虾蟹类(吨)	贝类(吨)	捕捞(吨)	养殖(吨)		
1988	55 022	54 272	527	223	10 417	44 605	21.49	25 599
1989	55 841	53 530	504	1 807	11 311	44 530	21.46	25 267
1990	57 350	55 727	766	857	12 615	44 735	21.78	34 910
1991	57 265	55 855	727	668	10 893	46 372	21.76	29 523
1992	58 825	56 533	726	1 484	11 125	47 700	21.8	29 902
1993	59 895	57 512	763	1 404	11 536	48 359	21.8	35 352
1994	52 588	50 932	674	750	10 407	42 181	17.33	48 102
1995	58 000	55 971	896	804	12 989	45 011	17.33	53 783
1996	62 000	56 777	1 406	3 156	13 224	48 776	17.33	56 322
1997	65 500	62 461	1 985	661	12 724	52 776	17.33	70 163
1998	73 508	69 681	2 450	1 064	12 462	61 046	17.33	77 425
1999	75 122	69 070	4 252	1 446	12 722	62 400	20.30	85 785
2000	82 000	72 877	6 230	2 225	12 381	69 619	26.28	100 057
2001	45 849	37 124	4 126	4 123	10 971	34 878	13.08	56 501
2002	46 513	35 448	4 624	4 137	12 957	33 556	13.19	61 824
2003	41 386	31 907	5 683	3 642	11 093	30 293	13.07	64 496
2004	32 224	20 050	9 345	2 354	9 633	22 591	14.72	67 218
2005	31 358	17 618	10 206	2 191	10 800	20 558	14.48	71 302

表22-3 1988—2005年吴县(市)、吴中区太湖银鱼和太湖白虾捕捞产量统计表

年 份	银 鱼		白 虾	
	捕捞产量(吨)	占太湖总产量(%)	捕捞产量(吨)	占太湖总产量(%)
1988	800	43.90	—	—
1989	750	49.70	—	—
1993	1187.55	67.34	13.8	12.23
1994	429.54	38.41	163.75	41.11
1995	309.36	57.26	171	22.79

(续表)

年份	银鱼		白虾	
	捕捞产量(吨)	占太湖总产量(%)	捕捞产量(吨)	占太湖总产量(%)
1996	327.2	65.43	192.75	19.98
1997	658.4	72.36	212.03	19.01
1998	719.45	62.45	338.05	24.81
1999	922	59.60	295.4	33.64
2000	943.28	58.76	203.43	23.19
2001	367.28	54.75	232.63	53.35
2002	741.5	75.09	291	43.58
2003	496.5	66.56	493.4	62.16
2004	443	62.37	550.8	59.71
2005	155	37.71	711	61.45

5. 果品类

吴县(市)、吴中区是江苏省著名果区，常绿果树果品产量占全省的80%。主要有柑橘、橙子、梅子、杨梅、枇杷、桃子、李子、柰子、杏、石榴、葡萄、梨、柿、枣、苹果、银杏、板栗、花红、油柿、樱桃等20多种果树、300余个品种，尤以洞庭东、西山的橘子、枇杷、杨梅、银杏、板栗等果品闻名。

1988—2000年，吴县(市)果树主要分布在东山、西山和光福，渡村、胥口、藏书、浦庄、木渎、甪直、越溪、长桥、太湖、横泾、湘城、浒泾、渭塘、镇湖、东渚等乡镇也有分布。其间，引进早熟温柑、中熟温柑、杂柑等12个新品柑橘，还有东魁杨梅、信农小梅、白加贺梅子、大五星枇杷、日本新柿、凯特杏、红太阳杏子、美人指提子以及早中熟水蜜桃、黄桃、油桃等。1988年起，推广高位嫁接技术，将本地料红、早红、黄皮等柑橘品种改良为温柑、杂柑类优质品种，共改良4 000亩果树。枇杷栽培推广疏花疏果技术，普及率达100%；杨梅栽培推广疏果技术，普及率达40%。2001—2005年，吴中区果树重点分布在东山、西山和光福，渡村、胥口、藏书、浦庄、木渎、甪直、越溪、长桥、太湖、横泾镇(街道)也有分布。其间，引进油蟠桃，推广使用生物有机肥和高效低毒低残留农药。

表 22-4 1988—2005 年吴县(市)、吴中区果品面积和产量一览表

年份	面积(亩)	总产(千克)	主要果品产量(千克)				
			青梅	枇杷	杨梅	银杏	板栗
1988	67 732	13 218 000	2 340 000	520 000	480 000	539 000	351 000
1989	68 783	43 252 350	2 754 850	3 759 250	2 063 250	225 000	52 500
1990	70 089	25 563 000	3 138 150	345 450	892 300	390 050	464 500
1991	71 601	33 856 050	2 993 450	978 650	3 306 450	—	—
1992	66 356	21 532 800	3 203 550	251 250	1 140 500	—	—
1993	59 227	36 836 900	4 018 300	1 185 500	3 879 000	—	—
1994	59 923	23 665 250	3 319 850	209 650	357 400	—	—
1995	59 297	36 825 750	5 588 000	1 218 500	3 841 250	—	—
1996	60 838	29 044 600	6 057 550	555 400	1 014 200	—	—
1997	60 458	37 533 150	4 948 900	834 800	3 829 500	—	—
1998	60 741	17 136 950	2 487 250	268 250	1 756 500	—	—
1999	61 074	37 802 700	5 174 250	853 500	1 502 500	—	—
2000	60 817	22 552 300	4 752 000	246 600	622 700	—	—
2001	60 547	35 250 000	6 441 250	1 443 150	3 380 500	—	—
2002	60 593	24 927 200	6 085 250	430 000	1 091 500	—	—
2003	60 216	31 329 200	4 835 000	933 250	3 302 000	—	—
2004	65 506	25 425 000	3 869 500	1 438 450	2 319 000	520 000	278 000
2005	64 646	24 348 950	3 880 750	1 002 350	2 162 000	513 350	234 900

6. 花果类

桂花 吴县(市)、吴中区为全国五大桂花产区之一,品种有金桂、银桂、白吉等,其中银桂数量最多,花质最佳。光福桂花,素以朵大瓣厚、色黄味香而著名。

银杏 银杏科落叶乔木,因其果实呈银白色,形状如杏而得名,又称白果。是著名的活化石植物,又是珍贵的用材和干果树种,有大佛手、小佛手、洞庭皇、大圆珠、鸭屁股圆珠等品种。吴中区生产的白果以大佛手为主,果大、饱满、味甘美,分布在东山、西山等地,常年产量 500 吨左右。1988 年,吴县种植银杏 1 338 亩,生产银杏 539 吨。1995 年,吴县市出产银杏 880 吨。2005 年,吴中区有银杏 3 149 亩,生产银杏 548 吨。

枇杷 蔷薇科常绿乔木,与杨梅、樱桃并称"初夏果品三姐妹"。分布于东

山、西山和光福等山地,分白沙、红沙两大类,以东山出产的白沙为上品。白沙可分为小白沙、鸭蛋白沙、荸荠枇杷、青种白沙、照种白沙等10多个品种。照种白沙出产于东山槎湾藏船坞,果实均匀整齐,形如圆球而稍扁,肉厚汁多,酸甜适度,爽口不腻,有"银蜜罐"之誉。照种白沙的嫁接新品称白玉白沙,果形大,果肉洁白甜嫩,汁多核小,光照下像玉雕般透明,是白沙中的佳品。1988年,吴县种植枇杷3 024亩,生产枇杷520吨。1995年,吴县市种植枇杷3 000亩,生产枇杷1 219吨。2005年,吴中区种有枇杷5 294亩,生产枇杷1 097吨。

杨梅 杨梅科常绿乔木,初春开花结实,夏至前后成熟,吴中有农谚"夏至杨梅满山红"。吴中杨梅主要分布在东山、西山和光福等地,有大叶细蒂、小叶细蒂、乌梅绿荫头、荔枝头、大核头、早红等10多个品种,果色有红、紫、白3种。其中以乌紫色的大叶细蒂乌梅最为著名,有果形大、肉厚核小、汁多、甜中略带酸味的特点。1988年,吴县种植杨梅9 259亩,生产杨梅480吨。1995年,种植杨梅9 500亩,生产杨梅3 841吨。2005年,吴中区栽有杨梅9 516亩,生产杨梅3 233吨。

板栗 山毛榉科落叶乔木,主要产于东山、西山,有九家种、油毛栗、稀刺毛栗、大毛栗、白毛栗等多个品种。中秋节后成熟,果实坚实,味甘甜,以熟食为主。1988年,吴县种植板栗4 170亩,生产板栗351吨。2005年,吴中区栽种板栗6 119亩,生产板栗260吨。

青梅 蔷薇科落叶乔木,可食用、药用,又有观赏价值。果实有生津止渴、增进食欲、消除疲劳等作用。主要用于食品加工,品种有咸梅干、话梅、青梅蜜饯等。1988年,吴县种植青梅10 277亩,生产青梅2 340吨。1995年,吴县市种植青梅11 600亩,生产青梅5 588吨。2005年,吴中区有青梅9 388亩,生产青梅4 005吨。

7. 茶、蚕桑

茶 洞庭山碧螺春茶,以春分前的"分前"为极品,清明前的"明前"为珍品,谷雨前的"雨前"稍次。茶区主要分布在东山和西山两镇,光福、木渎、藏书、胥口、横泾、越溪、林场等地有零星种植。1988—1999年,茶园面积稳定在4 000亩左右。2002年茶园面积6 300亩,洞庭山碧螺春开始实施原产地保护。2005年茶园总面积25 150亩,茶叶产量226吨,其中碧螺春产量119吨。

蚕桑 1984年起,蚕桑从东、西两山为主转移到横泾、越溪、光福、浦庄、渡村、胥口、藏书、唯亭等乡镇。1987年,分布在18个乡镇的47个行政村,桑田面积12 440亩,蚕茧产量556.7吨。1992年,分布在20个乡镇209个行政村,桑田面积53 364亩,蚕茧产量3 110.5吨,为历史最高水平。1995年春蚕微粒子病大暴发,晚秋蚕出现微粒子病毒,损失巨大,且蚕茧市场疲软,茧价下降,大批桑树被砍伐。1996年底,桑田面积10 067亩,蚕茧产量1 001.8吨。2005年,桑田面积2 746亩,蚕茧产量36.77吨。

(林锡旦)

◎ 第二十三章 风 俗 ◎

第二十三章 风 俗

关于苏州风俗的记载,散见于汉袁康与吴平《越绝书》、赵晔《吴越春秋》,宋范成大《吴郡志》、龚明之《中吴纪闻》,清顾禄《桐桥倚棹录》、顾震涛《吴门表隐》等历史典籍、方志笔记之中。清顾禄《清嘉录》、袁景澜《吴郡岁华纪丽》,则按月设卷,专记苏州岁时节令风俗,并附有诗词歌赋及采录诸书相关风俗旧闻。近现代以来,出现了周振鹤的《苏州风俗》,蔡利民的《苏州民俗》,蔡利民、蔡梦寥的《苏州传统礼仪节令》,蔡梦寥、蔡利民的《四季风雅——苏州节令民俗》,蔡利民的《苏州民俗采风录》,沈建东的《苏南民俗研究》,朱年、陈俊才的《太湖渔俗》,沈华、朱年的《太湖稻俗》,林锡旦的《太湖蚕俗》,朱年的《太湖茶俗》等著述,对苏州风俗做了探索和充实,并记其演变传承直至当今。

本志仅对日常生活、人生礼仪、岁时节令、文教娱乐、民间信仰等涉及民间物质生活、精神文化生活主要内容的五个方面作简单记述,许多风俗只能割舍不提;只写苏州特有或有苏州特点的风俗,与其他地方大同小异的风俗从略不写。地域范围以当今苏州市区为重点,大市辖区内其他市(县)、乡镇有特色的风俗也适当兼及。时间以晚清、民国时期为主,适当上溯和下延。晚清到民国,是社会风俗习惯急剧变革的时期,抓住这一历史时期苏州的风俗事象,也就把握了苏州风俗传承、变异的脉络。

一、日常生活

(一)饮 食

1. 主 食

苏州处于江湖河海之间,是著名的鱼米之乡,自古"民食鱼稻,以渔猎山伐为业"。主食稻米,是苏州地区饮食习俗最大的特点。除粥饭外,还有粽子、糍饭、糕团等多种米制品。一般一日三餐,大多以中餐为主餐,以一干两稀为多。农村在农忙季节不但改粥为饭,往往还有加餐,大致为一日四餐或五餐。

2. 鱼馔

苏州鱼馔、鱼食历史悠久。苏州人吃鱼讲究时令,按农历讲:正月塘鳢,二月鳜鱼,三月甲鱼,四月鲥鱼,五月白鱼,六月鳊鱼,七月鳗鱼,八月鲃鱼,九月鲫鱼,十月草鱼,十一月鲢鱼,十二月青鱼。

传说鲤鱼会跳龙门而变龙,苏州人一般不吃鲤鱼。但凡造屋上梁、接路头、祭祖的供品中,往往又少不了鲤鱼,以向鬼神祈求赐福、赐利。旧俗生了孩子吃满月酒或做周岁时,生男孩吃鲢鱼,生女孩一定要吃鲤鱼,以祈不要连生女孩。小夫妻成亲结婚,要吃鲢鱼或青鱼,以示心心相连,亲亲爱爱;而居丧之家绝不能吃鲢鱼。吃年夜饭,餐桌上总少不了鱼,而且食必剩鱼,以讨"年年有鱼(余)""吃剩有鱼(余)"的口彩。

3. 水八仙

苏州水生植物丰富,其中尤以茭白、莼菜、菱角、塘藕、芡实、荸荠、茨菰、水芹最为著名。人们借用"八仙"之名来称呼,叫做"水八仙"。

4. 小吃

苏州小吃闻名于世,阊门、胥门、观前等闹市是小吃摊店最集中的地方。小吃品种繁多,每个摊贩以自己拿手的制作技艺,经营一两种特色食品,各树一帜。常有一些小贩走街串巷,沿途叫卖小吃零食。小巷中还能见到一种卖馄饨、糖粥、芋艿等小吃的"骆驼担"。骆驼担,以竹制成,因形似骆驼而得名。骆驼担一头有锅灶,另一头是装满碗筷和各种佐料的小抽屉;担子中间有根微弯的竹梁,正好可供人肩负而行。担子前头还有盏小小的风灯,供晚上照明。骆驼担以梆声为号,梆子声清脆悠扬,富有节奏。

5. 船菜船点

苏州人喜好乘船野游,精美的船菜、船点便应运而生。画舫俗称灯船,是吴中水乡出游的理想交通工具,盛行于清同治年间。这种画舫上的船娘手艺高超,烹制的船菜、船点别有风味,驰名于时。

6. 茶饮

苏州人爱饮茶,爱"孵茶馆",竟至渐渐形成了"上半日皮包水(孵茶馆喝茶),下半日水包皮(孵混堂洗澡)"的习俗。苏州人饮茶,不但要茶好,还要水好。过去茶馆多有不惜血本,雇了人到胥江泰让桥、接官厅河中心汲水,船运肩挑,将水取回沏茶的。

一般茶馆往往还附设有点心摊,向茶客供应诸如大饼油条、生煎馒头、汤面馄饨等点心。茶馆内也不乏叫卖花生、瓜子、茴香豆腐干、五香茶叶蛋等小吃的商贩。许多茶馆还兼设书场,品茗的同时欣赏评弹演唱。苏州的茶馆和经济生活的关系十分密切,各个不同的行业都有相应的茶馆作为洽谈生意的场所,称之为"茶会"。

苏州茶馆还有一种功能,叫做"吃讲茶",即借茶馆"吃茶"来调解纠纷。如果调解无效,也可请有威望的头面人物出来仲裁、评判。

苏州昆山的周庄、锦溪、张浦、千灯等地有喝阿婆茶之俗,是中老年妇女的一种茶聚形式。她们以陶瓦罐、天落水在风炉上炖茶,以咸菜、萝卜干、酥豆等地产食品为茶食茶点,一边喝茶品茗,品尝茶食点心,一边还要做些纳扎鞋底、缝衣衫的针线活,同时还要说传闻、道家常、聊行情、通市面,旧时闭塞的农村妇女因此有了个消闲解闷的机会,喝茶还成了她们获取社会信息的一个重要窗口,同时也促进了邻里的友谊及乡邻的和睦。

7. 酒 俗

"吴酒"自古闻名。唐白居易《忆江南》有"吴酒一杯春竹叶,吴娃双舞醉芙蓉"之句。酒在吴地被广泛用于诸多民俗事象中。

吴人"俗信鬼神,好淫祀",一年之中祭祀、酬神不断。而每有祭祀,就必用酒。过年祭神时,供桌上要放所谓仙茶、仙酒。过年祭祖时,也要放置筷盅。从除夕之夜开始还要天天在祖宗神像前供上酒菜,直到正月十五为止。正月初五"路头菩萨"生日,家家户户要喝"路头酒",以示庆贺。二月十二百花生日,花农们都要到花神庙去喝花神的寿酒。民间造房,要祭拜土地、太岁,祭拜时也要用酒。在造房开工前,还要用酒祭祀鲁班先师。要上梁时,还要请木匠大师傅用酒浇梁。

酒同样被广泛用于民间交往、酬酢和欢庆场合。友人外出远行,要喝酒饯行;友人远方归来,要酒宴招待,为其洗尘。生了孩子,要喝"三朝酒";满月要喝满月酒,到了百日、周岁,又要喝"百日酒""周岁酒"。婚嫁中更少不了酒,婚礼也以"喝喜酒"代称。做寿要喝寿酒。死了人也要喝酒,叫喝"凤凰酒"。

酒,同样被广泛应用在节令民俗之中。正月初一到正月十五之间,亲朋好友递相邀饮,人来客往,俗呼为"年节酒"。每年五月端午节要饮"雄黄酒"。九九重阳之期要饮菊花酒。除夕要饮团圆酒,清明要饮清明酒,中秋要饮赏月酒,冬至要喝冬酿酒。饮酒之俗,名目繁多。

苏州民间饮酒多有"豁拳"(猜拳)之俗,而以东山最具特色。东山地区男人几乎人人会喝酒豁拳,尤以婚礼前一天宴请岳父时为盛。宴请时,岳父坐"主桌"首席,选酒量大者四位两边作陪。主桌前拼一张半桌,称"拳台"。拳台中间放大钵头,两边依次为大碗、中碗、小碗、大酒盅、小酒盅,形态如桥,谓之"酒桥"。半桌旁则放水咸菜、桔子、甘蔗等醒酒之物。其他筵席排在主桌两旁。开始时随便喝酒,称为"散酒"。到时由岳父发酒令,每桌到拳台上来豁拳,输者饮酒,先从酒桥边上小容器喝起,越喝容器越大,最后喝容量为两三斤的大钵头。喝时都要一饮而尽。酒席中间不准有人退席,每桌都豁到,最后岳父来个"满堂红"。饮的酒都是糯米酿的黄酒。这种习俗至今犹存。东山人连倒酒也颇有讲究:为客倒酒,要正手倒;祭祀倒酒,要反手倒。

(二) 居 住

1. 深宅大院

苏州地处东南,长期以来远离中原地区的战乱,政治环境相对稳定,经济繁荣,文化发达,明清之际曾是江南地区重要的政治经济文化中心,成了官宦名士、地主富商聚居之地,他们在此大兴土木,因此深宅大院众多。

深宅大院大多有精美的砖雕门楼。主轴线上建有门厅、轿厅、茶厅、大厅以及堂楼,少则三进,多则五进、七进。左右轴线上布置有客厅、书房、次要住房和杂房等。厅与厅、堂与堂之间都有庭院相连,有门隔断,平日不开,厅堂之侧一般都有"备弄"贯通。这类住宅大多在左右或其后构筑花园。花园里凿池引流,叠石为山,栽花植树,亭阁参差,小径幽曲,洞壑森然,将园林建筑和诗词文学、书法绘画、雕刻园艺等多种艺术融于一体。闻名中外的苏州园林,就是留存至今的这类宅第花园。

2. 传统民居

苏州一般民居别具水城特色:有的建于滨河街巷一侧,街巷临河延伸,住房则临街面河,排列成线。有的建于街巷和河道之间,前街后河。有的跨水而筑,两岸建筑以红栏小桥相连。

大门,有六扇头墙门、石库门、式板门、矮闼门等多种。门的朝向一般以朝南为贵。大门上往往饰有照妖镜、八卦、三叉戟等避邪吉祥物。门也是一个家庭社会地位的象征,有财有势的人家高门大户。结婚联姻有所谓"门当户对"的说法。

客堂是平日家人吃饭、团聚、会客、宴请和进行家祭的地方。客堂北面墙壁西部顶端,常是悬挂供奉着祖先神位的神龛的地方,这种神龛,俗称为"家堂"。

苏州人称寝室为"房间"。房间内大床必须与房间同向,放成"骑梁床"不吉利。天窗阳光不能直射床上。外人一般不能擅入,民间有"房门大于衙门"之谚。

灶间内灶头不能与房屋同向,否则就成了"烧出火",聚不了财。每家每户灶台的灶墙高处烟突前面都有灶神的神龛。

民间强调"亮灶暗房",即灶间要亮,房间要暗,有"亮灶发禄,暗房聚财"之说。过去禁忌屋前栽桑、屋后种槐,因"桑"与"丧"、"槐"与"坏"读音相近,认为不大吉利。

3. 滚地龙、草棚棚

清末民初,苏北等地流亡来苏贫民日益增多,他们常以毛竹为架,在地面弯成弧形,覆以芦席,聊避风雨,俗呼为"滚地龙"。水路来的,将破舟往岸上一抬,即以离水破舟为家。比"滚地龙"稍胜一筹的是用稻草搭成的房屋,苏州人称之为"草棚棚"。外来移民聚居的地方,慢慢形成成片的"棚户区""贫民窟"。

4. 民居的变迁

19世纪七八十年代,苏州先后出现了洋式建筑。20世纪30年代,有人开始建造花园洋房、海派石库门弄堂洋房和草坪洋房。50年代后,政府建造一批工人住宅,面积都不大,套形简单,配套设施不全,仅部分缓解居住拥挤的矛盾。1979年后,建起诸多居民新村,一般五层左右,面积稍有增加,设施可以满足居民的基本生活需求。此后高层、别墅等现代建筑大量出现。

近百年来,市民生活条件伴随着住房条件的改善发生了深刻的变化。20世纪20年代开始有电灯,50年代后期得到普及,逐步取代油盏头、煤油灯。50年代开始,河、井水源逐渐被自来水取代,灶头先后被煤炉、煤气灶、微波炉、电磁灶等新式炊具所淘汰,传统的马桶和茅坑被新式的抽水马桶和干净的公共厕所替代。七八十年代盛行的家居沐浴设施木盆加塑料浴罩也为卫生间里各种样式的浴缸以及燃气(或电热)热水器所取代。2013年苏州完成改厕工程,使城市居民告别了长期以来使用马桶的历史。80年代后,收听新闻和欣赏娱乐的有线广播已为电视、有线电视或网络传媒所取代,拥有音响、影碟机等设备的家庭非常普遍;电话、冰箱、洗衣机等成为人们必备的家用电器设备。

(二)衣 饰

1. 草编服饰

苏州是重要的水稻生产区,稻草曾是制作服装的材料。

草鞋一般以韧性较大的糯稻草编织,劳动时穿着可以防滑。以糯稻草绳为经,掺以鸡毛、芦花等编织而成的"芦花鞋",专供冬天穿着。葑门草鞋湾就因盛产草鞋而得名。20世纪60年代塑料鞋兴起后,草鞋渐趋消失。草帽用麦草编成(也有稻草、麦草混编的),是过去遮雨、防晒常用物品。蓑衣是用稻草编织的防雨服(后来也有用灯草皮或棕毛编织的),雨天穿着,它前至胸部,后至脚弯,有披肩、短袖(下口不合),便于手臂活动。

2. 丝绸刺绣

丝绸衣衫滑爽舒适,丝织品是苏州传统服饰一大特点。苏州盛产丝绸,丝绸制衣历史悠久,春秋吴国即有"织里"之设,专门织造丝绸。明清之时,更出现了"万户机声传小巷""晴翻千尺浪,风送万机声""染坊罢而染工散者数千人"的景象。在衣服上加刺绣点缀,是苏州地区服饰的又一特点。早在春秋时期,吴地已有"绣衣而豹裘者"。秦汉以后,"妻妾衣服,悉皆锦绣",成了风尚。明清两代,朝廷专在苏州设立"织造局",征收绣品。

清末至民国期间,服式有长、短之分。所谓"长",就是长衫,一般为读书人、商贾等非体力劳动者穿着;妇女以穿旗袍为多。体力劳动者为便于劳作,多穿"短打":上短衫,下裤、裙。

3. 水乡妇女服饰

在苏州周边的胜浦、甪直、车坊、斜塘、跨塘、唯亭、正仪等水乡地区,为适应稻作生产的需要产生的妇女服饰最有特色。水乡妇女梳髻髻头、扎包头,上身穿大襟衣及拼接衫,下身穿拼接中长裤,腰束襡裙、襡腰,腿裹卷膀,脚穿船形绣花鞋。这种服饰用料、裁剪、缝制、装饰都极讲究,在拼接、滚边、纽襻、绣花上追求"精""巧""美""俏"。老、中、青妇女在选料色彩上各不相同,老年以藏青和玄色为主,表示庄重;中年以清淡为宜,以示大方;青年则以俏丽居多,彰显活泼。

4. 服饰的变迁

鸦片战争后,西风东渐,知识界和工商界,除传统的长衫马褂外,开始出现男子西装革履大礼帽、女子洋裙洋袍的风尚。民国时期,中山装、学生装流行,部分工人穿着背带工装,邮局、铁路职工及警察等穿着从颜色到式样都统一的制服。中华人民共和国成立初期,列宁装、八角帽、志愿军服式(苏式棉军服)、苏联花布衬衫流行。"文化大革命"期间,中山装、绿军装成了唯一的选择,妇女中一度流行布拉吉(连衣裙)。改革开放后,逐渐出现了服饰文化多元化的趋势,服饰真正成了体现审美情趣、个人喜好和个性特征的文化现象。

（四）交 通

1. 河、船、桥

苏州是地势低洼、湖荡密布的水乡，筑城之初，即在城内开河泄水，叠土筑路，奠定了"三横四直""河街平行、水陆相邻"这种双棋盘格局的基础，还开凿了胥江，引太湖水环城绕郭，使苏州城与周围的江河湖荡沟连成一个有机的整体。

水是沟通古城内外最重要的渠道，船成了古城最重要的交通工具。

明清之际的航船，舱中两边搭有坐板，一船可坐30多人。这种船速度较慢，乘客往往相互攀谈以解旅途寂寞，航船成了传播社会新闻的场所。夜航船，一般航程较远，傍晚从某地开出，第二天凌晨到达目的地。船身较大，分上下两层，下层载货，上层乘客。船板上铺有席子，可以坐人。船上备有被褥，供乘客租用，可以开铺睡觉。

苏州不只郊外河网交错，城里也河道纵横，以船代步是寻常事，河道宽处，多有船只供人随时雇用。每年清明时节，城内人家多雇"上坟船"到郊外上坟。搬家之类，更是非船不可。除此之外，还有用于渔、耕的渔船、农船，用于装运的装船、驳船，用以过河的摆渡船，用于装运酒、水的酒船、水船，专卖柴、米的柴船、米船等。旧时苏州城内外码头林立，有"三关六码头"之称。

桥多，成了水乡苏州的另一大特点。唐代即有"绿浪东西南北水，红栏三百九十桥"的诗句。桥梁种类繁多，按材质可分为木桥、竹桥、石桥，按形制分有桥孔呈方形的梁桥、上阁木板的穿板桥、河中立柱的三节桥、跨河连接沿河人家的廊桥，高至盘门外吴门桥，长至城东南53孔宝带桥等。桥名也别有讲究，有以飞禽走兽花草命名的，有以历史人文胜迹命名的，亦有以吉祥口彩命名的。桥梁固有交通运输功能，更成别具民俗特色的重要景观，平江路至今仍保持苏州"小桥流水人家"特色。

2. 画 舫

清同治年间开始盛行一种游船叫画舫，又称灯船。这种船装饰精美，窗有隔层，以明瓦或大理石镶嵌。船上悬灯结彩，暮色四起时，船上点起灯烛，船灯与月光相辉映，远远望去，犹如群星自天而落，分外迷人。游人聚于舱内，或作牙牌之嬉，或请名媛弹唱，或杯盘宴饮。这种船，大多船梢厨具毕备，且有专事烹饪的船娘。船娘手艺高超，河鲜海味、山珍野蔌，都能做出脍炙人口的佳肴。著名的苏州船菜、船点就由此而兴。

3. 轿

轿是过去苏州城内除船之外最重要的交通工具。清代,轿有官民之分,且有黄、绿、蓝、黑诸色,抬轿人也多寡不等。对轿的使用官府有明文规定:一品大员以上官员才能坐八抬绿呢大轿,二品以下官员坐四人抬蓝呢轿;普通百姓只能坐两人抬民轿,唯有新娘出嫁不受此限,可坐豪华花轿。官轿上街,轿夫沿途吆喝,以示官府威严。轿之优劣和抬轿人数的多少,成了身份、地位的象征。1927年以后,轿子逐渐为人力车、三轮车等交通工具所代替。

4. 交通工具的百年变迁

过去苏州城里街巷狭窄,最宽的"通衢大道"也仅六尺左右,且又多桥梁,骑马极为不便,马车更难通行。自清末苏州开辟为商埠,开始拓宽部分道路,人力车出现在街头,当时俗称为"黄包车",又名东洋车。人力车出现之初,只能在城外行驶,不准进入城内,城内交通主要仍由藤轿业把持。1921年后,藤轿才逐渐被淘汰,人力车方始入城营业。

20世纪30年代,苏州开始出现可以驰马、行车的大路,称为"马路"。马车兼有骑马的快捷与坐轿的舒适,马车业在苏州逐步兴起。马车一般都是铁木结构,有四轮、两轮之分。四轮马车,多数是两人两马驾驶,也有单人独马的。驾驶座高高在前,客座在后,双人软垫,前置搁脚板,上遮敞篷。乘客多时,可乘足六位——除正常座位外,搁脚板上坐两人,驾驶座上也乘客,驾驶者则叉腿站在车辕之上。两轮马车,双人并坐,客座在前,驾车人站在客座后的高踏板上赶车。马车除用于游览外,也用作公共交通,定点往返,搭满六人开车。马车盛行之初,由于受城内人力车业的抗御,无法进城兜揽生意,只能在城外郊区活动。直到1943年,马车方始进城营业。

除人力车、马车外,三轮车也曾是苏州城内主要的交通工具,且至今犹存。

1949年后,随着道路建设的发展和汽车的大量使用,马车逐步自然淘汰。1953年春苏州开始行驶公共汽车。1958年马车全部停载。

自清光绪三十二年(1906)沪宁铁路苏州段通车,苏州连通全国各地的火车也相继开通。公路、铁路在客运方面日益取代往日船运的地位,只是远途大宗的货物运输仍有水上交通。

现今,苏州那种千百年来以楫代马、以轿代步的风情,已被现代交通的繁忙景象所取代。20世纪70年代后,几乎家家都有自行车,80年代开始人们以摩托车、燃油助动车代步,但燃油排放的气体污染环境,一种以电瓶为动力的电动自行车又盛行起来;同时,拥有汽车的人也越来越多。21世纪之初,苏州又开通了轨道交通(地铁、有轨电车),高速公路、高速铁路也将苏州和全国各地紧密地联系在了一起。

二、人生礼仪

(一) 婚 姻

1. 传统婚礼模式——六礼

苏州的传统嫁娶习俗虽时有变化,但直到明清,基本仍循周礼,由纳采、问名、纳吉、纳征、请期、亲迎等"六礼"组成。主要环节如下:

到结婚年龄,便由父母委托媒人物色对象。男家的媒人带写有"遵求""遵允"字样的两副帖子到女家提亲,女家将"遵求"留下,而将"遵允"请媒人带回,表明同意议婚。这过程相当于"六礼"中的"纳采",意思是男女双方采择成偶。

获允后,男家请媒人询问待嫁姑娘的芳名和八字,此即"问名",俗称为"请八字帖"。

男家拿到姑娘八字帖后,请算命先生推算,两人八字"相成",这门婚事才有希望。此即"纳吉",意即纳取吉利之礼,俗称"卜婚"。

双方都同意缔结亲事后,男家要向女家下聘。聘礼主要是衣衫首饰、金银钱钞。除此之外,还有一枚银质镀金的"求"字。女家还礼时,还赠一枚"允"字。这时婚事才算正式定下来。此即"纳征"(亦称纳礼、纳成),民间称为"下聘礼"或"下定",俗称"送盘"。

一切准备就绪,由算命先生根据两人八字择定成婚的"好日",并向女家通报,此即"请期",俗称"送日脚"。

迎娶前一日或数日,男家写催妆帖,备催妆礼,由媒人送往女家催妆。催妆后,女家开始打点嫁妆,择日送往男家,称为"发妆"。

婚礼的真正高潮是"亲迎"。"亲迎"也就是"迎亲"。新娘被迎到男家后,新郎新娘拜堂成亲,入洞房后还要行坐床、撒帐、合卺等仪式,此后即招待亲朋好友喝喜酒,是夜还有闹洞房之俗。

2. 文明婚礼

20世纪初,在辛亥革命和五四新文化运动推动下,苏州出现"文明婚礼",讲究节俭却又不失庄重。大致过程是:奏乐;来宾、主婚人、介绍人、证婚人入席;

新郎新娘入席;介绍人报告经过情况;证婚人宣读结婚证书;新郎新娘相对而立,行鞠躬礼,交换信物(戒指);新郎新娘、介绍人、主婚人、证婚人在证书上盖章;证婚人致训词;来宾致词;主婚人致答谢词;新郎新娘向证婚人、介绍人、来宾等鞠躬致谢;礼成,新郎新娘、证婚人、介绍人、主婚人及来宾依次退场。

文明婚礼不用媒妁,男女双方可以自由选择,聘礼也大为节俭,仅以戒指作为爱情象征。结婚典礼也从在家中改为租赁旅馆或礼堂举行,免去了诸多铺张麻烦。婚礼服饰也由顶戴冠袍、凤冠霞帔改成长袍马褂或西装革履、婚纱。迎娶时,舍弃庞大的仪仗,改用军乐伴奏;迎娶工具由汽车代替花轿;抛掷纸花、纸屑代替喜果撒帐。文明婚礼合男女两家为一家,省却了会亲、谢亲等诸多环节。婚宴时的八仙桌也为圆桌取代,甚至有不办婚宴,仅以茶食招待的,务求节省简单。

3. 新婚俗

中华人民共和国成立后颁布《婚姻法》,提倡自由恋爱、自主结婚,青年男女真正掌握了自己命运,并从繁缛的"六礼"中解放出来,也从算命问卦、封建迷信等精神束缚中解放出来,爱情成为缔结婚姻的真正基础。

改革开放以来,婚礼文化呈现出中西合璧、传统和现代相互渗透结合、丰富多彩的特点。

4. 水乡婚礼

苏州郊野多水泽,农村迎娶大多用迎亲船,并有摇快船、拦亲船等习俗;婚礼中的哭嫁歌、掌礼的唱词、喜娘的喜歌用的都是吴侬软语,有吴歌的韵味;婚礼中常用宣卷、鼓乐等苏州民间艺术助乐;婚宴以及婚仪互送的礼品中,多糕团米品、鱼虾水鲜。

5. 太湖渔民婚俗

旧时,太湖渔船大小悬殊,捕捞工具不一,常以渔具渔法不同组成渔帮。一般只在帮内联姻,形成以血缘为基础的群体。五六岁就定亲是常事。过去有"换亲"之俗,即将女儿给对方做儿媳,换对方的女儿做儿媳。也有三四方推磨式的"转换亲"。这种交换式的婚姻约占一半。还有从小抱领童养媳的。

旧时十六七岁就结婚。婚庆时要搭船棚,双方在商定的湖边停泊,男方船抛锚在"上风",女方在"下风",停泊后不能再移动。将各自的对船连在一起搭棚,男方架七根毛竹,称"七架梁",女方则用五根毛竹,谓"五架头"。从船头至船尾用篷布搭满棚,在梁、柱、叉等突出部位插上红丝绵缠绕的柏枝,意为"连理同心""松柏常青",张贴"喜"字、喜联。请帮忙的吃"搭棚酒",凡吃搭棚酒的要帮忙到婚庆结束。小船则在湖边搭喜棚,供庆典用。富裕之家则租用"木橼堂"。

结婚时第一天敬神,第二天祭祖,第三天才拜堂成亲。婚后还有"拜祖""上花坟""中秋送月饼"等习俗。

(二)丧　葬

1. 预营后事

过去人的平均寿命短,一过半百,就要为身后之事预作准备。为人子者也都觉得为老人筹措百年大事是尽孝之道。预营后事主要有两项内容:预选死后的居处和预制死后的衣着。居处包括棺材和墓地。这些事一般都在做整寿的年头开始,以闰月为最佳。

生前预打棺材,有祈祝长寿之意。一般在棺材头上要雕上或写上一个"寿"字,预制的棺材因此被称作"寿材"。打寿材被当作喜事来办,像生日祝寿一般,亲友要送糕桃爆竹之类的礼物表示祝贺。预选的墓地称为"寿域",俗呼为"阴宅",是死后的归宿。过去往往要请风水先生来踏勘,预定穴位。

预制的尸衣被称作"寿衣",俗呼为"老衣"。寿衣不能用夏天的衣料来做;不用缎子(吴方言中"缎""断"谐音)。寿衣一般用绸和绸,男的用蓝色,女的用红色。寿衣不钉纽扣,只缝飘带。

还有人怕死后缺少钱用,生前就常常预先焚烧一些锡箔纸锭,以供身后使用,称为"烧库"。

2. 丧葬仪规

死了人,要设灵堂。当天或第二天,要"报丧"通知亲友。报丧多用丧帖,一般用长约尺许的黄纸或白纸制成,上书"某某令尊(父称令尊,母称令堂)于某年某月某日某时寿终正寝(女称'内寝'),定于某日某时大殓,特此报闻"。如死者不满60岁,不能称"寿终",只能称"病故"。报丧帖内另用黄色角签写明接报人姓名、地址,以示吉利。亲友接到帖子,就要准备祭仪、祭礼前往吊唁。

丧家在整个陈尸期间,都要有人陪夜。灵堂内,僧尼轮流诵佛念经,超度亡灵。来陪夜的女眷,帮着折锡铂纸锭。死者家属不时要焚烧纸锭,燃点安息香。黄昏、半夜、凌晨要"哭三阵",特别是凌晨哭得最响,俗称"哭五更"。

入殓,即将尸体从灵床移入棺柩之中。先将孝帷卷起,孝子由仆役扶持,掌礼引导,向死者行礼,再"请材",向棺材行礼。棺材从门口抬入孝堂,将死者置于棺盖上,给他"着衾"。"衾"是绸缎缝制、像一口大钟似的绣花大衣,可以将死者全身包裹起来。"衾衣被褥"须由出嫁的女儿置办。长子抱头,其他孝子抱腰、脚等处,在掌礼引导下将尸体放入棺内。孝子给死者用水抹面,以滴酒、米糁喂入死者口中,尽最后的孝养。然后盖棺加钉,由上材人在棺材四角钉下四枚长钉。封棺时,一家人带领亲友,手执安息香,绕棺七圈,转行时应将脸时时对着死者,以示与死者的永别。

接着是"请钉"。六七寸长的一枚铁钉,俗呼"子孙钉",置于覆着红绫的盘子里,供在外厅,孝子要像请材一样向它行礼,然后奉入内堂。先由木匠将钉钉入棺材尾部,接着由族长轻敲三下,然后依长幼之序,各敲三下,最后由上材人钉紧。

最后是"请位"。"位"即牌位,又称"灵位"。牌位上覆盖白绫;倘死者年事已高,可覆盖红绫。由孝子从外厅请入,放在棺材前的灵台中央,然后供菜上祭、烧香点烛,先由孝子、亲属跪拜,再由前来吊唁的亲友上祭。

从清末到民国,苏州多行土葬,死者睡棺木;棺柩从家中撤走,叫"出殡"或"出丧",苏州人俗称为"出棺材"。

出殡当日,先要"辞柩",即在棺前供饭菜,烧纸钱,亲属叩头致祭。孝子将棺木上灰尘掸清。然后"抽棺",即将棺材提起,抽走搁凳,放于地面。稍停片刻后即起棺启行,称为"发行",出殡仪式正式开始。

抬灵柩者的多寡,视贫富而定,分 16 杠、24 杠、32 杠不等。一般人家,出殡仪仗以吹鼓手前导,后随执事、影亭(放死者遗像),长子抱神主坐在"领魂轿"内(有长孙的,长孙坐轿,长子扶轿而行),亲属尾随其后。接着是灵柩,最后是女眷,坐轿或马车。

出殡路线以热闹街市为主线。亲故知交往往在途中设香案致祭;灵柩经过,将影亭迎人祭奠,称为"路祭"。灵柩所过之处,一路抛撒纸钱,即所谓"买路钱"。遇到桥梁,孝子要出列拜接。出殡途中,灵柩不得停下,否则是对死者的大不敬,大不吉利。

(三) 生日寿庆

1. 做生日

出生纪念日的庆贺活动,叫"做生日"或"过生日"。妇女生孩子要受很多痛楚,因此以前孩子出生的这一天叫"母难日"。生日便是由"母难日"发展而来的。

人们特别看重岁数为整十的生日,叫做"大生日";不是整十时的生日,叫"小生日"。三十岁的生日尤其重视,民间有"三十不做,四十不发"之说。另外还有"做三不做四"的习俗,即做三十岁的生日,不做四十岁的生日。"四"与

"死""十"与"尸"谐音,不做四十岁,以避其不祥。

民间有"九关"之说。岁数带"九"的年份,称为"明九",如五十九、六十九、七十九等;虽不带"九",却是"九"的倍数,如六十三、七十二、八十一等,称为"暗九"。认为暗九是人生的"关口",因此,这一年做生日也就格外隆重。除暗九以外,人们还将三十三岁看作是一大关口,民间有"三十三,乱刀斩"之谚,这一年行事特别要当心。除此之外,还有本命年的俗信。所谓本命年,即与自己属相相合的年份。俗传本命年灾殃必多,要进行禳解才能平安无事。在腰间系一根布、绫等材质的红腰带,就是一种禳解方法。

无论是大生日还是小生日,过生日都要吃面,称为"长寿面"。面上还要放"浇头",一般为鱼、肉或鱼肉双浇。孩子生日还常以河虾为浇头,俗呼为"回回顺";虾不去须,因为须眉长是长寿的象征。

生日除吃面外,还有喝生日酒的习俗。

至今民间仍十分重视过生日,但除吃面、喝酒外,又有了许多新的庆贺方式,如亲朋好友分送或合送生日蛋糕,送生日贺卡,送鲜花或其他礼品等。

2. 做 寿

四十岁后做生日叫"做寿",又叫"庆寿"或"祝寿"。五十岁后尤盛。

过去有钱人家做寿要布置寿堂,正厅悬挂"寿"字中堂,或"八仙上寿""麻姑献寿"等画轴、寿屏,也有的供王母娘娘、寿星神马、福禄寿三星瓷像等,两边挂寿对。寿堂周壁悬挂亲友送的寿对、寿屏、寿幛等,讲究的多送刺绣制品。供桌上设面蔬斋供,寿烛两对高烧(丧偶者一对),香炉里点燃盘曲成"寿"字形的"寿字香"。做寿时特别要留神,不能让寿烛熄掉。

做寿之日,女婿、甥婿、侄婿等小辈都要备寿糕、寿桃、寿烛、寿面等礼品祝寿。亲友同仁也常出礼祝寿,苏州书画及刺绣、缂丝等工艺品常被用作祝寿礼品,"百寿图""再来花甲""麻姑献寿"等是祝寿礼品中常用的图案。苏州有钱人家讲究排场,还常请堂名、宣卷艺人到家里吹打助兴,演唱内容大多是八仙上寿之类应景戏文。

(四) 诞 育

1. 求 子

婚后不孕,就要求子。求子者大多去庙宇祈拜送子观音像。宋明之际,苏州流行一种泥塑孩童像,叫做"摩侯罗",因多于乞巧节出售,故以"巧儿"相称,妇女购回家中,以祈得子。过去还有"偷瓜祈男"(又叫"摸秋")之俗。中秋之夜,斋月以后,妇女们三五成群去赏月,顺便到田里去偷摘南瓜,将南瓜带回家藏于绣被之中,以为宜男之兆。这一夜偷瓜,瓜主不会嗔怪。有的还干脆摘了南瓜相赠。

2. 怀 孕

怀孕,苏州人称"有喜"。民间多有禁忌,如不能"视恶色、听淫声",要多看漂亮的画像。孕期,夫妇不能同房。孕妇不能进庙宇,不能进洞房看新娘,不能看死人入殓,不能露天乘凉睡觉,不能跨越沟坎。应多吃苹果、桂圆、鸡蛋,以期将来孩子脸颊丰满、眼大肤嫩。不能吃公鸡、鸽子、田螺、兔肉、线粉、猪头肉,以防小孩出生后啼哭不停、变"斗鸡眼"(即对眼)、田螺眼,或豁嘴、拖鼻涕、生疮疖。

苏州民间有"七上八下"的说法,怀孕到七八个月时最要当心,以防流产。

娘家得知女儿怀孕,便着手制作孩子四季衣衫、尿布等用品。怀孕足月,娘家就用包袱包了这些婴儿用品,连同苦草(益母草)、红糖、人参、桂圆、陈米等给女婿家送"催生盘"。临产,娘家还要送"催生面"给女儿女婿吃。催生的人不能坐,否则孩子就生得慢,甚至难产。

3. 分 娩

过去生养一般都在家里,民间有专以接生为业的接生婆,苏州人称之为"老娘"。老娘接生,一般都让产妇穿上特大的围裙坐在子孙桶上,老娘双手伸入裙内接生。如遇难产,要在室内挂催生符,烧樟木,把橱柜门以及抽屉、箱子的锁统统打开,象征产门洞开。西医传入后,有专门的产科医生,施行新法接生。

苏州民间还有"冲生"之说:谁第一个见到婴儿,就是谁冲的生,以后孩子的脾气就像谁。

产妇俗称"舍姆娘"("褥姆娘"的转音)。舍姆娘生产后要喝人参桂圆汤。分娩后几个时辰内产妇身边不能断人,防止产妇出现大出血等紧急情况。

4. 做"舍姆"(月子)

月子里产妇不能被风吹,手脚不能入冷水,不能受气,否则容易生毛病,得手脚酸疼、头疼等后遗症。七七四十九天内不能行房事。

亲友在月子里探望产妇,多送母鸡、鸡蛋、鲜鱼、蹄髈、猪腰、莲芯、枣子等礼品。产妇三朝内应吃清淡而富有营养的食品,十天后才能吃大荤。此外,每天要吃苦草红糖汤,以尽淤血。

过去以产妇为不洁,月子里不能串门。民间将生孩子的房间叫做"血房",月子里烧香拜佛者和上了年纪的人不能进去。

5. 开　奶

一般在出生二十四小时后给婴儿喂第一顿奶,俗称"开奶"。开奶前要给婴儿喝"三黄汤"(犀黄、大黄、黄连煎煮的汤药),其味极苦,有清火解毒之效,且有"吃得苦中苦,方为人上人"的含义。

6. 三　朝

婴儿初生三天,是婴儿能否存活最为关键的时期,称为"三朝"。婴儿家门前要悬挂一张"百眼筛",筛背朝外,上结红头绳,中挂镜子(照妖镜),筛上插一把剪刀、一把镰刀、一杆秤,据说能驱邪避鬼。初生婴儿不能和外人以及与婴儿属相相冲的人见面。如非要见面,也只能隔着门槛。

7. 洗　三

婴儿生下第三天洗澡,叫"洗三"。洗三时,产妇卧室内要供"监生娘娘",浴盆里要放长生果、桂圆等讨口彩的食物,边洗边说"长命百岁,聪明伶俐"等祝词。

8. 满　月

苏州人非常看重婴儿满月时的第一次剃头,特别是生了男孩的。剃头那一天,往往请了堂名、滩簧或宣卷艺人来家弹唱表演,还要请亲友喝满月酒,吃满月面。一般男孩要做双满月,即出生满两个月时才做满月庆贺仪式;而女孩只能做单满月,满月酒宴上也只能吃鲤鱼,不能吃鲢鱼。

满月仪式不一定放在正日。农历二月初满月的孩子,大多在二月初二这一天做,因为苏州民间有"二月二,龙抬头"的说法。农历正月、五月和腊月一般不给孩子剃头。剃头前亲友向婴儿赠送金银项链、锁片、手镯、脚镯、项圈等礼品,礼品上往往刻有"长命富贵""状元及第"等吉祥字样。也有送衣料、食品的。信佛的人常送金银小木鱼。

剃头仪式举行时,厅上要点红烛、烧寿字香,供老寿星画像或塑像,桌上放供品和亲友送的礼物。孩子要舅舅抱了坐在厅上;理发师请到家里,赏钱特别丰厚。给婴儿洗头的盆中,要放一点银器,这样洗头才能有"人气"。婴儿的头发剃得长短不一也不要紧,叫作"毛毛头"。剃下的头发揉成一个团,用红绿丝线串起来,下面系上红绿飘带,挂在小孩的睡床上,据说可以压邪。现在更有将婴儿胎发制成"胎发笔"以留作纪念的风尚。头剃好后,孩子先要由母亲抱,然后亲友递相抱一抱,这样以后就不会怕生。孩子第一次戴上帽子,身上放本历本,历本的角上用红绿丝线串一枚"太平"铜钱,由舅舅抱了撑一把油纸新伞去走叫做"太平""吉利""万年"等具有吉利名称的桥。这一天,要向亲友发红蛋,一般五只,象征五子登科。

9. 周 岁

孩子周岁,也要设宴请亲友来喝酒、吃面"做周岁"。诸亲好友送衣衫等礼物。做周岁时要"试儿",俗称"抓周"。孩子要打扮一新,在他面前的百眼筛里放上书本、刀子、尺子、算盘、秤、针线、玩具等,看他先抓哪一样,以此来判断将来的前程。

10. 育 儿

过去孩子不易养大,民间流传许多保育习俗。

孩子满百日时,要穿百家衣、戴百家锁。主家先用红纸包米七粒、茶叶七片,分送亲朋好友,亲友就会送回若干钱来。用这些钱钞给孩子制备衣衫或购买锁片,即所谓"百家衣""百家锁"。百家锁上常刻有"长命富贵"等吉祥字眼。另外,佩戴项圈、手镯、脚镯等也都有压邪保育之意。

父母多将婴儿寄名给孩子多的人家,或根据五行认为适宜的人家,以求吉祥。寄父母给孩子的礼品中必有包袱、项领、肚兜三件东西,合称为"包领大"。寄父母给孩子取一个具有吉祥寓意的名字。此外,阿猫、阿狗地将孩子叫贱,或以"留根""锁子"等为名,都有利于保育孩子的意思。

苏州自古是文化仪礼之地,一般男孩长到六岁就要"斋星官",入蒙馆上学。孩子上学时,一切文具用品都由舅舅供给,并由舅舅送往学校,称"送学堂"。

男孩长到十五六岁时,要在农历二月二"龙抬头"日行加冠礼,即成年仪式,从此以后就能上族谱、进宗祠了。女孩十三岁时开始蓄发。

三、岁时节令

1. 春 节

春节,是农历新年的开始,苏州人称"过年"。广义的春节实际上包括农历新年前后的一段日子。主要习俗有掸檐尘、送灶、祭神祭祖、贴春联门神、吃年夜饭、守岁等。年初一起来要放开门炮仗,吃年糕、圆子、春卷,见面相互拜年祝福,给孩子压岁钱。春节期间,人们走亲访友吃节酒。

20世纪50年代以后,春节习俗发生了一些变化。送灶之举逐渐消失;祭祖仪式还有保留,但祭神已极少见;90年代以来,渐行到饭店吃年夜饭的风尚;守岁转为家家户户观看中央电视台春节联欢晚会;年初一零点,放鞭炮"迎春",似已与"开门"无关;"健康长寿""恭喜发财"为拜年时常用祝词;压岁钱的数目越来越大,已失去"压祟"的本意。

2. 元　宵

正月第一个圆月之夜叫元夜、元宵或元夕。每至其时,到处都要张挂彩灯,故又称"灯节"。这一晚,人们燃放爆竹焰火,敲锣打鼓闹元宵,猜灯谜、吃汤圆,表演歌舞、高跷、龙灯、旱船等文艺节目。

苏州彩灯闻名天下,素有"元夕张灯,以苏灯为最"的美誉。每至元宵前后,苏州街市到处都有各种彩灯出售,形成"灯市"。元宵习俗,苏州尤盛,有"吴中风俗,尤竞上元"之说,古胥门元宵灯会是最典型的代表。

过去苏州妇女还有元宵夜"走三桥"的习俗。常年足不出户的妇女,元宵之夜结队而行,定要走过三座桥梁而回,据说这样可以消除百病,所以"走三桥"又叫做"走百病"。走三桥之俗源于古代的水祓信仰,古人以为水可以禳除灾殃。

3. 清　明

清明前后苏州人有踏青以及插柳、戴柳的习俗。放鹞子也是清明风俗。清明过后田里种了庄稼,就不能再放风筝乱踏了,所以清明节放风筝叫"放断鹞"。放断鹞还有将一年晦气全由鹞子带走的俗信。

清明节要上坟祭祖。清明节还有吃焐熟藕、青团子的食俗。踏青扫墓,同时春游。因苏州为天堂福地,城西郊诸山兴建墓地众多,每年清明前后三天,上海有十万扫墓大军赶至苏州,兼春游购物,亦为习俗。

4. 端　午

农历五月初五端午节,素有划龙舟、吃粽子之俗。苏州等吴越故地的端午习俗与伍子胥有关。伍子胥因父兄遭楚平王杀害而逃避吴国,助吴公子光继位为吴王阖闾,并"相土尝水,象天法地",建造阖闾城(今苏州城),辅佐阖闾实现争雄东南、西压强楚的伟业。吴王夫差时,他因敢于直言,被逼自杀,尸体被"盛以鸱夷之器,投之于江中"。吴地老百姓怀念伍子胥,每于五月初五都要包粽子,并在胥江等处进行龙舟竞渡以纪念他。《清嘉录》卷五《划龙船》载:"宗懔引邯郸淳《曹娥碑》云:'五月五日迎伍君,逆涛而上,为水所淹。'谓是东吴之俗。事在子胥,不关屈氏。然则荆楚自为灵均,吴越自为子胥耳。"

古代视五月为毒月,端午尤甚,苏州民间有门首挂菖蒲、艾草,厅堂挂钟馗像,饮雄黄酒,臂绕五色丝线,身上怀香包、佩避瘟丹等习俗,以期祛毒、镇邪。这一天,孩子还要穿戴虎皮衣、虎头鞋、虎头帽。民间还有采百草和斗草的习俗。

5. 乞巧节

农历七月初七,俗称七夕节,又称乞巧节,由牛郎、织女传说衍化而来。这天晚上苏州民间有许多乞巧习俗,如祭祀乞巧、穿针乞巧、浮针乞巧等,妇女们希望从织女和牛郎那里乞得智巧。巧果是苏州人乞巧节祭祀双星时用的供品,也是苏州的一种特色食品,香脆可口,别有风味。

苏州太仓黄姑村流传"尝有织女牵牛星降于此地"的传说,"乡人异之,为之立祠",每至七夕,人皆合钱为乞巧会(南宋龚明之《中吴纪闻》)。乞巧会时,还有从昆山、嘉定、常熟等地赶来的大批香客。黄姑庙会上,货摊群集,人群熙攘,热闹非凡。民间艺人演出《七夕》弹词,或演《牛郎织女》《鹊桥相会》等戏文,唱《织女篇》宣卷。这便是太仓著名的七夕黄姑庙会。

6. 中 秋

中秋节在农历八月十五。苏州旧俗,中秋夜家家都要在庭园里设供桌,陈月饼以及菱藕、石榴等时令瓜果斋供月宫,焚烧斗香。月饼是中秋的节令食品,饼圆如月,象征天上月圆、人间团圆,因此深受群众欢迎,也是节日馈赠亲友的极好礼品。中秋夜有"走月亮"的习俗,特别是妇女,可以不受平时规矩束缚,到月光下去散步赏月。城西郊石湖有八月十八"行春桥九孔串月"奇景游赏习俗,苏州周边城市也有人特地乘船赶至石湖赏月。

虎丘是赏月佳处。中秋之夜,通往虎丘的山塘河上游船如织,山塘街上人声鼎沸,其时山塘河两岸桂花盛开,桂子飘香,所以山塘中秋旧有"桂花节"之称。明袁宏道有记云:"每至是日,倾城阖户,连臂而至……从千人石至山门,栉比如鳞,檀板丘积,樽罍云泻……布席之初,讴者百千……分曹部署,竞以新艳相角,雅俗既陈,妍媸自别。未几而摇首顿足者,得数十人而已。已而明月浮空,石光如练,一切瓦缶釜,寂然停声,属而和者,才三四辈。一箫,一寸管,一人缓板而歌,竹肉相发,清声亮彻,听者魂销。比至夜深,月影横斜,荇藻凌乱,则箫板亦不复用。一夫登场,四面屏列,音若细发,响彻云际,每度一字,几尽一刻,飞鸟为之徘徊,壮士听而下泪矣……"(《袁宏道集》,凤凰出版社,2009年)此即传承至今的虎丘曲会之俗。

苏州吴江黎里旧有"中秋显宝"习俗。中秋节前后三天,各家把收藏的字画碑帖、石刻、铜镜、象笏、印章等珍藏的古董宝贝拿出来供人观赏。显宝活动分公、私两类。公有东圣堂社坛、罗汉寺、城隍庙等40余处宫观寺庙,私主要是各商铺的店堂和镇上周、陈、李、蒯、汝、陆、徐、蔡八大姓的厅堂,每年不下300处。其俗发端于元,成型于明,盛行于清,一直延续到民国后期,可谓是当时的"民间博览会"。

7. 重阳

古人把"九"列为阳数,农历九月九日便被叫做"重九"或"重阳"。"九""久"同音,能讨得长寿。重阳有登高节俗。北寺塔高耸城内,一旦登临,全城景物尽收眼底,是过去市民主要的登高之地。除此之外,虎丘、灵岩、东山、阳山、穹窿山以及常熟的虞山、昆山的马鞍山等也是当地居民重阳的登临之地。上方山、吴山离市区最近,更是重阳登高好去处,吴山还有"扑羊"之戏。登高游观,可以开阔胸襟,活动肢体,呼吸新鲜空气,是强身健骨、延年益寿的活动。

重阳还有赏菊节俗。"菊所在有之,吴下尤盛",苏州人素爱菊花。人们以铁丝缠绕在菊花梗上,随意偃仰加工,并将千百盘菊花堆叠成山,叫做"菊花山"。菊花有祛风、除热、解毒、养肝、明目之功,有"延寿客"之称,喝菊花酒是苏州重要的重阳节俗。人们还喜喝茱萸酒,茱萸能温补肝肾、固精止汗,人称"辟邪翁"。苏州人不但将菊花、茱萸入酒,还喜欢将它们佩戴在胸前或斜插于鬓鬟之间。

重阳前后苏州阳澄湖蟹已经上市,人们往往在重阳期间,借园林设宴雅集。在菊花丛中欣赏着满目黄花,一边喝着菊花酒,一边吃着大闸蟹,是苏州人重阳"持螯赏菊"之俗。

苏州人还有吃重阳糕的习俗。"糕""高"谐音,既有映衬"登高"的意思,又有"步步高升""高高兴兴"的寓意。过去九月九日天明之时,父母将云片糕放在小孩头额之上,并祝祷说"儿百事俱高",以讨吉利口彩。

8. 冬 至

苏州素有"冬至大如年"的说法。冬至前夕,一家人要团聚在一起吃"冬至夜饭"。亲友之间像过年一样,要互送"冬至盘"。家家要挂"喜神"(祖先遗像),祭祀祖先。冬至正日,还要穿了新衣裳互相拜贺,俗呼"拜冬"。

"冬至大如年"的原因,正在于按照周代历法,"冬至本是年"。当年泰伯、仲雍让贤奔吴,将这种习俗带到吴地。后来历法变更,冬至不再是新年的开始,但这天"过年"的习俗却在苏州流传下来。

冬至是一年之中夜最长、日最短的一天,苏州有"有铜钿吃一夜,呒铜钿冻一夜"之谚。民间还有"连冬起九"的说法,即从冬至开始,每九天为一单位,以此来描述寒冬的进程。民间流传有不少"九九歌",如"一九二九,伸不出手;三九四九,冻死猫狗;五九六九,隔河看柳;七九河开,八九雁来;九九寒尽,春暖花开"等。

四、文教娱乐

（一）方言、山歌、说唱

1. 吴　语

吴语即吴地方言，是我国最古老的方言之一。3 000 多年前，泰伯、仲雍南来，随行千户，他们带来的中原话和这里原住民的土话相互交融，就产生了至今这里的人们还在使用的吴方言。几千年来，吴方言虽也发生了很多变化，但它依然特色鲜明。吴语有最完善的语音系统，它的声母分清浊，音素有 50 多个，声调在 7 个以上。苏州话是最具代表性的吴语，它柔软动听，语音轻快、跳跃，具有特别明显的音乐感。

吴语对中国文化的影响巨大，特别是东晋南渡后，中国文化的中心开始逐步南移。南宋以后，中国许多重要的文学创作都在吴方言区完成。吴地人才辈出，如冯梦龙、凌濛初、金圣叹、毛宗岗等作家，创作出"三言两拍"等名著，描摹吴地生活，运用吴语写作，影响深远；施耐庵、罗贯中、曹雪芹等虽非吴地人，但他们的著作中也大量运用吴语。此外还出现了《何典》《海上花列传》《九尾龟》《海天鸿雪记》《苏州繁华梦》等一批吴语小说，记录了吴语的韵律和吴地的社会风情。近代以来，吴地更诞生了鲁迅、茅盾、叶圣陶、郁达夫、徐志摩、顾颉刚、刘大白、刘半农、戴望舒、柔石等一大批知名作家和学者，他们的作品中运用了不少吴语，对发展、充实汉语言文学做出了特殊的贡献。

在柔美动听的吴语的基础上，还产生了吴歌、评弹、昆曲、苏剧、越剧、沪剧、锡剧等歌谣和戏曲艺术。

2. 吴　歌

苏州是山歌之乡，吴歌就是以苏州为中心的吴语地区民间歌谣的总称。先秦文献中有"吴吟""吴歈"的记载，都是古人对吴歌的称呼。吴歌与人民群众的生产、生活是分不开的。苏州农村的乡民种田时唱，行舟时唱，休闲时也唱，男女情爱更离不开歌。吴歌具有善用谐音、隐喻双关以及叠句、排偶句等艺术特点。吴歌的种类很多，按其内容，有劳动歌、生活歌、时政歌、仪式歌、情歌、儿歌等多种；按形式，则有短歌及长歌之分。

常熟白茆每年秋收后有对山歌的习俗，人们在白茆塘两岸搭起台来，你唱一支,我唱一支,看谁唱得好,看谁肚子里的歌多。对歌中随机应答,见物指物,随编随唱。

吴江芦墟过去有"赛唱山歌接韦驮"的习俗。每年农历七月十四日"接韦驮日"晚上,村民们摇船到指定河港进行赛歌。最引人入胜的是两人或两队对唱,一问一答,不可脱板,不可打顿,若是接不上唱,就得认输。功底深厚的老歌手可以一口气连唱几十句甚至上百句"急急歌"。

流传于张家港凤凰镇河阳山一带的河阳山歌,句式整齐、押韵规则,善用比兴、双关,保留有明显的地方特色和原始风格。

除此之外,太仓的双凤、苏州工业园区的胜浦、姑苏区的白洋湾、相城区的阳澄湖、常熟石湾、昆山的昆北和张浦等,也都是著名的山歌之乡。

3. 长篇叙事吴歌

1980年末,苏州市民间文艺工作者意外在吴江县芦墟镇的山歌手陆阿妹口中发现了长篇叙事吴歌《五姑娘》,并将其采录抢救了下来。

《五姑娘》讲述了清代江南农村一个姑娘的爱情悲剧。它的发现颠覆了汉族没有长篇民间叙事诗的定论,国内外有30多家报刊先后对此做了报道。

《五姑娘》被发现之后的二三年时间里,苏州民间文学工作者又先后从吴县、吴江、常熟、昆山、太仓等地挖掘出《赵圣关》《孟姜女》《红郎娶小姨》《卖盐商》《鲍六姐》《卖衣香》《打窗棂》《老姐嫁人》《老囡嫁人》等多部长篇叙事吴歌。此外,在苏州周边的吴语区也发现了多部长篇叙事吴歌,如无锡发现了《沈七哥》《六郎娶小姨》,南通发现了《红娘子》《魏二郎》,浙江湖州、平湖等地发现了《朱三与刘二姐》《林四姐与姚小二官》,上海郊县发现了《白杨村山歌》《林氏女望郎》等。在不长的时期内,吴语地区从老歌手口中记录到较完整的长篇叙事吴歌不下15部,不太完整但有重要线索的不下30部。这样一大批汉族叙事长诗的发现,填补了吴歌研究的空白,大大丰富了我国民间文学宝库。

4. 宣卷(吴地宝卷)

宣卷是我国普遍存在的一种民间讲唱文学形式,说唱宣卷的底本即为宝卷。吴地宝卷主要分布在苏、锡、常和浙江北部一带,尤其以张家港河阳地区、吴江同里、昆山锦溪、苏州胜浦等地最为集中和典型。

宝卷源于唐代的佛经俗讲。中晚唐时期,出现了有"白"有"唱"的继承佛教俗讲传统的新形式——宣卷。宋元,宣卷出现了比较完整的文本,即宝卷。

宝卷的内容,大致可分为神道故事宝卷、妇女修行故事宝卷、民间传说故事宝卷、俗文学传统故事宝卷、道教经义宝卷和童话宝卷六类。

宝卷卷本有三种式样:一是全唱本,即全是唱词,一唱到底;二是全讲本,即从头至尾全部演讲;三是讲唱本,即有唱有讲,讲唱结合,占宝卷绝大多数。凡是唱本,唱词都是七言句,不讲究格律,但讲究押韵,韵脚均为吴方言。唱词简朴,少有文人修饰。

宝卷宣唱有两种形式,即木鱼宣卷和丝弦宣卷。木鱼宣卷一般是两人搭档,两人在桌子东西两旁相对就座。东首为上,桌上放醒木、折扇、经盖、木鱼等物;西边为"下手",一边击打磬子,一边附和"上手",并加唱"南无阿弥陀佛"。丝弦宣卷增加了丝弦乐器,六至八人表演。

宣卷曾在苏州城乡广泛流布,旧时百姓做寿、婚嫁等多延请宣卷班子,是这些民俗活动的重要组成部分。宣卷也是佛道节日、庙会的重要活动。

5. 横扇湖滩说书

横扇湖滩说书产生于太湖溇港地区,脱胎于清代以太湖渔歌为基本曲调的花鼓戏。花鼓戏衰落后,一部分花鼓戏演员开始到茶馆,以湖滩曲调为基础,以说唱形式演绎戏曲故事,受到茶客们的欢迎。后来这种说唱形式在溇港地区流传了开来,人称"横扇湖滩说书"。

横扇湖滩说书常常以说表、演唱形式来演绎故事内容,酷似苏州评弹,曲调简单,颇有江南滩簧的特点。

横扇湖滩说书演唱形式多样,有单档、双档、三人档。伴奏乐器有二胡、尺板。双档时一般一人拉二胡,一人敲尺板。横扇湖滩说书演出灵活方便,可以在书场里演出,也可以在茶馆里演出,还可以到农村田头、场头演出,甚至可以在农民家中演出。

横扇湖滩说书书目丰富,有长篇《珍珠塔》《林子文(双玉珏)》《小金钱》《七星剑(叶香盗印)》,中篇《合同记》《玉连环》,开篇《一本乌袍》《二十古人》《螳螂做亲》等。

(二)民间音乐

1. 江南丝竹

江南丝竹是以丝弦乐器和竹管乐器为主组成的器乐演奏形式。苏州的江南丝竹分布在古城区和常熟、张家港、太仓、昆山、吴江、吴中、相城等地,尤以太仓城乡最为繁荣。江南丝竹在昆曲改革中诞生,在民俗活动中绵延。

江南丝竹的传统代表曲目有《三六》《行街》《欢乐歌》《慢六板》《中花六板》《慢三六》《云庆》和《四合如意》,被称为"八大曲"。太仓一带还广泛流行《乌夜啼》《龙虎斗》《南词起板》等。

2. 十番

十番音乐明末清初盛行于苏州城乡,包括十番锣鼓和十番吹打,是演唱昆曲戏文前后演奏的乐种。演奏者主要为演唱昆曲的堂名班社。

十番锣鼓可分为"清锣鼓"(俗称"素锣鼓",只用打击乐演奏)和"丝竹锣鼓"(俗称"荤锣鼓",兼用丝竹乐器演奏)两大类。常用乐器有曲笛、笙、唢呐、长尖、曲弦、提琴等管弦乐器,大锣、汤锣、马锣、春锣、七冒、戏锣、云锣、大小齐钹、双磬、单堂、单皮、小木鱼、绰板等打击乐器,有时还增加箫、管、双清、琵琶、二胡、南方板胡等丝竹乐器和兴锣、汪锣、点鼓等。乐队12人为"全堂"。演奏时,用两张方桌竖放于厅堂,丝竹乐器置桌上,锣鼓架放桌后,乐手围坐三侧,前端扎"堂名"桌帷,面对厅堂大门者为上首。

十番吹打在民间称为"吹打""鼓吹",分粗吹、细吹两类。粗吹,用大唢呐一对主奏,不用弦乐,有时加长尖及号筒;打击乐器必备的有单堂、小齐钹、汤锣,还有兴锣、汪锣、大锣等。细吹,用小唢呐,还有丝竹乐器如曲笛、箫、管、笙、曲弦、琵琶、双清、提琴和胡琴等;打击乐器除粗吹所用者外还有点鼓、春锣、云锣和小木鱼,不用大锣。

十番吹打与十番锣鼓各有特色,十番锣鼓因人多音大,更显热闹、欢快;十番吹打一般没有固定的锣鼓段,比较简单。

3. 堂 名

堂名约出现于明末清初,是民间艺人在普及昆曲过程中形成的一种清唱戏文兼奏十番等音乐的乐班,主要分布在苏州、常熟、太仓等地。

一个堂名班子一般8人,少则4人(称"半堂")。堂名以坐唱昆曲(不化妆),演奏十番锣鼓、江南丝竹为主,常兼业吹鼓手,是民间婚丧喜庆时宴宾娱客的一种职业性或半职业性的班社,大多有固定的主客。

堂名演唱时,一般用两张八仙桌拼成台面,一面系上绣有堂名的桌帷,桌上放置笛、箫、笙、管、弦子、提琴、阮、二胡、怀鼓(荸荠鼓)、单皮鼓、招军、铜角、锣鼓、钹、九云锣等乐器。艺人分坐两边,主唱者、副唱者在前,其他人在后,按戏情需要随时调整座位。

苏州太仓堂名、辛庄堂名、木渎堂名最为有名。

4. 苏州小调

苏州小调是专指在苏州及其周近地区流传的曲调或民谣。

苏州小调源远流长,早在先秦及两汉时期,就产生了很多吴地民间歌曲。所谓"吴歌杂曲,并出江南","杂曲"即指吴地的民间小调。现代流传的苏州小调正是对明清俗曲、时调的传承,其中《四季调》《五更调》《十二花月名》《九连环》《五瓣梅》等曲至今仍在民间广为流传,同时被滑稽戏、评弹、苏剧、沪剧等地方戏吸收。

苏州小调大体可分为一般小调和歌舞小调两类,内容丰富,几乎涵盖了生产生活的各个方面,如表现婚姻爱情的《等郎五更》《二姑娘相思调》,表现生产劳作的《摇船调》《莳秧小调》《采茶小调》,表现日常生活的《十只麻雀》《十二样花名》《十只蟹》,反映地方景致的《苏州风光(大九连环)》《吴江调》《凤阳歌》,表现戏曲文学的《张生跳粉墙》《烟花女子告阴状》《春调》,表现神话传说的《银河落勒太湖里》《善财龙女两边分》,表现职业特色的《媒婆调》《卖货郎》《叫化调》,表现时令特色的《六花六节》,以古典诗词为内容的《九里山前做战场》等。

小调曲体结构形式多样,有固定的曲调名;节拍相对稳定,重轻拍子交替律动明显;主要流行于城镇而渐及乡村,歌唱性比较强,常有乐器伴奏。

5. 道教音乐

以玄妙观为代表的苏州道教音乐,在苏州城区和常熟、吴江、昆山、太仓等县(市)乡镇均有影响,外围涉及上海、无锡等周边地区。

苏州道教音乐是随着斋醮科仪的出现而产生的。它除了继承古代"巫以歌舞降神"的传统外,又吸取了庙堂仪典、民族祀礼音乐的成分,逐渐形成了以表达神仙信仰为主要内容的宗教音乐,分器乐、声乐两大部分。

器乐部分,主要有笛曲、鼓段和由笛曲、鼓段连缀而成的套曲。使用的乐器有吹奏类的曲笛、笙、箫和海螺,拉弹类的曲弦、双清和提琴,打击类的同鼓、单皮鼓、手鼓、磬子、钲子、大小翁钹、铙钹、锡锣、云锣、木鱼、引磬、铃主、金钟玉磬和绰板。近代又增加了大小唢呐、长尖和号筒等吹奏乐器,二胡、南方板胡、中胡、琵琶、秦琴和阮等弦乐器。

声乐部分,就是道教的经韵唱腔。这种唱腔叫做"韵腔",包括"赞""颂""偈""诰""咒""符"等诸种形式。

演唱的方式可分四种:咏唱式,是韵腔中旋律最美、唱腔最多的部分,常用于"赞""颂";念唱式,用于"诰";诵念式,用于"符""咒"等;韵腔夹以道白,类似戏曲中的韵白;无韵腔的经韵,有"表""偈"。演唱中,有领唱、合唱、齐唱等。

6. 娄河渔民号子

渔业是太仓刘家港(今浏河镇)的传统产业,这里有众多以海上捕捞为生的渔民。在劳动过程中,为了协调动作,统一步调,激发干劲,产生了简单易唱、朗朗上口、富有地域特色的渔民号子。

各种号子都是齐唱,或有领唱、和唱。除领唱者或有指挥性质或鼓舞性的具体歌词外,大家唱的基本都是"哎嗨!""吭哟!"等呼应之声。但"打水号子"因要报水位情况,仅"船头"一个人唱。

(三)民间舞蹈

1. 调龙灯

龙是中华民族的图腾,相传它能呼风唤雨,还是吉祥的象征。因此,古人在遭受旱灾的时候,就常以跳龙舞来祈求降雨。

龙灯由 7 至 13 节以至逾百节组成,每节由一个演员握住手柄操纵,另有一名演员手持龙珠在前面引导。

舞龙头的演员在舞动时必须让风灌入龙嘴,才能让龙身鼓起来。舞龙尾的演员特别辛苦,龙头摆一次,他就要左右走三四步。舞中间段的演员要有灵活清醒的头脑,因为这是整条龙身平衡的关键。总之,调龙灯是一种集体性特别强的舞蹈,要有高度的团队协作精神。

2. 荡湖船

"荡湖船"是元宵灯节出演的节目,演员往往由一对男女组成。"荡湖船"的主要道具是"船"。"船"用彩绸扎成,挂在女演员肩上,由她扶住"船帮"将"船"荡起来。男演员拿着船桨在"船"外做着划船的动作。两人互相对答,有说有唱,内容诙谐滑稽、风趣活泼,边舞边唱。演出时多船可组成船队。

3. 打连厢

北方有一种小调叫"莲花落",是乞丐在街头唱的,唱时手中拿一根小竹竿,一面赶狗,一面舞动。后来又在竹竿上装小铜片,变成了舞蹈"落子"。清初传到苏州叫"打连厢",演员用"连厢棒"在身体各个部位敲打时,忽俯忽仰,婀娜多姿,灵活多变,还加进了推磨、挑担、划船、舂米等劳动动作。"打连厢"时,少则一二人,多则几十人。人少时表演可以有即兴动作;人多时要求动作整齐协调,不能自由发挥。

4. 挑花担

"挑花担"又叫"担花篮",苏州各地都有,在庙会或节庆时演出。演员都是女性,表演时边跳边唱山歌。

演出时,有一个指挥,两个领队,其他表演者一般在 8 人以上,不过都要成双数,一对对排成行列进行。领队负责领唱,一人手持鲜花,一人手拿碰铃。队员们用富有弹性的小扁担挑着花篮担,篮里放一些有分量的东西,使花担上下颤动。演员们动作整齐,队形多变,音乐悠扬,在乐队伴奏下,给人以齐整协调的美感。

5. 滚 灯

"滚灯"用的"灯"是毛竹片扎成的内外两只灯球,由五六个到十几个演员表演,有时站在球上,有时把它举起。球重40—60斤,只有健壮的男性才能胜任。表演时演员要做出各种造型及动作,以前有"三十三天""七十二变"等108种招式的说法。滚灯流行于江浙沪一带,尤以太仓滚灯最具代表性。

6. 浒浦花鼓

这是流行于常熟浒浦一带的花鼓舞蹈,演员有拿小锣的"花鼓大哥",拿小鼓和手帕的"花鼓娘子",拿连厢棒的"花鼓百挑",还可以增加拿手帕的"花鼓妈妈"、拿小扇子的"顽童"等。他们在场上自由发挥,随机应变,密切配合,十分欢快活跃。特别是"花鼓百挑",打着莲湘,用种种幽默有趣的动作,与其他角色串联、打逗,在节目里起着制造气氛的作用。

7. 跳板茶

"跳板茶"出现于清末,曾盛行于昆山南部千灯镇大团村及其周边的张浦、石浦和大市等乡镇。周市镇的"跳板茶"略有不同。邻近的太仓、常熟也有"跳板茶"的表演。

"跳板茶"是昆山南部水乡婚礼中的一道仪式:由一名男子(后来也有女子表演的)托起装有茶杯的茶盘,通过转、举、托和扭等一系列高难度动作,向宾客献茶,表示敬意。完婚后新娘"三朝回门",新阿舅要到男方家迎接,"茶担"入堂献茶,也要举行"跳板茶"的仪式。同样,当新郎陪新娘回门到娘家时,女家也要给新郎回敬。

以前,"跳板茶"由专为婚庆人家提供茶水、烫酒,出租礼服、花轿、酒具、茶具和布置喜堂等服务的"茶担"从业者承担。各个"茶担"为争生意,不断吸收戏曲、杂技技巧,表演水平不断提高,增强了观赏性和娱乐性。

8. 摇大橹

"摇大橹"主要流传于太仓浏河、浮桥、璜泾和茜泾等地,吴江金家坝、吴中斜塘也发现有相近的民间舞蹈,称为"江南荡湖船"。

"摇大橹"多在庙会中表演。一般由扯绷者"三先生"和把橹船女"荡湖阿姐"两人表演,扯绷者扮成小丑或书生,与船女打情骂俏。可增加一到两名小丑("跳鳖虫"),在中间演唱挑逗。6人表演时,可再增加两名"吊绷人"。演出时,

"阿姐"与"三先生"并立橹侧,做摇橹动作。"吊绷人"扯住两根绷绳在前面引进。"跳鳌虫"在橹前后左右自由动作,有时在绷绳上跳来跳去。角色之间互相逗趣。在行进中,逢店必唱,唱词根据行业特点以问答方式随编随唱,"阿姐"问,众人答,"跳鳌虫"做出相应动作,店主则放鞭炮以示欢迎。晚间表演,"大橹"和"阿姐"头饰上还要缀满小电珠,彩光闪烁,更加好看。

"摇大橹"曲调旋律轻快活泼。

大橹以毛竹扎成,长三四米,橹梢扎红绸彩球,橹把、橹板用红绸包扎,并引出两条红绸带做橹棚绳。橹底装有木轮。

9. 断龙舞

"断龙舞"流行于昆山陆家镇,辐射至昆山大部分地区,以至上海、苏州、无锡、宜兴、常熟和太仓等地。

"断龙舞"源自一个古老的传说。相传宋朝时,有一年陆家大旱,老百姓求龙王相救。龙王派青龙太子行云布雨。旱情解除了,青龙太子却因触犯天条被玉皇降旨斩成九段。青龙垂死之时为青狮所见而得以救治。陆家民众听说后,建起了龙王庙,并在龙王会上舞起狮龙舞,以表达对青龙太子的感激之情。这条龙就是分成九段的断龙。"断龙舞"有龙狮共舞的情节。亦可单独表演。由于它和一般龙舞不同,受到欢迎,流传至今。

"断龙舞"与当地传统节日紧密相连,一般都在正月初一"年朝"、正月十五"元宵"、二月初二"龙抬头"等节日演出。

10. 摸壁鬼

"摸壁鬼"是庙会仪仗中一种具有傩舞色彩的民间舞蹈,民间又称之为"喝道"。主要流行在张家港市北片沿长江地区乐余等沙上地带。

据说,当年有个叫顾七斤的在南通来沙上垦荒途中翻船落水,随波沉浮竟数日不死。获救后自感有神灵相助,为谢神恩,便在沙上毛竹镇捐资修了神王庙,每逢农历十月初一至初五举办庙会,抬神出巡,求神保佑。"摸壁鬼"便是他从苏北地区带来用于仪仗的。

这里俗传农历十月初一为鬼节,此日阎王给鬼魂"放假"到人间享受祭奠,其中一些冤魂则要来索命讨债。庙会即在鬼节中起威慑、安抚作用。"摸壁鬼"便在出会仪仗中开道,作为"正鬼",有驱邪镇魔之威。

"摸壁鬼"演员8至16名,造型狰狞,戴绘有符咒的"无常"式高帽,套青面獠牙、血盆大口的面具,佩缀着6枚铜铃的项圈,搭叶片状披肩,穿黑色紧身衣裤,着黑布鞋,系树叶状围裙,胸前衣襟绘有黄色鬼脸,手腕、脚踝套6枚响铃串成的铜圈。"摸壁鬼"的动作吓人,道具钢叉与竹板的表演多为劈、刺、打。随着钢叉上的铁圈抖动,竹板拍击地面,"摸壁鬼"口中呼啸,声响交混,惊天动地,威慑群鬼。

11. 盆烛舞

"盆烛舞"流行于吴江松陵镇、震泽镇和江浙毗邻地区。

过去吴江文庙祭祀仪式上有一种手持蜡烛的"盆烛舞",动作缓慢文雅。后来"盆烛舞"也常在农村猛将会等赛会赶会时演出,是春台戏的演出内容。

"盆烛舞"一般是女子群舞,也可男女同舞。人数不限,常由8人以上表演。演员头戴珠花,梳单根长辫或双髻,穿大襟花布上衣,腰束小围裙,下穿大脚口半长花布裤子,脚着布鞋,手托插有红烛的小盆,中指戴顶针箍。为了增加气氛,有时还加上一名男丑穿插其间。

表演时,以多种步法走出各种队形。走步或亮相时,有下腰、鹞子翻身、射雁、探海、蹯燕、金鸡独立等动作,并利用烛光做出"千手观音"等造型。同时,按音乐节拍用中指顶针箍击打碟子。要求手脚柔软,舞步轻盈,双手托盆向内外旋转时盆不落地、烛不熄灭。为了突出烛光效果,可熄灯表演。

舞蹈以二胡、笛子、响铃等民间乐器伴奏。

(四)书场戏院

苏州昆曲、苏滩、评弹等戏曲、曲艺历史悠久、影响深远,为广大民众所喜爱,而听书、看戏的场所,也从茶馆里孕育出来。

苏州城内茶馆林立。过去苏州的茶馆兼书场。书场门口都挂有一块长方形木牌,上面写节目预告。进门柜上放着五六寸长、半寸多阔的"书筹",听众进场买筹。

书场内靠墙设有书坛,台高尺余,上有半桌、交椅,以桌帏、椅披装饰,半桌上置有烛台、红烛以及折扇、惊堂木等道具,椅上有蒲团。

书场内安放八仙桌,听众围桌而坐。靠书台则设有长桌,原是为照顾听觉不甚灵便的老者,叫"老人台",有敬老之意。后来时有幼儿杂坐其间,改名为"状元台"。再后来,长桌仍以状元台相称,成了有身份的乡绅和老听众的专座。

听客坐定,茶馆里的伙计就会到位子上收书筹,同时送上茶壶和茶盅。演出中间,书场内常有小贩穿梭桌椅间,卖花生、瓜子,卖五香茶干、茶叶蛋、鸭胗肝、熏肠肚子等,几乎是应有尽有。也有听众干脆叫茶馆伙计到外边去买面、小笼汤包等点心。茶馆的伙计也不时倒水、冲茶、送毛巾,在场子里忙个不停。

清代,苏州一些较大茶馆里开始搭台演戏,茶客们一面喝茶一面看戏。乾嘉年间,这种演戏的茶园首先在阊门外上塘街出现。辛亥革命后,苏州城内的戏院、剧种渐多,戏院里喝茶习俗依然如故,直到20世纪50年代才逐渐消失。

(五) 体育竞技

1. 水龙会

清末民初,苏州的工商业者、手工劳动者等成立"水龙会"(亦称"龙社""救火会"),负责救火消防。农历五月十三,传为水龙生日,苏州市内有水龙赛会习俗。中午水龙会为水龙做寿,下午排仪仗前往校场。小校场内搭起五色牌楼,检阅台坐满地方官绅。几条水龙在校场中排成一列,为了裁判无误,预先在各水龙里放进不同颜料。检阅台上一声锣响,各水龙会队员即刻奋力按动手柄,五颜六色的水柱从水龙中喷射而出,场面十分壮观。裁判按水龙出水快慢和喷射远近评判胜负,出水最快、喷水最远者为优胜,并上台受奖。清末民初的这种水龙赛会,相当于如今的消防运动会。

2. 摇快船

"摇快船"是一种古老的民间竞技活动。吴江芦墟的摇快船与"猛将会"密切相关,相传明代时已经流行。草里村的刘王庙每年年初都要举行"猛将会",出会时的一项重要活动就是摇快船。年初五,刘王庙前旗杆升旗发信号,各村快船立即汇集于庙边三白荡。初五入芦墟,初六去莘塔。成千人的出会队伍须用十几只快船接渡,争先恐后抢头船。"猛将老爷"神轿送到窑港后,又要把队伍再次渡到北栅港。队伍上岸后,快船解缆动橹,在汾湖内开始比赛,争抢头旗。参加者除本地船只外,还有来自浙江、上海的善男信女。每年农历七月初,举行"三庙"庙会时,也有摇快船竞技表演。摇快船还被用于庆丰收、过节日。农村还用快船迎新娘,规模虽小,比赛照样。

周庄的摇快船始于清初,已成为民间良辰佳节、喜庆丰收、婚嫁迎亲时的大型娱乐活动。农民自备船只、服装、道具、锣鼓,自娱自乐,具有浓郁的水乡风情。

3. 上鹞灯

正月十五元宵,常熟东乡一带民间有"上鹞灯"习俗。即将灯笼系在鹞子上,鹞子上天,灯笼就跟着上天。鹞线上挂着鹞灯,少的30盏,多的60盏,好似一条条火龙在空中游动。放飞鹞灯与放一般风筝相似,只是由于鹞线上挂有鹞灯,分量重,放飞时至少要十多人。特大特长的鹞子要有人帮忙高举,并将鹞线拖至十米开外,阵风一起迅速将鹞子松开,徐徐奔跑使鹞子慢慢升起。待鹞子放得既高又稳时,再将鹞线压低,挂上鹞灯。

鹞子大小、精美程度、放飞高低、鹞灯多少、挂灯时间长短、鹞琴声音等,都由现场村民进行评判。经过数百年传承,上鹞灯已成为东乡一带民众狂欢的节日庆典。

4. 江南船拳

"江南船拳"是旧时流行在太湖流域、江南水乡的一种拳术,现今仅吴中越溪、常熟沙家浜、相城北桥等地还有存续。据传船拳始于春秋时水战演练,后融入民俗活动,增加了表演元素,在立夏、端午、中秋等传统节日亮相。特别是农历八月十八游石湖期间,石湖的船拳活动尤为兴盛。

船头空间有限,但拳术的基本招式皆备。施拳船头,身动船晃,习武人既要站牢身稳,又要发挥技艺,不能受船束缚,因而船拳的招式与一般陆地习武不同,既要稳又要轻,手法似出非出、似打非打,出招敏捷,收招迅速。

越溪船拳的表演主要有徒手拳术(还有爬桅杆和翻跟斗杂技等)和器械船拳两种。器械船拳除常用的十八般兵器外,还能因地制宜地运用渔刀、船桨、鱼叉等生产生活用具作为武器,另有木梳、牛角等奇门兵器。

北桥船拳则把老百姓敬仰的历代英雄人物编成歌配到武术表演中,形成了边打拳边唱歌的别具特色的开口船拳。开口船拳具有"练于水斗、便于用舟、利于健身、益于吓敌"的特征,有攻守兼备、内外兼修、水战效法、颂古效今的独特风格和刚劲遒健、神形合一、步稳势烈、躲闪灵活的特点,进攻时出招敏捷,收招迅速,开唱音高,落调随招;防御时以手为主,似开似闭,以身为轴,原地转动,以唱跟动,落调轻松。

(六)入塾旧俗

北宋景祐二年(1035),时任苏州郡守的范仲淹在苏州建府学(今文庙)。继而吴县县学兴建。孩子长到六岁,就要考虑送入私塾去读书了。孩童拜师入塾,被看成是一件大事。按照旧俗,孩子第一天上学,须由舅舅陪送。这一天送学的舅舅要穿戴礼服礼帽,入学的孩子也穿戴一新。家童或雇工肩挑书箱、隔盘随行。书箱里一部"四书",一匣字帖,笔墨砚纸文房四宝以及笔架、笔筒等也应有尽有。隔盘内却必是定胜糕、糯米粽。"糕""粽"因与"高中"两字谐音,有吉祥寓意。粽要做得四四方方像颗官印,叫"印粽";两只角要裹成笔管形状,叫"笔粽",是"必中"的谐音。当天放学回家,先生会让学生将"印粽"像"官印"一样地捧回家去。初次进塾,还要带上一只拜盒,放上贽仪钱和受业人帖子。

到塾中,在孔子神位前供上糕粽,拈香点烛,孩童要先拜孔圣人。然后孩童跪倒在红毡上,向先生、师母礼拜。最后和师兄弟(同学)作揖,并给他们各倒一杯和气汤、派一份糕粽,希望日后和和气气、互相照应。这一切仪式结束,陪送的舅舅说两声"拜托"就作揖告辞。

塾师教授生徒,分识字、读书、作文、写字四项。塾师的报酬称为"束脩",按学生修习的程度而有多寡,每年分清明、夏至、七月半、重阳、冬至、年夜六个节致送。苏州人对塾师一向十分尊敬,逢时过节总会给他们送礼孝敬。此外,每月初一、月半,学生还要带香烛到塾中去,向孔圣人作祭祀膜拜。

(七)儿童游戏

过去儿童玩具难得,孩子凭借自己的聪明才智创造出许多简单易行而又有意思的游戏。

1. 骑界蟆蟆

又称"造房子"。在地上划出并排两行方砖般大小的方格子,然后扔一小块砖瓦在格子里,参加游戏的人,一脚提起,靠一只脚边蹦边将小砖块向前挪动,在两行格子里挪一个来回,这样就算造好了一间房。再将瓦片抛入第二格,造第二间房……直至造好全部房子。该游戏虽然运动量不算大,但须掌握一定的平衡技巧,并控制踢、跳力度,跳动的脚不能压线,瓦片也不能离格或压线,否则就算犯规,要停跳。

2. 老鹰捉小鸡

儿童数人,一个挨着一个,后者牵住前者上衣后摆,纵立成行,算是小鸡。行首一人,算是母鸡,张开双臂,保护身后的小鸡不被老鹰叼走。另有一人,算是老鹰,奋力捉拿小鸡。老鹰左冲右突,母鸡东挡西拦,小鸡前躲后闪。游戏以老鹰抓到小鸡为胜。

3. 踢毽子

毽子有鸡毛毽、纸条毽多种,以布片内缝置一枚小铜钱为底,并将一根雄鸡的鸡毛管的一端剪开后折成放射状,缝牢在底上,未剪开的一端露一截在底之上,再在鸡毛管内插一束鸡毛即成。玩时,以连续接踢毽子的次数决定胜负。有前踢、后勾、远吊等多种踢法,还可以头、肩、胸、腹接毽,使毽子围绕身体而不落地。吴语中称"毽子"为"绢踢"。

4. 谋王篡位

"谋王篡位",即以毽子袭击"王"者,倘被击中,王位就被篡夺了。"王"者有很多"保镖",他们常以身挡键,为"王"殉职。

5. 捉贴子

贴子以布缝成豆腐干大小的口袋,盛米、绿豆、黄豆等物而成。玩时,将数只贴子置于桌上,手中再持一只,将手中所持的一只抛向空中,落下时再将其接住,在抛出、接住的一瞬间,以该手急速将桌上放置的贴子移向一边或抓进手中。如此连续抛、接,直至失手跌落为止。数人同时游玩,以连续搬移或抓进手中贴子的多寡决定胜负。亦有在桌上置麻将牌数只,取一只贴子在手中抛、接,在此过程中将麻将牌翻成正面、反面,然后再一只只翻成横侧、竖立,最后卧平抓进手中。

6. 七彩游戏棒

游戏棒是数十至上百根染上各种色彩的细竹签,比筷子略短。玩时,用手握住游戏棒,突然松手,让游戏棒散开于桌上,然后将散落在周围的游戏棒一一收集起来。如有相互叠压的,则用挑、按等方法将它们一根根从中取出来,并不能触动周围其他的棒,否则就得让位他人。不同色彩的游戏棒代表不同的数值,最终以获得游戏棒数值总和的大小决定胜负。

7. 挑绷绷

用一根细线绳,两端相连,结成环状。玩时,先由一方用双手撑开线绳,并构成一幅几何图形,再由另一人用挑、穿、勾等方法改变原来图形,并把线绳接到自己手中。两人轮流解绷,反复交接,若一方不能勾出图形或线绳在转手时被拆散,则该方为输。

8. 弯弯四巅(殿)角

利用厅堂的四角(或四周的庭柱),游戏时各人占有屋子一角(一根庭柱),另有一人无屋角(庭柱)可占,站于厅堂中央。占有屋角(庭柱)的人趁无屋者不注意时,迅捷互换位置,以此挑逗。无屋者则伺机抢占别人的位置,如抢到,则失去屋角者站到厅堂中央,成为无屋者。如此不断循环游戏。

9. 摸瞎子

一人扮作"瞎子",用手帕扎挡眼睛,其余的人即在"瞎子"周围撩拨,但不能被"瞎子"抓住。如被抓住,即与"瞎子"互换位置继续游戏。

10. 拍洋画

各人用手将洋画(画片)按在墙上,然后松手,任画片飘飞离墙,以飘离墙体远近为序,飘得最远的即可拾起自己的画片,去拍刮他人在地的画片。别人的画片如被拍刮翻身,该画片即为拍者赢得;如无法使其翻身,即让位于下一个人来拍刮。已经输掉了画片的,当然也失去了得胜的机会。

11. 拍纸帕子

类似于拍洋画游戏,但以自己用纸折的方块代替了洋画。次序的决定也有些不同:在场地上前后各画一条线,然后参加游戏者站在后一条线后,将自己的纸帕向前抛出,看谁抛得最远;但又不能抛过前面的那条线,出线便被淘汰。其他玩法如拍洋画。

12. 顶铜板(打弹子、打棋子)

又称"滚铜板",即古代"打瓦滚钱"。玩法是将一片瓦或一块砖一头高一头低地搁在地上,参加游戏的人就从胸前的高度将铜板扔下,铜板撞击倾斜的砖瓦后向前滚动,看谁的滚得远,远的就能以铜板击近的,击中就赢了。滚得太远也不行,超出了预划的线是要被罚的。打棋子、打弹子玩法与此相仿。

13. 官打捉贼

在四张纸上分别写上"官""打""捉""贼"四字,然后折叠起来,参加游戏的人各摸一张。摸到"捉"的,赶快将"贼"逮住,交"官"判打。若捉错了人,"捉"自己就要受罚。

14. 打官司草

"打官司草"即车前子草茎,小伙伴们各人一根,将两根草交叉了用力拉,谁的草断了,谁的"官司"就打输了。

15. 猜东猜

两人握紧拳头,然后口中齐声吼唱道"猜东里格猜啊",随即出拳。握拳为"榔头",伸掌为"纸头",伸出食指、中指为"剪刀",以"榔头打剪刀、剪刀剪纸头、纸头包榔头"的规律决定胜负。

16. 乒呤乓啷取

犹如一种摸卷的方法,数人如要排出次序,即可用之。众人口中同声齐唱"乒呤乓啷取啊!"同时伸出手来,可手心朝上,可手背朝上,如众人均是手心朝上,则手背朝上者胜出。如此多次,直至仅剩最后两人,再以"猜东猜"决出先后。

17. 车铁箍

找一只换下的旧铁箍,再找一根铅丝弯成弧形,装上一截竹竿做成手柄,弧形的铅丝推着铁箍在地上向前滚动,就叫"车铁箍"或"滚铁箍"。

此外尚有跳绳、跳牛皮筋、官兵捉强盗(捉迷藏)等多种。

(八)四季游观

苏州人素来好游,从腊月里踏雪探梅、三四月间南园北园看菜花、谷雨三朝看牡丹,到六月荷花荡赏荷、烧茚香看杨梅、画舫纳凉;从八月十八的游石湖看串月、白塔观潮,九月阳山观日出,十月天平看红枫,到除夕夜寒山寺听钟声。游观之举,几乎是四季不绝。

为应游人之需,过去私家花园还有清明开园之俗。顾禄《清嘉录·游春玩景》(江苏古籍出版社,1986年):"春暖,园林百花竞放,阍人索扫花钱少许,纵入流览。士女杂遝,罗绮如云。园中畜养珍禽异卉,静院明轩,挂名贤书画,陈设彝鼎图书。又或添种名花,布幕芦帘,提防雨淋日炙。亭观台榭,妆点一新。寻芳讨胜之子,极意留连。随处各有买卖赶趁,香糖果饼,皆可人口。琐碎玩具以诱悦儿曹者,所在成市。"

苏州西部的山林,是人们春游、秋游的好去处。袁景澜《吴郡岁华纪丽》卷三《游山玩景》:"吴虽泽国,岩岫固林列也。顾郡西诸山,皆隶吴县,其属古长洲治者,仅十之一。最高莫如穹隆,而阳山为郡之镇,最著者灵岩,吴王西子之迹犹存。支硎为道林旧隐地,寒山法螺则明赵凡夫所开凿,天平山为范文正祖墓,华山有天池石壁之胜,其间名蓝精舍往往而在,罨山实阳山别支,今则楼观复一新矣。郡志称吴人好游,'春时用六柱船,红幕青盖,载箫鼓以游名胜,虎阜、灵岩、天平为最盛。'支硎香市,竹舆轻窄,骏马趁趋,络绎满路。于焉访古迹,探名胜。到处酒炉茶幔,以迎冶游。青衫白袷,错杂其间。夕阳在山,犹闻笑语。盖春事半在绿阴芳草间,故招邀伴侣,及时行乐,俗谓之游山玩景云。"

苏州水乡向以舟楫代步,即以游观而言,也常以舟船为具。而春游时最为普遍的游船,便是著名的"荡湖船"。荡湖船"不桨不帆,状戢然如小阁子。户之绮,幕之珠帘,窗之琼绣,金碧千色,岚眼晃面"。这种船上的船娘,大多并不以舟楫为事,却能做一手好菜。大的荡湖船上能放两桌酒席,小的也能容下五六个游客。携三五知己,在船上饮酒作诗,观赏两岸春光,聆听艺人弹唱,随绿浪起伏,任水流东西,正所谓"水北花南,人如天上,欸乃一声,春情具荡"。夏秋之时,画舫、灯船又纷纷登场,别有一番景象。

五、民间信仰

（一）崇拜对象

1. 大　禹

苏州吴中区所辖太湖平台山上原有禹王庙,曾是太湖渔民禹王信仰的中心。禹王庙消失后,原址仍是渔民心中的圣地,至今还经常有零星渔民在废墟上烧香祭祀。

古代常洪水泛滥,以太湖为中心的吴越故地首当其冲。大禹治水,功德无量,太湖流域流传着许多关于大禹治水的传说。太湖渔民艰苦的捕捞作业、所处的恶劣环境,都需要有个神作为精神上的支柱。大禹就成了他们的保护神。

过去,平台山禹王庙每年有正月"上峁"、清明"祭禹"和冬季"献头鱼"三大祭拜活动,而尤以清明祭禹最为隆盛。

2. 泰伯、仲雍、伍子胥

泰伯、仲雍让贤南奔,在江南建勾吴国,作为吴都故地的苏州百姓,将他们礼让的美德和开发江南的功勋铭记心中,在苏州城内建有泰伯庙、常熟虞山建有仲雍墓,胥江上的大桥亦以泰让命名,将他们看做是吴地文化鼻祖,顶礼膜拜。

伍子胥被逼自杀后,吴人哀怜,为其立祠纪念。汉以后,伍子胥被尊为江神、涛神。原胥口胥山有胥王庙,明朝万历间移于胥门内朱家园,后毁于咸丰战乱。目前,盘门景区恢复有伍子胥庙,胥门广场塑有伍子胥像。苏州与伍子胥关系密切,苏州端午的龙舟竞渡即为纪念伍子胥而来。

3. 城　隍

"城隍"一词原指城壕,又指城壕这种人造物的物神。城隍被人格化后,对地方做出过贡献,为当地群众所敬仰、爱戴的人死后,常被敬奉为城隍。古吴之地曾是楚春申君封地。春申君重建吴城,大搞水利建设,吴地老百姓不忘其恩,将他奉为护城佑民的城隍。清康熙朝爱民清廉的江苏巡抚汤斌,乾隆朝致力于改易苏州民风推动苏州公益事业的江苏巡抚陈宏谋等,也曾被苏州人奉为城隍。明以后,城隍作为地方保护神,兼有"鉴察司民"职责,苏州许多民间习俗都与城隍信仰有关。

4. 相　王

苏州十全街相王弄原有相王庙,据传始建于唐。该庙已毁,但大殿犹存,至今每逢农历初一、月半,烧香者仍络绎不绝。

据唐陆广微《吴地记》说:"南面讨击将军黑莫郝墓,在蛇门里。周敬王六年筑城而死,今呼赤阑将军。"清同治《苏州府志》(江苏古籍出版社,1991年)载:"赤阑相王庙,在府治东赤门里,相传为吴阖闾筑城,见诛死,遂为神。"人们在他殉职之处立祠奉祀,后来又奉之为当方土地,请他来保佑坊里平安。

5. 水　仙

苏州胥门外大日晖桥与泰让桥之间,原有水仙庙,供奉的水仙是南宋孝宗时的郡守陈岘。他曾在胥江治水,由于资金不足,屡试屡败,终至投水身殉。当地居民为其精神所感,在他投水之处立庙供奉,南宋绍熙时陈岘被封为"水仙明王",香火一直很盛,是苏州特有的地方神信仰。

醋库巷右苍龙堂另有一座水仙庙,所祀"水仙"为柳毅。民间有柳毅传书的传说。苏州人坚信,故事中的洞庭即为太湖(太湖中有洞庭东西山,如今东山尚有柳毅井)。后来,柳毅被奉为上元土谷神,号"水仙明王土地"。据《当恕轩偶笔》记载,醋库巷水仙庙,香火极盛。

两座水仙庙今已废毁不存。

6. 猛　将

蝗虫是江南稻作区的一大灾害,猛将是民间的驱蝗神,猛将信仰十分广泛。关于猛将神究竟是谁,历来说法不一。按《怡庵杂录》:"猛将为宋名将刘武穆锜。"王鏊《姑苏志》亦同。郡志称:"锜弟刘锐为锜统制官,尝为先锋陷敌,退老平江,旱蝗为灾,禳除有效,殁为神。"《吴郡岁华纪丽》卷一《正月》载:"相传神能驱蝗,天旱祷雨有应,专主田事,盖古之腊神也。"正月十三,人们便有"抬猛将"之举,对他祭祀膜拜,与神共饮霑醉。天旱时抬其神像在烈日下巡游,希望他能感受人间无雨干旱的痛苦,大发慈悲,普降甘露。

7. 蛇　王

据《吴门表隐》,苏州"蛇王庙,在娄门城下,向在城外,地名毒蛇墩。凡捕蛙者,祭献不绝,明末移建今所。"钱希言《狯园》(文物出版社,2014年)也说:"苏州城东娄门内旧有蛇王庙,负城临水,常年葑门外捕蛙船数百艘,各舟持短青竹竿子并牲酒纸马来献。"蛇王庙原在娄门外,后来重建于娄门内。苏州作为水乡泽国,多蛇虫为害,苏州人大多怕蛇,而捕蛙者尤甚。所以每到四月十二蛇王生日之时,来烧香乞符者陆续于途。

8. 蚕　　神

太湖流域是我国主要蚕丝产区,明清以来盛泽、震泽等诸多丝绸工商市镇崛起。这些地方的农村皆以蚕桑为业,市镇以丝绸手工业为重要产业,丝绸贸易发达,城乡民众皆因蚕桑而富庶,蚕神崇拜十分盛行,皆建有先蚕祠或蚕皇殿之类的蚕神祠庙。蚕事之前,蚕农备香烛前往蚕神祠庙,祈求保佑。富有蚕户则延僧道拜蚕花忏。一般寺庙中也往往塑有蚕神像。乡民家中也自供神像,或买蚕神"神马"贴于蚕室或立于祭桌。乡民称蚕神为"蚕王菩萨""蚕花菩萨"或"蚕花娘娘",孵蚁、蚕眠、出火和上山阶段都要在家祭祀一番。近代渐趋简化,一般只在清明前后蚁蚕孵出之日"祭蚕神"。养蚕如罹蚕病,还须祭拜,以求消弭灾祸。

盛泽民间以小满(节气)为蚕神生日,盛泽镇丝业公所于清道光二十年(1840)兴建先蚕祠,每年小满日先蚕祠都要开锣演戏,以庆神诞。此即小满戏之俗,至今已流传数百年之久。

9. 绣　　祖

醋库巷水仙庙侧,原有绣祖庙,供奉的是明嘉靖年间(1522—1566)吴人顾儒、顾世(顾名世)兄弟。据相关碑刻记载:"前明有顾公讳儒者,举嘉靖戊子乡荐,为道州牧,有惠政。……致仕归,与其弟嘉靖己未进士尚宝丞讳世者,筑园娱老,名曰'露香'。文酒之余,间教家人以刺绣。分丝擘缕,穷极精巧。作山水人物,宛然生动。于是顾绣之名,盛行于世,至今垂三百余年。人之业是者,颂其德勿衰。"苏州刺绣艺人视顾氏兄弟为刺绣祖师神,并将"顾绣"(又称"露香绣")作为苏绣的代表。

孝义坊另有一座绣祖庙,庙内供奉的绣祖是清初顾太。这座庙原是周孝子庙,据载:"周孝子庙在孝义坊……有神赭面、黑须,控马者,曰顾太。顾太,系国初人,业顾绣,生平敬祀周孝子,殁为执鞭,今凡学绣者,尸祝焉,曰绣祖,而祀以方糕,盖所嗜也。"这座庙也慢慢演变成绣祖庙。

这两座绣祖庙均毁于20世纪五六十年代。

10. 酒　　仙

苏州产酒历史悠久,特别是横金(横泾旧称)一带历代多有酿酒为业者,于是产生了酒仙崇拜。

据《吴门表隐》记载:"酒仙庙,在横金镇,祀杜康、仪狄,宋元丰二年建,酿酒同业奉香火。"杜康、仪狄是传说中造酒始祖,造酒者心目中的神灵,俗呼为"酒仙"。过去横泾每年有"赕酒仙"民俗活动。到20世纪30年代后,与每年三月廿三的"义金庙会"合二为一,成了一年一度的大型庙会和酒行同业盛会。届时,酒业员工要公祭酒神,同时还有校验衡器、量器,规定行规等内容。20世纪50年代后"赕酒仙"活动停办。

　　11. 妈　祖

　　苏州太仓浏河镇自元至元十九年(1282)"创开海运",之后江南漕粮便源源不断从这里运往京师,舍己为人的妈祖便成广大船民和渔民护海救难的保护神。浏河镇天妃宫始建于元初至元二十三年(1286),是世界各地数以千计的妈祖庙中建得最早、历史最悠久的妈祖庙之一。至今,每逢妈祖诞辰日(农历三月二十三日)、妈祖升天日(农历九月初九日)和元宵节前(农历正月初一至初十日),浏河天妃宫都有祭拜妈祖和庙会活动。

　　12. 财　神

　　苏州人信奉的财神有两种,一是"路头",一是"玄坛"。

　　路头,又叫作"五路财神"。农历正月初五是路头菩萨生日,苏州民间素有"接路头"习俗。这一天家家户户都想抢先将路头接到家中,为他祝寿,以此赢得财运。有些人家干脆将接路头的仪式提前到初四晚上进行,在仪式进行过程中进入初五凌晨。民间将此称为"抢路头"。所谓"五路",即东、南、西、北、中的统称。"五路神,俗称为财神,其实即……行神,出门五路皆得财也。"

　　玄坛,本姓赵,名公明,人称"赵公元帅"。农历三月十五赵公明生日时,苏州人有"斋玄坛"之俗。《清嘉录》谓:"十五日为玄坛神诞辰。谓神司财,能致人富,故居人多塑像供奉。……每祀以烧酒、牛肉,俗称'斋玄坛'。"

　　13. 孔　圣

　　苏州是文学之邦,读书人多,向有崇教敬文传统,出的状元也最多,对孔子的信仰历史悠久。城南早有夫子庙,北宋景祐时范仲淹将庙学合一,在扩大文庙的同时在此建起府学,自此"每春秋展礼于斋",对孔子进行礼祭。

　　14. 文昌星神

　　文昌被看作是主宰人世功名利禄的星神。每年农历的二月初三,被苏州人看作是文昌帝君生日,官府要到设于长洲县境的文昌帝君庙去祭祀,读书人都要聚集到庙中殿堂去叩头烧香,俗呼"文昌会"。

　　15. 魁　星

　　"魁星"被世人看作是掌握文运的信仰对象。苏州文星阁,又称"魁星阁",始建于明万历三十三年(1605),是古代文昌星神信仰和魁星信仰的重要遗存,在今苏州大学本部北区。

16. 张　王

张王即张士诚,元末农民起义领袖,曾建都平江(今苏州),自号吴王。元末明初天下大乱之际,张士诚在江南发展生产;各路割据势力"众皆嗜杀,不礼士夫"之时,"张则造景贤楼以延之",因此受到苏州人民的拥戴。张士诚被朱元璋所灭,苏州百姓对他颇有怀念之情。据说农历七月三十日为张诞辰日,这一天恰逢地藏王菩萨生日;明代官府规定苏州百姓不许"讲张"(谈论张士诚),苏州百姓便巧妙地以祭祀"藏王"之名来掩护纪念"张王"之实。清袁景澜《吴郡岁时纪丽》:"俗传吴民于七月晦点地灯,为祭吊无主孤魂张士诚所设。"周振鹤《苏州风俗》(上海文艺出版社,1989年):每至其夜,"比户插香烛于阶下,曰烧九四香"。"九四"为张士诚小名,故名"九四香"。也作"久思香",民间俗称"狗屎香"。朱绶《地灯篇》有"吴人私祭四百载,琥珀流脂烛摇采"等句,即指此事。

(二) 信仰活动(庙会)

庙会是苏州民间信仰活动的重要内容。比较有特色的庙会有以下一些:

1. 东山猛将会

猛将是江南民间的驱蝗神,受到东山乡农的信奉,这一带大小猛将神像有数百之多。每于正月有猛将会,其时人们抬着猛将神像,举着纛旗巡游,晚上各村猛将堂前旗杆上高悬塔灯,照耀如同白日。除此之外,每年农历六月廿四荷花节期间也有出猛将之俗。

2. 三节会

即每年清明、七月半、十月朝(初一)的三次出会,其中尤以清明最为隆盛。出会时一府三县(即苏州府及所辖吴县、长洲、元和三县)30多个土谷神像,都要排仪仗经阊门山塘到虎丘郡厉坛受祀。据归圣脉《长洲志》记载:"按制设厉坛,所以祭莫敖之鬼,遵行巨典,非为嬉游地也。吴俗尚鬼好嬉,遇祭祀日,自郡神而下,群奉内外土谷,争为迎赛,舆马仪仗,炫耀如云。士女舟车,亦填骈咽道。"

3. 东山三月庙会

旧时,每至清明前后,苏州东山都要举办一次庙会,俗称"三月会"。其最大特色是全镇各个自然村都要出一次台阁。《乡志类稿》:"东山……隋唐以前,不甚显于世。及宋南渡,中州世家,扈跸来者,都卜居于此,历元至明,人物日盛,且民风俭朴。"(《中国地方志集成:乡镇志专辑》,上海书店出版社,1992年)东山台阁便是由"中州世家,扈跸来者"从中原带到这里的民间艺术瑰宝。但台阁流入吴中后,便与吴地的民俗文化相融合,演出内容为群众喜闻乐见的戏剧故事。最盛时,东山台阁有上百只之多。

4. 白雀寺庙会

白雀寺在常熟大义中泾村,始建于南朝梁天监二年(503)。因白雀寺周边俗称"寺基头",庙会亦称"寺基庙会"。庙会始于明,主要祭祀"小王老爷"。传说"小王老爷"曾带领社里其他36个神作法,保卫寺基周围各社的村民和庄稼。为感谢"小土老爷"和其他神佛的贡献,在每年农历三月十三、十四两天,每个社的村民都要请出各自的神佛到庙内进行祭祀跪拜,请来戏班演戏酬神。

5. 湖甸龙舟会

湖甸位于常熟市尚湖与虞山交界处,每年农历三月二十日与八月初三,当地有祭祀水神李王的龙舟庙会。李王,原名李禄,南宋嘉定年间人,生前"惠天下之民,佐水衡,卫海漕,时雨旸,消灾疠",死后被奉为海神。百姓在虞山致道观内塑其像供奉,每年春秋两次用龙舟会这样特殊的形式对他进行祭祀。

6. 圣堂庙会

圣堂庙在相城区阳澄湖镇,正名东岳庙,建于明初。明嘉靖初,即有庙会习俗。相传农历三月二十八日为东岳大帝生日。三月二十六日开始各路神司相继解饷到圣堂庙玉皇殿祝寿,称"上朝",为期三天,名"春会"。周围田泾、太平、渭塘、常熟横泾、辛庄、昆山巴城等地庙神也都要抬大轿排成"道子"前往圣堂庙。

7. 金村庙会

张家港塘桥镇金村一带每年农历四月初七至初九举行庙会。金村旧称永昌里,故也称永昌庙会。

金村庙会始于宋代。据传农历四月初八原为佛祖生日,金村集镇前、后街素有舞龙灯、调花篮、荡湖船、打连厢等民俗表演。明嘉靖三十七年(1558)以后,四月初八又成当地抗倭英雄金七遇难忌日。嘉靖三十七年元宵,倭寇来犯,金七召集村民积极防范,并与部下三勇士身穿彩色衣衫,面涂朱黑,化装为天神狞鬼,带头击杀倭寇,使来犯倭寇不战而溃。同年四月初八,大股倭寇再次来犯,金七再用此法,却不料被识破而力战身亡。当地百姓立庙祭祀,并每于其战亡之日出会纪念。

8. 轧神仙庙会

每年农历四月十四日,苏州城神仙庙有轧神仙庙会。传说这一天是神仙吕纯阳生日,他要化身下凡,来点化世人。这一天百姓们遇到的每一个人都可能是他的化身,因此大家都要到神仙庙去挤来挤去,希望"轧"到神仙,沾上点仙气,消灾祛病,益寿延年,交上好运。人们从四面八方赶到神仙庙来,甚至杭、嘉、湖和沪宁沿线各地都有人来苏州"轧神仙"。商贩们也趁机赶来做生意,各类物品均冠以"神仙"名,如"神仙糕""神仙乌龟"等,形成盛大庙会。

9. 穹隆山上真观庙会

农历六月二十四日传为雷神大帝生日,穹窿山上真观有雷祖庙会。相传庙会始于清顺治七年(1650),康熙时达到鼎盛。每到庙会这天,各地香客自发组织在上真观山门口广场上扭秧歌、打连厢、挑花担、舞龙灯等,举行各种民间文化娱乐活动。民众争往上真观吃"雷斋素"以祈雷祖保佑。庙里则举行隆重的斋醮仪式。

(蔡利民)

◎ 第二十四章 古建筑 ◎

第二十四章 古建筑

据《黄帝宅经》（团结出版社,2009年）载："宅者,人之本。人以宅为家,居若安,即家代昌吉;若不安,即门族衰微。"这样的宅居建筑,是人们赖以生存和安居乐业的基础。建筑是人们用砖、石、木材等材料搭建的供人生活、居住和使用的载体。苏州古代建筑的主要特点是以砖瓦（初期为土坯、茅草）、木材为建筑材料,以架构为结构方式（柱、梁、枋、檩、椽等构件）,具有朴素淡雅的风格。遗存至今的古建筑具有各个时期历史文化的痕迹、风格,显示经济社会发展状况,表达风俗爱好,展示工艺美术,是不可多得的综合载体。尤其是苏州香山帮古建特色,成为苏州古城特征之一。

苏州民宅建筑,原为青砖、粉墙、黛瓦、立帖式砖木结构,楼房一般不超过两层。滨河民居为前庭后院的市民住宅建筑,也有高墙深院的官绅大宅建筑,基本保持"水陆并行,河街相邻"的原有风貌,构成苏州传统建筑特色。目前保存的苏州明清旧宅第,外观恢宏,粉墙黛瓦,造型轻巧,色彩柔和,宅院相融,空间处理优美,颇有艺术特色。一般由门厅、茶厅（轿厅）、大厅、楼厅（堂楼）、书房和杂居屋等五进或六进组成,侧有备弄联系前后,两侧有厢房。官绅住宅还有戏台、花园、家祠等,置于中轴线的两侧。有条件的住宅建筑常用雕刻装饰,大型住宅则木雕、石雕、砖雕齐全。木雕大多施于梁枋、雀替、门窗、户闼,石雕施于门枕、柱础、照墙勒脚等,砖雕广泛用于门楼、照墙、门楣、墙垣。屋内顶上用网砖、翻轩,柱子横梁粗硕,从柱子础石可知其年代和身价。屋面上的脊及戗角,表示等级区别,官宦门第可塑哺鸡脊、座兽脊,庶民只准做游脊或插瓦花脊。

"古建筑"是相对现代建筑而言,是社会对历史遗存建筑的通用俗语,一般是指现存清代以前（含清代）的建筑物和构筑物。但民国初年部分建筑在结构、形式、用材、工艺等方面与古代建筑类同,或另有变革,在传统习惯上,也称其为古代建筑。

本志所称古建筑者,常具百年以上历史,或被列为各级文物保护单位,或为控制保护建筑,如园林第宅、名人故居、寺院道观、官署城建等场所及塔、关、亭、门诸类古建筑。苏州为历史文化名城,古建筑向为一大特色,虽屡遭劫毁,亦屡得修复,仍有部分遗存得以保护至今,弥足珍贵。以其量多,现特设古建筑表载以存史,收录部分民国建筑,大市范围共计663处,其中市区461处。列入苏州市各级文物保护单位的类别较多,如古遗址、古桥、名人墓、石刻、名碑、峰石等,与本类古建筑特色有别,本志不录。古遗址内涵丰富,是苏州历史文化根源之一;古桥梁甚多,皆因苏州以小桥流水人家为一特色,本通史志表卷另有《古迹》《桥梁》分别予以记载。

下列古建筑表系根据各级政府机构正式公布的文物保护名录表进行整理而成。现大致分类,按建筑时间前后、保护级别排序;并按惯例先市区后外围区域,各市(县)随后。表内的保护级别,国家重点文物保护单位称"国家文保",江苏省文物保护单位称"省级文保",苏州市文物保护单位称"市级文保",苏州市控制保护建筑称"控保建筑",各市(县)文物保护单位称"市级文保",无级别的则空缺。截止时间为2010年12月31日。之后被提升为上一级别的建筑,仍按原级别录入。

表24-1 苏州市古建筑表

苏州市区				
序号	名称	地址	建造时间及现状	保护级别
1	沧浪亭	人民路沧浪亭街3号	北宋,占地1.12万平方米	国家文保
2	虎丘断梁殿	虎丘山二山门	元重纪至元四年(1338)建	国家文保
3	狮子林	园林路23号	元,占地1.11万平方米	国家文保
4	拙政园	东北街178号	明、清,占地5.2万平方米	国家文保
5	艺圃	文衙弄5号	明,占地4 050平方米	国家文保
6	留园	留园马路338号	明、清,占地2.3万平方米	国家文保
7	惠荫园	南显子巷东端	明、清	省级文保
8	吴云宅园	庆元坊听枫园	清	省级文保
9	网师园	阔家头巷11号	清	国家文保
10	耦园	城东小新桥巷6号	清,占地8 000万平方米	国家文保
11	怡园	人民路343号	清,占地6 000平方米	省级文保
12	五峰园	五峰园弄16号	清,占地1 500平方米	省级文保
13	环秀山庄	景德路272号	清,在苏州刺绣研究所内	国家文保
14	畅园	庙堂巷22号	清	市级文保

(续表)

苏州市区				
序号	名 称	地 址	建造时间及现状	保护级别
15	鹤园	韩家巷4号	清	市级文保
16	可园	人民路708号	清	市级文保
17	北半园	白塔东路60号	清	市级文保
18	南半园	仓米巷24号	清	市级文保
19	柴园	醋库巷44号	清	市级文保
20	残粒园	人民路装驾桥巷34号	清	市级文保
21	朴园	高长桥8号	民国	市级文保
22	渔庄	石湖东北	民国	市级文保
23	拥翠山庄	虎丘山断梁殿西北	清	市级文保
24	苏州文庙	人民路613号	南宋、明、清	国家文保
25	玄妙观三清殿	观前街玄妙观内	南宋	国家文保
26	范文正公忠烈庙及大半山庄	天平山	宋、明、清	省级文保
27	斜塘土地庙	斜塘旺墓村	南宋、明	省级文保
28	寂鉴寺石殿佛龛	天池山	元	国家文保
29	王鏊祠	景德路272号	明	省级文保
30	城隍庙工字殿	景德路94号	明	省级文保
31	开元寺无梁殿	东大街11号	明	省级文保
32	范成大祠	石湖茶磨屿	明、清	市级文保
33	文星阁	相门内今苏州大学本部	明、清	市级文保
34	寒山寺	枫桥运河东侧	清重建	省级文保
35	戒幢律寺	虎丘路西园弄	清重建	省级文保
36	文山寺	阊门内文丞相弄30号	清重建	市级文保
37	定慧寺	定慧寺巷34号	清重建	市级文保
38	泰伯庙	阊门内下塘街250号	清重建	市级文保
39	卫道观	卫道观前16号	清重建	市级文保
40	云岩寺塔	阊门外山塘街虎丘山	五代	国家文保
41	瑞光寺塔	盘门内盘门三景之一	北宋	国家文保

(续表)

序号	名称	地址	建造时间及现状	保护级别
	苏州市区			
42	楞伽寺塔	石湖上方山	北宋太平兴国三年(978)	省级文保
43	罗汉院双塔	定慧寺巷22号	北宋	国家文保
44	报恩寺塔	人民路1918号	宋—清	国家文保
45	甲辰巷砖塔	甲辰巷	宋	省级文保
46	光福寺塔	光福镇龟山	宋	省级文保
47	万佛石塔	镇湖西泾村	宋	省级文保
48	盘门	城西南盘门城楼	元	国家文保
49	胥门	城西百花洲万年桥东	元	省级文保
50	阊门遗址	西中市西首	元重建,21世纪初重修	市级文保
51	铁铃关	枫桥畔	明	省级文保
52	报恩寺牌楼	北塔报恩寺门前	明,原建于马医科申时行祠前,1979年移建	
53	文起堂	干将路128号	明	省级文保
54	钱宅	临顿路悬桥巷23、25号	明、清	市级文保
55	梵门桥弄吴宅	梵门桥弄8号	明、清	市级文保
56	全晋会馆	中张家巷14号	清	国家文保
57	俞樾故居	马医科43号	清	国家文保
58	横塘驿站	横塘运河东侧	清	省级文保
59	织造署旧址	带城桥下塘苏州第十中学内	清	省级文保
60	江苏巡抚衙门旧址	书院巷20号	清	省级文保
61	江苏按察使署旧址	道前街170号	清	省级文保
62	卫道观前潘宅	卫道观前1-8号	清	省级文保
63	大石头巷吴宅	大石头巷35-37号	清	省级文保
64	潘世恩宅	钮家巷3号	清	省级文保
65	尚志堂吴宅	西北街58、66号	清	市级文保
66	玉涵堂	广济路东杨安浜16号	明—民国	市级文保
67	武安会馆	天库前10号	清	市级文保

(续表)

		苏州市区		
序号	名　称	地　址	建造时间及现状	保护级别
68	长洲县学大成殿	干将东路苏州市平江实验学校内	清	市级文保
69	春晖堂杨宅	景德路330号	清	市级文保
70	冯桂芬祠	临顿路史家巷20号	清	市级文保
71	盛宣怀故居	天库前48-1、48-2号	清	市级文保
72	三茅观巷沈宅	三茅观巷26号,宋仙洲巷横巷4、6号	清、民国	市级文保
73	范义庄	范庄前32号	清重建	市级文保
74	洪钧故居及庄祠	临顿路悬桥巷27、29号	清	市级文保
75	沈德潜故居	带城桥路阔家头巷26号	清	市级文保
76	王氏惇裕义庄	园林路潘儒巷31号	清	市级文保
77	李鸿章祠	虎丘山塘街845号	清	市级文保
78	吴梅故居	人民路蒲林巷35-1号	清	市级文保
79	东吴大学旧址	十梓街东端	清	省级文保
80	叶楚伧故居	皇府基13号	清、民国	市级文保
81	况公祠	西美巷31号	清	市级文保
82	唐寅祠	廖家巷前新街10号	清	市级文保
83	万寿宫	民治路15号	清	市级文保
84	北张家巷雕花楼	北张家巷9号	清	市级文保
85	潮州会馆	上塘街278-1号	清	市级文保
86	东花桥巷汪宅	东花桥巷33号	清	市级文保
87	过云楼	干将西路2号	清	市级文保
88	嘉应会馆	枣市街22号	清	市级文保
89	唐寅故居遗址	双荷花池13号	清重建	市级文保
90	铁瓶巷任宅	干将西路北侧	清	市级文保
91	新民桥雕花厅	新民桥北人民里2号	清	市级文保
92	太平天国忠王府	东北街204号	清	国家文保

(续表)

苏州市区				
序号	名称	地址	建造时间及现状	保护级别
93	太平天国军械所遗址	马大箓巷12号	清	市级文保
94	杨家桥天主堂	三香路1162号	清	市级文保
95	雷允上诵芬堂药铺	西中市127、136号	清	市级文保
96	叶天士故居	渡僧桥下塘46、48、50、52、54号	清	市级文保
97	任道镕旧居	王洗马巷7号	清,名蔼庆堂、万氏宅园	市级文保
98	太原王氏义庄	传芳巷2号	清	市级文保
99	袁学澜故居	官太尉路15、17、17-1号	清	市级文保
100	吴振声故居	西百花巷23号	民国	市级文保
101	燕诒堂程宅	西百花巷1号	清,豫源钱庄程觐岳创建	市级文保
102	交通部苏州电报电话局旧址	闾邱坊11-21号	清末民初	市级文保
103	鹤鸣堂康宅	邾长巷1号		市级文保
104	兰石小筑	锦帆路4号		市级文保
105	姚铁心故居	苏大附一院内		市级文保
106	博习医院旧址	十梓街3号	清末民初	市级文保
107	景海女子师范学校旧址	十梓街1号苏州大学内	清末民初	市级文保
108	司前街看守所旧址	司前街西善长巷3号	清、民国	市级文保
109	大柳枝巷杨宅	大柳枝巷25、26号	清、民国	市级文保
110	悬桥巷方宅	悬桥巷45、47号	清、民国	市级文保
111	苏纶纱厂旧址	人民路239号	清、民国	市级文保
112	费仲深故居	桃花坞大街176号	清,即归牧庵,今为新华小学	控保建筑
113	谢家福故居	桃花坞大街264号	清,即望炊楼,今为金阊区房屋修建公司	控保建筑
114	张宅	廖家巷15号	清,民居	控保建筑

(续表)

苏州市区				
序号	名称	地址	建造时间及现状	保护级别
115	吴宅	桃花坞大街120号	民居	控保建筑
116	钱大钧故居	人民路680号	民国,民居、商店	控保建筑
117	采菽堂吴宅	西北街58、66号	清,民居、檀香扇厂	控保建筑
118	关帝庙	西北街关帝庙弄4号	清,民居	控保建筑
119	瑞莲庵	齐门路星桥巷16、18、20、22号	清,染织三厂宿舍	控保建筑
120	思绩堂潘宅	齐门路84号	清,即留耕堂	控保建筑
121	佛慧庵	齐门路平家巷14、16、17号	清,民居	控保建筑
122	张氏义庄	东北街222、224、226、228号,迎春里	清,民居、幼儿园	控保建筑
123	亲仁堂张宅	东北街210号	清,平江区人民医院	控保建筑
124	灵迹司庙	东北街128号	清,民居	控保建筑
125	敬彝堂严宅	东北街116号	清,民居	控保建筑
126	许乃钊故居	东北街138、139、140、142号	清,第六中学、招待所	控保建筑
127	曹沧洲故居	阊门西街59、61号	清,民居、宿舍	控保建筑
128	余宅花园	阊门西街38号	清、民国,空军老干部接待站	控保建筑
129	福济观	阊门内下塘街132号	清,即神仙庙,民居	控保建筑
130	永丰仓船埠	阊门内下塘街崇真宫桥西	明,民居	控保建筑
131	庄宅	西海岛3号	清,民居	控保建筑
132	陆润庠故居	阊门内下塘街10号	清,民居	控保建筑
133	吴廷琛故居	白塔西路80号	清,商店	控保建筑
134	洪宅	白塔西路70、72、74号	清,民国,民居	控保建筑
135	温宅	白塔西路100号	清,民居	控保建筑
136	潘奕藻故居	蒋庙前2、4、6、8、10号	清,即存诚堂,民居	控保建筑
137	蒋侯庙	蒋庙前19、21、22号	清,金属制品厂、民居	控保建筑
138	吴宅	谢衙前28、30、32号	清,民居、居委会	控保建筑
139	徐宅	皮市街257号	清,民居	控保建筑
140	吴钟骏故居	潘儒巷79、81号	清,仓库、民居	控保建筑

(续表)

		苏州市区		
序号	名 称	地 址	建造时间及现状	保护级别
141	丰备义仓旧址	石家角4号	清,民居	控保建筑
142	德裕堂张宅	狮林寺巷72、75号	明,民居	控保建筑
143	惇裕堂王宅	潘儒巷77号	清,民居、街办厂	控保建筑
144	王氏太原义庄	传芳巷2号	清,城东小学	控保建筑
145	华 宅	东麒麟巷17号	清,民居	控保建筑
146	谦益堂潘宅	刘家浜26号	清,民居	控保建筑
147	尤先甲颐寿堂故居	刘家浜39、41、43号	清,民居、线厂仓库、托儿所	控保建筑
148	申 宅	刘家浜38号	清,民居	控保建筑
149	潘 宅	五爱巷36号	清,民居	控保建筑
150	玉器公所	周王庙弄28号	清,民居	控保建筑
151	织造局旧址	五爱巷10号	清,民居	控保建筑
152	汪鸣銮故居	王洗马巷26、28、30号	清,民居、建筑公司、托儿所	控保建筑
153	春申君庙	王洗马巷16号	清,道教活动场所	控保建筑
154	张 宅	宋仙洲巷15号	清,民居	控保建筑
155	沈 宅	三茅观巷26号、宋仙横街6号	清,民居	控保建筑
156	诵芬堂雷宅	包衙前20、22号	清,民居	控保建筑
157	潘曾玮故居	西百花巷4号	清,剧装戏具厂	控保建筑
158	金 宅	西百花巷18、26号	清,民居	控保建筑
159	许 宅	高师巷2号	清,民居	控保建筑
160	张 宅	高师巷22、24号	清,24号即经畲堂,民居	控保建筑
161	王 宅	曹家巷28号新乐里	民国,民居、幼儿园	控保建筑
162	季 宅	马大箓巷37号	清,即师俭园,民居	控保建筑
163	周 宅	马大箓巷9、11号	清,民居	控保建筑
164	顾 宅	马大箓巷26号、高师巷23号	清,民居	控保建筑
165	火神庙	景德路212号	清,服装厂、小学	控保建筑
166	石 宅	中街路10、12号	清,民居	控保建筑

(续表)

苏州市区				
序号	名　称	地　址	建造时间及现状	保护级别
167	吴大澂祖居	双林巷18、20、22、24、26号	清,即友恭堂,民居	控保建筑
168	五路财神殿戏楼	范庄前5号	清,民居	控保建筑
169	长洲县城隍庙	雍熙寺弄8号	清,平江区文教招待所	控保建筑
170	程　宅	间邱坊巷46、50号	清,民国,民居、老年活动中心	控保建筑
171	詹　宅	间邱坊巷4、6号	清,民居、东吴丝织厂宿舍	控保建筑
172	杭　宅	白塔西路115、117、119、121、123、125号	清,民居	控保建筑
173	轩辕宫	祥符寺巷36号	清,服装四厂	控保建筑
174	陆　宅	祥符寺巷7、8号	清,民居	控保建筑
175	范烟桥故居	温家岸17、18号	清,即邻雅小筑、向庐	控保建筑
176	潘遵祁故居	白塔西路13、15号,西花桥巷3号	清,即西圃,吴县人武部	控保建筑
177	王氏怀新义庄	西花桥巷24、25号,白塔西路39、43号	清,民居,西花小学	控保建筑
178	吴氏垂裕义庄	史家巷46号、48号	清,平江区文教局仓库	控保建筑
179	潘氏宅园	史家巷2号	潘慎明故居,民居	控保建筑
180	梓义公所	清洲观前34号	清,即清真观,民居	控保建筑
181	玄妙观方丈殿	观成巷17号	清,玄妙观菜场	控保建筑
182	天宫寺	天宫寺弄1、3号	明、清,民居	控保建筑
183	陈　宅	菉葭巷49、50号	明、清,民居	控保建筑
184	潘　宅	悬桥巷59号	民居	控保建筑
185	潘氏松麟义庄	悬桥巷58号	清,工艺美术厂	控保建筑
186	丁氏济阳义庄	悬桥巷41号	清,民居	控保建筑
187	德邻堂吴宅	大儒巷8号	清,民居	控保建筑
188	查　宅	悬桥巷37号	清,民居	控保建筑
189	端善堂潘宅	大儒巷46、48、49、51、52号	清,民居	控保建筑
190	丁　宅	大儒巷6号	清,民居	控保建筑

(续表)

	苏州市区			
序号	名称	地址	建造时间及现状	保护级别
191	韩崇故居	大儒巷迎晓里4、6、8号,一弄4号	清,即宝贴斋,民居	控保建筑
192	昭庆寺	大儒巷38号	清,大儒小学校办厂	控保建筑
193	郑宅	曹胡徐巷3号	清,民居	控保建筑
194	宋宅	曹胡徐巷76、80号	清,民居	控保建筑
195	怀德堂凌宅	东花桥巷10号、姑打鼓巷3-1号	清,民居	控保建筑
196	杭氏义庄	东花桥巷41号	清	控保建筑
197	潘宅	东花桥巷11号	清,民居	控保建筑
198	朱宅	曹胡徐巷51号	清,民居	控保建筑
199	周宅	曹胡徐巷17号	清,民居	控保建筑
200	徐氏春晖义庄	南石子街10-1号	清,大儒小学	控保建筑
201	潘祖荫故居	南石子街6-10号,迎春里12号	清,民居、床单厂招待所	控保建筑
202	韩宅	南显子巷5、6、7、8号	清,民居	控保建筑
203	清慎堂王宅	大柳枝巷9号	清,民居	控保建筑
204	邓氏宗祠	大柳枝巷18号	清,纺工实验工场	控保建筑
205	徐宅	大柳枝巷13号	清,民居	控保建筑
206	笃佑堂袁宅	大新桥巷28号	清,民居	控保建筑
207	庞宅	大新桥巷21号	清,民居	控保建筑
208	沈宅	中张家巷3号	清,振亚丝织厂招待所	控保建筑
209	郭绍虞故居	大新桥巷12、13、20号	清,民居	控保建筑
210	蒋氏义庄	胡厢使巷35号	清,民居、电工仪器厂	控保建筑
211	唐纳故居	胡厢使巷40号	清,即马宅,民居	控保建筑
212	杨宅	混堂巷8号	清,民居	控保建筑
213	吴宅	中张家巷6号建新里	清,民居	控保建筑
214	汪氏诵芬义庄	平江路254号	清	控保建筑
215	嘉寿堂陆宅	天官坊8、10号肃封里	清,民乐一厂,民居	控保建筑
216	裘业公所	高井头2号(正门在梵门桥弄)	清,二十一中校办厂	控保建筑

(续表)

苏州市区				
序号	名　称	地　址	建造时间及现状	保护级别
217	怡老园后楼	学士街209号	明,第十八中学	控保建筑
218	某鸳鸯厅	景德路221号	清,金门小学	控保建筑
219	毛　宅	慕家花园28号	清,民居	控保建筑
220	顾家花园	申庄前4号	清,民居	控保建筑
221	海宏寺	海红坊4号	清,民居、小学	控保建筑
222	郑氏宗祠	西麒麟巷14号	清,日用品公司	控保建筑
223	吴云故居	金太史场4号	清,第二中学校办厂	控保建筑
224	潘奕隽故居	马医科36、38、40号	清,即躬厚堂,民居	控保建筑
225	宣州会馆	吴殿直巷8号	清,民居	控保建筑
226	张　宅	绣线巷13号	清,民居	控保建筑
227	庞氏居思义庄	马医科27、29号	清,民居	控保建筑
228	言子祠	干将路364号	清,小学	控保建筑
229	让王庙	原干将路342号,2000年移建	清,即仲雍祠,城东中心小学	控保建筑
230	慕　园	富仁坊巷72号	清,邮电局	控保建筑
231	宝积寺	塔倪巷8号	清	控保建筑
232	潘　宅	颜家巷16号,原蔡汇河头12号,2001年移建	清,民居、居委会	控保建筑
233	庞莱臣故居	颜家巷26、28号	清,民居	控保建筑
234	赵　宅	颜家巷20号	清,低压电器厂	控保建筑
235	陈　宅	干将路216、218号	明、清,民居、东风通信器材厂	控保建筑
236	王　宅	萧家巷53号	明、清	控保建筑
237	孝友堂张宅	干将路144号	清,民居	控保建筑
238	董氏义庄	钮家巷34号、大郎桥巷65号	清,平江区文教局仓库	控保建筑
239	王　宅	钮家巷5号新一里	清,即凤池园遗址,民居	控保建筑
240	方　宅	钮家巷33号	清,民居	控保建筑

(续表)

苏州市区			
序号	名　称	地　　址	建造时间及现状	保护级别
241	真觉庵	钮家巷27号东升里16、17、18号	清,民居	控保建筑
242	元和县城隍庙	萧家巷48号	清,民居、房管所仓库	控保建筑
243	艾步蟾故居	萧家巷15号	清,即饴德堂,民居	控保建筑
244	吴　宅	富郎中巷20、22、24号	清,民居、沧浪印刷厂	控保建筑
245	洪钧祖宅	西支家巷8、10、11、13号	清,民居、府前印刷厂	控保建筑
246	沈　宅	西支家巷14号	清,民居	控保建筑
247	按察使署旧址	道前街170号	清,市人事局培训中心	控保建筑
248	曹沧洲祠	瓣莲巷4号	民国,托儿所	控保建筑
249	忠仁祠	庙堂巷16号	清,明徐如珂一文厅遗址	控保建筑
250	范氏宅园	庙堂巷10号	清,杨绛曾居于此,民居	控保建筑
251	秦　宅	大石头巷24号	清,五百梅花草堂址,民居	控保建筑
252	丁　宅	通关坊5、7号	清,市公安局	控保建筑
253	马　宅	人民路152号	清,民居	控保建筑
254	报国寺	穿心街3号	清、民国,佛教博物馆	控保建筑
255	元和县署旧址	公园路278号	清,第一中学	控保建筑
256	吴大澂故居	凤凰街101号沈衙弄1、4号	清,民居、双塔幼儿园、商店	控保建筑
257	顾　宅	十梓街56、58号	清,即顾廷龙旧居,民居	控保建筑
258	袁学澜故居	官太尉桥15、17号	清,即双塔影院,民居	控保建筑
259	苏　宅	盛家带31号	清,民居	控保建筑
260	朱　宅	盛家带29号	清,民居	控保建筑
261	陈　宅	金狮巷26、27、28号	清,民居	控保建筑
262	李　宅	金狮巷16号	清,民居	控保建筑
263	秦　宅	金狮巷14号	清,民居	控保建筑
264	吴　宅	泗井巷32号	明、清,民居	控保建筑
265	王氏太原家祠	醋库巷38号	清,粮管所宿舍	控保建筑
266	顾　宅	滚绣坊26号	清,民居	控保建筑

(续表)

苏州市区				
序号	名称	地址	建造时间及现状	保护级别
267	吴氏继志义庄	滚绣坊41号	清,沧浪区少年宫	控保建筑
268	顾宅	盛家带33号	清,民居	控保建筑
269	陈宅	带城桥下塘4号	清,民居	控保建筑
270	红豆山庄遗址	吴衙场37号	清,民居	控保建筑
271	吴宅花园	东小桥弄3号	民国,国家安全局	控保建筑
272	陆宅	孔付司巷18号、凤凰街66-1号	清,民居、仓库	控保建筑
273	周宅	新桥巷4号	清,民居	控保建筑
274	驸马府庙	东大街43号	清,民居、轻工房建站	控保建筑
275	怀厚堂王宅	十全街265号怀厚里	清,民居	控保建筑
276	慎思堂王宅	十全街275号	清,民居	控保建筑
277	圆通寺	阔家头巷6、8号	清,民居	控保建筑
278	赤阑相王庙	相王路8号	清,第八中学(十中初中部)内	控保建筑
279	彭定球故居	十全街67号	清,即南草堂,民居	控保建筑
280	鲍传德庄祠	山塘街787号	民国,山塘房管所	控保建筑
281	许宅	山塘街250号	清,山塘房管所	控保建筑
282	汪氏义庄	山塘街480号	清,民居	控保建筑
283	陶贞孝祠	山塘街696号	清,虎丘中心小学	控保建筑
284	郁家祠堂	山塘街502号	民国,大德小学	控保建筑
285	观音阁	山塘街578号	民国,民居	控保建筑
286	李氏祗遹义庄	山塘街815号	清,小学	控保建筑
287	某宅	山塘街252号	清,废品收购商店	控保建筑
288	某宅	山塘街454号	清,民居	控保建筑
289	敕建报恩禅寺	山塘街728号	清,虎丘饭店	控保建筑
290	岭南会馆头门	山塘街136号	清,山塘中心小学校办厂	控保建筑
291	山东会馆门墙	山塘街552号	清	控保建筑
292	天和药铺	山塘街374号	清,山塘工疗站	控保建筑
293	汀州会馆	阊门外上塘街285、287号	清,仓库	控保建筑

(续表)

	苏州市区			
序号	名称	地址	建造时间及现状	保护级别
294	梨园公所	义慈相三乐湾16号	清末,民居	控保建筑
295	安徽会馆	阊门外辛庄	民国,即东廊堂	控保建筑
296	韩王庙	枣市街76号	清,枣市小学	控保建筑
297	外安齐王庙	东汇路68号	清,东吴酒厂仓库	控保建筑
298	陈宅	钮家巷8号	清,民居	控保建筑
299	清微道院	东支家巷15号	清,东支家巷小学	控保建筑
300	中国银行旧址	西中市德馨里14号	清	控保建筑
301	万宜坊谢宅	吴殿直巷	民国	控保建筑
302	救世堂	养育巷357号	民国	控保建筑
303	申宅	西百花巷31号	民国	控保建筑
304	明远堂	阊门内下塘久福里	民国,赵宅及会所	控保建筑
305	老大房旧址	西中市、吴趋坊口	民国	控保建筑
306	采芝斋、五福楼、陆稿荐旧址	西中市29、31、33号	民国	控保建筑
307	积善堂陆宅	天库前76号	民国	控保建筑
308	严家淦旧宅	德馨里6号	民国	控保建筑
309	侯宅	文衙弄6号	民国	控保建筑
310	某宅	宝林寺前大马堂7号	民国	控保建筑
311	松茂里周宅	石塔头2号,石塔横街47、48号	民国	控保建筑
312	墨园	人民路五二六厂内	民国	控保建筑
313	马宅	人民路祥符寺巷53号	民国	控保建筑
314	单宅	史家巷41号	民国	控保建筑
315	方嘉谟故居	悬桥巷45号	民国	控保建筑
316	某宅	锦帆路3号	民国	控保建筑
317	苏州关税务司署旧址	灭渡桥外	民国	控保建筑
318	顾宅	盘门路	民国	控保建筑
319	方宅	东北街198号	民国	控保建筑

(续表)

	苏州市区			
序号	名　称	地　址	建造时间及现状	保护级别
320	某　宅	寿宁弄2号	民国	控保建筑
321	苏州电气公司旧址	劳动路苏源电力建设工程公司内	民国	控保建筑
322	某　宅	宜多宾巷21号	民国	控保建筑
323	朱　宅	景德桥东南堍	民国	控保建筑
324	尤　宅	梵门桥弄42号	民国	控保建筑
325	崇安里曹宅	阊门内下塘	民国	控保建筑
326	汪　宅	高长桥9号	民国	控保建筑
327	昆曲传习所旧址	林机厂内	民国	控保建筑
328	李仲公故居	宝城桥弄22号	民国	控保建筑
329	朱　宅	银房弄2、3号	民国	控保建筑
330	民德亭	苏州公园内	民国	控保建筑
331	某　宅	体育场路5号	民国	控保建筑
332	某　宅	十梓街608号	民国	控保建筑
333	舒伟园故居	司前街74号	民国	控保建筑
334	朱子久故居	望星桥南堍6号	民国	控保建筑
335	胥江水厂旧址	胥门南	民国	控保建筑
336	万嵩沅故居	幽兰巷11号	民国	控保建筑
337	吴　宅	建新巷29号	民国	控保建筑
	吴中区			
序号	名　称	地　址	建造时间及现状	保护级别
338	东山民居	东山镇	明	国家文保
339	春在楼	东山镇	民国	国家文保
340	楠木厅	东山镇	明	省级文保
341	绍德堂	东山镇	明	省级文保
342	熙庆堂	东山镇	明	省级文保
343	瑞霭堂	东山镇	明	省级文保
344	务本堂	东山镇	明	省级文保
345	栖贤巷门	东山镇	明	省级文保

(续表)

吴中区				
序号	名称	地址	建造时间及现状	保护级别
346	诸公井亭	东山镇	明、清	省级文保
347	敦裕堂	东山镇	明、清	市级文保
348	陆巷古村	东山镇	明、清	市级文保
349	法海寺	东山镇	明、清	市级文保
350	遂高堂	东山镇	明	市级文保
351	裕德堂花厅	东山镇	清	市级文保
352	启园	东山镇	清	市级文保
353	纯德堂	东山镇	清	市级文保
354	师俭堂	东山镇	清	市级文保
355	久大堂	东山镇	清	市级文保
356	莳山寺	东山镇	清	市级文保
357	松风馆	东山镇	民国	市级文保
358	会老堂	东山镇	明—民国	市级文保
359	涵村古店铺	西山镇	明、清	省级文保
360	锦绣堂	西山镇	清	省级文保
361	燕贻堂	西山镇	明、清	市级文保
362	仁寿堂	西山镇	明、清	市级文保
363	爱日堂	西山镇	明	市级文保
364	春熙堂	西山镇	明	市级文保
365	徐家祠堂	西山镇	清	市级文保
366	仁本堂	西山镇	清	市级文保
367	承志堂	西山镇	清	市级文保
368	畲庆堂	西山镇	清	市级文保
369	樟坞里方亭	西山镇	清	市级文保
370	庆馀堂	西山镇	清	市级文保

(续表)

\multicolumn{5}{c}{吴中区}				
序号	名 称	地 址	建造时间及现状	保护级别
371	萃秀堂	西山镇	清	市级文保
372	瞻瑞堂	西山镇	清	市级文保
373	揄耕堂	西山镇	清	市级文保
374	沁远堂	西山镇	清	市级文保
375	后埠井亭	西山镇	清	市级文保
376	石公山	西山镇	明、清	市级文保
377	昙花庵	太湖度假区	清	市级文保
378	禹王庙	西山镇	清	市级文保
379	芥舟园	西山镇	清	市级文保
380	司徒庙	光福镇	汉	市级文保
381	东崦草堂	光福镇	明	市级文保
382	圣恩寺	光福镇	明、清	市级文保
383	石壁永惠寺	光福镇	明、清	市级文保
384	石楼庵	光福镇	明、清	市级文保
385	香雪海	光福镇	清	市级文保
386	朱买臣读书台	藏书镇	汉	市级文保
387	宁邦寺	藏书镇	清	市级文保
388	贺九岭石关	藏书镇	清	市级文保
389	承德堂花厅	横泾	清	市级文保
390	沈宽夫老宅	甪直镇	明、清	市级文保
391	沈柏寒旧宅	甪直镇	清	市级文保
392	萧氏旧宅	甪直镇	清	市级文保
393	万盛米行旧址	甪直镇	清	市级文保
394	沈家祠堂	甪直镇	清	市级文保
395	沈氏旧宅	甪直镇	清,现辟为王韬纪念馆	市级文保

(续表)

\multicolumn{5}{c|}{吴中区}				
序号	名称	地址	建造时间及现状	保护级别
396	赵宅	甪直镇	清、民国	市级文保
397	沈家弄沈宅	甪直镇	民国	市级文保
398	十里亭	枫桥	清	市级文保
399	三里亭	浒墅关	清	市级文保
400	乙未亭	唯亭镇	清	市级文保
401	灵应观后殿	阳澄湖镇	明、清	市级文保
402	悟真道院	陆慕	清	市级文保
403	古戏台	北桥镇	清	市级文保
404	熙馀草堂	黄埭镇	清	市级文保
405	麟庆堂	东山镇	明	控保建筑
406	敦朴堂	东山镇	明	控保建筑
407	三祝堂	东山镇	明	控保建筑
408	嵩下裕德堂	东山镇	明	控保建筑
409	谦和堂	东山镇	清	控保建筑
410	鸣和堂	东山镇	清	控保建筑
411	修德堂	东山镇	清	控保建筑
412	同德堂	东山镇	清	控保建筑
413	果香堂	东山镇	清	控保建筑
414	尊德堂	东山镇	清	控保建筑
415	乐志堂	东山镇	清	控保建筑
416	延庆堂	东山镇	清	控保建筑
417	尚庆堂	东山镇	清	控保建筑
418	瑞凝堂	东山镇	清	控保建筑
419	容春堂	东山镇	清	控保建筑
420	沈宅	东山镇	民国	控保建筑
421	紫兰巷某宅	东山镇	清末民初	控保建筑

(续表)

吴中区				
序号	名　称	地　　址	建造时间及现状	保护级别
422	马家弄某宅	东山镇	民国	控保建筑
423	秋官第	东山镇	明、清	控保建筑
424	光明村严宅	东山镇	清	控保建筑
425	信恒堂	东山镇	清末民初	控保建筑
426	景德堂	东山镇	清	控保建筑
427	湖湾村某宅	东山镇	清	控保建筑
428	慎余堂	东山镇	清、民国	控保建筑
429	文德堂	东山镇	清	控保建筑
430	岱松村裕德堂	东山镇	清	控保建筑
431	锦星堂	东山镇	清道光	控保建筑
432	承德堂	东山镇	清道光	控保建筑
433	响水涧	东山镇	清	控保建筑
434	椿桂堂	东山镇	清光绪	控保建筑
435	崇本堂	东山镇	清	控保建筑
436	沁远堂	西山镇	清	控保建筑
437	容德堂	西山镇	清	控保建筑
438	遂志堂	西山镇	清	控保建筑
439	太湖营军用码头	西山镇	清	控保建筑
440	黄氏宗祠	西山镇	清	控保建筑
441	瞻乐堂	西山镇	清	控保建筑
442	秦家祠堂	西山镇	清	控保建筑
443	礼和堂	西山镇	清	控保建筑
444	礼耕堂	西山镇	清	控保建筑
445	明月湾凝德堂	西山镇	清	控保建筑
446	汉三房	西山镇	清	控保建筑
447	明月寺	西山镇	民国十四年(1925)	控保建筑
448	揄耕堂	西山镇	清	控保建筑
449	瞻瑞堂	西山镇	清	控保建筑

(续表)

吴中区			
序号	名称	地址	建造时间及现状	保护级别
450	仁德堂	西山镇	清	控保建筑
451	姜宅	西山镇	清	控保建筑
452	明月湾古码头	西山镇	清	控保建筑
453	徐家祠堂	西山镇	清	控保建筑
454	学圃堂	西山镇	清	控保建筑
455	绍衣堂	西山镇	清	控保建筑
456	敦和堂	西山镇	清	控保建筑
457	萃秀堂	西山镇	清	控保建筑
458	孝友堂	西山镇	清	控保建筑
459	源茂堂	西山镇	清	控保建筑
460	凝翠堂	西山镇	清	控保建筑
461	方宅	浒墅关镇	民国	控保建筑
吴江市				
序号	名称	地址	建造时间及现状	保护级别
462	退思园	同里镇	清,包括丽则女学校址	国家文保
463	师俭堂	震泽镇	清	国家文保
464	柳亚子故居	黎里镇	清末民初	国家文保
465	耕乐堂	同里镇	明	省级文保
466	慈云寺塔	震泽镇	明	省级文保
467	先蚕祠	盛泽镇	清	省级文保
468	同里镇	同里镇	明、清	省级文保
469	吴江文庙	松陵镇	清	省级文保
470	陈去病故居	同里镇	清	省级文保
471	致德堂	震泽镇	清	省级文保
472	吴氏旧宅	松陵镇	清	市级文保
473	卧云庵	同里镇	明	市级文保
474	同里朱宅	同里镇	明末清初	市级文保
475	世德堂	同里镇	清	市级文保

(续表)

序号	名　称	地　址	建造时间及现状	保护级别
		吴江区		
476	务本堂	同里镇	清	市级文保
477	王绍鏊故居	同里镇	清末,包括留耕堂	市级文保
478	南园茶社	同里镇	清末	市级文保
479	杨天骥故居	同里镇	清末	市级文保
480	鸿寿堂	黎里镇	明、清	市级文保
481	端本园	黎里镇	清,即陈鹤寿故居	市级文保
482	周宫傅祠	黎里镇	清	市级文保
483	徐达源故居	黎里镇	清	市级文保
484	东圣堂	黎里镇	清	市级文保
485	内省堂	汾湖镇	清	市级文保
486	禊湖道院	汾湖镇	清	市级文保
487	黎里天主堂	汾湖镇	清末	市级文保
488	莘塔跨街楼	汾湖镇	清代至民国	市级文保
489	正修堂	震泽镇	清	市级文保
490	一本堂	震泽镇	清	市级文保
491	敬胜堂	震泽镇	清	市级文保
492	茂德堂	震泽镇	清	市级文保
493	尚义堂	震泽镇	清	市级文保
494	徐庆堂	震泽镇	清	市级文保
495	凝庆堂	震泽镇	清代至民国	市级文保
496	耕香堂	震泽镇	民国初年	市级文保
497	汾阳王庙	桃源镇	清	市级文保
498	嘉乐堂	桃源镇	清	市级文保
499	汪　宅	桃源镇	民国初年	市级文保
500	济东会馆	盛泽镇	清	市级文保
501	庄　面	盛泽镇	清,包括本体徽州弄	市级文保
502	吴溇孙宅	七都镇	清	市级文保
503	刘猛将军庙	平望镇	清	市级文保

(续表)

吴江区				
序号	名　称	地　址	建造时间及现状	保护级别
504	秦东园故居	平望镇	清末	市级文保
505	东溪河王宅	平望镇	清、民国	市级文保
506	崇本堂	同里镇	民国	市级文保
507	凝瑞堂	震泽镇	民国	市级文保
508	嘉荫堂	同里镇	民国	市级文保
509	沈氏跨街楼	芦墟镇	民国	市级文保
510	庞氏宗祠	同里镇	民国	市级文保
511	庆善堂	同里镇	民国	市级文保
512	贞惠先生碑亭	震泽镇	民国	市级文保
513	怀德堂	芦墟镇	民国	市级文保
514	余德堂	同里镇	民国	市级文保
515	尊经阁	震泽镇	民国	市级文保
常熟市				
序号	名　称	地　址	建造时间及现状	保护级别
516	崇教兴福寺塔	大东门内	南宋	国家文保
517	綵衣堂	城区翁家巷门	明	国家文保
518	赵用贤宅	城区南赵弄	明	国家文保
519	聚沙塔	梅李镇	宋、明	省级文保
520	兴福寺	虞山破龙涧	宋、明、清	省级文保
521	言子专祠	城区学前街	元、明	省级文保
522	严纳宅	城区县南街	明	省级文保
523	赵园、曾园	城区翁府前	清	省级文保
524	燕　园	城区辛峰巷	清	省级文保
525	铁琴铜剑楼	古里镇	清	省级文保
526	读书台	虞山石梅	明	市级文保
527	太平巷明厅	城区太平巷	明	市级文保
528	荫远堂	城区焦桐街	明	市级文保
529	某　宅	城区虹桥下塘	明,虹桥下塘明厅	市级文保

(续表)

序号	名　称	地　址	建造时间及现状	保护级别
	常熟市			
530	乐贤堂徐宅	城区午桥弄	明、清	市级文保
531	支塘姚厅	支塘老街	明、清,姚汝化宅	市级文保
532	支塘张宅	支塘老街	明、清,张青莲故居	市级文保
533	李雷故居	沙家浜唐市北新街42号	明、清	市级文保
534	姚家祠堂	支塘镇东街66号	清初	市级文保
535	灵公殿戏楼	城区辛峰巷	清	市级文保
536	太平军侯裕田公馆	城区山塘泾岸	清	市级文保
537	维摩寺	虞山中峰	清	市级文保
538	辛峰亭	虞山东岭	清	市级文保
539	言子故里亭	环城南路	清	市级文保
540	言子故居及墨井	城区尔言子巷	清	市级文保
541	四照堂	虞山石梅	清,游文书院	市级文保
542	徽州会馆	虞山镇西泾岸	清	市级文保
543	孙氏祠堂	尚湖	清	市级文保
544	李氏义庄	城区东门横头街	清	市级文保
545	王石谷祠	城区北门大街	清	市级文保
546	翁心存故居	城区翁家巷门	清	市级文保
547	丁祖荫宅	城区西仓前上塘30号	清,缃素楼旧址	市级文保
548	辛峰巷清代厅堂	城区辛峰巷	清	市级文保
549	唐氏宅园	城区县南街	清	市级文保
550	荷香馆张宅	城区荷香馆	清	市级文保
551	赵宅雕花小厅	城区午桥弄	清	市级文保
552	沈石友宅	城区翁府前	清	市级文保
553	笛在月明楼	城区西仓前下塘	清	市级文保
554	蒋炯宅	城区辛峰巷	清	市级文保
555	庞洪文宅	城区南泾堂	清	市级文保
556	永忍堂张宅	城区南泾堂	清	市级文保

(续表)

常熟市				
序号	名称	地址	建造时间及现状	保护级别
557	屈成霖宅后堂楼	城区南门大街	清	市级文保
558	东市河俞宅	城区东市河	清	市级文保
559	间庆堂贾宅	城区小榆树头	清	市级文保
560	曾朴故居	城区山塘泾岸	清	市级文保
561	庞薰琹故居	城区南泾堂	清	市级文保
562	东门大街钟宅	城区东门大街97弄8号	清	市级文保
563	南泾堂庞宅	虞山镇南泾堂30号	清	市级文保
564	南泾堂翁宅	虞山镇南泾堂48号	清	市级文保
565	午桥弄1号民居	虞山镇午桥弄1号	清	市级文保
566	杨沂孙故居	虞山镇紫金街39号	清	市级文保
567	西南河强宅	虞山镇西南河13号	清	市级文保
568	庙弄钱宅	虞山镇庙弄34号	清	市级文保
569	东胜街沈宅	虞山镇东胜街35号	清	市级文保
570	焦桐街周宅	虞山镇焦桐街9、11号	清	市级文保
571	之园	常熟市第一人民医院内	清末	市级文保
572	得意楼旧址	虞山镇君子弄南新街口	清末	市级文保
573	庙弄周宅	虞山镇庙弄22号	清末民初	市级文保
574	中巷缪宅	虞山镇中巷74号	清末民初	市级文保
575	上塘街马宅	虞山镇上塘街85号	清末民初	市级文保
576	七弦河基督教堂	虞山镇七弦河畔	1910年	市级文保
577	引线街沈宅	虞山镇引线街34号	民国	市级文保
578	西横板桥程宅	虞山镇西横板桥支弄7号	民国	市级文保
579	草荡13号杨宅	城区草荡街	民国	市级文保
580	王淦昌故居	支塘镇南街44号	清	市级文保
581	支塘周家陈楼	支塘镇北街71号	清	市级文保

(续表)

常熟市				
序号	名　称	地　址	建造时间及现状	保护级别
582	支塘北街 24 号	支塘镇北街 24 号	清,民居	市级文保
583	张氏爱日精庐	2008 年迁建梅李镇东街	清,原虞山镇西门大街	市级文保
584	梅李刘神堂	梅李镇老街	清	市级文保
585	卫氏义庄	张桥卫家塘卫浜镇河北岸	清	市级文保
586	徐氏虹隐楼	何市镇	清	市级文保
587	古里刘氏敦厚堂	古里镇	清	市级文保
588	大义蜂蚁节孝坊	大义镇蜂蚁村	清	市级文保
589	徐市顾宅	徐市镇	清	市级文保
590	问村薛家大院	碧溪镇问村老街 55 号	清	市级文保
591	望贤楼	沙家浜唐市东北街 49 号	清	市级文保
592	唐市繁荣街 51 号	唐市繁荣街 51 号	清,民居	市级文保
593	唐市老宅楼中厅	唐市飘香园内	民国	市级文保
594	福山南街赵宅	福山镇南街 11 号	民国	市级文保
595	桂村大街徐宅	何市桂村大街	民国	市级文保

昆山市				
序号	名　称	地　址	建造时间及现状	保护级别
596	秦峰塔	千灯镇	北宋	省级文保
597	余家当铺	千灯镇	清	省级文保
598	玉燕堂	周庄镇	明,俗称张厅	省级文保
599	敬业堂	周庄镇	清,俗称沈厅	省级文保
600	祝甸窑址	锦溪镇	清、民国	省级文保
601	毕厅	玉山镇	清	市级文保
602	林迹亭	亭林公园内	清,即奥如旷如之亭	市级文保
603	文笔峰	亭林公园内	清	市级文保
604	顾文康公崇功专祠	亭林公园内	清,即顾鼎臣祠,明始建	市级文保

(续表)

昆山市				
序号	名称	地址	建造时间及现状	保护级别
605	隐庐	玉山镇	民国	市级文保
606	唯一亭	玉山镇	民国	市级文保
607	中山纪念堂	玉山镇	民国	市级文保
608	昆山县委旧址	玉山镇	民国	市级文保
609	章宅	周庄镇	明	市级文保
610	王宅	周庄镇	明	市级文保
611	澄虚道院	周庄镇	明、清	市级文保
612	天孝德	周庄镇	明、清	市级文保
613	迮厅	周庄镇	清	市级文保
614	冯元堂	周庄镇	清	市级文保
615	叶楚伧故居	周庄镇	清	市级文保
616	迷楼	周庄镇	民国	市级文保
617	戴宅	周庄镇	民国	市级文保
618	朱宅	周庄镇	民国	市级文保
619	梅宅	周庄镇	民国	市级文保
620	千灯石板街	千灯镇	清	市级文保
621	李宅	千灯镇	清	市级文保
622	通神道院	锦溪镇	南宋始建,清	市级文保
623	丁宅	锦溪镇	清	市级文保
624	夏太昌	锦溪镇	清	市级文保
625	文星阁	锦溪镇	清,又名文昌阁	市级文保
626	巴城老街	巴城镇	清、民国	市级文保
627	胡石予故居	蓬朗镇	清、民国	市级文保
628	大年堂	花桥镇	民国	市级文保
太仓市				
序号	名称	地址	建造时间及现状	保护级别
629	张溥宅第	城区西门街	明	国家文保
630	浏河天妃宫	浏河镇	明	国家文保
631	王锡爵故居	太仓市新华东路	明	省级文保

(续表)

太仓市				
序号	名　称	地　址	建造时间及现状	保护级别
632	保素堂	城区人民公园	明	市级文保
633	钱祠花园	人民北路	清	市级文保
634	洞庭分秀园	城区	清	市级文保
635	俞氏鸳鸯厅	南园内	清	市级文保
636	阅兵台	浏河镇	明	市级文保
637	浏河新闸	浏河镇	清	市级文保
638	朱氏老宅	浏河镇	清	市级文保
639	云山塔	浮桥镇	明	市级文保
640	曹家祠堂	沙溪镇	明	市级文保
641	沙溪老花街旧址	沙溪镇	清	市级文保
642	沙溪雕花厅	沙溪镇	清	省级文保
643	吴晓邦祖居	沙溪镇	清末、民国、现代	省级文保
644	陆京士故居	沙溪镇	清末民初	市级文保
645	西塔	璜泾镇	清	市级文保
646	宋文治旧居	城厢镇	民国	市级文保
647	新毛粮仓	城厢镇	近代，叠涩法无梁仓	市级文保
张家港市				
序号	名　称	地　址	建造时间及现状	保护级别
648	杨氏宅第及南宅	港口镇恬庄老街	清,包括榜眼府、杨孝子祠	国家文保
649	香山寺	金港镇香山	东汉	市级文保
650	永昌寺	塘桥镇金村	梁	市级文保
651	永庆寺	凤凰镇凤凰山	梁	市级文保
652	尊胜禅院遗址	杨舍镇庆安村	梁	市级文保
653	梅花堂	金港镇香山	宋	市级文保
654	沧江书舍	城区沙洲公园	元代始建，清	市级文保
655	伍厢庵	塘桥镇牛桥村	元	市级文保
656	嘉荫堂后厅	塘桥镇跃进街	清	市级文保
657	王家花园	塘桥镇金村	清	市级文保

(续表)

张家港市			
序号	名　称	地　址	建造时间及现状	保护级别
658	钱昌照故居	塘桥镇鹿苑	清	市级文保
659	若瑟堂	鹿苑镇滩里村	清,1933年翻建,原天主堂	市级文保
660	恬庄古镇	凤凰镇	清	市级文保
661	塘市长春堂	杨舍镇塘市老街	民国	市级文保
662	焦家老宅	杨舍镇向阳弄57号	民国	市级文保
663	乐余民国商贸街	乐余镇	民国	市级文保

（林锡旦）

◎ 第二十五章 会馆公所 ◎

第二十五章 会馆公所

会馆公所是明清时期社会经济发展过程中产生的一种组织机构形式。时苏州阊门外商贸繁荣达到鼎盛期,各地在苏客商云集,会馆公所应需而生。商人会馆最早出现在明万历年间。在此之前已有大量试馆性质的会馆,是由在京任职的官吏为其同乡士人赴京应试便于栖歇而设,有浓重的乡土色彩,且多以地域命名,以馆址的房屋供同乡、同业聚会或寄寓。明嘉靖、隆庆间"用建会馆,士绅是主。凡入出都门者,藉有稽,游有业,困有归也"(刘侗、于奕正:《帝京景物略》,上海古籍出版社,2001年)。商人会馆是旅居外地的商人模仿试馆设立的,最先出现于苏州,也多按同乡关系组建,按同业关系组织的较少。清康熙年间起,也出现了以行业命名的会馆;少数是以同一地区旅苏官绅为主体不做商事活动的会馆,如八旗奉直会馆。公所原是官员栖歇或官府处理公众事务的场所,清乾隆年间起,开始成为商业会馆的同义词。会馆多为外地商人以地域区别(有的也以行业,后改公所)在苏建造;公所大多为本地人以行业集聚所建,有的为商业行帮,有的为工匠集聚之所。

明清以来,苏州工商业日益繁荣,成为东南地区一大都会。优越的地理位置,便利的交通条件,繁荣的工商经济,吸引各地商贾、工匠云集一方,县际、府际乃至省际各色人等的交流更为广泛。清以来,苏州成为江南政治中心,一批数量可观的绅宦聚集苏城,致使苏州人口来源构成日渐纷杂。据现存明清苏州工商碑刻资料以及有关史志记载,各地在苏州设立的地域性会馆约50所,涉及苏、浙、皖、赣、晋、粤、鄂、鲁、黔、湘、冀、陕、闽、桂、滇15个省、数十个府县。各地商贾先以贩运各种货物往返于苏州,进而定居苏州,并招徕原籍族人来苏开业;不少工匠亦采取同样方法,逐渐在苏形成某一行业为某府某县人所专一经营的局面。如踹坊,明初尚寥寥无几,至清康熙年间苏城踹匠已不下万余,踹坊300余家。据雍正七年(1729)、八年(1730)巡抚李卫仔细踏勘,雍正前实际踹匠为七八千人,到雍正八年为10 900余人,踹坊450余家,而这些工匠主要来自西北面的江宁、句容、镇江、江阴,西南面的太平、宁国,南面的绍兴、宁波、松江等地。其他各业情形也均相仿,一直延续至民国年间。

另一方面,在苏开业经营的不少商贾又以苏州为基地,逐渐向外拓展。自清道光二十三年(1843)上海辟为通商口岸后,特别是太平天国以后,不少原先在苏的外地商贾、工匠转徙上海。上海的珠宝业、绸缎业、药材业、参茸业、典当以及钱庄、金铺等业"都是苏州人来创始"。

清末民初,苏州商务总会建立后,商业和手工业性质的会馆、公所大都作为行帮的代表,参加商会,成为商会基础,并逐步转化为同业公会,如铁机丝织业同业公会、纱缎业同业公会等。各业工友则于20世纪20年代纷纷成立工人组织,如工会、工友会和工人联合会等。1929年8月17日,国民政府公布《工商同业公会法》规定,一般公所均应改组为同业公会,并隶属商会领导。据1930年8月统计,苏州有公所34所,会员2 800人,第一批28个行业公所筹备改组为同业公会,会馆不再新设,而代之以同乡会。

一、会 馆

会馆最初的作用是"联乡语,叙乡情",以"恭祀神明,使同乡之人,聚集有地",后逐渐成为商人们存货、居住、议事的重要场所。经费主要来自商品厘捐和个人捐赠。如"全晋会馆之建造,既有捐厘,又有乐输矣","盖从货捐厘,从银起厘,取于人者多,则人咸乐为捐输","捐输弗绝,绵绵常济";徽宁会馆"自创始以来,堂中一切公需资费较巨,皆赖同乡竭力襄助"。苏州最早有记载的会馆是明万历年间(1573—1619)由广东仕商共建的岭南会馆,在虎丘山塘桥西;以及福建干果、青果、丝花、紫竹帮商人在胥门万年桥大街所建的三山会馆,因福州别称"三山"而命名。

山塘街有巷名"会馆弄",因旧时会馆多集中于附近,多是会馆中人居住而得名。如冈州会馆,清康熙十七年(1678)由广西义宁(今桂林)商人所建,嘉庆年间(1796—1820)重建,亦名扇子会馆,系扇商聚会之处。东齐会馆,康熙二十年(1681)由山东登州、青州、潍县、诸城、胶州等地商人所建,乾隆四十二年(1703)重修,亦称山东会馆、三庭会馆。陕西会馆,由陕西西安商人所建,康熙二十六年(1687)竣工,三十二年(1693)重修,又名全秦会馆。平时陕西商人到苏,都受到会馆接待而居此安顿,所以又称雍凉公墅。半塘桥原还有全晋会馆,康熙六十年

(1721)由山西 81 家钱业商人议建,乾隆三十年(1765)建成于山塘街半塘桥,清末移建于平江路中张家巷,又名山西会馆、白石会馆,现据此改建为苏州戏曲博物馆。

上塘街有潮州会馆。明代潮州所属七县商人始建会馆于金陵,清初广东潮州旅苏商人集资迁建至阊门外北濠弄。康熙四十七年(1708)迁此,雍正四年(1726)增建楼阁,十一年(1733)增建关帝殿,又称潮州天后行宫。后经多次重修。会馆头门北向,外墙通体以磨细方砖斜角贴面,高约 10 米,面阔 15 米,三门并列,一大二小,中额"潮州会馆",右额"海晏",左额"河清"。入门,过道上层即南向戏楼。戏台向前突出,约 6 米见方,覆以歇山顶,内部八角形藻井,垂莲柱、额枋雕镂颇精。后台 3 间,面阔 15 米,进深 4 米。整座戏楼连头门,平面呈凸字形。现会馆正殿、厢楼、楼阁等已废,存硬山顶后殿 3 间。1982 年被列为苏州市文物保护单位。后为学校所用。

通和坊 20 号为湖南会馆,清同治九年(1870)湖南商人建。门前有广场照壁,两侧有巷门,大门两侧有抱鼓石,中路有天井、大厅、禹王宫、后殿等,东路备弄,两侧有客厅、楼房,西路有客房几十间,后面有西花园,设假山、荷池、花木,侧门通吴县直街,占地万余平方米。

安徽会馆尤具代表性。清同治三年(1864),江苏巡抚李鸿章"因就苏城东偏南显子巷伪听王府"建程忠烈公祠,"毁其僭妄,肃厥禋祀"。同治四年,"就忠烈祠旁续买民居基址为会馆"。同治五年在祠后得倪氏洽隐园,扩修后作为安徽同乡宴息之所,始名"惠荫园"。翌年复得后面隙地,经苏州知府蒯子范扩建,引水作亭榭,题名"寄闲小筑",王凯泰寓此倡题,遂有花园"八景"之说。会馆同治六年十月落成,都屋二百数十楹。惠荫园成为安徽会馆后花园。其东左曰"樾荫堂",旁屋若干楹;西右曰"经商公所",又若干楹;又西则建立淮军昭忠祠。光绪四至六年,会馆增筑仨月楼和戏台,机房数十间。光绪二十年(1894)张振轩增建安徽先贤祠,李鸿章续拨巨款,命赵宗道修园,成为集游园观戏、赋诗作画、经商习工、祭先祀祖、坐堂办公于一处的场所,为会馆、祠堂、花园、公所、机房相结合的建筑群,此为全盛时期。因人们游园观戏,遂将安徽会馆与惠荫园同时称之。惠荫园之名声甚至超过了安徽会馆。

民国建立后,安徽旅苏同乡会设于此。在此曾设阅报社,一度改为游艺场,游客众多。1940 年张建初在此创办私立育英女子初中,1946 年停办。抗战胜利后,东部散为民居,西部一度由女侠施剑翘创办从云小学,成为中国共产党地下活动的主要场所。1952 年 10 月苏州市第三中学校址迁至南显子巷

18号,定名为苏州市第一初级中学,安徽会馆便在学校使用中不断变化,有的拆除改建,有的保持原貌。2002年3月31日,校园内晚清古建"安徽会馆"修复竣工。

当时安徽会馆建筑群内构成大致为:最东部是安徽会馆,在南显子巷18号,门面朝南,对面照墙1座,砖刻门楼大门3间,入内为东西门房2间,东西账房2间,轿厅3间,东厢房3间,西厢房3间,东西配房2间,飨堂3间,花厅上下楼房6间,对照上下楼房6间。飨堂俗称包公殿,正中神龛里并列供奉两座神位:杏黄色神幔中是大宋龙图阁直学士包孝肃公之神位,即包青天包拯,安徽合肥人,当时有称"关节不到,有阎罗老包";另一位是先贤朱文公,即朱熹,徽州婺源人,集理学之大成者,有《朱文公集》《朱子语类》等。飨堂后面隙地即惠荫园,为会馆之后花园。东左曰"槲荫堂",设有正厅3间,东边耳房上下楼房4间,后上下楼房10间,东披厢房4间,又后上下楼房10间,前川堂3间,轿厅3间,边房1间。西右曰"经商公所",设正厅上下楼房6间,对照3间,小客厅3间,轿厅3间,大门3间,门上额"皖山别墅",对面照墙1座。经商公所之西为程公祠,有照墙1座,大门3间,轿厅3间,正享堂3间。再西面为淮军昭忠祠,有照墙1座,大门3间,东官厅4间,西官厅4间,轿厅3间,东廊房5间,西廊房5间,正享堂3间。昭忠祠后为王公祠,有正享堂3间,对照厅3间。这几处内部都有门洞相通,并有回廊相连。整个安徽会馆内部实为一大院,下雨天行走可以不湿鞋。时有袁学澜诗称:"层楼不隔远山青,往事闲寻草满庭。三友名高争绮角,半州豪去散谭邢。壶觞时集浓春赏,花石犹余战血腥。无限虫沙沉浩劫,一庵香火奉神灵。"(袁学澜:《适园丛稿》之四)后花园有后门,直通悬桥巷河沿。

会馆、经商公所、程公祠、淮军昭烈祠,都是围绕安徽籍主题的建置,而安徽会馆又是其中心。经商公所以"速招徕,节费用,宦商联为一体,会馆期以持久",为会馆日常添置、维修开支提供经济来源。

程公指清南赣镇总兵程学启,安徽桐城人,其生平从同治四年(1865)秋八月的《敕建苏州程忠烈公祠碑》中可知大略,该碑由曾国藩篆额,李鸿章撰文,刘郇膏书丹。淮军昭忠祠建于同治十三年(1874),光绪二年(1876)所立《敕建淮军昭忠祠碑记》称"淮继湘称劲旅",在与太平军的战争中死伤甚众,所谓"战绩半天下"。这两碑成为研究太平天国战事及淮军的历史资料。

表 25-1 苏州会馆表

序号	名称	地址	简况
1	岭南会馆	虎丘山塘桥西	明万历年间广东仕商共建,康熙五年(1666)重建。
2	三山会馆	万年桥大街	明万历年间福建干果、青果、丝花、紫竹商帮建,以莆田商人为主,因福州别称三山(有鼓山、罗汉山、大拇指山)而名。
3	东官会馆	山塘街	明天启五年(1625)广东东莞商人建。清康熙十六年(1677)新建宝安会馆,拟将此会馆移并,以所供武帝像不能动,仍存之,俗称老会馆。
4	潮州会馆	上塘街	明潮州所属七县商人始建于金陵,清初迁苏州,康熙四十七年(1708)迁此。现存砖细外墙和硬山顶后殿3间。
5	宝安会馆	山塘街	康熙十六年(1677)在原明代东官会馆址新建(宝安即今深圳)。
6	冈州会馆	山塘街会馆弄	康熙十七年(1678)广西义宁(今桂林)商人建,嘉庆年间重建。亦名扇子会馆。
7	大兴会馆	齐门外东汇路	康熙十九年(1680)江苏各府木商共建。同治四年(1685)三月重建于娄门外东汇。后改为大兴公所。
8	东齐会馆	山塘街	康熙二十年(1681)山东登州、青州、潍县、诸城、胶州等地商人建,乾隆四十二年(1777)重修。亦称山东会馆、三庭会馆。
9	元宁会馆	中街路高师巷	康熙二十一年(1682)金陵、江宁、元邑商人共建。1917年改称江宁会馆,1926年为江宁同乡会,后再改为经业公所。
10	江西会馆	留园五福路	康熙二十三年(1684)江西商人及江西籍官员共建。康熙四十六年(1707)拆建。民国时期为江西会馆,江西同乡会事务所亦曾驻此(另设西美巷况公祠内,并有齐门西汇为木材行商居所)。
11	漳州会馆	南濠街	康熙三十六年(1697)漳州仕商共建,又名霞漳会馆,后改为霞漳公所。
12	宛陵会馆		康熙三十六年(1697)安徽宁国仕商共建。
13	泉州会馆	阊门外张家园南	康熙四十六年(1707)泉州商人建,又名温陵会馆。
14	邵武会馆		康熙五十年(1711)福建邵武仕商共建。

(续表)

序号	名称	地址	简况
15	高宝会馆	阊门外潭子里	康熙五十七年(1718)江苏海、淮、洋、泗四帮腌腊货商人建,乾隆七年(1742)重建,又名江淮会馆,后改为邵伯航业公所。
16	汀州会馆	上塘街	康熙五十七年(1718)福建上杭八串纸帮建,光绪十三年(1887)秋与永定皮丝烟帮合并重建。
17	全晋会馆	山塘半塘桥	康熙六十年(1721)山西81家钱业商人议建,乾隆三十年(1765)建成于山塘半塘桥。清末移建于平江路中张家巷,又名山西会馆、白石会馆。
18	兴安会馆	佑圣观弄	康熙年间福建莆田、仙游商人建,俗称福建会馆。
19	两广会馆	侍其巷	康熙年间绍兴商人建。光绪五年(1879)重新筹建,八年建成。
20	武林会馆	上塘街	康熙年间绍兴箔商建,又称武陵会馆。民国时改为箔业同业公会。
21	浙绍会馆	盘门新桥巷	康熙年间浙江绍兴商人建,同治九年(1870)重建,民国时改为染业同业公会。
22	浙宁会馆	南濠街	雍正年间浙江宁波商人建,又名宁波会馆。
23	洞庭会馆	阊门外枫桥镇	乾隆元年(1736)前吴县东山商人建。
24	宣州会馆	吴殿直巷	乾隆初年安徽宁国府泾(县)、旌(德)、太(平)三县黄烟商人建。
25	武林杭线会馆	宝林寺前	乾隆二年(1737)四月浙江杭州线、绸、箔商人共建。道光年间绸、箔两商分出。后三次重建。又名线商会馆,后改杭线公所。民国后绸业并入七襄公所。
26	陕西会馆	山塘街	陕西西安商人所建,乾隆六年(1741)购地,二十年(1755)动工,二十六年(1761)竣工。三十二年(1767)重修。又名全秦会馆、雍凉公墅。
27	延宁会馆	曹家巷	乾隆九年(1744)福建延平、建宁商人建,又名延建会馆。
28	金华会馆	南濠街	乾隆十七年(1752)浙江金、兰、东、义、永五邑客商建,道光十六年(1836)重建。
29	钱江会馆	桃花坞	杭州绸缎商人建,乾隆二十三年(1758)筹备,三十年(1765)建成。民国后绸业并入七襄公所。
30	毗陵会馆	山塘街莲花斗	乾隆二十七年(1762)八月常州、无锡猪行客商建,又名毗陵公墅、猪行会馆、讨账公所,后改为猪业公所。民国时为猪行业同业公会。

(续表)

序号	名称	地址	简况
31	翼城会馆	虎丘小武当	乾隆三十年(1765)前山西翼城商人建,俗称老山西会馆。
32	徽郡会馆	镇抚司前	乾隆三十五年(1770)徽州皮纸、捞油、蜜枣帮商人建。
33	中州会馆	天启桥西	乾隆三十七年(1772)河南商人建。
34	江鲁会馆	胥门外江鲁巷	乾隆四十六年(1781)兖州、徐、淮、阳等府腌腊、鱼蛋、咸货、花生贩运商共建,光绪六年(1880)改称江鲁公所,民国时改为腌腊火腿同业公会。
35	吴光会馆	曹家巷	乾隆五十四年(1789)浙江湖州仕商(绉、绸两业)建,又名湖州会馆、湖绉公所。民国时绸业并入七襄公所,后为湖州同乡会。
36	仙翁会馆	河沿街长弄	乾隆五十八年(1793)十月福建纸商建,又名纸坊公所。
37	枣商会馆	枣市街韩蕲王庙处	乾隆年间齐鲁枣商建。
38	新安会馆	三六湾义慈巷	乾隆年间安徽歙县布商建,民国时为新安同乡会、歙县同乡会。
39	嘉应会馆	枣市街	嘉庆十四年(1809)三月广东嘉应府属五县仕商合建,后两次重建,改为烟商公所。
40	南枣会馆	枣市街胥乡台庙	嘉庆十七年(1812)南枣橙橘业商人建,后改为南枣公所。
41	东越会馆	阊门外三六湾	道光二年(1768)九月浙江绍兴、山阴、会稽100余家浇造蜡铺合建,后改为蜡烛公所,民国时改为烛商业同业公会。
42	人参会馆	南濠街	道光年间建,民国时并入药材参燕业同业公会。
43	宁吴会馆	尚义桥街	同治元年(1862)宁吴两地铜、铁、锡手工业者共建,又名铜锡公所。
44	安徽会馆	南显子巷	同治五年(1866)安徽仕商建。
45	湖南会馆	通和坊	同治九年(1870)湖南商人建(还有一湖南会馆建于上津桥下塘)。
46	八旗奉直会馆	东北街拙政园	同治十年(1871)奉天、直隶八旗官员建。
47	东山会馆	南码头	光绪十年(1884)建。
48	湖北会馆	北码头	光绪十年(1884)湖北瓷器业商人建。

(续表)

序号	名称	地址	简况
49	武安会馆	天库前	光绪十二年(1886)春河南武安绸商建,又名河南会馆。
50	全浙会馆	长春巷	光绪三十一年(1905)建,民国时改为杭嘉湖三属同乡会。
51	覃怀会馆	山塘街	光绪年间建。
52	云贵会馆	十全街	宣统三年(1911)建。
53	仙城会馆	山塘桥西	广州商人建。
54	海珠会馆	油车弄	
55	兰溪会馆	杨安弄	
56	广东会馆	山塘通桥	
57	震泽会馆	南濠街	
58	皮坊会馆	龙兴桥	
59	浙江会馆	西园西面	

二、行业公所

行业公所,是明清时期商品经济发展到一定程度时产生的一种工商业者团体,是同业中办理善举、议定行业条规章程、实施行业管理的组织机构。办理善举,"同业中有年老无依者,仍由公所养,病则医药,故则殓埋"。议定行规,包括开业、停业、经营范围、经营方式、雇工、授徒、工资福利、集体事业、经费等行业同人必须共同遵守的规则。公所实施对行业的管理,凡行业中重大事务,公所及时召集会议磋商调解。至于公所经费来源,如浙南公所集得各商号输捐款项,"并逐年抽提货数厘金,以充经费";崇礼堂公所"办理同业善举,在伙友薪水项下,每千提出钱二十文";彩绳公所"常年经费由各店按每店用伙一人捐钱一百文,学徒一人捐钱五十文,按名按月计捐"。苏州最早的公所为元元贞元年(1295)丝织业建于玄妙观内的吴郡机业公所,清乾隆八年(1743)重建于花桥阁;丝经业在清康熙二十一年(1682)所建的元宁会馆改建为经业公所;乾隆五十四年(1789)绉绸业在曹家巷建湖绉公所,又名吴兴会馆,民国时期并入七襄公所。七襄公所,道光五年(1825)苏州绸缎商建于文衙弄原艺圃。丝织业从生丝到织成绸缎,有多道工序,也有多个公所,各业分工形成各自的规模。

苏州手工艺行业的玉业公所,颇有典型的民间庙会特色。琢玉业于清嘉庆二十五年(1820)于石塔头建玉祖师殿,同治九年(1870)重建玉业公所于周王庙弄周王庙内,弄以庙名。捐建者有玉业830户。旧时各行业大都有自己信奉敬崇的祖师,建庙塑像,以求神庥。周王庙就供奉着玉器业的祖师周宣灵王。神姓周名雄,杭州新城人,在宋锐志恢复,抑郁以殁。其与玉器业似不相关,却被苏州玉业奉为祖师。民间这种现象至今仍未获得解答,碑文只是说"自宋代敕建以来,历著灵显,屡加封号"。旧时逢到天旱、瘟疫等灾,就要请各庙抬自己的祖师神仙出来上街游行。周宣灵王就同吕纯阳、瘟将军、春申君等一起被抬出行,以降甘露、煞瘟疫、消灾难。周宣灵王初封运德海潮王、护国广平侯、总制江海河道兼理三界财帛使司;乾隆时诏赐黄旗一对、暖轿一乘,加封代天宣化忠静大元帅,嘉庆时加封翊应将军,道光时钦加"显佑"两字,春秋崇祀。其他庙宇在各地大都有同属,唯周王庙全国独此一家,愈显其不凡。因为当时"良玉虽集京师,工巧则推苏郡",正是苏州玉器业最兴盛时期,而玉业往往都是大进大出的业主,所以建公所时,有830户自掏腰包捐款助建。玉业公所有头门、戏台、两廊、亭阁等,有房舍36间。农历九月十五日为周王诞辰,前后三天举办庙会,除看戏喝酒外,还在四面厅内展示陈赛精美玉器,如翡翠炉、玛瑙马、水晶球、白玉瓶等。尤其是镇庙之宝"三足碧玉蟾",用整块长约50厘米的碧玉雕成,又称"青花大将军",业内俗称"三脚癞疙疤",良玉巧工集一身,价值连城,现藏于苏州博物馆。

刺绣业中最早建同业公所的是绣庄业,于清道光年间(1821—1850)构顾公祠于苧溪,以奉其祀。同治六年(1867)集资购屋于金阊之香橙弄口建锦文公所,由65户绣庄捐建。光绪十八年(1892),由广源、朱耀记、蔡恒生等61户绣庄捐款,把锦文公所移至阊门内下塘街142号。《锦文公所顾公祠碑记》说:现绣业锦文公所得捐资迁移,"另买北利三上图神仙庙西首房屋一所,循旧设立公所……扩充基址,以壮观瞻……谨于光绪壬辰年十二月吉日,移奉绣祖师神像,惟愿同人修身立业,克勤克慎,仰仗神灵呵护,经之营之,日新月盛,将见庙貌巍峨,美轮美奂,善举诸务,次第兴办,神其式凭,也明矣"(彭泽益:《清代工商行业碑文集粹》,中州古籍出版社,1997年)。绣庄大都集中在西中市、吴趋坊一带,几乎左右毗邻,形成"绣市";戏衣业在官库巷前财神弄8号建霓裳公所;零剪顾绣业在小王家巷建云华绣业公所。苏州刺绣行业之绣庄业、戏衣业、零剪业各建有自己的行业公所,其数量之多,在全国刺绣同行中绝无仅有。现以此为例简述公所之功能。

刺绣业的行业公所,主要办理刺绣业对内对外一切事务,同其他手工业行业公所不同的是它没有严厉的行规。《苏州锦文绣业公会组织章程》称:"宗旨:本公会由苏州全体同业发起组织,以巩固业务信用,增同业福利及交换知识、研究美术为宗旨。"为办理日常事务,设立总务股、经济股、交际股、审查股,处理"本会财产契据及稽核出纳款项并造预算及一年之决算",办理"一切交际事务","审查业务上之改进及会员资格及预算等事"。除办事员按月酌给薪金外,其余都是义务职。设办事员:"一、文牍员,专司办理本会一切杂务文件及缮写印刷等事;二、庶务员,专司办理本会一切杂务及采办等事;三、收支员,专司征收本会会费捐款等事"。组织上采取委员制,推选常务委员 5 人,从中再推选主席委员 1 人;以两年为一任,连任一次为限。会费,每年按会员营业额总数提拨千分之七作为学校经费及恤孤施舍等慈善福利费用,十分之三为平常活动经费(苏州市档案馆 1929 年档案)。

行业公所曾为本行业的利益请求政府归并裁减捐税。宣统元年(1909),苛捐杂税使刺绣业经营受阻,本小利薄的零剪业更是难做生意,遂向有司提出理由书。这年 9 月 15 日的《顾绣业众商理由书》称:"窃惟顾绣一业,均藉女工针黹为生涯,销路本属细微,近年以来更觉滞销,而所用原料均已抽过丝捐、经捐、机捐,绣成之后加以板月捐、出口捐、分运捐、厘卡捐、邮税捐、房捐、巡警灯捐,各项名目已极繁苛。届此米珠薪桂之时,各业均望减捐,若再举办印花税,商困更不堪设想。""现在苏州省城厘卡林立,胥吏苛扰,流弊百出,且比常镇两府捐税为多,因此客商裹足不前。目下吾业顾绣生意清减,较之光绪初年已十去其四,现开者均属勉强糊口,若定欲实行印花税,非将各项层捐厘卡归并裁减,不足以苏民困。"(苏州市档案馆 1909 年档案)行业公所以一定的团体形式为民请命,起到了个体工商手工业者代言人的作用。

行业公所的组织在一定程度上限制了竞争和分化,保障本行业会员的利益。1924 年,苏州刺绣业曾利用组织抵制光福天锦刺绣公司的成立,排除竞争者。当时位于吴县光福镇上的徐鸿亭等 8 户绣庄为扩畅销路,"发起即就原有之绣货庄号改组公司",创办吴县光福乡天锦刺绣股份有限公司,并依法定手续,请县署鉴核批准。吴县知事准予立案。当苏州总商会把该公司章程邀绸缎绣业会同审查时,却遭到一致否定,认为"该公司第四条语意蒙混,合参第八条包围之广,实与敝业根本抵触,前途危害",请苏州商会拒绝其入会(苏州市档案馆 1924 年档案)。结果,光福徐鸿亭等创办的天锦刺绣股份有限公司虽然已开了成立大会,但由于刺绣同业的阻抑和反对,只好停办。

行业公会为一级行业组织,调解本行业的纠纷,减少了政府有关部门的麻烦。1947年9月,戏衣业劳资双方为本行业劳资纠纷开调解会,政府有关部门派员列席。调解结果,工资做调整,规定底薪金额,并每月依照县政府公布之工人生活指数计算,当月工资由资方依上月份公布之生活指数计算;以后生活指数取消时再行协议,其他部分仍依照原例办理。刺绣业的行业公所,在当时的社会条件下,为维护本行业的利益,起到了官方以及绣庄所起不到的作用,强化了行业凝聚力,保障了苏州刺绣业的生存和发展。

以上列举全国各地、各行各业、大小不一的在苏会馆公所十数处,大都聚集在苏州石路山塘、阊门内外商埠范围内,与全国各地及苏州本地商家发生各种业务。如果没有一个固定的落脚点,业务将很难展开。而这些会馆公所以至后来改名的同业公会,恰好起到了让同乡会聚、存放货物、互通有无、融通资金、兴办善举、接济落难、设立义塾,甚至订立帮规、规范行业、维护权益等作用。

下表列公所198家,略陈苏州历史上所存之公所名称、类别、分布及经营演变简况。至于官方或半官方的办公公所,如督练公所、警务公所、税务公所、律师公所、学务公所等,系另一类别之公所,不在工商业范畴之内,故不列入。

表25-2　苏州行业公所表

序号	名称	地址	行业	简　况
1	吴郡机业公所	花桥阁	丝织业	元元贞元年(1295)建于玄妙观内,乾隆八年(1743)重建于此。
2	打铁公所	北园老君堂	打铁业	明万历年间建。民国时改为刀剪匠作业同业公会。
3	药业公所	阊门外卢家巷	药商	清顺治十六年(1659)建,康熙二十八年(1689)毁,三十二年(1693)重建。民国时改为药材参燕业同业公会。
4	崇德公所	尚义桥缸甏河头	书坊业	清康熙十年(1671)建,原名崇德书院。民国时改为图书文具业同业公会。
5	经业公所	官太尉桥	丝经业	民国时由江宁会馆改为经纬业同业公会。
6	集德公所	范庄前祭祀巷	置器漆作业	清康熙三十二年(1693)建,同治十一年(1872)与置器公所合并迁因果巷,民国时改为置器业同业公会。
7	置器公所	因果巷	木器业	清康熙年间建,同治十一年(1872)与集德公所合并。

(续表)

序号	名称	地址	行业	简况
8	允金公所	龙兴桥	硝皮业	清康熙年间建,后两度重建,亦名允宁公所、永宁公所。民国时期并入革制业同业公会。
9	梨园公所	镇抚司前	昆曲艺人	原为老君庙,清乾隆二年(1737)建如意会,嘉庆二十二年(1817)改称梨园公所,道光、光绪时重建。
10	剞劂公所	教场南	刻字业	清乾隆四年(1739)建。
11	冶坊公所		冶炼业	清乾隆六年(1741)建。
12	面业公所	宫巷关帝庙	面馆业	清乾隆二十二年(1757)建,民国时改为面馆业同业公会。
13	光裕公所	第一天门	评弹艺人	清乾隆四十年(1775)建,民国元年(1912)改称光裕社。
14	菜业公所	宫巷关帝庙	酒楼菜馆业	清乾隆四十五年(1780)建,光绪二十八年(1902)改称友乐公所,迁东美巷。又名酒馆公所。
15	友乐公所	东美巷	酒馆业	见上改称,民国时改为菜馆业同业公会。
16	成衣公所	九胜巷	成衣业	清乾隆四十五年(1780)建于金阊门北正三图。咸丰十年(1860)遭兵燹。同治五年(1866)重建于此,又称轩辕公所。
17	湖绉公所	曹家巷	绸绸业	清乾隆五十四年(1789)建,又名吴兴会馆,民国时并入七襄公所。
18	磨坊公所	虎丘小武当陆羽楼	面粉磨坊业	清乾隆五十五年(1790)建。
19	秀兰公所	杨安浜	茶叶业	清乾隆年间安徽茶商建。
20	浙台公所	杨安浜	茶叶业	清乾隆年间浙江茶商建。
21	花商公所	虎丘山塘街下塘	花业	清乾隆年间建,道光四年(1824)改建。
22	豆米公所	胥门外水仙庙	豆米业	清乾隆年间建,1930年改为米店业同业公会。
23	集庆公所	玄妙观雷尊殿	炉饼业	清乾隆年间建,亦名炉饼公所。
24	镇江公所	虎丘小武当大士庵		清乾隆年间建。
25	经匠差局公所	蒲林巷	金箔业	清嘉庆元年(1796)前建,五年(1800)改建为圆金公所。

(续表)

序号	名称	地址	行业	简况
26	洋布公所	宝林巷	洋布业	清嘉庆元年(1796)建。
27	圆金公所	蒲林巷	捶打金箔业	在经匠差局公所旧址重修,民国时并入怀安公所。
28	金箔公所	蒲林巷	箔业	清嘉庆五年(1800)建,同治十三年(1874)重建。
29	咏勤公所	宝林寺前	洋布洋货业	清嘉庆十二年(1807)建于梵门桥弄肖家园,同治二年(1863)重建于此。同治十三年(1874)洋货部分出建惟勤公所。民国时与尚始公所合并成立华洋布业同业公会。
30	江镇公所	马医科	理发业	清嘉庆十三年(1808)建,又名整容公所,民国时改为理发业同业公会。
31	宝珠公所	石塔头	琢玉业	清嘉庆十三年(1808)建,民国时改为珠晶玉业公所。
32	时入公所	四摆渡东山庙南	煤炭树柴业	清嘉庆十四年(1809)四月建。
33	小木公所	憩桥巷	小木竹艺业	清嘉庆十五年(1810)建,又名巧木公所,民国时改为木业同业公会。
34	南枣公所	枣市街胥乡台庙	南枣橙橘业	清嘉庆十七年(1812)建,曾名南枣会馆。
35	钟表公所	西园寺后踏布坊	钟表业	清嘉庆二十一年(1816)建。
36	柏油公所	阊门外信心巷	柏油业	清嘉庆二十四年(1819)购地筹建,民国时改为桐柏油饼业同业公会。
37	玉业公所	周王庙弄周王庙内	琢玉业	清嘉庆二十五年(1820)于石塔头建玉祖师殿,同治九年(1870)重建于此,民国时并入珠晶玉业公所。
38	庖人公所	宫巷面业公所内	庖厨业	清嘉庆年间建,民国时期改为菜馆业同业公会。
39	梁溪公所	海红坊		清嘉庆年创建,咸丰六年(1856)、同治四年(1865)、1919年三度重建修。
40	膳业公所	佘姆桥东高岗上	饭馆业	清道光元年(1821)建,民国时改为菜馆业同业公会。
41	蜡烛公所	三六湾义慈巷	烛铺业	清道光二年(1822)建,原为嘉庆间东越会馆,民国时改为烛业同业公会。

(续表)

序号	名称	地址	行业	简况
42	云锦公所	祥符寺巷	丝织、宋锦、纱缎帐业	清道光二年(1822)建,同治元年(1862)、光绪元年(1875)重建。亦名轩辕宫,民国时改为纱缎业同业公会,后并入丝业同业公会。
43	寿衣公所	南采莲巷	寿衣业	清道光五年(1825)建。
44	七襄公所	文衙弄	绸缎业	清道光五年(1825)苏州绸缎商建,十九年(1839)又建,二十七年(1847)重修,民国时改为绸缎业同业公会。
45	新安公所		布商业	清道光十一年(1831)建。
46	水炉公所	新民桥石灰中弄	水灶业	清道光十一年(1831)建,宣统三年(1911)九月在西北街石皮弄重建,民国时改为水灶业同业公会。
47	嘉凝公所	阊村坊巷	金线切金业	清道光十四年(1834)建,民国时改为织带业同业公会。
48	茶礼公所	社坛巷	掌礼业	清道光十五年(1835)建,又名掌礼公所,后迁富仁坊。
49	咸庆公所	西海岛	瓜帽艺业	清道光十六年(1836)建于神仙庙,咸丰九年(1859)移建此,又称瓜帽公所,民国时改为帽业同业公会。
50	丽泽公所	刘家浜	金箔业	清道光十六年(1836)建,民国时并入怀安公所。
51	性善公所	斑竹巷	漆作店铺业	清道光十七年(1837)建,初名性善局,二十五年(1845)重建,民国时改为髹漆业同业公会。
52	承善公所	神道街	装修置器业	清道光十七年(1837)建,民国时改为盆桶业同业公会。
53	永和公所	盘门	树柴业	清道光二十年(1840)建,民国时改为树柴业同业公会。
54	明瓦公所	东海岛一弄	明瓦业	清道光二十年(1840)建。光绪十六年(1890)、二十九年(1903)重建。
55	醴源公所	胥门外窑弄	酒行牙商业	清道光二十四年(1844)建,民国时改为烧酒业同业公会。
56	敬业公所	施相公弄民智里	肉店业	清道光二十五年(1845)创建三义公所,同治三年(1864)被禁革,六年(1867)重建时改为敬业公所。

(续表)

序号	名称	地址	行业	简况
57	梓义公所	洙泗巷清洲观前	水木作业	清道光三十年(1850)整顿,光绪十三年(1887)后重建于牛角浜,民国时改为营造业同业公会。
58	茶馆公所	神道街	茶馆业	清道光年间建,亦名余德公所,民国时改为茶馆书场业同业公会。
59	枭盈公所	景德路东华严寺内	弹花业	清道光年间建,民国元年(1912)重建。
60	太和公所	旧学前	药业饮片	清道光年间药王庙改组后成立。同治十二年(1873)重建,亦称药业公所。民国时改为药业同业公会。
61	钢锯公所	景德路杀猪弄	钢铁锯锉店业	清咸丰十年(1860)前建,原在镇抚司前,光绪二年(1876)移建于此,民国时并入刀剪匠作业同业公会。
62	锡善公所	廖家巷打线场	锡器业	清咸丰十年(1860)前建,又名锡业公所。1921年并入点成公所,后改为铜锡业同业公会。
63	浙南公所	南濠街谈家巷	粗纸箬叶业	浙江粗纸箬叶业商于太平天国前建,同治七年(1868)重建。
64	官厨公所	东采莲巷	膳食业	清道光、咸丰年间建,光绪二十八年(1902)重建,更名为九邑公所。
65	江安公所	西百花巷	茶食业	清道光、咸丰间建于胥门外由斯弄,同治间重建。
66	云章公所	塔倪巷	估衣业	清咸丰六年(1856)建,民国时改为估衣业同业公会。
67	领业公所	黄鹂坊桥弄内	绒领业	清咸丰七年(1857)建,光绪三十四年(1908)并入洋货业长生会,民国时并入咏勤公所。
68	永和公堂	南濠街黄家巷	南北杂货海货业	清咸丰八年(1858)建,亦称南货公所,民国时改为南北海货同业公会。
69	皮货公所	梵门桥弄高井头	皮货商业	清咸丰十年(1860)前建楚宝堂,同治九年(1870)建皮货公所,民国时改为裘业同业公会。
70	丝业公所	祥符寺巷	丝行业	清咸丰十年(1860)前建,民国时改为丝业同业公会,后与丝织业合并。
71	红业月霞公所	虎丘冶坊浜	红布、头绳、丝经业	清咸丰十年(1860)建,包括红布、头绳、丝经、梅红等业。

(续表)

序号	名称	地址	行业	简况
72	元宁公所	阊门下塘官宰弄	皮业	清咸丰年间建,民国时改为革制业同业公会。
73	烟业公所	阊门外横马路	烟业	清咸丰年间建,前身为宣州会馆。
74	铜锡公所	尚义桥	铜锡业	清同治元年(1862)建,又名宁吴会馆。1921年并入点成公所,后改为铜锡业同业公会。
75	大兴公所	娄门外东汇路	木行业	清同治四年(1865)三月由康熙九年(1670)所建大兴会馆改建。
76	梁溪膳业公所	景德路磨坊弄	常州、无锡饭铺业	清同治四年(1865)十二月建。
77	云华绣业公所	小王家巷	零剪绘绣业	清同治五年(1866)建,1931年改为零剪顾绣业同业公会。
78	锦文公所	阊门下塘街	顾绣刺绣业	清同治六年(1867)建于金阊香橙弄,光绪十年(1884)重建,民国时改为刺绣业同业公会。
79	安怀公所	紫兰巷	银楼业	清同治七年(1868)建,民国时改为金银业同业公会。
80	尚始公所	中街路	棉夏布业	清同治七年(1868)建,民国时改为华洋布业同业公会。
81	浙绍公所	山塘下塘莲花斗	染坊业	清同治九年(1870)四月建,亦称浙绍长生公所,民国时改为绸布染业同业公会。
82	裘业公所	阊门外下塘官宰弄	硝皮业	清同治九年(1870)九月建,亦称硝皮公所。
83	两宜公所	宝林寺前	纸业	清同治九年(1870)至光绪三年(1877)建,亦称纸业公所,民国时改为纸业同业公会。
84	存仁公所	西大营门	铜丝业	清同治九年(1870)十一月重建,1921年并入点成公所,后改为铜锡业同业公会。
85	巽正公所	齐门外西汇路	木行业	清同治十年(1871)正月建,民国时与大隆公所、务本公所合并建立木业同业公会。
86	绚章公所	桃花坞河西巷	蜡笺纸业	清同治十一年(1872)七月建。
87	酱业公所	颜家巷	酱坊业	清同治十二年(1873)三月建。

(续表)

序号	名称	地址	行业	简况
88	香业公所	北石子街	香业	清同治十二年(1873)建,后迁马医科,民国时改为香业同业公会。
89	猪业公所	齐门内下塘	猪商业	清同治十三年(1874)四月建,由毗陵会馆发展而来,民国时改为猪业同业公会。
90	麻业公所	北濠弄	麻业	清同治十三年(1874)建,光绪四年(1878)重修并改东沤公所。
91	惟勤公所	文山寺前	洋广杂货业	清同治十三年(1874)由咏勤公所分出,民国时改为华洋杂货业同业公会。
92	梨园公所	义慈巷	京剧艺人	清同治年间建,又名梨园祖师庙。
93	折扇公所	桃花坞韩衙庄	扇面扇骨业	清同治年间建,民国初分为扇面和扇骨两公所。
94	五丰公所	菉葭巷	米店业	清光绪三年(1877)建,亦名米商公所、五丰瑞谷堂。1930年改为米店业同业公会。
95	江鲁公所	胥门外官道	腌腊咸货	原为江鲁会馆,清光绪元年(1875)重建,六年(1880)改称江鲁公所,民国时改为腌腊鱼腿业同业公会。
96	石业公所	半边街	石作业	清光绪十二年(1886)建,民国时改为石业同业公会。
97	四明公所	谈家巷	织造业	清光绪十三年(1887)建,又称浙宁惠梓堂。
98	梳妆公所	桃花坞廖家巷	红木梳妆作铺	清咸丰十年(1860)毁于战火,光绪十五年(1889)重建,又名三义公所,民国时改为木器业同业公会。
99	彩章公所	廖家巷打线场	回须业	清光绪二十三年(1897)建,民国时改为须业同业公会。
100	安仁公所	南采莲巷	寿衣寿器业	清光绪二十三年(1897)建,民国时改为寿器业同业公会。
101	面馆公所	玄妙观火神殿内	面馆业	清光绪二十四年(1898)建。
102	彩绳公所	西海岛五弄	辫绳业	清光绪二十四年(1898)正月建,民国初年易名为丝边公所,后改为丝边业同业公会。
103	采纸公所		辫纸业	清光绪二十四年(1898)建。

(续表)

序号	名称	地址	行业	简况
104	粉业公所	牛王庙	石粉业	清光绪二十四年(1898)修,民国时改为石粉业同业公会。
105	牙刷公所	马篰头巷	制刷业	清光绪二十四(1898)年建。
106	钱业公所	东中市	钱庄业	清光绪二十九年(1903)十二月建。
107	永康糖食公所	施相公弄	糖食业	清光绪三十年(1904)建,又名永康糖果公所,由创建于咸丰十年(1860)的永寿善堂发展而来。
108	履源公所	东海岛一弄	鞋业	清光绪三十年(1904)建。1936年改为履业同业公会。
109	典业公所	清嘉坊	典当业	清光绪三十一年(1905)建于海红坊,民国初迁此,后改为典当业同业公会。
110	信芳公所	专诸巷	烟业	清光绪三十二年(1906)建。民国时改为卷烟业同业公会。
111	霞章公所	乔司空巷	机织工匠	清光绪三十二年(1906)筹建,三十三年四月建成。
112	茶商公所	永福桥	茶商业	清光绪三十二年(1906)建。1930年改为茶叶业同业公会。
113	崇礼堂公所	装驾桥巷	金银丝抽拔业	清光绪三十三年(1907)建。俗称花作业。
114	文绚公所	平江路	染丝业	清光绪三十四年(1908)建。
115	线业公所	打线弄	打线业	清光绪三十四年(1908)建。民国时改为线业同业公会。
116	仁义公所		印花染坊业	清光绪年建。
117	金陵玉业公所	天库前宝珠庵	金陵琢玉业	清光绪年建。
118	锦章公所	桐芳巷	漳绒业	清光绪年于潘儒巷,初名绒机公所。民国初重建于桐芳巷,后并入丝织业同业公会。
119	福元公所	小日晖桥弄	皮蛋作	清光绪年间建,又名皮蛋公所。
120	堃震公所	南濠街	煤炭业	清宣统元年(1909)建,民国时改为煤炭业同业公会。
121	镇扬公所	上津桥下塘西首		清宣统二年(1910)建。

(续表)

序号	名称	地址	行业	简况
122	裱业公所	西桂花弄	裱画业	清末苏州红帮装裱艺人建。
123	邵伯航业公所	阊门外潭子里	腌腊鱼货业	由清康熙五十七年(1718)所建高宝会馆(亦名江淮会馆)改名而来。
124	霞漳公所	南濠街	染纸业	由清康熙年间所建漳州会馆改建。
125	杭线公所	宝林寺前	杭线业	由清乾隆二年(1737)所建武林杭线会馆改建。
126	纸坊公所	河沿街长弄	染纸业	即清乾隆五十八年(1793)所建仙翁会馆改建。
127	大隆公所	东美巷	木行业	苏州阊门、胥门一带木商建,民国时与巽正公所、务本公所等合并建立木业同业公会。
128	务本公所	东北街大唐家巷	锯木业	民国时与巽正公所、大隆公所等合并建立木业同业公会。
129	粟裕公所	东北街	粮食行业	又名五丰粟裕堂,1930年于东北街灵迹司庙成立粮食行业同业公会。
130	绍酒公所	南新路禹川里	绍酒业	又名禹川公所,民国时改为绍酒业同业公会。
131	小机公所	河沿街更楼弄	贡带业	又名贡带公所,民国时改为织带业同业公会。
132	三新公所	蒲林巷	浴业	民国时改为浴堂业同业公会。
133	客烟公所	钱万里桥	客烟	民国时改为烟业同业公会。
134	永义公所	景德路高井头	剪刀业	亦名剪刀公所。
135	积义公所	西大营门	炉坊业	1921年并入点成公所,后改为铜锡业同业公会。
136	旧业公所	周王庙弄	旧货业	民国时改为旧货业同业公会。
137	霓裳公所	官库巷财神弄	戏衣业	1930年改为行头戏衣业同业公会。
138	艳容公所	东海岛	香粉业	民国时改为碱皂香粉业同业公会。
139	正义公所	祥符寺巷	皮制品业	民国时改为制革业同业公会。
140	丹护公所	宋仙洲巷横街	漆商业	民国时改为漆业同业公会。
141	豆腐公所	唐寅坟	豆腐业	民国时改为豆腐业同业公会。
142	橱柜公所	景德路杀猪弄	橱柜业	民国时改为盆桶业同业公会。
143	丝边公所	西海岛五弄	丝边业	民国初由彩绳公所改名而来,后改为丝边业同业公会。

(续表)

序号	名称	地址	行业	简况
144	扇面公所	桃花坞后新街	扇面业	民国初由折扇公所分出。
145	扇骨公所	韩衙庄	扇业	民国初由折扇公所分出。
146	瓮业公所	乔司空巷	瓮业	1914年3月建,1931年改建为瓮业同业公会。
147	文锦公所	玄妙观内机神庙	丝织业(卖机户)	1918年9月建,1930年解体。
148	颜料公所	南濠街谈家巷口	颜料业	1918年建,又名永华堂公所。
149	纯青公所	文山寺前杨家院子	五金翻砂业	1919年2月建,后改为五金翻砂业同业公会。
150	点成公所		铜锡业	1921年由锡善、存仁、铜锡、积义公所合并成立,后改为铜锡业同业公会。
151	苏锡常瓷业公所		瓷器业	1922年建。
152	裕明公所	石塔弄	眼镜业	1922年从珠晶玉业公所分出。
153	宜稼公所	中街路	桐油豆饼业	1924年建。
154	石灰窑同业公所		石灰窑业	1924年建,1932年改称为石灰砖瓦业同业公会。
155	旅业公所	闾邱坊巷	旅社业	1926年9月20日建,1930年10月改为旅社业同业公会。
156	圆竹盆桶业公所	庆元坊	盆桶业	1931年建。
157	元金公所	龙兴桥	皮坊业	
158	梅红霞章公所	桃花坞双荷花池	梅红纸业	
159	九城公所	珍珠弄	曲局	
160	菁羲公所	义慈巷	小堂鸣	
161	腿业公所	半边街	腿业	
162	兰溪公所	杨安弄	腌腊业	
163	吴兴公所	砂皮巷	湖绉业	
164	钱江公所	桃花坞	杭绉业	
165	花业公所	虎丘山塘花神浜	花树业	

(续表)

序号	名称	地址	行业	简　况
166	浙台饼业公所	北石子街	饼业	
167	穗丰公所	旧学前书院弄	糕团业	
168	义锦公所	玄妙观内机神殿	纱缎业	
169	醴泉公所	胥门		
170	茶业公所	神道街	茶业	
171	铜锁公所	双树巷	铜锁业	
172	染坊公所	油车弄	染坊业	后移至五泾浜57号。
173	踹坊公所	四摆渡官弄堂	踹布业	
174	青盐公所	南濠街	糖果业	
175	瑞云公所	李继宗巷		
176	烟器公所	龙兴桥	烟器业	
177	凝远公所	西街	水烟袋业	
178	白铁公所	西大营门	白铁业	
179	陵阳公所	庆元坊	机面业	
180	竹箸公所	西莲桥浜竹箸墩	竹箸业	
181	竹商公所	干将坊	竹业	
182	鲜果公所	乔司空巷	鲜果业	
183	亦宜公所	江苏省立医院后面	账簿业	
184	冥器公所	包衙前凤凰弄	冥器业	原在阊门外湖田上。
185	浙右公所	南濠街		
186	花爆公所	北园齐王庙侧火烈巷	花爆业	
187	绒业公所	桐芳巷	织绒业	
188	礼教公所	专诸巷		
189	书房公所	大操场门口		
190	派报业公所	阊门下塘街		

(续表)

序号	名称	地址	行业	简况
191	泽井公所	廖家巷		
192	道士公所	西海岛		
193	荤油公所	丁家巷	荤油业	
194	水龙公所	文衙弄	水龙业	
195	赁贷公所	干将坊	人力车业	
196	江北航业公所	齐门外下塘	江北运麦船帮	
197	同善堂公所	宜多宾巷		
198	长善堂公所	阊门外横马路		

资料来源：苏州市地方志编纂委员会《苏州市志》第四十卷"社会团体"，江苏人民出版社，1995年。

(林锡旦)

◎ 第二十六章 古 迹 ◎

一、遗　址

1. 三山岛旧石器文化

三山岛是太湖中的一个小岛,面积仅 2 平方千米,因岛上有大山、行山和小姑山三座山而得名。1985 年在岛西北端清风岭下一个溶洞前的湖滩沙砾层中发现一处面积约 500 平方米的旧石器地点,仅发掘了 36 平方米,就出土 5 263 件石制品,其中石核 250 件、石片 4 557 件、使用石片 218 件、石器 238 件,内涵十分丰富。

出土石制品的原料主要为燧石、石髓、玛瑙等。石制品中石核数量很少,只占 4.8%,大部分为锤击石核,很少保留砾石的自然面,表明当时的打片技术和石核利用率都很高。出土的石片数量很多,占 86.6%,大部分为打片和打制石器的残次品、废料和碎屑,个体普遍较小。石器主要用石片加工而成,加工石器的方法主要用锤击法,少量用砸击法,这些都是我国旧石器文化共有的特点。三山出土的石器数量不多,仅占 8.6%,但其中的端侧凹刃刮削器、深凹刃刮削器、陡刃刮削器、龟背形双尖尖状器、菱角形小三棱双尖尖状器、双凹刃尖状器等都很有特色。

出土石器的种类有刮削器、尖状器、雕刻器、锥、钻和砍砸器等,其中各种式样的刮削器数量最多,占全部石器的一半以上;其次是尖状器,砍砸器最少。在石制品中还有大量带有使用痕迹的石片,这也是三山旧石器文化的一个特色。三山出土的砍砸器数量少、个体小、重量轻,不像是用来砍断树木或挖掘块根的工具,而更像是敲砸用的工具。刮削器和小型尖状器是用来切割剥剔兽肉兽皮的。凹刃刮削器的形状很适合于加工木质或骨质的鱼钩鱼叉。从石器组合的状况来分析,三山先民的经济生活应以渔猎为主,采集对他们来说似乎无关紧要。由于缺少石镞、石矛、石球等杀伤力较大的狩猎工具,在三山先民的渔猎经济中似乎渔业比狩猎更重要。这和太湖地区的自然环境正相适应。

三山岛旧石器遗址附近散布着许多燧石结核,还有变质岩露头,这些正是制作石器的原料。在发掘到的石制品中石器的比例很小,而残次品与石片的比例很大,也未发现任何居住和生活的遗迹,因此这里可能是一处石器制造场。但是出土的许多石器都有使用过的痕迹,并存在着大量使用过的石片,由此看来这里也可能是三山文化先民临时的或季节性住地,可能在气候适宜、食物丰富的季节他们到此短期居住,制作一批石器后便携往他处。

在岛上的大山和小姑山的岩石裂隙中还发现了丰富的动物化石,经鉴定有猕猴、兔、黑鼠、豪猪、貉、棕熊、黑熊、鼬、狗獾、猪獾、鬣狗、猞猁、虎、野猪、似水鹿、斑鹿、鹿、牛等18种之多。这么多种类的动物绝不可能单独生活在只有2平方千米的岛上,说明当时的三山岛应该是与陆地连成一片的,太湖还没有形成。三山动物群中既有狗獾、似水鹿等南方种类,也有棕熊、猞猁等北方种类,这说明当时的气候比现在略为寒冷;三山动物群中有生活在山地森林的猕猴、熊、虎、野猪,也有生活在草地和近水灌木丛中的豪猪、鹿等,这说明当时周围呈疏林草原地貌。含动物化石的岩缝裂隙充填物的岩性和含旧石器的文化层下部的棕红色亚黏土的岩性是一致的,这层棕红色亚黏土一直延伸到太湖底部与湖底第三层黄土质沉积物相连接,这层黄土的年代为距今2.15—1.23万年,所以三山岛旧石器文化的年代约为距今1万年。

三山岛是在苏州地区发现的唯一的旧石器文化遗址。

2. 马家浜文化

1959年,在浙江嘉兴发现了马家浜遗址。1977年,夏鼐将之命名为"马家浜文化"。根据C^{14}及陶片热释光测定的数据,马家浜文化的绝对年代为距今7 000—6 000年。根据C^{14}数据和文化内涵,马家浜文化可以分为四期:第一期为距今7 000—6 700年,第二期为距今6 700—6 400年,第三期为距今6 400—6 200年,第四期为距今6 200—6 000年。在距今6 000年左右,马家浜文化发展为崧泽文化。马家浜文化遗址主要分布在环太湖地区,北抵古长江南岸,南达古钱塘江北岸,西至茅山、天目山一线,东至常熟、太仓、马桥一线的古海岸线。

马家浜文化分布区可以分为四个相对独立的地理单元:太湖东部地区、太湖北部沿江地区、太湖南部的浙北地区和太湖西南部天目山东麓地区。这些地区在当时大体上被宽阔的三江——娄江、吴淞江、东江等古河道,五湖——大片的沼泽湖泊,连接太湖与杭州湾的河口湾和宜溧山地隔开。这四个地区的马家浜文化的面貌存在着一定的差异,在年代上也存在着南方早于北方的趋向,考古学家已经划分出罗家角、吴家埠和草鞋山—圩墩三个类型,还有学者提出把太湖东部的草鞋山类型和长江南岸的圩墩、东山村等遗址分开,单独划为东山村类型。

马家浜文化的主要内涵有:盛行俯身直肢葬和头上覆盖陶器的葬俗,随葬品少而简单;陶器以红陶和表红胎黑的泥质陶为特色,器表多素面,外表常有红色陶衣;器型以腰沿釜或称宽沿釜、喇叭形圈足豆、牛鼻式双耳罐、锥足鼎、带嘴平底盉、炉箅等为代表;有玉玦、玉坠等装饰品;石器出现了有孔石钺和弧背石锛;有骨耜、鹿角靴形器、骨锥、骨针、骨镞、骨匕、骨簪等各种骨器和骨、角、牙制的装饰品,骨器在遗物中所占比例大是马家浜文化的一大特点;经济生活以农业为主,已经能够种植水稻,有较为发达的漆器和丝织品;能够用带榫卯和企口的木构件盖房子;流行人神合一的巫术活动。

在马家浜文化分布区的南部隔钱塘江是河姆渡文化分布区,西部以茅山为界是北阴阳营文化分布区,北部隔长江是龙虬庄文化的分布区。在江苏金坛三星村遗址发现既与太湖流域的马家浜文化、宁镇区的北阴阳营文化近似,也与龙虬庄文化有密切联系,又具有自身鲜明特点的考古文化遗存,发掘者命名其为"三星村文化类型"。在距今5 900年左右,马家浜文化进入宁绍地区,与当地的河姆渡文化结合形成"塔山文化"。

表26-1　苏州地区马家浜文化遗址表

序号	遗址	文化内涵	出处
1	草鞋山	遗址位于唯亭镇陵南村阳澄湖南岸,1956年在文物普查中被发现,1995年被列为江苏省文物保护单位。遗址东西长260米、南北宽170米,总面积4.4万平方米,原有草鞋山和夷陵山两个土墩,草鞋山现已被夷平,夷陵山仅剩一角。草鞋山遗址的文化堆积层厚11米,可分10层,内涵从马家浜文化、崧泽文化、良渚文化到春秋吴越文化,几乎跨越长江下游地区从新石器时代到先秦时代历史的全部编年,被考古界称为"江南史前文化标尺"。南京博物院和苏州博物馆从1972年以来进行多次发掘,发现6 000年前有灌溉系统的古稻田和炭化的人工栽培稻,为中国稻作农业起源、栽培稻起源的研究提供了重要实物依据。还出土3块我国最早的纺织品实物。	南京博物院:《江苏吴县草鞋山遗址》,《文物资料丛刊》第3辑,文物出版社1980年

(续表)

序号	遗址	文化内涵	出处
2	越城	遗址位于市郊石湖北越来溪东,南北长450米、东西宽400米,面积近18万平方米,现高出地面约1.5米。1956年被列为江苏省文物保护单位。该遗址原是春秋时越王勾践进攻吴国所筑屯兵土城遗迹,隔越来溪和吴城遥望,故曰"越城"。遗址北面原残存有长约30米、高约4米的城垣,现已被河道清淤时挖出的泥土覆盖。春秋城址所在高地原是新石器时代遗址,文化层堆积最厚处8.21米,下层为以夹砂陶、泥质红陶为特点的马家浜文化,中层为以灰陶和黑衣陶为主的良渚文化,上层为以几何印纹陶为特点的西周—战国时代文化。	南京博物院:《江苏越城遗址的发掘》,《考古》1982年第5期
3	横泾徐巷	遗址位于横泾乡东1.5千米的徐巷村,北距尧峰山约2千米,东距太湖岸线800米,文化遗存分布在徐巷村新开河两岸南北长250米、东西宽100米的范围内,面积2.5万平方米。	姚勤德:《江苏吴县南部地区古遗址调查简报》,《考古》1990年第10期
4	横泾俞家墩	遗址位于横泾乡东1.5千米的南章村,北距徐巷遗址800米左右。遗址是一土墩,东西长120米、南北宽60米,面积7 200平方米,高出地面约7米。	
5	虎丘六埭桥	遗址位于虎丘北六埭桥,有马家浜文化、良渚文化和春秋战国文化三个文化层。	尹焕章等:《对江苏太湖地区新石器文化的一些认识》,《考古》1962年第3期;南京博物院:《苏州和吴县新石器时代遗址调查》,《考古》1961年第3期
6	枫桥西北运河南岸	遗址位于枫桥西北大运河南岸,在120平方米的范围内散布着很多马家浜文化和良渚文化的陶片。	
7	浒墅关华山	位于浒墅关西北2.5千米,南北长500米、东西宽200米、高约50米,遗址在山麓,下层是马家浜文化,中层是良渚文化,上层有春秋战国文化遗存。	
8	光福虎山	遗址位于光福镇虎山桥北面,东西宽150米、南北长415米、高约8米,含马家浜文化、良渚文化、春秋战国文化三个文化层次。	
9	唯亭沙湖龙灯山	遗址位于唯亭镇沙湖西岸,1961年发现马家浜文化遗存。	
10	正仪黄泥山	遗址位于昆山市正仪镇东北,面积约4 000平方米。为马家浜文化、良渚文化和马桥文化各时期的文化堆积。1998年进行抢救性发掘。1997年公布为昆山市第二批文物保护单位。	
11	甪直东庄	遗址位于甪直镇张陵山东庄,1960年发现,包含马家浜文化和良渚文化两个文化层。	

（续表）

序号	遗址	文化内涵	出处
12	昆山荣庄	遗址位于昆山县南约 2.5 千米的荣庄西侧稻田下，南北宽达 200 米。出土遗物有泥质红陶、黑皮灰陶、夹砂粗陶和硬（釉）陶四种，器形有豆、盘、釜、鬲、鼎、鬶、罐和瓿等，石器有锛、凿、镰、刀、钺，石锛分有段和无段两种，石刀作半月形，钺的器身巨大。	土德庆:《江苏昆山荣庄新石器时代遗址》，《考古》1960 年第 6 期
13	昆山绰墩	遗址位于昆山市正仪镇绰墩村，东西长 500 米、南北宽 800 米，总面积约 40 万平方米，中心区面积 29 万平方米。地层堆积从下至上依次为马家浜文化、崧泽文化、良渚文化和马桥文化，另有唐宋时期的遗存。1961 年发现该遗址，1982 年对该遗址进行调查与试掘，1998 年至 2004 年由南京博物院、苏州博物馆及昆山文物管理所合作先后进行六次考古发掘，发掘总面积 3 393 平方米。在第五次考古发掘时发现马家浜文化时期的 24 块水稻田，是利用自然形成的低洼地或依地势开垦的小块农田，旁边有用于灌溉的排水沟、蓄水坑等。在田块土样中淘洗出大量炭化米粒，经江苏省农科院检测是粳稻，又一次确定 6 000 多年前已经有人工栽培的水稻。	苏州博物馆等:《江苏昆山绰墩遗址第一至第五次发掘简报》，《东南文化》2003 年增刊 1
14	吴江梅堰袁家埭	遗址位于吴江市梅堰镇东北，西距太湖 3.5 千米，面积约 6.5 万平方米。下文化层为马家浜文化，上文化层为良渚文化。出土石、玉、骨、角、蚌和陶器等 122 件，采集遗物 4 000 余件。其中有针 56 件，彩陶为漆绘。	江苏省文物工作队:《江苏吴江梅堰新石器时代遗址》，《考古》1963 年第 6 期
15	吴江团结村大二埩	遗址位于吴江市团结村大三瑾，1955 年发现，含马家浜文化和良渚文化两个文化层。	《江苏吴江县松陵镇附近发现古遗址》，《文物参考资料》1955 年第 11 期
16	吴江广福村	遗址位于吴江市桃源镇桃源社区西北，北临太湖，原有 4 万平方米，现存 2 万平方米。主要文化内涵为马家浜文化，发现墓葬 20 座、房址 1 座，另有良渚文化和马桥文化遗存。	苏州博物馆等:《江苏吴江广福村遗址发掘简报》，《文物》2001 年第 3 期
17	张家港东山村	遗址位于张家港市南沙镇，北距长江约 2 千米，坐落在香山东脊向东延伸的坡地上。1989 年发现该遗址，地势西高东低，平均高出周围农田 4 米，东西长 260 米、南北宽 230 米，总面积近 6 万平方米，文化层最厚处达 3 米以上。地层堆积包含马家浜文化和崧泽文化两个时期。	张照根等:《江苏张家港东山村遗址发掘收获》，《东南文化》1999 年第 2 期

（续表）

序号	遗址	文化内涵	出处
18	张家港许庄	遗址位于鹿苑镇西南3千米许庄村南约0.5千米的一处地势高平的旱地上,总面积约3万平方米,已被烧砖取土破坏近5000平方米,遗址东部被许庄小学校舍所压。1986年发现该遗址,经试掘发现下文化层为崧泽文化,上文化层为良渚文化,但是采集物中有夹砂红陶釜和壶等马家浜文化的典型器物,说明应该存在有马家浜文化层。	苏州博物馆等:《江苏张家港许庄新石器时代遗址调查与试掘》,《考古》1990年第5期;王德庆:《张家港市许庄新石器遗址》《东南文化》1990年第5期

3. 崧泽文化

1958年上海青浦崧泽村农民在挖鱼塘时发现古物,经1961年和1974年两次发掘,挖出墓葬100座,石器、玉器、骨器、陶器等800余件文物以及兽骨、稻种等遗物,经 C^{14} 测定年代为距今6000—5300年,上承马家浜文化,下接良渚文化,确定是长江下游太湖流域重要的文化阶段。崧泽遗址于1962年被列为上海市文物保护单位。1979年,在中国考古第一次年会上学者们正式提出崧泽文化的命名,后被学术界普遍接受。

崧泽文化遗址也分布在环太湖地区,分布区大体与马家浜文化重合,许多遗址的崧泽文化层就直接叠压在马家浜文化层之上。崧泽文化遗址的数量比马家浜文化遗址有所减少。崧泽文化晚期,由于受到海面上升影响,太湖流域江河水位和地下水位上升,水域面积扩大,迫使先民向地势高亢处迁移,出现崧泽文化向外扩张的趋势,其影响向北越过长江,向南跨过钱塘江,向西跨越茅山。

由于自然地形的阻隔,崧泽文化时期环太湖地区仍然分为天目山东麓、杭嘉湖平原、太湖东部平原和太湖北部沿江平原四个地理单元,各地理单元的崧泽文化面貌不尽相同。在天目山东麓地区发现的崧泽文化遗存较少,文化面貌还不太清楚;太湖北部、太湖东部和杭嘉湖地区分别为三个地方类型。

崧泽文化可分三期,早期为距今6000—5800年,中期为距今5800—5600年,晚期为距今5600—5300年,大约在距今5300年前后发展演变为良渚文化。

崧泽文化的石器全是磨制的,种类有钺、斧、锛、凿、镰、镞等,磨制精细,斧钺上多有穿孔。骨器比马家浜文化时期大为减少,骨镞、骨锥、骨镖、骨匕首等制作得更加锋利。用玉和象牙制作的璜、玦、镯、环、璧、坠等装饰品比马家浜文化时期更多。丧葬习俗与马家浜文化时期相比也发生了变化,盛行头向东南的仰身直肢葬,有的死者口中含有玉琀,经常发现鼎、豆、壶组合的随葬器物,似乎反映了当时人们的一种饮食习惯。在嘉兴南河浜遗址和同里镇同里中学遗址发现了年代最早的人工堆筑的祭坛。

崧泽文化的陶器有夹砂陶和泥质陶两种。夹砂陶中常常掺杂有稻草屑或介壳末,多为红褐色;泥质陶多为灰色,质地细腻,也有少数黑衣陶。陶器以素面为主,在豆和壶的圈足上常用圆形、弧边三角形和长方形构成的镂孔来装饰,在罐、壶的肩腹部常用刻画的编织纹来装饰。少数陶器上以用漆绘成的带状图案来装饰。陶器的种类有鼎、釜、豆、壶、杯、觚、罐、盘、碗、盆、匜、瓶、纺轮、网坠等。在个别陶器的口沿或圈足内发现有结构简单的刻画符号。

崧泽文化与同处长江下游地区的北阴阳营文化和薛家岗文化有比较密切的关系,与江淮地区的龙虬庄文化和苏北地区的大汶口文化也有一定的交流与往来,在江淮地区的海安青墩、潜山薛家岗、高邮龙虬庄、涟水三里墩、沭阳万北、新沂小徐庄、邳县大墩子与刘林、含山大城墩、肥西古埂、定远侯家寨等遗址都发现了崧泽文化时期的器物,或者受到崧泽文化深浅程度不同的影响。

表26-2 苏州地区崧泽文化遗址表

序号	遗址	文化内涵	出 处
1	草鞋山	草鞋山遗址的文化堆积层厚11米,可分10层,内涵从马家浜文化、崧泽文化、良渚文化到春秋吴越文化。在第6层中发现89座崧泽文化时期的墓葬。2009年在遗址中心区东部边缘又发现15座崧泽文化晚期墓葬。	南京博物院:《江苏吴县草鞋山遗址》,《文物资料丛刊》第3辑,文物出版社1980年;周铮:《苏州草鞋山遗址现重要墓葬群》,《新华日报》2009年11月26日
2	张陵山	遗址位于吴县甪直镇西南2千米,原有相距100米、高6米的东、西两座土墩,面积约6 000平方米,现西山因烧砖取土已经荡然无存,东山尚有残存。1982年正式全面挖掘,整理出土文物共1 200件。遗址自下而上是崧泽文化、良渚文化和以几何印纹陶、原始瓷为特征的春秋战国文化。	南京博物院:《江苏吴县张陵山遗址发掘简报》,《文物资料丛刊》第6辑,文物出版社1982年,《江苏吴县张陵山东山遗址》,《文物》1986年第10期

(续表)

序号	遗址	文化内涵	出　　处
3	澄湖	遗址位于苏州市区东南15千米处从角直郭巷村席墟至碛砂湖岸外400米的澄湖底,总面积34万平方米,共发现灰坑、水井、房址、水沟、池塘、水田等872处,时代跨越崧泽文化、良渚文化、马桥文化、春秋战国文化和汉至宋代。	丁金龙:《苏州澄湖遗址发掘报告》,《苏州文物考古新发现》,古吴轩出版社2007年
4	独墅湖	遗址位于苏州工业园区独墅湖东北部2.2平方千米的湖底,共发现古代水井379个,灰坑445个,遗物时代跨度从崧泽文化、良渚文化、马桥文化到春秋战国文化和汉至宋代。发现一座由三道小河围绕的村落遗址,年代从崧泽晚期至良渚文化。	朱伟峰:《独墅湖遗址发掘报告》,《苏州文物考古新发现》,古吴轩出版社2007年
5	"东湖林语"小区	遗址位于苏州工业园区津梁街、方洲路、星塘街、苏胜路构成的小区间,在6米深的坑底清理了1口崧泽文化古井、2口良渚文化古井、9口春秋战国古井和6口唐宋时代古井。	张照根等:《"东湖林语"二期项目建设工地古井群的抢救性考古发掘简报》,《苏州文物考古新发现》,古吴轩出版社2007年
6	郭新河	遗址位于吴县郭巷镇尹山村东的郭新河两岸,东西长400米、南北长400米,面积为1.6万平方米,文化层堆积厚1.5米。主体为人工堆筑、用于埋葬死者的崧泽文化土台,年代为崧泽中期,其上发现墓葬5座。崧泽文化层之上为良渚文化层和商周文化层。	苏州博物馆:《吴县郭新河遗址发掘简报》,《东南文化》2002年第7期
7	昆山绰墩	地层堆积从下至上依次为马家浜文化、崧泽文化、良渚文化和马桥文化。	苏州博物馆等:《江苏昆山绰墩遗址第一至第五次发掘简报》,《东南文化》2003年增刊1
8	昆山少卿山	遗址位于昆山市千灯镇东北,现存的少卿山为一东西长40米、南北宽20米、高出地面7.7米的土墩。内含马家浜文化、崧泽文化、良渚文化和春秋时代等遗存,发现春秋夯土台,良渚文化土台、墓葬、村落和崧泽文化遗存。	苏州博物馆等:《江苏省昆山县少卿山遗址》,《文物》1988年第1期;《江苏昆山市少卿山遗址的发掘》,《考古》2000年第4期

(续表)

序号	遗址	文化内涵	出　　处
9	昆山赵陵山	遗址位于昆山张浦镇赵陵村,占地约1万平方米,为一海拔高10.5米的椭圆形土墩,系良渚文化早期大型土筑高台。文化堆积层厚9米,上层为春秋时代遗存,中层为良渚文化,下层为崧泽文化。	江苏省赵陵山考古队:《江苏昆山赵陵山遗址第一、二次发掘简报》,《东方文明之光——良渚文化发现60周年纪念文集》,海南国际新闻出版中心1996年
10	昆山张浦姜里	遗址位于姜里村,面积9万平方米,河道以南文化层包括马家浜、崧泽、良渚及马桥文化遗存,河道以北主要为崧泽文化堆积。遗迹有与祭祀有关的土台、房屋基址、灰坑、水稻田、池塘、37座墓葬等。	苏州考古研究所:《苏州地域考古的新探索》,《中国文物报》2012年11月23日
11	吴江同里	遗址位于同里镇西北同里中学内,现存面积约32万平方米,高出周围0.5米,文化堆积层厚1—1.5米,环绕遗址一周有宽10米以上的壕沟。发现1座崧泽文化祭台和64座墓葬,形状呈正方覆斗形,顶部宽10米、底部宽16米、高约1.3米,土台5个面贴有红烧土块,其下四周场地也用红烧土铺垫,年代处于崧泽文化中期。	苏州博物馆等:《江苏吴江同里遗址发掘报告》,《苏州文物考古新发现》,古吴轩出版社2007年
12	吴江九里湖	遗址位于同里镇北2千米,在九里湖南岸从法喜寺向西约0.5千米,文化层离地表0.5—1.2米,包含有大量的陶片、红烧土和炭灰,经鉴定为崧泽文化与良渚文化期的罐、壶、钵等陶器34件,钺、斧、凿、刀、镰、箭镞、耘田器等石器12件,完整古陶鬶1件。	王稼冬:《同里九里湖新石器时代遗址的考证》,《同里故土文化杂谈》
13	吴江龙南	遗址位于吴江西南29千米的梅堰乡龙南村,有崧泽晚期文化和良渚文化两个文化层。	龙南遗址考古工作队:《江苏吴江梅堰龙南遗址1987年发掘纪要》,《东南文化》1988年第5期
14	吴江彭家里	遗址位于吴江震泽彭家里村。	吴建民:《长江三角洲史前遗址的分布与环境变迁》,《东南文化》1988年第6期

(续表)

序号	遗址	文化内涵	出　　处
15	常熟钱底巷	遗址位于常熟市北郊新光村西,东西210米、南北190米,面积近4万平方米,高出附近稻田2—3米。主要文化内涵是崧泽文化和商周时代的马桥文化,清理崧泽文化墓葬9座,房址3处。	常熟博物馆等:《江苏常熟钱底巷遗址发掘报告》,《考古学报》1996年第4期
16	张家港东山村	遗址位于张家港市南沙镇,北距长江约2千米,坐落在香山东脊向东延伸的坡地上。1989年发现地层堆积中包含马家浜文化和崧泽文化两个时期。2010年发掘了一处崧泽文化时期的聚落遗址,遗址平面近圆形,面积20万平方米,包括房址和墓地,尤其是首次发现了崧泽文化早中期高等级大墓。	张照根等:《江苏张家港东山村遗址发掘收获》,《东南文化》1999年第2期;南京博物院等:《江苏张家港市东山村新石器时代遗址》,《考古》2010年第8期
17	张家港徐家湾	遗址位于张家港市鹿苑镇南1.5千米徐家湾村北的旱地上,原为东西宽150米、南北长300米、高4—5米的大土墩。上层属良渚文化,中、下层均属崧泽文化。崧泽文化层发现有居址、水沟、灰坑和墓葬13座。	苏州博物馆等:《江苏张家港徐家湾新石器时代遗址》,《考古学报》1995年第3期
18	张家港许庄	遗址位于鹿苑镇西南3千米许庄村南约0.5千米的一处地势高平的旱地上,总面积约3万平方米。遗址的下文化层为崧泽文化,上文化层为良渚文化。发现两座崧泽文化墓葬,时代为崧泽早、中期。	苏州博物馆等:《江苏张家港许庄新石器时代遗址调查与试掘》,《考古》1990年第5期
19	张家港蔡墩	遗址位于塘桥镇青龙村,面积约1万平方米,地层堆积厚1.8—2米。下层为崧泽文化,中层为良渚文化,上层为春秋战国遗存。发现1座良渚文化墓葬和红烧土居住面、灰坑。	王德庆:《沙洲蔡墩新石器时代遗址》,《中国考古学年鉴(1987年)》,文物出版社1988年
20—23	张家港地区	张家港地区还有西张镇西北、港口镇凤凰山东麓、妙桥乡塘妙河、塘桥韩墩等崧泽文化遗址。	王德庆:《江苏沙洲县新石器时代遗址调查简报》,《考古》1987年第10期

4. 良渚文化

1936年,浙江省立西湖博物馆的施昕更随卫聚贤参加杭州古荡的发掘,他发现挖掘出来的黑色陶片在老家良渚镇也有,于是在发掘结束后回家乡进行调查与试掘,并在1938年出版《良渚——杭县第二区黑陶文化遗址初步报告》。良渚文化的发现和良渚文化研究由此开端。

良渚文化的陶器以黑衣陶为特色,当时就自然而然地把它归入刚刚发现的、同样以黑陶为特征的龙山文化的范畴,认为良渚文化是龙山文化向东南地区发展的一个区域类型。20世纪50年代在环太湖地区陆续发现一批良渚文化遗址,大大丰富了良渚文化的内涵,并大致确定了它的分布范围。1959年夏鼐首先提出"良渚文化"的概念,并很快被学术界接受。

20世纪70年代,随着吴县草鞋山、昆山张陵山等遗址发掘与研究的展开,环太湖地区从马家浜文化、崧泽文化、良渚文化到马桥文化的发展序列逐渐明朗。80年代,武进寺墩、青浦福泉山、昆山赵陵山、余杭反山和瑶山等一系列重大遗址的发现,改变了考古学家对良渚文化的认识,大大激励了他们对良渚文化社会发展状况的研究,也促使学者们对华夏文明的形成和社会发展的进程重新进行思考。

根据C^{14}测定的数据,良渚文化的年代为距今5 300—4 000年,可以分为三期五段:早期分为两段,第一段为距今5 300—5 000年,第二段为距今5 000—4 800年;中期即第三段为距今4 800—4 550年;晚期也分为两段,第四段为距今4 550—4 300年,第五段为4 300—4 000年。

良渚文化的分布区仍然是在环太湖地区,和崧泽文化、马家浜文化基本重叠,受自然环境的制约,仍然分为太湖东部、太湖北部、浙北平原和天目山东麓四个地区,各区的良渚文化面貌各有特色。良渚文化时期的气候比崧泽文化时期和马家浜文化时期要偏干凉,海平面有所下降,地势低平的太湖平原上湖泊沼泽面积缩小,露出了更多的陆地,环境变得更加适宜人类居住,良渚文化蓬蓬勃勃地发展起来,目前见诸报道的遗址不下200处,统计的数量在500处以上。

良渚文化的中心区在浙江余杭市良渚、瓶窑、安溪三镇共34平方千米的范围内,该地区经调查与发掘的良渚文化遗址达135处之多,分别聚集在三个区域:北区在沿东苕溪北岸至天目山余脉的狭长地带,东区在良渚镇荀山一带,西区以瓶窑的莫角山为中心。莫角山是一片面积30余万平方米的高地,上面有3座人工堆筑的高大土墩,周围发现有一圈城墙遗址,城墙包围的面积达290万平方米。

良渚文化的石器有钺、有段石锛、带柄刀、多孔刀、斜把刀、耘田器、铲、镰、镞等,制作比崧泽文化的石器更加精良。

良渚文化的陶器烧造技术与崧泽文化的陶器相比也有很大提高,除鼎和少量的罐、簋为夹砂陶以外,其他器物都是泥质陶。夹砂陶主要呈红褐色和黑褐色,泥质陶以灰胎黑皮陶为特色,也有灰陶和橙红胎灰皮陶等种类。陶器以素面为主,也有弦纹、刻画纹和镂孔等装饰手段,晚期有部分制作讲究的黑皮陶器上用精细的刻画图案来装饰,显示出技术的高超和使用者的尊贵。良渚文化典型的陶器器形有早期的鱼鳍形足鼎和晚期的T字形足鼎、竹节状把豆、双鼻壶、贯耳壶、圈足盘、宽把带流壶、宽把带流杯、鬶等。

良渚文化最有特色与最具代表性的器物是玉器,不仅种类繁多、数量巨大,而且制作工艺水平极高,许多玉器上都镂刻有良渚文化特有的神人兽面纹及其各种各样的变体,还有鸟纹、卷云纹等图案,刻痕纤细、技艺精湛。良渚文化玉器凭借其高超的琢玉技术与艺术水平达到了中国史前玉器的顶峰。

良渚文化的墓地有等级之分。在中心地区,贵族的大墓都葬在人工堆筑的土台之上,这些土台上常常发现有红烧土和燎祭的痕迹;或者在平缓的小山顶部建造祭坛,再把祭坛作为墓地。在其他地区,小墓和大墓都葬在人工堆筑的土台上,但是分区埋葬。大小墓的随葬品多寡悬殊,大墓中往往用几十甚至上百件玉器陪葬,形成被称为"玉殓葬"的习俗。这种大小墓分区埋葬的"公墓""邦墓"制度和崇尚玉器的"玉殓葬"习俗后来都被中原华夏所继承。

良渚文化遗址的数量比马家浜文化和崧泽文化遗址的总数要多得多,而且规模大,出土器物质量高、种类多。距今四五千年间的良渚文化先民已经发展成为一个人口众多的族群,而且技术水平远远领先于周边地区的其他先民。从良渚文化早期开始,这些先民就向北、西、南三个方向扩散自己的影响,甚至通过海路把自己的文化传播到沿海的岛屿上,而独具特色的良渚文化玉琮和双鼻壶、T字形足鼎等陶器也通过各种各样的途径散布到了更加广阔的地区。

在距今4 200年前后,正当良渚文化发展到顶峰的时候,它突然从太湖地区消失了。良渚文化的去向成为一个令学者们困惑多年的历史之谜。在上海松江广富林、浙江湖州钱山漾、江苏昆山绰墩和常熟北罗墩等遗址的良渚文化层之上都发现了年代相当于夏商并含有良渚文化因素的文化层,它被命名为广富林文化;而年代更晚、相当于商周时代的马桥文化的面貌与良渚文化却是大相径庭。在许多遗址的良渚文化层之上都发现覆盖着一层厚薄不等的淤土甚至泥炭层,很多学者都认为,距今4 000年前后曾经发生过一场严重的自然灾害,使得太湖地区长期被水淹没,迫使居住在这里的良渚文化先民不得不离开生活了上千年的故乡而迁徙到异乡客地,融入当地的居民之中。在后来形成的华夏文化之中可以发现许多良渚文化的因素。

表 26-3 苏州地区良渚文化遗址表

序号	遗址	文化内涵	出处
1	草鞋山	唯亭草鞋山遗址为江苏省重点文物保护单位,文化堆积层厚 11 米,可分 10 层,从马家浜文化、崧泽文化、良渚文化到春秋吴越文化,整个序列几乎跨越太湖地区先秦历史的全部编年。	南京博物院:《江苏吴县草鞋山遗址》,《文物资料丛刊》第 3 辑,文物出版社 1980 年
2	越城	文化层堆积厚达 8 米,包含三个时代的文化遗存:上层是以几何印纹陶为特点的春秋时代文化,中层是以灰陶、黑衣陶为主的良渚文化,下层是以夹砂红陶、泥质红陶为特点的马家浜文化。清理了 7 座良渚文化墓葬和居址。	南京博物院:《江苏越城遗址的发掘》,《考古》1982 年第 5 期
3	金鸡墩	遗址位于苏州虎丘山以西 2 千米,土墩东西长 95 米、南北宽 75 米、高 9 米,采集到良渚文化陶器与石器。	李鉴昭:《苏州市郊金鸡墩发现新石器时代遗址》,《文物参考资料》1956 年第 12 期
4	木渎彭家墩	遗址位于苏州木渎北五峰村,是一处长 110 米、宽 85 米、高 2—3 米的土墩。在土墩顶部发现两处并列的有红烧土台面的祭坛,周围共发现 10 座良渚文化墓葬,出土陶器与 60 余件玉器,包括玉璧、玉钺、玉锥形器、玉镯、玉纺轮、玉管、玉珠等。	中国考古网 2011 年 1 月 10 日
5	澄湖	遗址位于苏州市区东南 15 千米处从甪直郭巷村席墟至碛砂湖岸外 400 米的澄湖湖底,总面积 34 万平方米,共发现灰坑、水井、房址、水沟、池塘、水田等 872 处,时代跨越崧泽文化、良渚文化、马桥文化、春秋战国文化和汉至宋代。	丁金龙:《苏州澄湖遗址发掘报告》,《苏州文物考古新发现》,古吴轩出版社 2007 年
6	独墅湖	遗址位于苏州工业园区独墅湖东北部 2.2 平方千米的湖底,共发现古代水井 379 个、灰坑 445 个,遗物时代跨度从崧泽文化、良渚文化、马桥文化到春秋战国文化和汉至宋代。发现一座由三道小河围绕的村落遗址,年代从崧泽晚期至良渚文化。	朱伟峰:《独墅湖遗址发掘报告》,《苏州文物考古新发现》,古吴轩出版社 2007 年
7	工业园区研究生城	遗址位于苏州工业园区独墅湖东岸的研究生城首期建设规划区,面积 2.8 平方千米,分为 12 个区,在Ⅰ、Ⅳ区发现良渚文化遗物堆积层,Ⅷ区发现良渚文化土台和墓葬各一座。	朱伟峰:《苏州研究生城新石器时代至明代遗址》,《中国考古学年鉴(2003 年)》,文物出版社 2004 年

(续表)

序号	遗址	文化内涵	出处
8	工业园区"东湖林语"小区	遗址位于苏州工业园区津梁街、方洲路、星塘街、苏胜路构成的小区间,在6米深的坑底清理了1口崧泽文化古井、2口良渚文化古井、9口春秋战国古井和6口唐宋时代古井。	张照根等:《"东湖林语"二期项目建设工地古井群的抢救性考古发掘简报》,《苏州文物考古新发现》,古吴轩出版社2007年
9	横泾徐巷	遗址位于横泾乡东1.5千米的徐巷村,北距尧峰山2千米,东距太湖岸线800米,发现良渚文化遗存。	姚勤德:《江苏吴县南部地区古遗址调查简报》,《考古》1990年第10期
10	东渚窑墩	遗址位于东渚乡万家村,面积约4万平方米,原为高3—4米的土墩,今已不存。采集到的文物属良渚文化遗存。	张志新:《窑墩遗址》,《吴县文物精华》(上册),吴县文物管理委员会1986年
11	甪直张陵山	遗址位于吴县甪直镇西南2千米,原有相距100米的东、西两座土墩,面积约6000平方米,现在西山因烧砖取土而荡然无存,东山还有残存。1982年正式全面挖掘,整理出土文物共1200件。遗址自下而上是崧泽文化、良渚文化和以几何印纹陶、原始瓷为特征的春秋战国文化。	南京博物院:《江苏吴县张陵山遗址发掘简报》,《文物资料丛刊》第6辑,文物出版社1982年;南京博物院:《江苏吴县张陵山东山遗址》,《文物》1986年第10期
12	甪直东庄	遗址位于甪直镇张陵山东庄,1960年发现,包含马家浜文化和良渚文化两个文化层。	
13	尹山桥黄泥山	遗址位于郭巷尹山桥东北,有良渚文化和马桥文化遗存。	
14	浒墅关华山	华山位于浒墅关西北2.5千米,南北长500米、东西宽200米、高约50米,遗址在山的西部与南麓,面积7000平方米,下层是马家浜文化,中层是良渚文化,上层有春秋战国文化遗存。	尹焕章等:《对江苏太湖地区新石器文化的一些认识》,《考古》1962年第3期;南京博物院:《苏州和吴县新石器时代遗址调查》,《考古》1961年第3期
15	虎丘六埭桥	遗址位于虎丘北六埭桥,有马家浜文化、良渚文化和春秋战国文化三个文化层。	
16	木渎笔架山	遗址位于木渎镇金山下,发现良渚文化遗存。	
17	枫桥西北运河南岸	遗址位于枫桥西北大运河南岸,在120平方米的范围内散布着很多马家浜文化和良渚文化的陶片。	

(续表)

序号	遗址	文化内涵	出处
18	光福虎山	遗址位于光福镇虎山东麓,东西宽150米、南北长415米、高约8米,含马家浜文化、良渚文化、春秋战国三个文化层。	尹焕章等:《对江苏太湖地区新石器文化的一些认识》,《考古》1962年3期;南京博物院:《苏州和吴县新石器时代遗址调查》,《考古》1961年第3期
19	昆山正仪黄泥山	遗址位于昆山市正仪镇东北部,面积约4000平方米。为马家浜文化、良渚文化和马桥文化各时期的文化堆积。1998年进行抢救性发掘,1997年公布为昆山市第二批文物保护单位。	
20	昆山少卿山	遗址位于昆山市千灯镇东北,现存的少卿山为一东西长40米、南北宽20米、高出地面7.7米的土墩。内含马家浜文化、崧泽文化、良渚文化和春秋时代等遗存,发现春秋夯土台,良渚文化土台、墓葬、村落和崧泽文化遗存。	苏州博物馆等:《江苏省昆山县少卿山遗址》,《文物》1988年第1期;《江苏昆山市少卿山遗址的发掘》,《考古》2000年第4期
21	昆山绰墩	地层堆积从下至上依次为马家浜文化、崧泽文化、良渚文化和马桥文化。发现3座良渚文化房址和1座墓葬。	南京博物院等:《江苏昆山绰墩遗址的调查与发掘》,《文物》1984年第2期
22	昆山赵陵山	遗址位于昆山张浦镇赵陵村,占地约1万平方米,为一海拔高10.5米的椭圆形土墩,系良渚文化早期大型土筑高台。文化堆积层厚9米,上层为春秋时代遗存,中层为良渚文化,下层为崧泽文化。共发现以良渚文化为主的墓葬85座,这些墓葬与土台关系密切,按墓主贫富贵贱分区埋葬,并有规模较大的集中杀殉现象。共出土各种文物600余件,其中玉器206件、石器136件、陶器270件。	江苏省赵陵山考古队:《江苏昆山赵陵山遗址第一、二次发掘简报》,《东方文明之光——良渚文化发现60周年纪念文集》,海南国际新闻出版中心1996年
23	昆山陈墓	遗址位于昆山西南陈墓镇大东砖瓦厂,取土时发现良渚文化器物。	金诚:《江苏昆山陈墓镇新石器时代遗址》,《考古》1959年第9期
24	昆山荣庄	遗址位于昆山南2.5千米荣庄的稻田里,试掘证明下层为良渚文化层,上层为马桥文化层。	王德庆:《江苏昆山荣庄新石器时代遗址》,《考古》1960年第6期
25	昆山太史淀	遗址位于昆山周庄镇北1.5千米,在围湖造田时在太史淀东北部1000米长、500米宽的范围内发现有良渚文化遗物和3座木井圈,证明这里应该是一处良渚文化聚落遗址。	陈兆弘:《昆山太史淀新石器时代遗址考察》,《江苏省考古学会第二次年会暨吴文化学术讨论会论文集》,1981年

（续表）

序号	遗址	文化内涵	出　处
26—29	昆山地区	昆山地区还发现巴城龙滩湖、正仪车站北、新北乡火事站北、茜墩东弄等良渚文化遗址。	尹焕章等：《对江苏太湖地区新石器文化的一些认识》，《考古》1962年第3期
30	太仓维新	遗址位于太仓市双凤镇维新村，海拔高程3.9—6米，位于古代的冈身之上，总面积约6万平方米。遗址上原有一个大土墩，今已不存。试掘发现一座良渚文化土台、居住遗址和马桥文化遗存。	闻惠芬等：《太仓市维新遗址试掘报告》，《苏州文物考古新发现》，古吴轩出版社2007年
31	吴江梅堰袁家埭	遗址位于吴江市梅堰镇东北，西距太湖3.5千米，遗址面积约为6.5万平方米。有上下两个文化层，下为马家浜文化，上为良渚文化。	江苏省文物工作队：《江苏吴江梅堰新石器时代遗址》，《考古》1963年第6期
32	吴江龙南	遗址位于吴江西南29千米的梅堰乡龙南村，北距袁家埭2千米。面积4万平方米，有崧泽晚期文化和良渚文化两个文化层，清理出良渚文化时期的墓葬和河道、道路、房址、灰坑、水井等遗迹，为一处村落遗址。	龙南遗址考古工作队：《江苏吴江梅堰龙南遗址1987年发掘纪要》，《东南文化》1988年第5期；苏州博物馆等：《江苏吴江龙南新石器时代村落遗址第一、二次发掘简报》，《文物》1990年第7期；《吴江梅堰龙南新石器时代村落遗址第三、四次发掘简报》，《东南文化》1999年第3期
33	吴江团结村大三瑾	遗址位于吴江市团结村大三瑾，1955年发现，面积约15万平方米，地面下1.5米有泥炭层和沼铁，良渚文化遗物压在泥炭层和沼铁之下，在深2.5米处还有马家浜文化遗存。	《江苏吴江县松陵镇附近发现古遗址》，《文物参考资料》1955年第11期
34	吴江菀坪王焰村	1970年吴江菀坪王焰村农民在挖太湖河滩淤泥时于2.5米深处发现1件良渚文化玉琮，未见其他共存遗物。	吴国良：《江苏吴江县首次出土玉琮》，《考古》1987年第2期
35	吴江九里湖	遗址位于同里镇北2千米，在九里湖南岸从法喜寺向西约0.5千米，文化层离地表0.5—1.2米，包含有大量的陶片、红烧土和炭灰，经鉴定为崧泽文化与良渚文化期的罐、壶、钵等陶器34件，钺、斧、凿、刀、镰、箭镞、耘田器等石器12件，完整古陶鬶1件。	王稼冬：《同里九里湖新石器时代遗址的考证》，《同里故土文化杂谈》

（续表）

序号	遗址	文化内涵	出处
36	吴江同里何家坟	遗址位于同里湖织纺有限公司员工宿舍工地。发现良渚文化房址2座、灰坑1个、水井2口，出土石耘田器、石凿、骨镞和鼎、罐、盘、盆、杯、豆等陶器。当为一处良渚文化时期居住遗址。	张铁军：《吴江市同里何家坟良渚文化遗址》，《中国考古学年鉴（2010年）》，文物出版社2011年
37—45	吴江地区	吴江地区还有胜墩刘关圩、胜墩汽车站西、同里石棉厂、庙港太平桥、震泽彭家里村、震泽新峰刘家浜、桃源杏花村、桃源广福村、青云八字桥等遗址。	尹焕章等：《对江苏太湖地区新石器文化的一些认识》，《考古》1962年第3期；吴建民：《长江三角洲史前遗址的分布与环境变迁》，《东南文化》1988年第6期
46	常熟罗墩	遗址位于常熟西南7千米练塘镇罗墩村北，原为一座东西长30米、南北宽40米、相对高度4米的土墩。发掘证明是一座由人工堆积的良渚文化早期显贵高台墓地，清理出良渚文化墓葬14座，出土陶器105件、石器29件、玉器116件。	苏州博物馆等：《江苏常熟罗墩遗址发掘简报》，《文物》1999年第7期
47	常熟三条桥	遗址位于常熟西门外三条桥畔、尚湖东北岸的市畜禽良种场，农民在取土时发现良渚文化玉石器6件，现场已被破坏，遗址情况不明。	
48	常熟黄土山	遗址位于常熟南10千米莫城镇凌桥村元和塘东岸，是一座东西长200米、南北宽100米、高4—5米的土墩。砖瓦厂在取土时在3.5米深处发现8件良渚文化玉器。发掘表明该土墩系良渚文化中晚期人工堆筑而成，在土台上发现一处良渚时期的房址，墙、居住面、柱洞、门道等清晰可见。	常熟文管会：《江苏常熟良渚文化遗址》，《文物》1984年第2期
49	常熟嘉菱塘	遗址位于常熟西南20千米的张桥镇庙桥村南嘉菱塘东南，是一处直径50米、高出地面3米的台地，取土时发现12件良渚文化玉石器，当属一座良渚文化晚期显贵的墓葬。	
50	常熟朱泾村	遗址位于常熟西南尚湖东南岸琴南乡朱泾村。1979年取土时发现水井十余口，从井中出土14件陶器，确定为良渚文化中期遗址。	李前桥：《常熟良渚文化概述》，《常熟文博》2008年第1期
51	常熟兴隆石墩	遗址位于兴隆镇石楼村，有良渚文化的石器、陶器、骨器，亦发现马桥文化遗存。	

(续表)

序号	遗址	文化内涵	出　处
52—55	常熟地区	常熟地区还有大义玉蟹墩、唐市汽车站、练塘导林、藕渠等遗址。	吴建民：《长江三角洲史前遗址的分布与环境变迁》，《东南文化》1988年第6期
56	张家港许庄	遗址位于鹿苑镇西南3千米许庄村南约0.5千米的一处地势高平的旱地上，总面积约3万平方米，已被烧砖取土破坏近5 000平方米，遗址东部被许庄小学校舍所压。1986年发现该遗址，经试掘发现下文化层为崧泽文化，上文化层为良渚文化，但是采集物中有夹砂红陶釜和壶等马家浜文化的典型器物，说明应该存在有马家浜文化层。	苏州博物馆等：《江苏张家港许庄新石器时代遗址调查与试掘》，《考古》1990年第5期；王德庆：《张家港市许庄新石器遗址》，《东南文化》1990年第5期
57	张家港徐家湾	遗址位于鹿苑镇东南1.5千米的徐家湾村，为一南北长300米、东西宽150米、高于稻田1米的台地。下层为崧泽文化，上层为良渚文化。清理出2座良渚文化墓葬和居住遗址。	苏州博物馆等：《江苏张家港徐家湾新石器时代遗址》，《考古学报》1995年第3期
58	张家港蔡墩	遗址位于塘桥镇青龙村，面积约1万平方米，地层堆积厚1.8—2米。下层为崧泽文化，中层为良渚文化，上层为春秋战国遗存。发现1座良渚文化墓葬和红烧土居住面、灰坑。	王德庆：《沙洲蔡墩新石器时代遗址》，《中国考古学年鉴（1987年）》，文物出版社1988年
59—61	张家港地区	张家港地区还有西张镇西北、港口镇凤凰山东麓、妙桥乡塘妙河等良渚文化遗址。	王德庆：《江苏沙洲县新石器时代遗址调查简报》，《考古》1987年第10期

5. 马桥文化（含亭林类型）

马桥文化遗址位于上海西南闵行区马桥镇以东的俞塘河两侧，坐落在古代海岸线遗迹竹冈之上，海拔4.46—6.29米，总面积10万平方米。20世纪60年代和90年代先后进行了多次发掘，文化层共有五层：第一层是耕作层，第二层出土唐宋时代的遗物，第三层出土春秋战国时代的几何印纹陶和原始瓷，第五层为良渚文化层，第四层出土的遗物是马桥遗址的主要内涵，1982年被命名为"马桥文化"。

马桥文化遗址也分布在环太湖地区，分布面与良渚文化分布面大体相仿，但是在太湖西北部没有发现马桥文化遗址，那里属于湖熟文化分布区；而在钱塘江以南则一直分布到浙赣交界的江山县,浙江学者曾称其为"肩头弄文化"或"高祭台类型",现在已统一称为"马桥文化"。

根据 C^{14} 和热释光测定的数据,马桥文化的年代约为距今 $3\,030\pm333$ 年。由于其部分陶器的风格与二里头文化和郑州早商文化有紧密的联系,还有部分陶器与岳石文化、湖熟文化类似,因此其年代应该与中原地区的夏代至商代早期相当,约为距今 3 900—3 200 年。

马桥文化石器的种类有斧、锛、刀、镰、镞和少量钺、戚、锄、犁等器形,在用料和制法上都与良渚文化石器非常接近,根据它们的器形可以分为 A、B 两组:A 组包括斧、常型锛和有段型锛、斜柄刀、镰、有铤镞与无铤镞等,其特点都与良渚文化及其后的广富林文化石器类似,是太湖地区新石器时代以来传统因素的延续;B 组包括带凹槽锛、横柄刀、竖柄刀、条形刀和多边刃刀等,都是马桥文化独特的石器形态而为其他文化所不见。根据马桥遗址 20 世纪 90 年代发掘报告发表的 373 件石器统计,代表太湖地区本地传统的 A 组石器占总数的 69.2%,新出现的 B 组石器占 18%,另有 12.8% 的石器因残损较甚未予分类。可见马桥文化石器主要继承了本地区良渚文化的传统。

马桥文化的陶器分为夹砂陶和泥质陶两大类:夹砂陶器占总数四分之一,器形主要有鼎与甗及其器盖;泥质陶器占四分之三,陶色与器形多种多样。马桥文化陶器可以分为三大组:A 组包括舌形足鼎、釜形甗、卷沿弧腹内收圜底内凹的盆、喇叭形把豆、盉、圈状捉手器盖以及纺轮等。A 组陶器主要是夹砂、泥质灰陶,陶系和造型风格都与良渚文化和广富林文化的同类器物相同或近似,当是本地区域文化传统的延续。B 组包括凹弧足鼎、圆锥足鼎、束腰甗、粗柄豆、高柄豆、觯、鸭形壶、夹砂陶器盖等。B 组器物的形态个性鲜明,这些特征在别的文化中找不到源头,应该是马桥文化自身发展出的新因素,也是使马桥文化区别于其他文化的典型器物群。C 组包括陶釜、圆锥足三足盘、大罐、翻沿盆、红褐陶盆、泥质灰陶簋、陶鬶等,都是马桥文化受外来文化影响而产生的。其中 C1 组陶器有红褐陶大罐和红褐陶小盆,这组器物的陶系、造型特点都和浙南闽北江山肩头弄第二、三单元的陶器群类似,是受太湖以南浙闽山区土著文化北上的影响而产生的;C2 组陶器包括特色鲜明的陶鬶、瓦形足三足盘和蘑菇状捉手器盖等,它们与二里头文化的同类器物极其相似,应该来源于中原地区;C3 组陶器有翻沿小盆和泥质灰陶簋等,其圜底近平、假圈足以及器身多凸脊的造型特点与岳石文化陶器相近,可能是接受长江以北的周邶墩、南荡一类遗存的影响间接产生的;C4 组陶器为宽斜沿深腹釜、圆锥足三足盘等,是受太湖北部花山类型文化的典型器陶釜和外撇足"越式鼎"的影响而产生的。

马桥文化已经有青铜器,但都是刀、凿等小件铜器,还不能对社会生产力发展产生大的影响。

马桥文化与良渚文化基本上分布在同一个区域,在马桥、金山亭林、嘉兴雀幕桥、湖州钱山漾等遗址均发现马桥文化层直接叠压在良渚文化层之上。尽管马桥文化的陶器与石器也都存在着继承良渚文化传统的因素,但是两者还是有非常大的差别:马桥文化陶器中占多数的泥质红褐陶在良渚文化中极少见到;马桥文化陶器上流行模印的几何形纹、云雷纹的做法和鸭形壶、凹底罐、觯、觚等酒器都不见于良渚文化,而良渚文化的典型陶器如T字形足鼎、带流罐、大口缸等也不见于马桥文化;特别是良渚文化中非常发达的玉器在马桥文化中迄今未见,从总体上看马桥文化先民的技术水平比良渚文化要落后,所以马桥文化不会是直接从良渚文化发展来的,只能是部分地继承了良渚文化的因素。而被马桥文化兼收并蓄的还有二里头文化、早商文化、岳石文化、浙闽山区的肩头弄文化和宁镇地区的湖熟文化等文化因素。

马桥文化是环太湖地区夏商时代的考古文化,到西周春秋时代发展为亭林类型文化。上海金山亭林遗址的下层是马桥文化,上层是由马桥文化发展而来的亭林类型文化。亭林类型的石器仍然有三角形带柄石刀、石镰与石镞;陶器也仍以印纹硬陶为主,器形有球腹圜底罍、扁腹平底瓿、卷沿弧腹坛、镂孔圈足浅盘豆等,以泥质灰陶的细高把带凸棱浅盘豆和三足外撇浅腹盘(或称浅腹撇足三足盘)最具特色;有鼎无鬲是其与宁镇地区湖熟文化的一大区别,鼎的特点是三足外撇,这种形制的青铜鼎被称为"越式鼎"。亭林类型和马桥文化一样都以几何印纹陶为特色,这是极具南方色彩的文化因素。但是以亭林类型与马桥文化相比,来自中原的文化因素大大减少了。有学者认为,马桥文化(含亭林类型)是良渚文化接受印纹陶文化和夏商文化影响的产物,应是越文化的先驱;而湖熟文化是来自中原地区的商周文化接受印纹陶等当地土著文化影响的产物,可能是吴文化的先驱。

表26-4 苏州地区马桥文化(含亭林类型)遗址表

序号	遗址	文化内涵	出处
1	草鞋山	遗址位于苏州唯亭镇阳澄湖南岸,东西长260米、南北宽170米,面积4.4万平方米,上面有草鞋山和夷陵山两个土墩,现已所剩无几。文化层堆积厚11米,可分10层,从马家浜文化、崧泽文化、良渚文化到春秋吴越文化,整个序列几乎跨越太湖地区先秦历史的全部编年。在草鞋山遗址第一层出土6组器物,在夷陵山西南部出土一批陶器,主要是几何形印纹硬陶和原始瓷,属于春秋时代吴越文化。	南京博物院:《江苏吴县草鞋山遗址》,《文物资料丛刊》第3辑,文物出版社1980年;南波:《吴县唯亭公社出土印纹陶、釉陶器物》,《文物》1977年第7期
2	越城	文化层堆积厚达8米,包含三个时代的文化遗存:上层是以几何印纹陶为特点的春秋时代文化,中层是以灰陶、黑衣陶为主的良渚文化,下层是以夹砂红陶、泥质红陶为特点的马家浜文化。	南京博物院:《江苏越城遗址的发掘》,《考古》1982年第5期
3	横塘星火	遗址位于横塘星火村的大运河西岸,面积很大,地层的第一层为耕土层,第二层出土西周至战国的印纹硬陶,第三层为泥炭层,没有任何遗物,第四层出土马桥文化遗物。	钱公麟:《苏州市横塘星火印纹硬陶遗址》,《中国考古年鉴(1985年)》,文物出版社1986年
4	张墓村	遗址位于苏州西南吴山岭下越溪乡张墓村北,东西长400米、南北宽30米,文化层厚度超过1米,采集到良渚文化、马桥文化和亭林类型文化的遗物。	吴县文管会:《江苏吴县越溪张墓村遗址调查》,《考古》1989年第2期
5	郭新河	遗址位于郭巷乡尹山村东郭新河两岸东西长400米、南北宽400米的范围内,文化层堆积厚度超过1.5米,采集到马桥文化和亭林类型文化遗物。	
6	彭山	彭山位于通安镇西南4.5千米处,西距太湖岸线2.5千米,遗址分布在彭山南麓东西长300米、南北宽80米的范围内,采集到马桥文化和亭林类型文化遗物。	姚勤德:《江苏吴县南部地区古遗址调查简报》,《考古》1990年第10期
7	徐巷	遗址位于横泾乡徐巷村,北距尧峰山2千米,东距太湖岸线800米,分布在徐巷村新开河两岸南北长250米、东西宽100米的范围内,面积约2.5万平方米,采集到马桥文化和亭林类型文化遗物。	

(续表)

序号	遗址	文化内涵	出处
8	俞家墩	遗址位于横泾乡东1.5千米处的南章村,北距徐巷遗址800米。土墩东西长120米、南北宽60米,高出地面7米,面积7 200平方米,采集到亭林类型文化遗物。	姚勤德:《江苏吴县南部地区古遗址调查简报》,《考古》1990年第10期
9	前戴墟	遗址位于胜浦乡前戴村泥河塘北侧,南距吴淞江1.5千米,东南距张陵山遗址7千米。在南北长70米、东西宽50米的范围内发现陶器与原始瓷等亭林类型文化遗物。	
10	高景山	遗址位于苏州西郊高景山东北麓坡下、茶店头村西的农田里,东西长200米,文化层厚度约2米,采集到许多马桥文化陶片。	吴县文管会:《江苏吴县高景山、茶店头遗址》,《考古》1986年第7期
11	澄 湖	遗址位于苏州市区东南15千米处从甪直郭巷村席墟至碛砂湖岸外400米的澄湖湖底,总面积34万平方米,遗存时代跨越崧泽文化、良渚文化、马桥文化、春秋战国文化和汉至宋代。	丁金龙:《苏州澄湖遗址发掘报告》,《苏州文物考古新发现》,古吴轩出版社2007年
12	独墅湖	遗址位于苏州工业园区独墅湖东北部2.2平方千米的湖底,共发现古代水井379个、灰坑445个,遗物时代跨度从崧泽文化、良渚文化、马桥文化到春秋战国文化和汉至宋代。	朱伟峰:《独墅湖遗址发掘报告》,《苏州文物考古新发现》,古吴轩出版社2007年
13	钟楼村	遗址位于苏州市区天赐庄苏大校园内南北180米、东西240米的范围,采集到黑皮磨光陶罐及几何形印纹硬陶片。	南京博物院:《苏州和吴县新石器时代遗址调查》,《考古》1961年第3期
14	蒋 园	遗址位于东城,北靠葑门河,长宽各200米。曾经发现有印纹陶罐及陶豆等物,内涵与钟楼村遗址相同。	
15	平 门	遗址位于苏州市北平门城墙下面,今已辟为大道。在城墙下灰土层中出土残石斧、石刀、陶纺轮、泥质灰陶片和印纹陶片等。	
16	大公园	遗址位于苏州市中心大公园内北面一个东西长72米、南北宽51米、高3米的大土墩上,采集的遗物以印纹硬陶居多,也有泥质灰陶豆把和残纺轮等。	
17	青旸地	遗址位于苏州南门外,面积很广,发现有黑皮灰陶罐、盆和原始瓷罐等,采集到很多几何形印纹硬陶。遗址今已建为南环新村。	

(续表)

序号	遗址	文化内涵	出　处
18	灵岩山苗圃	遗址位于木渎镇西北1千米处，东西长129米、南北宽105米，出土几何形印纹陶罐和原始瓷盂。	南京博物院：《苏州和吴县新石器时代遗址调查》，《考古》1961年第3期
19	尹山湖黄泥山	遗址位于郭巷尹山大觅桥西南，尹山湖东西长2 500米、南北宽4 000米，黄泥山为一高出地面8米、东西长50米、南北宽30米的土墩，在湖的四周和土墩上都发现有印纹陶片。	
20	浒墅关华山	华山位于浒墅关西北2.5千米，南北长500米、东西宽200米、高约50米，遗址在山的西部与南麓，面积7 000平方米，下层是马家浜文化，中层是良渚文化，上层有春秋战国文化遗存。	尹焕章等：《对江苏太湖地区新石器文化的一些认识》，《考古》1962年第3期
21	虎丘六埭桥	遗址位于虎丘北六埭桥，有马家浜文化、良渚文化和春秋战国文化三个文化层。	
22	昆山正仪黄泥山	遗址位于昆山市正仪镇东北部，面积约4 000平方米。为马家浜文化、良渚文化和马桥文化各时期的文化堆积。	
23	昆山少卿山	遗址位于昆山市千灯镇东北，现存的少卿山为一东西长40米、南北宽20米、高出地面7.7米的土墩。内含马家浜文化、崧泽文化、良渚文化和春秋时代文化等遗存，发现春秋夯土台，良渚文化土台、墓葬、村落，以及崧泽文化遗存。	苏州博物馆等：《江苏省昆山县少卿山遗址》，《文物》1988年第1期；《江苏昆山市少卿山遗址的发掘》，《考古》2000年第4期
24	昆山绰墩	遗址位于昆山市正仪镇绰墩村，东西长500米、南北宽800米，总面积约40万平方米，中心区面积29万平方米。地层堆积从下至上依次为马家浜文化、崧泽文化、良渚文化和马桥文化。	南京博物院等：《江苏昆山绰墩遗址的调查与发掘》，《文物》1984年第2期
25	昆山陈墓	遗址位于昆山县陈墓镇大东砖瓦厂，取土时发现良渚文化器物与几何印纹硬陶片，东西150米、南北60米，文化层距地面约3米。	金诚：《江苏昆山陈墓镇新石器时代遗址》，《考古》1959年第9期
26	昆山荣庄	遗址位于昆山县南2.5千米荣庄的稻田里，试掘证明下层为良渚文化层，上层为马桥文化层。	王德庆：《江苏昆山荣庄新石器时代遗址》，《考古》1960年第6期

(续表)

序号	遗址	文化内涵	出处
27	吴江广福村	遗址位于吴江市桃源镇桃源社区西北,北临太湖,现存2万平方米。含马家浜文化、良渚文化和马桥文化遗存。	苏州博物馆等:《江苏吴江广福村遗址发掘简报》,《文物》2001年第3期
28	太仓维新	遗址位于太仓市双凤镇维新村,海拔高程3.9—6米,位于古代海岸线遗迹的冈身之上,总面积约6万平方米。遗址上原有一个大土墩,今已不存。试掘发现一座良渚文化土台、居住遗址和马桥文化遗存。	闻惠芬等:《太仓市维新遗址试掘报告》,《苏州文物考古新发现》,古吴轩出版社2007年
29	常熟钱底巷	遗址位于常熟市北郊新光村西,东西210米、南北190米,面积近4万平方米,高出附近稻田2—3米。主要文化内涵是崧泽文化和商周文化遗存。商周文化遗存发现居住面2处、灰坑3个、水井1口,出土大量陶片、少量原始瓷、石器和1件铜镞、1件铜削。商周文化遗存的早期与马桥文化相衔接,相当于商晚期至西周前期;晚期原始瓷数量增加,器形有所变化,年代相当于西周至春秋。	常熟博物馆等:《江苏常熟钱底巷遗址发掘报告》,《考古学报》1996年第4期
30	张家港蔡墩	遗址位于塘桥镇青龙村,面积约1万平方米,地层堆积厚1.8—2米。下层为崧泽文化,中层为良渚文化,上层为春秋战国遗存。	王德庆:《沙洲蔡墩新石器时代遗址》,《中国考古学年鉴(1987年)》,文物出版社1988年

二、墓 冢

1. 石室土墩墓

由于遗址中马桥文化层位于良渚文化层之上,而在良渚文化层与马桥文化层之间常常有一层淤泥,因此后世人类的活动对马桥文化遗存的扰动与破坏比对良渚文化遗存的扰动与破坏要严重得多。在已发现的马桥文化遗址中通常只发现灰坑与水井,几乎没有发现过墓葬。马桥文化先民在太湖地区生活了近千年,不可能没有墓葬。他们的葬俗与良渚文化先民的葬俗完全不同,不是葬在居住区附近的平地或土台上。

在环太湖地区北抵长江南岸的江阴、张家港,南达杭州湾以南的宁绍平原,西至宜兴、安吉一带的丘陵小山顶部,都分布着数量众多、内有石室的土墩,其分布范围正与吴、越两国的疆域相符合。对于这些土墩的性质,地方志与民间有瞭望台、风水墩、烽燧墩、藏兵洞、古战堡、炮墩、旺(望)墩等各种不同的说法,现代有学者认为这是古人的祭天遗址或石构建筑,但是更多学者认为这是吴人的墓葬,或是越人的墓葬,或是吴越两国共有的墓葬。

据遥感调查统计,环太湖地区石室土墩墓总数在 2 700 座以上。太湖东北的苏州一带是石室土墩墓的密集分布区。从上方山到尧峰山东西 7 千米,南北 6 千米,整个山体低于 300 米,山脊浑圆、脊线平缓。在上方山、七子山和尧峰山的主峰线上分布着十几座大型石室土墩,这些大型石室土墩墓巍然屹立在山巅,互相之间间隔较大。而在 200 米以下各条山脊线上,小型石室土墩墓密集地呈串珠状排列。太湖西南的长兴一带也是石室土墩墓的密集分布区,有 20 多座大型石室土墩墓。太湖西北的无锡至武进一带也是密集分布区,但是大型石室土墩墓较少。

石室土墩墓都分布在具有层理构造的砂岩、页岩和石灰岩构成的山丘上,而在火成岩构成的山上没有分布。虽然石室土墩墓的分布与基岩的性质有关,但是在相同条件下也有明显的集群分布现象。例如,太湖边光福的西迹山和玄墓山上有较多的石室土墩墓,而毗邻的长山和米堆山上就基本没有;太湖中东山和西山上的石室土墩墓都集中分布在岛的东北部低于 200 米的山脊上,而岛的西南部山上石室土墩墓就很少,这一现象应当与当时的人口分布状况有关。

石室土墩墓主要分布在 50—200 米的低山丘陵上,200 米以上的山上很少见到。石室土墩在山顶和坡麓都有分布,朝向没有一定的规律,大型石室土墩墓都居于山顶高处,中小型石室土墩墓则呈串珠状沿着山脊线排列分布。土墩内的石室用块石垒砌而成,平面为长条形,如同狭长的巷道,底部大多铺有小石块或石片。石室后面有墙,两侧的石壁向内斜收,顶部用大石块或条石覆盖,小的高 2—3 米,大的可达 6 米以上。石室前部用条石架构的门楣和向内突出的石垛形成门框,有的用石块垒砌封门墙,或者用乱石封门。封门前有石块砌筑的甬道,甬道侧墙呈斜坡状,甬道上不用石块覆盖。石室上面堆土形成馒头状的土墩,小型土墩底径 6—8 米、高 1—2 米,大的底径 30—40 米、高 5—10 米。大型土墩的边缘还常常用石块铺砌一道或两道护坡。

在已发掘的石室内几乎没有发现过遗骸,也没有发现过葬具的痕迹,这是因为南方山区的土壤是酸性的,而且石室有缝隙,土墩又未经夯筑,因此尸骨无存、葬具全朽是可以理解的。石室土墩墓中几乎没有出土过青铜器,出土的器物主要是印纹陶与原始瓷器皿,还有少量泥质陶与夹砂陶,偶尔出土几件玉饰与石器。由于石室土墩墓中出土的陶器保存得比遗址中出土的要完整,因此更能反映各个时代的特征。苏州地区发现的石室土墩墓的年代都属于西周中晚期至春秋中晚期,但是石室土墩墓中出土器物的器形、类别、组合和遗址中出土的马桥文化及亭林类型器物有相同之处又不完全一致,它们之间的关系还有待于进一步研究。

苏州地区石室土墩墓中的石室结构及其建造技术都已非常成熟,因此绝非石室土墩遗存的初始阶段。实际上,分布在环太湖地区的石室土墩墓只是江南土墩墓的一种形式。夏商周时代中原地区的葬俗是"不封不树",而在江南地区却广泛分布着与之迥然有异、以堆土起封为特色的土墩墓。早期的土墩墓只是在平地掩埋后再堆成土墩,后来出现在墓底用卵石或石片铺设的墓床,或在墓的四角或四边用石块堆砌成石框,还有把石框垒高形成石椁的。西周中期以后出现了用石块砌筑的长条形石室,而在石室墓出现之后各种不筑石室的土墩墓仍然与石室土墩墓共存。土墩墓演变发展的顺序为:平地堆土掩埋型→石床型→石框型→石椁型→石室型。

江南地区的土墩墓遗存可以分为三个区域:西部的宁镇区、东部的太湖—杭州湾区和南部的黄山—天台山以南区。研究者指出:土墩墓自夏商之际首先出现在浙西南及闽北一带,随后便开始了由南向北逐渐扩展的历程。这类遗存至迟在商代晚期北渐至太湖—杭州湾区,在西周前期发展到宁镇区。黄山—天台山以南区是土墩墓的发生地区,葬制在该区的发展始终没有大的变化,而当这类遗存扩展到太湖—杭州湾区和宁镇区时,除了保持它的基本形式(一墩一墓)之外,这两个区域在葬制上都发生了明显的变异。土墩石室墓是从土墩墓演化、派生出来的一类遗存,但它只广泛分布流行于太湖—杭州湾区,而不见于黄山—天台山以南和宁镇区,这显然与各区域土墩遗存所处地理环境中自然条件上的差异有密切关系(杨楠:《商周时期江南地区土墩遗存的分区研究》,《考古学报》1999年第1期)。

吴人和越人都是江南土著,司马迁称吴地土著为"荆蛮",这是中原人对江南土著的统称,并非与楚人有关。其实吴人也是百越中的一支,他们又被称为"干越","夫吴之与越也,接土邻境,壤交通属,习俗同,言语通"(《吕氏春秋·知化》,上海古籍出版社,1986年),"吴越为邻,同俗并土","吴越二邦,同气共俗"(《越绝书》,上海古籍出版社,1985年),所以有学者认为"吴越同族"(王文清:《论吴越同族》,《江海学刊》1983年第4期)。但是吴人与越人又有所差别,他们还分别建立了各自的国家。太湖以南是越人生活的地区,宁镇一带是吴人生活的地区,而太湖以北先是越人的地盘,后来又被吴人占据。这一地区石室土墩墓的分布和春秋晚期土墩墓的变化可以为这一历史过程提供注脚。

表 26-5　苏州地区石室土墩墓表

序号	遗址	文化内涵	出　　处
1	五峰山	五峰山顶有 6 座土墩,基本上一峰一墩。1954 年清理了其中 3 座。1 号土墩直径 19.6 米、高 2.3 米、底宽 1.43 米,石室长 7.2 米、宽 1.66—1.06 米,方向北偏西 84 度,出土 3 件原始瓷盂和大量几何印纹陶片。2 号土墩直径 13 米,石室长 2.68 米、底宽 0.84 米、高 1.46 米,方向北偏东 40 度,无出土物。3 号土墩直径 21.5 米,石室长 8.2 米、高 1.64—2.42 米、宽 1.24—1.6 米,方向北偏东 23 度,出土 3 件几何印纹硬陶罐。	朱江:《吴县五峰山烽燧墩清理简报》,《考古通讯》1955 年第 4 期
2	借尼山	1983 年南京博物院和中山大学在五峰山和借尼山(马岗山)发掘了 24 座石室土墩。土墩底径 20—30 米、高 4 米,均分布在山脊。墩内石室长 8—16 米、底宽 1.3 米、顶宽 0.6 米、高 1.8—2.95 米,石室口有门柱或门楣,用块石垒砌封门,但不到顶,前为短通道。共出土 470 余件遗物,最多一墓出土 70 件,原始瓷与几何印纹硬陶占 85%,器形以豆、碗、罐、瓿为主,出土陶纺轮和 2 件铁器。年代为春秋时期,但有早晚之分。	邹厚本:《吴县五峰山石室土墩遗址》,《中国考古年鉴(1984 年)》,文物出版社 1985 年
3	光福安山	1981 年南京博物院和吴县文管会在光福安山调查时发现 16 座土墩,发掘了其中 3 座,但是内容不详。	陆永文等:《我们对山顶石室建筑的初步看法》,《江苏省考古学会 1982 年年会论文选》
4	上方山	1984 年发掘其中的六号墩。位于东西走向的山脊上,东西长 42 米、南北宽 28 米、高 7.15 米,呈馒头状。墩内石室位于墩的西半部,墓门向西,沿山脉走向,石室长 9.6 米、宽 1.84 米,最高处 6.15 米。出土 22 件原始瓷器、7 件印纹陶器,年代为西周中期。在门顶及两壁近门处发现大面积烟炱痕迹;石室内有木炭、泥条盘筑的土灶和残存的禽兽骨等生活遗迹。	苏州博物馆:《江苏苏州上方山六号墩发掘简报》,《考古》1987 年第 6 期

(续表)

序号	遗址	文化内涵	出　处
5	鸡笼山	鸡笼山位于苏州高新区通安镇树山村，共发现9座土墩，2007年发掘了其中3座。1号墩位于海拔111米的鸡笼山西部最高峰，墩底直径50米、高10米，石室长13.5米、宽1.84米、内高4.6米，甬道长约11米、宽3米、高约5米，墓向朝西。出土几何印纹硬陶器、原始瓷碗以及小件玉饰品。	《苏州鸡笼山发现春秋时贵族大墓》，中国网2007年12月13日
6	常熟虞山维摩寺	1982年在常熟虞山维摩寺东南试掘石室土墩1座，土墩东西长20余米、南北宽18米、高2.24米。发现厚度超过40厘米草木灰，灰烬分上、中、下三层，出土17件原始瓷、印纹陶和泥质陶器。	凌治世：《常熟虞山维摩寺烽燧墩试掘》，《解放日报》1982年6月28日
7	常熟虞山西岭	2000年在虞山西岭发掘3座石室土墩，D1位于海拔218.7米的主峰上，墩底南北长52米、东西宽50米、中心高10米。墩顶呈覆斗形，东西长14米、南北宽12米。土墩四周斜坡外表铺有石块。土墩内有一东西向的石室建筑，方向110度。东部为通道，长14.5米；西部为石室，长11米、高8米；通道与石室之间的过道长2.5米，全长28米。D2较小，墓门向西，通道长3.6米，石室长3米、高1.4米。D3较大，土墩东西长21米、南北宽18米、高6.5米。土墩内石室门向西，通道长7.8米，石室长5.4米。总共出土器物130件，其中有104件原始青瓷器，另有硬陶、泥质陶和夹砂陶器，器形有碗、罐、豆、盂、鼎、尊、钵、瓮、纺轮等。据调查，整个虞山上分布在山脊或山坡上的土墩有200多座。	苏州博物馆等：《江苏常熟市虞山西岭石室土墩的发掘》，《考古》2001年第9期

2. 春秋晚期吴人土墩墓

土墩墓在夏商之际首先出现于浙西南及闽北一带，商代晚期向北逐渐扩展至杭州湾两岸，西周前期发展到宁镇地区，西周中期已经遍布于太湖周围地区。杭州湾以南是土墩墓的发源地，各种不同形制的土墩墓常常交错分布在一起。宁镇地区没有石室土墩墓，但是其他各种土墩墓都有。而环太湖地区是石室土墩墓的密集分布区，其他几种形式的土墩墓则很少见。三个地区的葬俗既有联系又有差别，说明生活在那里的居民也是既有联系又有差别。

宁镇地区的土墩墓主要分布在以丹徒、丹阳、金坛为中心的地区，经常是数十、上百座土墩墓成群分布在一地，一般底径为7—8米、高2米左右。每群土墩墓中常常有一座或几座特别高大,最大的底径可以达到 80 米、高 10 米。由于这一带的土墩墓大多坐落在平地或山冈缓坡上,因此在大土墩附近常常有取土筑墩形成的土坑或池塘。部分大型土墩墓坐落在小山顶部,并常常出土有青铜器。土墩墓可以分为平地掩埋和有墓坑的两大类,平地掩埋的土墩墓又分为无坑无床型、石床型、石框型、石椁型和熟土浅坑型五种类型,有墓坑的土墩墓也可以分为竖穴土坑墓和竖穴岩坑墓两种类型。

据《越绝书·吴地传》记载,苏州城外有多座吴王的墓葬:"蛇门外大丘,吴王不审名冢也。""筑塘北山者,吴王不审名冢也。""胥女大冢,吴王不审名冢也。""蒲姑大冢,吴王不审名冢也。""抚侯山者,故阖闾治以诸侯冢次。"所谓"不审名冢"就是不知道这些墓冢的墓主姓甚名谁,实际上后人连这些墓冢的方位道里也搞不清楚了,这些陵墓究竟都在哪里,今天已经难以一一考证。但是大真山、阳宝山、树山、横山、馒头山、挂灯山上发现的这些大型墓葬应该都与吴国贵族甚至吴王有关,例如真山大墓就被苏州考古学者认为是寿梦的墓。

吴王阖闾的墓葬在虎丘山,而且方志记载和民间传说都认为阖闾墓在剑池水下的洞穴里。剑池北端的水底确实有一个两米多高的洞穴,但是已被六块条石封堵住了。洞口前的甬道只有一米多宽,而且两壁非常粗糙,毫无人工开凿的痕迹。春秋晚期刚刚出现铁器,当时的人们还没有能力在石山上开凿山洞来作为墓室,再说墓葬要求避水干燥,把墓穴设在水下也不合常理。虎丘是一座海拔 36 米的小山,周围围绕着一圈方形的小河,其格局和印山、八亩墩、九亩墩、金鸡墩、缴墩、曹家墩一样,但是规模远比它们要大,面积比印山越王陵大一倍,这正符合阖闾的身份与地位。因此虎丘应是阖闾的葬身之地,只是墓穴不在剑池水下,而应该像大真山、阳宝山、树山的墓穴一样,位于山的顶部。《汉书·刘向传》(中华书局,1962 年)记载:"阖闾违礼厚葬。十有余年,越人发之。"五代末在虎丘山顶兴建寺庙,《太平寰宇记》(中华书局,2008 年)记载:"今寺即阖闾墓。"《姑苏志》也记载:"墓即虎丘寺法堂基。"可见阖闾墓在吴国灭亡之时已经遭到越人盗掘,而在五代末建造寺塔时连遗址也被破坏殆尽,所以今天已经荡然无存,只剩下一圈隍壕,证明这里曾经有过一座吴王的陵园。

春秋晚期在苏州地区还出现了坐落在平地上的土墩墓,而且在其内部还筑有类似山顶上石室土墩墓那样的石室,最典型的是江阴周庄的缴墩。缴墩和大松墩是石室土墩墓,曹家墩是以条石为基础的木屋土墩墓,它们的形制都类似山顶上的石室土墩墓,但是却分布在平原上,而不葬在附近的小山山脊或丘陵顶部,表现出两种葬俗的结合。

宁镇地区的土墩墓有平地掩埋的,有铺砌石床的,有垒筑石框的,有用熟土堆筑二层台的,有凿石为穴的,有用木料构建木屋的,但是没有用石料建筑石室的。苏州地区已发掘的土墩墓中有石穴墓、石椁墓和石室墓。其中用块石在墓中垒筑石室的石室土墩墓和用木料搭建木屋的木室土墩墓是土墩墓发展的最高形态,但是这种葬俗明显受到了越人石室土墩墓的影响。

越人的石室土墩墓都筑在小山丘陵的顶部并沿着山脊分布,这种葬俗葬制体现了越人的某种意识形态。吴人大墓接受了这种"文石为椁,题凑为中"的石室结构,却把石室土墩墓和木室土墩墓筑在平地上。这反映出吴人与越人的丧葬观念有所不同,但是在墓葬结构方面却已经取长补短、互相融合了。在土墩墓中用木料构建人字形两面坡墓内建筑的葬俗最早出现在宁镇地区,但是这种木结构的墓内建筑在吴人的土墩墓中很少见到,只是初始状态,而在越人的印山大墓中却得到了最完美的表现,并在吴国灭亡以后继续在使用,成为越人大墓的一个特色。

春秋晚期苏州地区吴人土墩墓出土的器物仍然以原始瓷和印纹陶为主,大墓还出土有青铜器与玉器。根据考古学的类型学原理分析,出土的原始瓷、印纹陶和宁镇地区土墩墓出土的器物以及环太湖地区石室土墩墓出土的器物具有可比性,它们之间存在着明显的文化联系,这是毋庸置疑的。

表26-6　苏州及邻近地区春秋晚期吴人土墩墓表

序号	墓葬名	墓葬概况	出　处
1	真山 D9M1	位于浒墅关海拔76.9米的大真山主峰,封土呈长方形覆斗状,底部东西长70米、南北宽32米,顶部东西长26米、南北宽7米,墓底到封土顶高8.3米。有内外两层封土,内封土南北两端各有一道用石块垒筑的挡土墙,相距13米;外封土内部夹有20多道南北向的石墙,外封土南北两端也各有一道挡土墙,相距27米。墓室开凿在基岩上,东西长13.8米、南北最宽8米、最深1.8米,墓口四周有一圈高约0.2米、宽约0.4米的二层台,墓室东面有一条长3.6米、宽3米的墓道。墓室中部偏西有一棺床,长4.04米、宽1.92米、高0.2米,其上有两条宽0.25米、深0.2米放枕木的南北向沟槽,葬具为七棺二椁。封土堆正中有一条长18米、宽5米的盗沟直达墓底。虽然该墓在早年就已遭到了破坏性盗掘,但是仍然出土了12 573件遗物。	丁金龙等:《江苏苏州浒墅关真山大墓的发掘》,《文物》1996年第2期

（续表）

序号	墓葬名	墓葬概况	出　处
2	阳宝山大墓	位于东渚海拔50.6米的阳宝山顶部，长方形覆斗状封土顶部东西长25米、南北宽12米，底部东西长60米、南北宽40米，残高4米，封土采用版筑法夯筑而成。墓室为长方形石穴墓，东西长11.3米、南北宽4.5米，深5米，墓底铺一层10厘米厚的木炭。西侧有一条长19.7米、宽3.6米的斜坡墓道。墓道底部两侧各有一道沟槽，墓室上原有木板覆盖，木板朽烂后封土下陷，使夯层呈V字形。墓葬早年被盗，人骨散落墓中各处，仅出土1件原始瓷罐、12件原始瓷碗、1件玉管、30余颗绿松石珠和铜凿、铜箭镞、铜剑残部、陶纺轮等。在墓道中出土2件黑皮印纹软陶双耳罐。	苏州博物馆调查资料
3	树山大墓	位于通安镇海拔89米的树山顶部，封土直径约60米，墩顶有塌陷的长条形盗沟痕迹。	苏州博物馆调查资料
4	横山大墓	位于横塘镇横山南端海拔20米的小山丘顶部，封土直径40米。	苏州博物馆调查资料
5	獾墩大墓	位于东渚镇南山村大宅上村。獾墩是一座海拔17米的小山，南部被开山取石破坏。封土直径30米，高3米，墓葬为竖穴土坑墓，全长11.6米。东面为墓道，长2.25米。墓室长9.35米，残宽1.9—2.7米，墓室北侧和西侧有熟土二层台；西北有一坑，东西2.8米、南北2.5米、深1.5米，当为陪葬器物坑。墓葬早年被盗，后期又遭破坏，仅出土一些玛瑙管、条形玉器、绿松石珠、绿松石片、原始瓷碗、陶纺轮等，墓底有漆皮遗迹。年代为春秋晚期。	王霞等：《苏州市獾墩春秋大墓》，《中国考古学年鉴（2010）》，文物出版社2011年
6	馒头山大墓	位于东渚镇西海拔54.2米的山顶，未经发掘。	苏州博物馆调查资料
7	挂灯山大墓	位于浒墅关镇西阳山东北侧海拔81.5米的山顶，未经发掘。	苏州博物馆调查资料
8	真山D16M1	位于大真山北部山脊，为岩穴石椁墓。先在岩石上凿山浅坑，再用石块垒筑墓壁，墓底长4.3米，宽2.9米，深3.5米，东西向。入葬后填土未经夯实，封土堆底径34米，残高5米。墓室西部出土7件原始瓷盖碗，摆放梅花形，另有印纹硬陶瓮、陶盘、陶纺轮等。时代为春秋晚期。	苏州博物馆：《真山东周墓地》，文物出版社1999年

(续表)

序号	墓葬名	墓葬概况	出 处
9	真山D33	位于大真山北麓,是直径30米、高3米的石椁型土墩墓。墓葬在山体基岩上铺垫一层厚30—40厘米的碎石后,用大小不一的石块垒成石郭。石郭外围东西长13米、南北宽9.3米,内径东西长7.2米、南北宽6米,最高处1.8米,然后再覆以封土。D33主墓室已被盗掘一空,但是还留下两个器物坑没被破坏,共出土器物58件。其中1号坑出土器物48件,有印纹硬陶瓿24件、印纹硬陶罐4件、陶鼎5件、原始瓷盖碗15件;2号坑出土器物10件,有印纹硬陶瓿2件、罐3件、原始瓷碗5件。年代为春秋晚期。	吕继东:《考古工作全面推进 首次发现春秋"石郭"墓》,《苏州日报》2010年6月27日
10	虎丘阖闾墓	虎丘是一座海拔36米的小山,但是周围却围绕着一圈方形的小河,其格局和印山、八亩墩、九亩墩、金鸡墩、缵墩、曹家墩一样,但规模远比它们要大。因此虎丘确实是阖闾的葬身之地,但是墓穴不在剑池水下,而应该像大真山、阳宝山、树山一样位于虎丘山的顶部。	程伟:《吴王阖闾墓在剑池之下吗?——苏州虎丘阖闾墓考》,《苏州科技学院学报》2009年第1期
11	严山玉器窖藏地	1986年在通安镇海拔22.5米的严山东麓发现一个长2米、宽1.5米的长方形土坑,坑底距山坡表土0.5米,出土了402件器物,其中软玉器204件,余为各色玛瑙、绿松石、水晶和玻璃,此外没有其他遗物同出。发掘者认为这批玉器是春秋晚期吴国王室的器物,是夫差在最后被越军围困走投无路而仓促埋下的窖藏。也有学者认为该处是夫差的陵墓。	吴县文管会:《江苏吴县春秋吴国王室窖藏玉器》,《文物》1988年第11期
12	虞山齐女坟	位于常熟虞山山顶。《吴郡志》记载:"吴太子娶齐女,女思齐而病。……葬虞山之巅。"其坟外观为一大型土墩,未经发掘,内部结构未知。	苏州博物馆调查资料
13	何山东周墓	位于高新区海拔64米的何山西南麓缓坡上,出土器物分布在南北长8米、东西宽5米、距地表2米的同一平面上,墓穴在取土时被破坏,当为一座土坑墓。墓中出土了33件青铜器、1件硬陶罐、1件原始瓷碗,年代为春秋晚期。出土的青铜器中部分为吴器,部分为楚器,是吴国入郢后掠回的战利品。	吴县文管会:《江苏吴县何山东周墓》,《文物》1984年第5期

（续表）

序号	墓葬名	墓葬概况	出　　处
14	虎丘金鸡墩	位于虎丘西南，俗称"吴女坟"，相传是阖闾女儿滕玉的坟墓。面积约2万平方米，原是一处新石器时代遗址，后来在上面又叠压了各个历史时期的墓葬。虽然未经发掘，但是据《吴越春秋》记载：阖闾"凿池积土，文石为椁，题凑为中，金鼎玉杯银樽珠襦之宝，皆以送女。"可见墩内可能也筑有石室。	苏州博物馆调查资料
15	狮子山皇妹墩（王僚墓？）	据《吴地记》记载，吴王僚死后葬在吴县西十二里的岸崿山，"岸崿山又名鹤阜山，今名狮子山"。在今狮子山南麓有一土墩，高约5米，四周还有残存的围壕，此墩俗称"皇妹墩"，相传为王僚墓，但是未经发掘。	苏州博物馆调查资料
16	江阴缪(伞)墩（吴王八子墓）	位于江阴周庄，土墩高约8米，直径50—60米，周围有一圈方形壕沟。在缪墩西头有一个洞口，高1.7米、宽1.3米，洞内宽0.9—1.2米、高1—2米，洞内纵深32.1米。两壁都以黄石砌成，洞顶用石条覆盖，石条长3米、宽0.7米、厚0.6米。缪墩早在明代就已经被打开，洞口门楣石条上刻有明正德五年吴郡都穆书写的"珊瑚洞"三字。《光绪江阴县志》卷二三《冢墓》载："吴王子墓在周庄伞(缪)墩，《太平寰宇记》：'吴王阖闾第八子葬于此。'《黄志》云：'墩西侧有穴，入深可十余丈，皆石所为，盖隧道也，今称仙人洞。'"	苏州博物馆调查资料
17	江阴大松墩	位于缪墩东北0.5千米，俗称"大松墩"。其中也有一条用黄石砌成的十几米长的石弄，上面用长3米、厚0.5米的石条覆盖，形制和缪墩相仿，但规模比缪墩要小。后来因为石弄倒塌露出了洞口，常州博物馆派员进行清理，出土了1件几何印纹硬陶罐，20件豆、盘、有盖罐和鱼篓形罐等原始瓷器，70件玉玦、玉璜、玉镯、玉管、玉珠等饰品。根据出土物的特征判断，大松墩当是一座春秋晚期墓葬。由此推测，缪墩也应该是一座同时代的墓葬。	陈晶等：《江苏省江阴县大松墩土墩墓》，《文物》1983年第11期
18	江阴璜土姬墩山（阖闾太子光墓？）	位于江阴璜土镇西南，土墩高19米，直径约90米，据传是吴王阖闾太子光的墓。未经发掘。	苏州博物馆调查资料

(续表)

序号	墓葬名	墓葬概况	出　处
19	武进嘉泽姬(墩)山	位于武进嘉泽乡姬山村,遗址东西长350米、南北宽300米,总面积1万余平方米,中部有一座高15米、直径45米的圆形土墩,土墩底部有高约1米、边长约60米的方形台基,土墩四周有河道环绕,和缴墩十分相像。	王岳群:《江苏武进姬山遗址调查》,《东南文化》1998年第4期
20	江阴曹家墩	位于缴墩和大松墩东南,馒头状土墩残高9.2米,平面呈东西向长圆角方形,封土占地面积近3 600平方米。墓室建在土墩底部的垫土之上,两侧各铺两层并排的红砂岩质大石条构成墓室,后部(西侧)用两层石条封堵,东西长18.2米、宽4.3—5.2米,墓向朝东,用3块平置的石块封堵,在甬道和墓室南北两侧的石条上原先建有高近2米的木结构框架式建筑,除靠近东部墓口处保留有框架形制及高度外,其余部分皆已朽塌。出土原始瓷器豆、盘、盅等共18件,印纹硬陶坛、罐、瓿、筒形器等共11件,夹砂陶鼎、釜共4件及2件漆木器。	周庄土墩墓联合考古队:《江苏江阴周庄JZD3东周土墩墓》,《文物》2010年第11期

3. 战国前期吴地越墓

"勾践已平吴,乃以兵北渡淮,与齐、晋诸侯会于徐州,致贡于周。周元王使人赐勾践胙,命为伯。"(《史记·越王勾践世家》,中华书局,1959年)为了争霸中原,勾践把都城也迁到了琅琊,接着侵鲁、伐齐、灭滕、绝郯、亡缯、削莒,在淮泗一带横行了将近百年。"越灭吴,上征上国,宋、郑、鲁、卫、陈、蔡执玉之君皆入朝。"(《国语·吴语》,上海古籍出版社,1978年)"当是时,越兵横行于江、淮东,诸侯毕贺,号称霸王。"(《史记·越王勾践世家》)"今天下好战之国,齐、晋、楚、越。"(《墨子·非攻下》,中华书局,1993年)勾践四传至王翳,"翳三十三年迁于吴"(《史记》索隐引《纪年》)。王翳再两传至无彊,"王无彊时,越兴师北伐齐,西伐楚,与中国争强"。然而"楚威王兴兵而伐之,大败越,杀王无彊,尽取故吴地至浙江,北破齐于徐州。而越以此散,诸族子争立,或为王,或为君,滨于江南海上,服朝于楚"(《史记·越王勾践世家》)。从春秋战国之交(前473)勾践灭吴、北徙琅琊到王翳迁吴、无彊败亡(楚威王六年即前334)的一百多年间,环太湖地区是越人的地盘,所发现的战国前期墓葬也都是越墓。然而经过征服吴人和争霸中原以后,越人已经越来越多地吸收并接受了吴人、楚人和华夏族的丧葬制度,所以战国前期越人的墓葬形制发生了极大变化,西周春秋时期广泛分布在山脊的石室土墩墓不再出现,取而代之的是分布在山麓坡地和平地上的浅土坑墓或竖穴土坑墓,墓向也从东西向逐渐转为南北向。

战国前期吴地越人的大型墓葬只发现了3座:无锡鸿山邱承墩(DⅦ)、万家坟(DⅥ)和老虎墩(DⅠ)。这3座墓葬都位于平原的高地上。邱承墩利用了新石器时代形成的高台土墩,而不是像春秋以前的石室土墩墓那样都分布在山脊或小山顶部。邱承墩是长方形竖穴土坑墓,墓的东面有斜坡形墓道,形成墓向朝东的甲字形墓,墓上有覆盖墓室与墓道的长方形覆斗状封土堆。万家坟和老虎墩的规模稍小于邱承墩,都是平地起封,墓向也都朝东,但是在葬后用火焚烧,葬制非常奇特,其中可能含有某种信仰或习俗的原因。这3座墓的形制和春秋时代越人的石室土墩墓完全不同,而长方形覆斗状封土和原来的土墩也有不同,但是却和战国时代中原地区的诸侯墓如邯郸赵王陵、平山中山王陵的封土堆类似。

战国前期不仅吴地越人大墓的形制发生了变化,而且中小型越人墓葬也发生了同样的变化。无锡鸿山已发掘的7座墓中除了3座大型墓以外,曹家坟(DⅢ)和杜家坟(DⅤ)是中型的土坑墓,先在平地上堆土,再在土堆上挖出长条形土坑。老坟墩(DⅡ)和邹家墩(DⅣ)是小型的浅土坑墓,这几座墓的方向都朝东。

苏州长桥新塘发掘的10座战国墓都是竖穴土坑墓,深1.2—1.5米,其中M1墓室长2.9米、宽1米、深0.8米,葬具是越人常用的独木棺,但是墓向变为南北向,北端有宽于墓室的头厢,长1.34米、宽0.7米。M3等6座墓的头厢仅是墓室的延伸,但是头厢的底部均高于棺室底部,其余3座墓的墓室仅能容纳棺材,随葬品也只有一把木剑而已。新塘战国墓地既有吴国遗习,也具有越国风俗,应是越灭吴后越人统治时期的墓葬。新塘墓地位于西塘河遗址的西南隅。西塘河遗址面积广大,南至五龙桥,北至短桥,长2000余米,西起大龙江,东至龙桥镇一线。被发现前遗址内乡间田旁随处可见独木棺的残盖、棺身,或散失在村旁田边,或用作沟渠上的便桥。1973年水利工程中发现200余口古井,出土战国时代的黑衣陶罐、三乳足高颈壶、扁、豆、钵、盆、网坠、筒瓦和印纹陶罐。同时代的遗址还有苏州新庄、上海青浦寺前村和金山戚家墩等。

战国前期吴地越墓出土的器物仍然以原始瓷和印纹硬陶为主。在浙江德清已经发现了商末至战国时代烧制原始瓷的窑址,在浙江长兴也发现了同时代烧制印纹陶的窑址,证明原始瓷和印纹硬陶的产地就在越地。

战国前期越人的原始瓷制造技术水平达到了前所未有的高峰,因此在大墓中除了一般的日用器皿以外,还用成套仿青铜的原始瓷乐器来陪葬。原始瓷乐器不能用于演奏,只是陪葬用的冥器,但是这充分表现出越人对华夏礼乐文化的仰慕和越文化的华夏化倾向,正是这种对华夏文化的认同成为后来越人融入华夏的基础。

表26-7 战国前期吴地越墓表

序号	墓葬	墓葬状况	出处
1	无锡鸿山邱承墩（DⅦ）	邱承墩是已发掘的7座墓葬中最大的一座，长方形覆斗状封土东西长78.6米、南北宽50.8米、残高5.4米。竖穴土坑墓的墓室长23.6米、宽6.3米，后室长11.9米、宽3.2米、深3米，墓室中用木板隔出主室和侧室，但是没有木椁。墓道在墓的东边，长21.2米、宽3.65米。此墓早年被盗，但仍然出土了原始瓷581件、印纹硬陶134件、泥质陶337件、玉器33件、石壁2件、琉璃器33件、象牙器1件。	南京博物院等：《鸿山越墓》，文物出版社2007年
2	无锡鸿山万家坟（DⅥ）	万家坟的长方形覆斗状封土东西长42.6米、南北宽35.9米、残高3.8米。墓葬为平地起封，在平地上用木料铺成长16.68米、宽5.07米的墓床，在墓床上放置墓主尸体和随葬品后封土，然后在封土堆上挖三个斜洞至墓床，再在墓床上挖一个横洞把三个斜洞前后贯通，然后在火道中投放燃料焚烧，在墓床上形成了2.5米厚的红烧土。出土印纹硬陶300件、泥质陶219件。	
3	无锡鸿山老虎墩（DⅠ）	老虎墩的上部已被破坏，仅剩底部，覆斗状封土东西56米、南北43米。残剩墓床长8.6米、宽6.6米，墓葬构建方法与万家坟相同。出土原始瓷153件、印纹硬陶186件、泥质陶28件、玉器2件。	
4	无锡鸿山曹家坟（DⅢ）	曹家坟长8.56米、宽2.32米、深1.93米，封土墩东西长35米、南北宽26.9米、高3.5米。出土印纹硬陶68件、泥质陶23件、玉器1件。	
5	无锡鸿山杜家坟（DⅤ）	杜家坟长8.05米、宽2.44米、深1.02米，封土墩东西长42.6米、南北宽35.9米、高2.8米。出土印纹硬陶12件、泥质陶60件、铁器2件。	
6	无锡鸿山老坟墩（DⅡ）	老坟墩长4.75米、宽3.25米、深0.2米，封土墩东西长24.5米、南北宽15米、高2.5米。出土原始瓷杯5件、印纹硬陶22件、泥质陶25件。	

(续表)

序号	墓葬	墓葬状况	出处
7	无锡鸿山邹家墩（DⅣ）	邹家墩长3.88米、宽2.34米、深0.35米，封土墩东西长36.5米、南北宽23.5米、高1.7米。出土原始瓷5件、印纹硬陶22件、泥质陶14件、玉器6件、青铜环1件。	南京博物院等：《鸿山越墓》，文物出版社2007年
8	苏州长桥新塘M1	M1为T字形墓，分头厢和棺室两部分。北端有宽于墓室的头厢，长1.34米、宽0.7米、深0.62米，高出棺室底部16厘米。头厢内出土3件几何印纹硬陶罐、2件瓿、3件原始青瓷碗、5件黑衣灰陶盖。墓室长2.9米、宽1米、深0.8米。棺具保存完好，由一整段原木剖空、两头插入隔板、上合棺盖而成，长2.7米、宽0.8米、高0.78米。棺内出土弓形器、梭、匕、削、绕线板等残木器6件。	朱伟峰等：《苏州市长桥新塘战国墓地的发掘》，《考古》1994年第6期
9	苏州长桥新塘M2、M3、M4、M5、M7、M10	M3等6座墓为有头厢的长方形墓，头厢仅是墓室的延伸，头厢的底部均高于棺室底部，头厢内一般出土1、2件印纹陶器。墓室仅能容纳棺材。M3棺内右侧出土1件青铜剑，在手部位置发现2件青铜箭镞和1件弓弰。M5棺具内出土2件残木削。	
10	苏州长桥新塘M6、M8、M9	M6、M8、M9三墓为无头厢的长方形墓，棺具尚存，仅在M6内出土木剑1件。	
11	苏州长桥	1991年在长桥村又发现一座战国墓，在棺盖上放置1具丨二弦木琴。	
12	上海青浦庄泾港	1979年在青浦庄泾港的农田里清理2座战国中期竖穴土坑墓。M1墓坑东西长2.4米、南北宽1.36米、距地表深1.1米，出土印纹硬陶坛4件、陶纺轮2件及夹砂陶釜、原始瓷碗各1件。M2遭破坏严重，只出土原始瓷碗、杯各1件。	上海市文物保管委员会：《上海青浦县重固战国墓》，《考古》1988年第8期

4．战国后期吴地楚墓

楚国灭越以后在吴越地区设置了江东郡，后来又封给春申君作为领地，所以在原来吴国和越国境内所发现的战国后期墓葬就都是楚墓了。但是战国后期，楚国的重心在江淮地区，吴地只是楚国新开拓的边郡，他们并没有向这里大规模移民，既没有在史书中留下多少记载，也没有在地下留下多少遗存，所以在考古发掘中极少见到大型楚墓,而且发表的楚墓及遗址的资料也极少。

楚墓都是竖穴土坑墓或竖穴岩坑墓,大型墓葬有斜坡墓道,但是吴地最大的楚墓也就是甲字形墓。楚人对于墓地的选择并不像吴人和越人那样挑剔,山坡或平地都可以,也不选在山脊顶部。楚墓通常都朝南,但是吴越地区楚墓朝南、朝北、朝东的都有。规模较大、级别较高的楚墓棺外还有木椁,木椁用枋木垒叠,椁外用青膏泥或白膏泥密封,墓上有封土堆。浒关小真山D1M1出土了一枚铜印,印文为"上相邦鈢",发掘者据此认为该墓是春申君黄歇之墓(今河南潢川"黄国故城"旁、安徽淮南黄泥孤堆、江苏江阴君山等处均有黄歇墓),该墓旁侧的D2M1可能是他夫人的墓。

吴地楚墓的特点和江淮地区的楚墓完全一致,而和战国前期越人的土坑墓、春秋时期越人的石室土墩墓及吴人的土墩墓有明显的区别。虽然它们前后相继出现在同一地区,但是互相之间并无继承关系,这是因为春秋战国时期先后生活在环太湖地区的越人、吴人和楚人是三个文化不同的族群,他们之间相互替代置换,并不是一脉相承地发展下来的。

战国后期吴地楚墓出土的陶器以泥质灰黑陶为主,基本上没有越人和吴人常用的印纹硬陶和原始瓷。小型楚墓中常见的陶器组合是鼎、壶、盒,而战国前期越人土坑墓中常见的是印纹硬陶瓮、坛、罐,以及麻布纹小杯和种类颇多的原始瓷器。在楚墓中偶尔能见到少量印纹陶、原始瓷与楚人的灰黑陶共存的现象,这可能是先后生活在同一地点的人们遗留下来的,但是楚人的灰黑陶与越人的印纹陶、原始瓷之间也没有继承关系。楚墓出土的蹄足瘦长、方形立耳的陶鼎、高圈足陶壶与陶钫、高把陶豆、陶盒(敦)、双耳陶瓿和陶杯等都极具楚文化特色,另外楚墓中还常见陶勺、陶俑头和有"郢爰"字样的陶冥币,这些器物也都不见于战国前期的越人墓葬。

大中型楚墓常常出土青铜器,有剑、戈、弩机、箭镞等武器和鼎、壶、豆、敦、镳斗、鉴、洗、匜、勺、铜镜、车马器,但是没有出土过礼乐器,这显然是因为吴地楚墓级别较低的缘故。由于同样的原因,吴地楚墓出土的漆器也很少,只有浙江安吉五福村楚墓出土了多件漆器。虽然出土的漆器数量很少,但是和其他地区大型楚墓出土的漆器风格也完全一致,并没有吴地特色。在大型楚墓中漆器是常见的陪葬品,而在战国前期吴地的越墓中未见有漆器。战国后期吴地楚墓中出土的玉器数量也很少,无法与战国前期越人的玉器进行比较。

表 26-8 战国后期吴地楚墓表

序号	墓葬	文化内涵	出　处
1	苏州浒墅关小真山 D1M1	小真山 D1M1 是甲字形竖穴岩坑墓，墓长 6.2 米、宽 5.45 米、深 6.2 米，墓底有两条 0.8 米宽放置枕木的沟槽，墓内棺椁已朽；墓室的北部有斜坡墓道，长 11 米、宽 3.17—3.85 米，南端有一级台阶，墓口两侧各靠两把木柲铜戈；墓内夯土中有六层积石，夯土之上有馒头状土墩，土墩直径 34 米、残高 5 米。出土 26 件铜器、7 件玉石器、2 块陶"郢爰"冥币。	苏州博物馆：《真山东周墓地》，文物出版社 1999 年
2	浒墅关小真山 D2M1	小真山 D2M1 为甲字形竖穴岩坑墓，墓底南北长 3.2 米、东西宽 3.3 米、深 4.3 米；墓的北部是墓道，长 9 米、宽 1.9 米；墓坑填土经过夯打，墓上土墩直径 24 米、残高 3.5 米。出土 15 件陶器和 1 面铜镜。	
3	浒墅关小真山 D3M1	小真山 D3M1 也是竖穴岩坑墓。墓底南北长 3.53 米、东西宽 2.15 米、深 5.05 米，有二层台，墓内有一棺一椁，墓上土墩直径 18 米、残高 1.5 米。出土 11 件陶器、2 件玉器和 1 把残铁剑。	
4	浒墅关小真山 D4M2	小真山 D4M2 的墓向朝南，墓室长 2.9 米、宽 2.1 米、深 2 米，东、西、北三面有二层台。死者头南足北，身体右侧放 5 件陶瓷器，胸前放一块晶莹透亮的琉璃璧。时代为战国晚期。	苏州博物馆：《苏州真山四号墩发掘报告》，《东南文化》2001 年第 7 期
5	浒墅关小真山 D4M3	小真山 D4M3 的墓向朝北，墓壁四周涂有青灰泥，长 3.25 米、宽 2.25 米、深 3.9 米。出土 13 件陶器、1 块青白玉璧和 1 面铜镜，铜镜放在七角形漆盒内，漆盒已腐烂无法修复。时代为战国晚期。	
6	虎丘新塘千墩坟	竖穴土坑墓，墓向北偏东 10 度，深 2.8 米，葬具为独木棺，长 2.35 米、宽 0.44 米，木棺四周的青灰土经过夯实。棺前出土铜鼎 2 件，铜壶、豆、盉、匜各 1 件，黑衣陶豆 1 件。	苏州博物馆考古组：《苏州虎丘东周墓》，《文物》1981 年第 11 期
7	浒墅关华山 D15	华山 15 号墩共有 3 座战国墓，其中 D15M7 是一座竖穴岩坑墓，墓向朝南，南北长约 4 米、东西宽为 3 米、深为 2.4—2.6 米，深入基岩 1.5 米。共出土 23 件陶器、瓷器、铜器及玉器，其中一枚是刻有印章的玉带钩。	吕继东：《苏州考古史上首现这些宝贝》，《苏州日报》2011 年 3 月 18 日

(续表)

序号	墓葬	文化内涵	出处
8	江苏武进孟河	位于孟河镇南徽州山的南坡,南北向竖穴土坑墓,墓底距地表约4米。墓长2米,棺板宽1.15米、厚3厘米,棺底与四周填有4厘米厚的青灰色膏泥。出土12件铜器、1件玉璧和1件陶俑头,铜器集中放置在南端。	镇江市博物馆:《江苏武进孟河战国墓》,《考古》1984年第2期
9	无锡施墩	施墩位于锡山南麓,是一个高出地面2—4米的土丘,原是新石器时代遗址,又成为后世的墓地。M5在施墩东部,竖穴土坑墓,南北长2米、东西宽1.2—1.3米,墓向北偏西60度。出土黑陶鼎、簋、钫等共11件,陶俑头2个。	谢春祝:《无锡施墩第五号墓》,《文物参考资料》1956年第6期
10	无锡前洲	无锡前洲高溇湾1米多深的芦苇塘里出土有铭铜鉴1件、铜豆2件,以及铜匜、洗、刀、剑等,应是一座被破坏的残墓。	李零、刘雨:《楚邨陵君三器》,《文物》1980年第8期
11	上海嘉定外冈	墓葬位于冈身中部,距表深1.56米,墓宽1.2米,长度不明,墓向北偏东60度。有木椁痕迹,葬具上涂有朱砂,出土陶鼎、钫、瓿、豆、"郢爰"冥币等14件陪葬品,置于墓的北端。	黄宣佩:《上海市嘉定县外冈古墓清理》,《考古》1959年第12期
12	青浦福泉山M1	重固M1是竖穴土坑墓,墓向朝北,墓底东西长3米,南北宽1.68—1.78米,深2.72米。	上海市文物保管委员会:《上海青浦县重固战国墓》,《考古》1988年第8期
13	青浦福泉山M2	重固M2是竖穴土坑墓,墓向朝南,墓底南北长3米、东西宽1.62—1.66米,深3.2米。	
14	青浦福泉山M4	重固M4是竖穴土坑墓,墓向朝东,墓底东西长度不明,南北宽1.76米、深2.16米。	
15	青浦福泉山M88	重固M88是竖穴土坑墓,墓向朝东,墓坑口距地表深2.17米,墓坑长3.74米、宽1.46米。	周丽娟:《上海青浦福泉山发现一座战国墓》,《考古》2003年第11期

5. 苏州地区汉墓

秦王政二十五年(前222),秦将王翦平定楚国的江南地,"降越君,置会稽郡",郡治吴(今苏州),辖吴县和丹徒、钱塘、余杭、乌程、山阴等县。然而秦朝短祚,而且秦人并未向江南移民,所以在吴越地区没有发掘到属于秦文化的遗存。

第二十六章 古　迹

西汉初刘邦封刘贾为荆王,都城设在吴县,辖吴郡、鄣郡、东阳郡三郡五十三县。后来英布造反杀了荆王刘贾,刘邦平定英布之乱后以荆国故地重新立刘濞为吴王,都城设在广陵(今扬州)。汉景帝三年(前154),吴王刘濞发动叛乱。吴楚七国之乱被平定以后吴国被除,而吴县仍为会稽郡之首县。公元9年王莽建立新朝,好古复旧的王莽把吴县改名为泰德,显然是为了纪念泰伯三让之德而起的县名,但是在新莽灭亡以后又恢复了吴县的旧名。西汉时期,太湖周边和钱塘江地区皆属会稽郡,领二十四县,有223 038户、1 032 604人(《汉书·地理志》,中华书局,1962年)。东汉永建四年(129)以钱塘江为界把会稽郡一分为二,钱塘江以南仍为会稽郡,郡治山阴,有123 090户、481 196人;钱塘江以北另立吴郡,郡治吴县,领十三县,有164 164户、700 782人(《后汉书·郡国志》,中华书局,1965年)。汉代的吴郡在全国属于地广人稀的地区,但是400多年间还是留下了数量可观的墓葬。

从苏州地区汉墓的墓制和出土器物的发展序列来看,苏州地区的汉文化和其他地区的汉文化是同步发展的,并不存在质的不同,但同类器物出现的时间总是比中原要晚些,例如中原地区早就出现的陶井、陶灶之类冥器在苏州地区要到东汉时才出现,而且数量不多。苏州地区汉墓中出土的器物多半是陶器、釉陶器和铜、铁器,极少出土漆器、玉器、金器和陶楼等大型明器。苏州地区汉墓的规格等级也明显低于中原地区,不仅没有发现大型墓葬,而且连画像砖石墓也远没有中原、四川、徐州、山东甚至陕北多,迄今为止只在邻近的高淳固城、常州南郊、溧水和海宁发现过几座画像砖石墓,其所刻画的四神、羽人、方相氏、车马出行、历史故事、拜谒宴饮、舞乐百戏等画面与其他地区汉墓画像砖石上的内容并无二致,但是规模要小得多,质量也明显不如。在苏州地区也没有汉代的碑刻文字遗留下来,迄今为止只在邻近的溧阳出土了一块潘乾校官碑,现藏南京博物院。在高文先生编著的《汉碑集释》(河南大学出版社,1985年)中著录的59篇汉代碑刻题铭,只有一块三老碑出于余姚客星山,除此之外就不见有什么碑铭传世了。

汉代,生活在吴郡的人们并不都是先秦吴人、越人或楚人的后裔,而是他们和南迁的北方汉人融合而成的汉人,吴郡的汉文化也不是直接从先秦时代的吴文化、越文化或楚文化演变而来,而是中原汉文化向江南传播、替代和覆盖的结果。不过由于本地的历史渊源与文化底蕴,吴郡汉文化继承先秦楚文化的成分显然最多。

表 26-9　苏州地区汉墓表

序号	墓葬	文化内涵	出　处
1	娄葑高山墩	位于娄葑公社团结大队，南北向土坑墓，长4.25米、宽2.5米，墓底铺石板一层。墓已遭破坏，出土釉陶熏1件、原始瓷盂4件、器盖5件，印纹陶罐、瓮各1件，虎形铜镇4件和汉半两钱。年代为西汉早期。	朱薇君等：《略谈苏州汉墓》，《江苏省考古学会1982年年会论文选》
2	虎丘新庄	南北向土坑墓，出土釉陶壶4件、瓿2件、罐1件、豆1件、灰陶罐1件。年代为西汉早期。	
3	虎丘新庄徐福墓	位于新庄新村内一座土墩下，土墩直径20米、高4.5米。1984年发掘，在齐地表处发现一座竖穴土坑墓，南北长3米、东西宽2.6米，为双人合葬墓，东棺出土铁刀、剑各一，泥印章正面为"徐福"，背面为"徐中孺"，边箱、脚箱出土铜器6件、釉陶器42件，另有漆器已朽。	钱公麟：《苏州市新庄徐福墓》，《中国考古学年鉴（1985年）》，文物出版社1986年
4	浒墅关小真山D4	D4M1、D4M4、D4M5为岩穴墓。出土釉陶鼎、盒、壶、瓿等。年代为西汉早期。	苏州博物馆：《苏州真山四号墩发掘报告》，《东南文化》2001年第7期
5	天宝墩M27	位于葑门外娄葑乡团结村。墓葬位于土墩中心南侧3米深处，为竖穴土坑木椁墓。墓向北偏西45度，中间用土梁隔成两间，东室长4米、宽2.45米，西室长3米、宽1.7米。为西汉中期夫妻合葬墓，共出土铜、铁、玉、釉陶、金器64件。年代为西汉中期。	苏州博物馆：《苏州市娄葑公社团结大队天宝墩27号汉墓清理简报》，《文物资料丛刊》第9辑，文物出版社1985年
6	虎丘SXM1	长方形竖穴土坑墓，棺室内发现大片朱砂漆皮，随葬品仅铁刀1件及封泥1方，边箱和脚箱出土釉陶壶、罐、鼎、屋、灶、匜、灯、杯、勺、耳杯等30件，铜瓿、釜、匜各1件。年代为西汉中期。	苏州博物馆：《苏州虎丘乡汉墓发掘简报》，《东南文化》2003年第5期
7	天宝墩M26	竖穴土坑木椁合葬墓，墓向310度，长3米、宽2.8米。出土釉陶壶7件、瓿5件、罐1件、杯1件、麟趾金9件、星云纹铜镜1面、铜洗1件、铁器1件和五铢钱。年代为西汉中期。	

（续表）

序号	墓葬	文化内涵	出　　处
8	虎丘徐家坟	为东西长60米、南北宽50米、相对高度2米的土墩，发现7座西汉晚期墓，除M16为单室墓外，其余均为合葬墓，有异穴合葬和同穴合葬两种形式。出土器物以釉陶罐、壶、鼎、瓿、盒为主。年代为西汉晚期。	苏州博物馆：《苏州虎丘乡汉墓发掘简报》，《东南文化》2003年第5期
9	虎丘破房墩	位于虎丘乡苏站四队，发现8座汉墓、5座土坑墓，一般长3米、宽1米，均为单人葬，出土釉陶器几十件，还有玉蝉、铁剑、铜削等；3座砖室墓，其中一座为双人合葬墓，出土釉陶器10件。	朱伟峰：《苏州市"破房墩"墓地》，《中国考古学年鉴（1988年）》，文物出版社1989年
10	天宝墩M23	T字形土坑墓，南北向，墓室长2.46米、宽1.24米，头室长0.54米、宽2.46米，陪葬品放在头室中，棺中出土铜镜与五铢钱。年代为西汉晚期。	朱薇君等：《略谈苏州汉墓》，《江苏省考古学会1982年年会论文选》
11	天宝墩M22	竖穴土坑墓，南北向，出土釉陶壶、罐各1件，红陶罐1件，日光镜1面，铜印1件，石砚1套，五铢钱若干。年代为西汉晚期。	
12	长青白洋湾	竖穴土坑墓，方向45度，出土釉陶器18件、蟠螭纹铜镜1面、铜洗1件。年代为西汉晚期。	
13	娄葑三多坟	竖穴土坑墓，方向60度，出土釉陶器35件。年代为西汉晚期。	
14	浒墅关高坟	2004年发现，位于浒墅关镇南800米。墓地用黄土夯筑，为一家族墓地，发现小型竖穴土坑墓9座，共出土釉陶器40件，以壶、罐为主。	姚晨辰等：《浒墅关镇高坟西汉墓群发掘简报》，《苏州考古新发现》，古吴轩出版社2007年
15	浒墅关小真山D4	D4M6、D4M7为岩穴墓。出土釉陶弦纹盘口壶、铜带钩、铜镜和大泉五十钱。为西汉晚期至东汉初年墓。	苏州博物馆：《苏州真山四号墩发掘报告》，《东南文化》2001年第7期
16	浒墅关小真山D6、D8	D6M1—M7、D8M1共8座汉墓，出土一批汉代文物。	钱公麟等：《苏州真山墓地发掘与收获》，《苏州丝绸工学院学报》1995年第1期
17	浒墅关华山D15	华山15号墩共发现9座墓葬，其中6座为汉代墓。	吕继东：《苏州考古史上首现这些宝贝》，《苏州日报》2011年3月18日

(续表)

序号	墓葬	文化内涵	出　　处
18	工业园区冠鑫光电公司工地	土坑木椁墓,南北向,东西残长3.5米、南北残宽1.9米。出土铜壶、簋、镳斗共5件,陶罐、盒等6件。年代为西汉晚期到东汉初期。	苏州博物馆:《苏州冠鑫公司工地东汉墓的清理》,《东南文化》2003年第7期
19	吴县窑墩	窑墩位于吴县东渚万家村,为一面积400平方米、高3—6米的土墩,1980年在土墩底部发现一座木顶砖室墓,东西长3.8米,中间用砖隔成两间,残存版灰与漆皮,出土铜洗、壶、釜、甑、硬陶盘口壶、泥质陶罐等。年代为东汉早期。	张志新:《江苏吴县窑墩汉墓》,《文物》1985年第4期
20	天宝墩M24	竖穴土坑木椁合葬墓,南北向,长3.2米、宽1.7米。出土釉陶壶3件、红陶罐2件、铜镜2面、铜洗1件、铜剑1件,出土大泉五十钱和剪轮五铢钱。年代为东汉中期。	
21	觅渡桥	竖穴土坑木椁墓,墓向东,长3.44米、宽1.17米,独木棺。出土釉陶壶3件、红陶罐3件、昭明镜1件、剪轮五铢钱、漆奁及饮食器。年代为东汉中期。	
22	虎丘五队	三室砖墓,南北向,穹隆顶,前室长4.8米、宽3米,后室椭圆形,长3.5米、宽2.9米,前后室之间有棂窗与过道,棂窗下有石案、石几,耳室长1.5米、宽0.9米,墓底铺砖。出土灰陶俑3件及灯、案等。年代为东汉晚期。	朱薇君等:《略谈苏州汉墓》,《江苏省考古学会1982年年会论文选》
23	青旸墩孙坚墓	三室砖墓,前室长2.85米、宽2.73米,后室长4.1米、宽2.56米,耳室长1.34米、宽1.09米,墓向西,墓前有甬道和封门砖墙,石门楣、门框雕刻精美,可惜早期被盗,仅出土釉陶洗1件、釉陶五联罐1件、綖环五铢钱。年代为东汉晚期。	
24	虎丘新塘六队	双室砖墓,前室长3.1米、宽2.12米,后室长3.28米、宽2.42米,前后室之间有过道,墓向西,墓底铺砖。出土红陶案、耳杯、盘、罐共8件,印纹陶罐1件,铜镜1面和五铢钱。年代为东汉晚期。	
25	虎丘宋家坟	位于苏州虎丘西路附近,为一5米高的土墩,发现57座历代古墓,共计出土180多件文物,其中一座西汉墓葬出土10枚釉陶麟趾金、十几个壶、4个瓿和陶灶等器物。	姚一鹤:《虎丘宋家坟发现罕见汉唐墓葬群》,《苏州日报》2011年8月30日

(续表)

序号	墓葬	文化内涵	出处
26	黄埭高坟墩	位于黄埭镇西塘河畔古宫村,北距望虞河1500米,为一东西长36米、南北宽32米、高2.5米的覆斗形土墩。发现历代墓葬41座,其中汉墓24座;仅1座砖室墓,其余为竖穴土坑墓;单人墓多为西汉墓葬,双人墓多为东汉墓葬。出土铜弩机、铜刀、铜镜、五铢钱、铁剑、釉陶和灰陶的壶、罐、口琀、耳塞、鼻塞等器物。	杨帆:《黄埭高坟墩可能有汉代以前墓葬》,《苏州日报》2008年8月15日
27	苏州火车站职工医院工地	位于苏州市平门外,距护城河50米,西距火车站200米,北距沪宁铁路15米,在50平方米范围内发现水井11口,清理的7口水井中4口为土井,3口为陶制圈井。土井年代约在西汉中晚期,圈井年代大致在东汉早中期。	苏州博物馆:《苏州北郊汉代水井群清理简报》,《考古》1993年第3期
28	苏州古城区汉井	苏州古城区发现汉井的地点有:城东的丝绸工学院、第一轻工机械厂,城南的南门商场,城北的第二米厂、铁中、金星糖果厂、火车站、光明丝织厂、娄门金粉厂、染织二厂、苏州博物馆等。这些汉井离地表5—12米,但是井口都开在黄黏土之下3—5米。汉井用灰陶井圈叠砌成筒状,井圈高有27、42、70厘米三种,直径58—100厘米不等,井圈壁厚2厘米左右,腹部有一对孔径4厘米的渗水孔。	丁金龙:《苏州城区发现的汉井》,《江苏省考古学会1982年年会论文选》
29	昆山花桥金城	位于昆山市花桥镇西南,原残存高出地面1米左右的城基,今已不存。试掘出土全为汉代遗物,可能废于王莽时期。城南农田中有10座土墩,内有汉墓,当属同时代墓葬。	王霞:《金城遗址在第三次文物普查中的考古调查收获》,《苏州文博论丛》第1辑,文物出版社2010年

表26-10 苏州地区现存历代墓葬表

序号	墓名	地址	简介
1	仲雍墓	常熟虞山东麓	仲雍,又名虞仲,殷末周族领袖古公亶父(周太王)次子,为避位与兄泰伯奔吴,"断发纹身",立为勾吴。泰伯无子,仲雍继为吴君,殁后葬于常熟乌目山,乌目山因而改名为虞山。仲雍墓墓门在山麓下,为清乾隆年间所建,刻"敕建先贤仲雍墓门",其后为"清权祠",专祀仲雍。第二道牌坊横额"南国友恭",背刻"让国同心"。最上面的牌坊横额为"先贤虞仲墓",背刻"至德齐光",均建于乾隆年间。墓穴后有三块墓碑,居中者书"商逸民虞仲周公墓",为明代遗物。

(续表)

序号	墓名	地址	简 介
2	周章墓	常熟虞山东麓仲雍墓南侧	周章是仲雍的曾孙,周武王建立周王朝后派人来到江南寻访泰伯、仲雍后裔,得知周章已成为吴国的国君,加封他为"子"爵。
3	言子墓	常熟虞山东麓北门大街	言子,名偃,字子游,常熟人。曾到鲁国就学于孔子,勤奋好学,以文学见长,学成南归,道启东南,被尊为"南方夫子"。言子墓初建于西汉,经历代修建,乃有今日之规模。
4	孙武墓	苏州相城区元和镇阳澄湖西路南	孙武亦称孙子,著有《孙子兵法》。孙武终老吴地,《越绝书》记载,吴城"巫门外大冢,吴王客齐孙武冢也,去县十里"。民国时期编纂的《吴县志》引《吴地记》说:平门"西北二里,有吴偏将军孙武坟,地名雍仓"。1800年孙武后裔孙星衍曾来此寻访先人坟茔,认定"雍仓"为今相城区元和镇文陵孙家门村。现因房地产开发,又西迁至文徵明墓附近。
5	二妃墓	苏州吴中区太湖国家旅游度假区教场山	教场山相传是孙武"吴宫教战"、斩杀阖闾二妃的地方。1997年立"孙武演兵场遗址"碑。在教场山南麓小横山的东侧有"二妃墓",附近村中原有"二妃庙",1957年扩建小学时拆毁。今于"二妃墓""二妃庙"分别立碑保护。
6	伍子胥墓	木渎胥口香山嘴东	原为伍子胥衣冠冢,1985年吴县文管会重修,以黄石堆筑圆形墓冢,墓碑隶书"吴故伍相国鸱夷藏处"。
7	诸稽郢墓	吴中区西山镇秉汇村	诸稽郢,春秋时越国名臣。墓始建年代不详,清光绪十一年(1885)甪头巡检暴式昭重修墓地,俞樾书墓碣"越大夫诸稽郢之墓"。
8	孙坚、孙策墓	苏州南门外青旸地	孙坚、孙策墓位于苏州南门外青旸地染丝厂院内。据宋人著《孙王墓记》载,此墓在宋代已被盗,抗战期间又遭日本人盗掘。原为长宽各约50米、高5米的土墩,1981年苏州博物馆对其清理后平毁,现已辟为居民小区。发掘出东汉晚期墓3座,其中一座较大,东西向,有前后两室,前室右侧有一耳室,中间隔墙有青石窗棂,右侧有门通后室;墓室前有甬道、石门,门楣上均雕刻青龙、白虎和羽人画像,前室置有石供案,出土釉陶五联罐等遗物,现存苏州博物馆。

(续表)

序号	墓名	地址	简介
9	顾雍墓	藏书镇小王山李根源墓旁	1928年李根源在小王山南麓草丛中得碑一方,上有三行字:"汉驰义侯顾氏迁吴始祖贵、吴丞相封醴陵侯顾雍、梁建安令赠侯爵顾之墓",落款为"嘉庆丙子岁",碑后还有3座墓冢,遂加修缮保护,并于崖上镌刻"吴丞相顾公雍葬此"字样。1986年顾毓秀先生再次到小王山寻祖扫墓,亲书碑文,在墓前加立墓碑两块。
10	阚泽墓	西山镇凤凰山禹期峰下文化寺前	阚泽,字德润,三国东吴会稽山阴(今浙江绍兴)人,官至中书令、侍中、太子太傅。后隐居洞庭西山,西山的文化寺及盘龙寺相传均为阚泽旧宅改建而成。清光绪十一年(1885)暴式昭恢复墓地,俞樾补题"吴太傅阚泽墓"。墓在20世纪60年代因堆置废土而被埋没,仅余墓碑露出少许。
11	狮子山西晋墓群	苏州狮子山东麓	1976年吴县文管会在南北100米的山坡上清理了4座砖室墓,每座墓都有100平方米、高2米的封土堆。出土126件文物,以青瓷器为主。墓砖上有元康二年、三年、五年字样。据砖铭考证,墓主为傅氏家族。
12	何山西晋墓	苏州何山西南麓	1980年在东晋墓西50米处发现一座西晋墓,出土遗物22件,主要是青瓷器。
13	何山东晋墓	苏州何山西南麓	1978年南京博物院清理一座单室穹隆顶砖室墓,出土文物36件,其中33件为青瓷器。
14	东晋张氏墓群	吴中区甪直张陵山	20世纪70年代在甪直张陵山先后发掘清理5座不同形制的砖室墓,据砖铭和墓志可知属东晋张氏墓葬。墓均早年被盗,出土遗物以青瓷器为主。
15	平门古墓群	苏州平门西老城墙内	1975至1976年在平门以西600—1250米的老城墙土层内共清理出东吴墓2座、东晋墓1座、西晋墓28座、南朝墓1座、唐墓2座,有土坑墓和砖室墓,共出土遗物125件及唐代墓志两方。
16	顾野王墓	吴中区越溪苏州职业大学校园内	顾野王(519—581)字希冯,吴县梓里人。南朝梁陈时期的文字训诂学家,传世之作《玉篇》30卷是继许慎《说文解字》后的一部重要字典。顾曾舍家建寺,故居即今光福镇铜观音寺。墓上有五块巨石,其中一块传为陨石,故其墓又称"落星坟"。

(续表)

序号	墓名	地址	简介
17	陆龟蒙墓	吴中区甪直镇保圣寺西院	陆龟蒙(？—881)字鲁望,长洲人。唐代文学家。墓前有斗鸭池、清风亭等景点。1986年吴县文管会重修。
18	真娘墓	苏州虎丘石道右侧	真娘又名贞娘,本名胡瑞珍,唐代苏州名妓,自尽离世后,书生王荫祥为其建墓。墓在苏州虎丘断梁殿外,依岩建亭,东砌砖墙,嵌一大一小青石碑刻两方,小碑为清康熙年间张潮山手迹,大碑为陈铁坡重建。乾隆十年(1745),陈铁坡在一座祠堂前寻到真娘墓碑的残片,葬碑为坟,重修其墓,覆以小亭,作《重修真娘墓记》。
19	钱元璙墓	木渎镇七子山九龙坞	钱元璙(887—942)为五代十国时期吴越国广陵郡王,与其子钱文奉统治苏州60多年,死后葬于此地。1979年发现并由苏州博物馆清理,全长14.34米,券顶砖室墓,分为前、中、后三室,出土青瓷金扣碗等100余件。
20	范坟	吴中区木渎天平山	天平山下的范坟是范仲淹的祖坟,有范仲淹高祖的"唐丽水县丞范隋墓"和范仲淹曾祖、祖父、父亲的"宋代三太师墓"。范仲淹本人死后葬于洛阳,天平山下建有范文正公祠,祠前有新建的"先忧后乐"石坊。
21	秦仪墓	西山镇缥缈峰南飞仙山麓秦家堡	秦仪(1229—1273),宋代著名词人秦观(字少游)八世孙。19岁即中进士,授翰林院编修。后尚理宗之女娥明公主,授驸马都尉及金书铁券。故宅在西山秦家堡,40岁后与娥明公主在西山居住。墓地约10亩,封土高3米,周长40米,南面有青石墓碑和祭台,当地人俗称王坟。墓碑为清康熙四十二年(1703)重立,刻有"故宋翰林驸马都尉元德秦公、娥明公主"。1986年被列为县级文物保护单位,2008年由金庭镇人民政府重修。
22	四高僧墓	常熟北门外虞山兴福寺路	唐代怀述、常达,后梁彦冉,宋代晤思四位高僧的墓地。
23	胡献卿夫妇墓	苏州虎丘新塘村	1976年在虎丘砖瓦厂发现,经清理为浇浆土坑合葬墓,墓主胡献卿(987—1062),宋大中祥符八年(1015)进士,在真宗、仁宗两朝多为幕僚之职。出土墓志和多件遗物。
24	郏亶墓	太仓市城厢镇人民公园内	郏亶(1038—1103),宋嘉祐二年(1057)进士,官至司农寺丞,著名水利学家。墓前原有神道、石马、专祠,屡废屡修,今存土墓和石碑一块。

(续表)

序号	墓名	地址	简介
25	韩世忠墓	吴中区木渎镇灵岩山西南麓	韩世忠(1089—1151)字良臣,陕西绥德人,宋代抗金名将,官至京东淮东宣抚处置使、枢密使,死后追封"蕲王",葬于灵岩山西南麓。
26	陈妃水冢	昆山锦溪镇南五保湖中	南宋孝宗时金兵入侵,孝宗携眷南迁临安,途中陈妃病殁,于湖中立冢而葬。
27	刘过墓	昆山亭林公园内	刘过(1154—1206)字改之,号龙洲道人,太和(今属江西)人。南宋词人、诗人,客死昆山。"文革"中墓被削平,1983年按原墓基修复,重刻"庐陵处士刘龙洲先生之墓"墓表。
28	魏了翁墓	苏州枫桥镇高景山金盆坞	魏了翁(1178—1237)字华父,号鹤山,邛州浦江(今属四川)人。南宋著名学者,曾任兵部郎中、工部侍郎、礼部尚书、浙东安抚使等职。在甫里(今甪直)筑有别业,卒葬苏州。原墓规模宏伟,有神道碑、石牌坊、墓庐等建筑,后湮没。1984年在墓址发现墓志,遂复现。
29	印应雷墓	常熟练塘镇建华村偃泾塘畔	印应雷(?—1273)字德豫,静海人,迁居常熟。南宋嘉熙二年(1238)进士,官至权理兵部侍郎、两淮安抚制置使。
30	高定子、高斯道墓	吴中区西山镇包山坞包山寺内	高定子(1177—1247)字瞻叔,四川邛州蒲邱人。博通六经。南宋嘉泰二年(1202)举进士第,官至资政殿大学士,签书枢密院事,兼参知政事,封成国公,后退居西山。高斯道(1207—1273),高定子之子,官至朝议大夫。高定子和高斯道墓位于包山寺大殿后,两墓相距约20米。1925年高定子墓被盗,出土金鱼、玉人、水晶印等物。吴颖芝先生入山查勘,复发现高斯道墓穴,得宋度宗咸淳九年(1273)《高斯道圹志》,取出嵌之于包山寺大云堂壁间,1970年拆毁大云堂时佚。当年吴中保墓会为两墓重树新碣,墓前有吴中保墓会吴荫培立的墓碑。
31	吕师孟夫妇墓	苏州虎丘南	1959年于虎丘南500米处发现,竖穴双室砖墓。墓主吕师孟(1234—1304),字养浩,号浩叟,霍邱(今属安徽)人,官至淮东道宣慰副使。出土墓志两方,各类文物55件。
32	黄公望墓	常熟虞山北麓小石洞附近	黄公望(1269—1354)字子久,号一峰、大痴道人等,元代画家。本姓陆,名坚,常熟人;出继永嘉(今浙江温州)黄氏为义子,因改姓名。擅画山水,得赵孟頫指授,宗法董源、巨然,气势秀雄,笔简而神完,自成一家。与吴镇、倪瓒、王蒙合称"元四家"。传世作品有《富春山居》《天池石壁》《九峰雪霁》等。

(续表)

序号	墓名	地址	简介
33	张士诚父母墓	苏州盘门外朱公桥东	封土高3.8米,墓园面积210平方米,俗称太妃坟或娘娘坟。1964年苏州博物馆对其进行清理,出土文物120余件。
34	张士诚墓	苏州斜塘镇盛墩村	张士诚(1321—1367),小名九四,泰州白驹场(今大丰县)人。元至正十三年(1353)率苦役、盐丁万余人起义反元,十六年(1356)占领平江府建都称王,二十七年(1367)朱元璋攻占平江府,张士诚被俘,后解至南京被杀。墓前原有墓碑和张王庙,今已无存。
35	琼姬墩	苏州斜塘镇盛墩村	为一高5米的馒头状土墩,一说为吴王夫差之女琼姬墓,一说为元末吴王张士诚之女琼姬墓。1984年在墩的东南坡发现一座砖石结构双室宋墓,出土墓志、铜镜、发簪、影青粉盒等物。
36	俞士悦家族墓	苏州三元新村	1985年建设三元新村时在占地200余平方米、俗称"俞大坟"的土墩下发现俞士悦家族10座墓葬。俞士悦(1387—1468)字仕朝,长洲人,明永乐进士,官至刑部尚书、太子太保。该墓原有石翁仲、石兽、墓碑、神道等均已废毁,墓葬经苏州博物馆清理,出土11方墓志和少量文物。
37	蒯祥墓	吴中区香山渔帆村	蒯祥(1397—1481),江苏吴县人。父蒯富被明王朝选入京师,当了总管建筑皇宫的"木工首"。蒯富退休后蒯祥继承父业出任"木工首",后任工部侍郎。曾参加或主持过北京皇宫和陵寝等工程。
38	沈周墓	苏州相城区沈周村楪家圩	沈周(1427—1509)字启南,号石田,长洲(今苏州)相城人。吴门画派代表人物之一,擅长山水,兼工花鸟,与弟子文徵明、唐寅、仇英合称"明四家"。墓园占地5亩,四周有小河围绕和青石罗城,碑亭内有王鏊书《沈隐士石田先生墓志铭》。
39	唐寅墓	苏州解放西路西环路口	唐寅(1470—1524),字伯虎,号六如居士。明弘治十一年(1498)赴南京乡试,中解元。次年进京会试,受江阴举人徐经贿赂案牵连被下诏狱。中年后以卖画为生,与沈周、文徵明、仇英齐名,被后人称作"明四家",晚年生活凄苦。
40	王鈇墓	常熟西门外烧香浜	王鈇(1514—1555)字德威,号苍野,浙江东阳人。明嘉靖进士,授常熟知县。时倭寇为患,王鈇募集民兵,并集资修筑城墙,多次率兵击退倭寇,嘉靖三十四年(1555)在追击倭寇时遭伏击身亡。

（续表）

序号	墓名	地址	简介
41	文徵明墓	苏州相城区元和镇阳澄湖西路文陵村	文徵明(1470—1559)，原名壁，字徵明。明代画家、书法家、文学家。长洲(今苏州)人，官至翰林待诏。在诗文上与祝允明、唐寅、徐真卿并称"吴中四才子"，在画史上与沈周、唐寅、仇英合称"吴门四家"。墓地占地一亩多，原有照池、神道、碑石等均毁，1984年重修。
42	归有光墓	昆山震川西路23号内	归有光(1507—1571)字熙甫，人称震川先生。昆山人，明嘉靖进士，著名散文家，抗倭英雄。墓地方圆5亩多，东冢为其高祖南隐公暨配俞氏之墓，西冢为归有光暨配魏氏、王氏之墓，曾孙归庄墓附葬在西冢之次。墓穴用水泥浇成圆顶，并立"明太仆寺丞归震川先生墓碑"，墓左建有御倭亭，纪念归有光嘉靖年间入城御倭的功绩。"文革"期间墓被毁，1989年修复。
43	王锡爵墓	苏州枫桥路东风桥北	王锡爵(1534—1610)字元驭，号荆石，太仓人。明嘉靖会元、榜眼，官至礼部尚书兼文渊阁大学士，改史部尚书。其墓1966年经苏州博物馆发掘，为竖井式券顶双室砖墓，四周浇浆45—90厘米，出土墓志铭和161件文物。
44	徐学谟墓	吴中区光福镇潭东弹山南麓上天井村	徐学谟，嘉定人，生卒年不详，明嘉靖年间进士，官至礼部尚书。墓上石刻无存，唯墓穴尚存。
45	董份墓	吴中区光福镇青芝山北麓	董份，吴县人，生卒年不详，明嘉靖年间进士，官至礼部尚书兼翰林学士。墓尚在，墓前石碑、石兽无存。
46	章涣墓	苏州枫桥镇章家山	章涣字懋宪，吴县人，生卒年不详，明嘉靖年间进士，官至右副都御史。墓园占地1亩，原有翁仲、石马、石虎、石羊各一对，"文革"中被毁殆尽。
47	王鏊墓	吴中区东山镇陆巷村梁家山西麓	王鏊(1449—1524)字济之，号守溪、拙叟，人称震泽先生。吴县东山人，明成化年间解元、会元、探花，官至户部尚书、武英殿大学士。墓前神道原有翁仲、石兽、牌坊、石亭，石牌坊镌刻唐伯虎书对联"海内文章第一，山中宰相无双"。"文革"中墓被毁，仅剩少量石构件。
48	毛珵墓	吴中区藏书镇天池山坞	毛珵字贞甫，生卒年不详，明成化进士，官至南京右副都御史。墓前原有神道、石龟、石马、翁仲、石坊，墓的四周有青石罗城。

457

(续表)

序号	墓名	地址	简 介
49	顾鼎臣墓	吴中区光福潭山南	墓园占地百余亩,原有翁仲、石兽均已不存。墓碑现置东大街无梁殿碑廊内。
50	瞿景淳墓	常熟虞山锦峰山麓赵家浜	瞿景淳(1507—1569)字师道,明礼部左侍郎兼翰林院学士,《永乐大典》总校。
51	申时行墓	苏州横塘吴山东麓周家桥西	申时行(1535—1614),字汝默,明嘉靖四十一年(1562)状元,官至礼部尚书兼大学士。
52	顾大章墓	常熟古里镇军敦村	顾大章(1576—1625)字伯钦,号尘客。明万历三十五年(1607)进士。墓址久湮,仅存墓碑、石兽、牌坊柱。
53	周顺昌墓	苏州阊门外白莲桥浜	周顺昌(1584—1626)字景文,吴县人。明万历进士,历任福州推官、吏部稽勋主事、文选员外郎等职。东林党名士,被魏忠贤迫害致死。
54	缪希雍墓	常熟虞山中山南路舜过井	缪希雍(1546—1627)字仲淳,号慕台,常熟人。明代医学家,著有《本草经疏》《本草单方》等。
55	严天池墓	常熟虞山镇洙泾村下斜桥姚家甸	严天池(1547—1625)名澂,字道澈,官至邵武知府。明代古琴家,开创虞山琴派,著有《松弦馆琴谱》。
56	五人墓	苏州阊门外山塘街775号	明代晚期颜佩韦、杨念如、沈扬、马杰、周文元等五位苏州市民在反对魏忠贤斗争中殉难。当地人士感五人之义,将他们合葬于虎丘之侧,题称"五人之墓"。复社张溥为之作《五人墓碑记》。
57	葛贤墓	苏州阊门外山塘街775号	明万历二十九年(1601),神宗派太监孙隆到苏州增税。葛贤(1568—1630)率领广大工人进行抗税斗争,后遭官府镇压,被关押13年。死后葬于五人墓西。
58	董其昌墓	吴中区渔洋山	董其昌(1555—1636)字玄宰,号思白、香光居士。松江府华亭(今上海松江)人。万历进士,授翰林院编修,天启时累官南京礼部尚书。书画俱佳,书坛画苑有"南董北米"之称。
59	金圣叹墓	吴中区藏书镇五峰山博士岭西山坞	金圣叹(1608—1661),苏州人,明诸生。著名文学批评家,评点"六才子书"为主,次为唐诗。入清后因"哭庙案"被杀。墓在抗战期间被日军破坏,1959年重修。

（续表）

序号	墓名	地址	简 介
60	文震孟墓	藏书镇天池山北竺坞	文震孟为文徵明曾孙,墓地仅剩墓坊残柱三根。
61	钱谦益、柳如是墓	常熟虞山西门外拂水岩下花园浜	钱谦益(1582—1664)字受之,号牧斋。明万历进士,官礼部侍郎,后降清。为明末清初著名文学家、藏书家。柳如是(1618—1664),吴江人,原名杨爱,字如是,号河东君,秦淮名妓、江南才女,明末适钱谦益。支持反清复明活动,有巾帼豪杰之誉。
62	瞿式耜墓	常熟虞山剑门西面山顶牛窝潭	瞿式耜(1590—1650)字起田,常熟人。明万历年进士。崇祯年间任右佥都御史巡抚广西。清兵入广西,桂王奔登州,瞿留守桂林抗击清兵,城破被捕,从容就义。
63	黄元会夫妇墓	太仓娄东乡东郊镇	1984年发现并清理。黄元会,明万历进士,历任工部都水司主事、南昌知府、按察副使、提学副使、山东布政司参政、江西按察使等职。出土文物多件。
64	冯班墓	常熟虞山南麓小山台下	冯班(1602—1671)字定远,号钝吟,明末清初著名诗人,为钱谦益及门子弟,"虞山诗派"传人之一。墓在虞山之麓,仲雍墓道前侧,原景道堂之后,曾被定为省级文物保护单位。现仅存乾隆年所建"高山仰止"石坊一座。
65	吴梅村墓	吴中区光福镇石壁永慧寺后	吴伟业(1609—1672)字骏公,号梅村,世居昆山,祖父始迁太仓,崇祯进士。明末清初著名诗人,为娄东诗派开创者,与钱谦益、龚鼎孳并称"江左三大家"。长于七言歌行,自成一体,后人称之为"梅村体"。
66	王锡阐墓	吴江震泽镇震泽中学东侧	王锡阐(1628—1682)字寅旭,号晓庵,吴江人。通晓天文历法,所著《晓庵新法》提出了精确计算日、月的方法,并首创计算金星、水星凌日的方法。今修有王锡阐纪念馆,包括王锡阐墓及祠。
67	顾炎武墓	昆山千灯镇	顾炎武(1613—1682)字宁人,昆山人。明清之际杰出思想家,著有《日知录》《天下郡国利病书》《亭林诗文集》等。
68	徐乾学墓	吴中区光福镇凤冈峰	徐乾学(1631—1694),字原一,号健庵。昆山人,顾炎武外甥。康熙九年(1670)探花。二弟徐秉义为康熙十二年(1673)探花,三弟徐元文为顺治十六年(1659)状元,人称"昆山三徐","兄弟三鼎甲"。
	徐秉义墓	吴中区藏书镇五峰山博士坞	

(续表)

序号	墓名	地址	简介
69	徐枋墓	吴中区光福镇香雪村珍珠坞	徐枋(1622—1694)字昭法,号俟斋,长洲(今苏州)人,崇祯时举人。工草书,善画山水,诗名重江南。
70	王翚墓	常熟虞山西麓程家桥南	王翚(1632—1717)字石谷,号耕烟散人、剑门樵客、乌目山人、清晖老人等,常熟人。著名画家,与王时敏、王鉴、王原祁被并称为"四王",加上吴历、恽寿平合称"清初六家"或"四王吴恽"。
71	张永夫墓	吴中区灵岩山寺下院东侧	张锡祚(1672—1724)字永夫,清初诗人,与盛青嵝、黄子云、沈盘同称"灵岩四诗人"。生活贫苦,为人高洁,诗才横溢,毕生作诗500余首,编为《锄茅集》。墓地约300平方米,坐北面南,封土底径4米、高0.8米,1957年重修。
72	杨晋墓	常熟虞山北麓玉蟹泉下	杨晋(1644—1728)字子鹤,号西亭。清初著名画家,王石谷入室弟子,工山水花鸟,尤善画牛。
73	惠栋墓	吴中区光福镇倪巷村土桥头	惠栋(1697—1758)字定宇,号松崖,吴县东渚人。清代著名经学家,被誉为东南经师第一。墓前有盘槐、松柏、立柱,墓碑为李根源书刻。
74	徐灵胎墓	吴江八圻镇凌益村	徐灵胎(1693—1771),原名大椿,更名大业,后以字行,吴江松陵人。著名医学家,工文辞,晓音律、水利诸学,著有《难经经释》《医学源流论》《伤寒类方》等医书。墓葬在"文革"中遭到破坏,1984年重修。
75	蒋元枢墓	常熟北门外虞山北路三峰街	蒋元枢(1738—1781)字仲升,号香岩,常熟人。清乾隆二十四年(1759)举人,官至台湾知府,兼任学政。所建燕园为江南著名园林。
76	钱处士墓	苏州虎丘山西麓	钱处士名近仁,清乾隆时人,以皮匠为业,热心办学,人称补履先生。墓前有乾隆五十七年(1792)所立椭圆形石碣。
77	冯桂芬墓	吴中区藏书镇天池山北竹坞鸡窠岭	冯桂芬(1809—1874),苏州人,清道光年间进士,授翰林院编修,官至右中允,洋务运动时期政论家。墓前原有石阶、拜坛、石坊均已不存。
78	翁同爵墓	常熟虞山兴福寺破龙涧北山麓	翁同爵(1814—1877)字侠君,号玉甫,翁心存次子,官至湖北巡抚、湖广总督。

(续表)

序号	墓名	地址	简 介
79	毕沅墓	吴中区木渎镇天平祥里村	毕沅(1730—1797)字纕蘅,自号灵岩山人,太仓人,乾隆状元,授修撰,历任陕西、河南、山东巡抚,官至湖广总督。其墓于1969年被破坏,1970年南京博物院对其进行发掘,出土文物110件。
80	翁咸封墓	常熟虞山北麓秦坡涧下顶山单家弄西	翁咸封(1750—1810)字子晋,号潜虚,翁心存之父。清乾隆举人,选海州学正。
81	虚谷上人墓	吴中区太湖镇石壁山西麓	虚谷上人(1824—1896),安徽歙县人,清海上画派画家之一。
82	翁同龢墓	常熟西门外虞山鹁鸽峰下	翁同龢(1830—1904)字叔平,号声甫,常熟人。清咸丰六年(1856)状元,官至工部、户部尚书及军机大臣等。为同治、光绪两朝帝师。该墓地为其家族墓地,有其父翁心存、其兄翁同书墓。
83	潘祖年家族墓	苏州盘门外解放新村内	潘祖年(1870—1925)字西园,号仲午。苏州状元潘世恩之孙,大收藏家潘祖荫之弟,授兵部候补郎中。2000年在苏州城西南盘门外解放新村土墩内发现4座石灰浇浆墓,出土翡翠、琥珀、玉、鎏金物件等十余件。为潘祖年和母亲、前妻、继室的墓葬。
84	张应春烈士墓	吴江北厍镇黎星村	张应春(1901—1927),女,别号秋石,吴江黎里葫芦兜村(今属北厍)人。1925年任国民党江苏省党部妇女部长,同年加入共产党,1926年任中共江浙区委妇女委员,1927年"四一二"政变时被杀害。墓地面积7 030平方米,墓碑由于右任题词。
85	陈去病墓	苏州虎丘二山门西北	陈去病(1874—1933)字佩忍,号巢南、垂虹亭长,吴江人,近代诗人,南社创始人之一。早年追随孙中山先生,宣传革命不遗余力。在辛亥革命和讨伐袁世凯的护法运动中作出了重要贡献。1935年从同里迁墓于此。
86	曾朴墓	常熟虞山宝岩湾大鹏山	曾朴(1872—1935),近代文学家、翻译家,著有《孽海花》等小说。
87	二义士墓	常熟北门外虞山四高僧墓墙外	义士祝三山(1911—1936)和刘耀东(1913—1936)因救火而殉难,常熟民众集会公祭并立碑纪念。

(续表)

序号	墓名	地址	简介
88	章钰墓	苏州横塘梅湾村	章钰,苏州新式学堂的创始人之一,著名校勘学家。1937年病逝于北平,后归葬苏州祖茔。
89	姚承祖墓	吴中区蒯祥墓内	姚承祖(1866—1939),吴县人,建筑大师。1997年迁葬于此。
90	赵石墓	常熟西门口虞山麓	赵石(1874—1940)字石农,号古泥,近代书法篆刻家。
91	瞿启甲墓	常熟古里镇钱仓村	瞿启甲(1873—1940)字良士,近代藏书家,铁琴铜剑楼第四代主人。
92	张鸿墓	常熟虞山北麓兴福寺西罗汉桥畔	张鸿(1867—1941)字隐南,号橘隐、燕谷老人。清光绪进士,历任户部主事,驻日本、朝鲜领事。
93	李根源墓	吴中区藏书镇小王山	李根源(1879—1965)字印泉,号曲石,别署高黎贡山人,云南腾冲人。武昌起义后与蔡锷等发动新军响应,成立大汉军政府,任军政总长兼参议院院长等,后参加"二次革命"和"护法"斗争等。1923年因反对曹锟贿选总统退出政坛,隐居吴中。1949年后历任西南军政委员会委员、全国政协委员等职。1965年病逝于北京,骨灰安葬于藏书镇小王山。今小王山辟有李根源纪念馆。
94	叶圣陶墓	吴中区角直保圣寺西院	叶圣陶(1894—1988)名绍钧,苏州人。著名作家、教育家、出版家和社会活动家。苏州角直古镇保圣寺西院是他曾经执教和生活过的地方,现已辟为叶圣陶纪念馆,至今仍保存着女子楼、鸳鸯厅、生生农场等。
95	英雄冢	吴中区藏书镇善人桥马岗山麓	墓内埋葬国民革命军19路军"一·二八"抗日阵亡的78名将士。
96	苏州烈士陵园	苏州横塘镇横山	位于横塘镇横山西麓,始建于1956年,2000年改建,占地140.5亩,建筑面积1 838平方米,绿化面积7万多平方米。
97	昆山烈士陵园	昆山亭林公园马鞍山东麓	1956年中共昆山县委、县人民委员会将全县六处烈士墓迁移至马鞍山,新建烈士陵园。1988年重新进行整修。陵园占地面积近2.5亩。南侧设有革命烈士事迹陈列馆。
98	吴县烈士陵园	吴中区光福镇卧龙山南麓	原为吴县烈士陵园,1959年建成,1999年9月重建,占地面积17 468平方米。

（续表）

序号	墓名	地址	简　介
99	太仓烈士陵园	太仓双凤镇北盐铁塘东侧	始建于1982年,原址位于太仓城厢镇上海东路。2003年搬迁至此,占地面积30余亩。
100	常熟烈士陵园	常熟虞山北麓桃源涧	位于常熟市虞山北麓,1984年3月奠基建造,1988年清明节正式开放。陵园占地50余亩。
101	张家港烈士陵园	张家港金港镇香山东麓陈家湾	占地39亩,1992年4月建成。

三、摩崖石刻与历代碑碣

苏州山清水秀、人文荟萃,历代文人墨客、骚人雅士游历期间,留下了难以计数的墨宝遗迹。虽然世事沧桑,但是这些散落在林间崖壁、残垣断墙的题字刻石还是给后人留下了一份珍贵的人文景观与历史遗产。同时,保存于各地的历代碑碣不仅有许多书刻珍品,极具鉴赏价值,而且留下了重要的历史文化信息,具有宝贵的学术研究价值。

表26-11　苏州摩崖石刻表

序号	名称	地址	内　容
1	虎丘山摩崖石刻	苏州虎丘山	主要分布在剑池崖壁、千人石上、第三泉边、白莲池畔。有唐颜真卿楷书"虎丘剑池",唐李阳冰篆书"生公讲坛",宋米芾行楷"风壑云泉",宋吕升卿书"憨憨泉",元周伯琦篆书"剑池",明胡瓒宗篆书"千人坐",清范承勋楷书"铁华岩",芝南书"第三泉"等几十处,其中宋人题刻就有20多处。
2	寒山摩崖石刻	吴中区枫桥镇支硎山南寒山	明万历年间高士赵宧光买山葬父,遂隐居于此,筑寒山别业。清乾隆南巡,筑行宫驻跸于此,题诗30余首。现存摩崖石刻17处,有赵宧光篆书"千尺雪",王穉登行书赵含玄诗句"奔泉静注千寻壑,飞瀑晴回万仞峰",及"蹑青冥""瑶席""蝴蝶寝""芙蓉""凌波栈"等题名,清代刻有《寒山千尺雪长句》和《游寒山即景二首》等。

(续表)

序号	名称	地址	内容
3	观山摩崖石刻	吴中区浒关镇观山	分布在观山东南崖壁上,多为明清以来题景之作,有"仙人洞""来鹤峰""积翠峰"等19处题刻。
4	大石山石刻	虎丘区通安镇阳山北麓大石山	山上原有云泉庵,现已不存。山下有两泓清泉,一曰云泉,一曰钵盂泉,附近崖上有许多明代以来的文人题刻,如"毓秀岩""仙桥""仙坪""一线天""夕照岩""石龙""石观音"等。
5	小王山摩崖题刻	吴中区藏书镇穹窿山东小王山	1927年李根源在此买山葬母,建阙茔村舍,庐墓十年。期间章太炎、蔡锷、于右任、李烈钧、黎元洪、章士钊、张大千、谭延闿、沈钧儒等要人纷纷来访,留下大量题咏,摹刻于山崖。虽经"文革"破坏,现仍存130余方之多,如章太炎篆书"听松""霁月",于右任行书"松海""与穹窿不朽",黎元洪楷书"克绰永福",谭延闿题词"珊瑚秘灵",李烈钧题词"幽岩耸翠"等。
6	华山摩崖石刻	吴中区藏书镇天池山东麓华山	沿山道上山,沿路有几十处题字:"华山鸟道""撞山""隔凡""出尘崖""宿坠""凌风栈""天洞""倒梯""三转坡""百步濺湲""铁壁关""龙虎关""穿云栈""息坡""邀月台""福地""佛光普照""莲花洞"等,还有不少刻有"龟头""蛇头""落帽""夜叉""菩萨面""磨砣""且坐""石床""菩萨岩"等字样的象形石。半山有元代雕刻的大接引佛,高8米余,可惜"文革"中被炸成四块,今已修复。
7	林屋洞摩崖题刻	吴中区西山镇林屋山	石刻主要分布在林屋洞口和洞外山上。洞口旁有篆书"林屋古洞"、楷书"天下第九洞天""仙府",清俞樾题篆书"灵威丈人得大禹治水素书处",旸谷洞口有宋范成大弟兄的游洞题记和李弥大书《无碍居士道隐园记》,明胡瓒宗书"旸谷洞",清暴式昭的游洞五言诗等。
8	蟠螭山摩崖石刻	吴中区光福镇东太湖边	蟠螭山俗称石壁山,明嘉靖年间筑有石壁精舍,即永慧禅寺,为憨山大师结茅之地。寺内壁上嵌有明王穉登隶书《石壁轩》和清慈鹤撰并书《重建蟠螭山石壁记有序》等碑记。寺旁山石上有许多名人题刻,如李根源、黄葆戉合题"憨山胜迹",孙光庭题"蟠螭精英",于右任题"曲石台""尊生泉""饮绿"等。

(续表)

序号	名称	地址	内容
9	石公山石刻	吴中区西山镇石公山	在归云洞洞口有明代严澂行草"归云洞"三字,洞内有清代王梁题刻"夕光洞"和秦敏树的题诗《石公八咏》。石梯的陡壁上有"云梯"两字,也为严澂所书。断山亭下的陡壁上还有不少清代文人题刻。
10	香雪海石刻	吴中区光福香雪海景区	光福香雪海是赏梅最佳处,有摩崖石刻十余方。清初江苏巡抚、著名诗人宋荦有感于花光如雪,流溢似海,遂题名"香雪海",刻于岩崖,从此"香雪海"名动天下。
11	回溪摩崖石刻	吴中区七子山南麓松毛坞	清乾隆时名医徐大椿晚年隐居于此,留有石刻28方,有"古画眉泉""不信在人间""仙境""云壑""人静泉清""上池琼液""悬崖滴乳""活水源头""满饮上池""我爱其清""可以濯我心""枕流""幽栖""云霞沧影""妙境依空""波撼云泉""环翠""活泼之地""楼迟空登""吴江徐犧开山建亭""迹留千古""小匡庐""人地相宜""华滴春山""涤烦""种树虹桥,何堂品泉""别有天"等。
12	虞山东麓石刻	常熟虞山东麓	虞山东南麓今书台公园内从仲雍墓东小山台至石梅雅集亭沿山坡有清代至民国的石刻13处,题名有"山辉川媚""蒙泉""松风水月""适可""磊壁""舞袖""初平石"等,书者多为本邑名士。
13	桃源涧石刻	常熟虞山北坡	桃源涧在常熟虞山北麓,上部涧身狭长,涧底大石平铺,大雨后水流急泻直下,形如一柄宝剑,寒光闪闪。涧中突兀的盘形大石上刻有"桃源涧"三字,为清光绪年间稷山居士陶睿宣所书。石壁上还有"古月寒泉""飞寒"等7处题刻。
14	石屋涧石刻	常熟虞山维摩寺后山	石屋涧位于桃源涧西北维摩寺后山腰,长十余米,两旁巨石叠垒形如石屋,上有"云际幽月"四个大字和晚清吴树芬所题四言诗一首。
15	巫相岗和龙门石刻	常熟虞山西北岭	虞山西北岭山坞深处长约80米、高6—10米的石壁上刻有"巫相岗"三个大字,字长1.9米、宽1.5米。在其上方50米处刻有"龙门"二字,字长2.7米、宽1.9米。均为宋代所刻,是常熟年代最早的摩崖石刻。
16	剑门石刻	常熟虞山顶峰拂水岩东侧	有明清石刻10处,石刻题名"剑门""法思石""奇石""烟岚高旷""果然""仰止""青云得路"等。

(续表)

序号	名称	地址	内　容
17	铜官山石刻	常熟福山镇铜官山	山顶有巨石隆起,高2米、宽5米,两端狭尖似船,故称石船。船身有明代万历二十年(1592)常熟书家严澍所书七律一首,诗曰:"闻道岩阿有石船,登临始信不虚传。帆凭老树风前挂,缆藉闲藤雨后牵。亘古未经江面浪,至今犹宿岭头烟。缘何不泛桃花渡,停泊山溪几百年。"今已漫漶不清。

表 26-12　苏州历代碑碣表

序号	名称	地址	内　容
1	张镇夫妇墓志	南京博物院	1979年在甪直张陵山东晋墓出土,墓志两面各49字,字体为从隶书转向楷书的过渡形态,是苏州发现年代最早的碑刻。
2	唐代开山和尚墓碑	吴中区东山紫金庵	东山紫金庵藏有一块石碑,刻有"唐示寂本庵开山和尚诸位灵觉之墓"15个字,是苏州仅见的两块唐碑之一。
3	朱明寺大德塔碑	苏州虎丘	出土于虎丘塔塔基填土层中。残碑长41厘米、宽45厘米、厚14厘米,残存碑文17行88字,有"朱明寺大德塔""大历四年""宝历元年"等字样。为苏州仅见的两块唐碑之一。据方志记载,朱明寺在今城隍庙与清嘉坊之间,而虎丘山上既无朱明寺又无大德塔。虎丘塔及云岩寺建于五代末至北宋初,而其时朱明寺与大德塔都已毁,残碑也被当做了奠基的材料。
4	吴越国陈氏府君墓铭	苏州碑刻博物馆	在工业园区扬清路某工地发现,长、宽均为40多厘米,厚7厘米。墓主陈绾,职务为"衙内副兵马使",于戊午年去世,享年61岁。他家在长洲县平原乡,葬在长洲县习义乡东北之源(原),与出土地点一致。
5	吴郡登科题名碑	苏州碑刻博物馆	碑长180厘米、宽90厘米、厚22厘米,碑阳为宋人题刻北宋端拱元年(988)至南宋绍兴十五年(1146)间244位苏州籍登科进士的姓名,碑阴为元刻赵孟𫖯书《平江路重修苏州儒学记》。

(续表)

序号	名称	地址	内容
6	四大宋碑	苏州碑刻博物馆	包括平江图碑、天文图碑、地理图碑、帝王绍运图碑四块。平江图碑高284厘米、宽164厘米,绘刻于南宋绍定二年(1229),碑身刻有平江府城图,标有地名610余处。其余三块宋碑都是南宋绍熙元年(1190)黄裳绘制,淳祐七年(1247)王致远刻石。天文图碑高200厘米、宽105厘米,上部为圆形全天星象图,刻有恒星1 440颗,下部有释文2 140字。地理图碑高180厘米、宽103厘米,上部为全国地图,下部有释文645字。帝王绍运图碑高177厘米、宽100厘米,上部分左、中、右三路镌刻从黄帝至南宋理宗的帝王世系,共计195人,下部有释文550字。
7	韩世忠神道碑	吴中区木渎镇灵岩山西南麓韩世忠墓园	神道碑碑额高110厘米、碑身高546厘米、龟趺高170厘米。有宋孝宗亲书"中兴佐命定国元勋之墓"十个大字,碑文由右丞相周必大书写,长达13 900余字。1939年碑被台风刮倒,断成十余块。1946年灵岩山寺妙真和尚用水泥将碎碑浇合成两段,砌成横碑。
8	思无邪碑	苏州碑刻博物馆	碑高400厘米、宽120厘米,原置于书院弄江苏巡抚衙门内,用于警饬官员廉洁奉公。碑阳刻有宋太宗语录"尔俸尔禄,民脂民膏,下民易虐,上天难欺"。碑阴所刻"思无邪、公生明"六字为唐隶八分书,系司马光手书。现在碑阳已被砌入墙中。
9	朱乐圃先生墓表	苏州碑刻博物馆	朱长文,号乐圃。北宋书学理论家。嘉祐进士,授秘书省校书郎。与米芾私交甚密。元符元年(1098)去世,米芾亲自为其撰文书碑。此碑已风化断裂,残碑高128厘米、宽60厘米、厚16厘米,碑文原有近400字,现已漫漶不清,仅能辨认100多字。
10	米芾书常建诗碑	常熟虞山兴福寺	唐代诗人常建(708—765)作《题破山寺后禅院》:"清晨入古寺,初日照高林。曲径通幽处,禅房花木深。山光悦鸟性,潭影空人心。万籁此俱寂,但余钟磬音。"清代常熟人言如泗任襄阳郡守时得宋米芾手书常建诗,携回常熟,于乾隆三十七年(1772)勒石建亭立于兴福寺。
11	吴郡重修大成殿记碑	苏州碑刻博物馆	碑高182厘米、宽96厘米、厚20厘米,郑仲熊撰文、米芾之子米友仁书丹,南宋绍兴十一年(1141)刻石。碑文记载了当年重修大成殿及范仲淹祠、胡安定祠的经过。

(续表)

序号	名称	地址	内　容
12	安养院记碑	苏州碑刻博物馆	南宋宝庆二年(1226)刊刻,陈耆卿撰文,内容记载了我国最早的医院之事。南宋宁宗朝建立赡养院也称医院,宝庆元年改名安养院,主要收治病囚。
13	老子像碑	苏州观前街玄妙观三清殿西楹	碑高180厘米、宽88厘米,传此碑画像为唐代画圣吴道子的手笔,画像上方文字为唐玄宗所题御赞,由唐代著名书法家颜真卿手书,文曰:"爰有上德,生而长年。白发垂相,紫气浮天。含光默默,永劫绵绵。东训兄父,西化金仙。百王取则,累圣攸传。万教之主,先天地焉。函谷关右,传经五千。道非常道,玄之又玄。"碑的右下方落款日期为"宝庆初元",即1225年。
14	文庙碑林	苏州碑刻博物馆	1985年辟为苏州碑刻博物馆,收藏了3 000多块石刻和近万张拓片,包括陆机、黄庭坚、苏洵、苏轼、文天祥、文徵明等名家手迹或诗碑,按孔子、儒学、苏州经济、历代书法等主题分别陈列。
15	白玉相好观音记残碑	吴中区灵岩山灵岩寺藏经楼	灵岩山灵岩寺藏经楼内藏有一尊宋代汉白玉观音像,有南宋绍兴五年(1135)所刻的《白玉相好观音记》残碑。
16	张士诚记功碑	苏州人民路报恩寺	碑高306厘米、宽146厘米、厚40厘米,内容为元至正十九年(1359)张士诚宴请元朝使臣伯颜的情景,画面分为四段,用深浮雕手法雕刻各类人物118个。为元代所刻。上端碑额内空无一字,似被后人凿去。
17	重修三门记碑	苏州观前街玄妙观	牟巘撰,赵孟𫖯书,元大德元年(1297)勒石,明代摹刻,共两方。1969年被毁,现重新摹刻。
18	归去来辞碑	太仓人民公园墨妙亭内	元延祐五年(1318)浙江军器提举官顾信得赵孟𫖯书《送李愿归盘谷序》和《归去来辞》,遂勒石建亭以存之。后顾信舍宅建淮云寺,在城北。因遭兵灾,寺、亭皆毁。1983年于现址重建墨妙亭以存碑。
19	瑞光塔赞碑	苏州盘门三景景区	瑞光塔赞碑通高457厘米、宽190厘米,是苏州最大的一块御赞碑。碑帽与碑身两侧精雕九条龙,碑文为明太祖(朱元璋)御制:"大智力人,性定心方。稽首陵穹,脊骨纯钢,瞑目而逝,余灰塔藏。信有之乎?灵明长存,午夜放光。"

(续表)

序号	名称	地址	内容
20	无字碑	苏州观前街玄妙观东	明洪武四年(1371)清理道教,更玄妙观为正一丛林,置道纪司,革香火田以充军包饷。特请方孝孺作记勒石,碑高650厘米、宽270厘米,以志纪念,是为《清理道教碑》。后因方孝孺得罪明成祖朱棣被诛灭十族,连他书写的碑文也被铲除干净,成为一块无字碑。
21	周闻夫妇墓志铭	太仓人民公园	周闻夫妇墓志铭系1983年在太仓市城厢公园树萱斋西壁内发现,51厘米见方,铭文669字,记载了周闻跟随郑和五次下西洋的日期,是研究郑和下西洋的珍贵史料。
22	况锺像碑	苏州碑刻博物馆	碑高92厘米、宽54厘米、厚20厘米,上部为明朝兵部尚书杨士奇所作况锺赞语19行137字,中部为况锺半身像,下部为明代吴县儒学训导陈宾写的识22行223字。明正统壬戌十月(1442)刻立。
23	范文正公神道碑铭	苏州碑刻博物馆	范文正公神道碑铭原为北宋欧阳修撰文、王洙书丹,明成化十二年(1476)苏州知府刘珝重立,吴栁重书,陈俊刻字。苏州碑刻博物馆并藏有富弼撰写的范仲淹墓志铭拓片,内容与碑文大同小异,但原石已失。
24	廉石	苏州碑刻博物馆	廉石原为东汉末郁林太守陆绩弃官回家时用来压舱的一块巨石,明弘治九年(1496)监察御史樊祉为表彰这位清官,命人在石上刻"廉石"二字,并置亭、题跋,立于察院场。清康熙十八年(1679)苏州知府将其移入苏州府学内况公祠旁,以勉励府学生员。
25	范文正公遗像碑	苏州碑刻博物馆	碑高214厘米、宽100厘米、厚34厘米,有碑座。碑身上部为宋代□灏撰、宋之才书范文正公真赞,金代元好问撰范文正公真赞,明代吴县知县冯渠跋;中部为冯渠画范文正公像;下部为明代范仲淹十六世孙范惟一"谨奏建并识"等字样。刻于万历十三年(1585)。
26	石刻宝塔形金刚经	吴中区光福镇司徒庙	明万历二十七年(1599)佛弟子章藻为元别融禅师所刻。碑高185厘米、宽69厘米,经文用工整的蝇头小楷书写,精镂细刻而成。排列成一座五级宝塔的形状,在每层宝塔角上所挂铃铛处和廊檐的莲座上都恰好是"佛"字,设计极其巧妙。

(续表)

序号	名称	地址	内容
27	香山潘氏新建祠堂记碑	藏书镇天池山寂鉴寺内	碑身高167厘米、宽81厘米,碑额为"香山潘氏新建祠堂记",碑文共24行1 034字。碑文由祝允明记、文徵明并撰额、章简甫镌刻,三者俱佳,具有重要的艺术价值。
28	重建崇福庵佛殿记	常熟市碑刻博物馆	碑高145厘米、宽76厘米,碑文500余字,正楷,为祝允明所书,是难得的书法珍品。
29	柳毅井碑	吴中区东山镇席家花园内	碑身"柳毅井"三字为明正德五年(1510)王鏊所书。
30	洞庭两山赋碑	吴中区东山镇杨湾轩辕宫	碑高50厘米、宽212厘米,《洞庭两山赋》为明王鏊所作,碑文也为王鏊手书,字体行中带草,刚劲秀丽,文、书俱佳。
31	东西两山图碑	吴中区东山镇杨湾轩辕宫	碑高50厘米、宽225厘米,《东西两山图》为文徵明所画,展现了洞庭东西两山的旖旎风光。
32	思静处士陆君墓志铭	吴中区西山镇缥缈峰水月坞碑廊	碑文为王鏊撰文、祝允明书写。祝允明以草书著称于世,而此碑为其楷书作品,实为难得。墓志原在洞庭西山涵村陆氏墓园,"文革"期间墓园被毁,古碑被丢弃。20世纪90年代后期移置于西山缥缈峰水月坞下碑廊内。
33	苏州府社仓事宜记碑	原立相城区望亭镇华阳村	碑高150厘米、宽72厘米,已断为两截。圆首,额首书"社仓事宜碑记",明隆庆二年(1568)立。碑文记载了社仓的选举、仓簿的设立、收放日期、收放办法、利息、赈济等21条条文,具有重要的研究价值。
34	申时行墓碑	吴中区吴山东麓周家桥	申时行墓占地百亩以上,封土高出地面丈余,前有石砌台阶,墓道两边列有墓表牌坊及石人、石兽,墓门正中为神道碑亭和享堂,神道碑亭内巨碑上书"明太师申文定公神道",碑亭后享堂五间均是明代建筑,堂内有万历四十三年(1615)所立巨碑7块。
35	五人墓碑	苏州山塘街五人墓前	明代末年苏州市民颜佩韦、杨念如、沈扬、马杰、周文元等五位义士就义后,当地人士将他们合葬于虎丘之侧,题称《五人之墓》,由复社领袖张溥为作《五人墓碑记》。碑高225厘米、宽113厘米、厚95厘米,明崇祯元年(1628)韩馨书。

(续表)

序号	名称	地址	内容
36	楞严经石刻	吴中区光福镇司徒庙	明代石刻经卷,每块长87—92厘米、宽22—31厘米,原有84块,今缺最后一块捐助者姓名刻石。明崇祯年间著名书画家侯峒曾、王时敏等人书写,吴门章懋德镌刻,书、刻俱佳。
37	礼部题奉钦依晓示生员卧碑	苏州碑刻博物馆	碑长115厘米、宽95厘米、厚25厘米,清顺治十二年(1655)吴县儒学署教谕举人夏鼎立石,训导吴江月、长洲章云谷镌字。碑石原立于吴县县学,碑文的内容为规定生员的行为规范。
38	奉旨遵宪蠲免渔课永禁泥草私税碑	吴中区黄桥镇庄基村	碑连座高206厘米、宽100厘米、厚27厘米,碑文楷书阴刻29竖行,满行79字,约1 080字,清顺治十七年(1660)刻,内容为地方政府给长洲县渔民陆江、葛华等40余人呈告当地豪强渔霸横征暴敛、武断乡曲的牒文碑。
39	敬佛碑	吴中区西山石公山	西山石公山御墨亭临水倚岩,前看湖水佳境,后观归云溶洞,亭内有清顺治帝御书"敬佛"碑,洞中有石雕观音像,一洞一亭,两相结合,互相烘托,自成佛地境界。
40	松风水月碑	吴中区光福司徒庙	碑高41厘米、宽96厘米,"松风水月"四字为清康熙帝所题。原在光福镇玄墓山圣恩寺,今迁司徒庙。
41	苏州织造局图碑	苏州碑刻博物馆	碑高198厘米、宽80厘米,清顺治四年(1647)刻。碑的上部为题记,下部为织造局图,分为前后两所,有大门3间、验缴厅3间、机房169间、神祠7间、绣缎房5间、染作房5间、灶厨菜房20余间等建筑,外有围墙壕沟,拥有织机800张、工匠2 330名。
42	苏州府约束踹匠碑	原立于苏州阊门外广济桥堍,现存苏州碑刻博物馆	碑高183厘米、宽99厘米、厚24厘米,碑文共31行、行81字。内容记载清康熙三十九年(1700)流棍(失业工人)刘如珍以演戏为名发动踹匠罢工,苏州69家布商联名呼吁苏州府严惩踹匠。康熙四十年(1701)苏州府根据布商的意见制定条规,严厉约束踹匠。
43	奉各宪永禁机匠叫歇碑	苏州碑刻博物馆	原在玄妙观机房殿,1959年被江苏师院柴德赓教授发现,现移至苏州文庙西廊。苏州府长洲、元和二县棉纺织业机户(作坊主)何君衡等69人立碑,勒于清雍正十二年(1734),内容为长洲县颁布的禁止机匠(工人)罢工的告示,具有重要的研究价值。

(续表)

序号	名称	地址	内容
44	永禁虎丘染坊碑	苏州虎丘山门内壁	碑高150厘米、宽73厘米,镌刻于清乾隆二年(1737),碑文约1 500字。内容为政府颁布的保护自然环境的法令,具有重要的研究价值。
45	皇亭街三御碑	苏州胥门外皇亭街小区	中间最高大的一块康熙圣谕碑是为纪念康熙南巡而立,右边是乾隆十六年(1751)诗碑,左边是乾隆二十二年(1757)诗碑。
46	再叠邓尉香雪海歌旧韵诗碑	吴中区光福镇吾家山	碑高310厘米、宽115厘米,碑额高70厘米。内容为清乾隆三十年(1765)乾隆帝赋并书的一块诗碑,可惜碑文已模糊不清。
47	禁止私秤碑		清嘉庆十八年(1813)立,内容为苏州府吴、长洲、元和三县正堂共同颁布禁止使用私秤、设立公秤的告示。
48	禁止烛匠罢工碑	苏州三乐湾东越会馆	清道光六年(1826)刻,内容为苏州府吴、长洲、元和三县正堂共同颁布禁止烛匠结党罢工事宜。
49	禁止金箔工匠倡众停工议止收徒文告碑	苏州刘家浜丽泽公所	清道光十七年(1837)刻,内容为苏州府吴县正堂颁布禁止金箔工匠罢工及拒绝收徒的文告。
50	禁止重利盘剥碑	苏州虎丘山门	清嘉庆八年(1803)刻,内容为苏州府吴、长洲、元和三县正堂为元和县民郭景安控告俞三观重利盘剥一案,令俞三观回原籍不得逗留滋事。
51	严禁私开押店碑	苏州虎丘山门	清嘉庆十六年(1811)刻立,内容为江苏按察使颁布严禁在苏州城内外私开押店、重利盘剥、恣衅闹事的通告。
52	上贞观碑	吴中区藏书镇穹窿山三茅峰上贞观	有碑刻十余方,其中以"穹窿山望湖亭望湖诗碑"最有名。碑高195厘米、宽110厘米,清乾隆二十二年(1757)御书碑文:"震泽天连水,洞庭西复东。双眸望无尽,诸虑却宜空。三万六千顷,春风秋月中。五车凛精气,谁召陆龟蒙?"
53	乾隆御碑	吴中区木渎镇天平山	御碑亭位于天平山枫林南侧,始建于唐代,原名长生亭,后因设乾隆御书碑刻而更名为御碑亭。御碑通高2.96米、宽0.96米,碑身四周刻有乾隆游天平山诗四首。

（续表）

序号	名称	地址	内容
54	乾隆御碑	吴中区木渎镇灵岩山	灵岩山寺头山门西墙上砌有刻着乾隆登灵岩诗的御碑残块。
55	苏郡城河三横四直图碑	景德路城隍庙工字殿	该碑断裂为十几块，且风化严重。碑的正面刻《重浚苏州城河记》，反面上部刻有《苏郡城河三横四直图说》，下部刻有《苏郡城河三横四直图》，镌于清嘉庆二年（1797）。图上刻有当时苏州城内贯穿全城的以三横四直七条干流为主的河道分布体系，并标有城垣和重要桥梁、寺观、衙署等建筑的位置，是一幅有重要价值的历史地图。
56	"难得糊涂"碑	昆山博物馆	碑身为75厘米见方金砖，郑板桥书"难得糊涂"四字刻于背面，字径25厘米，正面凿成砚台。嘉庆丙寅（1806）刻。
57	五百名贤刻石	苏州沧浪亭五百名贤祠	清道光年间，江苏巡抚陶澍从邑人顾沅收藏的吴郡历代名贤像中选出500幅，绘图勒石，系以像赞，嵌于沧浪亭五百名贤祠内。太平天国期间祠宇被毁，后人重修五百名贤祠，补刻增加至594人，保存至今。
58	严禁需索留难鱼花船只碑	吴中区浒墅关上塘南街	碑高140厘米、宽60厘米，碑文12行，满行66字，是清同治八年（1869）江苏巡抚部院颁布的告示碑，内容为禁止税收机构巧立名目向过往船只乱收税费，为运送鱼苗的船只开放绿色通道。
59	太平天国苏州妇女死难碑	苏州博物馆	共有三块，均为正方体，长、宽、高均为27厘米，石质为金山石。第一块刻有"咸丰庚申殉难妇女骨之冢"字样，第二块刻有"菉葭巷河收埋骨冢"和"悬桥巷河收埋骨冢"字样，第三块刻有"大儒巷河收埋骨冢"和"各处河内散骨之冢"字样。太平军攻入苏州为咸丰十年（1860）六月，城内居民"投河、投井、悬梁者什之二三"。此三碑为同治六年（1867）所立。现藏苏州博物馆。
60	西崦梅花诗碑	吴中区光福镇光福寺西方殿廊墙	碑高80厘米、宽35厘米，碑文为探梅诗七绝四首，其中两首为清末民初大鹤山人郑文焯所赋，两首为张默君女士的唱和诗。
61	胥江水则碑	苏州碑刻博物馆	碑高185厘米、宽78厘米、厚20厘米，发现于胥门外接官亭。碑正面刻有"水则碑"三个字和"七则"至"一则"的字样，背面刻立碑原委。此碑为清光绪二年（1876）立于胥门外用于观察水位用的标尺。

(续表)

序号	名称	地址	内容
62	严禁抗租碑	吴江区黎里柳亚子故居	碑高116厘米、宽60厘米、厚15厘米,原在黎里镇东圣堂,内容为苏州府颁布严禁黎里农民抗租的文告。
63	张继诗碑	苏州寒山寺	寒山寺因唐代张继诗《枫桥夜泊》而出名。北宋仁宗时宰相王珪罢相后居住在苏州,题刻了《枫桥夜泊》诗碑。到明代此碑已经遗失,文徵明再写一通刻于石。这块碑到清代末年漫漶不清,残碑仅剩不到10个字,于是俞樾又写刻一块诗碑,现存寒山寺碑廊。1936年苏州名画家吴湖帆请诗人张继(溥泉)又写刻一块《枫桥夜泊》诗碑,与俞樾写诗碑并列于寺中。
64	俞樾格言碑	苏州碑刻博物馆	碑高90厘米、宽43厘米,清末俞樾手书"惜食惜衣不但惜财尤惜福,求名求利只须求己莫求人",书体为隶书,厚重老到,为晚清书法精品。
65	林则徐纪念碑	苏州北局小公园	高1.08米、宽0.52米,1931年苏州士绅在北局小公园立,碑文为金东雷撰、李根源书。
66	萧特义士殉难处纪念碑	吴中区车坊镇高店村	罗伯特·萧特(1905—1932),美国华盛顿州人。1932年"一·二八"事变后志愿援华,协同19路军抗击日本侵略。2月22日日机轰炸苏州葑门外觅渡桥机场,萧特由沪驾机至苏州葑门外向六架日机发动进攻,击毁敌机一架并毙敌指挥官,但终因寡不敌众被击中而牺牲于吴县车坊乡高店镇。同年7月,吴县各界人士在车坊萧特义士殉难处和苏州公园西北隅各建方尖型花岗石纪念碑一座。
67	留园碑帖	苏州留园	原有400余方书条石,现存370方,主要翻刻自《淳化阁帖》《一经堂藏帖》《仁聚堂法帖》《宋贤六十五种》等,有钟繇《墓田丙舍帖》摹本、二王法帖58方135种,唐代诸家书法作品和65家宋代诸贤书法作品。
68	怡园碑帖	苏州怡园	怡园园主顾文彬既善书法,又为藏书大家,园内有镌刻六朝至清代历代名家书法的101方书条石,其中最珍贵的为王羲之《兰亭集序》玉枕本。
69	拙政园碑帖	苏州拙政园	原藏数百方书条石,历经战乱,多有散失,现在存留的主要是明清两代的碑刻。

（续表）

序号	名称	地址	内容
70	狮子林碑帖	苏州狮子林	今存《听雨楼藏帖》书条石60方，为清嘉庆年间周立崖钩摹唐、宋、元人真迹勒石而成，包括褚遂良、颜真卿、蔡襄、苏轼、苏辙、黄庭坚、米芾、赵孟𫖯的书法作品。
71	嘉荫堂兰石轩丛帖石刻	张家港市塘桥镇	清中期塘桥庞君华兄弟与江阴华士孔千秋联合刻石，共187块，仿唐、宋、元、明、清名人诗词书画，镶嵌在庞氏嘉荫堂周围墙壁上，为江南有名的书条石。后大厅被拆，石刻散落民间，现仅存40余方石刻保存在塘桥化纤厂公园内。
72	伊斯兰教碑刻	石路伊斯兰教协会	共有12块，皆从各个废弃的清真寺旧址收集而来。年代最早的为明永乐五年（1407）皇帝表彰苏州清真寺住持米里闪思丁的敕谕，最晚的为清宣统三年（1911）的从圣堂碑。

表26-13　苏州历代碑碣著录表

序号	作者、名称及出版情况	主要内容
1	江苏省博物馆编：《江苏省明清以来碑刻资料选集》，三联书店1959年	收录碑文370件，其中苏州的碑文有322件。按内容分为丝织丝业绸缎类、染坊踹坊布坊类、纸作坊书坊纸业类、水木作石作木行红木巧木业类、冶坊铜锡铁业类、刺绣珠宝玉器银楼类、硝皮提庄百货类、南北货粮食酱酒类、猪行府厨菜业类、煤炭蜡烛类、药业类、金融类、关卡码头交通类、赋税扰民类、民间戏曲弹词类、会馆事务类、其他类等共17目。
2	苏州历史博物馆、江苏师范学院历史系、南京大学明清史研究室合编：《明清苏州工商业碑刻集》，江苏人民出版社1981年	收录碑文258件，其中100余件与《江苏省明清以来碑刻资料选集》重复。按内容分为丝织刺绣业、棉布洋布业、造纸印书业、土木建筑业、木器制造业、油漆业、铜锡铁业、金银珠宝业、金融典当业、杂货百货业、粮食业、南北货业、酱酒菜厨面饼业、柴炭煤烛业、渔业、烟草业、生活服务业、交通运输、会馆建置、其他共20目。
3	王国平、唐力行编：《明清以来苏州社会史碑刻集》，苏州大学出版社1998年	收录自明初至1949年间的碑文500件，按内容分为社会角色与社会群体、社会生活与社会合作、社会信仰与社会心态、社会问题与社会管理四目。
4	苏州市地方志编纂委员会编：《苏州市志》第三册，江苏人民出版社1995年	收录市区现存3 000余方各类石刻中比较重要者，分为文庙碑林（88方）、园林石刻（63方）、胜迹石刻（149方）和其他石刻（10方）四部分，但仅录名目与简况，未录内容。

（续表）

序号	作者、名称及出版情况	主要内容
5	张晓旭著：《苏州碑刻》，苏州大学出版社2000年	本书为"苏州文化丛书"之一，通俗、全面地介绍了苏州碑刻的概况，重点介绍了苏州碑刻博物馆收藏的四大宋碑、工商经济碑刻、儒学碑刻、墓志与墓碑、图像碑刻、书法艺术碑刻和散布在园林的碑刻、佛教寺庙与其他宗教的碑刻、城区的碑刻、摩崖石刻以及吴县、常熟等县市的碑刻。附有苏州碑刻博物馆所藏398件碑刻名录。
6	〔清〕顾沅辑：《吴郡文编》第五册、第六册，上海古籍出版社2011年	《吴郡文编》第五册卷177至卷188（墓碑）共收录历代碑铭墓表107通，第五册卷189至第六册卷210（墓志碣）共收录历代墓志铭275方。
7	张欣主编：《苏州博物馆藏历代碑志》，文物出版社2012年	本书著录苏州博物馆收藏的146方历代石刻，来自历次考古发掘、名人藏家捐献和征集收购，内容以墓志为主，时间跨度上起北朝北齐文宣帝天保元年（550），下迄新中国成立后的1962年，其中不乏大家撰书的精品佳构，更有名门家族墓志互为印证，既能补郡邑志乘文献之阙，又有裨益于历史艺术方面之探研。

（叶文宪）

编　后

在《苏州通史》中设立志表卷，以及如何处理好卷中志与表的关系，是一种创新；实现志表卷与通史各卷的扬长互补则是一种探索。

首先，按惯例通史各卷都是断代史，前后承接成为一部通史。各卷都有自己横向铺开的记述评说，限于字数有些内容不可能写深写细。而志表体例与通史不同，是不加评论的以资料事实说理，均按类设志表专章，从古至今纵向详细记载。从这点来讲，志表卷是通史的资料库，也是通史的补充。志表卷与通史各卷互相呼应，相得益彰。

二是如何合理取舍设置志目。我们在比较、分析、研究历代纪传体史书与新旧方志志目的基础上对志目进行定题选择。鉴于《苏州通史》有八卷断代史，而且政治、经济又是断代史的主要内容，因此大幅度删减政治、经济方面的志目，并根据通史各卷可能的缺项，充实了建置中的城市志、乡镇志，将城市沿革细化到区级；在城市化进程中，乡镇撤并变化甚大，因而补乡镇的演变。山川、水利、人口、财政、会馆公所、物产等，通史各卷虽会涉及，但不可能展开细述，志表卷作了专志详尽记载。人口志，全面记载了历代人口的变化，在多次战争和灾荒中，苏州城乡都是外地人避难迁徙的福地，由此也给苏州带来了各类人才资源，共同使苏州繁荣起来。苏州曾为东南一大都会，经济繁荣，财政志记载了苏州财政的历史和选年统计数据，作了充分说明。志表卷特设职官志，列出从吴越春秋到本通史下限2010年苏州主政的职官表，包括吴国重臣、郡守、知府、巡抚、县令、市委书记、市长等，并列从苏州走出的宰相、大学士宰辅。志表卷既与通史各卷相错开，又能反映苏州的基本状况，为历史留下大量宝贵资料，使通史底蕴更为深厚。

三是根据苏州历史文化特色，列专志以彰显。如园林、古建筑、古迹、街巷桥梁、工艺美术等，也是中外人士所关注的苏州特色，志表卷对此分类作了专志记载，苏州显然是名副其实的园林城市、文物古迹名城、工艺美术之都。教育志记载了苏州教育曾为天下先，因而苏州状元甲天下，两院院士也在同类城市中位居前列，状元表、院士表呈现出苏州独占鳌头。我们把文化艺术类的志目加以细化，安排教育、藏书、文学、新闻、绘画、书法篆刻、音乐、昆曲、评弹，宗教类的佛教、道教、基督教(天主教)、伊斯兰教,民俗和古迹都有专门记载,承前启后,各具特色,力求以此来展现苏州的文化风貌。从志表中列出的各类文化艺术人物众多,使人们看到了苏州名不虚传的人文荟萃。志表卷使通史格外丰富多彩。

四是"志"与"表"的融合一体。我们在志中穿插表格以简化记述,以表式承载更多资料;在以表为主的类目中,仍以志统表,表前有无题序以解释引领,而表中还加入了必要的说明文字,增强了表的叙述功能,使表这种体裁不再是名录,而是变得有血有肉了。志与表的融合一体,同时发挥了志与表的特长,更有可读性。志表卷不是志、表各一卷,而是融为上、下两卷,以更好地与通史整体保持一致。

五是我们在创新中探索,在探索中创新。作为《苏州通史》中的志表卷,不是一部市志,只能有所为、有所不为;至于其中具体内容,亦有详有略。在编写中则因地制宜,因事而记,未及周全。特予说明,谅能体察。

因为志表卷涉及门类众多,除了主编外,还特别邀请了相关领域的专家学者,各扬其长,共襄其成。志表卷编纂分列如下:序:叶文宪、林锡旦;建置、山川:林锡旦、叶文宪;水利、城市、街巷桥梁、园林、乡镇:林锡旦;人口、财政:叶文宪;职官:潘振亮、李峰;教育:叶文宪、李峰;藏书:曹培根;文学:凌郁之;新闻:宫向阳;绘画:章致中;书法篆刻:陈道义;音乐:朱小屏、张笑川;昆曲:路海洋;评弹:周巍;工艺美术:林锡旦;佛教:孙中旺;道教:沈骅;基督教(天主教)、伊斯兰教:叶文宪;物产:林锡旦;风俗:蔡利民;古建筑:林锡旦;古迹:叶文宪;编后:林锡旦、叶文宪。根据志表卷要求,我们对相关志表作了增删及梳理。王国平、吴恩培、李峰、吴建华、孙中旺老师又和我们一起集中三次对志稿进行修改和统一规范完善。志表卷中引用了大量历史文献和当代人的成果,在编纂中已随文引出(或有缺漏)。成稿后承蒙苏州大学出版社何桂林、朱坤泉等认真编审,提出宝贵意见,在此一并致谢!感谢大家为《苏州通史》做出的贡献!

林锡旦、叶文宪
2017 年 12 月 15 日